Rabelais restitué

© **Didier Erudition, Paris 1979**   **Printed in France**

ISBN 2-86460-004-8.

MARC BERLIOZ

Rabelais restitué

I. PANTAGRUEL

Publié avec le concours du Centre national de la Recherche scientifique.

SOCRATE : Hippias, je ne mets pas en doute, quant à moi, que tu aies plus de talent que je n'en ai ! Mais mon habitude constante, c'est, quand on dit quelque chose devant moi, d'y appliquer mon attention, spécialement quand, à mon avis, celui qui parle est un savant homme ; et, avec le désir de connaître ce dont il parle, je m'informe en détail auprès de lui, j'examine et réexamine, je rapproche les choses qu'il a dites : tout cela à seule fin de savoir.

Platon, Le Petit Hippias.
Traduction Léon Robin, la Pléiade.

AVANT-PROPOS

C'est un fait, personne ne peut plus lire Rabelais sans notes ; notes historiques, d'abord qui expliquent ou tentent d'expliquer l'allusion ; notes de vocabulaire, surtout, indispensables pour préciser ou même apprendre le sens des mots rabelaisiens. Cette obligation n'est pourtant pas si récente qu'on pourrait croire ; ainsi, l'imprimeur de la première édition elzévirienne disait déjà en 1663 :

« AMY LECTEUR,
Il n'est pas necessaire que je te fasse l'eloge du livre que je te presente : Tout le monde sçait qu'autrefois il n'y avoit pas un homme d'esprit, je dis mesme des plus barbons, qui ne l'eust dans son cabinet, & qui ne le lût en son particulier : & pour les gens du monde, il n'estoit pas bon compagnon qui ne sçavoit pas son Rabelais " ad unguem " [1], ne pouvant y avoir de bon repas qui ne fust assaisonné de quelque bon mot de cet Auteur. Si l'empressement a esté moindre depuis, c'est, à mon avis, que n'aiant pas la connoissance de l'Histoire des particuliers de ce temps-là, on ne treuve pas si bien le mot pour rire dans la Satyre. La difficulté encore qu'il y a à bien entendre quantité de mots, diminuë le plaisir. Ainsi, cher Lecteur, pour rendre ton divertissement plus aisé dans la lecture d'un livre le plus facetieux & le plus spirituel qui fut jamais, je te le donne tel qu'il est dans les plus vieilles & les meilleures impressions, accompagné de quelques observations sur les endroits les plus remarquables de l'histoire de son temps, & une explication tres ample, par ordre alphabetique, de tous les mots difficiles. »
Les éditions commentées se sont succédé depuis, jusqu'à arriver à ce que l'on considéra comme l'œuvre magistrale et définitive : « l'Edition Critique », publiée à partir de 1913 par Abel Lefranc et ses collaborateurs, et qui resta le modèle de toutes celles qui suivirent, en particulier

---

1. Parfaitement.

celles de deux collaborateurs de Lefranc : Boulenger (Pléiade) et Plattard (Les Belles Lettres).

Or, cette monumentale édition est loin d'être irréprochable, et en premier dans l'établissement de la ponctuation, dont s'était chargé ledit Boulenger. Claude Gaignebet, qui a produit dans la Collection des Facsimilés (collection qui s'est éteinte après ce premier volume) le Gargantua dans le texte de 1542, part en guerre, dans sa préface, contre cette ponctuation :

« Quiconque voudra bien comparer le texte établi par Jacques Boulenger pour la grande Edition Critique et celui que nous présentons dans ces pages aura vite constaté qu'il est peu d'endroits où l'éditeur du XXe ne se soit permis de modifier la ponctuation du XVIe siècle. Au fur et à mesure que la lecture comparée du texte de Rabelais 1542 (pourtant choisi par Boulenger comme base !) et de celui de l'Edition Critique se poursuit, la surprise augmente puis, il faut bien le dire, se transforme en irritation. Comment, depuis 1910 nous ne voyons plus Rabelais mais ce vêtement dont a bien voulu l'affubler Boulenger ! Qui est-il pour traiter aussi cavalièrement le texte, dans une édition annoncée si haut " Critique " qu'il est peu d'auteurs qui aient osé depuis la comparer à l'original ? Qui est-il donc pour ajouter à une phrase du Maître cinq ou six virgules, deux points ou des points virgule ? »

Et, après avoir cité le texte même où Boulenger se flatte d'avoir ainsi rendu plus clair et plus vivant le texte de Rabelais, Gaignebet conclut :

« Dans la liste des altérations qu'il a fait subir au texte Boulenger s'arrête court. Il aurait pu ajouter qu'il avait à chaque page " supprimé ou multiplié les virgules et les points, tronçonné en quatre segments une seule phrase ou réuni trois phrases en une seule ". De tous les éditeurs de Rabelais au XVIe siècle il n'en est aucun dont la ponctuation soit aussi fantaisiste, aussi sûrement éloignée de l'originale, que celle de Boulenger. »

Il n'en est pas moins vrai que la plupart des éditions qui ont vu le jour après cette édition phare ont pris grand soin de ne pas naviguer loin de sa lumière. Ainsi, toutes ont reproduit sa ponctuation ou, à son exemple, l'ont encore modifiée selon leurs propres conceptions. Dans ces conditions, l'intention de Gaignebet de faire lire Rabelais en facsimilé était on ne peut plus légitime, bien qu'on puisse lui reprocher d'avoir sacrifié à l'absurde coutume de commencer par le Gargantua et de ne donner que le texte dit définitif, sans rien qui permette de faire le rapprochement avec le texte de la première édition. En outre, lui aussi a cru bon d'intervenir et de ne donner dans sa transcription « que la presque totalité de l'orthographe et de la ponctuation de l'original. »

Cela fait que nous devons constater que reste encore à accomplir la tâche de donner, une fois pour toutes, l'édition de base complète et fidèle. Et nous pouvons, en passant (et rêvant quelque peu), exposer comment pourraient lui être conférées ces qualités :

De grand format, elle présenterait en page de gauche, en haut, le fac-similé du premier texte et du dernier, et, entre eux, celui des variantes médianes. Au-dessous, serait donnée, datée, la transcription de ces fac-similés, avec les appels de notes, étant entendu que chaque ligne serait la réplique exacte du contenu de la ligne du fac-similé considéré. La page de droite recevrait les notes, les commentaires de compréhension et les interprétations les mieux fondées, fussent-elles diverses. De plus, cette page réserverait à l'extérieur une colonne restée blanche destinée aux annotations des Rabelaisants, annotations qui, périodiquement recueillies, formeraient le fonds de l'enrichissement de chaque réédition, la compréhension de la pensée d'un Rabelais ne pouvant que rester toujours ouverte.

Il faut dire que, une telle entreprise restant hors de la portée d'un éditeur particulier, elle ne peut qu'être celle de l'Etat, chargeant le Centre national de la Recherche scientifique de la préparation de l'édition et l'Imprimerie nationale de son impression. Il ne faudrait pour cela que convaincre en haut lieu qu'il appartient à la protection du patrimoine de mettre fin à la corruption du texte du plus prestigieux de nos écrivains, et représenter qu'une telle réalisation ferait excellente figure dans l'héritage que le vingtième siècle transmettra au vingt-et-unième qui, selon toute vraisemblance, aura grand besoin de revenir aux valeurs sûres.

« Et là-dessus, je m'éveillai », pourrait-on ajouter. Mais, même si ce n'est pas précisément demain la veille du jour où sera décidée cette mise en œuvre, il n'est pas interdit d'espérer.

Donc, si elle doit voir le jour, une telle édition aura pour mérite de ne plus faire prendre pour du Rabelais les falsifications d'un éditeur, laissant chaque lecteur décider seul devant les différences de ponctuation que présentent les fac-similés. Mais cette ponctuation altérée n'est pas le seul méfait qu'elle devra empêcher de se perpétuer. Il y en a bien d'autres, inclus dans l'appareil des notes et commentaires des éditions qui ont succédé à celle de Lefranc, et qui n'ont pu s'abstenir de reprendre ses jugements. Et parmi ceux-ci, le plus grave peut-être est la volonté bien arrêtée de gazer, de diluer ou de passer sous silence le sens érotique du texte de Rabelais. Cette chasteté d'esprit, héritée de l'époque de Lefranc, se rencontrant avec la tradition de pudibonderie de l'Université, aucun glossateur n'a jamais consenti à expliciter une évocation, une image ou une allusion de ce domaine. Là encore, les publications commentées se suivent continuant par cette réticence d'affadir et de dénaturer la pensée de Rabelais.

Cela va nous apparaître clairement par un exemple pris dans sept éditions disponibles en librairie (à part celle de Guilbaud, épuisée, et que l'Imprimerie nationale n'envisage pas de rééditer) :

Jacques Boulenger, édition revue et corrigée par Lucien Scheler, Pléiade, 1962, dont la première édition, de Boulenger seul, est de 1955 ;

Marcel Guilbaud, Collection nationale des Grands Auteurs, Imprimerie nationale, 1959 ;

Jean Plattard, Collection des Textes français, les Belles Lettres, 1959 ;

Pierre Jourda, Garnier frères, 1962 ;

Pierre Michel, Livre de poche, 1964 ;

Guy Demerson, Collection l'Intégrale, Editions du Seuil, 1973. A noter ici que, reprenant la mauvaise idée qui avait guidé Maurice Rat une quinzaine d'années plus tôt dans son Rabelais « adapté au français moderne » (Editions Gérard et C°, Bibliothèque Marabout géant illustré), Guy Demerson donne, en plus du texte dont la fidélité n'est ni meilleure ni pire que celle de n'importe quelle autre édition, ce qu'il nomme une translation, en langue contemporaine, établie par une équipe d'étudiants de ce professeur à la Faculté de Clermont-Ferrand, le Pantagruel étant traité par une dame et une demoiselle de cette équipe. Le résultat est évidemment lamentable, le verbe d'un Rabelais ne pouvant avoir d'équivalent. Il est manifeste que l'éditeur, après une technocratique prognostication (je veux dire : étude de marché), a visé la clientèle des lycéens, qui n'ont pu manquer de se dire preneurs d'une solution de facilité ; (et nous voulons croire qu'un professeur de Lettres n'est associé à cette entreprise commerciale que parce qu'on a surpris sa bonne foi). En tout cas, s'il est dommage que cette édition, qui a le mérite dans ses notes de n'être pas inféodée à Lefranc, ait cru bon de sacrifier au défaitisme, il est à remarquer que sa maquette a été judicieusement conçue : la translation occupant la colonne extérieure de chaque page, il est possible de l'éliminer, gardant la seule colonne du texte et des notes. L'opération est seulement longue et fastidieuse comme peut l'être celle du désherbage.

Le dernier des sept ouvrages, à part des autres, et chronologiquement le premier, est le « Pantagruel, Première publication critique sur le texte original, par V.L. Saulnier, Professeur à la Sorbonne, Nouvelle édition augmentée », Droz, 1965, la première édition étant de 1946. Ici encore, il importe d'apporter une précision : j'ai demandé à la Bibliothèque nationale de me fournir la reproduction photographique des édi-

X

tions de 1532 et de 1542, ainsi d'ailleurs que celle de la Pantagrueline Prognostication ; or, un collationnement du seul « PROLOGUE DE L'AUTEUR » avec le fac-similé fait apparaître une cinquantaine d'interventions de Saulnier touchant la ponctuation, la distribution d'alinéas, le déplacement de majuscules, l'addition d'apostrophes et d'accents, l'introduction de caractères italiques, sans oublier trois modifications d'orthographe : « page » mis pour « paige », « maulubec » mis pour « mau lubec », « soulphre » mis pour « soulfre », et une grossière erreur : « qui n'a conscience de rien » mis pour « qui na conscience na rien ». Cette édition ne nous servira donc que par ses notes.

Cette revue terminée, nous allons pouvoir considérer l'exemple qui doit suffire à notre édification ; c'est l'imprécation du Prologue : « le maulubec vous trousse » (orthographe de 1542). Voici, dans l'ordre chronologique, le commentaire de chacun :

Saulnier : « Maulubec : ulcère aux jambes. » « Trousser : rendre boiteux. »

Boulenger : « L'ulcère aux jambes vous rende boiteux. »

Guilbaud : « La foudre, l'ulcère (le mauvais loup) vous rendent boiteux. »

Plattard : « Cf. l. I, *prol.* », où se trouve évidemment le « que le maulubec vous trousque », mais sans la moindre note.

Jourda : « L'ulcère aux jambes (cf. *Gargantua, Prologe de l'auteur*). »

Michel : « *Que l'ulcère aux jambes vous fasse boiteux.* Imprécation gasconne, qui se retrouve dans le *Prologue* du *Gargantua* : ˮ Que le maulubec vous trousque ! ˮ »

Demerson : « Voir L.I Prologue », où se trouve la note : « En gascon : que le chancre vous fasse clopiner. »

J'ai choisi cet exemple à trois fins. D'abord celle de faire ressortir l'unité de pensée des commentateurs qui, à un près, répondent en Lefranquistes déférents (Plattard poussant cette déférence jusqu'à supposer connue de tous l'explication de l'Edition Critique, et ne la répétant pas). Ensuite, celle de montrer que, toujours à un près, l'évocation d'une affection sexuelle est dissimulée sous le nom d'un mal banal, l'ulcère. Enfin, pour tous (car le verbe « clopiner » de Demerson n'apporte rien de plus que « boiter »), celle de rendre évident que l'explication ne porte que sur la première partie de la locution : « le maulubec », et que la deuxième partie : « vous trousse » n'est pas éclaircie ni même discutée, mais que le sens qu'on en donne découle seulement de l'ulcère des jambes qui, lui-même, est avancé sans la moindre preuve.

XI

Est ainsi établi que les éditions commentées ne font jamais que redonner la leçon apprise, les glossateurs se gardant bien de traiter d'une locution autrement qu'on l'a fait avant eux, et s'abstenant de dire quoi que ce soit de celles dont on n'a rien dit, aucun n'ayant évidemment pu concevoir l'ambition de jeter un regard neuf sur le texte. Il faut dire que la plupart sont des professeurs tenus à la fois à l'allégeance aux aînés et au respect d'un conformisme de bon aloi.

Donc, puisque les maîtres d'écoles n'y veulent point aller, reste au simple Rabelaisant à se substituer à eux et à donner son avis, en amateur, au sens latin de « amator » : qui aime. C'est ce que je me propose de faire ici.

Je vais donc réexaminer librement. Dans le domaine de l'érotisme, d'abord, qui inspire tant de retenue aux commentateurs patentés : foin désormais des pudeurs de nonnain, et qui sera choqué s'en aille lire « la vie de saincte Marguerite » : Maître François en dit le plus grand bien. Mais dans tous les autres domaines aussi, car il y a apparence que la même réticence a pu s'appliquer au texte entier. Cette révision est la justification du titre donné à cette étude où le verbe « restituer » est à prendre au sens de « remettre une personne dans l'état où elle était avant un jugement » comme à celui de « rendre ce qui a été pris ou ce qui est possédé indûment » (Littré).

Il est sûr que je cours ainsi, comme franc-tireur, deux risques : celui de me tromper et, pris la plume à la main sans l'uniforme universitaire, d'être alors sommairement exécuté ; celui d'avoir raison, et de m'attirer de tenaces inimitiés. Mais ce sont là choses fortuites, à mépriser, comme l'enseigne le Prologue du Quart Livre, le principal étant qu'on cesse de ronronner sur un texte d'où l'on croit avoir tout extrait depuis belle heure.

Et mon entreprise aura atteint son but si, démontrant que nous sommes loin d'avoir tout entendu de ce que dit Rabelais, j'ai réussi à donner le branle à une révision, et si j'ai persuadé que nous devons consacrer nos efforts à scruter encore et toujours son texte plutôt qu'à multiplier les études sur la façon qu'il pouvait avoir d'enfiler ses sandales.

*
**

Cet avant-propos terminé, va seule être employée la première personne du pluriel ; rien à voir pourtant (sauf exception) avec le « nous » d'auteur : le pluriel sera d'association, réunissant celui qui écrit et celui qui lit. Car je suppose, par convention, que même si le lecteur doit

XII

finalement marquer quelque incrédulité, il accepte, durant sa lecture, de marcher du même pas que l'auteur.

Ce lecteur devra toutefois être disposé à faire un effort puisqu'à partir du même moment sera abandonné l'usage des guillemets. Une telle étude citant Rabelais à tout instant, ces guillemets donneraient à la plupart des phrases l'aspect de mosaïques, comme on a pu le voir par la seule citation concernant : le maulubec vous trousse. En outre, cela appellerait pour les vocables l'emploi de l'italique, et pour un sens particulier, celui de l'italique entre guillemets, puis des guillemets inscrits, pratique bientôt inévitablement incohérente, qui revient d'ailleurs à prendre celui qui lit pour un enfant. Tout sera donc en même caractère, l'attention du lecteur, sa connaissance du texte de Rabelais, qu'il est certes invité à relire chapitre par chapitre examiné, lui assurant une sûre compréhension sans qu'il ressente l'humiliation de se sentir tenu par la main. Là-dessus, nous commençons de lire ; et que Rabelais soit avec nous.

Prologue de lauteur. [1]

Nous retournons aux sources : toutes les citations du Pantagruel sont donc reprises du fac-similé de l'édition de 1542 ou, quelquefois, de celui de l'édition de 1532 ; les citations de la Pantagrueline Prognostication sont du fac-similé de 1542. Pour toutes, notre seule intervention se borne à rétablir ce qui est contenu dans les abréviations typographiques du temps ; l'orthographe, la ponctuation, les majuscules sont celles des fac-similés.

Ajoutons que, le plus souvent, les citations seront repérées ainsi : P. pour Pantagruel, G. pour Gargantua, T.L. pour Tiers Livre, Q.L. pour Quart Livre, C.L. pour Cinquième Livre et P.P. pour Pantagrueline Prognostication ; l'indication du chapitre sera donnée en chiffres romains minuscules pour le Pantagruel, le Gargantua et la Pantagrueline Prognostication, en petites capitales pour les trois autres Livres [2]. Commençons donc.

La première remarque portera sur cette phrase de l'édition de 1542 : & comme vrays fideles les auez creues, gualantement, qui a remplacé & comme vrays fideles les auez creues tout ainsi que texte de Bible ou du sainct Euangile. Toutes les éditions ne signalent pas ce changement, et c'est regrettable, car il s'agit là du premier de ces amendements que Rabelais a dû faire constamment : ceux qui touchent aux fondements mêmes de la foi. Il faut bien reconnaître que le rapprochement des mots : vrays fideles, texte de Bible ou du sainct Euangile et de la croyance en ces grandes & inestimables chronicques de lenorme geant Gargantua pouvait faire sourciller les censeurs. Bornons-nous à le noter : nous rencontrerons bien d'autres remaniements de ce genre, qui nous donneront peut-être une vue nouvelle sur les exigences des censeurs de la Sorbonne.

---

1. Nous ne nous arrêtons pas au Dizain de Maistre Hugues Salel a lauteur de ce Liure, qui figure pour la première fois en tête de l'édition de 1534, et qui n'est pas de Rabelais.

2. Les citations du Gargantua sont du fac-similé de 1542 ; celles du Tiers Livre sont de l'édition de M. A. Screech, chez Droz ; celles du Quart Livre, de l'édition de R. Marichal, chez Droz ; celles du Cinquième Livre, de P. Michel, Livre de Poche.

1

Une deuxième modification a aussi son importance : la phrase ung chascun les puisse bien au net enseigner a ses enfans, est devenue un chascun les peust bien au net enseigner a ses enfants, & a ses successeurs & suruiuens bailler comme de main en main, ainsy que une religieuse Caballe. Cette addition, qui peut à première vue paraître toute gratuite, ou tout au moins purement de style, est en fait liée au premier amendement : celui-ci annule le rapprochement irrévérencieux entre les textes sacrés et le livre de facéties ; celle-là transfère cette irrévérence sur la religieuse Caballe, interprétation juive, mystique et allégorique de l'Ancien Testament. Non seulement Rabelais fait amende honorable, mais en gage de sa bonne foi, dirige sa plaisanterie contre la tradition hébraïque. Nous pouvons penser que ces corrections lui ont probablement été demandées par son protecteur du moment, et qu'il a dû, par docilité, faire bonne mesure.

A noter que ce mode de transmission orale est, dès 1532, amené par la surprenante supposition : si dauenture lart de imprimerie cessoit / ou en cas que tous liures perissent ; cette supposition et le remède proposé font dire à Demerson que Rabelais démontre par l'absurde l'utilité sociale de la transmission et de la diffusion des textes par l'imprimerie. Mais nous voyons plutôt là une attaque précise visant l'action du triumvirat composé du cardinal Duprat, du cardinal de Lorraine et du futur cardinal de Tournon qui, malgré le roi, avec l'aide de la Sorbonne, du Parlement de Paris, et s'appuyant sur les ordres mendiants, a entrepris, dès 1523, de réprimer impitoyablement les idées nouvelles. C'est ce triumvirat qui, en 1530, proteste contre la création des Lecteurs royaux, et c'est encore lui qui, en 1536, demande la suppression de l'imprimerie[3].

Nous rencontrons maintenant ces gros taluassiers qui n'entendent rien à ces petites ioyeusetes où il y a plus de fruict qu'ils ne pensent. Toutes les éditions donnent talvassiers ; mais qu'est-ce qu'un talvassier ? Pour tous les commentateurs, c'est un vantard ou un fanfaron ; Demerson ajoute le sens de soldat armé d'un talevas ou grand pavois. Nous pouvons donc comprendre que les soldats en question sont si bien abrités qu'ils font les fanfarons. Mais ils sont, de plus, tous crousteleuez, c'est à dire couverts de croûtes qui recouvrent les chancres : que viennent donc faire ces soldats fanfarons et vérolés dans l'appréciation sur le contenu des petites ioyeusetes ? Il y a ici juxtaposition gênante d'une qualification spirituelle et d'une qualification physique.

---

3. La France de la Renaissance, Anne Denieul-Cormier, Arthaud, 1962.

C'est ce dernier point qui va nous mettre sur la voie : le mot talvassier, qui nous semble si anomal[4] dans sa signification de fanfaron, ne ferait-il pas plutôt allusion à une tare physique ? Il nous faut nous reporter aux fac-similés, et nous y lisons évidemment aussi bien taluassier que talvassier puisque le v et le u sont rendus, à l'intérieur d'un mot, par la seule lettre u. Or le mot talus est effectivement un terme de chirurgie : Pied talus, espèce de pied bot dans laquelle le talon seul porte sur le sol et la face dorsale du pied est redressée contre la jambe (Littré). Voilà qui nous convient bien mieux.

Rappelons-nous pourtant, avant de continuer, qu'il n'entre pas encore en 1532, dans l'esprit du plus grand nombre, l'idée de s'interdire de faire grief à un être du mal ou de l'infirmité qui l'atteint ; l'époque garde, peut-être à l'état inconscient seulement, la vieille conviction qu'un mal est envoyé par Dieu à quelqu'un en punition de ses fautes : qui est frappé ne peut que l'avoir mérité, lui ou ses parents. Rabelais n'en est évidemment pas là, mais la connaissance qu'il a des maladies l'incite à se servir de leurs noms comme d'insultes à l'endroit de ses adversaires, ou, comme à la fin du présent Prologue, à les employer en imprécations. Plus souvent encore, il feint de croire que ces adversaires ne peuvent qu'être des gens atteints d'un mal ou d'une infirmité visibles. Cela est écrit, bien sûr, au mode de la plaisanterie ; ce n'est que manière de carabin, et ne va pas plus loin que notre réflexion d'aujourd'hui qui nous fait dire, d'une affection qui atteint un brave homme, qu'elle aurait mieux fait de s'abattre sur une canaille. Mais, qu'elle soit un souhait ou un simple désir de les humilier, cette attribution à ceux qui ne sont pas de ses amis d'une maladie ou d'une infirmité imaginaires est constante chez Rabelais.

Nous comprenons mieux maintenant l'enchérissement : tous crousteleuez, qui s'adresse à ces infirmes, ces pieds-bots qui marchent sur leurs talons, plutôt qu'à des soldats si bien abrités qu'ils en sont devenus fanfarons. Au reproche, du domaine spirituel, d'entendre beaucoup moins en ces petites ioyeusetes, que ne faict Raclet en Linstitute, Rabelais ajoute celui-ci, du domaine physique : ces gens-là ne sont que des pieds-bots talus, vérolés de surcroît. Nous ne pouvons apprécier exactement la gravité que contient cette accusation ; il semble pourtant que ces stropiats, qui devaient évidemment se mouvoir en s'aidant de béquilles, ne pouvaient vivre que de la charité publique, et à l'époque, cet état comportait une forte nuance de mépris. Avaient-ils, en plus,

---

4. Se dit d'une forme ou d'une construction qui présente un caractère aberrant par rapport à un type ou à une règle.

une spécialité qui les mettait au banc de la société ? C'est ce que laisse supposer l'accusation portée par Rabelais, mais nous ne pouvons aller au-delà.

Nous ne saurons jamais qui, le premier, a été contraint de lire talvassier pour taluassier, attiré par le mot connu talevas, qui désigne un grand bouclier carré employé dans les combats à pied (Littré). Il nous semble seulement que l'attraction aurait été plus légitime si le mot avait été talvas. Mais il reste à retenir que personne ne s'est jamais étonné de voir surgir ce sens de fanfarons qui s'insère très mal dans un développement où est d'abord traîté le côté physique, puis le côté spirituel. Car Rabelais est un trop grand artiste pour avoir commis la faute d'aborder, dans un premier temps, le domaine spirituel avec fanfarons, dans un deuxième temps, le domaine physique avec tous crousteleuez, pour revenir immédiatement au domaine spirituel avec qui entendent beaucoup moins, etc. Nous verrons que cette détection par le mot intrus, anomal, nous permettra souvent de mettre au jour une erreur, et nous incitera à chercher une explication plus satisfaisante. Sur ce, Verte folium [5].

Et nous tournons la page pour rencontrer, pour la première fois, les patients de Rabelais, ces pauures verolez et goutteux qu'il a si souvent vus bien oingtz & engressez a poinct. Ici, la glose dit généralement qu'on soignait ces malades par la sudation en étuve, ce qui est vrai, après les avoir enduits d'onguent mercuriel, ce qui est probablement erroné.

Il s'agit, Rabelais le dit bien, à la fois de vérolés et de goutteux : si les dermatoses des premiers pouvaient être traitées à l'onguent mercuriel, ce n'est certainement pas avant d'entrer en étuve, où la sudation en aurait annulé l'effet. Or le mercure était cher et on ne le gaspillait pas : on l'employait en onctions qui restaient à demeure sur le corps, ou plus souvent encore, en frictions. Quant aux goutteux, cet onguent mercuriel n'a rien à voir avec leur mal : il n'était donc pas question de les en oindre. Ce qui précédait la mise en étuve était, en fait, l'onction de gaïac, préconisé et contre la goutte, et contre la syphilis, pour ses propriétés stimulante et surtout sudorifique. Il semble ne pouvoir subsister aucun doute : le gaïac était la seule médication capable d'aider le malade à supporter l'étuve, à en aider l'action, et la seule à permettre l'application, en même temps, à des maladies aussi différentes que la

---

5. Tourne la feuille ou tourne la page (dans le titre de la Pantagrueline Prognostication). Cette Prognostication a été vraisemblablement écrite à la même époque que le Pantagruel : nous n'hésiterons donc pas à chercher dans son texte confirmation de nos interprétations.

goutte et la vérole. Voyons-en la preuve dans cette phrase de la Pantagrueline Prognostication (vj), où Rabelais dit que peu ioueront des cymbales, & manequins, si le Guaiac nest de requeste[6].

Au sujet de cette sudation, Demerson dit que le traitement des syphilitiques comportait un séjour de trois ou quatre semaines dans une étuve où ils suffoquaient ; nous pouvons penser qu'il s'agit là d'une erreur : outre qu'un séjour si prolongé, même intermittent, aurait à coup sûr rendu des cadavres, il aurait fallu, vu le nombre attesté de vérolés, une quantité d'étuves bien peu en rapport avec ce que nous savons du dénuement où était l'Hôtel-Dieu de Lyon ainsi que les hôpitaux des autres villes.

Même réduite à quelques heures, l'épreuve était pénible, et la représentation que nous donne Rabelais de ces malades est fort éloquente ; encore faudrait-il qu'on comprît tout ce qu'il dit, et on ne nous explique pas trop ce : les dentz leur tressailloyent comme font les marchettes dun clauier dorgues ou despinette, quand on ioue dessus. C'est regrettable, car il s'agit d'une très belle image que celle de ces instruments aux claviers superposés, dont les touches de l'un s'enfoncent toutes seules quand les doigts appuyent sur les touches correspondantes de l'autre.

Remarquons encore, un peu plus loin, ces licences qu'a dédaignées la Sorbonne : les étuves comparées aux limbes, qui sont, ou bien le séjour des âmes des justes avant la Rédemption, ou bien celui des enfants morts sans baptême, ainsi que cette assimilation des grandes & inestimables Chronicques à la vie de saincte Marguerite dont la lecture procure même allegement manifeste, et notons maintenant cette importante addition :

La phrase de 1532 : Non messieurs non. Il ny en a point. Et ceulx qui vouldroient maintenir que si : reputez les abuseurs & seducteurs, est devenue, en 1542 : Non messieurs non. Il est sans pair, incomparable & sans parragon. Ie le maintiens iusques au feu.exclusiue. Et ceulx qui vouldroient maintenir que si reputes les abuseurs prestinateurs, emposteurs, & seducteurs.

Cette phrase, lue dans le fac-similé, appelle trois remarques. La première est ce point qui apparaît entre iusques au feu, et exclusiue. Nous pourrions penser que ce point est ici un deux-points défectueux ; mais, plus vraisemblablement, si l'on fait le rapprochement avec les nombres qui sont précédés et suivis d'un point : Chapitre.j., que passerent

_____

6. Nous traiterons plus tard de ces expressions : jouer des cymbales, et jouer des mannequins ; contentons-nous pour l'heure de savoir qu'elles signifient, comme on peut s'en douter, faire l'amour.

.xxxvj. moys, troys sepmaines quatre iours, treze heures, & quelque peu daduantaige sans pluye (ij), ce point est le premier des deux points entre lesquels sont placées les mentions des précisions ; ici la précision d'un nombre est conférée au mot exclusiue.

La plupart des éditions modernes se croient donc autorisées à imprimer exclusiue en italique, alors qu'elles ne le font pas pour les nombres précédés et suivis d'un point ; il y a donc là abus manifeste, et nous nous garderons bien d'intervenir, gardant la phrase telle que nous la lisons : Ie le maintiens iusques au feu.exclusiue.

La deuxième remarque concerne cette double demande de correction qui apparaît en marge du fac-similé de 1542 : un r devant remplacer le d de deputes mis pour reputes ; et, plus important, un non devant remplacer le si de : Et ceulx qui vouldroient maintenir que si, qui devrait alors se lire : Et ceulx qui vouldroient maintenir que non. On n'a jamais tenu compte de cette demande, et l'on a eu raison : ceux qui maintiennent que si, maintiennent que le livre est avec pair, qu'il est comparable, et qu'il a un parragon ; le que non équivaudrait à la même contestation, mais avec moins de force : elle établirait seulement que le livre n'est pas sans pair, qu'il n'est pas incomparable et qu'il n'est pas sans parragon ; l'antériorité du si de 1532 a fait judicieusement conserver la première version.

La troisième remarque est qu'il n'y a pas de virgule entre abuseurs et prestinateurs ; le mot abuseurs n'étant pas en fin de ligne, il n'est pas question de dire, comme on le fait quelquefois, qu'il s'agit d'une virgule éliminée pour des raisons de serrage de la forme. La compréhension peut donc être celle-ci : ce sont les prestinateurs qui sont à la fois abuseurs, emposteurs, et séducteurs.

Revenons maintenant à la phrase : Ie le maintiens iusques au feu .exclusiue. Les commentateurs s'empressent de nous dire à quel endroit des Livres suivants nous retrouverons l'idée de la formule ; c'est bien aimable à eux, mais ne feraient-ils pas mieux d'attirer notre attention sur son importance ? Elle matérialise toute la sagesse de Rabelais qui, tenant à ses idées, ne pense pourtant pas qu'aucune d'elles vaille d'aller jusqu'au bûcher, et trouve même absurde que, pour refuser de se taire momentanément, on soit appellé à le faire de façon définitive. Appliquant immédiatement cette conception, il ajoute ainsi la désignation de ces prestinateurs qu'il qualifie d'imposteurs, transformant du même coup les substantifs abuseurs & seducteurs de 1532 en qualificatifs se rapportant auxdits prestinateurs : c'est dénoncer les Calvinistes, et proclamer bien haut qu'il n'est rien moins qu'adepte de la prédestination.

Cette prudence est celle de l'être intelligent qui croit que c'est bien fort utile a toute la republicque, delectable (aux autres), honnestement a (sa) lignee, & a (lui) necessaire (P. xxj) [7], de continuer à exister. Nous ne comprendrons jamais pourquoi les commentateurs s'obstinent à ne pas donner leur avis sur cette prise de position, chargeant peut-être leur silence de nous faire sentir leur haute désapprobation. Veulent-ils nous faire croire qu'ils nourissent des sentiments héroïques, et qu'ils sont prêts à aller au bûcher, par exemple pour la défense du nombre d'heures attribuées en France à l'enseignement de la langue française aux Français ?

Lisons toujours : on s'étonne de constater qu'en 1542, Rabelais n'a apporté que des corrections mineures à la phrase : car il en a este plus vendu des imprimeurs en deux moys/quil ne sera achepte de Bibles de neuf ans ; il écrit : par les imprimeurs, et : en neuf ans. Etonnement d'autant plus grand que cette phrase se situe juste avant l'annonce du liure de mesme billon que Rabelais va offrir à ses lecteurs pour accroître (leurs) passetemps daduantaige, et que tout cela peut paraître assez hardi.

Mais ce que nous prenons pour irrévérence n'est peut-être qu'innocente plaisanterie. Bien que les commentateurs n'expliquent rien, il faut bien voir qu'il s'agit ici de Bibles qui seraient vendues aux mêmes lieux et sous la même forme, c'est à dire en petits livres de poche, et en français, comme est vendue ladicte chronicque Gargantuine. Or, il n'existait en français aucune Bible en édition populaire, à part cette antique version partielle de l'Ancien Testament, la Bible historiée, qui ne devait plus attirer grand monde. D'autre part, l'arrêt du Parlement, de 1521, renouvelé en 1522, était toujours en vigueur, qui interdisait d'imprimer ou de vendre tout écrit relatif à la sainte Ecriture sans qu'il ait été examiné par les docteurs de la faculté de théologie de Paris.

La phrase est donc bien à entendre comme une facétie : il a été plus vendu en deux mois de Chroniques gargantuines qu'il ne sera acheté de Bibles en neuf ans, attendu qu'il n'en est point en vente de même type. Cela procède de même genre de comique que les évidences du troisième chapitre de la Pantagrueline Prognostication : Ceste annee les aueugles ne verront que bien peu, les sourdz oyront assez mal : les muetz ne parleront guieres : les riches se porteront un peu mieulx que les pauures, & les sains mieulx que les malades. Et cette déclaration prend alors une tout autre portée que celle qu'on a coutume d'y voir : on s'est toujours fondé sur elle pour conclure que ces chroniques eurent un immense succès populaire qui a déterminé Rabelais à prendre

---

7. Là encore, toutes les éditions impriment : honneste ; c'est la version de 1532. Celle de 1542 dit : honnestement. Il se peut qu'il s'agisse d'une erreur, mais il se peut aussi qu'il s'agisse d'une finesse : nous essaierons de la découvrir, le moment venu.

la même forme pour son Pantagruel ; dans la phrase, comprise comme nous la comprenons, ce succès nous semble moins indiscutable ; et la suite, qui annonce le Pantagruel, paraît dès lors ne plus contenir que l'espoir modeste d'en vendre quelque peu davantage, attendu quil est un peu plus equitable & digne de foy que nestoit laultre ; mais nous nous doutons que ce peut n'être là que feinte modération.

Quoi qu'il en soit de ce dernier point, si notre interprétation s'applique aisément à la phrase de 1532, quand Rabelais ne peut savoir quel accueil aura son livre, cette explication par la seule plaisanterie semble moins plausible pour cette même phrase maintenue en 1542, alors qu'il sait comment a été reçu son Pantagruel, et quels sont les reproches qu'on lui a faits. S'il la maintient en l'affinant, c'est donc qu'elle a un deuxième contenu, et qu'elle a encore sa raison d'être. Et son contenu pourrait bien être, à l'adresse des censeurs de Sorbonne, l'avertissement d'un homme éminemment capable d'entreprendre une traduction en français de la Bible, qui se borne à écrire un livre de passetemps, s'abstenant de se ranger parmi les intellectuels insoumis. En 1532, cette docilité lui permet de croire qu'il peut tenir pour acquise l'indulgence des censeurs ; en 1542, ses espoirs déçus, il maintient la phrase qui, pour les théologiens sorboniques, contient toujours la menace du théologien Rabelais d'entreprendre cette traduction : c'est les inciter à ne pas pousser plus avant leurs critiques.

Nous arrivons maintenant à une modification d'importance : l'édition de 1532 disait : Ie ne suis pas nay en telle planette / et ne maduint oncques de mentir ou asseurer chose que ne feust veritable : agentes & consentientes /cest a dire/ qui na conscience na rien. Ien parle comme sainct Iehan de Lapocalypse : quod vidimus testamur. Voyons d'abord ce que contient ce texte que Rabelais va atténuer :

Agentes & consentientes, quelques commentateurs prennent la peine de nous le dire, est le début d'un adage de droit si connu que Rabelais compte sur les trois premiers mots pour l'évoquer ; la suite en est : pari pœna puniuntur, et cela signifie que les auteurs d'un crime et leurs complices sont punis de la même peine. Ainsi, outre l'idée qu'un mensonge de l'auteur rendrait également coupables ses lecteurs, il y a calembour entre le mot consentientes : complices, et le mot conscience ; de plus, le cest a dire qui semble devoir introduire la traduction de agentes et consentientes : les coupables et leurs complices, est volontairement abusif, puisque Rabelais l'explique par un adage tout différent qui prend appui sur la similitude entre consentientes et conscience : qui na conscience na rien. Il y a plaisanterie à double détente, qui implique d'ailleurs que le lecteur de 1532 devait lire au moins un peu de latin et devait avoir quelque teinture de droit. Et c'est ici que nous pouvons douter du bien-fondé de l'idée généralement reçue que Rabelais a écrit pour le populaire et que c'est ce populaire qui a fait le succès du livre. En tout cas, ce n'est pas cette plaisanterie qui pouvait émouvoir la Sorbonne ; il doit y avoir plus sérieux danger.

Il est effectivement dans la suite : Ien parle comme sainct Iehan de Lapocalypse : quod vidimus testamur. Ces trois mots latins qui signifient : nous attestons ce que nous avons vu, sont une citation des paroles que Jean prête au Christ (III,11), et cette assertion est liée par Rabelais à l'évocation de l'Apocalypse qui, comme chacun savait à l'époque, est la prophétie de visionnaire que fait Jean de ce que sera la fin du monde. Or, établir une relation entre une prophétie, c'est-à-dire quelque chose qui traite de l'avenir, et les mots : nous attestons ce que nous avons vu, qui se réfèrent au passé (et à un passé qui, à cet endroit de l'Evangile, peut avoir quelque apparence de mythomanie), c'est à la fois ridiculiser la prophétie et faire planer un coupable scepticisme sur le caractère sacré des paroles de Jésus. Finalement, Rabelais plaisante avec la conscience, avec l'Apocalypse, et avec les paroles du Christ ; en outre, il introduit ce comique par la phrase : Car ne croyez pas si ne voulez errer a vostre essient/que ien parle comme les Iuifz de la loy, c'est à dire sans la lumière de la Révélation (Demerson) ; et tout cela à l'occasion des horribles faictz & prouesses de Pantagruel : c'est vraiment aller très loin ; la plaisanterie prend des airs de provocation : Rabelais remanie donc son texte.

Et il écrit alors, après que ne feust veritable : Ien parle comme un gaillard Onocrotale, voyre dy ie crotenotaire des martyrs amans & crocquenotaire de amours : quod vidimus testamur. L'évocation de l'Apocalypse disparaît, mais le nouveau texte garde le même désir d'introduire la notion de gens qui parlent de ce qu'ils ignorent, comme le prouve le maintien de quod vidimus testamur. Reste à bien comprendre, et il faut avouer que ce n'est pas facile, car la laborieuse facétie (Boulenger) est filée péniblement. Essayons :

Rabelais ici, n'écrit plus : il feint de conter oralement, ce qui va lui permettre de commettre volontairement, à trois reprises, un lapsus linguae (faux-pas, faute de langage). Il a, nous laisse-t-il supposer, l'idée de nous parler des protonotaires, qui sont les notaires de la chancellerie pontificale ; sachons qu'ils ont la réputation d'être forts amateurs de femmes, et, selon Guilbaud, qu'ils ont pour mission, outre leur travail de secrétariat, de rédiger les Actes des Martyrs.

Donc, Rabelais commence, et, faisant son premier lapsus, dit gaillard Onocrotale (pélican) pour gaillard Protonotaire. C'est un lapsus que les commentateurs trouvent élaboré puisqu'ils y voient l'attraction du mot grec onos (âne) et du mot décrétaliste, les Décrétales étant les missives

9

émanant des papes pour affirmer leur autorité temporelle contre les souverains d'Europe (Demerson), et les décrétalistes, les docteurs en droit canon qui les rédigent. Mais plus certainement, ce qu'il faut retenir, c'est l'idée qu'apporte le mot onocrotale qui, à l'époque, est le symbole d'intense puissance sexuelle ; le nouveau texte est d'ailleurs fondé sur le fait que la grande activité amoureuse des protonotaires est exempte du moindre sentiment. Nous retrouverons ce pélican au Tiers Livre, XXVI, où Panurge dit : Et suys d'advis que dorenavant, en tout mon Salmigondinoys, quand on vouldra par justice executer quelque malfaiteur, un jour ou deux davant on le face brisgoutter en onocrotale, si bien que en tous ses vases spermaticques ne reste de quoy protraire un Y gregoys.

Puis Rabelais se reprend et dit crotenotaire en ajoutant : des martyrs amans. Il y a d'abord calembour évident entre proto et crote, puis intention de mêler cette crote à la rédaction dont sont chargés les protonotaires : les Actes des Martyrs ; martyrs amans, ramène, avec peut-être l'idée d'introduire la notion de rédaction de billets galants, celle de gens qui parlent de ce qu'ils ignorent, puisque ce n'est nullement l'habitude de ces protonotaires de jouer les amants transis. Enchaînant, Rabelais commet son troisième lapsus et dit alors : crocquenotaire et ajoute : de amours. Le calembour porte cette fois sur proto et crocque, et il amène, avec de amours, l'idée que les protonotaires mènent rondement leurs aventures amoureuses, qu'ils mettent avec célérité les femmes à leur croc ; de amours insiste une dernière fois sur l'idée de gens qui sont étrangers à ce dont ils parlent : ici, l'amour, qui n'entre aucunement dans les fornications des crocquenotaires.

Boulenger a raison : la facétie est laborieuse et sent même diablement l'huile. Mais nous comprenons fort bien que, contraint de supprimer le trait dirigé contre l'Ecriture, voulant garder toutefois ce quod vidimus testamur qui est le pivot de sa période, Rabelais n'ait pu retrouver, avec la temporelle débauche des protonotaires, la spontanéité que lui avaient inspirée les éternels textes sacrés.

Là-dessus, nous arrivons aux imprécations dont nous avons parlé : le feu sainct Antoine vous arde, mau de terre vous vire, le lancy, le maulubec vous trousse la caquesangue vous viengne, le mau fin feu de ricquracque, aussi menu que poil de vache, tout renforcé de vif argent vous puisse entrer au fondement. Et, pour tenter de mieux comprendre, il nous faut d'abord nous replacer dans le temps [8].

---

8. Nous nous appuyons ici, principalement, sur les quatre ouvrages suivants : L'Hôtel-Dieu de Lyon, Auguste Croze, Laboratoire Ciba, Lyon, 1939 ; La Vie galante à Lyon au bon vieux temps, Claudius Roux et Noré Brunel, Edition du Fleuve, Lyon, 1928 ; His-

Nous sommes en 1532 : Rabelais exerce à l'Hostel-Dieu de Notre-Dame-de-Pitié du Pont-du-Rosne, à Lyon. Il est, nous dit-on, médecin généraliste ; on n'a jamais vu en lui un spécialiste de la vérole, mal apparu un demi-siècle plus tôt, et qui s'est répandu dans tous les milieux. Qu'il soit ou non ce spécialiste, Rabelais ne peut manquer de s'intéresser au traitement spectaculaire qu'on applique aux vénériens : les onctions de gaïac, le séjour en étuve, les frictions au mercure attirent son attention. Le nombre de ces malades augmente sans cesse ; ils ont pris la place des lépreux ; la vérole est devenue la grande maladie, et toute la médecine du temps se penche sur ce mal nouveau.

Mais si les vérolés sont considérés avec curiosité, il n'entre pas encore, dans la façon douloureuse de les traiter, ce désir de les punir qui sera celui du siècle suivant, où les vénériens ne seront admis à l'Hôpital général qu'après avoir été fouettés, correction qui sera certifiée par leur billet d'envoi. Cette notion de châtiment est tout à fait inconnue à la Pitié du Pont-du-Rosne, en 1532, et Rabelais a dû même y trouver une atmosphère assez légère. Il est vrai que, depuis une décision de 1504, le personnel hospitalier doit comprendre en permanence vingt-cinq filles repenties mises là pour éviter qu'elles n'aient occasion de recheoir en péché. Et si l'une d'elles, la Mère, a toute autorité sur ses compagnes, elle ne voit pas tout puisque, en 1519, s'est déroulé le procès intenté par la ville au prêtre Boucher, cordelier, directeur spirituel de l'hôpital, qui a rendu mère la fille repentie Claude de Damas. Et c'est vers 1520 qu'on a dû ordonner au grand voyer de la ville de faire hausser les murs de l'hôpital du costé du Rosne pour ce que les gens et mesmement certains vagabonds passent sur ledit mur et vont du costé des filles repenties. Les ardeurs ont donc fermenté, et, en 1526, on a dû défendre à tous les employés, même aux prêtres, d'entrer après souper dans les salles où veillent les repenties, à moins qu'ils n'y soient appelés. Mais quelque temps après, les sœurs Hilaire et Couronnée sont encore poursuivies pour malversation et immoralité.

Quel que soit le comportement de Rabelais dans ce chaleureux hôpital, on comprend fort bien la sympathie et la commisération que lui inspirent ces pauvres verolez victimes du mal d'amour et soumis à si pénible traitement, d'autant plus pénible peut-être qu'il est dispensé par des aides soignantes à l'esprit large, mais dont la bonne volonté ne peut aller jusqu'à accepter les hommages des vérolés reconnus. Mais la question se pose de savoir ce que Rabelais connaissait de leur maladie, ou plutôt ce qu'il en pouvait connaître.

toire de la Médecine française, Jules Guiart, Nagel, Paris, 1947 ; Les maladies vénériennes, P. de Graciansky, P.U.F., 1971.

11

Nul doute qu'il sait, des maladies vénériennes non syphilitiques, ce qu'en savaient les Anciens. P. de Graciansky dit : Aristote, Platon, Pline, Horace, etc., font de claires allusions à la maladie blennorragique et Sénèque rapporte qu'Epicure s'ouvrit les veines dans son bain, souffrant trop d'une crise de rétention due à des rétrécissements. De même les ulcères vénériens (chancrelle) et le bubon, les rectites, étaient connus d'Hippocrate, de Galien, de Celse. Certes, il ne s'agit pas là de la vérole, encore nommée mal de Naples, syphlotte, nase, qui ne commença à toucher l'Europe qu'à partir de la découverte du Nouveau Continent, mais les écrits contemporains sur le sujet ont dû le renseigner : D'emblée la syphilis était pourtant bien distinguée de la blennoragie dans les premières observations de Jean de Vigo (1514), dans les ouvrages de Jacques de Béthencourt (1527) et de Fracastor qui lui donna son nom. (Nous verrons plus loin que cette dernière assertion de P. de Graciansky est contestable.)

On ne peut pourtant s'appuyer pleinement sur ces lignes de la Pantagrueline Prognostication (v) pour conclure que Rabelais faisait parfaitement la différence entre les maladies vénériennes qui sont syphilitiques et celles qui ne le sont pas : A Venus comme putai(n)s, maquerelles, marioletz, Bougrins, bragars, Napleux, eschancrez [...] se doibuent garder de verolle, de chancre, de pisses chauldes, poullains grenetz &c. ; mais ce que ce texte, qui semble bien émaner d'un spécialiste, nous apprend, c'est que ces maux que dispense Vénus lorsqu'elle est irritée occupent la première place dans son esprit de médecin. Nous allons donc pouvoir, munis de cette certitude, commencer à nous demander si les explications systématiquement asexuées que nous donnent les commentateurs ne masquent pas le nom de quelques maladies vénériennes, syphilitiques ou non.

Nous commençons avec : le feu sainct Antoine vous arde. Le commentaire dit que ce feu saint Antoine, ou Mal des Ardents, ou mal sacré, est l'ergotisme, affection produite par l'usage alimentaire du seigle ergoté ou de farines avariées, qui pouvait être mortel. Examinons :

Il est certain que le feu saint Antoine fut à un moment l'ergotisme. Cette phrase du chapitre xlv du Gargantua fait allusion, selon toute vraisemblance, à une des manifestations de la maladie : Ainsi preschoit a Synais un Caphart, que sainct Antoine mettoit le feu es iambes. J. Guiart dit en effet : L'affection était caractérisée d'abord par la contracture des membres avec d'épouvantables douleurs et qui se terminait par leur mortification par gangrène entraînant d'horribles mutilations. D'autre part, c'est bien en 1095, lors d'une violente épidémie, qu'avait été fondé, par quelques gentilshommes dauphinois, l'ordre religieux hospitalier de Saint-Antoine-du-Viennois, spécialisé dans le traitement de l'ergotisme car c'est à cette date que se révéla miraculeux le corps du pieux cénobite d'Egypte, Antoine le Grand, ramené vingt-cinq ans plus tôt dans une petite église du diocèse de Vienne.

Mais ce mal avait cessé d'être virulent dès les années 1200 : Cette affection, dit encore J. Guiart, dévasta l'Europe durant trois cent ans, du IXe au XIIe siècle. A partir du XIIIe siècle, donc, on peut considérer que le mal ne fut plus qu'accidentel, et qu'il ne touchait plus qu'un village à la fois ; en outre, l'ergot de seigle était employé comme abortif, et cela impliquait un certain contrôle de sa nocivité : les manifestations du mal étaient donc devenues bien restreintes pour que, trois cent ans plus tard, en 1532, le feu saint Antoine évoquât immédiatement l'ergotisme dans l'esprit du lecteur.

Devant la disparition progressive de la maladie, les Antonins n'avaient-ils pu étendre leur spécialisation à d'autres maux, et ce feu sainct Antoine n'avait-il pu, alors, en arriver à désigner autre chose que l'ergotisme ? Greimas, dans son Dictionnaire de l'ancien français (Larousse), que nous aurons souvent à consulter, mentionne : Le mal le roy : les écrouelles ; Le mal saint Julien : l'abcès, l'aposthume ; Le mal saint Martin : l'esquinancie ; Le mal saint Eloy : la fistule ; Le mal saint Jehan, saint Leu : l'épilepsie. Il ne dit rien du mal saint Antoine et, pour feu, ne cite que feu Dieu : malade attaqué du feu sacré, du feu ardent, sans donner le nom de la maladie. En revanche, si l'on trouve dans le Larousse médical de 1952 la mention du feu saint Antoine pour désigner l'ergotisme, on retrouve ce même feu saint Antoine dans la description qu'il donne du zona : l'éruption du zona s'accompagne d'une douleur vive, avec sensation de cuisson, de brûlure fort pénible (feu sacré, feu de saint Antoine). Nous pouvons voir là, au moins, la preuve que le feu saint Antoine ne désignait pas exclusivement l'ergotisme.

Il paraît donc certain qu'on était arrivé à déclarer du ressort de saint Antoine toute maladie dont les manifestations s'accompagnent de sensation de brûlure, de douleur cuisante, de souffrance ardente : saint Antoine, pour avoir déjoué maintes fois dans le désert de Thébaïde les pièges de Satan, avait toutes raisons d'être particulièrement dévoué aux ardeurs que le prince du feu envoyait aux hommes. Reste à découvrir si, dans ces maladies ardentes, n'entraient pas les maladies vénériennes ; et reste à découvrir pourquoi elles seraient devenues attributions de saint Antoine et des Antonins.

Cette phrase du Gargantua (xvij) va peut-être nous mettre sur la voie : Ce pendent vint un commandeur iambonnier de sainct Antoine pour faire sa queste suille. La glose nous dit que le sobriquet jambon-nier était usuel, les moines de Saint-Antoine-du-Dauphiné ayant eu

13

longtemps le privilège de laisser leurs cochons errer en liberté, même dans les villes, et qu'en échange de la renonciation à ce droit, ils reçurent lard et jambon au cours de la quête du cochon (suilla : viande de porc). On nous dit encore qu'on s'adressait aux membres de cet ordre pour soigner les pourceaux malades, et que leur talent vétérinaire était réel.

Une notion semble ainsi bien établie : d'une part, le lien entre les maladies qui brûlent et saint Antoine et les Antonins ; d'autre part, le lien entre saint Antoine et les Antonins et le pourceau. Or, le pourceau va nous donner une bonne raison de croire que les Antonins, après avoir eu la compétence de l'ergotisme, eurent celle des coupables maladies vénériennes ; ils y étaient spirituellement préparés puisque, déjà, quand le prétendu ergotisme les contraignait à l'amputation, ils exposaient, autour de la porte de leurs chapelles, les membres devenus noirs et momifiés, accompagnés de cette vengeresse inscription : Nemo in vanum peccat in Antonium : personne ne pèche en vain contre Antoine, ce qui fait apparaître qu'ils n'ont jamais cru à l'innocence de ce feu saint Antoine puisqu'ils le tenaient pour la punition d'un manquement à la chasteté.

Et cette bonne raison est purement étymologique : le mot syphilis, dit le Larousse médical de 1952, vient du grec sus : pourceau, et philein : aimer ; cela revient à dire, en clair, que la syphilis est le mal de ceux qui aiment à la manière du pourceau ou qui ont des fréquentations avec le pourceau.

Pourtant, l'étymologie généralement admise est tout autre : Du nom du berger légendaire Syphilus, pris dans les Métamorphoses d'Ovide, et que Fracastor fait frapper de cette maladie par Apollon, dit, par exemple, le dictionnaire étymologique de Dauzat (Larousse). Cela ne signifie pas grand chose, car si l'on gratte un peu, on n'arrive à trouver, pour étayer cette étymologie, que ce seul poème de Fracastor de Vérone (1530), où ce médecin versificateur, qu'on dirait exécutant un ouvrage de commande, transforme arbitrairement le nom du berger Sipylus en Sypilus, juste pour cadrer avec l'étymologie à réinventer. Et ce berger qui, chez Ovide, est frappé d'une flèche au cou par Apollon (livre vj, vers 149-231), est frappé de la vérole, ou plus exactement d'une affection qu'on appellera, en souvenir de lui, syphilis. C'est aberrant, et l'on doit s'étonner qu'un spécialiste tel que P. de Graciansky se soit laissé abuser (à moins qu'il n'ait tenu, lui aussi, à ménager la susceptibilité de ses malades).

Il apparaît donc que, dès 1530, on n'a plus accepté, pour expliquer le mot syphilis, l'équivalence : amour de pourceau, ou, puisque sus veut dire l'un et l'autre : amour de truie. Il faut bien admettre qu'il entre dans cette étymologie une accusation infamante pour les Antonins, laissant entendre que les connaissances qu'ils avaient sur tout ce qui touche au pourceau pouvait n'être pas dues aux seules observations, mais à des contacts plus intimes[9]. Et l'on comprendrait aisément, si l'on ne connaissait le respect des moines pour les textes, qu'ils eussent payé un Fracastor pour qu'il tente d'implanter une nouvelle étymologie à l'aide du providentiel berger Sipylus.

Toujours est-il que l'imprécation de Rabelais a pris un relief nouveau : le feu sainct Antoine vous arde voue l'intéressé à la brûlure que cause l'une des diverses maladies qui sont du ressort de saint Antoine, et, particulièrement en 1532, de cette maladie qui provient, dit-on quand on n'a pas lu Fracastor, de pratiques amoureuses dignes du pourceau ou contractée par la fréquentation charnelle du pourceau.

C'est là l'interprétation la plus évidente, mais peut-être l'expression contient-elle des extensions du genre de : Que vous contractiez la maladie brûlante d'une femme qui l'aurait reçue d'un Antonin, ou Que vous soyez aussi dépravé qu'un Antonin pour contracter d'une truie la maladie brûlante. Il est, bien sûr, impossible de savoir jusqu'où voulait aller Rabelais ; peut-être même fait-il allusion à un fait connu de bestialité chez ces moines ; nous pouvons être certains, en tout cas, de ne pas dépasser sa pensée en adoptant l'une quelconque des compréhensions qui s'offrent, tant est grand, en 1532, le ressentiment qu'il garde contre l'état monacal.

Nous voilà loin de cet ergotisme qui, s'il avait le tort de remonter aux années 800-1200, présentait l'avantage de permettre au commentaire de rester pudique. Sacrifions allègrement la pudeur à la vraisemblance : nous allons rencontrer dans le Pantagruel bien d'autres évoca-

---

9. Il est évidemment permis à chacun de s'indigner s'il en éprouve l'envie ; mais pas avant d'avoir lu ce texte d'un ouvrage muni de l'imprimatur : Saint François d'Assise et l'esprit franciscain, par Ivan Gobry, Editions du Seuil, pp. 156 et 157, où le bienheureux François, accompagné du frère Paul, rencontre en chemin un pâtre qui garde des chèvres et des boucs au milieu desquels se trouve une petite brebis :
Ne vois-tu pas cette brebis qui marche avec douceur parmi les chèvres et les boucs ; c'est ainsi, je te dis, que Notre-Seigneur marchait avec douceur et humilité parmi les pharisiens et les princes des prêtres. Aussi, je te prie, mon fils, par charité pour lui, d'avoir pitié comme moi de cette petite brebis ; nous allons l'acheter pour la tirer du milieu de ces chèvres et de ces boucs.
Et le frère Paul, admirant sa douleur, se mit à gémir avec lui. Mais ne possédant rien que les grossières tuniques qui les couvraient, ils restaient là bien en peine de trouver la rançon nécessaire, lorsque soudain parut un marchand qui leur remit la somme désirée. Rendant grâces à Dieu, ils emmenèrent la brebis. Arrivés à Osimo, ils furent introduits près de l'évêque qui les reçut avec grand respect. Il s'étonna pourtant de voir la brebis que menait l'homme de Dieu, et la tendresse qu'il lui témoignait. Mais après que le serviteur du Christ eut développé tout au long la parabole de la brebis, l'évêque, touché de componction, rendit grâces à Dieu pour la pureté de son serviteur.

tions de ces maux vénériens et de cette syphilis qui préoccupaient le médecin Rabelais et qui obsédaient l'esprit de ses lecteurs.

Passons maintenant à : mau de terre vous vire. La glose dit qu'il s'agit là de l'épilepsie ou mal caduc, et que vous vire signifie vous jette à terre. Pourtant, si ce mal caduc est bien attesté par Greimas pour désigner l'épilepsie (cadere : tomber), rien ne permet d'associer ce mal au mau de terre ; et vous vire ne signifie nullement : vous fait tomber.

Virer, dit Greimas, c'est tourner sur soi-même ou faire tournoyer. Cette idée de tournoiement évoque bien plutôt une succession de mouvements tels que ceux de la chorée (khoreia : danse), qu'on désignait alors par le nom de danse de saint Guy, et dont une des causes peut être la syphilis. Il est, bien sûr, impossible de savoir si c'est exactement là ce que veut dire Rabelais, mais il est certains toutefois que le commentaire s'est permis une assimilation abusive, peut-être pour pouvoir avancer le nom d'une maladie non vénérienne.

Nous allons maintenant devoir examiner l'expression : le lancy, le maulubec vous trousse, qu'il faut probablement entendre : le lancy ou le maulubec vous trousse, puisque le verbe reste au singulier.

Pour lancy, la glose dit avec assurance : la foudre, le jet de foudre (mot toulousain) ; pour maulubec, elle dit, ainsi que nous l'avons vu dans l'avant-propos : l'ulcère aux jambes ; et pour vous trousse : vous rende boîteux. Seul Demerson dit : le chancre, mais il dit aussi vous fasse clopiner.

Cette première explication, la foudre, qui semble si anomale dans cette série d'imprécations ayant trait à des affections physiques, s'appuie vraisemblablement sur cette phrase du Tiers Livre (XXVIII) où Panurge répond à frère Jan qui vient de prétendre que le poil gris de la tête et de la barbe de son compagnon (les neiges sont es montaignes) laisse penser que il n'y a pas grand chaleur par les valées de la braguette : Quand la neige est sus les montaignes, la fouldre, l'esclair, les lanciz, le mau lubec, le rouge grenat, le tonnoire, la tempeste, tous les Diables sont par les vallées.

Nous verrons en son temps comment s'organise la période, mais, dès maintenant, nous pouvons nous étonner deux fois : d'abord, que les commentateurs puissent penser que Rabelais, après avoir écrit en clair : la fouldre, écrive, un mot plus loin : les lanciz, ce qui, pour les glossateurs, a même signification ; ensuite, que lisant : le mau lubec, dans la célébration de sa virilité que fait Panurge, ces commentateurs puissent donner à ce mot le sens d'ulcère à la jambe, alors que cet ulcère, sans les empêcher, ne prédispose pas particulièrement aux prouesses amoureuses.

Mais peut-être aurions-nous quelque lumière si nous arrivions

16

d'abord à éclaircir le sens de vous trousse. Greimas, pour trosser, renvoie à torser, ce qui n'est pas pour nous étonner, le groupe ro étant constamment confondu, à l'époque, avec le groupe or. Et il nous propose les trois sens : empaqueter ; charger des bagages ; relever en pliant, retrousser.

Il apparaît dès maintenant qu'il est impossible de donner à vous trousse le sens de vous rende boiteux, à moins de commettre l'erreur de rattacher torser au mot tors, qui signifie tordu, contrefait, estropié. C'est apparemment cette confusion qui a été faite, et qui a entraîné la claudication du raisonnement, obligeant à introduire indûment cette idée de torsion, puis la jambe qui doit en être affectée, puis la boiterie qui en découle. De crainte de faire une semblable construction, retournons, avant de choisir, aux mots lancy et maulubec.

Nous venons de voir que Panurge les utilise pour la célébration de sa puissance sexuelle : ils ont donc dans sa bouche un sens laudatif ; or nous savons que les affections vénériennes étaient considérées comme preuve de virilité, et qu'on ne se faisait pas faute de s'en prévaloir quand besoin était : nous aurons l'occasion de le voir aux chapitres xxix et xxx du présent Livre. Rien d'étonnant, donc, que ces mêmes mots puissent être employés comme imprécations, appelant sur la tête de l'intéressé des maladies qui, pour avoir un côté glorieux, n'en sont pas moins une gêne ou une souffrance. Le lancy et le mau lubec, bien loin de désigner cette étonnante foudre et cet inexplicable ulcère jambier, peuvent donc très bien être des affections vénériennes.

Revenons au mot lancy, sans oublier que nous sommes en présence d'une expression occitane. Greimas donne, pour lance et pour lancier, des sens qui semblent pouvoir déboucher sur ce que nous cherchons : Lance : lance ; lancegaie : javeline, demi-pique, bâton ferré par un bout ; lanc, lanz : action de lancer, élan ; lanceis : action rapide et répétée de lancer. Et nous sommes là, devant deux interprétations possibles : ou bien le lancy est ce pénible priapisme qui peut se produire au cours de la blennorragie ; ou bien ce lancy décrit la sensation réitérée d'une douleur qui se produit dans cette même blennorragie, dite encore chaude-lance. Le pluriel du texte du Tiers Livre : les lanciz, nous fait pencher pour cette deuxième compréhension, car on peut malheureusement contracter plusieurs pisses chauldes, comme dit ailleurs Rabelais, la première ne conférant nullement l'immunité.

Quand au mot maulubec, dont on nous dit qu'il est, lui aussi, occitan, c'est Guilbaud qui a raison quand il dit que c'est le mauvais loup ; (dommage qu'il se croie obligé de parler, comme les autres, d'ulcère aux jambes). Mais ce mauvais loup ne traduit que les deux premières syllabes du terme : mau, c'est mal, mauvais ; et lu est vraisemblablement la forme occitane du mot qu'indique Greimas : leu, lou, qui signifie d'abord loup, puis chancre. Le maulu est donc effectivement le mauvais chancre. Mais on a bon jeu d'ignorer la troisième syllabe : bec, comme si elle n'était là que pour la sonorité ; bec, chez Greimas, veut dire, bien sûr, bec, mais le dérivé : becheron, qui signifie petit bec, a pour deuxième sens : bout. Ne peut-on considérer la finale occitane : bec comme l'équivalent du becheron que nous donne Greimas, dans son acception : bout ?

Ce qualificatif : mauvais, appliqué au chancre du bout, c'est-à-dire localisé au gland, semble bien alors désigner le chancre mou, qui peut devenir phagédénique (phagein : manger, et adên : beaucoup) et produire dans certains cas des mutilations partielles ou totales (phagédénisme térébrant). On comprend fort bien que son côté spectaculaire et la terreur qu'il devait inspirer aient conduit à lui donner un nom particulier [10]. Ce chancre mou peut néanmoins disparaître spontanément, ainsi d'ailleurs que les signes extérieurs de la blennorragie : c'est ce qui explique que Panurge puisse considérer ces affections comme de simples accidents, et s'en prévaloir. Nous verrons d'ailleurs que le caractère de Panurge le pousse à l'enflure, à l'outrance verbales, mais que, par convention, cette amplification reste du domaine de la parole, sans véritable correspondance avec la chose évoquée.

Reste à lier ces deux affections au verbe vous trousse. Et il nous apparaît que ce verbe peut très bien n'avoir pas le contenu concret que nous attendions, trompés par l'exemple des commentateurs, mais avoir le sens figuré de : enlever, expédier rapidement, sens qu'on trouve dans ce terme apparu vers 1500 : trousse-galant, qui désigne une maladie foudroyante (qui trousse, qui enlève le galant, le jeune homme). C'est en fait le premier de nos trois sens, celui de : empaqueter, que l'on retrouve encore dans la langue populaire actuelle sous la forme de ficeler, tordre ; il a été tordu, dit-on encore d'un homme que la maladie a terrassé à mort. L'imprécation équivaut finalement à : que la chaude pisse, le mauvais chancre du bout s'abatte sur vous, vous terrasse, vous torde.

Nous arrivons ainsi bien loin du sage commentaire : la foudre, l'ulcère aux jambes vous rende boiteux ; l'explication traditionnelle

---

10. Ce mauvais chancre du bout, c'est-à-dire ce chancre qui ronge, nous éclaire sur la coutume que nous examinerons au chapitre xv, de pendre dans le dos de quelqu'un, en manière de raillerie ou d'insulte, une queue de loup ou, à défaut, de renard. Il est probable que, s'appuyant sur le double sens du mot leu : loup et chancre, l'apposition de cette queue voulait faire entendre que l'intéressé avait été atteint de cette affection et qu'il en restait mutilé. Le geste, en même temps qu'il proposait par dérision un organe de substitution, désignait le mal qui était cause de la mutilation.

apparaît donc bien comme une erreur, et nous pouvons penser, avec notre compréhension, être arrivés plus près de ce qu'entendaient les lecteurs de 1532.

Passons rapidement sur l'expression suivante ; les commentateurs expliquent : la caquesangue vous viengne, par : la dysenterie vous vienne. Ils ont reconnu, et donné sans tergiverser, le nom de cette affection qui s'accompagne de douleurs intenses et produit du sang à la défécation ; il faut bien dire qu'il n'y a rien là de sexuel qui puisse les effaroucher, et le scatologique ne leur cause pas la même crainte. Mais qu'en aurait-il été s'ils avaient dû expliquer cette même dysenterie employée ainsi dans la Pantagrueline Prognostication (vj) : Moscouites, Indiens, Perses, & Troglodytes, souuent auront la cacquesangue, par ce quilz ne vouldront estre par les Romanistes belinez ?

Voyons enfin cette formulette populaire, comme dit Boulenger, où, pour tout le monde, le mau fin feu est l'érysipèle. Pourtant, donner ici ce sens, c'est prendre les lecteurs pour des enfants, car ce mau fin feu est celui de ricquracque [11], où les commentateurs s'accordent à reconnaître la débauche, ou plus exactement, comme le dit Saulnier : l'accouplement (cf. Marot : Ric à ric : bien ajusté).

Or l'érysipèle est une affection qui n'est rien moins que vénérienne : c'est une auto-infection, siégeant principalement à la face, due à un streptocoque qui vit à l'état de saprophyte (germe qui vit sur un hôte sans y provoquer de maladie), dans le nez, la bouche ou sur la peau, et qui devient pathogène par suite de la diminution de la résistance du sujet. Il peut être transmis par contagion, mais là, un simple contact des mains ou des vêtements suffit : ce n'est donc nullement une maladie où la transmission implique le ricque racque.

Une autre raison nous incite à penser qu'il s'agit de tout autre chose que de l'érysipèle : l'expression : tout renforce de vif argent. Ce vif-argent est, bien sûr, le mercure ou l'onguent mercuriel, et les médecins du temps étaient assez avisés pour ne pas l'employer dans le traitement de l'érysipèle où il aurait fait des ravages. En revanche, ce vif-argent nous invite à chercher une affection dont le traitement s'apparente à celui des maladies vénériennes.

Une dernière raison nous soutient dans cette voie : la phrase : vous puisse entrer au fondement, qui évoque un mal qui n'est pas ordinairement localisé à ce fondement, et que seule l'intention contenue dans

---

11. Ricquracque est l'orthographe de 1542 ; celle de 1532 est : ricque racque. Nous pouvons penser que la contraction de 1542 a pu être voulue pour donner au mot une force d'évocation plus grande ; mais il peut s'agir aussi, tout bonnement, d'une coquille.

l'imprécation souhaite de voir s'étendre à cet endroit, pour y produire, probablement, des souffrances accrues.

Que peut donc être ce mau fin feu, où le feu est, naturellement, la sensation de cuisson ou de brûlure, et où l'adjectif fin donne l'idée superlative : extrême, complet, parfait ? Une maladie fort répandue à l'époque, semble remplir toutes les conditions que nous venons de formuler : la gale, plus couramment nommée alors rogne (aranea : araigne, altéré en ronea) ou encore gratelle.

C'est une maladie de la peau produite par l'introduction au-dessous de l'épiderme, d'un arachnide, le sarcopte, qui y creuse des galeries où il dispose ses œufs en sécrétant une sorte de venin qui cause de vives démangeaisons. Très prolifique, le sarcopte fait s'étendre rapidement le mal qui, commençant aux aisselles, essaime à l'ombilic, puis aux cuisses et aux organes génitaux. La maladie ne se transmet que dans des conditions particulières : le sarcopte ne voyageant guère que la nuit, c'est par un contact nocturne et prolongé, au cours des rapports sexuels, durant un séjour assez long dans un lit pollué, que l'on contracte la gale. Le traitement consite à frictionner très fortement, jusqu'à mettre au jour les galeries, pour y déposer la médication devant tuer le sarcopte.

Une bonne raison de penser qu'il s'agit de la gale est cette précision : aussi menu que poil de vache, qui pourrait sembler toute gratuite si l'on ne savait que les galeries creusées par le sarcopte, et qui sont fort apparentes après la friction à la brosse, ont effectivement quelque ressemblance avec de longs poils de fort diamètre. Si nous reprenons maintenant les quatre octosyllabes de la formulette, nous allons parfaitement saisir la portée de l'imprécation :

le mau fin feu de ricquracque : la gale qu'on attrape en forniquant ;

aussi menu que poil de vache : avec ses galeries aussi fines que des poils de vache ;

tout renforce de vif argent : tout baigné d'onguent mercuriel (qui, au début, renforce la sensation de brûlure et de cuisson) ;

vous puisse entrer au fondement : vous puisse pénétrer dans l'anus (d'où l'on ne pourra le chasser, vous condamnant à vous gratter indéfiniment).

Sans pouvoir être absolument certains qu'il s'agit bien de cette gratelle, nous pouvons penser que nous sommes, avec elle, bien plus près de la vérité qu'avec cet innocent érysipèle que les commentateurs ont élu, en toute inconséquence, uniquement parce qu'il est aussi peu sexuel que possible.

Voilà terminé le premier des examens que nous nous proposions de faire. Ainsi, là où nous n'avons vu qu'évocation de maux vénériens, ou de maux dont l'étiologie vénérienne est établie (mise à part la cacque-sangue, mais il peut encore s'agir de la maladie de Nicolas-Favre ou d'un mal que, de toute façon, on contracte plus facilement dans un lit qu'à vêpres), les commentateurs ont réussi à ne parler que d'ergotisme, d'épilepsie, d'ulcère variqueux, de dysenterie et d'érysipèle, sans oublier l'aberrant jet de foudre. Par ce seul Prologue est donc confirmé tout ce que nous avons avancé dans l'avant-propos, et du même coup est confirmé le bien-fondé de notre entreprise. Nous continuerons donc sereinement car si Rabelaisus pro nobis quis contra nos ? Ma foy nemo domine [12].

---

12. Pantagrueline Prognostication (ij). La citation de Rabelais (Romains, VIII, 31) est évidemment : Si deus..., et elle signifie Si Dieu est avec nous qui sera contre nous ? Ma foi personne maître.

De lorigine & antiquite du grand Pantagruel. Chapitre.j.

Le chapitre a été largement étoffé et remanié depuis l'édition de 1532, et l'une des plus importantes modifications se situe dans les premières lignes ; la phrase : Car ie voy que tous bons hystoriographes ainsi ont traicté leurs Chronicques, non seullement les Arabes, Barbares & Latins, mais aussi Gregoys, Gentilz, qui furent buueurs eternelz, a remplacé la phrase qui, avec même début, finissait ainsi : non seullement des Grecz/des Arabes/et Ethnicques / mais aussi les auteurs de la saincte escripture/ comme monseigneur sainct Luc mesmement/& sainct Matthieu.

Les Ethnicques désignant les païens, les Gentils en étant aussi, le parallélisme avec les deux auteurs de la saincte escripture était quelque peu scabreux : Rabelais a cru bon de ne plus garder que des mécréants dans ses modèles. Et cette suppression de la référence aux deux évangélistes est encore plus significative si l'on remarque qu'aucune modification n'a été apportée, dans la suite du chapitre, aux évocations de l'Ancien Testament : celle du meurtre d'Abel par Cayn, bien qu'il produise, du sang du iuste, lannee des grosses mesles ; celle de l'ivresse de Noé ; celle de Nembroth (Nemrod) ; celle de l'arche enfourchée par le géant Hurtaly : évocations pourtant imbriquées dans les histoires les plus profanes qui soient. Rien non plus n'a été changé de ce Ventrem omnipotentem calqué sur le Patrem omnipotentem : Père tout-puissant, du Credo. Mieux encore : Rabelais a ajouté dans son remaniement ce moy de Mars (qui) faillit en Karesme et ce Ne reminiscaris : ne te souviens pas, qui utilise le traditionnel jeu de mots sur nez des antiennes pénitentielles.

Retenons que semble bien se dégager cette position de la Sorbonne : si elle s'oppose à tout ce qui peut passer pour irrévérence à l'égard de l'esprit du Nouveau Testament (ainsi déjà dans le Prologue, cette phrase où figurait le rapprochement des vrays fideles et du sainct Euangile avec les Chronicques ; celle où sainct Iehan de Lapocalypse était mis en cause dans un raisonnement captieux), elle accepte avec indulgence les parodies greffées sur les paroles des prières, parodies qui lui prouvent la vitalité de la foi ; et il apparaît qu'elle admet volontiers toutes les plaisanteries faites sur l'Ancien Testament, ainsi que la juxtaposition de ses évocations à celles des romans de chevalerie ou de fable mythologique. Nous pouvons nous demander si elle ne voit pas d'un bon œil cette désinvolture, la jugeant capable de conduire à la dégradation d'un texte dont se réclament les esprits gagnés à la réformation.

Voyons maintenant la question de ces femmes qui lamentent continuellement, quil nen est plus de ces gros &c. Vous scavez le reste de la chanson. De tous les commentateurs, seul Michel dit qu'il s'agit d'une chanson gauloise fort connue au XVIe siècle (Cf. Revue des Etudes rabelaisiennes, II, 140).

La RER donne la chanson suivante, dont le manuscrit est attribué à Jean Molinet, où l'auteur de l'article souligne certains mots qui permettent le rattachement à la phrase de Rabelais : LES GROS VIS qui sont de plain poing/ Plains de vaines roides charnues/ Où sont-ils IL N'EN EST PLUS nulz : / Ils sont allés ailleurs au gaing. / Veu qui frappaient de si bon coing, / Sçavoir faut qu'ils sont devenus, / Les gros vis. / DAMES qui en avez besoing, / Se ne les avez retenus, / Passer vous fauldra des menus/ Car je pense qu'ils sont bien loing.

Est-ce bien la chanson à laquelle fait allusion Rabelais ? Tout le laisse supposer ; et même si ce n'est pas le cas, nous venons de lire un texte qu'il ne pouvait ignorer : nous n'avons donc pas perdu notre temps. Et nous aurions pu attendre longtemps avant de le trouver sous la plume d'un commentateur.

Il est encore une expression sur laquelle la glose ne s'arrête guère : dyceulx sont descendues les couilles de Lorraine. On nous dit qu'il s'agit là d'une plaisanterie proverbiale, ce dont nous nous doutions, et l'on nous renvoie au Tiers Livre, (VIII) où la facétie est reprise ; mais cela ne nous avance pas, puisque, à cet endroit, rien n'est expliqué. Une précision, toute anatomique, s'impose pourtant : chez Rabelais, le mot couille est rarement synonyme de couillon, testicule, mais désigne, au singulier, l'ensemble des deux testicules, c'est à dire le scrotum. On nous dit justement que le mot couille vient du latin populaire colea, issu du latin coleus, qui veut dire sac de cuir (Dauzat). Nous verrons que le même mot couille pourra quelquefois aussi concerner l'ensemble de l'appareil génital masculin ; aussi, ces couilles de Lorraine sont bien à entendre comme les scrotums de Lorraine.

Michel nous dit qu'on trouve déjà cette boutade sous forme de juron dans la Farce de Maître Pathelin. Screech, lui, dans l'édition critique qu'il donne du Tiers Livre (et dont nous userons en temps et lieu), indique cette antériorité, et donne deux références à la Revue des Etudes Rabelaisiennes, où l'on avance qu'il s'agit peut-être d'une allusion à la mollesse efféminée du cardinal de Lorraine. Mais ce cardinal a vécu de 1498 à 1550, et l'auteur de Pathelin n'avait pas, que l'on sache, le don de prédiction : l'hypothèse est donc totalement anachronique.

Il nous faut alors nous contenter du vers 944 de Pathelin : Voit a Deu. Couille de Lorraine, et inférer que si cette interjection est employée comme juron, et donc comprise de tous, il y a de fortes chances que cette ancienne plaisanterie soit fondée sur le calembour auquel donne lieu le nom d'un des deux peuples celtiques que trouvèrent les Romains en Lorraine : les Médiomatriques, l'autre étant les Leuques ou Leuces, descendants de ces Cimbres qu'évoquera Rabelais au premier vers des Fanfreluches antidotées (G.ij) : Voici venu le grand dompteur des Cimbres. En tout cas, nous devons remarquer au passage le cachet tout personnel que Rabelais donne à l'expression : le juron, dans Pathelin, ne fait allusion qu'à la singularité de cette couille de Lorraine ; Rabelais donne une représentation toute concrète de ce qui l'affecte, en expliquant : lesquelles iamays ne habitent en braguette, elles tombent au fond des chausses. Nous avons là une des constantes de l'art de Rabelais : celle qui le fait procéder par images prolongeant une notion abstraite en une précision visuelle ; les illustrateurs ont eu, de tout temps, leur tâche toute tracée : nous déplorons d'autant plus que la prétendue bienséance les ait contraints de nous priver de certains tableaux [1].

Quelques mots, maintenant, du nom du géant Mirelangault, dont personne ne tente de donner le sens. Il nous semble pourtant bien près de signifier médecin malade ou, mieux encore, médecin bavard. Greimas donne, pour langor : état de maladie, affaiblissement ; mais l'adjectif de langor étant langoros, nous sommes amenés à préférer langos, qui est l'adjectif dérivé des mots langue, langoier, langueter : langue, agiter la langue, bavarder, médire. Mire est bien sûr, médecin, et nullement myre, dérivé du bas-latin myrias, ou du grec murias : dizaine de mille.

Et nous arrivons aux noms de Foutasnon et de Vitdegrain, dont Michel dit seulement qu'ils sont des noms de fantaisie, et dont aucun autre commentateur ne dit rien de mieux. Seul Saulnier, pour le premier nom, se pose la question : Ne serait-ce pas une déformation burlesque de Fontanon ? Denys Fontanon, médecin, sera l'un des premiers syphiligraphes français.

Nous verrons que, dans un dessein érotique évident, Rabelais déforme fréquemment en fout les syllabes : font, front ; ainsi au chapi-

---

1. Ainsi le grand Gustave Doré contraint d'évirer son dessin de Pantagruel et de Gargantua enfants, et de faire aux personnages adultes des chausses sans braguette, et des bas-ventres soigneusement lissés.

tre xvj, Fontarabie devient Foutarabie, et Frontignan, Foutignan. Si l'hypothèse de Saulnier est bonne, il n'y a rien d'étonnant que Rabelais connaisse le nom d'un médecin qui s'occupe des maladies vénériennes ; et il est encore moins étonnant qu'il saisisse l'occasion d'évoquer, justement pour un spécialiste de la vérole, cette image de foutre un ânon, qui reprend l'idée de bestialité liée à ces maladies, comme nous l'avons vu avec l'amour de truie.

Mais le calembour nous donne, en plus, cette possibilité de réflexion : que la citation du nom de Fontanon soit ici faite en hommage ou en dérision, il s'agit là, de la part de Rabelais, d'un jugement professionnel, car l'appréciation d'un médecin par un autre médecin n'est pas souvent exempte d'une estimation de sa compétence. Or, juger un vénérologue implique que celui qui donne son avis a des connaissances qui lui permettent de le faire [2]. Bien sûr, conclure de là que Rabelais est ce spécialiste de la vérole qu'on aurait tendance à voir en lui, serait téméraire ; son opinion peut n'être que celle d'un confrère en médecine et non celle d'un confrère en spécialité. Mais il n'empêche que cela confirme, au moins, l'idée que nous avons émise : Rabelais est très fortement intéressé par la dermato-vénéréologie, et il semble avoir dans ce domaine des connaissances plus étendues que celles que paraît devoir détenir un médecin généraliste de l'époque.

Quant à Vitdegrain, même si personne ne s'est risqué à le dire, ce nom de fantaisie, a une signification. Vit étant le membre viril, quelques acceptions, parmi celles que nous donne Greimas pour grain, peuvent nous permettre de comprendre : lorsque le mot est adjectif, cela peut vouloir dire, chagrin, soucieux, triste, désolé ; lorsqu'il est substantif, il équivaut à tache, ou encore à écarlate. Cela revient à nous parler d'un vit fait de taches, ce qui explique du même coup qu'il puisse être chagrin, soucieux, triste et désolé ; ou bien d'un vit écarlate, ce qui lui donne même contrition, car cette couleur généralisée n'est pas précisément indice d'altière santé. Et nous retrouvons, là encore, l'évocation d'une de ces maladies qui affectent l'appareil génital, et dont il faut bien reconnaître que Rabelais parle par prédilection.

Abordons maintenant le : iay le sens mal gallefreté, dont Michel dit : Bouché, littéralement : calfaté, de l'arabe : qalfât. Un gallefretier est un calfat. Outre que les dictionnaires donnent l'arabe : jalfaz, il y a quelque étonnement à lire, selon cette équivalence, que Rabelais se défend d'avoir le sens mal bouché. Les autres commentateurs, ou bien

---

2. Nous sommes en 1532 : le temps n'est pas encore venu où il suffira de tout ignorer d'une question pour donner un avis.

disent : calfaté, ou bien ne disent rien ; seul Demerson, qui tient à être original à peu de frais, dit dans le langage des élèves qu'il a chargés des translations : c'est à dire félé, à-peu-près lointain qui n'explique en rien le mot.

La formule est pourtant claire : mal gallefreté, tel que l'emploie Rabelais, suppose qu'il est souhaitable d'avoir, au contraire, le sens bien gallefreté : il nous faut donc trouver un mot qui désigne une propriété méliorative. Greimas nous offre les mots gale, et freter, ce qui semble tout indiqué si leur sens convient. Or gale désigne une mesure de capacité pour les liquides, et freter, c'est maintenir par des cordes entrelacées, par un grillage, consolider, garnir d'un cercle de fer. Et nous entrevoyons alors que Rabelais, par ce mot, compare son sens, c'est à dire son entendement, à un réceptacle qui recueille les idées et les mesure, et qu'il importe que ce récipient soit bien cerclé, afin de remplir convenablement sa fonction. Il y a bien ici une notion d'étanchéité, mais dans le sens contraire à celui qu'indique la glose : on calfate un bateau pour empêcher que l'eau n'y pénètre ; on cercle une mesure pour empêcher que ce qu'on y verse ne s'échappe. Et le gallefretier est ici celui qui cercle les tonneaux, le relieur, comme on dit encore dans certaines régions vinicoles ; mal gallefreté équivaut donc à mal cerclé.

Nous ne pouvons être ainsi certains de détenir la vérité définitive, mais nous pensons au moins être plus près d'elle qu'avec ce calfaté, qui n'avait pour lui qu'une vague ressemblance de son. En outre, nous découvrons, avec le cerveau assimilé à une mesure bien cerclée, une image proprement rabelaisienne, et nous avons la faiblesse de penser que cette découverte à une valeur immensurable pour des Rabelaisants.

Nous nous arrêtons ensuite sur les bons couillaux, & beaux cornemuseurs Hebraicques sur qui les commentateurs n'éprouvent pas le besoin de s'étendre. Pourtant, si bons couillaux se comprend d'emblée, le sens de beaux cornemuseurs n'est pas immédiatement apparent, et nous pouvons pourtant être sûrs que l'expression n'est pas là simplement pour faire redondance, ni seulement pour attribuer aux interprètes juifs de la Bible un instrument qui les rende grotesques.

La juxtaposition des deux expressions doit nous éclairer : si de bons couillaux sont des gens bien pourvus, de beaux cornemuseurs ont toutes chances d'être des gens qui usent largement de ce qu'ils possèdent ; et nous vient alors à l'esprit le sens allégorique que Jérome Bosch et son époque donnaient à la cornemuse : Le sexe masculin ou féminin. Souvent pris comme allusion au péché contre nature [3]. Ce symbole était

---

3. Jérôme Bosch, Flammarion, 1967.

indubitablement connu de tous les lecteurs des années 1500. Nous ne retiendrons pas ici l'évocation de la sodomie, qui ne semble pas s'imposer et nous ne garderons que celle de grande activité génésique : le fait d'attribuer cette propension aux austères exégètes de la Bible, certes plus portés à se servir de leur calame que de leur membre, est, bien sûr, simple plaisanterie. Elle ne doit pas nous étonner de la part de Rabelais qui, dans toute son œuvre, ne manque aucune occasion de ridiculiser ou bafouer les Juifs, qu'ils soient fidèles à leur religion ou qu'ils l'aient reniée, contraints ou non, et qu'on les appelle alors Marranes. Mais plus peut-être qu'une réelle animosité, devons-nous plutôt voir ici la reprise d'une calomnie populaire traditionnelle, corollaire obligé d'une bonne profession de foi catholique. Et Rabelais a bien trop besoin de se blanchir pour négliger d'entonner le couplet rituel, qui reste chez lui au niveau du jeu verbal : la preuve en est que la phrase est une addition à l'édition de 1532.

Il n'en reste pas moins que l'expression est passée sous les yeux de tous les glossateurs sans qu'aucun ait daigné s'y arrêter. Ou bien, l'image leur est apparue, et ils ont volontairement gardé le silence (mais nous n'en croyons rien) ; ou bien ils ne l'ont pas vue, prenant la formule pour un simple assemblage de mots de verve, comme ils disent, car cette verve est l'échappatoire habituelle qu'ils mettent en avant lorsque quelque chose du texte se soustrait à leur compréhension.

Il apparaîtra pourtant que dire de Rabelais qu'il aligne des mots pour leur simple sonorité est une dérobade d'esprit timoré, naïf ou paresseux : nous verrons en effet que cette assertion n'est jamais confirmée que par l'inintelligence où restent les commentateurs. Nous pensons, nous, que le fait de ne pas entendre n'autorise personne à prétendre qu'il n'y a rien à comprendre ; et nous croyons qu'il vaut mieux, ou confesser, après examen, son impuissance à saisir ; ou proposer son explication qui, même si elle doit un jour se révéler inexacte, a au moins le mérite de faire cesser la léthargie.

Nous finirons sur le : Car si ne le croiez, non foys ie fist elle, dont les commentateurs disent seulement : sans doute dicton ou refrain de chanson. Il existe effectivement un proverbe antérieur au XVe siècle [4] qui exprime la même idée : Qui ne me creit ne jo luy : qui ne me croit, ni moi lui ; et ce proverbe, bien qu'il ne soit attesté que par des textes anglo-saxons, a fort bien pu être connu de Rabelais ; en tout cas, son contenu fait indiscutablement partie du fonds populaire. Mais là n'est

4. « Proverbes français antérieurs au XVe siècle, J. Morawsky, Champion, Paris, 1925.

pas la question : la phrase est suffisamment rabelaisienne pour qu'on n'ait pas besoin de lui trouver une source, et la rechercher indique que l'on n'a pas compris l'intention.

Il s'agit là de la facétie traditionnelle qui consiste à ajouter à une protestation, à une parole à double entente, à un juron, une courte phrase qui, en prolongeant l'idée, lui donne une extension comique inattendue. Traditionnellement aussi, ce comique est le plus souvent renforcé par l'attribution à une femme de ce qui est proféré, ou de l'action qui est décrite ; car il est toujours piquant d'entendre une femme prendre quelque liberté de langage ou de se la représenter dans une situation équivoque. Ainsi, un autre proverbe, lui aussi antérieur au XVe siècle, contient, figé, tout ce jeu : Fort countre fort, dit la vielle, si chia countre le vent ; il y a derrière ce fort contre fort, qui peut, par exemple, être la repartie brutale qu'on oppose à quelqu'un qui cherche à vous abuser, l'addition d'un tableau amusant qui adoucit la sécheresse de la réplique. Et une interjection telle que : Quel con !, sera amoindrie par l'adjonction de : mes sœurs, comme dit le jardinier du couvent, donnant aux deux premiers mots un prolongement qui les situe dans une histoire à la Boccace, laissant libre cours à l'imagination.

Car c'est bien d'imagination qu'il est besoin, et la phrase de Rabelais devient fort savoureuse si l'on veut bien en user quelque peu. Par ce si ne le croiez, non foys ie fist elle, Rabelais transforme la simple idée de réciprocité contenue dans le proverbe, en une histoire où il laisse le lecteur se représenter la scène pendant laquelle la fille a pu prononcer ces paroles. Et il ne faut qu'avoir l'esprit rabelaisant pour la recréer : celle, par exemple, où, lors du premier ricquracque, après avoir protesté aussi fermement que faussement de son innocence, et voyant subsister l'incrédulité chez son partenaire, elle abandonne soudainement l'idée de le convaincre, et reconnaît avec désinvolture qu'elle a menti. C'est une situation que l'on trouve dans bien des textes du temps, et il semble que Rabelais ait seulement voulu remémorer plaisamment la traditionnelle duplicité féminine. En tout cas, ce si ne le croiez, non foys ie fist elle, contient une richesse d'évocation que les commentateurs ont placidement laissée dans l'ombre.

Mais ce n'est pas là le principal grief qu'on peut leur faire ; plus importante encore est la négligence qu'ils apportent à signaler l'intention profonde de la phrase : il faut bien voir, pourtant, qu'elle fait partie des additions de 1542 et qu'elle marque quelque prudence : Rabelais, qui a protesté pendant tout le chapitre de la véracité des faits qu'il rapporte, termine ici en disant que si, malgré les efforts qu'il a faits pour convaincre son lecteur, celui-ci ne le croit pas, cela n'a finalement pas d'importance puisque lui, l'auteur, n'ajoute pas foi à ce qu'il dit. Cela ressemble assez à une déclaration d'obligation destinée à bien établir que tout le texte qui précède n'est que plaisanterie. Peut-être a-t-on démontré à Rabelais que toute l'argumentation du chapitre pouvait passer pour celle d'un incroyant, et qu'il importait, pour désarmer les censeurs, de renseigner clairement les lecteurs sur les innocentes intentions du livre.

Toutefois, cette exigence, même si elle a donné à Rabelais l'occasion d'ajouter cette savoureuse formule, peut nous paraître fort pointilleuse : il n'est plus question ici de corriger une audacieuse évocation des Ecritures, ou de supprimer une citation arrangée des textes sacrés ; et l'on peut s'étonner de l'acharnement des censeurs à l'endroit du Pantagruel, eux qui laissent circuler sans entraves bien d'autres ouvrages qui ne se privent pas d'attaquer les institutions ecclésiastiques, ou même de discuter les dogmes. Et l'on pourrait conclure, au moins, à l'inconséquence, si l'on ne se rappelait à temps que le Pantagruel est probablement, en 1532, le premier livre à aborder ces sujets de religion dans la langue vulgaire, c'est à dire celle du peuple, alors que les ouvrages tolérés étaient écrits en latin [5].

Dès lors, ce qui semble persécution s'explique : la Sorbonne, considérant que le latin est une barrière suffisante à la diffusion populaire de textes dangereux pour la foi des humbles, ne sévit guère, sachant bien que seuls les clercs et les lettrés peuvent les lire ; il en va autrement pour un texte offert à tous ceux qui savent lire, ou même à ceux qui, ne sachant pas, peuvent toujours écouter, et qui n'ont pas, eux, la formation leur permettant de prendre quelque distance avec le texte. Rabelais, écrivant en français, est celui par qui peut arriver le scandale ; c'est parce qu'il est prêtre et qu'il trahit les siens en abandonnant la langue latine, qu'il est l'objet de la vigilance sorbonique : nous pouvons penser que son livre, écrit en latin, n'aurait encouru aucune critique.

Et nous apparaît alors cette notion : ce que la Sorbonne s'est donné pour tâche de préserver, c'est la foi populaire ; les corrections que nous avons vues, celles que nous verrons, ont ce caractère de protection des croyances élémentaires, et nullement celui de l'opposition à

---

5. On a établi un parallèle entre les licences de Rabelais et celles de prêcheurs tels que Menot ou Maillard ; mais les parodies, moqueries, grossièretés, obscénités, irrévérences de leurs prônes ne sont, pour ces contempteurs des vices, qu'un moyen de se faire mieux comprendre, de capter l'attention de leurs ouailles, et aboutissaient nécessairement à une conclusion édifiante : la fin, chez eux, peut justifier les moyens. Mais ces mêmes moyens, employés par Rabelais, quelle fin ont-ils ?

une pensée s'adressant à des esprits instruits en théologie. Il faut remarquer pourtant qu'avec la naïveté des lettrés, les censeurs n'ont pas vu tout de suite que la somme d'érudition contenue dans l'œuvre l'éloignait sûrement de la masse, et qu'elle restait, bien qu'écrite en français, destinée à ceux qui lisaient le latin. D'où peut-être la colère et le mépris de Rabelais, contraint à des remaniements dont il sait, lui, la vanité.

Mais qu'en serait-il de l'œuvre si Rabelais, qu'on dit pusillanime, avait décidé de continuer d'écrire en adoptant le latin ? La Sorbonne aurait pu, s'adressant à un homme moins décidé, nous faire perdre les quatre livres qu'il portait encore en lui. Que l'on ne s'arrête donc plus, désormais, à son : iusques au feu.exclusiue. pour voir en lui un timoré : sa calme détermination d'écrire en vulgaire montre assez de courage tranquille pour qu'on voie en ce petit prêtre un noble cœur.

De la natiuite du tresredoubte Pantagruel. Chapitre.ij.

Le chapitre a été peu modifié et, le plus souvent, les seuls changements sont de style. Il n'en reste pas moins qu'il contient un nom que personne n'a jamais tenté d'expliquer clairement : Badebec, vocable que Michel définit seulement ainsi : Bouche bée, mot encore usité dans les dialectes provinciaux du Sud-Ouest. Nous retrouvons là le bec que nous avons rencontré pour maulubec, dans son acception : bout, et dont le premier sens est bien l'équivalent de bouche. La plupart des autres commentateurs semblent aussi considérer ce nom comme dépourvu de toute allusion sexuelle, et donnent la même explication partielle.

Pourtant, Saulnier, au chapitre xj de son édition (le chapitre xv de la définitive), au sujet du lion qui découvre entre les jambes de la vieille une solution de continuité manifeste, met en note : Comparer Badebec ; et Boulenger ajoute à l'explication commune : Un badebec, c'était un chandelier où l'on enfonçait la chandelle de résine. L'image rabelaisienne est ainsi très claire, et si Badebec veut bien dire : bouche bée, il apparaît, comme le suggère Saulnier, que cette bouche n'est pas celle du haut du corps. Ainsi, le nom de Badebec signifie, au moins : à l'accès facile, et contient l'idée de : largement conformée, idée qui nous sera confirmée au chapitre suivant ; il témoigne aussi, peut-être, des bonnes dispositions permanentes de la géante. Pour un peu, nous penserions que ce mot est employé dans le Sud-Ouest, aussi bien pour désigner une fille réputée légère que pour désigner qui est en proie à l'étonnement ou à la stupeur.

Et se montre alors une donnée de comique que nous ne pouvions saisir sans cette compréhension : ce nom renforce la notion de dimension et de poids du nouveau-né : Pantagruel est effectivement si merveilleusement grand & si lourd, que sa mère, si généreusement proportionnée qu'elle est, meurt du mal denfant.

Nous voilà renseignés ; mais pourquoi les commentateurs hésitent-ils à donner cette précision ? Ils n'ont pas pu ne pas voir l'image ; et même en admettant que leur naïveté leur ait endormi l'entendement, ils ne peuvent ignorer la note de Saulnier, qui a écrit bien avant eux (car nous ne pouvons penser qu'ils ont entrepris la rédaction de leur glose

31

sans avoir lu leur prédécesseur) : il s'agit donc de la décision bien arrêtée de laisser dans l'ombre l'acception génitale que Rabelais donne à Badebec ; décision coupable puisque nous venons de voir qu'elle laisse échapper une intention de l'auteur.

Quant au chapitre lui-même, on reste étonné de voir que rien n'a été changé aux railleries dont nous pouvons penser que la Sorbonne avait pu prendre ombrage.

Il y a d'abord cette icelle annee qui se compose de .xxxvj. moys, troys sepmaines quatre jours, treze heures, & quelque peu daduantaige ; l'édition de 1532 comportait seulement .xxxvj. moys, et cela n'a pas paru à Rabelais suffisamment moquer ce temps de Helye, où ce prophète demande à Iahvé d'infliger aux hommes une sécheresse de trois ans, alors que lui-même boira au torrent et sera ravitaillé par les corbeaux (I, Rois, XVII, 1-7).

Il y a encore cette attaque contre l'Eglise, dont le seul souci, en ces temps d'horrificque alteration, est de sauuer leaue benoiste, ce qui est décidé par le conseil de messieurs les Cardinaulx & du sainct pere. C'est bien là fustiger une préoccupation toute mesquine, bien plus près de la lettre que de l'esprit.

Il y a aussi cette allusion à l'Evangile (Luc, XVI, 19-25) qui évoque Lazare dans le sein d'Abraham et le riche dans l'Hadès à l'occasion de la situation grotesque de ces pauures alterez qui venoyent au derriere de celluy qui la distribuoit a quelcun, la gueulle ouuerte pour en auoir quelque goutellete, comme le mauluais riche affin que rien ne se perdist.

Il y a enfin cette belle procession auecques forces letanies & beaux preschans où les supplications a dieu omnipotent ne sont exaucées que par l'exsudation de saulmure pire & plus salee que nestoit leaue de la mer. Et, presque à la fin, ces aguillons de vin calqués sur les aiguillons divins dont on nous dit qu'ils étaient des exercices devant inciter à la piété.

Tout cela est imbriqué dans les rappels profanes tels que celui d'Homère (en fait Plutarque) et de ses Alibantes ; celui d'Empédocle, le philosophe, citant Phébus et Phaéton au sujet de cette via lactea que les Lifrelofres (ici les pèlerins) nomment tout bonnement le chemin sainct Iacques, alors que les plus huppez poetes disent estre la part ou tomba le laict de Iuno, lors quelle allaicta Hercules, cette dernière phrase étant une addition de 1542 ; celui des gens scavans qui, opposés au pauure peuple, disent que cestoit pluye des Antipodes, en s'appuyant sur Sénèque.

Apparaît ainsi nettement le procédé de Rabelais, qui consiste à mettre sur le même plan l'érudition païenne et les citations de l'Ecriture.

Est-ce là parodie des rapprochements auxquels s'appliquaient certains auteurs, entre les textes mythologiques et les textes sacrés, voulant démontrer que ceux-ci confirmaient la Révélation qu'annonçaient déjà ceux-là ?

Il est difficile, alors, de ne pas estimer que les censeurs ont quelquefois fait preuve d'une certaine gaieté d'esprit et d'une finesse assez grande en acceptant ce comique, dont l'intention est évidemment bien plus de se moquer de la forme que du fond, mais qui pouvait jeter le trouble dans l'âme des simples. Doit-on supposer que, même si ces censeurs relevaient dans ce texte quelque relent d'évangélisme, ils jugeaient plus habile de ne pas condamner, afin de ne pas éveiller l'attention ? Ou bien doit-on inférer de cette indulgence que la Sorbonne commençait à se dire qu'un tel texte restait hors de la portée d'un homme du peuple, et que le danger n'était pas grand ?

Là comme en bien d'autres endroits du Livre, nous constatons que la véritable énigme est celle de la position de la Sorbonne et de l'incohérence des corrections qu'elle a exigées : tantôt elle se montre rigoureuse à l'extrême, comme pour le chapitre précédent, tantôt elle manifeste un laxisme étonnant, comme pour celui-ci. Peut-on imaginer que plusieurs correcteurs sont intervenus, d'un rigorisme plus ou moins accusé, ou bien peut-on estimer que les critiques ont été soumises au protecteur de Rabelais, réviseur bienveillant qui a pu en admettre certaines et en rejeter d'autres ?

Et ce protecteur, est-il alors ce Geoffroy d'Estissac, évêque de Maillezais, qui a pris le petit moine sous son aile depuis sa sortie du couvent de Fontenay-le-Comte ? Est-ce plutôt ce puissant Jean du Bellay, évêque de Paris, qui semble seul capable de faire pièce à la Sorbonne ? Toujours est-il qu'après 1533, année de la condamnation de Pantagruel, et pour obscénité seulement, quelqu'un a pris sur lui la responsabilité des saillies rabelaisiennes, rasérénant ceux que Rabelais, dans l'addition qu'il va faire au dernier chapitre, traitera de Sarrabouites, Cagotz, Escargotz, Hypocrites, Caffars, Frapars, Botineurs.

Bien sûr, nous ne conclurons pas ; nous ne pouvons que constater et risquer des hypothèses. Nous nous interdisons d'avoir une opinion préconçue, et nous nous refusons à chercher à la faire confirmer par des phrases interprétées partialement tout au long du Livre : cela a été fait bien des fois, et notre connaissance du texte ne s'en est pas mieux portée. Mieux vaut, plutôt que de confesser Rabelais, tenter de comprendre ce qu'il a écrit.

Du deuil que mena Gargantua de la mort de sa femme Badebec. Chapitre.iij.

Voyons tout d'abord une phrase qui a paralysé les commentateurs :
Ha Badebec, ma mignonne, mamye, mon petit con (toutesfois elle en
auoit bien troys arpens & deux sexterees) ma tendrette, ma braguette,
ma sauate, ma pantofle iamais ie ne te verray. Seuls deux commentateurs s'arrêtent à cette phrase : Guilbaud, qui dit à propos de sexterées,
que le mot est évidemment choisi tout exprès, et Demerson, qui souligne que le mot pantofle est synonyme de con (toutefois sans imprimer
le terme). Aucun autre glossateur n'a jugé bon de donner un avis sur
une si impudique exclamation ; il importe pourtant de tenter de comprendre.

S'il est attesté par de nombreux textes que la pantoufle a une acception sexuelle, il se pourrait bien que les autres mots eussent un sens
voisin : ma tendrette, placé entre mon petit con et ma braguette, a tout
l'air, en même temps qu'il semble avoir quelque rapport avec tendresse, de pouvoir se rattacher à ces deux sens du verbe tendre, que
donne Greimas : tirer et bander quelque chose ; allonger en raidissant
dans une certaine direction. La tendrette est dès lors celle qui a pouvoir de provoquer ces mouvements ; voilà pour le premier mot. Quant
à braguette, mis en apposition à con et à tendrette, il est évident que le
mot ne désigne pas ici la pièce d'habillement, mais qu'il a, surtout avec
le possessif, le sens de qui reçoit, qui loge mon membre. Pour ma
sauate, plus précisément apposé à ma pantofle, il convient probablement de retenir, plutôt que le sens de vieille chaussure qui ne tient plus
au pied, celui de pantoufle familière, dont on use régulièrement, pour
laquelle on a un attachement particulier, et nous avons vu ce qu'est ici
la pantofle.

Ainsi, une fois encore, les mots qui, entre mon petit con et ma pantofle, pouvaient sembler n'être que redondance, apparaissent chargés
d'un sens précis. Nous ne savons si, avant Rabelais, ces mots tendrette,
braguette, sauate étaient déjà pris dans l'acception qui est la leur ici,
mais ce que nous pouvons constater, c'est que l'auteur a pris soin
d'éclairer le sens particulier qu'il leur donne, en les juxtaposant au mot
pantofle, dont le sens second est connu. Il ne s'agit donc que de lire
attentivement, en se rappelant que Rabelais ne se borne pas à user du

sens habituel des mots, mais qu'il leur donne la fonction supplémentaire d'évoquer le contenu érotique qu'ils possèdent ou qu'ils peuvent prendre.

Voyons maintenant la question de la précision apportée par la parenthèse : (toutesfois elle en auoit bien troys arpens & deux sexterees), précision qui confirme l'idée de largement conformée, que nous avons avancée au chapitre précédent.

Il s'agit, pour ces troys arpens & deux sexterees, du procédé des dénombrements rabelaisiens, dont les nombres les plus approximatifs prennent une apparence plaisamment précise par l'adjonction de détails de plus en plus fins, tel celui que nous avons rencontré au chapitre précédent : passerent .xxxvj. moys, troys sepmaines quatre iours, treze heures, et quelque peu daduantaige sans pluye. Cela étant noté, il importe que nous nous rendions compte de la surface ainsi évoquée.

Le setier de Paris valait un quart de litre (Littré) et la sesterée, c'est à dire la surface emblavée avec un setier, représente une étendue restreinte : mettons un mètre carré ; quant à l'arpent de Paris, il équivalait, toujours d'après Littré, au tiers d'hectare : les trois arpens valent donc tout juste dix mille mètres carrés ; l'expression revient donc à dire : toutefois elle en avait bien dix mille et deux mètres carrés, et nous retrouvons là le très grand nombre affublé de sa minime précision burlesque.

Pour ce qu'avance Guilbaud au sujet de sexterees, il apparaît que la remarque est pertinente : le seul mot attesté par Greimas pour désigner la surface ensemencée avec un setier de grain est sesteree : il est donc évident que la transformation en sexteree joue à dessein sur les trois lettres sex. Pourtant, si l'on devait suivre Gougenheim [1], qui considère le mot sexe comme un néologisme s'étant implanté ultérieurement, et qu'il relève dans les latinismes jargonnesques de l'écolier limousin du chapitre vj, on pourrait croire que ces trois lettres n'évoquent que le latin sexus, et que ce comique est à la seule adresse des lettrés du temps. Il n'en est rien puisque ce mot est employé dès le premier chapitre, dans cette phrase relative aux montiferes : dont vous en voyez encores par le monde en diuers sexes & dignites ; le mot n'est donc pas plus un néologisme que Gougenheim n'est un Rabelaisant.

Une note érotique est peut-être encore contenue dans les troys arpens : cette mesure agraire contenait cent perches carrées ; mais les perches carrées ne sont que le produit de la multiplication des perches linéaires : n'y a-t-il pas, dans ces trois arpens qui mesurent le petit con

---

1. Grammaire du français du XVIe siècle, cité par P. Guiraud dans Le moyen français, P. U. F., 1972.

de Badebec, l'idée de ces perches dont nous retrouverons l'acception érotique dans le premier des titres de la librairie de sainct Victor (vij) : Bigua salutis : la perche de salut ? Rien ne permet de l'affirmer, mais il n'est pas inutile de se poser la question.

Non moins utile est d'examiner la phrase dans son entier car, en dehors du comique qu'elle renferme, elle nous permet de retrouver le Rabelais théologien, pour qui la femme est principalement une partenaire charnelle. Les regrets de Gargantua sont tous centrés sur la perte du sexe complémentaire au sien, et les deux mots tendres : ma mignonne, mamye, ne masquent pas que Badebec était avant tout pour lui un bas-ventre. Nous n'en voulons pour confirmation que la promptitude avec laquelle il se console, en pensant surtout à se garder de mal : & tout soubdain fut rauy ailleurs, disant, Seigneur dieu fault il que ie me contriste encores ? cela me fasche, ie ne suis plus ieune, ie deuiens vieulx le temps est dangereux, ie pourray prendre quelque fiebure, me voyla affolé. Foy de gentil homme il vault mieulx pleurer moins et boire daduantaige. Son souci est celui de qui survit : dieu gard le demourant, et sa résolution finale : il me fault penser den trouuer une aultre va de pair avec l'empressement qu'il met à rédiger l'épitaphe de sa femme, pour n'avoir plus à y penser.

La conception que se fait Rabelais, en 1532, du rôle de la femme, est tout entière dans ce morceau : il est bon de le relever pour pouvoir juger de ce que pourra être l'évolution de qui va, avec le Tiers Livre, entrer dans la querelle des féministes et des anti-féministes.

Notons en passant que, dans l'accès de gaieté de Gargantua, la phrase suivante comporte, aussi bien en 1542 qu'en 1532, le possessif : chasse ses chiens, et non, comme le donnent toutes les éditions, le démonstratif : ces chiens. Il s'agit fort probablement d'une coquille, mais il est pour le moins fâcheux que l'on ne signale nulle part que l'on corrige, surtout quand la correction affecte le sens. Mais, plus important est que cette phrase semble contenir un calembour qui nous est révélé par Beroalde de Verville, au chapitre XLIII de son Moyen de Parvenir : Nostre bon amy que voicy (je ne dis pas vessi : mais chassez ces chiens, ces femmes ont vessi). Il apparaît ainsi que le mot chiens fait équivoque, de par la prononciation du temps, entre ciens et cians, ce cians étant évidemment entendu comme chians. Et la phrase de Rabelais, incluse dans le morceau où Gargantua, laissant toute melancholie, s'adonne à la joie, est probablement à entendre comme chasse ses (ces) cians (chians), c'est à dire, au sens propre, ceux qui emmerdent.

Une autre phrase de la consolation de Gargantua est particulièrement étonnante : elle est en paradis pour le moins si mieulx ne est : elle prie dieu pour nous. Elle figurait déjà, semblable, dans l'édition de 1532. Or, de tous les commentateurs, un seul, Demerson, donne la note suivante : Cette plaisanterie d'allure anodine suggère que la mythologie chrétienne ne donne peut-être pas les meilleurs symboles de la vie de l'au-delà. Eusèbe de Césarée avait fait une comparaison entre le Paradis et les jardins de Zeus. Origène et saint Ambroise pensaient que les saints étaient au Paradis en attendant un meilleur séjour.

Que les autres glossateurs n'aient rien vu n'est pas pour nous étonner : la théologie ne fait vraisemblablement pas partie des préoccupations qu'on avait à l'époque où ils se sont instruits, et c'est bel et bien une faiblesse quand il s'agit de commenter Rabelais ; Demerson, lui, a ce souci théologique, et cela nous aide à oublier sa démagogique translation. Mais la question reste posée : comment la Sorbonne a-t-elle pu accepter cette contestation de l'imagerie traditionnelle qui équivaut à dire qu'il peut y avoir mieux que le Paradis : un meilleur séjour où Dieu ubiquiste est présent puisque Badebec peut le prier ? Nous nous trouvons encore une fois devant l'alternative que nous avons évoquée : ou l'incohérence des censeurs, ou leur conviction que l'ouvrage n'est lu que par des lettrés, qui n'ont pas attendu le Pantagruel pour connaître cette interprétation hétérodoxe. Bien sûr, il ne nous est pas possible de trancher, mais nous pouvons toujours ajouter ce constat aux autres.

Une dernière remarque, sur l'épitaphe, cette fois : il s'agit du vers : Luy perdonnant sen rien oultrepassa. Quelques commentateurs seulement indiquent qu'il faut entendre : si en des riens elle outrepassa (les commandements), et ce n'est peut-être pas une précision superflue, puisque le fac-similé de 1542 fait apparaître la demande de correction : s'en, devant remplacer le mot sans imprimé par incompréhension. Le fâcheux est que tous nos éditeurs, sauf Plattard, impriment riens au pluriel, se fondant sur le texte de 1532, alors que celui de 1542 comporte rien au singulier, ce qui revient à dire : si en quoi que ce soit elle outrepassa. On peut s'étonner que, prétendant suivre l'édition de 1542, ils laissent reparaître sans le signaler une version que nous avons tout lieu de croire abandonnée par Rabelais. Le plus coupable est encore Saulnier qui, se proposant de noter les différences entre les deux éditions, imprime légitimement : s'en riens (encore que l'apostrophe ne soit pas dans la composition), mais sans souligner que riens devient singulier en 1542.

Il appert ici que ce que nous disions dans l'avant-propos est parfaitement fondé : il est indispensable que voie le jour cette édition où seront placés parallèlement le texte de 1532 et celui de 1542 : cela permettra toujours de refuser de consommer les préparations que les maîtres queux littéraires croient devoir nous apprêter.

De lenfance de Pantagruel. Chapitre.iiij.

Le chapitre est facile, et tous les commentateurs s'accordent sur les mêmes éclaircissements ; de plus, les différences entre l'édition de 1532 et celle de 1542 sont minimes. Peut-être pouvons-nous alors profiter de cette disponibilité pour prouver ce qui a été avancé dans l'avant-propos, sur les interventions de Saulnier dans l'édition qu'il dit donner du texte de 1532.

Bien qu'il n'y ait, dans l'édition de base, aucune indication d'alinéa, Saulnier se permet d'en créer trois ; nous allons donc prendre son premier paragraphe et donner en parallèle le texte de l'édition de 1532. Pour faciliter la comparaison, nous prendrons une ligne de Saulnier, puis une ligne du fac-similé, en respectant pour chacune la teneur qu'elle a dans son édition. Commençons donc, en notant que les quatre premières lignes du fac-similé sont en retrait pour laisser la place à la lettrine I de Ie.

CHAPITRE IV
De l'enfance de Pantagruel
De lenfance de Pantagruel. Chap.iiij.

Je trouve, par les anciens historiographes et poètes,
 E trouue par les anciens historiographes et

que plusieurs sont nez en ce monde en façons bien
 poetes/que plusieurs sont nez en ce monde en

estranges, qui seroient trop longues à racompter :
 facons bien estrages qui seroiet trop longues

lisez le VIIᵉ livre de Pline, si avez loysir. Mais vous
 a racopter/lisez le.viiᵉ.liure de Pline si auez

n'en ouystes jamais d'une si merveilleuse comme fut
 loysir. Mais vous nen ouystes iamais dune si merueil-

celle de Pantagruel. Car c'estoit chose difficile à croire
 leuse come fut celle de Patagruel. Car cestoit chose diffi-

comment il creut en corps & en force en peu de temps.
 cile a croire comment il creut en corps & en force en peu de

Et n'estoit riens de Hercules, qui, estant au berseau, tua
teps. Et nestoit riens de Hercules/qui estat au berseau tua

les deux serpens : car lesdictz serpens estoient bien
les deux serpens : car lesd serpens estoiet bien petitz & fra-

petitz et fragiles. Mais Pantagruel, estant encores au
giles. Mais Pantagruel estat encores au berceau fist de

berceau, fist de cas bien espoventables.
cas bien espouetables. Ie laisse icy a dire coment a chascu

Ie laisse icy à dire comment, à chascun de ses repas,

Les abréviations n'étant évidemment pas de Rabelais, mais provenant
seulement des habitudes de composition, la restitution de ce qu'elles
contiennent est légitime, et ce n'est certes pas là un grief que nous
retiendrons. Les capitales du titre sont intempestives et inutiles mais ne
falsifient en rien le texte : nous ne nous y arrêterons pas. Le fait de
n'avoir pas donné, pour chaque ligne de la transcription, le contenu
exact de la ligne correspondante de 1532, bien que maladroit, n'est pas
une atteinte au texte, et nous ne nous y attarderons pas non plus.

Plus graves, car c'est ici que commence l'immixtion dans la pensée
de Rabelais, sont les paragraphes créés par Saulnier, mais ce n'est là
que le premier des abus injustifiables. Un autre, non moins inexcusa-
ble, est l'introduction dans le texte de 1532 de signes inusités lorsqu'il
a été composé : le v (je trouve), le j (ouystes jamais), l'accent (poètes,
à racompter), l'apostrophe (Car c'estoit), la cédille (en façons) ; cela
n'apporte rien à celui qui veut lire le texte de 1532, et l'on peut se
demander quelle joie éprouve Saulnier à être inutilement anachronique.

Mais plus révoltante encore est cette doctorale outrecuidance qui
consiste à ponctuer le texte de Rabelais. Se permettre de changer ce qui
a été imprimé, alors que tout permet de croire que, selon les usages des
imprimeurs du temps, et particulièrement pour ce texte de 1532, Rabelais a relu lui-même sur place l'épreuve de chaque forme avant que
celle-ci ne soit mise sous la presse, cela ressemble ou bien à l'abus de
confiance (car il s'agit de la première publication critique sur le texte
original), ou bien au pavé de l'ours.

Et le bilan est lourd : les onze lignes de la transcription contiennent
d'abord sept virgules ajoutées :

Je trouve, par les anciens
estranges, qui seroient
de Pline, si avez
qui, estant au berseau, tua
Pantagruel, estant encore au berceau, fist de cas

39

Elles contiennent aussi une virgule substituée à un oblique :

poètes, que plusieurs

et un deux-points substitué aussi à un oblique :

à racompter : lisez

et ces deux substitutions apparaissent déjà comme une inconséquence. Mais cette inconséquence s'aggrave si l'on considère que, à la neuvième ligne, un deux-points de 1532 est transcrit par un deux-points actuel :

deux serpens : car lesdictz

Il est évident ici que toute tentative de modernisation de la ponctuation conduit à l'incohérence. Et même si des équivalences précises lui permettaient de mener sûrement son action, il resterait à demander à celui qui modernise, qui lui a donné l'autorisation de le faire, et à lui représenter qu'aucun éditeur de livres d'art n'a jamais songé à placer les Mendiants de Breughel dans des chariots de cul-de-jatte montés sur pneumatiques.

Mais peut-être n'avons-nous pas tout considéré : Saulnier a pu s'inspirer de la ponctuation du texte de 1542, qui reste le texte définitif ; examinons donc ce texte avant de condamner un professeur qui a pu peiner longuement en collationnant consciencieusement. (Notons que les trois premières lignes partent de l'initiale I mise en lettrine) :

E trouue par les anciens historiographes et poetes, que plusieurs
sont nez en ce monde en facos bien
estranges que seroient trop longues a
racompter, lisez le.vij.liure de Pline,
si aues loysir, Mais vous nen ouystes
iamais dune si merueilleuse comme fut
celle de Pantagruel, car cestoit chose
difficile a croyre comet il creut en corps
& en force en peu de temps. Et nestoit
rien Hercules qui estant au berseau tua
les deux serpens : car lesdictz serpens
estoyent bien petitz & fragiles, Mais
Pantagruel estant encores au berseau
feist cas bien espouuantables. Ie laisse

Il apparaît à l'évidence que cette ponctuation n'a pu guider Saulnier que sur ces deux seuls points : la virgule de : poetes, que et le deux-points de : deux serpens : car lesdictz. Quant au reste, il faut bien admettre que la ponctuation de 1542 est encore plus éloignée de la nôtre que celle de 1532. D'ailleurs, à la réflexion, il aurait été paradoxal que la première publication critique sur le texte original eût pris appui sur une édition sortie des presses dix ans plus tard.

Dans ces conditions, la conclusion ne peut qu'être un arrêt en forme :

Attendu que la ponctuation de 1532 n'est manifestement pas la même que la nôtre ;

Attendu que celle de 1542 s'en éloigne encore davantage ;

Attendu qu'il n'est rien moins que certain que la ponctuation de 1532 (comme celle de 1542) soit due, comme on l'a prétendu, au seul caprice des typographes, et que, de toute manière, nous n'avons pas la possibilité d'interroger lesdits typographes avant quelque temps ;

Attendu encore qu'il n'est pas exclu que cette ponctuation puisse être le reflet de l'insouciance de Rabelais en ce domaine ;

Attendu qu'en tout cas il n'existe aucune équivalence certaine entre la ponctuation de 1532 (ou de 1542) et la nôtre ;

Attendu d'autre part, que notre ponctuation actuelle obéit à des règles qui n'ont rien d'intangible, et que chaque auteur les interprète à son gré ;

Attendu, donc, que la substitution de la ponctuation actuelle à celle du texte de 1532 (ou de 1542) constitue une immixtion et un abus,

Nous, Rabelaisants,

Rejetons toute tentative de modernisation de ladite ponctuation, quels qu'en soient les prétextes ;

Et préconisons que l'intéressé soit persuadé qu'il doit :

— confesser qu'il a outrepassé ses droits ;

— donner ou faire donner une nouvelle édition corrigée ;

— s'engager à ne plus poser désormais son bonnet doctoral sur les textes dont il traite, de peur qu'il ne s'en échappe à son insu ces fâcheux signes intempestifs qu'il produit incessamment ;

& amis comme deuant sans despens, & pour cause (P. xiij).

Des faictz du noble Pantagruel en son ieune eage. Chap.v.

Nous arrivons là au voyage qui mène Pantagruel dans toutes les universités que l'on veut qu'ait connues Rabelais pour y avoir étudié ; c'est probablement ce chapitre qui, sans autre preuve, a donné naissance à la légende de son tour de France. Mais il semble qu'il faille plutôt voir, surtout dans le début du chapitre, un hommage à son premier protecteur, Geoffroy d'Estissac, évêque de Maillezais, abbé du monastère bénédictin du même lieu, et surtout humaniste convaincu. Examinons :

De faict vint a Poictiers, pour estudier, & proffita beaucoup : Poitiers était la plus grande université après celle de Paris ; ses facultés de droit civil et de droit canonique étaient réputées. Il est fort probable que Rabelais, venant de quitter la bure des franciscains pour la robe bénédictine à Maillezais, fut effectivement envoyé par son protecteur à Poitiers pour y acquérir les connaissances que ne lui avaient pas données ses premiers maîtres : quand il a appuyé la requête adressée par Rabelais à Clément VII pour obtenir l'indult l'autorisant à changer d'ordre, Geoffroy d'Estissac avait peut-être déjà l'idée de parfaire l'instruction de son protégé, avant de faire de lui le précepteur de son neveu Louis d'Estissac et le secrétaire qui l'accompagnera dans les tournées d'inspection de ses domaines.

Cela nous confirme dans l'idée qu'il s'agit bien ici d'une série d'évocations précises inspirées par la gratitude : Rabelais, en 1532, montre qu'il n'a pas oublié les moments passés en la compagnie de Geoffroy d'Estissac, dont l'intervention a transformé sa vie : ainsi, Ligugé est le lieu du prieuré de l'abbaye de Maillezais, demeure que Geoffroy d'Estissac convertit en somptueux palais à l'italienne, et où il semble que Rabelais ait habité plus souvent qu'au monastère. A proximité, se trouve le couvent augustin de Fontaine-le-Comte, dirigé par le noble Ardillon abbe, où se rendaient Geoffroy d'Estissac et son secrétaire pour rencontrer les lettrés que cet abbé humaniste y conviait. Si Pantagruel, partant auecques aulcuns de ses compaignons, passe par Lusignan, par Sansay, par Celles, par Colonges, c'est que ces lieux sont ceux des domaines et demeures de Geoffroy d'Estissac qui, nous dit Demerson, était abbé de Notre-Dame de Celles, seigneur de la châtellenie de Sanxay près de Lusignan, châtelain de Coulonges près de Niort : c'est bien là l'évocation des randonnées que Rabelais a dû faire maintes fois aux côtés de son patron. Si les voyageurs passent aussi par Fontenay le conte saluant le docte Tiraqueau, c'est qu'il s'agit du juge de la ville, humaniste lui aussi, chez qui Pierre Amy, compagnon de moinage de Rabelais, l'a un jour amené : Geoffroy d'Estissac était des lettrés qui se réunissaient dans le jardin du juriste. Quant à Maillezays, c'est, bien sûr, la célébration de la paix et de la compréhension que lui a données son protecteur avec l'accueil chez les bénédictins : Rabelais a tant souffert de la rigueur des cordeliers que son changement d'habit lui apparaît toujours comme une délivrance ; la reconnaissance qu'il garde à Geoffroy d'Estissac est vivace, et il consacre à son abbaye les lignes toutes particulières de la pourtraicture de Geoffroy a la grand dent.

Il s'agit de Geoffroy de Lusignan, seigneur du Bas-Poitou, qui, mort en 1248 après une vie de pillages et de cruautés, finalement maté par Louis IX, s'est reconcilié à la fin de sa vie avec l'Eglise : condamné par le pape à reconstruire l'abbaye de Maillezais qu'il a brûlée, il a exigé que son effigie figurât en grandeur nature sur le porche d'entrée. On a retrouvé sa tête de guerrier farouche lors de fouilles entreprises au XIXe siècle : il s'agit donc bien de l'évocation d'un fait réel. Mais d'autre part, la tradition lui attribue une dent qui lui saillait hors de la bouche, d'où son surnom, et la légende fait de lui le fils de la fée Mélusine : c'est un personnage quelque peu fabuleux, et il pourrait n'y avoir rien d'étonnant à voir Rabelais l'introduire dans un roman de faictz & prouesses espouentables.

Pourtant, il faut bien reconnaître que l'épisode s'insère dans le chapitre d'une façon qui paraît assez artificielle : il a fallu une pirouette à Rabelais pour créer un lien familial entre Pantagruel et cet ancêtre : il est grand pere du beau cousin de la seur aisnee de la tante du gendre de l'oncle de la bruz de sa belle mere, ce qui, par parenthèse, nous indique que Gargantua s'est peut-être remarié, et la phrase finale, qui contient la promesse d'une aventure épique, ressemble à un procédé, bien qu'elle renferme un comique certain puisque le mort en question a passé sa vie à faire tort aux autres : Et me doubte que a sa mort on luy a faict quelque tord, duquel il demande vengeance a ses parens. Ie men enquesteray plus a plein & en feray ce que de raison. On a ici l'impression vague que Rabelais fait une allusion forcée à un sujet qui semble avoir été abordé souvent ; ou, plus précisément, qu'il commence, avec cette amorce d'aventure, de remplir un engagement : celui qu'il aurait pris, auprès des lettrés du cercle poitevin, d'évoquer un jour dans ses écrits ce Geoffroy a la grand dent qui a pu être le personnage de ralliement des humanistes du lieu. En même temps, il peut n'être pas absurde de penser que Rabelais perçoit que le postulat des aventures gigantales est aride et qu'il s'y adapte difficilement : il n'est peut-être pas mécontent de mettre ici en réserve, par précaution, la possibilité d'une action digne de son géant. Quoi qu'il en soit, la promesse de Pantagruel ne sera pas tenue, et nous ne verrons jamais reparaître ce Geoffroy a la grand dent, sauf aux Enfers du chapitre xxx, où il est allumetier.

Là s'arrêtent les évocations de la vie poitevine puisque Pantagruel retourne non a Poictiers, mais s'en va visiter les aultres uniuersitez de France. Il se peut qu'il y ait, là encore, un rappel de faits intéressant directement Geoffroy d'Estissac, mais il est impossible de les déceler sûrement : le chapitre peut être constitué de souvenirs épars, et leur regroupement chronologique peut n'être que le fait de la composition romanesque. S'il a été bien naïf de s'appuyer sur cette revue des universités pour conclure au tour de France de Rabelais, il ne le serait pas moins de voir en cette relation le rapport sincère et véritable des faits tels qu'ils se sont passés, et dans l'ordre où ils se sont produits. Il se peut qu'il s'agisse, en tout ou en partie, de l'évocation d'un voyage réellement accompli en compagnie de Geoffroy d'Estissac ; il se pourrait même que quelques-uns des jugements émis par Pantagruel sur les diverses universités ne soient que le reflet de l'opinion de Geoffroy d'Estissac, mais l'on ne peut, bien sûr, que risquer des conjectures ou avancer des hypothèses. Essayons de voir :

C'est par mer, partant de la Rochelle, que Pantagruel se rend à Bordeaux : il est probablement toujours auecques aulcuns de ses compaignons parmi lesquels, nous l'apprendrons abruptement, se trouve son pedagogue nomme Epistemon. La glose nous dit que l'université de Bordeaux était en déclin au début du XVIe siècle : les voyageurs ne s'y attardent donc pas et vont à celle de Toulouse, réputée pour son enseignement du droit. Mais elle est fort intolérante et vient de faire brûler Jean de Cahors, professeur, pour de simples propos de table suspects d'hérésie ; Pantagruel la quitte rapidement : mais il ny demoura gueres, quand il vit quilz faisoyent brusler leurs regens tout vifz comme harans soretz. A noter que cette phrase comporte bien le pluriel leurs regens, aussi bien dans l'édition de 1542 que dans celle de 1532, et qu'il est absurde de donner le singulier comme le font la plupart de nos éditeurs : Rabelais n'entend pas désigner celui qui a été brûlé, mais infère logiquement du fait, que Toulouse a coutume de brûler ses régents : en généralisant, il reste dans la veine comique tout en s'abstenant de rappeler précisément l'exécution, ce qui pourrait passer pour le regret d'un coréligionnaire.

44

De là Pantagruel arrive à Montpellier, célèbre pour sa faculté de médecine, et il est piquant de voir Rabelais considérer ici l'état de médecin comme fascheux par trop & melancholicque.

C'est bien là que l'on peut se demander si nous ne nous trouvons pas devant la transposition de l'opinion qu'avait de cet état Geoffroy d'Estissac, opinion que Rabelais rappellerait par complicité. Toujours est-il que Pantagruel préfère estudier en loix, mais cette université n'a pas même réputation pour l'enseignement du droit que pour celui de la médecine : il n'y a là que troys teigneux & un pelé de legistes. Il part donc pour Avignon et fait en chemin le pont du Guard & lamphithea-tre de Nimes en moins de troys heures : ces réalisations rejoignent l'érection de La pierre leuee du séjour à Poitiers, et il est manifeste que Rabelais se soucie de rappeler de temps à autre la taille de son géant en lui attribuant des prouesses ; mais il est apparent aussi que le postulat de départ semble lui être une contrainte plutôt qu'une facilité.

Et vint en Auignon ou il ne fut troys iours quil ne deuint amoureux, car les femmes y iouent voluntiers du serrecropyere par ce que cest terre papale, Ce que voyant son pedagogue nomme Epistemon len tira, & le mena a Valence au Daulphine : cette halte en Avignon appelle deux remarques :

On peut d'abord être surpris que cette cité, qui n'est pas universi-taire, figure dans l'itinéraire d'un voyage où l'on fait la revue des uni-versités : sa mention est anomale, et plus encore l'allusion aux mœurs légères de l'endroit puisque, en aucun cas, Pantagruel ne peut décider d'y rester pour étudier. Et peut-être doit-on inférer de cette anomalie qu'il s'agit de l'évocation que tient à faire Rabelais d'une visite effecti-vement faite en compagnie de Geoffroy d'Estissac. Mais dans ce cas, l'accompagnait-il en qualité de secrétaire ? Nous incite à le croire le vertueux souci d'Epistemon, qui pourrait être la transposition de celui qu'a pu avoir Geoffroy d'Estissac devant l'émerveillement où les fem-mes du lieu ont plongé Rabelais. Ou bien, plus probablement, a-t-il accompagné son patron, et en qualité de secrétaire, et en qualité de précepteur de Louis d'Estissac ? Le vertueux souci serait alors celui de Rabelais préservant son élève des trop brutales révélations avignon-naises.

Bien d'autres questions se lèvent encore : ce recensement des univer-sités, a-t-il été entrepris pour décider des études que devra faire le jeune Louis d'Estissac, ou pour choisir le genre d'activité qui sera celui de Rabelais lorsqu'il quittera Maillezais ? Et à ce moment, Rabelais a-t-il déjà exprimé son désir de quitter le couvent pour prendre ses ins-criptions dans une université, ou est-ce à la lueur des libertés séculières entrevues pendant le voyage que lui en est venue l'idée ? Nous ne pouvons, évidemment, que laisser ces questions sans réponse, mais il n'est peut-être pas vain, devant un texte dont la connaissance qu'on en croit avoir émousse les étonnements, de tenter d'éprouver les mêmes curiosités que si on le lisait pour la première fois.

La deuxième remarque est, comme on devait s'y attendre, celle que nous devons faire sur : les femmes y iouent voluntiers du serrecropyere par ce que cest terre papale. La plupart des commentateurs, ou bien ne s'arrêtent pas sur l'expression (Boulenger, Plattard, Jourda, Demerson), ou bien sont fort réservés : Jouer l'amour (pour la femme), dit Saulnier ; Jouer du serre-croupière : sens libre, dit Michel. C'est chez Guilbaud qu'il faut aller chercher un essai de compréhension : La croupière est une sangle du harnais passant sous la queue du cheval, qui la serre sur la croupe. L'image est claire, dit-il. En fait, elle ne l'est pas tant : que désigne ce la de : la serre sur la croupe ? On peut croire qu'il s'agit de la queue, alors que la sangle, passant par dessous, ne saurait la serrer. La croupière est exactement une sangle qui, passant autour de la base de la queue du cheval, revient à la selle ou au bât pour empêcher celui-ci ou celle-là de remonter sur le garrot : elle laisse donc la queue libre. Mais la notation à retenir est bien celle de quelque chose qui presse la croupe, c'est-à-dire la partie arrondie qui s'étend depuis la région lombaire jusqu'à l'origine de la queue (Littré).

Ce que l'on n'a pas vu, ou ce que l'on n'a pas voulu voir, c'est qu'il s'agit ici d'évoquer la position coïtale que les théologiens désignaient par l'expression : a retro : par-derrière, position qu'ils ne considéraient comme non peccamineuse que dans le seul cas d'obésité, et seulement si elle avait la procréation pour but. Même le cas de grossesse avancée était le plus souvent exclu, selon la sévérité des auteurs, attendu qu'il ne pouvait y avoir à ce moment que recherche de satisfaction sensuelle. Hors ce cas d'obésité, le pénitent était taxé de luxure, et son confesseur avait grand peine à le laver de la marque des impurs, lascifs, lubriques, débauchés, libidineux et autres paillards de même farine promis à l'Enfer. Rabelais, en prêtre et en théologien, connaît évidemment fort bien ces distinguos gymniques : voyons-en la preuve dans le morceau sur les menuz droictz de superfetation[1] du troisième chapitre du Gargantua, où il s'amuse des femmes qui se font rataconniculer ainsi suz leur groisse. Il est donc évident que si Rabelais emploie ici ce savoureux mot-image, ce n'est pas pour qu'on entende seulement : jouer l'amour (pour la femme) ; mais c'est pour qu'on comprenne que cette

---

1. Conception d'un fœtus lorsqu'il y en a déjà un dans la matrice (Littré). On a compris que Rabelais ne retient pas l'acception physiologique du terme, mais qu'il en considère seulement les prémices érotiques.

expression, relative à la position qui n'effarouche pas les demoiselles d'Avignon, est d'abord chargée du contenu théologique de recherche du plaisir dans un accouplement volontairement stérile, car la plupart des canonistes pensaient que certaines positions, et paradoxalement celle-là, s'opposaient à la conception ; ensuite, que cette recherche luxurieuse est d'autant plus choquante, et donc d'autant plus comique, qu'elle est la spécialité d'une ville qui devrait pratiquer la vertu puisque cest terre papale. Ne pas chercher à le comprendre, ou, l'ayant entrevu, s'abstenir pudiquement d'éclairer le lecteur, c'est respectivement, être inapte à expliquer Rabelais, et se rendre coupable de dénaturer sa pensée.

Donc, Pantagruel quitte Avignon, probablement sans avoir eu le loisir d'être déniaisé par une de ces équines Avignonnaises, et l'on peut en passant, remarquer que le héros a, dans cette terre papale, une taille normale, car même en Avignon, on ne peut offrir que ce que l'on possède. Il arrive à Valence, université florissante, nous dit la glose, où géant de nouveau, il veut faire tous noyer les marroufles qui s'opposent à ce qu'un écolier se mette en danse. Puis, toujours géant, il ne lui faut que troys pas & un sault pour arriver à Angers d'où il n'est chassé que par la peste. Il est possible qu'il y ait là l'évocation de l'université où l'on veut que Rabelais, environ 1515-1518, novice au couvent franciscain de la Beaumette, tout près de la ville, ait suivi les cours qui ont fait de lui un clerc, avant qu'il n'entre en religion au couvent de Puy-saint-Martin à Fontenay-le-Comte. Puis c'est Bourges, où il étudie bien long temps, en la faculté des loix : c'est ici que Rabelais glisse son fameux couplet sur la glose de Accurse, ordure & villenie des Pandectes ; mais il faut bien dire que le morceau apparaît nettement comme de complaisance, mis là pour plaire aux humanistes et peut-être surtout à Tiraqueau ; on a l'impression que cette glose laisse personnellement Rabelais assez froid : ne serait-ce pas, encore, une opinion de Geoffroy d'Estissac, que Rabelais ne reprendrait ici que par allégeance ? Enfin c'est Orléans, où Pantagruel a repris une taille normale puisque les estudians dudict lieu l'ont mené aulcunesfoys es isles pour sesbatre au ieu du poussauant.

Au sujet de ce jeu, un seul commentateur est clair : Demerson, qui dit : C'était à l'origine un jeu de boules ; mais il avait donné son nom, dans la chanson populaire, au jeu que le chapitre 21 du Pantagruel va appeler poussenjambon[2]. Les autres sont moins explicites : ils recon-

---

2. Le texte dit : boutte poussenjambions ; le pluriel, dont fait bon marché Demerson, est pourtant légitime, que l'on retienne le jeu de mots entre en jambons et enjambons, ou que l'on ne veuille considérer que l'un des deux sens. Bien que enjamber veuille dire :

naissent tous que c'est un jeu de boules, mais ajoutent peu. Pour Saulnier, c'est jeu d'amour ; pour Boulenger, c'est aussi un autre jeu plus
intime ; pour Guilbaud, c'est aussi jeu d'amour ; pour Plattard, le mot
ici est probablement pris dans un sens libre ; pour Jourda, c'est motus
et bouche cousue, et pour Michel, c'est aussi jeu de l'amour. Pas un,
en tout cas, n'ose établir la liaison avec es isles dont Saulnier a donné
clairement l'interprétation : La Motte des Poissonniers et la Motte
Saint Antoine. C'est jouant sur ces noms que Rabelais évoque le jeu de
poussavant. Si les commentateurs, à cet endroit, donnent bien le nom
des îles (quelques-uns s'en dispensent), ils ne disent rien du jeu de
mots.

Ainsi, il faut bien se rendre à l'évidence, seul Saulnier sait que la
motte est en langage érotique, le Mont de Vénus, alias pénil, éminence
située au-devant du pubis, limitée de chaque côté par le pli de l'aine
(Petit Robert). Il faut pourtant bien croire que la simple mention des
isles évoquait l'idée des ébats amoureux qu'elles abritaient, comme
d'ailleurs toutes les îles des cités : Paris, Lyon, etc., idée que renforçait
le nom de motte qu'elles portaient. Rabelais, avec son ieu du poussauant, concrétise le sous-entendu traditionnel attaché à la mention de
ces îles, et il est infiniment regrettable qu'aucun commentateur, mis à
part Saulnier, n'ait la maturité nécessaire pour appeler son lecteur à
sourire au passage.

On a donc eu grand tort de laisser dans l'ignorance des choses du
sexe des commentateurs qui sont déjà de grands garçons ; quelques-uns
ont malheureusement disparu sans savoir, mais il n'est peut-être pas
trop tard pour éveiller l'attention des autres sur ce que Rabelais entend
par : jouer du poussavant sur la motte ; on sait que l'heure de la révélation sonne à tout moment, et que le zèle dont on fait alors preuve
efface le souvenir du temps perdu.

---

se superposer en se prolongeant (Petit Robert), et que la langue populaire lui donne judicieusement le sens de posséder une femme, nous ne pouvons savoir si ce sens existait
déjà pour Rabelais : il faut donc préférer : en jambons, et le singulier est alors anatomi-
quement absurde.

Comment Pantagruel rencontra un Limosin, qui contrefaisoit le langaige Francoys. Chapitre.vj.

Il n'y a nulle incompréhension dans ce chapitre : la plupart des commentateurs sont fort à l'aise dans la glose de la verbocination Latiale de l'écolier limousin, à ceci près cependant, qu'arrivés au passage : certaines diecules nous inuisons les lupanares, & en ecstase Venereique inculcons nos veretres es penitissimes recesses des pudendes de ces meretricules amicabilissimes, ils sourcillent plus ou moins, et quelques-uns sentent même leur encre perdre toute fluidité : ainsi s'abstiennent totalement Plattard et Jourda.

Boulenger, lui, traduit en plusieurs notes : A certains moments, nous visitons les lupanars, enfonçons nos membres virils dans les très profonds enfoncements des parties secrètes de ces petites putes très aimables. Saulnier ne donne pas de traduction, mais celle que l'on peut établir avec les sens qu'il donne dans son Index verborum est à peu près celle-ci : Certaines petites journées, nous visitons les lupanars et en extase vénérienne, enfonçons nos membres virils dans le fond du retrait des sexes de ces petites filles de joie. Guilbaud traduit de même façon : A certains moments nous visitons les lupanars, et dans l'extase inspirée par Vénus, nous inculquons nos membres virils aux très profonds enfoncements des parties secrètes de ces petites putains très aimables.

Ce sont les commentateurs les plus anciens les plus audacieux. Michel l'est beaucoup moins, qui dit : De temps à autre, nous visitons les lupanars, et en extase vénérienne, pénétrons de nos... les retraites les plus profondes des... de ces petites... si aimables. Quant à Demerson, dans l'unique note qu'il met au passage qui va de Nous transfretons jusqu'à lares patriotiques, il écrit : Le sens de cette tirade, qu'il faut lire à pleine voix, importe peu ; un latiniste même débutant reconnaîtra l'emploi du temps de l'éternel étudiant, traînard (trois lignes), paillard (six lignes), soiffard (trois lignes), dépensant par avance un mandat toujours en retard (cinq lignes). Heureux pays que celui de Demerson, où il suffit de clamer à pleine voix un texte dont on ne comprend pas le sens, pour que l'entendement vous en soit donné. Mais il est affligeant qu'un professeur de Lettres, pour ne pas obliger ses élèves à se pencher un moment sur un texte qui pourrait leur demander quelque effort, leur dise que le sens de ce texte importe peu, et cela pour le chapitre même où le latin est toute la question.

Mais il y a plus important que la pudeur de Michel et la démission pédagogique de Demerson : on sait que l'idée de ce chapitre est puisée dans le Champfleury de Geoffroy Tory qui, en 1529, raillait déjà les escumeurs de latin ; Rabelais s'est servi de son texte jusqu'à lui prendre en entier la phrase : nous despumons la verbocination Latiale & comme verisimiles amorabonds captons la beneuolence de lomnijuge omniforme & omnigene sexe feminin ; d'un autre côté, on ne peut pas ne pas relever que le chapitre a quelque caractère du texte de remplissage : tout cela nous amène à formuler la conjecture que le chapitre v, celui de la revue des universités, fut, lors du premier jet, le premier écrit, et le présent chapitre de l'écolier, le deuxième.

L'impression que laisse ce présent chapitre vj, deuxième du premier jet, s'expliquerait ainsi : Rabelais, en débutant qu'il est encore, a mis dans son premier chapitre tous les souvenirs récents dont il est encore imprégné : il l'a fait, à la fois pour nourrir son texte, pour régler la dette de reconnaissance qu'il a envers les membres du cercle poitevin, et pour trouver, dans le traditionnel épisode du voyage, les situations où son Pantagruel peut agir en qualité de géant : en fait, nous avons vu que ces situations sont le plus souvent surajoutées et comme forcées. Quoi qu'il en soit, Rabelais a épuisé d'un coup le filon du voyage et, pour continuer, recourt à l'œuvre de Tory : la question du langage l'intéresse au premier chef, et il entrevoit peut-être la possibilité de découvrir une occurrence où Pantagruel pourra se conduire en surhomme : c'est la saisie à la gorge de l'écolier, action qui a une valeur linguistique incontestable puisqu'elle le fait parler naturellement, mais qui n'affirme Pantagruel comme géant que par le jeu de mots de la phrase : & tant fut alteré, quil disoit souuent que Pantagruel le tenoit a la gorge.

Et, gardant cette idée que le chapitre v fut le premier écrit, nous devons alors bien voir, par l'édition de 1532, que Rabelais n'a jusque là soutenu la taille gigantesque de Pantagruel que par quelques notations adventices : l'arbalète qui est de present en la grosse tour de Bourges, La pierre leuee, le pont du Guard et la chasse aux marroufles ; encore avons-nous dû admettre que Pantagruel avait certainement repris une taille normale dans plusieurs épisodes du chapitre.

Le postulat des faictz & prouesses espouentables du titre contraint évidemment Rabelais à mettre en scène un Pantagruel aux dimensions hors du commun : or il n'est pas excessif de dire que la forme d'esprit de Rabelais ne s'accommode aucunement du genre de cette littérature populaire de gigantisme héroïque et merveilleux. Son inspiration, au contraire, est celle du lettré et ses soucis sont ceux de l'humaniste : le premier chapitre traite des universités ; le deuxième, du langage ; le troisième, sera celui des livres de saint Victor, et le quatrième, celui de la lettre de Gargantua : nous sommes bien loin de la veine de ces auteurs de livrets d'aventures épiques à l'usage des simples. Et l'on peut imaginer qu'à un moment, Rabelais a pu se demander quel démon avait bien pu le pousser à soutenir la gageure de raconter les exploits d'un géant qui, si étranger à sa pensée, l'inspire si peu.

Et c'est alors que ce deuxième chapitre, inspiré de Tory, en même temps qu'il permet à Rabelais de continuer d'écrire, lui apporte une révélation : cet écolier limousin, qui parle d'abondance et de façon inusitée, face à Pantagruel qui lui donne la réplique en défendant la raison, montre à Rabelais comment il va pouvoir sortir de l'impasse où l'a mis son point de départ. C'est là qu'il entrevoit qu'il faut donner un interlocuteur à son héros ; cet interlocuteur pourra être l'interprète des idées les plus paradoxales, et le géant sera l'élément modérateur incarnant la sagesse traditionnelle servie par la force et l'autorité. Ce compagnon de prédilection, ce sera Panurge, inspiré du Morgan de Pulci et du Fracasse de Folengo ; il va entrer en scène tout de suite après le chapitre de la lettre de Gargantua, et il y entrera, on l'a remarqué, dans un chapitre dont la forme est la réplique exacte de celle du chapitre où Pantagruel rencontre cet écolier limousin : nous pouvons voir dans ce parallélisme, sinon la preuve, au moins la présomption que c'est bien l'écolier qui a engendré Panurge.

A partir de cette conception, Rabelais n'a probablement plus le même souci pour les faictz & prouesses : il va se borner sans scrupule à ne maintenir la qualité de géant de son Pantagruel que par quelques notations qui n'ont aucune commune mesure avec des performances de livret populaire : le chapitre des livres comportera l'épisode de la cloche de Saint Aignan qu'il souleve auecques le petit doigt aussi facilement que feriez une sonnette desparuier, et celui de la lettre, la précision sur son entendement a double rebras & capacité de memoire a la mesure de douze oyres & botes dolif ; encore cette précision a-t-elle trait à sa puissance intellectuelle et non à celle de ses muscles.

Panurge va donc survenir au chapitre ix et, deuxième argument à l'appui de la thèse de la génération écolier-Panurge, il va prendre d'emblée la position de favori : alors qu'il ne le voit encore que de loin, Pantagruel, en 1532, affirme : nature la produyt de riche et noble lignee ; alors qu'il ne l'a pas encore entendu, il proteste : car iay affection tresgrande de vous donner ayde a mon pouoir en la calamite ou ie vous voy ; et il s'enflamme quand il apprend qu'il est Tourangeau : Car par ma foy ie vous ay ia prins en amour si grande /que si vous

condescendez a mon vouloir /vous ne bougerez iamais de ma compaignie /& vous et moy ferons ung nouveau per damytie telle que fut
entre Enee & Achates. Non moins étonnant est l'engagement immédiat
de Panurge : ie accepte voulentiers loffre protestant iamais ne vous
laisser /et allissiez vous a tous les diables. L'action est fort précipitée :
si l'on peut penser que Panurge, dans la détresse où il est, ne peut que
saisir l'occasion, l'affection que montre Pantagruel est bien soudaine
chez un personnage si raisonnable. N'hésitons pas à en déduire que
Rabelais avait besoin de donner à son géant un compagnon qui lui fût
immédiatement permanent, fidèle, définitif et aussi familier que si une
longue fréquentation lui avait permis de le bien connaître.

Rabelais, dit-on, va oublier ce nouvel ami de Pantagruel pendant
tout le procès de Baisecul et Humevesne, procès qui occupe trois chapitre dans l'édition de 1542, mais qui n'en formait qu'un dans celle de
1532 : Pantagruel y aura encore prépondérance, toujours par l'esprit,
d'ailleurs, et non par la taille ; mais, tout de suite après, Panurge
reviendra, pour occuper, jusqu'aux tout derniers chapitres, le devant de
la scène. Nous examinerons si cette éclipse de Panurge est due, comme
on l'a prétendu à une erreur de l'imprimeur, perdu dans une copie que
tout laisse supposer pleine de renvois, de béquets, et d'annotations
diverses touchant, en particulier, l'ordre des chapitres.

Il semble donc bien que l'hypothèse du chapitre v premier du premier jet, avec toutes les conséquences qui en découlent, contienne quelque véracité ; elle n'est pas, bien sûr, confirmée indubitablement. Pour
qu'elle le soit, si elle doit l'être, il nous faut attendre qu'une analyse
complète, conduite par celui qui rédigera l'ouvrage qui nous manque
encore, sur la composition chez Rabelais, nous éclaire sur sa valeur.
D'ici là, rien ne s'oppose à ce que nous la gardions comme hypothèse
d'école : l'Ecole en voit passer bien d'autres dont la nécessité est autrement plus discutable.

Comment Pantagruel vint a Paris : & des beaulx liures de la librairie de sainct Victor. Chapitre.vij.

A Orléans, Pantagruel ne s'est pas contenté de iouer du poussauant ; il y a aussi fort bien estudie, nous l'apprenons ici. Il éprouve alors le désir de visiter la grande uniuersite de Paris, mais auparavant, Rabelais éprouve, lui, le besoin de confirmer la qualité de géant de son héros, par l'épisode de la cloche. Et c'est l'histoire de ces vins poulsez qui permet à Rabelais de relier son Pantagruel au traditionnel démon de la soif : quilz ne faisoient que cracher aussi blanc comme cotton de Malthe disans, nous auons du Pantagruel, & auons les gorges sallees. C'est, avec l'épisode de la saisie à la gorge de l'écolier, le deuxième rattachement du héros rabelaisien au personnage populaire : voyons dans cette précaution la confirmation de ce que nous avons avancé au chapitre précédent : pour nous, ce présent chapitre est le troisième de la première rédaction, et Pantagruel est encore le personnage imposé, sans caractère propre, dont Rabelais s'accommode le mieux qu'il peut, en l'incorporant, de façon plus ou moins artificielle, au développement d'un récit qui reste d'inspiration humaniste.

Paris lui offre encore la possibilité d'évoquer la taille de son héros et de le relier à l'histoire connue : non sans grande peur quil nemportast le Palais ailleurs en quelque pays a remotis, comme son pere auoit emporté les campanes de nostre dame, pour atacher au col de sa iument. Cela fait, Rabelais va aborder le sujet qui lui tient à cœur, non sans avoir d'abord donné sur Paris son avis de provincial nouvellement arrivé : comme vous scauez bien que le peuple de Paris est sot par nature, par bequare, & par bemol, puis ce qu'on peut interpréter comme sa résolution de Tourangeau : Il disoit que cestoit une bonne ville pour viure, mais non pour mourir. Ce sont bien les deux sentiments successifs qui habitent le provincial pendant la première année de son séjour à Paris, mais tout s'arrange par la suite, et les cimetières parisiens sont pleins de ces provinciaux qui ne voulaient que passer : Rabelais est mort rue des Jardins-Saint-Paul.

Donc Pantagruel, après avoir fort bien estudié en tous les sept ars liberaulx, c'est-à-dire le trivium : grammaire, rhétorique, dialectique, et le quadrivium : arithmétique, géométrie, astronomie, musique, va

53

consacrer un moment à passer en revue les beaulx liures de la librairie de sainct Victor fort magnificque. Commence alors l'énumérations des titres qui, en 1532, étaient seulement quarante-deux, et qui, en 1542, se sont enrichis jusqu'à devenir cent quarante.

Tous les commentateurs ont, bien sûr, commenté ; toutefois sans trop approfondir, et surtout sans attirer l'attention sur le double sens de la plupart des titres, qu'ils n'ont d'ailleurs peut-être pas vu. Même le dernier arrivé, Demerson, s'abstient le plus souvent de rappeler certaines explications données par ses devanciers ; il se contente de translater, et nous verrons comment. Il est vrai que s'il avance, à la fin de sa note de présentation du catalogue : On connaît des titres de ce genre, comportant des symboles d'objets concrets : l'Horloge des princes, le Poignard du soldat chrétien, l'Eperon de discipline, le Marteau des maléfices, etc., ce qui est parfaitement exact, il prétend ensuite que Rabelais était loin de considérer comme des ridicules tous les auteurs de ces livres, ce qui semble être une affirmation toute gratuite.

Ce qu'il considérait comme ridicule, à coup sûr, c'est la façon dont les auteurs intitulaient leurs ouvrages : les titres qu'il va créer seront donc faits sur le modèle des leurs, en utilisant des objets symboliques ; le titre aura alors une apparence édifiante, à l'instar des livres existant réellement, mais contiendra, grâce à l'objet concret, un deuxième sens édifié sur un calembour, une acception seconde du langage courant ou de la langue populaire, un simple à-peu-près, ou même une image ; et la deuxième compréhension sera le plus souvent érotique ou obscène, quelquefois scatologique, ou seulement satirique. D'autres titres ne ressortiront pas à ce procédé, mais se contenteront de l'absurdité de leur énoncé, attribués qu'ils sont à des auteurs choisis parmi les adversaires contemporains des humanistes, ou parmi ceux qui, plus anciens, sont considérés par eux comme de vieilles lunes. Il est sous-entendu que, dans tous les cas, ces significations secondes sont censées n'être pas apparues à leurs auteurs, et il est à noter que certains titres de 1532 n'ont aucune de ces arrière-pensées : Rabelais n'a alors que l'idée de faire rire, l'énoncé est amusant, mais le comique reste encore au premier degré.

De toute façon, il y a là un exercice de virtuosité que pouvait seul se permettre un auteur possédant la parfaite maîtrise de sa langue, et qui s'adressait, à n'en pas douter, à des lecteurs choisis, capables de saisir toutes les allusions et les nuances souvent ténues de ce comique.

Le fonds de la satire est constitué, pour la plus grande part, des accusations traditionnellement adressées aux femmes, aux prêtres et aux théologiens, concernant leur activité génitale. C'est pour les femmes, leur propension à jouer du serrecropiere a cul leue a tous venans

(P. xvij) ; pour les prêtres et les moines, de violer leur vœu de chasteté à toute occasion, et d'avoir un penchant marqué pour l'homosexualité, travers où les rejoignent les théologiens abusant de leurs élèves, tout cela parfumé d'un relent de diablerie qui nous rappelle que la sodomie, la magie, les rapports supposés avec les démons étaient les grands chefs d'accusation qui conduisaient à l'inculpation d'hérésie.

Ainsi, puisque les commentateurs n'ont pas vu les deux sens, et que ceux qui ont extrait par hasard le second ont été forts timides, il va donc nous falloir examiner nous-mêmes ce catalogue. Il semble que cela ne doive pas être le moins du monde fastidieux, du moins pour ceux qui n'ont pas peur des mots et de ce qu'ils représentent. Nous nous appuierons tout de même sur les explications antérieures les plus significatives, sans toujours les citer toutes, et nous bâtirons sur elles notre propre interprétation. A toutes fins, en même temps que nous le numérotons, nous repérons chaque titre par l'indication : (32) ou (42), selon qu'il figure déjà dans la première édition, ou qu'il fait partie des titres ajoutés.

Nous sommes donc à saint Victor, dans cette librairie de rêve qu'a dessinée Gustave Doré, et nous commençons d'explorer les pages du catalogue, en même temps que Pantagruel.

1. Bigua salutis (32)

Saulnier dit : Le char de salut. Ouvrage édifiant authentique (1498) ; Boulenger dit : La perche de salut (bigue, mot lyonnais) ; Guilbaud dit : La Bigue de salut. Déformation burlesque de l'ouvrage Biga salutis (Le Char de salut), Hagueneau, 1497 ; Michel dit : La perche de salut, et Demerson donne : Sur la Planche du Salut.

L'ouvrage existait bel et bien ; c'était, nous dit Plattard, un recueil de sermons dû à un cordelier hongrois. La déformation de biga en bigua est effectivement la latinisation macaronique du mot lyonnais bigue, qui signifiait mât, perche. Le mot avait pris aussi, dans la batellerie, le sens de longue perche de bois, et il était encore employé dans le Lyonnais, il y a peu, pour désigner la lance des jouteurs sur l'eau.

Il est certain que le mot bigue a ici une acception érotique équivalant à évoquer ce que Rabelais, au chapitre premier, nomme le laboureur de nature, quand il est en poinct et qu'il a vent en pouppe, puisqu'un des sens du mot est encore celui d'appareil de levage composé de trois poutres disposées en pyramide : il semble donc que bigue n'ait jamais perdu le sens de levier, et que le mot ait toujours contenu l'idée de monter, faire monter.

Cette acception érotique est confirmée par la disposition qu'ont, dans l'édition de 1542, les trois premiers titres : ils sont, l'un sous l'autre, accolés à une grande lettrine B, de trois lignes, qui les coiffe :

BIgua salutis.
Bragueta iuris
Pantofla decretorum.

Le quatrième titre : Malogranatum vitiorum, se retrouve à l'alignement normal ; c'est donc que les trois premiers ont été, à dessein, placés en tête pour former un groupe où ils sont liés par le sens.

Or nous savons, depuis le chapitre ij, ce que veut dire pantoufle ;
nous savons aussi que la braguette est ce qui loge le membre viril, qu'il
s'agisse de la pièce d'habillement ou des penitissimes recesses des
pudendes des dames, comme dit l'écolier limousin. Dans ces trois titres
superposés, la bigua est donc ce qui, abrité dans la bragueta, est en
état de servir la pantofla. Et si le titre édifiant est à entendre, comme
le Char, la Perche ou la Planche de salut, la deuxième compréhension
est bien :

La perche qui salue.

2. Bragueta iuris. (32)

Saulnier dit : La braguette du droit. Le droit que couvre la braguette
était vieux sujet de plaisanterie ; tous les autres commentaires s'inspirent de celui-là, sauf celui de Demerson, qui donne seulement : Sur la
Braguette du droit, sans que rien laisse supposer le moindre jeu de
mots.

Ce jeu de mots appartient au deuxième sens, où le mot braguette a
son acception réelle. Mais il nous faut comprendre que le premier sens,
celui qui doit paraître édifiant et qui doit pouvoir figurer dans les
rayons de la Librairie de saint Victor, entend le mot comme coffret.

Nous pouvons donc penser qu'ici le mot a pour charge d'exprimer
que le droit est une connaissance de haute valeur qui mérite d'être
abritée dans ce qui, ordinairement, couvre un organe précieux entre
tous. Le sens de braguette est donc bien ici quelque chose comme coffret ; le premier titre est alors :

L'écrin du droit,

et le deuxième sens, suggéré par les commentateurs, est bien :

La braguette du droit (d'érection).

3. Pantofla decretorum. (32)

Saulnier dit : Le décret (celui de Gratien) : une des sections de droit
canon (XIIe siècle) ; Boulenger précise que ce décret de Gratien était la
base de l'enseignement du droit canon ; Guilbaud pense qu'il s'agit
d'une plaisanterie sur les Décrétales, qui étaient des recueils de droit ;
il ajoute : C'est la plaisanterie précédente au féminin ; Michel dit :
Allusion au Décret, compilation de Gratien, moine italien du XIIe siècle. Le rapprochement du droit de la braguette et de la pantoufle souli-

gne le calembour sexuel ; quant à Demerson, il donne de but en blanc : Sur le Décret de la vaginette.

Amenée effectivement par la même idée que Bragueta iuris, cette pantoufle des décrets a un sens parallèle à celui de l'écrin du droit : la pantoufle est cette chaussure ouatée, où le pied est protégé par le rembourrage, qui procure confort et chaleur : c'est l'image des égards qu'on doit aux Décrets, le décret ayant aussi le sens étendu de pouvoir de décision, autorité. Le premier sens du titre peut donc se rendre par :

Le coffret capitonné des décrets.

Quant au deuxième sens, il est évidemment sexuel et peut-être rendu par :

Le manchon fourré des arrêts.

Ainsi, les trois premiers titres nous indiquent d'emblée ce que nous devons retrouver dans le repertoyre : d'abord une moquerie, ici dirigée contre les vieux recueils glosés qui servent de base à l'enseignement de la sainte parole (salutis) ou du droit canon (iuris, decretorum) ; ensuite, une expression où le mot commun, lié à l'énoncé du titre d'un ouvrage, d'un sentiment, d'un personnage nobles, indique déjà l'intention de rabaissement ; enfin, ce même mot commun, compris plaisamment, transformant le titre en une formule érotique, obscène, scatologique, satirique ou grotesque, et comportant quelquefois la dénonciation d'un travers. De plus, ici, nous l'avons vu, les trois premiers mots des trois titres : la bigue ; de la braguette ; pour la pantoufle, sont liés à dessein entre eux, probablement pour donner l'impulsion.

Le mécanisme nous étant maintenant connu, nous allons pouvoir tenter de comprendre les cent trente-sept titres suivants moins timidement que n'ont voulu le faire les commentateurs patentés.

4. Malogranatum vitiorum. (32)

Saulnier dit : La Grenade des Vices. Réciproque du Malogranatum des dogmes, de Gallus (1487) ; les autres commentateurs disent la même chose, y compris Demerson, qui se contente de donner : Sur la Grenade des vices.

C'est là, bien sûr, le premier sens, et il nous faut découvrir le second. En examinant le mot, nous nous apercevons que c'est granatum seul qui signifie grenade ; malo n'est que la pomme ; et l'ensemble correspond au mot exact du temps : pomme-grenade.

Mais le mot malo, selon une équivalence vieille comme les Ecritures, en même temps qu'il signifie : pomme, peut être l'adjectif malus, qui signifie : mauvais, de mauvaise qualité, en mauvais état, malade. Et cet état maladif nous laisse alors entrevoir que cette grenade pourrait bien être chargée d'un contenu tout autre que celui qui nous est apparu au premier sens. Nous incite à le penser, le calembour évident sur vitiorum, aboutissant à l'idée de vit et de vicié. Cette grenade (ouverte) pourrait bien être alors, comme la figue (ouverte), l'évocation du sexe de la femme, les fruits à grains serrés ayant toujours été pris comme symbole du vestibule vaginal. Nous verrons au Quart Livre que l'expression faire la figue, décrit le geste injurieux qui consiste à passer la pointe du pouce entre l'index et le majeur repliés, geste qui évoque le coït hétérosexuel, mais dont la signification étendue au rapprochement homosexuel s'adresse alors au pape.

Cette grenade de mal est donc le sexe malsain, et le jeu de mots sur vit-vicié nous invite à rendre Malogranatum vitiorum par :

La male connasse à vicier les vits.

5. Le peloton de theologie. (32)

Saulnier risque : Plaisanterie sur l'art de faire sa pelote (?) ; Boulenger, Guilbaud et Michel ne disent rien, et Demerson reprend simplement : Le Peloton de théologie.

Le premier sens du titre joue évidemment sur peloton : petite pelote de fils roulés. Dauzat dit encore : peloton : petite pelote. Mais il est vraisemblable que cette pelote n'est point de thésaurisation, contrairement à ce que pense Saulnier, l'ouvrage en question, qui est censé se trouver dans les rayons de la très-chrétienne Librairie de saint Victor, ne pouvant contenir une attaque contre la théologie. Donc, plutôt que l'idée d'amasser patiemment des profits, nous garderons de cette petite pelote de fils roulés celle de doctrine constituée d'arguments nombreux et divers ; et nous rendrons le premier sens par :

L'argumentaire de théologie.

Quant au deuxième sens, qui paraît si scrabeux aux commentateurs qu'ils n'en parlent pas, il est établi sur ce même peloton : petite pelote, et désigne, bien sûr, le testicule, le mot peloton réunissant les sens de pelote : balle à jouer, et pelu : garni de poils. Nous trouvons d'ailleurs au Tiers Livre (VII) l'exclamation de Panurge qui manifeste quelque crainte après avoir renoncé à porter sa magnificque braguette : Dieu guard de mal les pelotons. Nous rendrons donc le deuxième sens, qui fait manifestement allusion à l'activité génésique des théologiens, par :

Le rouston de théologie.

6. Le vistempenard des prescheurs, compose par Turelupin. (32)

Saulnier dit : Vistempenard : long plumeau. Equivoque obscène ; Boulenger s'abstient. Guilbaud dit, pour vistempenard : Le Plumeau, et pour Turelupin : Ou tirelupin, terme de mépris qu'on donnait aux moines vagabonds. Michel dit : Long plumeau à manche... et calembour sur vist : échalas et le membre viril. Demerson donne : La vergette des Prêcheurs, composé par Turlupin et dit en note, inspiré peut-être par l'histoire du membre réparé avec la peau du cou d'un poulet : La Verge-à-plumes, le Plumeau.

Que vistempenard ait signifié plumeau à long manche, c'est, bien que rien ne l'atteste, ce que nous devons admettre si nous voulons admettre aussi le calembour ; et le premier sens du titre, à la gloire des prêcheurs, est alors quelque chose comme :

L'époussetoir des prêcheurs, composé par Turelupin, moine ambulant.

Il est sûr, que pour le deuxième sens, le calembour ne repose pas seulement sur vist, mais sur la décomposition : vist-en-penard, le vist étant évidemment le membre viril ; quant à : penard, mot clé chez Rabelais, personne ne s'est jamais soucié d'éclaircir son sens.

Penard est, comme penade, que nous rencontrerons plus loin, le dérivé populaire de penier, dont la finale ier indique l'état de réceptacle. Penier est lui-même issu de penil, penille, penillière, que Greimas donne curieusement pour : la partie du corps où croît la marque de la puberté. La finale ille de penille indique assez le caractère féminin du mot, comme la finale illiere de penilliere, le même état de réceptacle que pour penier [1]. Penard, lui, par son préfixe ard, a incontestablement une nuance caricaturale ou péjorative : nous gagerons qu'ici la nuance n'est qu'affectueusement caricaturale, destinée seulement à compenser l'omnipotence de ce que représente le mot : le penil, la penille, la penilliere désignent le bas-ventre, et les deux derniers mots surtout, le bas-ventre féminin. Le dérivé penard est évidemment ce bas-ventre considéré avec un peu moins de bienveillance, et, comme nous le verrons plus loin dans l'œuvre, n'est pas exclusivement féminin.

Nous comprenons dès lors fort bien le calembour entre vistempenard : plumeau à long manche, et vist-en-penard des prêcheurs, gens qui étaient réputés prêcher surtout pour leur saint auprès des femmes. Le vistempenard des prescheurs revient alors à dire : le vit enconné des prêcheurs.

Pour Turelupin, voici ce que dit l'Alphabet de l'Auteur François, recueil de notes qu'on peut lire à la fin d'une édition des œuvres de Rabelais en deux volumes, datée de 1675, dite A la Sphère : Turelupin : Est un nom d'injure & de mespris, depuis deux cent trente sept ans en ça, que certains personnages appelez Turelupins, autrement la

---

1. Et nous découvrons du même coup que l'inepte expression : mettre la main au panier, était sans nul doute : mettre la main au penier ; on n'a plus compris penier, et l'on a remplacé le mot par un mot lui ressemblant phonétiquement, sans trop tenir compte du sens ni de la vraisemblance, car qui a jamais pu réussir à émouvoir un panarium ou corbeille à pain ?

compagnie de pauvreté, furent estimés hérétiques du temps de Charles cinquiesme Roy de France, & Gregoire onziesme Pape, environ l'an 1374. Ils furent condamnés pour telz, & leurs livres bruslez à Paris, ainsi que rapporte Gaguin au 9 livre de son Histoire, en la vie de Charles V. D'où vient que ce nom estoit odieux, & ainsi l'Auteur au chapitre 7 du 2. liv. l'entend quand il dit que le livre intitulé, le Vistempenard des Pecheurs (sic) fut composé par Turelupin. Aucuns disent que Tirelupin & Turelupin est la mesme chose. Autres tiennent que Turelupin est un chanteur de Turelure, un raconteur de fariboles.

Ce que ne dit pas ce pudique commentateur (déjà), c'est que ces Turelupins étaient constitués en sectes qui professaient qu'on ne doit avoir honte de rien de ce qui est naturel. Ils prônaient la nudité et la satisfaction au grand jour de tous les besoins et appétits au moment même où ils les éprouvaient. Leur liberté sexuelle était totale et la force de leur conviction telle, qu'ils n'hésitaient pas à imposer leurs vues, au besoin par la force. Quelques-uns furent brûlés, et l'un d'entre eux, pendu, fut ensuite bouilli publiquement pour l'exemple. Ainsi, ce Turelupin, qui est censé avoir composé ce Vit enconné des prêcheurs, est donc un spécialiste en la matière, et nous en savons assez pour rendre le titre par :

Le vit enconné des prêcheurs, composé par un expert en débauche.

7. La couillebarine des preux. (32)

Saulnier dit : Couillebarine = testicule d'éléphant ; Boulenger dit : Couille d'éléphant (barrinus) des preux. Guilbaud et Michel disent la même chose, bien que Michel écrive ridiculement : la c... ; Demerson donne, fort bien cette fois : L'éléphantesque couille des Preux.

C'est évidemment là le sens second, mais il nous reste à trouver le premier sens, édifiant et décent, du titre de la Librairie. Coil, cous, coille vient du latin populaire colea ou du latin classique coleum, qui désignait le sac de cuir (Greimas), et c'est là qu'est le sens immédiat : les preux, gens qui voyagent dans les contrées sauvages, sont si forts et si vaillants qu'ils ont abattu l'éléphant dont ils ont gardé le scrotum pour s'en faire une bourse, car nous savons, depuis les couilles de Lorraine, qu'il s'agit de l'ensemble des deux testicules. La couillebarine des preux est ici :

La bourse en éléphant des preux.

La possession de cette bourse en éléphant témoigne donc du courage dont ils ont fait preuve. Mais ce courage étant traditionnellement concrétisé par les testicules, cette couillebarine est, dans le deuxième sens, comprise comme étant leur propre couille, aussi démesurée que leurs vertus chevaleresques sont exceptionnelles. Et le deuxième titre est bien celui de Demerson :

L'éléphantesque couille des preux.

8. Les hanebanes des euesques. (32)

Saulnier dit : Hanebane = jusquiame (anti-aphrodisiaque) ; Boulenger dit : La hanebane (jusquiame) passait pour refroidir les tempéraments amoureux ; Guilbaud et Michel disent la même chose, et Demerson, qui précise en note qu'il s'agit d'un anti-aphrodisiaque, donne simplement : Les Jusquiames des Evêques.

La jusquiame noire est effectivement une plante herbacée à propriétés narcotique et toxique, utilisée en médecine comme calmant. Son nom populaire est herbe des chevaux ou herbe aux poules. Mais, à première vue, rien n'indique que hanebane signifie jusquiame qui, en latin, se dit jusquiamus et en grec hyoskyamos, qui veut dire : fève de porc. Il nous faut revenir sur le surnom herbe des chevaux pour nous arrêter, dans Greimas, sur le verbe haner, hiner, qui signifie hennir, et comprendre que bane vient du verbe banir, dont un des sens est défendre, interdire, empêcher. La hanebane est donc bien le surnom populaire de la jusquiame, dite herbe des chevaux, mais nous aurions été reconnaissants aux commentateurs de nous éclairer.

Nous discernons maintenant que l'emploi du mot populaire hanebane amène à la fois l'idée de pâturage et de remède vétérinaire ; c'est dire que le sens du premier titre est à peu près :

Les pacages calmants des évêques.

Mais la deuxième compréhension, plus précise, sous-entend que cette agitation et ces hennissements que calme cette simple sont l'agitation et les hennissements du rut. Et, appliquée aux évêques, elle peut donc se rendre, en s'appuyant sur le verbe employé dans l'apologue du roussin et de l'âne du Cinquième Livre (VII) par :

Les anti-roussinages des évêques.

9. Marmotretus de baboinis & cingis cum commento Dorbellis. (32)

Saulnier dit : Mamotret, commentateur de la Bible. Rabelais rapproche son nom de celui du marmot (singe à longue queue) pour lui attribuer : Des babouins et des singes. Dorbellis : Nicolas des Orbeaux, Franciscain, professeur à Poitiers (fin XVe siècle). A commenté Pierre Lombard ; Boulenger précise : Mamotret, commentateur de la Bible. Rabelais ajoute un r pour amener l'analogie avec marmot, singe à longue queue. D'où le titre du livre : Des babouins et singes avec le commentaire de Des Orbeaux (franciscain, qui enseignait à Poitiers, à la fin du XVe siècle) ; Guilbaud et Michel disent la même chose, et Demerson donne simplement, après une note qui ne dit rien de des Orbeaux : Marmotret : A propos des Babouins et des Singes, avec un commentaire de des Orbeaux.

C'est là le premier des titres qui n'ont pas deux sens, et dont tout le comique est dans l'énoncé : ici, le rapprochement de Mamotret et de des Orbeaux avec les marmots, les babouins et les singes. Encore faut-il bien comprendre ce comique, et la longue queue ou le côté simiesque dont nous parlent les commentateurs ne contiennent peut-être pas exactement l'idée de Rabelais. Son intention est de moquer le commentateur de la Bible, et le commentateur de ce commentateur ; or le rapprochement établi entre Mamotret, des Orbeaux, les marmots, babouins et autres singes va certainement plus loin qu'une assimilation physique découlant de la déformation de Mamotret en Marmotret.

D'abord, Littré dit clairement : L'Académie définit marmot, espèce de singe qui a une barbe et une longue queue, mais aucun singe n'est ainsi appelé dans les ouvrages d'histoire naturelle. Cette définition est donc mauvaise ; et la seule qu'on puisse donner est que marmot était un ancien nom de singe. Nous voyons que la particularité longue queue du marmot n'a ici aucune importance, pas plus que celle de sa barbe. Il est plus vraisemblable que l'emploi de son nom, entraînant l'évocation d'autres singes, est amené pour son étymologie : peut-être de : marmotter, à cause des mouvements continuels que les singes font avec leurs babines (avancé par le Petit Robert). Marmotter, c'est dire confusément, en parlant entre ses dents, et nous comprenons alors que Mamotret n'est transformé en Marmotret que pour arriver à l'idée de murmurer, mâchonner, marmonner, bredouiller, qui s'attache à marmot.

C'est donc sur ce qu'ont en commun Mamotret, des Orbeaux, les marmots, les babouins et autres singes que Rabelais veut attirer l'attention ; et ce qu'ils ont en commun, c'est les frénétiques mouvements qui agitent leurs lèvres : tous marmottent, les uns en épluchant les textes, les autres en épuçant leurs congénères (car le verbe éplucher a encore, à l'époque, le sens d'épucer). Le contenu véritable du titre peut ainsi se rendre par :

Marmot : des babouins et des singes marmotteurs, avec un épuçage de des Orbeaux.

10. Decretum uniuersitatis Parisiensis super gorgiasitate muliercularum ad placitum. (32)

Saulnier traduit : Décret de l'Université de Paris sur la coquetterie des petites femmes à plaisir ; Boulenger dit : Décret de l'Université de Paris sur la gorgiaseté (coquetterie, et le mot fait en même temps penser à gorge) des petites femmes à plaisir ; Guilbaud et Michel disent la même chose ; Plattard s'enhardit jusqu'à dire : Il y a jeu de mots sur gorgiasitate, qui signifiait le faste dans la parure et qui évoque des images de gorges nues ; Demerson dit en note : Décret de l'université de Paris dessus les atours des petites femmes, à suivre, et donne : Sur le Décret de l'université de Paris concernant les décolletés des Cocottes.

Il y a dans ces annotations le mélange du premier sens et du second ; à nous de les distinguer. Le premier qui est évidemment, comme nous savons, hautement édifiant et décent, ne peut qu'être :

Décret de l'université de Paris sur la vêture déshonnête des femmes sans mœurs, si l'on veut bien.

La formule finale indique que l'ouvrage n'est pas de première importance, et qu'il n'est à lire qu'à l'occasion, sans que cela soit une obligation ; elle exprime, en fait, la réserve du bibliothécaire qui a dressé le catalogue de cette vertueuse Librairie.

Le deuxième sens tire parti, lui, de la compréhension étendue de certains mots : gorgiasitate évoque la gorge, bien sûr, mais il évoque encore bien plus l'idée de tater la gorge ; muliercularum : femme de plaisir, se décompose plaisamment en mulier, qui veut dire : femme, et cularum, qui laisse entendre que leur gorge n'est pas l'unique pôle d'attraction de ces femmes. Quant à la formule finale : ad placitum, plutôt que d'être liée, comme le voient les commentateurs, à muliercularum, qui contient déjà l'idée de plaisir, elle nous semble signifier : à volonté ; et cela donne :

Décret de l'université de Paris sur la palpation, à volonté, de la gorge des femmes culières.

11. Lapparition de saincte Geltrude a une nonnain de Poissy estant en mal denfant. (32)

Saulnier dit : Les nonnes de Poissy avaient une réputation galante ; Boulenger, Guilbaud et Michel se taisent, mais Jourda et Plattard disent tous deux que le couvent des dominicaines de Poissy avait la réputation d'être assez mondain : il semble en effet que ces dominicaines aient poussé assez loin les mondanités, et que, pour employer le langage ecclésiastique, elles n'aient pas été complètement détachées de ce qui appartient au monde. Demerson, lui, donne : L'apparition de sainte Gertrude à une nonnain de Poissy qui était en couches.

Ce titre, comme le neuvième, contient tout son comique dans l'énoncé, fort clair. Encore faut-il se demander si cette sainte Geltrude n'est pas Gertrude, abbesse bénédictine du VIIe siècle, qui redressait fièrement ses dix ans pour déclarer devant le roi Dagobert qu'aucun prince charmant n'aurait son cœur (Dictionnaire des Saints, Livre de Poche) ; ou bien cette Gertrude la Grande, moniale cistercienne, 1256-1302, qui, d'après le même dictionnaire, fut cloîtrée à cinq ans. L'apparition d'une de ces vierges obstinées à une nonnain qui a été plus compréhensive, établit une supposition de complicité entre elles, qui apparaissait probablement d'emblée aux lecteurs de 1532 : les commentateurs ne se sont pas souciés de nous le faire entendre.

De plus, on peut penser que la présence d'un tel ouvrage dans les rayons de la Librairie de saint Victor est une satire de cette naïveté ecclésiastique qui n'a pas hésité à publier un manquement aux règles conventuelles, si ce manquement a amené une apparition qui l'absout, et dont le renom honore l'ordre où elle s'est produite.

12. Ars honeste pettandi in societate per M. Ortuinum. (32)

Saulnier dit : Problème de civilité à l'ordre du jour à l'époque ; Boulenger dit : Magister Ortuinus, maître Hardouin de Graës, théologien de Cologne, adversaire d'Erasme et ridiculisé par les humanistes ; Guilbaud précise que c'est une allusion à un oubli de ce théologien de Cologne, rapporté dans la 40e Epître des hommes obscurs ; Jourda dit la même chose en précisant que ces Epistolae obscurorum virorum sont de U. de Hutten. Demerson donne une traduction à laquelle nous nous tiendrons :

Sur l'art de péter poliment en société, par Maître Hardouin.

Ce titre est le premier de ceux qui font allusion à un fait réel, réputé connu des lecteurs de 1532. La mention de l'incongruité de Hardouin a été rapportée dans l'Epître nommée, et nous savons exactement de quoi il est question. Nous verrons que d'autres titres, formés de la même façon, mais dont le fait n'a été consigné nulle part, vont nous laisser perplexes et nous obliger à nous contenter d'une tentative de reconstitution.

13. Le moustardier de penitence. (32)

Saulnier dit : Jeu sur celui qui moult tarde à se repentir : l'endurci, le pécheur opiniâtre ; Boulenger, Guilbaud, Jourda, Michel disent la même chose, et Demerson donne : Les Charles-attend à confesse.

Il nous semble pourtant que la mention de ce moustardier évoque plutôt le calembour que nous verrons au titre cinquante et un sur la moutarde après dîner, équivalent de l'esprit de l'escalier qui donne trop tard la possibilité de repartie. Ici, cette moutarde particulièrement abondante, paraît faire allusion aux amnésies qui frappent les pénitents à confesse ; l'idée est vraisemblablement amenée par l'oubli du titre précédent, puisque c'est ainsi qu'on nomme le pet dans les congrégations, et nous rendrons le titre par :

Les oublis au confessionnal.

La plupart des titres de 1532 sont bien des titres destinés seulement à provoquer le rire par la cocasserie, sans être aussi élaborés que nombre de ceux qui seront ajoutés. Et l'on ne peut s'empêcher de penser que nous nous trouvons, avec ces titres de 1532, devant le fruit d'une inspiration composite, résultat de joyeuses gageures faites, par exemple, par des compagnons de moinage ou des convives réunis chez Tiraqueau. Là encore, Rabelais semble bien exploiter ses souvenirs du Poitou.

14. Les hoseaulx, alias les bottes de patience. (32)

Ici, personne ne tente la moindre explication, et même Demerson, dans sa translation : Les Housseaux, alias les Bottes de Patience, se borne à transformer hoseaulx en un inexplicable housseaux, alors que le mot actuel est encore houseau.

La platitude apparente de ce titre a découragé les commentateurs : elle nous incite, au contraire, à penser qu'il doit contenir un malicieux jeu de mots. Examinons :

Hose, huese, heuse vient du francique hosa : botte, et signifie botte, chaussure, jambière. Bote, dont l'origine est inconnue, signifie chaussure, botte (Greimas). Dauzat y voit le même mot que le moyen français bot : sabot, qui a désigné d'abord une chaussure grossière, sabot venant, toujours selon Dauzat, d'un croisement de l'ancien français bot, masculin de botte, et de savate. En fait, personne ne sait comment est né le mot botte, ni comment il est devenu synonyme de hoseau.

Pourtant, nous n'ignorons pas l'expression proposer la botte à une femme, pour dire proposer le déduit ; et nous connaissons le terme d'escrime porter une botte, où le mot botte vient de l'italien botta : coup, et cela nous invite à chercher dans Greimas les différents sens de botte. Il y en a de nombreux, parmi lesquels nous garderons :

bot, boit, bote : du germanique : butta, émoussé : crapaud ;

bot : du latin buttem, petit vase : outre, grosse bouteille, vase pour servir à table les liquides ;

bote : outre ;

bote : chaussure, botte ;

botoier : chausser ses bottes ;

bote : du moyen néerlandais bote, touffe de lin : botte de paille ;

boter : mettre en botte, en fagot ;

boter : du germanique botun, frapper : frapper, renverser, heurter, pousser ;

bot, bote : coup ;

botement : action de frapper ;

boteis : choc ;

botee : action de pousser, choc, attaque ;

boteculer : composé de boter, pousser, et de cul : chercher en poussant, en retournant ce qui est devant soi ;

botecul : celui qui bouscule tout en avançant ;

boteron : petit bout ;

boter : pousser, croître ;

boteler : pousser ses feuilles ;

botoner : bourgeonner, boutonner ;
boton : bourgeon, bouton (de fleur), bouton (d'habit) ;
boteril : bouton, nombril ;
botine : nombril ;
boteron : prépuce ;
boteure : entrain, élan.

Nous voilà instruits, et il n'est pas besoin d'être grands clercs pour voir comment la bote : chaussure, est arrivée à prendre une acception érotique fondée sur l'homonymie avec bote : outre ; bote : touffe ; bote : coup ; botee : action de pousser ; boter : croître ; sans compter les images qu'évoquent les mots : boton : bouton ; boteril, botine : nombril ; boteron : petit bout, prépuce ; ou le verbe boteculer dont Greimas a tu le sens le plus évident.

Et nous pouvons, au passage, nous assurer que, comme pour : main au penier, l'expression proposer la botte est très certainement une déformation de proposer la botee, c'est-à-dire la poussée en renversant. Il faut remarquer pourtant que, de façon moins absurde que pour penier-panier, le glissement de sens sur botte : chaussure, est soutenu par l'image de la conformation cylindrique de la jambe de la botte, et surtout par le fait qu'on y introduit le pied, mot dont l'équivalence avec vit est traditionnelle, fondée probablement sur l'acception de pied : courte mesure de longueur.

Il nous faut maintenant revenir au titre. Si le premier sens fait peut-être allusion à la patience qu'il faut pour mettre des houseaux, dont le laçage est long, la compréhension proposée : alias les bottes de patience, nous laisse penser que le mot bottes est bien ici à entendre comme botees, et nous autorise à croire que le jeu de mots était habituel.

Si donc il y a jeu de mots, ces botees de patience seraient celles qui n'ont lieu qu'après qu'un long siège a eu raison de la résistance de la partenaire, ce qui donne à ce titre un côté amoureux de Karesme (P. xxj) bien éloigné de la manière de Rabelais. Nous verrons plutôt, dans ces botees de patience, celles dont la réalisation, par manque de vigueur, traînent en longueur et n'arrivent à leur conclusion qu'assorties de précautions et d'attentions où la patience joue le premier rôle. C'est là le comique traditionnel attaché aux défaillances sexuelles. Nous rendrons donc ce titre par :

Les houseaux, alias les boutées laborieuses.

15. Formicarium artium. (32)

Saulnier dit : La fourmilière des arts. Jean Nyder, jacobin allemand, avait composé un Formicarium (1477) ; Boulenger dit : La Fourmilière des Arts, titre d'un ouvrage allemand sur la magie ; Guilbaud précise : La Fourmilière des arts. Cf. *Formicarii libri quinque moralisati*, de Nyder, 1477 ; Demerson se contente de dire : Sur la Fourmilière des Arts.

Il semble que, même pour le premier titre, le sens de fourmilière soit le sens figuré de formier, qui signifie s'agiter, être agité, se disperser en s'agitant (Greimas). Le titre équivaudrait à peu près alors à :

Le foisonnement des arts.

Mais la deuxième compréhension de formicare est fourmiller, dans le sens de chatouiller, picoter, et la traduction pourrait bien être alors la démangeaison plutôt que la fourmilière. Quant aux arts, qui semblent bien être ici mis pour : les maîtres ès arts, c'est-à-dire les universitaires, il nous faut comprendre qu'il s'agit d'évoquer leur saleté proverbiale. La démangeaison serait donc due à la vermine qu'ils sont censés abriter, et le titre est alors :

Le grouillement pouilleux des universitaires.

16. *De brodiorum usu & honestate chopinandi, per Silvestrem prieratem Iacospinum.* (42)

C'est là le premier des titres ajoutés. Saulnier en dit : Silvestre de Prierio, jacobin ennemi de Luther, auteur d'une Somme des cas de conscience, indulgente en matière de jeûne ; Boulenger dit : De l'usage des bouillons et de l'honnêteté de chopiner par Silvestre de Prierio, Jacobin. Ce moine, adversaire de Luther, avait composé une somme des cas de conscience et une apologie des indulgences ; Guilbaud dit la même chose, en précisant que cette somme est de 1521 ; Demerson dit en note : De l'usage des bouillons et du savoir-vivre au bistrot, par Sylvestre de Prierio, Jacobin (ennemi de Luther, casuiste particulièrement laxiste en ce qui concerne l'observance des jeûnes), et donne : Comment prendre des bouillons et chopiner avec art, par Sylvestre de Piero, Jacobin.

Comme pour le douzième titre, il s'agit ici d'une allusion à un fait contemporain, et le titre ne contient pas d'autre sens que le trait satirique. Mais nous préférerons toutefois, considérant que nous avons affaire ici à du latin ecclésiastique, traduire de usu par du droit d'usage, et honestate par légitimité. Pour brodiorum, nous y verrons, plutôt que le mot brou, qui signifie bouillon, le mot brod, qui signifie jus, sauce de viandes bouillies (Greimas) ; quant à prieratem, nous verrons dans l'absence de majuscule et dans la déformation visible de Prierio ou Priero en prieratem, l'intention de Rabelais de faire entendre que ledit Priero donne le pas à la prière sur le jeûne, ou bien qu'il se réserve de faire absoudre ses manquements à la règle du jeûne par une prière intercessive. Nous rendrons donc le titre par :

Du droit d'usage du bouillon gras et de la légitimité de chopiner, par Silvestre, jacobin suppliant.

17. Le beliné en court. (42)

Saulnier dit : L'Abusé en Cour. Allusion à la vogue des traités de morale aulique (cf. B. Gracian, L'homme de cour ; La Borderie, L'Amye de court, et sa suite, après 1541) ; les autres commentateurs n'ajoutent rien ; et Demerson dit en note : Bien attrapé. Allusion à l'Abusé en Cour, attribué à René d'Anjou, puis donne : Le Dupé de Cour.

Le comique que contient le titre est la substitution du mot beliné au mot abuzé : le belin est le bélier qui couvre la brebis, celle-ci étant alors belinée. Rabelais emploie ainsi le mot au chapitre xxiij, dans l'épisode des lieues tant petites en France : Mais quand ilz eurent long chemin parfaict & estoient ia las comme pauures diables et ny auoit plus dolif en ly caleil, ilz ne belinoyent si souuent et se contentoyent bien (ientends quand aux hommes) de quelque meschante & paillarde foys le iour, et ce verbe remplace le verbe cheuauchoient de l'édition de 1532. Beliné a donc indubitablement dans le titre le sens de possédé sexuellement, et nous pouvons le rendre par un verbe de la langue populaire qui a gardé le sens de copuler qu'il avait au Xᵉ siècle (Greimas) :

Le baisé en cour.

18. Le cabat des notaires. (32)

Saulnier dit dans son Index : Leur vieille, ou leur sadinet (cas bas) ; cas désigne souvent le sexe de la femme ; (sadinet est le diminutif de sade : gracieux, charmant (Greimas) qu'emploie Villon aux vers 506 et 511 du Testament pour désigner le sexe, désirable, de la femme) ; Saulnier répète en note dans le texte : Le mot cabas désigne le sexe de la femme (cas bas) et ajoute : Cf. italien cazzo. Il qualifie aussi les amoureuses flétries aux chairs molles : Vostre peau est flestrye/Vous estes ung vieulx cabas (Noelz et chansons de Nicolas Martin, 1556) ; Guilbaud dit : Panier et aussi : tromperie ; Michel parle de cabat : escroquerie, et de cas bas : sexe de la femme, en ajoutant un point d'interrogation. Demerson renvoie à l'inscription mise sus la grande porte de Theleme (G. liiij) où l'on trouve : Soient en pleins cabatz/Proces & debatz, et donne sans crainte d'exagération : Le Bateau des Notaires.

Cabas, dit Dauzat, est un mot provençal qui est issu du latin populaire capacius, de capax : qui contient, mot qui a désigné longtemps un panier de jonc servant à expédier les figues et les raisins du Midi. Greimas date le mot de 1527 : panier tressé servant à contenir les fruits. Il y a donc là la premier sens du titre, qui fait allusion aux fruits que recevaient les notaires, et nous pouvons le rendre par :

Le panier à commissions des notaires.

Quant au deuxième sens, ce panier à figues peut effectivement désigner le sexe de la vieille femme, mais certainement pas le sexe de la
femme en général : le qualificatif bas n'a aucun sens s'il est compris
comme qui se trouve dans la partie inférieure du corps, puisque c'est la
situation du sexe de toutes les femmes, et de celui des hommes ; bas
doit être entendu ici comme abaissé, effondré, mais nous ne voyons
alors pas pourquoi ces notaires seraient censés devoir se satisfaire de
partenaires flétries. Il semble bien qu'ici le mot cabas, cas bas ou cabat
ne désigne pas le sexe de la femme, florissant ou non.

En revanche, le cazzo dont parle Saulnier désigne au moins autant le
sexe de l'homme que celui de la femme, et Rabelais joue sur le mot
pris dans ce sens au chapitre xxxv du Gargantua, quand Gymnaste dit,
alors qu'il est debout sur la selle, le cul tourne vers la teste du cheual :
Mon cas va au rebours. Cela entendu, nous comprenons bien mieux le
calembour entre le panier souple à contenir des fruits, et ce réceptacle
souple que constitue le scrotum, alias génitoires, qui, chez ces notaires,
est bas, c'est-à-dire qui pend, bien loin de la consistance ferme et de la
position remontée qu'il a en activité : le cas bas est ici le sexe sénescent
de l'homme, et c'est là encore le comique traditionnellement lié à l'évocation de la puissance sexuelle diminuée du fait du vieillissement. Le
titre suivant, qui traite des mêmes génitoires, nous confirmant dans
notre interprétation, puisque nous avons pu remarquer que les titres
procédant d'une même idée sont groupés, nous pouvons rendre le cabat
des notaires par quelque chose comme :

La musette à olives des notaires.

19. Le pacquet de mariage. (32)

Saulnier dit : Les testicules, comme le bâton est le membre : cf.
Tiers Livre, chapitre VIII ; les autres commentateurs disent ce que dit
Saulnier, du moins ceux qui prennent la parole, et Demerson, après
avoir renvoyé au même chapitre du Tiers Livre, donne judicieusement :
Les Bourses du Mariage.

Le premier sens est probablement celui de trousseau, car nous ne
devons pas oublier que le titre de la Librairie de saint Victor ne saurait
causer le scandale ; à noter pourtant que tros veut dire à la fois paquet
et tige, tronc, et que torser, trosser signifie empaqueter et relever en
retroussant. Mais bornons-nous à rendre le premier titre par :

Le trousseau de mariage.

Le deuxième sens ne fait aucun doute : le chapitre du Tiers Livre où
l'on nous renvoie nous montre la femme du seigneur de Merville, le
regardant essayer un harnoys neuf, considérer en esprit contemplatif,
que peu de soing avoit du pacquet et baston commun de leur mariage,

69

veu qu'il ne l'armoit que de mailles. Nous rendrons donc le deuxième titre par un mot qui vient du bas-latin : bisaccia, pluriel pris comme féminin de bisaccium, de bis et saccus, c'est-à-dire double sac (Dauzat) :

La besace de mariage,

en notant que l'expression : en esprit contemplatif, que nous venons de lire, contient le même calembour que le titre auquel nous arrivons.

20. Le creziou de contemplation. (32)

Saulnier dit : Le creuset de contemplation (ou de conplantation) ; jeu grivois ; Boulenger, Guilbaud et Michel se bornent à dire : Le creuset ; Demerson dit : La Lanterne de Contemplation, sans qu'aucune note nous avertisse qu'il a écrit à dessein : la lanterne.

Le premier titre prend probablement creuset dans son sens édifiant de moyen d'épuration, et nous le rendrons par :

Le purificateur de contemplation.

Le sens du deuxième titre, lui, est déjà inscrit dans Villon, qui dit aux vers 1158-1165 :

Item, aux Freres mendiants,/Aux Devotes et aux Beguines./Tant de Paris que d'Orléans,/Tant Turlupins que Turlupines,/De grasses souppes jacoppines/Et flans leur fais oblacion ; /Et puis après, soubz les courtines/Parler de contemplacion.

C'est assez dire que si ce creziou est creuset avant qu'ait lieu la conplantation, il est mortier aussitôt après ; nous rendrons donc ce deuxième titre par :

Le mortier de conplantation.

21. Les fariboles de droict. (32)

Saulnier dit : Les frivolités juridiques ; Guilbaud dit qu'il s'agit du même droit que celui de bragueta iuris, et Demerson donne : Les Acrobaties du Droit, sans nous renseigner par une note sur ce qu'il entend par ce droit et ces acrobaties.

Faribole provient peut-être, selon le Petit Robert, du latin frivolus : frivole ; il date le mot de 1532. Dauzat donne : 1532, Rabelais, pour date d'apparition, et ajoute : variante : faribourde, apparenté à des formes provençales diverses (falabourdo...), qui paraîssent de même racine que l'ancien français : falourde : tromperie. Greimas donne pour bole : tromperie, débauche, et pour borde : plaisanterie. Reste le provençal fari, qui nous semble bien être l'équivalent de l'italien fare : faire. Faribole serait donc : faire tromperie, faire débauche, ou faire plaisanterie, et le sens sérieux du titre pourrait alors être quelque chose comme :

Les futilités du droit.

Le deuxième sens contient bien la compréhension qu'indique Guilbaud pour le droit, et, retenant l'acception débauche du mot bole, le titre pourrait alors désigner ces fioritures amoureuses qu'on ajoute au principal quand on en a l'humeur et le loisir. Sans aller jusqu'aux acrobaties de Demerson, le deuxième titre pourrait alors, donnant à civil le sens de qui observe les usages de la bonne société, se rendre par :

Les virevoltes civiles du droit.

22. Laguillon de vin. (32)

Saulnier dit : Jeu sur aiguillon divin (stimulant de piété) ; choses qui poussent à boire ; les autres commentateurs disent à peu près la même chose, et Demerson donne platement : L'Amour du vin.

Nous avons rencontré le jeu de mots au deuxième chapitre, dans la bouche des sages-femmes : Voicy bonne prouision aussy bien ne beuyons nous que lachement non en lancement, cecy nest que bon signe, ce sont aguillons de vin, et le premier titre, toujours édifiant, est bien à entendre comme :

L'aiguillon divin.

Il est pourtant remarquable, et nous le remarquons, à la différence des commentateurs, que ce que Rabelais donne d'emblée en clair soit le sens qui, selon le procédé qui nous est maintenant familier, n'aurait dû apparaître qu'à la lecture au deuxième niveau. Il est non moins remarquable que ce sens plaisant paraît bien innocent, perdu au milieu de titres qui, avec le cabat, le pacquet, le creziou, les fariboles et le transparent éperon du titre qui va suivre, évoquent tous soit le sexe de l'homme soit celui de la femme, et leur conjonction.

Or nous avons déjà noté que Rabelais assemble ses titres autour d'une idée force, et nous avons affaire ici, avec ces six titres, à un groupement formé dès la première édition, et qu'aucune addition n'est venue dissocier : il serait donc fort étonnant que cet aiguillon de vin ne représentât rien d'autre qu'un plat de salaisons excitant à boire.

Il semble alors évident que nous sommes ici devant une habileté, et que le sens à rechercher se situe au-delà de ce qui est d'entrée révélé. Et comme ce sens est, sans doute possible, érotique, il est sûr qu'il repose sur le mot aiguillon, tout en n'empêchant pas que la locution de vin puisse précisément offrir le jeu de mots inverse. Nous n'avons alors pas grand effort à faire pour voir dans l'aiguillon le membre viril, et comprendre que Rabelais évoque ici quelque chose comme le phallus divin.

Nous entendons alors du même coup la raison qui a poussé Rabelais à surpasser sa méthode : appliquer le qualificatif divin à un organe glorifié par les païens antiques présentait, en 1532, quelque risque d'être tenu pour blasphémateur et d'être taxé pour le moins d'impiété ; donner en pâture aux censeurs le traditionnel jeu de mots sur aiguillon divin lui permet de fixer leur attention en donnant à croire aux plus simples à une audace sans grand risque, et aux plus acharnés à une inadvertance dans le procédé. La recette a gardé son efficacité puisque le premier parti est encore celui que retiennent les glossateurs d'aujourdhui.

En tout cas nous pouvons, à coup sûr, rendre le deuxième sens par :
Le mandrin sublime.

23. Lesperon de fromaige. (32)

Saulnier dit : Ce qui éperonne le fromage, c'est le vin. Cf. Aiguillon et l'Esperon de discipline, de Du Saix ; Demerson dit la même chose, et donne : le Pousse-fromage.

C'est là, encore une fois, ne considérer que ce qui peut être le premier sens. Le titre, à la vérité, n'offre aucune éventualité d'acception édifiante, et peut-être est-ce l'obligation où il a été, pour le titre précédent, d'écrire en clair : de vin, qui amène ici Rabelais à parler de fromage. En tout cas, si l'aiguillon de vin pouvait être ce plat de salaisons qui excite à boire, l'éperon de fromage n'est aucunement le vin ; quoi qu'en disent les commentateurs, les deux sens ne sont pas parallèles : si l'aiguillon de vin pouvait s'entendre comme l'aiguillon divin, l'éperon de fromage ne peut se comprendre que comme l'éperon que constitue le fromage. Il semble qu'il s'agisse ici du mot populaire affirmant que le fromage se mange même quand on n'a plus faim, et ce qu'éperonne le fromage est ici l'appétit. Nous préférerons donc rendre ce premier sens par :

Le regain de fromage.

Il est évident que ce premier titre détonne autant que le précédent dans le catalogue de cette pieuse Librairie ; si Rabelais l'a néanmoins conservé, ce n'est peut-être pas seulement pour l'occasion qu'il donne de mieux dissimuler ce que contient le titre précédent, raison qui devient secondaire, mais plus certainement pour la possibilité qu'il offre d'une interprétation érotique à laquelle il tient. Il nous reste donc à la découvrir, et, pour ce faire, à examiner les mots.

Eperon ne présente pas de difficulté : outre son sens de porte-molette fixé au talon du cavalier, qui est contenu dans le premier titre, le mot a celui de pointe de la proue d'un navire, et celui de rostre, c'est-à-dire la partie saillante et pointue placée en avant de la tête chez la licorne, par exemple, et nous savons que cette position capitale n'a jamais empêché la licorne d'être un symbole phallique ; le sous-entendu est de même inspiration que le précédent, et nous prendrons, encore une fois, cet éperon pour la désignation du phallus.

Pour fromage, nous allons, devoir nous rappeler, d'une part, que

Rabelais exerce à l'Hostel-Dieu de Notre-Dame-de-Pitié du Pont-du-Rosne, et d'autre part, qu'il écrit pour des lecteurs privilégiés dont les connaissances médicales sont certaines. Et nous allons voir dans ce fromage la même évocation que celle qui est contenue au chapitre xiij, où Pantagruel nous apprend que Humevesne a été accusé par Baisecul d'être tyrofageux, c'est-à-dire mangeur de fromage. Comme le fait de manger du fromage n'a jamais été un chef d'accusation raisonnable, nous comprendrons que ce fromage dont on parle est ce nom qu'on donne familièrement, surtout entre médecins, au produit féminin que décrit ainsi le Docteur G. Zwang, dans le Sexe de la Femme (la Jeune Parque) : La muqueuse vaginale ne sécrète pas à proprement parler, puisque son épithélium pavimenteux ne contient pas de glandes ; elle émet un produit semi-liquide, assez épais, fait de la desquamation de ses cellules superficielles et d'une exsudation surtout aqueuse. Nous ajouterons, nous, que cet exsudat, quelques heures après qu'il s'est produit, prend un discret parfum de coquillage qui réjouit le cœur de tout homme digne de ce nom ; mais, du jour au lendemain, en l'abscence de toilette, la fermentation transforme l'agréable odeur maritime de cette exsudation en celle d'un fromage plus ou moins avancé, à mesure qu'elle s'accumule sous forme de smegma blanchâtre.

Nous saisissons maintenant tout ce que contient cet éperon de fromage, alias rostre à maritornes ; et nous le rendrons par :

La broche à bourbier.

24. Decrotatorium scholarium. (32)

Saulnier dit : le décrottoir scolaire (cf. notamment : V) ; ce renvoi a trait aux liures des loix à la robbe brodee de merde et à la glose qui n'est que ordure & villenie. Boulenger dit : La saleté des maîtres et étudiants était proverbiale, et, derrière lui, tous les commentateurs se contentent de cette compréhension. Demerson donne : Sur le décrottoir des Professeurs, sans qu'une note nous permette d'être sûrs qu'il a discerné le second sens.

Pour le premier sens, c'est certainement, comme nous l'indique Saulnier, bien plus de la malpropreté intellectuelle que de la saleté physique qu'il est question. La crotte étant exactement la boue séchée, le décrottoir est cette lame de fer qui sert à enlever la boue collée aux semelles. On pourrait alors comprendre que le décrotatorium scholarium est l'action, pour les élèves, de décrotter leur esprit à l'université, mais ce sens est assez éloigné de l'opinion qu'a Rabelais de l'enseignement. Nous y verrons plutôt l'action, pour les maîtres, de racler leurs boueuses connaissances, et d'en laisser tomber quelques idées désséchées dont doivent se satisfaire les étudiants. Le titre peut alors se rendre par quelque chose comme :

Le curetage scolaire.

Quant au deuxième sens, il nous faut, pour l'entendre, nous référer à la saillie de Panurge, au chapitre xxvj, touchant ce qu'il propose de faire subir à la troupe des Dipsodes : Merde, merde, dist Panurge. Ma seulle braguette espoussetera tous les hommes, & sainct Balletrou qui dedans y repose, decrottera toutes les femmes. Ce qu'il entend par décrotter est précisé par ce qu'il a dit plus haut, concernant les cent cinquante mille putains belles comme deesses qui accompagnent l'armée, son souci étant de savoir comment il pourra arriver à les braquemarder toutes. Décrotter est donc bien à entendre comme : posséder sexuellement.

Et il nous apparaît alors clairement que l'accusation portée contre les maîtres est proprement celle de pédérastie : nous verrons que Rabelais ; chaque fois que l'occasion s'en présente, formule que ces piètres professeurs profitent de leur ascendant pour abuser de leurs élèves, et que l'université est le lieu privilégié des débauches de cette nature. Nous rendrons alors décrotatorium scholarium par :

Le défoncement scolaire.

25. Tartaretus de modo cacandi. (32)

Saulnier dit : Pierre Tartaret, professeur de théologie en Sorbonne, glossateur d'Aristote. Le verbe tarter, en argot = cacare. D'où le de modo cacandi à lui attribué ; les autres commentateurs ne disent pas autre chose, et Demerson donne : Tartinet : Comment chier ?

Comme pour Marmotretus, nous avons là un titre formé à partir du nom de l'auteur entendu au sens commun : le singe pour Mamotret déformé en Marmotret, ici tarter pour Tartaret. Nous ne voyons donc pas pourquoi Demerson a cru bon de changer le nom en Tartinet qui substitue à l'idée de défécation celle de tranche de pain recouverte de quelque chose qui se mange, pas plus que nous voyons la légitimité du point d'interrogation : l'ouvrage supposé, bien loin de poser une question, est l'œuvre d'un spécialiste en la matière, qui intitule ainsi son manuel :

Tartaret (maître tarteur) : de la façon de caquer.

26. Les fanfares de Rome. (42)

Guilbaud est ici seul à expliquer : Parades et : fanfaronnades. Même Demerson ne fait que répéter dans sa translation : Les Fanfares de Rome. Personne n'a voulu aborder la difficulté, et il faut que nous y allions seuls.

Les dictionnaires donnent pour date d'apparition du mot celle du titre de Rabelais ; Dauzat dit : Rabelais, titre de livre, formation expressive et date le mot de 1546 ; le Petit Robert dit : 1532, formation expressive, titre d'un livre. Les dates sont approximatives, et nous ne savons pas exactement ce qu'il faut entendre par formation expressive, mais la question n'est pas là ; les deux dictionnaires font heureusement allusion à la reliure à la fanfare, que Robert décrit ainsi : Nom donné à certaines reliures du XVIᵉ siècle, remarquables par leurs somptueux décors de feuillages et d'arabesques à petits fers. Et cela nous incite à consulter Greimas, où nous trouvons le mot : fanfelu, qui est dit venir de famfaluca, et qui signifie bagatelle, futilité, niaiserie ; le mot a donné fanfreluche, que Dauzat dit venir du bas-latin famfaluca, déformation du grec pompholux : bulle d'air. Nous pouvons donc retenir pour le moment le sens de décoration et celui de futilité.

Nous retrouverons le mot dans le Gargantua, au chapitre xxiij, dans les exercices que Ponocrates impose à son élève : Au reguard de fanfarer & faire les petitz popismes sus un cheval nul ne le feist mieulx que luy. Le popisme étant, d'après l'Index de Screech, un terme de manège dérivé du grec poppusmos : appel de la langue pour flatter un cheval, la fanfare reste donc proprement la figure qu'on fait exécuter au cheval. Cela est un point.

Un autre point est que, parmi les illustrations de l'édition de Demerson, est reproduite une planche d'un traité d'équitation italien de Cesare Fiaschi (Bologne, 1556), où les figures que décrit le cheval sont très comparables aux boucles, huit, trèfles et bandes des ornements de la reliure à la fanfare : la légende de cette planche est d'ailleurs la phrase du Gargantua citée plus haut. Donc, gardant l'idée de décorer, d'ouvrager, avec cette nuance de futilité que nous avons vue, nous nous sentons autorisés à prendre, sauf meilleur jugement, le mot fanfares pour l'équivalent du mot fioritures.

Et le premier sens, pour ce titre d'un catalogue dont le caractère religieux est certain, est peut-être alors une allusion à l'écriture de chancellerie et aux ornements qui agrémentent la correspondance émanant de l'autorité papale. Nous rendrons donc ce premier sens par :

Les afféteries de Rome.

Quant au deuxième sens, il pourrait concerner les préciosités et concetti dont les protonotaires, nous l'avons vu, ornent leur correspondance amoureuse. Mais il semble que le trait doive être plus direct, et les fanfares de la monte nous invitent à une compréhension plus corporelle : il s'agit, pour nous, du comportement de ces protonotaires à l'égard des femmes : ils plastronnent, se font valoir, font des ronds de jambe et emploient, pour les conquérir, des raffinements que Rabelais, en moine, prêtre et théologien qu'il est, juge parfaitement superflus. C'est la position qu'aura frère Jan au Quart Livre, chapitre X : Corpe de galline, respondit frere Jan, j'en scay mieulx l'usaige et cerimonies que de tant chiabrener avecques ces femmes, magny, magna, chiabrena, reverence double, reprinze, l'accollade, la fressurade, baise la main de vostre mercy, de vostre majesta, vous soyez, tarabin, tarabas. Bren, c'est merde a Rouan, tant chiasser et ureniller. Dea, je ne diz pas que je n'en tirasse quelque traict dessus la lie a mon lourdois, qui me laissast insinuer ma nomination. Mais cette brenasserie de reverences me fasche plus qu'un jeune diable ; je voulois dire un jeusne double. Sainct Benoist n'en mentit jamais.

Nous rendrons donc ce deuxième titre par :

Les simagrées de Rome.

27. Bricot de differentijs soupparum. (32)

Saulnier dit : Guillaume Bricot, ennemi de Reuchlin, n'a, bien entendu, pas écrit de traité : De differentiis soupparum ; Michel précise : Bricot, des différences des soupes. Guillaume Bricot, théologien adversaire du célèbre hébraïsant Reuchlin (1455-1522) ; Jourda et Plattard disent que ce Bricot fut pénitencier de Notre-Dame ; Demerson dit en note : Des différentes sortes de tartines, par Bricot, et donne : Bricot : A propos de la variété des mouillettes.

Ici, le titre n'a aucun rapport avec le nom ; le seul dessein est celui de rabaisser le théologien Bricot en lui attribuant un ouvrage dont le sujet est bassement temporel. Mais Greimas nous offre la possibilité d'entrevoir le trait qui peut être dissimulé dans ces soupes : Sope : tranche de pain trempée dans le vin ou dans le bouillon ; soper : tremper des tranches de pain dans du vin. Ainsi, la différence de ces soupes vient en fait du liquide dont on les mouille, et l'intitulé laisse entendre que ce Guillaume Bricot n'est pas ennemi de la chopine ; le titre peut se rendre par :

Bricot : des différents bouillons à tremper les soupes.

Mais une expression du Tiers Livre, chapitre XII, nous indique que tremper sa soupe a un autre sens, proprement érotique ; Panurge l'emploie pour se défendre d'être promis au cocuage : Pour ce, entendez au rebours. Ce sort denote que ma femme sera preude, pudicque et loyalle, non mie armée, rebousse ne ecervelée et extraicte de cervelle, comme Pallas, et ne me sera corrival ce beau Juppin, et ja ne saulsera son pain en ma souppe, quand ensemble serions a table.

L'allusion semble assez lointaine puisqu'il est question, ici, non plus d'imbiber des tranches de pain, mais de tremper une de ces mouillettes dont parle Demerson dans la soupe d'un autre. L'image est pourtant claire, et, forts de ce que nous savons des mœurs que Rabelais attribue généralement aux adversaires de ses amis, et à ceux dont le poste procure un ascendant dont ils mésusent, il nous faut peut-être entendre le deuxième sens comme l'évocation d'un penchant réel ou supposé pour des pratiques homosexuelles ; et le sens du titre devient alors :

Bricot : des différentes façons de tremper sa mouillette.

28. Le culot de discipline. (32)

Saulnier dit : Le petit cul à fouetter (la discipline, le fouet) ; Boulenger dit : Le cul où l'on applique la discipline ; Guilbaud et Michel disent la même chose, et Demerson donne : Les fondements de la discipline.

Le culot, dit Greimas, c'est la base, la partie inférieure d'un objet : le premier sens est bien celui que donnent les commentateurs ; mais il semble que le mot s'entende mieux en recourant à la langue populaire, et nous rendrons le premier titre par :

Le fouettard de correction.

Il nous faut bien voir, pour le deuxième sens, que discipline signifie aussi instruction, direction morale, influence, et peut se comprendre comme relation de maître à disciple. L'idée est alors la même que celle du titre précédent : les abus que se permettent les théologiens sont aussi ceux des précepteurs sur leurs élèves. Et ce petit cul qui ne sert, pour le premier titre, qu'à recevoir la correction, est, dans le second, l'objet de leur convoitise pédérastique. Le titre est alors l'équivalent de :

Le petit cul préceptoral.

29. La sauate de humilité. (32)

Saulnier précise : On donnait des fessées avec des semelles, et Demerson donne gauchement : Le Cul à terre.

Il est sûr que le premier sens est de même inspiration que le précédent, mais il est question, cette fois, de la correction qu'appliquaient certains confesseurs zélés sur les fesses de leurs pénitentes. Il est bien possible qu'ils aient eu l'habitude de donner cette correction avec une savate : on ne s'embarrasse pas toujours d'étrivières pour confesser, et l'emploi de sa propre savate permettait au confesseur de commencer d'établir ce lien de familiarité que nous allons trouver dans le deuxième sens. Pour le premier, en tout cas, le titre est l'équivalent de :

La fessée de componction.

Pour le second, sachons que humilitas, s'il signifie humilité en latin ecclésiastique, a, en latin classique, les sens de soumission, bassesse, abjection ; humilis veut dire bas, près du sol, peu élevé, et c'est probablement l'explication de la translation : le cul à terre, de Demerson. D'autre part, rappelons-nous que si savate est le sexe de la femme, le mot désigne aussi le rapprochement sexuel. Il est alors facile de comprendre ce que contient le deuxième sens :

Il sous-entend que la fessée ne constitue que le prélude à la copulation que nous laissent supposer quelques gravures du temps, où la pénitente, à quatre pattes, jupe relevée sur les fesses nues (car la

77

culotte n'apparut que plus tard, seulement à la Cour, et uniquement pour les cavalières), est corrigée par un confesseur fort excité. Le mot humilité du titre fait probablement allusion à cette position basse de la pénitente, mais certainement plus encore à la dégradation qu'implique la soumission au déṣir du con-fesseur : le calembour est au Quart Livre, chapitre XLIX, où Homenaz dit : Seulement advisez si voulez confesser et jeuner les troys beaulx petitz jours de Dieu, pour entendre : De cons fesser, respondit Panurge, tres bien, nous consentons. Le jeune seulement ne nous vient a propous. Nous rendrons donc ce deuxième titre par :

La monte de contrition.

30. Le tripier de bon pensement. (32)

Saulnier dit : Jeu sur trépied (la Pythie) et penser, et tripes et panse ; Demerson, qui donne : Le Tripier de la Pythie, est mieux inspiré dans sa note : Trépied des bonnes pensées ou Tripier des bonnes panses.

Ici, rien d'autre n'est sous-entendu, et il serait vain de chercher mieux que ce que nous donne la glose. Le titre est exactement le tripier de bonne pensée, et nous reprendrons donc ce qu'a donné Demerson, supprimant seulement le pluriel, qui n'est pas dans le texte ; nous avons alors pour le premier titre :

Le trépied de bonne pensée,

et pour le second :

Le tripier de bonne panse.

31. Le chaulderon de magnanimité. (32)

Saulnier dit : Le mot magnans désignait les chaudronniers ambulants ; ceux des commentateurs qui parlent disent la même chose, et Demerson donne : Le Chaudron chaleureux.

Le premier sens reviendrait donc, selon Saulnier, à employer l'insipide calembour : le chaudron de chaudronnerie : mais nous allons voir que ces maignans (Greimas) dont il parle n'ont rien à faire ici. Nous rendrons donc simplement le premier titre par :

La chaudière de grandeur d'âme.

Pour le deuxième, nous devons savoir, d'abord, que le mot chaudron est formé sur l'adjectif chaud, qui provient lui-même du latin calidus : ardent, bouillant, passionné. Cela nous autorise à pratiquer la désarticulation que durent entrevoir tout de suite les lecteurs de 1532 : chaud-de-rond et chaud du rond.

Quant à magnanimité : grandeur d'âme, le mot vient évidemment du latin magnanimitas, formé de magna : grande, et animus : âme, esprit. Théologiquement parlant, cet animus : esprit est proche parent de anima, qui est ce principe vital insufflé dans les narines du premier homme par Iahvé Elohim au chapitre II de la Genèse. Or, le traditionnel calembour ecclésiastique établi sur principe vital a toujours donné à entendre l'expression comme principe du vit. Avec le mot magnanimité, le jeu aboutit à garder de l'adjectif magnus, magna l'idée de grandeur, d'accroissement, et à y adjoindre ce principe du vit pour donner, finalement, l'idée de principe de grandissement du vit.

Par parenthèse, nous pouvons remarquer que cet enchaînement de calembours ne s'adressait qu'à des lecteurs au moins teintés de latin et de théologie, et qu'il ne pouvait être goûté de ce public populaire qu'on veut nous donner pour les lecteurs qui ont fait le succès du livre. S'il n'était pas besoin d'être grand clerc pour comprendre les sous-entendus rabelaisiens, il fallait tout de même l'être un peu. Mais revenons au titre.

Nous avons donc les compréhensions : chaud du rond, et principe de grandissement du vit. En paraphrasant le titre, nous avons : le chaud du rond de principe de grossissement du vit, ce qui ne donne pas un sens particulièrement satisfaisant. Il nous faut alors entendre que la particule de du titre revient à établir une relation de nécessité : c'est le principe de l'accroissement du vit qui découle de la chaleur du rond, et nous avons alors, pour ce chauldron de magnanimité :

L'ardeur du rond, principe d'épanouissement du vit.

32. Les hanicrochemens des confesseurs. (32)

Saulnier dit : Les Accrocs, ainsi que Guilbaud, qui ajoute : L'hanicroche était une sorte de hallebarde. Demerson donne : Les Anicroches des Confesseurs.

Il se passe pour ce mot hanicrochement ce qui s'est passé pour le mot fanfare : c'est chez Rabelais qu'on en trouve le premier emploi. Le Petit Robert dit : Sorte d'arme (1546), probablement recourbée (croche) en bec de cane ; ancien français : ane. Dauzat dit simplement, au mot croche : 1546, Rabelais, (hani) : arme. Autant dire que nous avons le champ libre pour essayer de comprendre ce que sont ces hanicrochements.

Il semble d'abord que l'arme recourbée de ce nom n'ait jamais existé, qu'elle ne repose que sur la mauvaise compréhension de ce titre, et qu'on ne l'ait forgée, sur le modèle de la hallebarde, que pour les besoins de la cause. On se demande d'ailleurs ce qu'elle viendrait faire dans les mains de ces confesseurs. Il semble ensuite que, s'il est un mot de l'ancien français à mettre en avant, c'est le mot aim, haim, ain, qui signifie hameçon ; le mot vient du latin hamus, qui signifie, lui : croc, crochet, et spécialement hameçon ; il veut dire, au sens figuré : ruse, artifice. Il semble enfin que ce mot hanicrochement soit un mot plaisamment formé par Rabelais, avec redoublement du sens de crocher déjà contenu dans haim : hameçon, avec l'intention d'introduire la notion d'artifice contenue dans hamus, au sens figuré. Le hanicrochement serait donc quelque chose comme la manœuvre pour amener à soi dans un but intéressé, et les hanicrochements seraient alors les hameçonnages, avec notion d'astuce ou de fourberie.

Le premier titre emploie le mot dans le sens où ce lancer d'hameçon est fait dans une intention louable : il s'agit de l'action des confesseurs qui tirent du péché leurs pénitents qu'ils savent, par habileté, amener à résipiscence ; le titre est alors :

Les raccrochages des confesseurs.

Quant au deuxième sens, il amène avec lui l'idée de fourberie, de rouerie, puisqu'il s'agit vraisemblablement d'évoquer cette action du confesseur qui, appelé près du mourant, profite de la situation pour obtenir une donation ou se faire coucher sur le testament. Le reproche était courant, de ces libéralités obtenues par pression et de ces captations d'héritages. Le deuxième titre est alors quelque chose comme :

Les happements des confesseurs.

33. La croquignolle des curés. (42)

Saulnier dit : La petite gâterie des curés ; Guilbaud dit : Petite douceur (sens propre : pâtisserie à croquer) et aussi : chiquenaude (donnée à la règle) ; Demerson donne platement : La Tarte des Curés.

Là encore, c'est probablement chez Rabelais que le mot est apparu, mais personne n'est assuré : Dauzat dit : Fin du XVe siècle : chiquenaude ; milieu du XVIe, pâtisserie croquante. Le deuxième sens vient de croquer, auquel le premier se rattache plus difficilement ; le Petit Robert dit seulement : 1545, peut-être de croquer : petit biscuit croquant, et ne parle pas de chiquenaude. Nous sommes donc, ici aussi, totalement libres.

Et il nous semble, forts de ce que nous avons vu au titre précédent, et sachant que Rabelais groupe ses titres autour d'une même idée, que les deux sens de cette croquignolle doivent s'établir autour des deux sens de croquer : broyer sous la dent en produisant un bruit sec, et voler, subtiliser, s'approprier. A l'appui de cette opinion, le son cro de hanicrochements, qui a pu amener croquignolles, et qu'on va retrouver dans le titre suivant : de croquendis lardonibus : les similitudes de son semblent entraîner des similitudes de sens.

Nous prendrons donc, pour première compréhension, l'idée de faire craquer sous la dent, mais cette petite gâterie dont parle Saulnier, ou cette pâtisserie à croquer dont parle Guilbaud, ne peuvent aller de pair avec le sens édifiant que doit avoir un titre de saint Victor. Nous entrevoyons qu'il peut être plutôt question de cette frugale réfection qu'est censé être le repas du curé : la croquignolle serait alors l'équivalent du coup de dents hâtif de l'homme d'Eglise qui ne s'attarde pas à manger, et nous rendrons l'idée par :

La collation des curés.

Le deuxième sens, lui, qui retient de croquer le sens de subtiliser, s'approprier, se précise alors jusqu'à désigner, dans ce domaine de l'alimentation, l'écornifleur, le parasite ; la croquignolle devient alors l'invitation à la table des fidèles ou les dons de bouche qu'ils font à leur curé. Et nous le rendrons par :

La crémaillère des curés.

34. Reuerendi patris fratris Lubini prouincialis Bauardie, de croquendis lardonibus libri tres. (42)

Saulnier dit : Cf. la célèbre Ballade de frère Lubin de Marot ; Rabelais lui attribue un livre. Sur les lardons à croquer : cf. Gargantua, prologue (croquelardon). Cf. ici xj ; Rabelais lui attribue : Des beuveries des moines mendiants. Le renvoi a trait au chapitre xv de l'édition de 1542, où Panurge dit : Et a ce propos ie vous veux dire (nous en allans pour soupper) un bel exemple que met frater Lubinus, libro de compotationibus mendicantium. Il y a là jeu de mots avec manducare qui équivaut à faire de ces moines mendiants des moines gloutons. Quant à la ballade de frère Lubin, elle est dans toutes les mémoires : c'est celle où ce frère, qui ne sait faire que chose vile, qui pille le bien d'autrui, qui débauche les filles de bon maintien, et qui ne boit jamais d'eau, s'attire l'envoi : Pour faire plus tost mal que bien/Frère Lubin le fera bien ;/Et si c'est quelcque bon affaire,/Frère Lubin ne le peult faire.

Boulenger traduit : Trois livres du Révérend Père frère Lubin, père provincial de Bavarderie, sur les lardons à croquer, et Demerson donne : Révérend Frère Lubin, Père Provincial de Bavarderie : Comment croquer les lardons (trois volumes).

Nous avons vu que croquendis est probablement amené par croquignolle ; l'idée est toujours la même : la goinfrerie. Le titre n'a évidemment pas de double sens, et, comme pour Tartaret, il ne s'agit que de rabaisser l'auteur de l'ouvrage en lui prêtant un souci bassement matériel. Mais, ici, ce Révérend frère Lubin est un personnage fictif ; c'est, dit Demerson, le type populaire du moine stupide (nous le prenons, nous, plutôt pour cupide et jouisseur) ; il le dit dans la note du Gargantua (Pr.) où Rabelais parle de ce frère en terme générique : lesquelz un frere Lubin vray croquelardon sest efforce demonstrer ; ce n'est donc pas quelqu'un de réel qui est visé dans le titre, et le trait est, à travers lui, à l'adresse de quelqu'un d'autre.

Et il nous apparaît alors que ce légendaire frère Lubin, bien humble, est devenu, dans le titre, père provincial de Bavarderie ; et nous en déduisons sans peine que ce grade et cette attribution de loquacité peuvent fort bien faire allusion à l'ordre des Jésuites, fondé en 1534, et dont la casuistique morale particulière provoquait bien des sarcasmes. Le titre doit dès lors s'entendre comme celui d'un traité sur la façon de croquer, en toute innocence, les lardons, pourvu qu'on les mâche, par exemple, en formulant quelque restriction mentale adéquate ; et nous le rendrons par :

Du révérend père provincial de Bavarderie, frère Lubin : de la manducation appliquée aux lardons, trois livres.

35. Pasquili doctoris marmorei, de capreolis cum chardoneta comedendis tempore papali ab ecclesia interdicto. (42)

Saulnier dit : Statue (d'où : marmoreus) sur laquelle, à Rome, on affichait des épigrammes. Les docteurs de la foi recevaient traditionnellement une épithète (doctor seraphicus, angelicus). De capreolis, etc. : que l'on peut manger des chevreaux à la chardonnette (artichaut) en temps papal (pour : pascal) interdit par l'église. Boulenger et tous les autres commentateurs mettent aussi en avant la statue mutilée de Pasquin. Demerson, en note, traduit ainsi : De l'ingestion de chevreau sous des cardons en temps papal frappé d'interdit ecclésiastique, et donne : Pasquin, Docteur marmoréen : Comment avaler les petits chevreaux accommodés avec des cardons en temps papal interdit par l'Eglise.

Nous voyons confirmée notre interprétation du titre précédent où il était question de tourner une interdiction alimentaire. L'idée est la même ici : elle n'émane plus d'un jésuite, mais d'un docteur en théologie, marmoréen comme Duns Scot était le Docteur subtil et Alexandre de Hales, le Docteur irréfragable, ainsi que le rappelle Demerson dans sa note.

Au sujet de l'accompagnement du chevreau, c'est probablement Demerson qui a raison ; Plattard qui, dans sa note, affirme que les chevreaux à la chardonnette (artichaut) étaient un des mets favoris des Romains, a pour seule preuve de ce qu'il avance ce titre même qu'il est censé expliquer. La chardonnette n'est certainement pas l'artichaut, d'ailleurs peu apte à dissimuler quoi que ce soit, mais le cardon ou carde, légume proprement italien et lyonnais.

Mais là n'est pas la grande erreur des commentateurs : celle-là semble résider dans l'interprétation du mot Pasquili ; on ne peut que s'étonner, en effet, que Pasquin, nom de la statue mutilée, ait donné pasquili, et nous voyons plutôt dans ce pasquili l'évocation de Pâques, avec sous-entendu sur la pâque juive, jour de commémoration de l'exode d'Egypte, où l'on consomme l'agneau pascal : l'agneau israëlite fait ainsi équivoque avec le chevreau, petit de la chèvre. Du coup, ce mot pasquili viendrait bien mieux, comme l'a senti Saulnier, après comedendis tempore, pour donner : l'ingestion en temps pascal. Il nous semble que Rabelais invite ici à faire la permutation entre : pasquili et papali. Papali vient alors en tête et devient le nom de ce docteur marmoréen. Marmoréen n'ayant plus aucun rapport avec le Pasquin des commentateurs, le mot peut alors s'entendre comme de pierre d'angle, rappelant le jeu de mots évangélique : Tu es Pierre, et sur cette pierre... ; mais il est plus probable que l'épithète fait allusion à l'autorité suprême du pape, et nous rendrons marmoréen par infaillible : la proclamation du dogme d'infaillibilité n'a été faite qu'en 1870, mais Luther en parlait déjà en 1521. Et nous pensons rendre l'esprit du titre par :

Du Pape, docteur infaillible : que le jeûne du temps pascal ne concerne pas la consommation du chevreau accommodé aux cardons.

36. Linuention saincte croix a six personaiges iouée par les clercs de finesse. (42)

Saulnier dit : Jeu de mots : invention de la Croix du Christ (sujet de plusieurs mystères) ou de monnaies d'argent marquées d'une croix ; Boulenger dit la même chose en précisant que le sens pièces de monnaie d'argent marquées d'une croix, est tiré de l'argot de la pègre. Demerson dit en note : Le titre de ce Mystère était compris comme la fabrication d'écus à la croix par les chevaliers d'Industrie, et donne : L'invention des Pièces, à six personnages, jouée par les Chevaliers d'Industrie.

Nous renouons ici avec les titres à double sens ; le premier nous est donné par le terme : de finesse, appliqué aux clercs : parmi les acceptions du mot fin, Greimas indique les sens de : accompli, achevé ; en général, idée superlative de toute qualité : extrême, parfait, excellent, complet. Ces clercs de finesse ont ainsi tout l'air d'être les étudiants venant d'obtenir leur diplôme, et ce mystère à six personnages semble bien être la représentation censée avoir été donnée à l'occasion de la fin de leurs études : nous verrons au Tiers Livre (XXXIIII) Rabelais évoquer la morale comoedie de la femme mute jouée par lui à Montpellier, avec sept de ses condisciples. Le titre équivaut alors à :

La découverte de la sainte Croix, drame à six personnages, joué par les clercs nouvellement diplômés.

Mais le titre a été choisi tout exprès pour offrir un deuxième sens qui s'appuie à la fois sur l'acception argotique qu'on nous signale : monnaies d'argent, et sur celle de finesse, dérivée de fin, dont un sens est finance, argent (Greimas). Quant aux six personnages, ils enchérissent ici sur l'expression faire le diable à quatre, qui signifie, par allusion aux diableries à quatre personnages, se démener pour obtenir ou empêcher quelque chose (Petit Robert). Le deuxième sens est alors à entendre comme :

La chasse à la pièce d'argent, diablerie éminemment difficile, jouée par les clercs impécunieux.

37. Les lunettes des Romipetes. (32)

Saulnier dit : Les Lunettes des pèlerins de Rome. Titre imité de Meschinot ; Guilbaud dit : Pèlerins allant à Rome. Cf. Les lunettes des Princes, de Jean Meschinot, 1459 et 1473 ; Demerson renvoie au Prologue du Quart Livre où l'on trouve le mot, et donne : Les Lunettes des Rome-trotters.

Le premier titre contient effectivement, ainsi que le dit Michel, une parodie des Lunettes des Princes, de Jean Meschinot, poète rhétoriqueur. Ces Lunettes des Princes, Saulnier le dit à l'occasion du titre qui sera cité par Baisecul (xj), est un ouvrage allégorique de Meschinot (ces lunettes ont pour verres Prudence et Justice, pour monture Force, pour clou d'assemblage Tempérance). Quant à Romipètes, Michel cite le calembour sur petere : aller, qui se trouve chez Noël du Fail : Martin maudissant l'heure d'avoir fait un pet à Rome, c'est-à-dire d'être Romipète (Contes d'Eutrapel, XVII). Le premier titre est donc bien, sous-entendant probablement les qualités dont doivent être pourvus les pèlerins :

Les lunettes des pèlerins pour Rome.

Mais le second sens, outre le calembour sur petere, contient un autre calembour qui continue le sens scatologique : celui qui est établi sur lunette : ouverture d'un siège d'aisances. Le deuxième titre est alors :

Les chiottes des péteurs de Rome.

38. Maioris de modo faciendi boudinos. (32)

Saulnier dit : John Mair, théologien écossais, régent au collège Montaigu, n'a rien composé Sur la façon de faire les boudins ; Michel, à la même explication, ajoute : L'attribution est d'autant plus burlesque que Montaigu était réputé pour sa mauvaise table comme pour sa pouillerie. Cf. Erasme et Gargantua (chapitre xxxvij) ; Demerson dit en note : Technique de la fabrication des boudins, par Mayr (régent du collège de Montaigu), et donne : Mayr : Comment faire des boudins ?.

Le premier sens comporte l'idée d'associer ce John Mair ou Mayr à une technique bien éloignée de ce que pouvait être le souci du régent d'un collège dont Ponocrates dira : Seigneur ne pensez que ie laye mis au colliege de pouillerie quon nomme Montagu, mieulx le eusse voulu mettre entre les guenaux de sainct Innocent, pour lenorme cruaulté & villenie que ie y ay cogneu (G.xxxvij). Le premier titre est donc bien celui qui apparaît immédiatement :

Mair : de la façon de faire les boudins.

Mais boudinos peut avoir quelque lien avec les mots bode : nombril ; bodie : ventre ; bodine : nombril, ventre, bedaine (Greimas) ; d'autre part, nous allons voir évoquer, au titre suivant, l'estomac, et dans celui qui suit, les tripes. L'idée peut donc bien être, pour ce deuxième sens, celle de parler du ventre d'un John Mair qui est censé se nourrir abondamment pendant que les pensionnaires de Montaigu sont réduits à la portion congrue. Le deuxième titre pourrait bien être alors :

Mair : de la façon de se faire une bedaine.

39. La cornemuse des prelatz. (32)

Saulnier dit puérilement : Allusion sans doute à des nez sonores, et indique : Cf. Prologue du Ve Livre ; Demerson donne : La Chanson des Prélats.

Ce titre est effectivement repris au Prologue du Cinquième Livre : seulement vous allegueray ce qu'en avoit predit en esprit prophetique un venerable docteur, autheur du livre intitule La Cornemuse des prelatz ; mais à cet endroit est seulement noté : Ce livre peut être consulté à la Librairie Saint-Victor (Demerson), ce qui est une pirouette qui ne nous avance guère.

Si le premier titre est donc à peu près ce qu'indique Demerson, étant entendu que nous y voyons l'action qui fait penser à l'unisson les fidèles :

L'air de biniou des prélats,

il n'en reste pas moins que cette cornemuse des prélats succède à la bedaine de John Mair, et précède les tripes de Béda : nous sommes donc dans le domaine du ventre, et la cornemuse est ici l'estomac : la comparaison est traditionnelle en anatomie, et Rabelais est bien le premier à la connaître. Le deuxième titre est donc, faisant allusion aux borborygmes intestinaux :

La panse à musique des prélats.

40. Beda de optimitate triparum. (32)

Saulnier dit : Noël Béda, l'épouvantail des humanistes, syndic de la Faculté de théologie ; c'est par moquerie que Rabelais lui attribue un De l'excellence des tripes ; Michel dit : Béda, De l'excellence des tripes. Principal du collège de Montaigu et adversaire d'Erasme et de Budé. Sa grosse panse était célèbre, d'où le jeu de mots sur tripes. Demerson donne : Béda : Sur l'Excellence des tripes.

Parallèlement avec la manière de faire les boudins, attribuée à John Mair, nous avons ici le premier sens qui est bien :

Béda : de l'excellence des tripes.

Mais, toujours avec l'idée de ventre anatomique contenue dans les deux titres précédents, le deuxième sens est alors quelque chose comme :

Béda : de la prééminence des boyaux.

41. La complainte des aduocatz sus la reformation des dragees. (42)

Saulnier dit : Complainte (former) : déposer une plainte ; Michel dit : les dragées : les épices ; Guilbaud indique que les épices étaient les présents offerts aux juges et avocats par les parties, et Demerson note : Les épices s'appelaient aussi dragées, (présents en nature offerts par les plaideurs), avant de donner : La Requête des Avocats à propos de la Réforme des Epices.

Le premier titre ne fait aucun doute : la réformation est l'action de corriger ou d'abolir, et les avocats, ici, sont censés faire appel d'une décision qui met fin à la pratique des dessous de table. Ce premier titre est alors à peu près celui de Demerson :

L'appel des avocats de la décision d'interdire les pots-de-vin.

Mais le mot dragée, dravie est aussi, selon Greimas, et depuis 1268, un mélange de graines qu'on laisse croître pour le fourrage. La deuxième compréhension contient dès lors l'idée de foin, de râtelier et de bétail, et le deuxième titre doit s'entendre comme :

Le mugissement des avocats contre la réforme concernant leur fourrage.

42. Le chatfourré des procureurs. (42)

Saulnier dit : Le Barbouillage des avoués ; Guilbaud dit : Chat-fourré et chaffouré (griffonné), et Demerson donne de façon absurde : L'Echauffourée des Procureurs.

Nous retrouvons le terme chaffouré au Quart Livre (XII) : Continuant nostre routte, au jour subsequent passasmes Procuration, qui est un pays tout chaffouré et barbouillé ; R. Marichal, dans l'édition qu'il donne de ce Livre (et dont nous userons le moment venu) dit : Chaffourer : barbouiller ; de chauffourer : chauffer au four à chaux, peut-être poitevin, s'applique, en particulier, au papier couvert d'écriture, usuel ; Gargantua, III. Le moins qu'on puisse dire, c'est que Marichal ne se fatigue pas, prenant, pour expliquer le premier mot, celui qui lui est uni par et : nous pouvons pourtant penser que si Rabelais a écrit : chaffouré et barbouillé, ce n'est pas pour nous faire entendre : barbouillé et barbouillé. En outre, le séjour dans un four à chaux doit produire quelque chose plutôt desséché ou calciné que barbouillé. Voyons donc le Gargantua.

Dabondant en ont chaffourré leur robidilardicque loy .Gallus. ff. de lib. & posthu. & l. Septimo. ff. de stat. homi. & quelques aultres, que pour le present dire n'ause. A cet endroit, Screech dit seulement pour chaffourré : barbouiller ; s'applique surtout au papier. Or, il ne s'agit nullement de gens qui ont barbouillé la loi Gallus, mais de gens qui ont ajouté à cette loi, qui ont truffé le texte originel pour arriver à lui faire exprimer autre chose que ce qu'il disait initialement. Il est donc sûr que si barbouiller a bien pour sens couvrir d'une substance salissante, avec la nuance de : maculer sans discernement, ce verbe ne peut en aucun cas équivaloir à chaffourer, qui, ici, sous-entend que les surcharges n'ont pas été faites inconsidérément, mais, au contraire, avec soin et précision.

Si, pour l'heure, nous n'avons pas encore trouvé le vrai sens de chaffourrer, nous savons au moins ce qu'il ne veut pas dire. Et nous savons, du même coup, grâce à Screech et Marichal, ce que contient l'expression se payer de mots.

Greimas dit, pour fuere : fourrer ; tapisser, doubler (un vêtement) ; fourrager ; piller, ravager, ce qui nous donne déjà, acception vestimentaire mise à part, le sens de truffer en altérant. Reste chat. Greimas donne : Origine incertaine, cf. le latin capsum : coffre. Machine de guerre roulante ayant la forme de galerie couverte qui, approchée des murailles, protégeait ceux qui devaient la saper. Nous avons donc ici, avec : chat, la notion de travail de sape, de creusement qui dénature le sol, ce travail étant fait à couvert.

Il semble alors établi que le terme chaffouré du Quart Livre équivaut à parler d'un pays où le sol est truffé de galeries invisibles qui le font se dérober sous les pas, donc de sol rempli de pièges, et que le chaffourré du Gargantua revient à parler d'un texte de loi qu'on a subrepticement truffé de compréhensions adventices qui l'ont modifié de façon telle qu'on ne peut plus se fonder sur lui. S'il faut trouver à chaffourer un sens qui s'applique aux deux écrits, nous pouvons opter pour celui de dénaturer par-dessous.

Dans ces conditions, le chatfourré des procureurs pourrait bien alors être compris, dans le premier sens, comme la dénonciation de leur habileté à altérer les textes de lois, et nous pourrions rendre le titre par : les minages des procureurs, si nous n'avions affaire à un titre édifiant. Nous pensons donc devoir le rendre par :

Les attendus des procureurs.

Quant au deuxième sens, il pourrait apparaître que le qualificatif fourré, de chatfourré, a été amené par l'idée de feurre : foin, des dragées du titre précédent, et que la notion qu'on y trouve, de présents en nature offerts par les plaideurs, se retrouve ici sous une autre forme : ces procureurs, qui sont des gens qui s'occupent des biens d'autrui, seraient ici accusés de détourner une partie de ces biens à leur profit. Mais le mot semble avoir plutôt le sens de fourrer : faire entrer, en fonction du fait que le deuxième sens du mot chat paraît provenir de chatel, chael, que Greimas donne pour : bien, patrimoine, possessions ; rapport en argent d'un champ, d'une vigne ; grain, profit. Le chatfourré serait alors l'action de se fourrer de biens, de profits ; ou, plus simplement, la désignation de la fonction éminemment profitable qu'occupent les procureurs : au chapitre XI du Cinquième Livre, les chatz fourrez seront d'ailleurs décrits, portant pour leur simbolle et divise tous et chascun d'eux une gibbeciere ouverte. Ce nom de : Chatz fourrez semble bien équivaloir, sauf meilleur jugement, à bourrés de biens. Et nous rendrons le deuxième sens du titre par quelque chose comme :

Le fromage des procureurs.

43. Des poys au lart cum commento. (42)

Saulnier dit : Cum commento : pour railler la manie scolastique de mettre des commentaires partout. C'est à lui-même que Rabelais attribue l'ouvrage, dans le prologue du Gargantua ; Guilbaud dit : Avec commentaire (avec la sauce), et Demerson donne : Des pois au lard (édition critique).

Contrairement à ce que dit Saulnier, la raillerie ne vise peut-être pas tant la manie scolastique de mettre des commentaires partout, que l'erreur d'en mettre autour de sujets qui n'en appellent point. Car il en est qui continuent de commenter Des pois au lard : ainsi Michel Butor qui, dans son Rabelais, ou c'était pour rire (Larousse, collection Thèmes et Textes), donne, en un français tel qu'on n'est même plus sûr de ne pas comprendre, quelques pages plus nébuleuses que les autres, pourtant bien couvertes, sur le symbolisme des chiffres et des nombres chez Rabelais. S'il est bon de s'abstenir de commenter pour obscurcir, il est, en revanche, toujours utile de commenter pour éclaircir un texte ou pour éclairer un lecteur. Et ce qu'on aurait dû nous dire ici, c'est que les pois au lard étaient, à l'époque, un plat fort apprécié et relativement rare. Aussi n'hésiterons-nous pas, pour conserver l'intention de Rabelais, à rendre ce titre par :

Des ortolans truffés, avec l'exégèse.

44. La profiterolle des indulgences. (42)

Saulnier dit : Le petit profit qu'elles rapportent ; jeu avec profiterolle, boule de pâte cuite sous la cendre ; Guilbaud ajoute la précision que l'on cuisait cette boule dans les foyers pauvres, et Demerson donne : Comment tirer Profiterolles des Indulgences.

Là encore, c'est en partant de ce texte qu'on date le mot profiterolle. Dauzat dit : 1532, Rabelais, petite gratification, et le Petit Robert : XVIᵉ, petit profit, puis : pâte cuite sous la cendre ; diminutif de profit. Le premier sens est donc simplement fondé sur l'idée initiale d'utiliser dans le titre le nom d'un objet symbolique ; ici la profiterolle qui, nous dit-on, était l'apanage des foyers pauvres, et qui amène l'idée d'humilité et d'apaisement de la faim, puis d'apaisement moral chez les humbles. Nous rendrons donc la profiterolle des indulgences, dans son premier sens, par :

Le liniment des indulgences.

Quant au deuxième sens, qui renferme effectivement l'idée de petit profit, nous avons affaire ici à une antiphrase, ce petit profit étant à entendre comme très gros bénéfices, puisque ce négoce des indulgences est nommé maintes fois, à l'époque, commerce ou trafic simoniaque. La notion d'indigence liée à profiterolle est aussi une antiphrase, puisque les sommes ainsi obtenues tombaient au trésor du pape, et nullement chez l'humble curé ou le petit dignitaire. Nous rendrons donc le contenu de ce deuxième sens par quelque chose comme :

Les décimes des indulgences.

45. Preclarissimi iuris utriusque doctoris Maistre. Pilloti Racquedenari de bobelidandis glosse. Accursiane baguenaudis repetitio enucidiluculidissima. (42)

Saulnier dit : Pillotus Raquedenarius : Racle-deniers : Rabelais lui attribue : Des niaiseries de la glose d'Accurse à rapiécer, répétition clarissime comme le jour ; Boulenger dit : Du très illustre Docteur en l'un et l'autre droit Maître Pillot Racle-denier, Des niaiseries à rapiécer de la glose d'Accurse, répétition (suit un adjectif burlesquement composé) ; Guilbaud dit : Du très illustre docteur en l'un et l'autre droit Maître Pillot Racle-denier : Des balivernes de la Glose d'Accurse (célèbre glossateur du droit romain, XIIIᵉ s.) bonnes à rapiécer, répétition clairement claire comme le jour ; Michel dit : Du très illustre Docteur en l'un et l'autre droit, Maître Pillot Racle-Deniers, sur les niaiseries de la glose d'Accurse à rapiécer. Répétition aussi clarissime que la lumière de l'aube ; Demerson dit en note : Du rapetassage des âneries de la Glose d'Accurse. Répétition luminoclarotransparente, par très-illustre docteur en l'un et l'autre droit, Maître Pillot Racle-Denier, et donne : Pillot Racle-Deniers expert en tous droits Comment remédier aux niaiseries de la glose d'Accurse (toute dernière édition).

Tout le monde s'évertue à rendre ce titre le moins mal possible, et le résultat n'est pas bon : la traduction frise l'incohérence, et la translation de Demerson arrive très loin du contenu. Nous avons repris le titre tel que le donnent toutes les éditions, mais ne pourrions-nous pas, en nous reportant au fac-similé, déceler une anomalie qui nous expliquerait la raison de cette difficulté à traduire ? Il y a là cinq lignes qui se présentent ainsi :

> Preclarissimi iuris utriusque doctoris
> Maistre. Pilloti,
> Racquedenari de bobelidandis glosse.
> Accursiane baguenaudis repetitio enu
> cidilu culidissima.

Ce texte porte, manuscrite, la demande de correction suivante : après Pilloti, un trait de plume, qui va jusqu'à la fin de la ligne et qui reprend à gauche, en marge de la ligne suivante, devant Racquedenari, indique que la troisième ligne est à mettre à la suite de la deuxième : le typographe, trompé par la majuscule de Racquedenari, a cru qu'il s'agissait d'un nouveau titre, et a mis le mot à l'alinéa.

Cette bourde n'est pas la seule, puisqu'il a mis aussi un point inutile entre Maistre et Pilloti (dont la suppression n'est pas demandée), qu'il a mis après Pilloti, un signe qu'on distingue mal, mais qui semble être une virgule mal venue à l'impression (dont la correction n'est pas demandée non plus), et qu'il a séparé par un blanc : cidilu de culidissima, blanc dont le signe de correction habituel demande la suppression.

Notons qu'il y a un point après glosse, et notons encore que le mot Accursiane est à l'alignement gauche, sans le renfoncement de deux lettres qui, dans tout le catalogue, et comme nous le voyons pour Maistre et pour cidilu, précède les lignes qui forment la suite d'un titre. Nous sommes donc fondés à penser que si le typographe avait dû tenir compte des corrections demandées et de celles qui s'imposent, sa nouvelle composition aurait été celle-ci :

Preclarissimi iuris utriusque doctoris
Maistre Pilloti Racquedenari de bobe =
lidandis glosse.
Accursiane baguenaudis repetitio enuci =
diliculidissima.

Le mot glosse est donc bien le dernier du premier titre, et le mot Accursiane, le premier du second. Nous sommes donc bel et bien devant deux titres indépendants, que nous avons à commenter indépendamment :

45. Preclarissimi iuris utriusque doctoris Maistre Pilloti Racquedenari de bobelidandis glosse. (42),

et :

46. Accursiane baguenaudis repetitio enucidiluculidissima. (42),

n'en déplaise à la foule des éditeurs qui n'ont jamais eu le désir de remonter aux sources et qui se sont contentés, vu le sacro-saint principe universitaire d'autorité, de faire confiance au prédécesseur.

Pour le premier titre, s'élève alors la difficulté de traduire bobelidandis (que Saulnier, Jourda et Demerson transforment, sans le signaler, en bobelinandis, et que les autres ne transforment pas mais traduisent comme s'il était écrit de cette façon). Jusque là, le terme, perdu dans un long titre qui en contenait deux, avait tant bien que mal été rendu par le surprenant à rapiécer, car les commentateurs savaient bien qu'au chapitre xxx, ce sont des bobelins, ou souliers grossiers (Boulenger), ou savates (Saulnier), ou godasses (Guilbaud), que Romule passe son temps à rataconner (de tacon : pièce mise à un vêtement ou à une chaussure ; taconer : rapiécer, racommoder ; taconier : savetier, rapiéceur ; Greimas). Ici, pivot de la phrase, le mot est plus malaisé à traduire.

Admettons donc, jusqu'à meilleur jugement, qu'il y a encore une coquille dans le titre, ce qui est bien possible car le typographe semble avoir eu à ce moment l'esprit hors du composteur, et que le mot soit à lire bobelinandis, mot dérivé de bober, bauber : faire la moue, grimacer, railler, tromper ; bobe : moue, tromperie : bobert, bobu, bobelin : nigaud, fat, insolent (Greimas) : le mot voudrait donc dire : vieux souliers qui font la moue, qui grimacent, qui ont l'air de se moquer, ou godasses éculées, ou savates affaissées.

Pour : Maistre Pilloti Racquedenari, nous admettrons aussi que denari veut dire deniers ; mais pour Racque, c'est le sens de rachette, issu du latin médiéval rasceta : paume de la main (Dauzat) que nous retiendrons ; et pour Pilloti, nous le rattacherons plutôt au verbe pillier, que donne Greimas : houspiller, malmener ; piller. Et nous rendrons alors le premier sens du premier titre par :

Du très illustre docteur en l'un et l'autre droit (le droit romain et le droit canon), Maître Pilleur Empaume-deniers, glose sur les vieilles savates.

La deuxième interprétation repose sur le double sens de la plupart des mots : si preclarissimi continue à vouloir dire du très illustre, iuris utriusque offre un sens nouveau si nous nous apercevons que utriusque peut signifier aussi : dans l'un et l'autre sens, et que iuris peut encore être ce bragueta iuris que nous avons déjà rencontré. Quant à Maistre Pilloti Racquedenari, nous prendrons ici Pilloti pour houspilleur, malmeneur, puisque nous découvrons que denari peut ici s'entendre : les dix doigts. Nous avons donc affaire au très illustre docteur en va-et-vient sur le droit, Maître Remueur de la Paume et des doigts.

Quant à bobelinandis, nous avons vu que le mot est issu de bober : faire la moue, grimacer ; or, celui qui fait la moue, celui qui grimace, a toujours été, dans la langue populaire, un des multiples noms donnés au sexe de la femme. S'explique alors fort bien que la savate, chaussure qui grimace, qui fait la moue, soit nommée bobelin, ainsi que toute chaussure fatiguée, déformée, marquée de nombreux plis, et qui garde la forme qu'on lui imprime ; et, du même coup, s'explique sans qu'on ait besoin de recourir à un dessin, que le mot savate soit employé pour désigner le sexe de la femme, et que le bobelin soit ce même sexe, avachi, relâché.

Si, maintenant, nous reprenons tous ces seconds sens, nous pouvons alors voir dans la deuxième interprétation une intention éminemment obscène (au sens de qui suscite des représentations d'ordre sexuel), mais qui renferme de plus un comique fondé sur le fait que le sujet traité dans l'ouvrage l'est par quelqu'un qui ne connaît pas ce dont il parle, ou qui, déçu par lui, s'est cantonné dans une satisfaction de substitution :

Du très illustre docteur en masturbation, Maître Remueur de la Paume et des doigts, glose sur la flaccidité des conasses.

Le deuxième titre contient aussi deux interprétations ; pour celle qui est digne de figurer dans la librairie de saint Victor, baguenaudis, on l'a vu, a toujours été rendu par niaiseries, âneries, balivernes ; mais le mot contient aussi l'idée du jeu qui consiste à faire éclater le plus bruyamment possible, sur le dos de la main, les gousses remplies d'air du baguenaudier : c'est l'image du vain passe-temps, analogue à l'action de cracher dans l'eau pour faire des ronds. Mais, dans l'interprétation sérieuse, le mot contient probablement la notion (que va nous révéler le mot enucleare amené par la syllabe enu) d'ouverture pour autopsie d'un texte. Pour repetitio, nous prendrons le mot dans son sens de nouvelle version, nouvel essai, plutôt que dans celui de répétition, qui sous-entend que rien n'a été modifié. Quant à enucidiluculidissima, ce superlatif absolu contient évidemment, avec les mots qui le sous-tendent, l'idée de clarté : enucleate ; enucleatim : clairement, simplement ; enucleare : dégager le sens de, expliquer, éclaircir ; dilucere : être clair, évident ; dilucide : avec netteté, clairement ; dilucidus : clair, lumineux, brillant, évident. Nous garderons donc l'excellent luminoclarotransparente de Demerson, en rétablissant seulement le suffixe qui n'a pas à disparaître ; et nous avons alors, gardant à énucléer le sens étymologique de extraire le noyau d'un fruit, et celui de élucider :

Les énucléations d'Accurse, nouvelle version luminoclarotransparentissime.

Pour la deuxième interprétation, nous allons devoir examiner avec attention le mot que Boulenger, qui a peut-être saisi l'allusion, dit être burlesquement composé : enucidiluculidissima paraît avoir été formé dans l'intention évidente d'évoquer l'idée de cul, car le latin de Rabelais ne se prononçait pas encore : ènnoukidiloukoulidissima, mais, de façon bien plus proche du français : énussidilukulidissima. De plus, les syllabes enu et culi, dispersées dans le mot, semblent bien dissimuler encul, que l'esprit enregistre immanquablement à la lecture : ENucidilu-CULidissima, laissant l'idée, puisqu'il faut parler net, d'enculage au superlatif.

Si, d'autre part, nous gardons de baguenaudis la notion d'éclatement, de forçage de quelque chose de petit, nous arrivons sans peine, avec ce que nous apporte le mot enucidiluculidissima, à la compréhension, qui doit être vieille comme le monde, d'enculage de mouches. Et nous rendrons ce deuxième sens par :

Accurse, de la sodomisation des mouches, nouvel essai aiguillacuitenculidissime.

Donc, si notre correction est bonne, on a ainsi, depuis plus de quatre cents ans, voulu voir, dans une mauvaise lecture, une astuce rabelaisienne, que l'on s'obstinait, vaille que vaille, à rendre intelligible, bien que le sens n'ait jamais satisfait personne ; et l'on négligeait deux évocations infiniment plus amusantes touchant l'introversion de Maître Pillot et les vaines tentatives d'Accurse. L'amusant, aussi, est que tant de latinistes, qui n'ont aucune peine à être plus confirmés que nous ne le sommes, ont sué sang et eau pour dissimuler leur incapacité à comprendre ; et nous nous demanderions longtemps pourquoi, devant cette difficulté, personne n'a jamais songé à se reporter au texte maître, si nous ne savions que les universitaires, n'étant pas des enfants, n'osent jamais dire que le roi est nu.

47. Stratagemata Francarchieri de Baignolet. (42)

Saulnier dit : Type populaire de miles glorosius (XVᵉ s.). Pour tous Stratagemata, il aurait eu la fuite : Boulenger dit : Type de fanfaron couard. Ouvrage comique de la fin du XVᵉ s. ; Michel dit que cet ouvrage raille les fanfaronnades de la milice bourgeoise créée par Charles VII, et Demerson donne : Sur la stratégie du Franc Archer de Bagnolet.

Tout le comique est contenu dans l'opposition entre le mot stratagèmes, qui signifie proprement ruses de guerre, ruses habiles, bien combinées, et ce fanfaron qui, dans le récit, se rend à un épouvantail pris, de nuit, pour un ennemi. On peut traduire cette opposition par :

La stratégie de Sauve-qui-peut.

48. Franctopinus de re militari cum figuris Teuoti. (42)

Saulnier dit : Le Franc-Taupin. Rabelais lui attribue un livre Sur l'art militaire ; Guilbaud précise que les Francs-Taupins étaient les soldats des milices urbaines ou villageoises ; Michel dit : Les Francs-Taupins, milice rurale créée par Charles VII et aussi plaisantée pour sa poltronnerie que les francs-archers (cf. Gargantua, XXXV, et Tiers Livre, VIII). Tevot est le type du poltron, et Demerson donne : Franc-Taupin : A propos de l'art militaire, illustré par Poltron.

Les renvois qu'indique Michel sont, pour Gargantua : & quelqun deulx nomme Bon Ioan, capitaine des franctopins, et, pour le Tiers Livre : Doncques ne fauldra dorenavant dire, qui ne vouldra improprement parler, quand on envoyra le franc taulpin en guerre : Saulve Tervot le pot de vin, c'est le cruon. Il faut dire : Saulve Tevot le pot au laict, ce sont les couilles.

Le Petit Robert dit, pour taupin : soldat qui pose les mines sous la terre ; s'est dit aussi des francs archers, au XVᵉ siècle, et cela explique le surnom péjoratif donné à ces archers peu combatifs, surnom qu'éclaire peut-être cette phrase du Pantagruel (v) relative aux marroufles que poursuit le géant : mais ilz se musserent contre terre comme taulpes.

En tout cas, l'inspiration est la même que pour le titre précédent : Tevot est la personnification de ce franc-taupin (peut-être de teve : tiède ; tevor : tièdeur ; Greimas), aussi peu guerrier que le franc archer, et le comique est le même : faire traiter d'un sujet par qui n'en connaît pas le premier mot, qu'il s'agisse des stratagèmes pour le franc archer, ou des choses militaires pour ce franc-taupin, qui s'est assuré le concours de ce pacifique Tevot. Nous rendrons le titre par :

Franc-Trouillard, de l'art de la guerre, avec les figures de Paisible.

49. De usu & utilitate escorchandi equos & equas, autore m. nostro de Quebecu. (42)

Saulnier dit : Le théologien Duchesne (Quercu), allié de Beda. Rabelais lui attribue Sur l'usage d'écorcher les chevaux ; Demerson donne : Comment et Pourquoi écorcher les chevaux et les juments, par l'auteur, Notre Maître de Quebecu.

Comme nous l'avons dit au douzième titre, nous arrivons ici au fait réel qui, contrairement à l'incongruité de Maître Hardouin, n'a été consigné nulle part, et nous sommes réduits aux conjectures. On peut évidemment penser qu'il s'agit d'une allusion à une habitude qu'on connaissait à ce Maître Duchesne, de serrer craintivement et constamment les jambes, à cheval, et d'écorcher ses montures ; ou, comme pour la plupart des titres qui mettent en cause une personnalité plutôt qu'une œuvre, qu'il s'agit de rabaisser le personnage, supposé grave et compassé, et de toute façon adversaire des humanistes, et de lui attribuer un travers ridicule : le mot Quebecu désignerait alors le mauvais cavalier qui ne peut faire quelques lieues sans avoir le siège écorché ; becu viendrait alors de bequer : becqueter, frapper du bec (Greimas), avec extension à cul piqueté comme par des coups de bec. Mais tout cela est bien chimérique : ce qui est écorché n'est pas le derrière du Maître, mais les chevaux et juments, et le mot escorchandi semble n'avoir pas trait à l'écorchure : éraflure, mais à l'écorchement : dépiautage. Revenons donc au texte.

La première remarque à faire est que ce Quebecu est bien éloigné du Quercu que donne Saulnier (latin quercus : chêne) ; le mot, effectivement inspiré de quercus, est peut-être tout simplement, car nous nous rappelons que Mair et Beda ont été moqués pour leur obésité, l'expression quel beau cul que Rabelais donne sous la forme patoisante : qué bé cu, allusion, cette fois, aux origines paysannes qui peuvent être celles de Duchesne ou celles de sa belle-famille.

La deuxième remarque est d'abord que, si usu veut dire usage, emploi, pratique, le mot veut dire aussi jouissance, usufruit, et encore relations, intimité ; elle est ensuite que, si utilitate veut dire utilité, faculté de servir, le mot veut dire aussi avantages, profit, intérêt. De usu et utilitate signifierait alors des avantages et bénéfices. Et nous entrevoyons que l'allusion pourrait bien traiter de l'argent de Duchesne, provenant de l'héritage d'un père équarrisseur, ou, le mot usu : intimité aidant, celui qui provient de la dot de son épouse, fille d'équarrisseur.

Ce Duchesne est allié de Béda ; cela est suffisant pour que Rabelais le raille de son obésité suspecte à Montaigu, qu'il le fasse en termes qui rabaissent ce docteur en théologie à son patois d'origine, et qu'il rappelle que son aisance lui vient d'une belle-famille où l'on n'a pas craint d'exercer un métier qui, de tout temps, a mis celui qui le pratique au banc de la société, tant la puanteur dégagée par l'équarrisseur et par les lieux où il vit est forte et tenace. On pourrait même entendre, en poussant les choses, que ce Duchesne a passé sur la puanteur de la fille pour avoir l'argent du père. Le titre, croyons-nous, peut alors être rendu par :

Des profits et avantages qu'on retire de l'écorchement des chevaux et juments, auteur Notre Maître de Quebecuterreux.

On pourrait, bien sûr, émettre encore l'hypothèse qu'il s'agit de la propre odeur de ce Duchesne, et qu'elle a quelque rapport avec ce quel beau cul que nous voyons dans Quebecu. On pourrait en émettre bien d'autres, mais cela ne servirait à rien puisque nous ignorons tout de ce qui a pu inspirer Rabelais. Plus utile est de noter au passage qu'il y a dans ce titre une raison supplémentaire de penser que le Pantagruel fut écrit pour des lettrés et lu par eux : qu'auraient bien pu comprendre à de telles allusions, des gens du peuple qui étaient certainement bien loin de connaître ce Duschesne, de soupçonner qu'il pouvait être désigné sous le nom de Quebecu, de savoir s'il montait bien ou mal, ou s'il avait d'humbles origines, ou si son père ou son beau-père était équarrisseur, ou si lui-même dégageait une odeur désagréable. Ils n'auraient pas manqué d'être encore plus déroutés que nous le sommes, qui ne savons pas grand chose, mais au moins qui est Rabelais, qui est ce Duchesne, et pourquoi Rabelais pouvait détester ce Duchesne.

50. La rustrie des prestolans. (42)

Saulnier dit : la grossièreté (ou le brouet) des prêtres ; Guilbaud dit : La Mangeaille des petits prêtres ; Plattard dit : Il existe, au XVIᵉ siècle, un mot prestolet, diminutif de prêtre ; Michel dit : La rustrerie des prêtres, et Demerson : La Rustrerie des Curetons.

Greimas donne pour rustie : grossièreté, violence, tapage ; mener, faire rustie : faire un grand vacarme en se battant, en buvant, etc. Il ne semble pas qu'il soit question de brouet ou de mangeaille. Quant à prestolans, Greimas donne, lui, prestrot. Pour le premier sens, la dénonciation du vacarme, des grossièretés, de la rusticité de certains prêtres peut très bien être un titre de la Librairie de saint Victor, et nous rendrons ce premier sens par :

La trivialité de la prêtraille.

Pour le deuxième sens, il nous faut retenir la notion de bruit que contient rustie pour retrouver ruit, qui veut dire tumulte, bruit désordonné, mais qui signifie d'abord rugissement, braiement du cerf quand il est en rut, et, tout simplement rut (Greimas). Nous pouvons alors rendre ce deuxième sens par :

Le tumulte des ratichons en rut.

51. M.n. Rostocostoiambedanesse, de moustarda post prandium seruienda lib. quatuordeci, apostilati pM. Vaurrillonis. (42)

Saulnier dit : Pointe contre les théologiens de Rostock. Sur la moutarde à servir après le repas, apostillé par Vaurillon ; Boulenger dit : Quatorze livres de la moutarde qu'il faut servir après le repas, apostillés par Maître Vaurillon (théologien franciscain de la première moitié du XVᵉ siècle) ; Guilbaud dit : Nos Maîtres Côte-rôtie-jambe-d'ânesse. La côte-rôtie est un vin fameux ; ce nom burlesque est formé aux dépens des théologiens de Rostock, en Mecklembourg ; Plattard dit : Un franciscain du nom de Vaurillon a composé au XVᵉ siècle, des commentaires sur Duns Scot et Pierre Lombard ; Michel ajoute à sa traduction : Les théologiens de Rostock étaient en conflit avec ceux de Paris. Vaurillon, franciscain du XVᵉ siècle. Moutarde après dîner : locution familière : avoir l'esprit de l'escalier, et Demerson donne : Notre Maître Jambedânesse de Rostock : A propos d'un esprit lent à la détente, apostillé par Maître Vaurillon (quatorze volumes).

Il est très probable que Rostocostojambedanesse contient Rostock, et nullement l'évocation de ce vin que cite Guilbaud. Quant à iambedanesse, nous pouvons penser que jambe évoque le coup de pied de l'âne de la fable de Phèdre, Rabelais remplaçant ici l'âne par l'ânesse, pour des raisons d'euphonie, mais surtout pour renforcer l'idée de félonie, un théologien étant bien placé pour savoir que le ressentiment d'une femme est de loin le plus redoutable. Le seul nom Rostocostoiambedanesse contiendrait alors, contre les théologiens de Rostock, l'accusation d'atermoyer jusqu'à pouvoir décocher leur coup sans danger pour eux. Et cette accusation s'étend aussi à ce Vaurillon qui, apostilleur, c'est-à-dire faisant des additions en marge de l'écrit, participe de cette lenteur à prendre parti et de cette lâcheté. Le contenu de ce titre est difficile à rendre à moins de paraphraser lourdement, mais nous sommes avant tout désireux de comprendre, et nous n'hésiterons pas à écrire :

De Nos Maîtres de Rostock-qui-ont-pris-leur-temps-pour-ruer : De la moutarde à servir après le déjeuner, quatorze livres servilement annotés par Maître Vaurillon.

52. Le couillaige des promoteurs. (42)

Saulnier dit : Le don de mariage des officiers ecclésiastiques (le nouveau marié régalant, selon l'usage, ses compagnons célibataires) ; Michel dit : Couillage : cadeau du jeune marié à ses amis célibataires. Promoteur : l'homologue du Procureur du Roi dans la justice ecclésiastique, et Demerson dit seulement : Le Couillage des Promoteurs.

Ces juges ecclésiastiques qui, voués au célibat, sont censés se marier ne semblent pas pouvoir constituer un titre de la librairie, et il faut chercher ailleurs : Demerson, avant de s'abstenir de traduire, renvoie au chapitre xxxx de Gargantua, où l'on trouve : Par Dieu ie boy a tous guez, comme un cheual de promoteur, et où il met en note : Il semble, d'après ce dicton, que les promoteurs, ou juges ecclésiastiques, avaient la réputation de manger à tous les râteliers, d'accepter des épices des deux parties. Si cela ne nous renseigne guère sur le couillaige, cela nous incite pourtant à voir dans le mot, pour le premier sens, un dérivé de coillir : cueillir, accueillir, réunir (Greimas), qui renvoie aussi à cueillir où l'on trouve : cueillage : cueillette, levée d'un impôt, et surtout : redevance dûe au seigneur par le jeune marié lui permettant de coucher avec sa femme. Ainsi, le premier sens est, au sens pécuniaire du terme :

La cueillette des procureurs ecclésiastiques.

Le second sens sous-entend, lui, que ces procureurs ecclésiastiques, tenus à la chasteté, arguent encore du droit de cuissage (qui n'a probablement jamais désigné autre chose que l'introduction symbolique de la cuisse du seigneur dans le lit) pour étendre la compréhension de la locution et étrenner réellement l'épouse. Mais le comique paraît encore plus élaboré si l'on songe que ces promoteurs ne s'occupent que des litiges concernant les ecclésiastiques, par définition célibataires et chastes ; arguer du droit de cuissage équivaut donc pour eux à régenter les unions des religieux, que ces unions soient hétéro ou homosexuelles. De toute façon, le second sens équivaut alors à :

Le droit de cuissage des promoteurs (dans les fornications des curés).

53. Questio subtilissima, Utrum Chimera in vacuo bombinans possit comedere secundas intentiones ? & fuit debatuta per decem hebdomadas in concilio Constantiensi. (42)

Saulnier dit : Question très subtile, si la chimère bourdonnant dans le vide pourrait dévorer les secondes intentions, débattue dix semaines au concile de Constance (1414-1418) ; Plattard dit : Les secondes intentions dont se nourrit la Chimère sont des abstractions : les intentions premières sont la pensée d'un objet, et les secondes la pensée de la pensée ; Michel ajoute à la traduction : Rabelais raille les théologiens du concile de Constance, et la formule scolastique des intentions secondes, attributs accidentels de l'objet ; Demerson donne : Dix semaines de débat au concile de Constance sur une subtile question : la Chimère bourdonnant dans le vide peut-elle manger des intentions secondes ?

Pour bien comprendre le trait, il nous faut nous rappeler que ce concile fut celui qui, mettant fin au schisme d'Occident, fit brûler sur place le réformateur tchèque Jean Hus et jeter ses cendres dans le Rhin, et qui ordonna que le corps du théologien anglais Wyclif, mort en 1384, fût exhumé, et ses restes pareillement brûlés. Il nous faut nous souvenir aussi que la Chimère est ce monstre mythologique à poitrail de lion, ventre de chèvre, queue de dragon, crachant des flammes, qui dévorait tous les êtres humains qui avaient le malheur de se trouver sur sa route. Les flammes, point commun de la Chimère et du concile, amènent l'idée que, comme la Chimère, ce concile brûle tout ce qui est sur son passage, en prenant argument de peccadilles. D'où le titre, où résonnant fait calembour avec raisonnant, et consommer avec consumer :

Question subtilissime : Est-ce que la Chimère raisonnant dans le vide a le pouvoir de consumer les intentions de l'intention ? qui fut débattue dix semaines au concile de Constance.

54. Le maschefain des aduocatz. (32)

Saulnier dit : Maschefain : Mâche-foin ; Guilbaud dit : Mâche-foin. Les avocats dévoraient l'argent de leurs clients ; Michel dit : Avidité, et Demerson : La Rapacité des Avocats.

Ce titre de 1532 se trouve curieusement isolé parmi quatre-vingt-sept titres de 1542 (treize avant lui, soixante-quatorze après). Le dernier titre de 1532 est le quarantième : Beda de optimitate triparum, et le quarante et unième est de 1542 : La complainte des aduocatz sus la reformation des dragees. Il n'y a pour nous aucun doute : cette complainte des aduocatz est de même inspiration que le maschefain des aduocatz, que nous trouvons maintenant, repoussé treize places plus loin ; c'est probablement la répétition du mot aduocatz qui a obligé à rompre le couplage.

Pourtant, la superposition des mots maschefain, de 1532, et dragees, de 1542, aidait, par la consonnance fain, à comprendre que les dragées sont aussi du fourrage. Nous avons vu que les commentateurs, n'ayant pas fait le rapprochement, ne l'ont pas saisi, eux qui, pourtant, rendent ici, à tort, maschefain par mâche-foin.

Car fain n'est en rien le foin, mais l'adjectif affamé (Greimas), et le maschefain n'est rien autre que la manducation d'affamés des avocats, leur gloutonnerie. Et si maintenant, conscients de ce sens, nous rétablissons la liste des titres telle qu'elle était avant que Rabelais n'ait décidé de rejeter plus loin le titre de 1532, nous avons :

Le maschefain des aduocatz, ou : la mastication d'affamés des avocats, et La complainte des aduocatz sus la reformation des dragees, que nous avons rendu par : le mugissement des avocats contre la réforme concernant leur fourrage.

Nous retrouvons, en premier, l'avidité à se nourrir que montrent ces avocats ; en second, ce fourrage dont ils sont censés se nourrir, mot qui implique l'idée de foin, de râtelier, et peut-être la notion qu'ils se battent entre eux quand ce râtelier est vide. Quoi qu'il en soit, nous pouvons rendre ce maschefain des avocatz par :

Les longues dents des avocats.

55. Barbouilamenta Scoti. (42)

Saulnier dit : Les barbouillages de Duns Scot (type du docteur Scolastique) ou ses remèdes (cf. Barbouillements, XXIII) ; Michel dit que Duns Scot était un théologien du XIIIᵉ siècle, et Demerson donne : Sur les barbouillages de Scot.

Le renvoi qu'indique Saulnier a trait à la maladie de Pantagruel (xxxiij) et à la phrase : Or pour vous dire comment il guerist de son mal principal ie laysse icy comment pour une minoratiue il print Quatre quintaulx de Scammonnes Colophoniacque, Six vingtz & dixhuyt charretees de Casse, Onze mille neuf cens liures de Reubarbe, sans les aultres barbouillemens.

Mais il est fort improbable que les barbouilamenta du titre soient à entendre comme les remèdes, les purges, les préparations : ce titre est celui d'un ouvrage de la Librairie de saint Victor dont le fonds est augustinien, et où l'on peut fort bien prendre les écrits du franciscain Duns Scot pour des barbouillements, ou produits du barbouillage.

Le mot barbouillage viendrait, selon Dauzat, de barboter, lui-même dérivé de bourbe ; barbouiller viendrait de bourbe, avec influence de bullire : bouillir. Le petit Robert donne : de bourbe, avec influence de barboter et bouillir. Barboter, c'est s'agiter, remuer dans l'eau, dans la boue, dans la bourbe, et la bourbe c'est la boue qui s'accumule au fond des eaux stagnantes ; l'influence de bouillir s'entend alors comme bouillonner, c'est-à-dire être troublé, être agité en formant des bouillons.

Duns Scot est donc ce théologien qui agite des idées stagnantes, fétides, et les fait remonter à la surface, amabilité qui se comprend très bien si l'on sait le dédain dans lequel on a tenu, dans les années 1500, la pensée de Scot : En Angleterre comme dans le reste de l'Europe, Platon au temps de Henry VII, l'emporte sur Aristote ; les subtilités scolastiques du Moyen Age sont, au seizième siècle, si méprisées que le nom du Docteur Subtil, Duns Scot, jadis synonyme de sagesse, engendre le mot dunce : ignorant (A. Maurois, Histoire d'Angleterre).

En donnant au mot tartinage les sens contenus dans tartine : développement interminable sur un sujet quelconque, et dans tartiner : étaler sur une tranche de pain, et, par extension, sur une feuille de papier, nous rendrons donc le titre par :

Les tartinages de gadoue de Scot.

56. Le retepenade des cardinaulx. (42)

Unanimement, les commentateurs lisent ratepenade, et la plupart d'entre eux écrivent la ratepenade. Saulnier dit : Ratepenade : coiffure de dame imitant les ailes de chauve-souris ; Boulenger dit : Nom d'un chapeau féminin imitant les ailes d'une chauve-souris ; Michel qui écrit le ratepenade, dit : Coiffure en forme d'ailes de chauve-souris (ratopenado, en dialecte languedocien) ; Demerson écrit aussi : le ratepenade, dit en note : La Chauve-souris ou la Capeline, et donne : Le Mitron des Cardinaux.

Boulenger est le seul à parler de chapeau, alors que les autres commentateurs parlent seulement de coiffure. Demerson parle de capeline, qui est d'abord une coiffure féminine tombant sur les épaules, puis un chapeau de femme à très larges bords souples. Il semble pourtant qu'il ne puisse s'agir que de l'arrangement des cheveux, et non du couvre-chef, puisque le mot de Rabelais retepenade, contient rete qui signifie rets, filet (Greimas). En fait, il s'agit bien d'une façon de se coiffer les cheveux et non la tête, et cet arrangement en ailes de chauve-souris est attesté par d'autres textes de l'époque, mais nous allons voir que l'allusion capillaire n'a ici rien à voir avec la coquetterie.

Nous admettrons que le languedocien ratopenado signifie chauve-souris, en faisant l'effort de voir dans rato le mot rat, et dans penado, la chevelure, sens que nous laisse entrevoir le contenu du mot pane, pene : étoffe de soie à longs poils, drap, fourrure ; déchets de laine ; peau qui recouvre le bouclier (Greimas) ; ou pane : étoffe (de laine, coton, soie) semblable au velours, mais à poils longs et peu serrés (Petit Robert), et, par extension, cheveux et système pileux. Le ratopenado serait donc le rat-cheveux, le rat qui se prend aux cheveux ou chauve-souris, interprétation qui explique le genre masculin du retepenade de Rabelais. Nous pouvons donc penser que, pour le premier sens, ce mot retepenade, choisi évidemment à dessein, désigne la cape qui, dans le mouvement que font les cardinaux en marchant ou en écartant les bras, les fait ressembler à des chauve-souris. Ce premier sens est à peu près :

Les bras de chauve-souris des cardinaux.

Pour le deuxième sens, il faut bien voir que le mot retepenade, s'il contient rete : rets, filet, contient aussi le mot penade. Cette penade nous ramène au développement sur penier fait à l'occasion du sixième titre : Le vistempenard des prescheurs ; penade est le même mot que penard, issu de penier, lui-même dérivé de penil désignant le bas-ventre, et spécialement le bas-ventre de la femme [2]. Il y a ici le suffixe ade qui, dit Grevisse (Le Bon Usage, Hatier), est emprunté aux idiomes du Midi et correspond à ée français, et qui ajoute : Suffixe encore très vivant, a donné, surtout au XVIe siècle, de nombreux dérivés. Il indique une réunion d'objets de même espèce, un produit, une action ; dans certains cas, il marque une nuance caricaturale ou péjorative.

Il nous resterait à savoir si le mot, ici, désigne le bas-ventre féminin ou s'il est la nuance péjorative du pénil des cardinaux, si nous n'avions le mot rete : filet, rets, qui nous indique assez qu'il s'agit, pour cette cape en forme d'ailes de chauve-souris, du filet à prendre les penades : là encore, Rabelais dénonce la propension qu'ont les grands de L'Eglise à user de l'influence que leur donne leur élévation pour gagner les faveurs des femmes. Et le suffixe ade peut fort bien indiquer à la fois l'idée de réunions d'objets de même espèce, et la notion péjorative liée à ces bas-ventres qui se livrent à ces gens d'Eglise. Le retepenade des cardinaulx est alors ici :

Le panneau-à-prendre-les-conasses des cardinaux.

57. De calcaribus remouendis decades undecim, per m. Albericum de rosata. (42)

Saulnier dit : Aubry de Rosata, jurisconsulte (XIVe) : Qu'il faut écarter les éperons et qu'il faut établir garnisons dans les cheveux (cette garnison a trait au titre qui va suivre) ; Boulenger ajoute à la même traduction : onze dizaines, et dit que ce Rosata était de Bergerac.

---

2. Nous paraît bien singulière, pour ce mot penil, l'affirmation des étymologistes : Du latin populaire pectiniculum, diminutif de pecten, ainsi dit par comparaison des poils du pénil avec les dents d'un peigne (Bloch et Von Wartburg). Cette comparaison saugrenue est celle de tous les dictionnaires. Pourtant, le mot pane, pene, nous paraît autrement plus justifié avec ses diverses acceptions où l'on n'a qu'à choisir : cime, éminence, petit drapeau triangulaire, fourrure.

Demerson donne : Vers une mise à l'écart des Eperons, par Maître Albérieux de Rosata (onze décades).

Nous pouvons penser que nous retrouvons ici la raillerie relative à l'équitation que nous avons vue pour m. nostro de Quebecu ; il est possible, effectivement, que la maladresse à monter ait traditionnellement donné lieu à moquerie, en ces temps où les médecins, juges, professeurs, tous savaient se tenir à cheval. Le premier titre, sérieux, et figurant dignement dans la librairie, serait donc une sorte de manuel d'équitation en cent dix leçons (onze dizaines), écrit par un mauvais cavalier. Et nous pouvons le rendre par :

De la manière de monter sans éperons, cent dix exercices, par Maître Aubry de Rosata.

Pour le deuxième sens, ces cent dix jours nous laisseraient perplexes si nous n'entrevoyions ici la durée possible d'un traitement ou d'une convalescence, l'expression écarter les éperons équivalant à : tenir les jambes écartées. Cette position imposée pendant cent dix jours laisse supposer une affection des organes génitaux : peut-être une lésion testiculaire, une orchite, conséquence de traumatismes courants chez les cavaliers ; mais les onze décades semblent alors un bien long temps de repos.

Et nous soupçonnons alors que la traduction habituelle n'est pas la seule possible : remouendis, de removere, signifie se tenir à l'écart de ; et calcaribus, de calcar, signifie aussi aiguillon, ergot de coq. De plus, le titre suivant, qui commence par eiusdem : du même, nous apprenant que les ennuis de ce Rosata ne sont pas tous contenus dans le présent titre, nous voyons dans ces ergots de coq, l'équivalent de ces végétations vénériennes, de ces excroissances qui peuvent affecter les organes génitaux de l'homme et de la femme, et que la médecine de notre temps appelle crêtes-de-coq.

Nous comprendrons alors que de calcaribus remouendis peut s'entendre comme le conseil de se tenir à l'écart des crêtes-de-coq, donné à un homme qui, s'en étant approché, en porte peut-être aussi, et a, de plus, contracté une maladie vénérienne dont le traitement, à l'époque, demande cent dix jours. Le titre sous-entend malicieusement que la malheureuse rencontre faite par Maître Aubry de Rosata n'est pas due à un accident, mais à un goût prononcé qu'il lui faudra s'abstenir de satisfaire pendant la durée de la cure, et nous le rendrons par :

Qu'il va falloir se tenir à l'écart des ergots-de-coq pendant cent dix jours, par Maître Aubry de Rosata.

Et nous pouvons nous demander, à la lueur de ce que nous venons de découvrir, si le titre : De usu & utilitate escorchandi equos & equas n'avait pas quelque rapport avec ce calcar qui signifie éperon et ergot de coq. L'expression pouvait peut-être faire allusion à l'éperon du cavalier et jouer sur le deuxième sens de ce mot pour amener l'idée de maladie vénérienne. Ecorcher son cheval pouvait peut-être constituer la locution argotique du temps, formée selon la même loi que notre argot actuel : partir du mot significatif pour construire autour de lui une métaphore dont les non-initiés ne saisissent que le sens premier, métaphore qui, au sens second, est celle-ci : porteurs d'ergots-de-coq, on écorchera désormais son cheval, puisqu'on aura, à demeure, des éperons dans l'entre-jambes.

58. Eiusdem de castrametandis crinibus lib. tres. (42)

Saulnier a déjà traduit : Qu'il faut établir garnisons dans les cheveux ; Boulenger dit : Du même, Qu'il faut établir des garnisons dans les cheveux, trois livres, et Demerson donne : Du même : Pour une occupation militaire des cheveux (trois volumes).

La difficulté, ici, est de voir le sens du titre sérieux : castrametandis, de castrametari, veut effectivement dire : établir un camp, camper, et ces garnisons dans les cheveux ne peuvent qu'avoir trait aux poux. Peut-être ce premier titre, édifiant, est-il censé être un traité sur la façon de se débarrasser de ces parasites, et nous le rendrons par :

Du même, de l'infestation des cheveux, trois livres.

Pour le deuxième sens, nous avons, grâce à ce que nous a appris le titre précédent, la facilité de reconnaître que ces crinibus concernent l'autre des ennuis que Rosata a rapportés de sa conjonction avec une partenaire malsaine : crinibus, de crinis, s'il veut dire cheveu, chevelure, se dit aussi d'objets qui ressemblent aux cheveux : le mot peut donc s'entendre aisément comme crins, poils, et, par extension, poils pubiens. Et l'établissement de garnisons dans les poils pubiens, ne peut concerner que ce pou du pubis appelé encore morpion. Nous rendrons donc le titre par quelque chose comme :

Du même, de l'invasion du pubis, trois livres.

Nous pensons ainsi avoir compris ce que Rabelais veut nous faire entendre : que cet Aubry de Rosata s'est fait poivrer (comme diront les Franfeluches antidotées, G. ij) et envahir lors d'une fréquentation de bas étage, et nous donner une idée rabaissée de ce docte canoniste. Car si la vérole, ennemi sournois, a ses lettres de noblesse, la contamination par les crêtes-de-coq et les morpions comporte une indiscutable notion de mépris : elle implique, d'abord, que l'on hante des femmes peu reluisantes, puis, ces maladies étant décelables par la vue, que l'on a passé outre et que l'on n'a ni le goût difficile, ni le transport raffiné.

59. Lentree de anthoine de Leiue es terres du Bresil. (42)

Saulnier dit : Général de Charles-Quint, défait en Provence (1536) ; Boulenger dit : Antonio de Leva, général de Charles-Quint, qui envahit la Provence sans en tirer avantage. Rabelais considère comme aussi possible ou avantageuse son entrée dans le Brésil ; Plattard dit : Antoine de Leve, général de Charles-Quint, ravagea la Provence, la brûla (la rendit couleur de brésil), en 1536. Il y mourut, au siège de Marseille ; Michel dit : Allusion à la campagne infructueuse d'Antoine de Lève (1480-1536), et Demerson donne : L'Entrée d'Antoine de Leive dans la Terre de Feu.

Le Brésil, atteint en 1500, était devenu portugais en 1509 avec Diego Alvarez Correa, qui n'avait reculé devant aucune sauvagerie ; peut-être, pour le premier titre, y a-t-il parallèle entre les ravages de ce Correa et ceux de Leiva, et nous le rendrons par :

Les dévastations brésiliennes d'Antoine de Leive.

Mais le brésil est aussi un bois de teinture colorant en rouge : sur radical bres, d'où espagnol et portugais brasil, (nom donné au Brésil où ce bois est abondant ; Dauzat). Littré, en outre, cite Ambroise Paré (XXVI, 44, et non XXV) : On dissoudra rasure de bresil et orcanete en eau alumineuse ; ce livre 44 traite Des fards pour décorer et embellir la face des femmes, et la suite du texte est celle-ci : de laquelle on se frottera la pomette des jouës et les levres, la laissant seicher : ou bien on usera de rouge d'Espagne, ou l'on frottera lesdites parties de peau de mouton teinte en rouge : pareillement la friction faite avec la main rougit, à cause qu'elle y attire le sang et esprit.

Ainsi, nous pouvons penser que l'expression entrer es terres du Bresil équivalait à parler d'un homme qui se maquille, et, conséquemment, à désigner cet homme comme appartenant au monde des homosexuels. Le deuxième sens du titre renferme probablement la dénonciation des mœurs de cet Antoine de Leive, avec calembour possible sur leive, que l'allusion ait trait à des penchants reconnus, ou qu'elle ne soit que l'attribution d'un travers imaginaire à un ennemi. Recourant à la langue argotique, nous rendrons le titre par :

L'entrée d'Antoine de Leive en Terre Jaune.

60. Marforij. bacalarij cubentis Rome, de pelendis mascarendisque cardinalium mulis. (42)

Saulnier dit : Marforius, bachelier, couchant à Rome, Sur la façon d'étriller et mâchurer les mules des cardinaux. Il s'agit de Marforio, la statue romaine où s'affichaient les réponses aux épigrammes de Pasquin ; tous les autres commentateurs traduisent de même façon, et Demerson donne : Marforio, bachelier et boursier à Rome : Comment étriller et mâchurer les mules des cardinaux, sans nous éclairer sur le contenu qu'il met dans le mot boursier.

Pour tous les commentateurs, mulis désigne la monture des cardinaux, c'est-à-dire la femelle du mulet. Et du même coup, pelendis mascarendisque devient : de la façon d'étriller et mâchurer, sans que le sens de ce dernier verbe soit d'ailleurs bien précisé. Pelendis vient vraisemblablement de pellere, qui a pour premier sens frapper, battre, pousser, heurter, mettre en mouvement, remuer, donner une impulsion ; l'attraction de pellis : peau d'animal, toison, fourrure, a donné : étriller. Quant à mâchurer, le mot vient de mascherer, maschurer : tacher, salir, barbouiller ; mascheros, mescheros : sali, noirci (Greimas), et peut se comprendre comme noircir, c'est-à-dire teindre la robe des mules. Le sens, tout en étant acceptable, semble forcé.

De plus, la mention : cubentis Rome : couchant à Rome, nous paraît, dans cette compréhension, proprement inopportune, et, selon la manière qui nous a déjà réussi, assez anomale pour nous alerter. Donc, certains que Rabelais ne donne pas pour rien cette précision, et conscients que nous sommes que le titre contient deux sens, nous poserons, nous, que, dans le premier de ces sens, les cardinalium mulis désignent les mules ou chaussures des cardinaux. Examinons :

Mule, dit Dauzat, c'est d'abord, au XIVe siècle, l'engelure au talon, puis au milieu du XVIe, la pantoufle ; du latin mulleus (calceus) : soulier rouge (couleur du rouget : mullus). Le Petit Robert indique : vers 1350-60 : terme de l'art vétérinaire : crevasse, engelure au talon ; latin mulleus (calceus) : soulier rouge, de mullus : rouget [3]. Pour Littré, la mule est une sorte de pantoufle pour les hommes et de chaussure sans quartier pour les femmes (le quartier étant la partie de la chaussure qui emboîte le talon). Nous tenons donc pour mulis : pantoufle des cardinaux, et nous comprendrons que le titre sérieux est une dénonciation de l'irrespect dont sont victimes ces prélats, et que l'auteur du livre est ce Marforio qui, vivant à Rome et ne faisant pas qu'y passer, sait de quoi il parle. Nous rendrons donc ce titre par :

De Marforio, bachelier couchant à Rome, de l'insolence qu'il y a à écraser et souiller les mules des cardinaux.

Le deuxième sens repose, comme nous nous y attendions, sur le cubentis, en réalité cubantis, qui, de cubare, signifie à la fois étant couché, étant étendu, et ayant commerce charnel avec une femme. Et nous entendons immédiatement que la mule ou pantoufle désigne, là encore, le sexe de la femme, ou plus exactement, la partenaire sexuelle des cardinaux.

---

3. Le traditionnel lien établi par les étymologistes entre mulleus : soulier et mullus : rouget (le poisson), mot qui lui-même aurait subi l'attraction de mulus : mulet (le quadrupède), nous semble être une construction toute fabuleuse.

Quant au mot bacalarii, c'est Demerson qui nous alerte avec sa traduction : boursier ; le mot fait effectivement calembour avec bacalis : porteur de baies, de baca : baie, fruit rond de n'importe quel arbre ; il a le contenu de l'adjectif rabelaisien : couillu, couillart, couillaud.

Il nous reste alors à retenir de pellere le sens de remuer, secouer, avec extension au peautrer que donne Greimas : avoir des rapports indignes, et voir dans maschurer l'équivalent de meurtrir : serrer, heurter au point de laisser une marque sur la peau, qui rejoint le verbe machier : broyer, froisser, meurtrir que donne aussi Greimas. En fait, les deux verbes sont proches : le premier indique le secouement, et nous le rendrons par celui que Rabelais emploie deux fois au chapitre XXV du Tiers Livre : brimballer ; le second donne l'idée de vigueur de ce Marforio, par opposition, peut-être, à la faiblesse des cardinaux, et nous le rendrons par celui qu'emploie Rabelais au chapitre VI du Tiers Livre : talocher ; et nous avons alors :

De Marforio, couillaud baisant à Rome, du plaisir qu'il y a à brimballer et talocher les putains des cardinaux.

61. Apologie dicelluy contre ceulx qui disent que la mule du pape ne mange qua ces heures. (42)

Saulnier dit : Jeu de mots sur la mule : animal, et pantoufle (celle du pape était objet de vénération) ; personne d'autre ne dit mot, et Demerson donne : Apologie de celui-là : Contre ceux qui disent que la Mule du Pape ne mange qu'à ses heures.

Le jeu de mots qu'indique Saulnier existe peut-être pour le premier sens du titre, mais il implique que l'on a corrigé le démonstratif ces heures en le possessif ses heures ; il ne peut effectivement s'agir que d'une coquille, si l'on voit dans le titre l'allusion au : Il est quinteux comme la mule du pape, qui ne boit et ne mange qu'à ses heures, que cite Littré. Mais nous pouvons penser que seule, pour le premier titre, la compréhension mule : monture est à retenir ; l'ouvrage représenterait alors une réfutation des bruits qui avancent que la mule du pape n'est pas traitée avec autant de largesse qu'on en peut attendre du premier dignitaire de l'Eglise. Le titre équivaudrait alors à :

Du précédent : Apologie démontrant que la mule du pape mange à toute heure.

Pour le deuxième sens, il se peut bien que, directement inspiré du titre précédent, le jeu de mots s'établisse, comme pour cardinalium mulis, sur l'équivoque mule : pantoufle et mule : monture sexuelle. L'apologie étant un discours écrit visant à défendre, à justifier une personne, une doctrine (Petit Robert), ce Marforio a donc entrepris de démontrer que la compagne du pape ne consomme pas seulement aux heures dudit pape, mais qu'elle a encore nombre d'autres complaisances. Nous rendrons donc le titre par :

Justification de ce dernier, montrant que la putain du pape s'en envoie bien d'autres.

62. Pronostication que incipit Silui triquebille balata per m. n Songecrusyon. (42)

Saulnier dit : Songecruyson : Songe-Creux (sobriquet de l'acteur Jean du Pont-Alais), baille une Pronostication qui commence : le testicule de Silvius ; Boulenger dit : Pronostication qui commence par : De Silvus Triquebille (testicule), baillée par Notre Maître Songecruyson (surnom d'un acteur comique, Jean du Pontalais, auteur des Contreditz de Songecreux) ; Michel dit qu'il s'agit de l'acteur Jean de l'Espine, et Demerson dit en note : Prophétie dont les premiers mots sont : Silevit Casseburne, baillée par Notre Maître Songecreux, avant de donner : La Pronostication qui commence par : Silvius Spermatozoïde, fournie par Notre Maître Songecreux.

Nous allons voir que c'est dans le seul incipit que sont contenues les deux compréhensions du titre, et nous allons découvrir aussi que le contenu de cet incipit n'est pas seulement : Silui triquebille, mais : Silui triquebille balata, car le mot balata, qu'on nous dit signifier baillée, est en réalité dérivé de : balc, bau, bal, qui veut dire poutre, tronc d'arbre abattu (Greimas).

Munis de cette précision forestière, nous nous apercevons que les mots trique et bille appartiennent aussi au vocabulaire des bûcherons : la bille est le tronc, la souche (Greimas), et la trique ou estrique est la pièce de bois qu'on a amincie (Dauzat : étriquer), ou la branche dont on a enlevé les rameaux. De plus, le mot Silui a quelque rapport avec la selve ou silve : forêt. Dans la compréhension sérieuse, digne des rayons de la Librairie de saint Victor, nous verrons donc une prophétie qui commence par une comparaison sylvestre, écrite par ce Notre Maître Songecrusyon, et non Songecruyson, ainsi que l'écrivent Saulnier, Boulenger et Michel, l'esprit obsédé par cet auteur comique Songecreux qui n'a probablement rien à faire ici. Le nom Songecrusyon, choisi à dessein par Rabelais, a pour mission de nous faire entendre que ce Notre Maître est un docte imbécile puisqu'il pense comme une cruche : cruie, cruise : cruche, pot de terre ou de grès ; cruchon, crugeon : grande cruche (Greimas). Le premier sens du titre est donc :

Pronostication commençant : De la forêt, les troncs et les branches abattus, par Notre Maître Penseloin.

Pour la deuxième compréhension, tout le monde croit avoir saisi le comique contenu dans triquebille, où tous voient le testicule, alors que seule la partie bille peut avoir ce sens : bille : petite boule (Greimas).

107

Quant à trique, variante de estrique, c'est d'abord le bâton qu'on passait sur une mesure pour en faire tomber les grains en excédent (Dauzat), et triquer, variante de estriquer, c'est passer un objet sur un autre (Dauzat). Triquer a, bien sûr, un sens érotique qui subsiste encore, bien qu'on rattache, à tort, l'expression à trique : bâton, alors qu'elle rejoint le verbe néerlandais : strijken : s'étendre sur, dont proviendrait notre étriquer ; triquer a donc le contenu : se mettre sur, monter sur, et il apparaît alors qu'il faut entendre triquebille, où le mot bille est le déterminant de trique, comme qui s'escrime avec ses boules.

Reste balata, qui semble difficilement pouvoir garder le sens de abattu. Peut-être vaut-il mieux alors rattacher le mot au verbe latin ballare : danser, et y voir le mouvement imprimé aux billes, cette idée de mouvement étant encore inscrite dans leur nom argotique actuel : les valseuses. Et vient alors naturellement à l'esprit l'expression figée : à couilles rabattues, qui a l'avantage de garder l'idée de mouvement et d'employer un mot qui est une extension de abattu. Quant à Silui, il est très certainement à comprendre comme paraît le faire Demerson avec son silevit, que nous n'hésitons pas à écrire : si le vit. Le deuxième sens du titre complet est :

Prophétie commençant par : Si le vit baise à couilles rabattues, par Notre Maître Tête-de-Cruche.

63. Boudarini episcopi de emulgentiarum profectibus eneades nouem cum priuilegio papali ad triennium & postea non. (42)

Saulnier dit : Boudarinus, évêque. Rabelais lui attribue Sur le profit des émulgences (jeu sur : émulgence, traite, et : indulgence) ; Boulenger dit : Neuf neuvaines de l'évêque Boudarin sur le profit des émulgences (jeu de mots : indulgence-emulgere : traire le bétail), avec privilège du pape pour trois ans et non davantage ; Michel dit : De l'évêque Boudarin, neuf neuvaines sur le profit des émulgences (on attend : indulgences : dans les deux cas, il s'agit de traire ou sucer le bétail... ou les fidèles), avec privilège du pape pour trois ans et non au-delà ; Demerson donne : Mgr Boudarin : Sur le profit des indulgences, avec le privilège du pape pour trois ans, et c'est tout (neuf neuvaines).

Qu'on le veuille ou non, la traduction est assez incohérente, et cela nous laisse entrevoir que le jeu de mots entre émulgences et indulgences n'est peut-être pas celui de Rabelais, mais seulement celui des commentateurs. Nous pousse à le croire cette précision : eneades nouem : neuf périodes de neuf jours, qui réduit à quatre-vingt-un jours le profit de ces indulgences, ce qui est peu si l'on entend profit comme bénéfice pécuniaire, et moins encore si l'on entend le mot comme avantage spirituel. Le privilège restreint : pour trois ans et non davantage, nous semble aussi fort étonnant ; enfin, le nom de l'évêque : Boudarin, semble bien être un nom significatif que Rabelais n'a pas choisi au hasard. Nous allons réexaminer en partant de ce nom :

Boudarin a manifestement quelque rapport avec le mot que nous avons déjà rencontré : bode : nombril ; bodie : ventre ; bodine : nombril, ventre, bedaine ; bodin : boudin ; bodinier : qui fait ou vend des boudins. Partant de là, nous voyons dans emulgere, qui a pour sens premier traire complètement, épuiser, l'équivalent du sens médical de exonérer : débarrasser, délivrer ; et nous verrons alors ici le titre d'un traité sur l'avantage qu'il y a à se purger, ouvrage dont l'auteur est cet évêque dont le nom évoque à la fois le ventre et les boudins. Nous rendrons donc le premier sens par :

De Panse-à-Boudins, évêque : De l'avantage des purgations pendant neuf périodes de neuf jours, ouvrage qui a obtenu le privilège du pape pour trois ans, sans plus.

Le deuxième sens repose évidemment sur la deuxième compréhension des mots emulgere et Boudarin. Nous entrevoyons que le nom Boudarin peut encore se lire bout d'arin, bout d'airain, c'est-à-dire bout en bronze, en voyant, bien sûr, dans bout la désignation du membre viril : le nom de l'auteur de l'ouvrage est l'équivalent de membre en érection, et nous le rendrons par Pinedure. Quant à emulgere, nous allons y voir le sens étendu de traire complètement, épuiser, c'est-à-dire exprimer, ou faire sortir par pression (Petit Robert). Il n'est pas besoin d'être grand clerc pour comprendre alors que l'auteur traite des bénéfices qu'il y a, pour un ecclésiastique, à se masturber par hygiène pendant neuf périodes de neuf jours. Et nous verrons alors, dans le privilège restreint accordé à l'ouvrage par le pape, la concession qu'il fait aux aiguillons de la chair, et dans le & postea non : et ensuite non, sa restriction visant à ne pas laisser cette exonération devenir un vice. Nous rendrons donc ce deuxième sens par :

Pinedure, évêque : De l'apaisement qu'apportent les manuélisations, à pratiquer neuf fois neuf jours, ouvrage favorisé du privilège papal pour trois ans, mais pas davantage.

64. Le chiabrena des pucelles. (42)

Saulnier dit : Leurs simagrées, ainsi que Guilbaud et Michel ; Demerson donne aussi : Les Simagrées des Pucelles.

Le premier titre n'a certes pas ce sens péjoratif, puisque la virginité, dans une bibliothèque ecclésiastique, ne peut qu'être parée de toutes les vertus. Il nous faut alors revenir à ce morceau du Quart Livre que nous avons cité pour le vingt-sixième titre, où Frère Jan part en guerre contre les mondanités, et où il emploie le verbe chiabrener et l'interjection chiabrena. Le contexte nous laisse deviner qu'il s'agit d'une révérence appartenant aux filles, ou, mieux, de l'ensemble des règles du maintien quelque peu mièvre qui leur est imposé. Nous rendrons ce premier titre par :

Le cérémonial des jeunes filles.

Pour la deuxième compréhension, il nous faut bien voir que la sima-grée [4], qui est une petite comédie destinée à tromper, apparaît comme un mot bien anodin pour rendre le contenu de chiabrena. L'article masculin qui précède un nom qui se termine en a, nous inciterait à voir dans le mot une provenance occitane ; mais peut-être cette désinence méridionale n'est-elle qu'une fantaisie de Rabelais, destinée à donner au mot, ici comme au Quart Livre, une apparence idiomatique ; toujours est-il que le mot chiabrena semble renfermer quelque chose de plus que ne contient chacun des mots qui le composent : chia : chié, et brena : bren, merde.

Ce dernier mot bren, ou bran, désignant aussi le son ou résidu de la mouture du blé, semble contenir la notion de quelque chose de sec, et le bren, désigner l'excrément sec et solide ; Chiabrena équivaudrait alors à parler des tortillements pour expulser des excréments solides, c'est-à-dire les contorsions culières du constipé.

Ce chiabrena attribué aux pucelles est donc, littéralement : les contorsions culières des pucelles, contorsions comparables à celles du constipé. Mais nous nous apercevons qu'au deuxième degré, ces contorsions qui accompagnent l'expulsion, l'élimination, c'est-à-dire le trajet de l'intérieur vers l'extérieur, sont peut-être bien, chez ces pucelles, les contorsions qui accompagnent le mouvement inverse, de l'extérieur vers l'intérieur, c'est-à-dire l'intromission défloratrice. Et comme il y a dans chiabrena, ainsi que nous le montre le texte du Quart Livre, une notion d'affectation, d'insincérité, ou tout au moins d'amplification imposée par les usages, nous rendrons ce chiabrena des pucelles par :

La pantomime de dépucelage.

65. Le culpelé des vefues. (42)

Saulnier dit : Leur sexe usé (plutôt que : rasé). Guilbaud dit : Par l'usage, et Demerson, qui fait à coup sûr une confusion de position, dit : A force de jouer du serre-croupière, et donne : Le Cul pelé des Veuves.

---

4. Comme il ne faut jamais perdre une occasion de rire, retenons au passage que les étymologistes risquent l'hypothèse que le mot pourrait venir de l'ancien français : si m'agrée : ainsi cela m'agrée. Sans plus de preuve, mais avec plus de naturel, nous pouvons penser que simia, qui veut dire à la fois singe et imitateur, avec grimuche (du francique : grima : masque, spectre), qui signifiait : figure grotesque ; grimouart : moue dédaigneuse (Greimas), ont au moins autant de raisons d'avoir donné cette simagrée : moue, façon de singe, et masque d'imitateur.

Rabelais parle ici plaisamment du sexe des veuves dont le système pileux s'est éclairci par l'usage intensif, en vertu du proverbe : A chemin battu ne croît point d'herbe. Elles sont donc devenues veuves pour avoir sollicité leurs maris tant et tant qu'ils en sont morts, et la viduité leur est alors une cruelle frustration. Nous examinerons ce deuxième sens après avoir trouvé le premier, qui doit être digne de la Librairie de saint Victor.

Ce culpelé semble avoir quelque rapport avec colpe, corpe, cope que donne Greimas, et qui signifie péché, faute ; rendre sa coupe : avouer sa faute. Et le mot culpele semble bien pouvoir être pris pour un diminutif de coulpe. L'ouvrage de saint Victor fait alors allusion à la repentance des veuves, qui, renonçant à ce qu'elles n'ont plus, se consacrent aux œuvres pies pour racheter ce que leur confesseur leur représente comme l'immodestie de leur vie conjugale. Nous rendrons donc ce premier titre par :

La petite contrition des veuves.

Quant au second sens, s'il attribue par plaisanterie un prématuré sexe glabre aux veuves, il découle directement du premier, et avance plutôt que ces veuves ne sont entrées dans la voie du renoncement que parce que l'âge ne leur permet plus d'espérer trouver preneur. Et la malice contenue dans le titre peut alors se rendre par :

Le cul en pénitence des veuves.

66. La cocqueluche des moines. (42)

Saulnier dit : Leur capuche ; Guilbaud dit : Leur capuchon, et Demerson donne : Le Coqueluchon des Moines.

La coqueluche étant une sorte de capuchon (Littré), c'est évidemment là le premier sens, mais plutôt que de le rendre par capuchon : large bonnet formant la partie supérieure d'un vêtement et que l'on peut rabattre sur la tête (Petit Robert), ou par capuce : capuchon taillé en pointe des capucins (Petit Robert), ou par capuche, qui est proprement une coiffe de femme (Petit Robert), nous le rendrons par un mot qui a l'avantage de préparer le deuxième sens :

La cuculle des moines.

Pour ce second sens, il nous faut aller voir les étymologistes. Dauzat nous dit que le mot coqueluche a eu le sens de grippe avant d'avoir le sens actuel (maladie dans laquelle on se couvrait la tête d'un capuchon). Le sens de béguin, avoir le béguin, être coiffé de ne daterait que du XVIIe siècle ; Le mot viendrait de l'italien ou de l'espagnol, issu du latin cucullus : capuchon, avec influence de coq, pour la maladie, dont la toux est appelée chant du coq. Bloch et Wartburg disent, brûlant les étapes, qu'on se couvrait la tête d'une coqueluche, et admettent qu'une étymologie populaire est intervenue. Nous voilà aussi avancés qu'avant, mais, encore une fois, nous avons les coudées franches ; nous allons donc consulter Greimas.

Cette étymologie populaire portant sur le mot coq, c'est à coc que nous trouvons : origine onomatopéique ; faire le coc en pelu : faire l'avantageux, le plaisant ; cochet : jeune coq ; girouette ; cocart : coquet, prétentieux, fanfaron, mais ce n'est pas là que nous nous arrêterons. Poursuivant, nous trouvons : coquelier : mener joyeuse vie, courir après les filles ; coquelerie : dissipation, libertinage, et nous pouvons alors penser que nous avons trouvé notre provende. Ce chant du coq appliqué à la toux de la maladie dite coqueluche n'est qu'une acception dérivée, vidée du contenu qu'a toujours eu ce chant du coq : manifestation du désir sexuel masculin, et, accessoirement, chant de victoire signalant que ce désir est sur le point d'être satisfait ou qu'il vient de l'être. Plus généralement, le chant du coq, les attitudes de coq sont compris comme le signal des dispositions où l'on se trouve d'effectuer un rapprochement sexuel, dispositions entraînant la recherche active de la partenaire possible ; c'est le contenu du verbe coquelier et du substantif coquelerie.

Nous prendrons donc, dans le titre qui nous occupe, le mot coqueluche comme synonyme de cette coquelerie ou disposition permanente à côcher (de chalchier, cauchier : couvrir la femelle ; Greimas), et nous rendrons le deuxième sens par :

La priaprédisposition des moines.

67. Les brimborions des padres Celestins. (42)

Saulnier dit : Les prières marmottées des pères célestins ; Guilbaud dit : Prières marmottées sans y penser, et Demerson donne : Les Marmonnements des Pères Célestins.

Ce premier sens semble être sans mystère, bien que le Petit Robert date du XVIIe siècle le sens de prière marmottée du mot brimborion. Nous le rendrons par :

Les bourdonnements des pères célestins.

Pour le deuxième sens, il faut voir qu'après avoir mis sur la sellette les pucelles et les veuves, Rabelais a commencé, avec le titre précédent, à viser les moines : il a dénoncé leur propension générale à violer leur vœu de chasteté, et traite maintenant des célestins, qui ont un travers supplémentaire. Nous reste seulement à le découvrir.

Pour ce même brimborion, le petit Robert dit encore : Altération, par croisement avec bri(m)be, de brebarion, prononciation ancienne du latin brevarium : bréviaire. En cherchant à bribe dans les dictionnaires, nous trouvons seulement : origine incertaine, probablement d'un radical expressif ; Greimas donne : bribe, brimbe : chose de peu de valeur ; briber : mendier, et ce briber nous dit quelque chose.

C'est le mot que nous allons trouver au chapitre ix, celui de la rencontre de Panurge, où celui-ci dira à Pantagruel : car pour ceste heure iay necessite bien urgente de repaistre, dentz agues, ventre vuyde, gorge seiche, appetit strident tout y est delibere si me voulez mettre en oeuure, ce sera basme de me veoir briber, pour Dieu donnez y ordre. Le verbe est donc ici l'équivalent de bâfrer : manger gloutonnement et avec excès. Peut-être, cette acception du verbe briber a-t-elle gardé, du sens mendier, la notion de manger d'autant plus gloutonnement que les mets sont donnés. De plus, brimborion ayant le sens de chose de peu de valeur, il semble qu'il y ait ici antiphrase, Rabelais ne cherchant certainement pas à railler de simples collations, fussent-elles dispensées par des fidèles, mais bien les plantureux repas que leur extorquent les célestins. Nous rendrons donc le titre par :

Les petites lippées des pères célestins.

68. Le barrage de manducité. (42)

Saulnier dit : Barrage = droit de péage ; manducité : gloutonnerie (jeu sur : mendicité) ; Michel dit : Le Barrage (péage) de gloutonnerie (latin manducus, glouton ; confusion volontaire avec mendicus, mendiant). On peut entendre : le péage levé par la mendicité (les ordres mendiants) ; Demerson donne : Le Péage des Frères Gourmandiants.

Le premier sens est ici plus difficile à découvrir que le second : le titre édifiant n'apparaît pas immédiatement, et nous devons d'abord nous demander si le jeu de mots : manducité-mendicité existe aussi bien dans l'esprit de Rabelais que dans celui des commentateurs. Et, en y regardant bien, nous ne voyons pas que le jeu de mots repose sur le mot manducité, mais bel et bien sur le seul mot barrage. Le titre de la Librairie semble en effet bien loin de pouvoir être un barrage de mendicité, ce qui n'a pas grand sens, ni un péage de mendicité, ce qui comporte une notion péjorative qui aurait empêché l'ouvrage de figurer dans le catalogue. Nous ne retiendrons donc que cette manducité (de manducare : mâcher, manger), et comprendrons qu'après avoir parlé des lippées des pères célestins, Rabelais s'amuse à créer un titre qui traite d'un barrage à la gloutonnerie ; et le premier titre est bien quelque chose comme :

L'endiguement de gourmandise.

Le second sens repose effectivement sur l'acception péage, et les Frères Gourmandiants de Demerson seraient une façon de rendre le titre si ce titre parlait de frères et de mendicité. Mais il fait seulement suite aux bons repas qui ne coûtent rien, du titre précédent, et sous-entend, plutôt, que ce droit que lèvent les célestins est finalement celui de tous les ordres mendiants ; nous le rendrons donc par :

La rétention de gueule.

69. Le clacquedent des marroufles. (42)

Saulnier dit : Les gueux en misère ; Guilbaud dit : Le Claquement de dents des miséreux, et Demerson donne : Le Claquedent des Vauriens.

Autant dire tout de suite qu'il y a là deux mots dont le sens n'est pas assuré. Dauzat dit, pour claquedent, que c'est un nom propre qu'on trouve chez Arnoul Gréban, et qui signifie gueux. Le mot serait attesté dès avant 1450. Nous retrouverons le mot dans les insultes que les fouaciers adressent aux bergers (G. xxv) : Gaubregeux, Gogueluz, Claquedans, Boyers detrons, Bergiers de merde, et au Quart Livre (IX) : Un aultre grand villain claquedens, monté sus haultes mulles de boys. Greimas dit seulement : claque : coup, gifle.

Pour marroufle, Dauzat dit que le mot est de Rabelais, 1534, et signifie fripon ; il ajoute : autre forme de maraud, encore au sens de matou dans certains parlers régionaux. Au mot maraud, il dit : XVe siècle, probablement métaphorique, d'abord au sens de vagabond, de maraud, nom du matou dans le Centre et l'Ouest, d'origine onomatopéique, imitant le ronron ou le miaulement des chats en rut. Greimas ne dit rien de marroufle ni de maraud. Le mot a été employé au chapitre v du Pantagruel : & que les marroufles de la vile batoyent les escholiers, et le sera encore au chapitre xj dans la plaidoirie de Baisecul : car les marroufles auoient ia bon commencement a danser lestrindore au diapason.

Ce mot maraud, qui a donné maraudage et marauder, laisse supposer que ces marroufles sont des gens qui profitent de toutes les occasions, qui sont à l'affût de tous les chapardages ; ceux dont parle Baisecul sont peut-être des vagabonds qui se sont empressés d'entrer dans la danse pour le profit qu'ils en peuvent tirer. Nous ne savons rien de ceux que Pantagruel pourchasse jusqu'au Rhône, mais nous pouvons penser que s'ils veulent empêcher les écoliers de danser, c'est qu'ils voient en eux des concurrents auprès des filles et des femmes du lieu. Car le sens de fripon ne rend pas ce qui nous semble désigner un ambulant qui vit sur l'habitant, et pour la reparation de dessoubz le nez (P. xvij), et pour le déduit. Les marroufles sont, en fait, des profiteurs, des parasites, des écornifleurs.

Quant à clacquedent, il semble hors de doute que nous avons affaire ici à un mot-image qui décrit celui dont les dents claquent, non de froid ou de terreur, mais parce qu'elles n'ont rien à broyer. La mastication étant, chez ce clacquedent, censée se faire à vide, c'est le claquement des dents de dessus sur celles de dessous que l'on entend. Le mot est l'équivalent de l'expression argotique actuelle : claquer du bec, pour dire que, en proie à la faim, on n'a rien pour l'apaiser ; clacquedent revient à dire affamé, avec la nuance supplémentaire de mépris attaché, à l'époque, à qui ne peut assurer sa subsistance et vit aux dépens d'autrui.

Revenons donc au titre, et voyons-y la conclusion de la période qui, avec La coqueluche des moines, Les brimborions des padres Celestins et Le barrage de manducité, a traité de divers rançonnements des ordres mendiants, mais surtout de ceux qui ont trait à la goinfrerie. Si le premier titre, édifiant comme doit l'être celui d'un ouvrage de la grave Librairie, est quelque chose comme :

La malefaim des indigents,

le deuxième sens est bien l'équivalent de :

La gueuserie des moines vagants.

70. La ratouere des theologiens. (42)

Saulnier dit : Leur ratière. On devine laquelle ; tous les commentateurs se contentent de répéter ratière, y compris Demerson, qui donne : La Ratière des Théologiens.

Il nous faut nous occuper d'abord du titre sérieux, et choisir entre les diverses compréhensions qui s'offrent. Le mot ratouere peut se rattacher au sens de rat, tel qu'il est employé au chapitre LIII du Quart Livre, dans le sens de lapsus : Prenez moy un Decretiste. Non ; non, je dys un Decretaliste. O le gros rat, dist Epistemon ; mais il serait étonnant que le titre fît allusion à une disposition permanente et générale des théologiens à faire des fautes de langage. Si nous consultons Greimas, nous voyons qu'il peut encore être question de rat : rapt, vol, viol, sens qui ne semble pas devoir être retenu. Il y a enfin le ratoir, qui est l'instrument pour racler, le racloir, mot qui vient du verbe rater : racler, raturer, la rature étant la raclure, l'action de racler ou celle de gratter un mot. Le titre serait donc la dénonciation de la tendance qu'ont les théologiens à falsifier les textes, mais cela nous mène assez loin d'un titre qui ne doit nullement être péjoratif, et qui doit même être celui d'un ouvrage écrit à la gloire desdits théologiens.

C'est cette raison laudative qui va nous faire opter pour une ratouere qui est une allusion aux pièges que ces doctes ecclésiastiques tendent aux nuisibles rongeurs de la foi, que ces pièges soient les raisonnements qui enferment les contradicteurs, ou les questions qui confondent les hérétiques. Le titre sérieux est alors l'équivalent de :

Les rets des théologiens.

Le deuxième sens est loin d'être aussi aisé à saisir que le suppose Saulnier, qui nous laisse deviner de quelle ratouere il s'agit. Nous n'avons aucune peine à comprendre, il est vrai, que la comparaison est fondée sur la forme : la ratière est un piège fait d'un conduit étroit amenant le rat à une cage de volume plus grand, parallèle évident, surtout pour l'anatomiste qu'est Rabelais, du conduit anal aboutissant à l'ampoule rectale.

Mais nous pourrions penser que cette ratouere est celle des théologiens, et que le mot désigne leur propre conduit anal et leur propre ampoule rectale, les faisant ainsi tous passer à la fonction passive. Le suffixe ouere étant ici l'équivalent de oir, oire, il nous faut recourir à Grevisse pour savoir que ce suffixe forme des mots qui désignent aussi bien l'endroit où se passe l'action que l'instrument servant à accomplir cette action. Il nous est alors effectivement aisé de voir dans cette ratouere la représentation de l'organe copulateur des théologiens, et nous rendrons ce deuxième titre en rétablissant l'idée qu'il contient ; nous userons pour ce faire du mot qui désigne la petite brosse employée par les chirurgiens pour nettoyer les cavités naturelles (Petit Robert) :

L'écouvillon des théologiens.

71. Lambouchouoir des maistres en ars. (42)

Saulnier dit : Le pertuis resserré des bacheliers ; Boulenger dit : Equivoque obscène sur la ratière des théologiens et cet embouchoir ; Guilbaud dit : L'embouchoir (la petite ouverture d'esprit) des maîtres en arts (nos bacheliers), et Demerson donne : L'Embouchoir des Maîtres ès arts.

Le premier sens repose sur l'acception embouche contenue dans ambouchouoir ou embouchoir : l'embouche est l'engraissement du bétail dans les prés, mot qu'on nous dit venir de emboucher, vieux ou dialectal : gaver, engraisser (Petit Robert), sens qui a bien l'air de se confondre avec le mot que donne Greimas : bosche : touffe d'herbe. Quoi qu'il en soit de cette étymologie, emboucher a aussi le sens étendu, dérivé directement de l'idée de gavage, de endoctriner, faire la leçon. Et une personne mal embouchée est une personne mal élevée, qui n'a que grossièretés à la bouche (Petit Robert). Donc, mal embouché, qui revient à dire mal éduqué, mal instruit, revient à donner embouché pour instruit, endoctriné. L'embouchoir est alors l'action d'instruire par gavage, et nous rendrons le premier sens du titre par un mot formé sur un verbe qui signifie mettre de la mangeaille dans la bouche des animaux, afin de les engraisser plus vite (Littré) :

L'emboquement des maîtres en arts.

Pour le deuxième sens, il nous faut nous reporter à Greimas, qui donne deux verbes qui nous intéressent : embochier : boucher (de boche : bouche ; bochel : petite bouche, bouchée, embouchure ; bochuel : couvercle, tampon d'une fosse), et boschier : boucher (avec une touffe d'herbe : bosche). En fait, embochier équivaut à enfoncer dans un trou un tapon ou tampon d'herbe pour l'obturer.

Le verbe a probablement toujours eu un sens sexuel dû au fait que ce tapon d'herbe a constamment été le prédécesseur des actuels tampons menstruels, tampons que l'on retrouve dans l'attirail des hôpitaux du temps, sous la forme d'herbes médicamenteuses bourrées dans un cône de tissu percé de trous, et maintenu en place par des rubans. L'embouchoir a donc toutes les apparences de quelque chose qu'on introduit dans un contenant, et l'embauchoir, qui est la forme qu'on insère dans la chaussure (et qui est une mauvaise orthographe de embouchoir ; Petit Robert), désigne encore un principe mâle engagé dans un principe femelle. On pourrait donc penser que l'embouchoir des maîtres ès arts représente l'organe qui est appelé à s'engager dans une cavité.

Mais il se passe alors pour ce mot l'inverse de ce que nous avons constaté pour ratouere, où le contenant a transféré son nom au contenu : c'est ici l'instrument qui donne son nom au lieu où se passe l'action. L'embouchoir des bacheliers, après avoir eu un premier sens qui sous-entend que leur esprit est ce dans quoi on entonne la doctrine, est maintenant l'équivalent de entonnoir. Boulenger a raison, qui parle d'équivoque obscène entre la ratière des théologiens et l'embouchoir des maîtres ès arts : il y a bien relation entre eux, et relation homosexuelle. Nous rendrons donc ce deuxième titre par un mot du vocabulaire des tonneliers, auquel appartient déjà le mot entonnoir :

L'enfonçage des maîtres ès arts.

72. Les marmitons de Olcam a simple tonsure. (42)

Saulnier dit : Guillaume d'Okham, le docteur médiéval ; Boulenger dit : Occam ; Guilbaud dit : Célèbre disciple de Duns Scot ; Michel dit : Les Marmitons d'Okham, docteur médiéval (mort en 1347), adversaire de Duns Scot ; Demerson donne : Les Marmitons d'Ockham, à simple tonsure.

La tonsure, selon Littré, est la couronne que l'on fait sur la tête aux clercs, sous-diacres, prêtres, etc. en leur rasant des cheveux. La première tonsure, dit le Petit Robert, est la cérémonie par laquelle l'évêque donne à quelqu'un le premier degré de la cléricature en lui coupant une mèche de cheveux au sommet de la tête. Pour bénéfice à simple tonsure, Littré dit : Bénéfice que l'on peut posséder n'ayant que la tonsure et sans être obligé de prendre les ordres et de résider sur les lieux ; il ajoute que l'expression signifie, au figuré : qui n'est pas fort habile.

Le marmiton, toujours selon Littré, est celui qui est chargé du plus bas emploi dans une cuisine. Dauzat donne, pour marmite : adjectif, fin du XIIe siècle, hypocrite ; amalgame du radical de marmouser : murmurer, avec mite, nom de la chatte dans le Roman de Renart ; d'origine onomatopéique ; 1313, substantivé au féminin (parce que la marmite cache son contenu) [5], a remplacé l'ancien français oule, eule, du latin olla. Greimas donne : marmite : origine obscure ; à rapprocher de mite : chatte, et de mar : peut-être : mâle : affligé, souffreteux ; marmiteux : soucieux, affligé ; marmitaine (faire la marmitaine) : faire le bon apôtre, être hypocrite.

Voyons maintenant l'ancien français : Greimas donne, pour ole, uele (et non oule, eule) : du latin populaire ollum, pour aulla, marmite : marmite, chaudière ; grand pot, cruche à deux anses ; crâne ; division du setier ; olée : contenu d'une marmite ; olier : potier ; oler, oloir, olir : sentir, exhaler une odeur ; sentir, flairer ; olor : senteur, odeur, bonne ou mauvaise ; olant, olent : qui exhale de l'odeur, parfumé ; qui répand une mauvaise odeur.

Voilà tous les éléments qui doivent nous permettre de comprendre quels peuvent être, et le sens sérieux et le sens second de ces marmitons à simple tonsure. Voyons d'abord le sens sérieux.

Ce Guillaume d'Occam était un franciscain qui eut de sérieux démêlés avec Jean XXII, devant lequel il fut cité, à Avignon, pour hérésie. Il passa sa vie à dénier au pape les droits qu'il s'arrogeait sur les choses du siècle, lui laissant le domaine des choses de la foi. C'est d'abord là, bien sûr, une position qui devait plaire à Rabelais, mais la Librairie de saint Victor est issue d'une fédération, et il est plausible qu'un de ses ouvrages, traitant d'Occam, raille la façon dont un franciscain développe ses idées ; il est sûr, donc, que le mot marmiton introduit la notion de cuisine, et que l'œuvre d'Occam est assimilée à une préparation culinaire. Et il se peut alors que les marmitons soient de petites marmites, qui, dérivées du mot ole, uele, signifient cruches à deux anses, c'est-à-dire têtes, sens confirmé par l'acception crâne que donne Greimas. Ces marmitons à simple tonsure seraient donc des têtes à simple tonsure ; et nous savons que simple tonsure équivaut à parler de médiocrité, d'incompétence : nous tenterons alors de rendre tout ce qui semble être inclus dans ce premier titre par :

La cuisine d'Occam, avec l'aide de ses gâte-sauces ramollis du bulbe.

Le deuxième sens est certainement plus caustique, et nous devons abandonner le monde de la cuisine pour entrer dans celui des mœurs spéciales que Rabelais attache à la personne des professeurs célèbres. Les marmitons sont toujours ici, de petites marmites, qui, s'appuyant

---

5. On peut en dire autant de bien d'autres choses, à commencer par les sous-vêtements, qui n'ont pas pour cela le sens d'hypocrite. Mais la tradition étymologique réimprime impertubablement, lustre après lustre, des rationalisations quelquefois dignes d'un enfant de la maternelle.

sur le verbe oler, oloir, olir, exhalent une senteur bonne ou mauvaise, et dont la simple tonsure, c'est-à-dire la couronne pileuse entourant un endroit circulaire glabre, semble bien ne plus être celle du sommet du crâne. Pour tout dire, cette tonsure paraît être celle de l'anus, orifice de la petite marmite olante, c'est-à-dire odorante. Nous rendrons ce deuxième titre en recourant au sens argotique de pot, et nous aurons :

Les jeunes pots bordés de poils du maître-queux Occam.

73. Magistri n. Fripesaulcetis de grabellationibus. horarum canonicarum, lib. quadraginta. (42)

Saulnier dit : Fripesaulce (sobriquet de marmiton). Rabelais lui attribue : Sur les grabellations (recherche pointilleuse) des heures canoniques ; Boulenger dit : Quarante livres de Notre Maître Fripesauce sur les grabellations des heures canoniques ; Demerson dit en note : Me Fripesauce, Etude scientifique des heures canoniques, et note : Notre Maître Gâtesauces : Recherches pointilleuses sur les heures canoniques (quarante volumes).

Fripesaulce n'est pas l'équivalent de gâte-sauce, et friper n'est pas ici ce que disent les étymologistes : 1546, Rabelais : chiffonner. Le verbe est celui que donne Greimas : friper : s'agiter, agiter, et peut s'entendre, si l'on veut, comme tourne-sauce ou brouille-sauce. Il est évidemment amené par les marmitons du titre précédent, et il est certain que l'idée est la même que pour Occam : celle d'une préparation culinaire. Cette idée est d'ailleurs renforcée par le mot grabellations, puisque grabeler, selon Saulnier, c'est examiner, scruter, analyser ; le verbe viendrait de l'italien garbellare : passer au crible ; l'extension culinaire passer au tamis va de soi.

Quant aux heures canoniques, le Petit Robert dit : Liturgie romaine. Heures canoniales, celles où l'on récite les diverses parties du bréviaire, et par extension, ces parties elles-mêmes. Nous aurons besoin de connaître ces heures : autant rechercher tout de suite ce qu'en dit le dictionnaire. Sachons que ces heures sont huit, les matines, les laudes et les vêpres étant les grandes, les autres, les petites :

Matines : adapté du latin ecclésiastique matutinae (vigiliae) : veilles matinales : office nocturne, la plus importante et la première des heures canoniales.

Laudes : du latin ecclésiastique laudes, pluriel de laus, louange : partie de l'office qui se chante à l'aurore après matines, et qui est principalement composé de psaumes de louange.

Prime : première des petites heures (six heures du matin).

Tierce : petite heure de l'office, qui se récite après prime à la troisième heure de la computation juive, (vers neuf heures).

Sexte : petite heure de l'office, qui se récite après tierce (vers midi).

None : petite heure canoniale qui se récite après sexte, à la neuvième heure du jour (vers trois heures de l'après-midi).

Vêpres : latin ecclésiastique vesperae, de vespera, soir : heures de l'office dites autrefois le soir, aujourd'hui dans l'après-midi.

Complies : latin ecclésiastique completa (hora) : l'heure qui achève l'office. La dernière heure de l'office divin, qui se récite ou se chante le soir, après les vêpres.

Le premier titre contient donc le comique de l'idée de cuisine et celle de passage au tamis, aussi vain qu'interminable, de pratiques qui ont l'intangibilité que donne une longue tradition. Nous le rendrons par :

De Notre Maître Brouille-sauce, passage à la passoire des heures canoniales, quarante livres.

Le deuxième sens est, pour nous, bien plus profondément dissimulé, mais il est probable qu'apparaissait immédiatement au lecteur de 1542 le rapprochement suivant : si grabeler est : passer au crible, au tamis, le mot évoque l'action de blutage, qui est la séparation du son et de la farine. Bluter, c'est donc tamiser en secouant un tamis qu'on tient sur le ventre, les deux bras dans la position qu'ils ont pour tenir quelqu'un contre soi. Or le verbe beluter a chez Rabelais plusieurs sens ; d'abord celui de séparer, isoler, comme on le voit dans le Prologue de Gargantua en 1534 : Croiez vous en vostre foy qu'oncques Homere escriuent L'iliade & Odyssee, pensast es allegories, lesquelles de luy ont beluté Plutarche. Le verbe a aussi la signification, établie sur le sens figuré, de passer (xx ; 1534) : Apres auoir bien ioue & beluté temps, il conuenoit boire quelque peu, ainsi que le montre le texte de 1542 (xxij) : Apre auoir bien ioué sassé passé & beluté temps.

Mais beluter prend aussi, au Tiers Livre, le sens de faire l'amour, dû au mouvement du bassin qu'impose le secouement du tamis ou blutoir : guare Diables qui vouldra, en cas que autant de foys je ne belute ma femme future la première nuyct de mes nopces (XI) ; et encore : Quelques gestes, signes et maintiens que l'on face en leur veue et praesence, elles les interpretent et referent a l'acte mouvent de belutaige (XIX). On retrouve encore le verbe au Quart Livre (XLIV) dans le dizain consacré à Jenin et Quelot : Cela feut faict. Puys, sans melancholie, / Se vont coucher, belutent, prenent somme.

Il se peut donc que les grabellations des heures canoniales aient quelque rapport avec les belutaiges qui se font à ces mêmes heures, et que ce Notre Maître soit censé avoir écrit quarante livres sur les subtiles différences qui peuvent exister selon que ces rapprochements sont ceux de matines, de prime, tierce, sexte ou none. Il se pourrait même que la désignation de ces huit heures liturgiques ait toujours eu, dans le langage monastique, un sens second, évidemment érotique, assimilant les petites heures à la petite fois de prime, la petite fois de tierce, de sexte, de none et de complies, et les grandes heures à la belle fois de matines, la belle fois de laudes et la belle fois de vêpres. Nous incline à le croire, ce frère Fredon du Cinquième Livre (XXVII), tout droit issu de la légende monacale qui attribue aux moines une puissance sexuelle hors du commun, et qui avoue le faire six fois de jour et dix fois de nuit, et n'être pas le seul du couvent à pouvoir agir ainsi :

PANURGE : Par ledit serment qu'avez faict, quantes fois de bon compte ordinairement le faictes vous par jour ? FREDON : Six. PAN. Et de nuict ? FR. Dix. Cancre, dist frère Jehan, le paillard ne daigneroit passer seize ; il est honteux. PAN. Voire, le ferois tu bien autant, frere Jehan ? Il est, par Dieu, ladre verd. Ainsi font les autres ? FR. Tous. PAN. Qui de tous le plus galland ? FR. Moy. PAN. N'y faictes vous onques faute ? FR. Rien. PAN. Je perds mon sens en ce poinct. Ayans vuydé et espuysé en ce jour precedent tous vos vases spermatiques, au jour subsequant y en peut il tant avoir ? FR. Plus. PAN. Ils ont, ou je resve, l'herbe de l'Indie celebrée par Theophraste.

Enfin, il se peut que le nom de Fripesaulce soit à entendre, dans ce deuxième sens, comme qui s'agite dans la sauce ; pour toutes ces raisons, nous nous hasarderons à penser que le titre a bien un deuxième sens, et que ce deuxième sens est à peu près :

De Notre Maître Baratteur, des petites et des grandes saccades canoniales, quarante livres.

74. Cullebutatorium confratriarum, incerto autore. (42)

Saulnier dit : Le culbutatoire (galant) des confréries ; Guilbaud dit : Le culbutatoire (le lieu des culbutes) des confréries, d'auteur inconnu ; et Demerson donne : Anonyme : Les confréries culbutantes.

Le mot culbute a pour sens littéral : sorte de saut qui consiste à faire un tour sur soi-même, en se renversant en avant ou en arrière (Littré) ; selon le Petit Robert, c'est le tour qu'on fait en mettant la tête en bas et les jambes en haut, de façon à retomber de l'autre côté. De toute façon, cullebutatorium ou culbutoire est à prendre ici au sens figuré ; et, contrairement à ce que pense Guilbaud, le mot ne désigne ni le lieu, ni l'instrument, mais l'action habituelle ou le résultat de cette action. Et, puisque nous devons trouver un titre édifiant pour cet ouvrage de la Librairie de saint Victor, qui ne saurait renfermer un écrit dévalorisant ou scandaleux, nous verrons dans ce titre celui d'une œuvre qui traite de la capacité de revirement, ou changement complet dans les dispositions, les opinions (Petit Robert). Nous dirons que ce traité est l'apologie de l'obéissance des confréries aux ordres d'amendement.

Nous pouvons alors penser que incerto autore est à entendre comme auteur inavoué ou auteur douteux, puisque l'auteur d'un tel ouvrage ne peut que s'abstenir de signer, prêt qu'il doit rester à défendre au besoin le contraire de ce qu'il avance ici. Nous rendrons donc ce premier titre par :

Du retournement des confréries, auteur indéterminé.

Le deuxième sens s'établit sur la décomposition de cullebutatorium en cul, et en buter ; buter, c'est boter : frapper, renverser, heurter, pousser (Greimas), mais, là encore, il ne semble pas qu'il s'agisse du lieu des culbutes, mais bien de l'aptitude qu'ont les membres des confréries à bouter du cul, à boteculer (Greimas), c'est-à-dire à pousser ou heurter du cul. Et il semble aussi que cette action ne soit pas aussi galante que le veut Saulnier, c'est-à-dire adressée au sexe opposé : nous incite à le croire, ce même mot incerto attaché à l'auteur, qui peut encore signifier équivoque.

De plus, Dauzat nous dit que le mot frère avait pris, en latin ecclésiastique, le sens de moine ; confratriarum désigne donc les assemblées de moines ; or, nous savons que les penchants que Rabelais attribue à ces moines ne sont pas seulement hétérosexuels. Aussi, sans voir dans le titre la dénonciation de mœurs uniquement homosexuelles, nous comprendrons qu'elles y sont incluses, avec même une ouverture vers la bestialité, puisqu'il faut voir dans cullebutatorium la propension qu'ont ces moines à boteculer indistinctement. La docilité qu'on leur recommande dans le titre sérieux devient ici la constatation de leur souplesse à se retourner au besoin. Le mot incerto est donc bien à prendre pour équivoque, qui signifie littéralement à double sens.

Nous rendrons donc ce deuxième titre par un mot dont le sens est cheval entier placé au voisinage des femelles à l'effet de les mettre en chaleur et de les disposer à l'accouplement (Littré), mais que rien n'empêche de comprendre plus généralement, son pouvoir d'évocation étant large :

Le boute-en-train des confréries, auteur équivoque.

75. La cabourne des briffaulx. (42)

Saulnier dit : le creux des goinfres ; Boulenger dit : La caverne (?) des goinfres. Cabourne était aussi le nom d'un chapeau ecclésiastique ; Demerson donne : Le gouffre des Moines Gloutons.

Le mot briffaut vient du verbe brifer que donne Greimas : manger voracement ; brifalt : glouton. Quant à cabourne, il est possible que le mot signifie creux ou caverne : c'est probablement le rapprochement avec le latin cavus : creux, qui a permis de le déterminer, mais il semble alors que c'est plutôt le verbe cavare : fabriquer en creusant, qui soit le bon rapprochement : ce premier titre est encore celui d'un ouvrage traitant de la gourmandise, et doit faire allusion à la tombe que les goinfres se creusent avec leurs dents, adage qu'on trouve chez

Henri Estienne, vers 1579, mais qui est, à coup sûr, d'antique sagesse. Nous le rendrons par :

Le fossoyage des gloutons.

Mais il est certain que ce titre a été créé pour son deuxième sens, et nous avons toutes raisons de croire que ce deuxième sens est salace : placé entre le cullebutatorium que nous venons de voir, et le frai Inigo que nous allons découvrir, il ne peut évoquer seulement des gens qui brifent. Et nous vient à l'esprit que briffaut peut alors provenir de brief : court, bref, et désigner ceux qui sont sexuellement courts, que cette brièveté soit le fait d'une mutilation due à une affection vénérienne, ou que le mot fasse allusion à l'ensemble de l'appareil génital resté infantile. Rabelais parlera au chapitre lij du Gargantua des hommes catarrez, mal nez, niays & empesche de maison, qui forment la plus grande partie des recrues de monastères. Peut-être encore ce mot briffaut a-t-il fini par ne plus désigner que ceux qui ont été atteints du mal dont frère Jan, au chapitre XXVII du Tiers Livre, menace Panurge : Si continuellement ne exercez ta mentule, elle perdra son laict et ne te servira que de pissotière ; les couilles pareillement ne te serviront que de gibessiere.

Pour le mot cabourne, il nous paraît contenir un calembour : à y bien regarder, une partie du mot semble avoir quelque rapport avec un terme argotique encore vivace : le mot burne, qui désigne le testicule, dérivé, semble-t-il, de burle, bule : boule (Greimas) ; le mot a donné le verbe buleter : bluter, dont nous venons de voir l'acception érotique ; et il se pourrait alors que cette acception, qu'on dit fondée sur le mouvement du bassin imposé par le secouement du blutoir, le soit au moins autant sur le mouvement de ces burles ou bules. Il serait hasardé de voir dans la syllabe ca le cazzo que nous avons rencontré pour le cabat des notaires, mais il nous semble bien que cabourne, avec son idée de fosse (renfermant un cadavre), peut alors désigner la braguette qui, ne contenant plus que des bournes (et peut-être un cas) sans vitalité, est un signal qui ne répond plus à rien. Nous rendrons donc le contenu que nous voyons dans cette cabourne, fosse où repose le sexe, ou proéminence sous laquelle dort un mort, par un mot qui signifie exactement : tertre élevé au-dessus d'une tombe :

Le tumulus des empêchés.

76. Le faguenat des Hespaignolz supercoquelicanticqué par frai Inigo. (42)

Saulnier dit seulement : Inigo (frère) ; le Faguenat (des Espagnols) = leur odeur forte ; dans son Index verborum, il dit : Supercoquelicanticqué : sublimé, exalté. Boulenger dit : Puanteur de corps échauffé ; Guilbaud dit : Odeur forte. La saleté des Espagnols était proverbiale ;

Michel dit : La puanteur des Espagnols superbement exaltée par Frère Inigo ; Demerson dit en note : Puanteur organique, et donne : La Puanteur des Espagnols, hyperstructuralisée par Frère Inigo.

Boulenger, au chapitre xiv, dira, au sujet de la phrase de Panurge : & Dieu scait comme ie sentoys mon espaule de mouton : Odeur de dessous les bras, ce que Rabelais appelle ailleurs : faguenas. Il semble que cette définition soit par trop restrictive, et qu'il s'agisse bien de l'odeur générale du corps malpropre ; l'expression est encore employée dans le sud de la France pour désigner l'odeur de sainteté de certaines dévotes pour qui le bénitier tient lieu de bidet.

Toute la question est de savoir ce que vient faire ce faguenas (peut-être dérivé de fange) dans le titre d'un ouvrage de la docte Librairie. Peut-être devrons-nous, plutôt que de rendre le mot par puanteur, le rendre par odeur suspecte, et considérer que ce relent est celui qu'on décèle chez les Maures ou Juifs espagnols convertis au christianisme. Le mot est employé par Rabelais au sens de perfide, renégat au chapitre viij du Gargantua : car son pere haissoyt tous ces Indalgos bourrachous marranisez comme diables ; et Daniel Rops écrit, dans l'Eglise de la Renaissance et de la Réforme, en parlant des Juifs espagnols convertis : Le peuple les surnommait Marannos par un jeu de mots qui rappelait tout ensemble l'hébreu Maran atha (le Seigneur vient) et le castillan-portugais Marrano qui signifiait goret.

Supercoquelicanticqué semble bien, ici, ne pas signifier exactement ce que nous indique Saulnier : sublimé, exalté ; nous verrons plutôt dans canticqué l'idée d'attribution de valeur, d'expertise, sens fondé sur la ressemblance avec le vieux verbe quantifier issu du latin de la philosophie médiévale, supercoqueli donnant alors la notion d'extrême précision.

Nous ne nous arrêterons pas, pour ce premier titre, au mot frai, et nous le prendrons simplement pour synonyme de frère. Quant à Inigo, le mot vient tout droit du verbe latin inigere, qui signifie conduire (des troupeaux), les pousser, les faire entrer dans ; c'est le verbe du pasteur ; Inigo est la première personne du singulier du présent, mais nous la rendrons par : Pasteur. Nous avons alors pour ce premier titre :

Le relent d'hérésie des Espagnols, finement mesuré par frère Pasteur.

Pour le deuxième sens, il nous faut voir dans frai le même mot frère, mais affecté d'une nuance que nous retrouvons au Tiers Livre, chapitre XXXI, lorsqu'il est question de moines connus pour leur activité sexuelle : Le premier mot que dit celluy qui escouilloit les moines beurs a Saussignac, ayant escouillé le frai Cauldaureil, feut : Aux aultres ; et : C'est (dist frère Jan) ce que Fray Scyllino, prieur de Saint Victor lez Marseille, appelle macération de la chair. Peut-être y a-t-il dans ce mot frai le verbe froier : frotter, frapper (Greimas), ce frapper qui donnera les Frapars du dernier chapitre du présent Livre.

Pour Inigo, nous comprendrons qu'il ne faut retenir du verbe que le sens qu'il a simplement : je pousse, je culbute. Outre super qui signifie exactement au-dessus ; outre canticqué, que nous venons de voir, le mot supercoquelicanticqué semble bien, avec coqueli, avoir quelque rapport avec coc, mot qui a donné le verbe que nous avons déjà rencontré : coquelier : mener joyeuse vie, courir après les filles, mais qui n'apporte ici que l'idée de côcher : couvrir sexuellement. Le mot équivaut alors à : mesuré au moyen de pénétrations actives.

Il reste alors à voir que ce faguenat des Hespaignolz est exclusivement celui des hommes, et à comprendre que ce deuxième titre comporte, une fois encore, l'accusation d'homosexualité active attribuée à l'auteur du titre. Ce faguenas est devenu, d'odeur corporelle générale, la désignation de la fange qui est celle de la marmite rectale desdits Espagnols. Nous pourrions rendre le mot par margouillis, qui est la boue mêlée d'ordure (Petit Robert), mais nous préférons employer le mot qui se trouve dans la sentence de Pantagruel, au chapitre xiij : gringuenaudes, qui sont exactement, bien que les commentateurs répugnent à le préciser, les ordures breneuses demeurées dans les plis de l'anus. Et nous comprendrons ce deuxième titre comme :

Les gringuenaudes des Espagnols, soupesées au moyen d'expérimentations pénétrantes, par frère Jenfile.

77. La barbotine des marmiteux. (42)

Saulnier dit : Le vermifuge des pauvres ; Boulenger dit : Poudre vermifuge ; Guilbaud dit : Le Vermifuge des pauvres (et aussi papelards) ; Michel précise : la barbotine ou absinthe de mer tue les vers ; Demerson donne : Le Vermifuge des Marmitons.

Nous ne voyons pas bien ce que vient faire ce vermifuge dans un titre appartenant à une Librairie théologique, où l'on ne doit se soucier du temporel que s'il a une répercussion directe sur le spirituel ; la présence d'ascarides dans l'intestin n'ayant jamais grandement affecté l'esprit, il serait donc étonnant que le catalogue de saint Victor devînt ici celui de l'apothicaire. Nous ne perdons pas de vue que ce vermifuge peut être à entendre au sens figuré, et qu'il peut s'agir de débarrasser les marmiteux de ce qui les empêche d'être de bons catholiques ; mais les marmiteux, dans le sens sérieux, ne peuvent qu'être des hypocrites ou des affligés ; à quoi alors assimiler ces vers parasites du fondement ? Cherchons ailleurs.

Si nous retenons pour marmiteux l'acception hypocrites, il nous faut considérer que barbotine vient du verbe barbeter, barboter : grommeler, marmotter (Greimas), et nous avons alors affaire à un titre comme : le murmure des hypocrites, ce qui nous paraît bien plat. Si nous retenons le sens : soucieux, affligé (Greimas), il nous faut alors entendre que barbotine vient de l'autre sens de barboter : peut-être dérivé de bourbe : s'agiter, remuer dans l'eau, la boue, marcher dans une eau bourbeuse (Petit Robert), et comprendre qu'il s'agit, pour ces deshérités, de la recherche de leur subsistance dans la fange, c'est-à-dire sans aucun scrupule sur les moyens de survivre. La pauvreté étant mauvaise conseillère, il peut alors bel et bien s'agir d'un titre de la librairie victorine, et nous le rendrons par :

Les expédients des miséreux.

L'imprécision même de ces mots du premier sens nous prouve qu'ils ont été choisis pour la deuxième compréhension qu'ils offrent. Cette deuxième compréhension nous semble droit issue de la même inspiration que celle des derniers titres : la sodomie. Ces marmiteux ont tout l'air d'être les possesseurs de ces marmites dont nous avons découvert le sens pour les marmitons de Olcam à simple tonsure. La barbotine est alors très exactement l'action de barboter, c'est-à-dire s'agiter, remuer dans la bourbe, dans ce margouillis dont nous parlions il y a peu ; et nous rendrons ce deuxième sens par :

Le touillage des popotins.

78. Poiltronismus rerum Italicarum autore magistro Bruslefer. (42)

Saulnier dit : Etienne Brulefer, docteur en théologie, odieux à Erasme. Rabelais lui attribue la paresse des choses italiques ; Boulenger dit : La paresse (formé sur l'italien poltrone qui signifia d'abord en français mou et lâche) des choses italiques, auteur Maître Bruslefer (Etienne Brûlefer, scotiste notable et à ce titre honni par les humanistes) ; Guilbaud précise que Brulefer était aussi le nom d'un démon d'amour ; Demerson dit en note : Le repli élastique dans les affaires italiennes, par Me Brûlefer, et donne : Le laisser-aller des affaires d'Italie, par Maître Brûlefer.

Il est probable que le premier sens est contenu dans ces commentaires ; il s'agit bien des choses italiennes, mais le mot res, parmi la multitude de sens qu'il recouvre, pouvant signifier faits de la vie civile ou mœurs, nous verrons dans ce titre de la Librairie celui d'un ouvrage qui évoque, non pas le côté militaire qu'y voit Demerson, mais bien la volupté des mœurs de Rome que cet ouvrage dénonce ; nous aurons alors :

Le sybaritisme des mœurs de Rome, auteur Maître Brûlefer.

Le nom Bruslefer est celui d'un docteur scotiste réel, mais il n'en est pas moins vrai que le fait de lui attribuer un ouvrage traitant de la sensualité, ainsi que la similitude de ce nom avec celui du démon d'amour, contient l'intention de prêter à ce Bruslefer un tempérament ardent : nous substituerons donc, pour le deuxième titre, à son nom-image un vieux mot français qui contient l'idée de flamme, d'embrasement, et qui signifie : torche, et nous ferons de ce Maistre Bruslefer Maistre Brandon, nom qui va prendre toute sa signification avec le deuxième sens, que nous indique en partie Boulenger : poiltronismus est bien ici la mollesse, mais prise au sens propre ; le mot équivaut à manque de raideur, car nous devons voir dans Italicarum un jeu de mots établi sur le fait que les italiques sont des caractères penchés vers la droite, inventés en Italie par Alde Manuce vers 1501. Res pouvant avoir ici le sens de chose matérielle, objet naturel, être, corps, créature, poiltronismus rerum Italicarum est donc le manque de raideur des corps penchés. Le comique est renforcé du fait que le sujet est traité par un Magister dont le nom Brûlefer laisse entendre qu'il ne connaît pas ces demi-mesures, et nous devons cette fois allonger son nom en partant du verbe brandoner : être en érection (Greimas) ; nous arrivons alors à :

De la mollesse des choses obliques, auteur : Maître Brandoneur.

79. R, Lullius de batisfolagijs principium. (42)

Saulnier dit : Raymond Lulle, alchimiste (XIVe siècle). N'a évidemment rien écrit Du principe des batifolages ; Boulenger dit : Des batifolages des princes ; Guilbaud dit : Des batifolages des princes (ou Principe des batifolages) ; Demerson donne : Raymond Lulle : Sur le principe des Batifolages.

Le latin ne nous permet pas de trancher entre : Du principe des batifolages et Du batifolage des princes, mais ce n'est pas la principale imprécision : il y a aussi celle du sens de batifolage. Le mot viendrait, nous disent les étymologistes, de l'italien batifolle, boulevard où les jeunes gens allaient s'amuser (Dauzat) ; souvent considéré comme dérivé de l'italien batifolle, rempart, bastion ; composé de l'impératif de battere : battre, et de folle : fou, c'est-à-dire : amuse-toi, fou (sur'le rempart), sans qu'on voie clairement la raison de cette dénomination, mais il est étonnant que le verbe n'existe pas en italien[6] (Bloch et Wartburg). Tous deux donnent pour premier emploi du mot ce titre qui nous occupe ; le sens actuel de folâtrer, s'amuser en disant ou fai-

---

6. Ils ajoutent : Même difficulté pour rattacher le verbe français à l'ancien provençal batifol : moulin à battre les draps, (dont les rapports avec le mot italien précédent ne sont pas éclaircis) et à côté duquel on attendrait un verbe signifiant : s'agiter comme un moulin. Outre que ce mot italien n'a peut-être rien à faire ici, et qu'ils ont l'air de se cramponner à un piton qui ne tient à rien, ces doctes étymologiques ne voient pas qu'un moulin à battre les draps évoque immédiatement un battage de draps par un couple qui se livre au déduit. La question est donc de savoir si l'on peut être bon étymologiste et tout ignorer de la formation des images de la langue populaire érotique.

sant des choses de gaieté (Littré), s'amuser à des jeux folâtres (Petit Robert), provient donc seulement de la compréhension qu'on a cru avoir de l'emploi qu'en fait Rabelais : autant dire que nous pouvons librement avoir la nôtre.

Disons tout de suite que l'équivoque entre batifolages des princes et principe des batifolages ne nous apparaît pas comme une négligence de Rabelais, mais comme une habileté : les anacycliques, c'est-à-dire les vers latins qui prennent un sens différent selon qu'on lit les phrases de gauche à droite ou de droite à gauche, ont toujours été un jeu de moines intellectuels. Ainsi, nous prendrons Du batifolage des princes pour l'ouvrage qui traite et qui dénonce un travers de ces princes : il s'agit, pour nous, de la propension qu'ont les princes à passer d'une femme à une autre sans jamais se fixer, et surtout sans hésiter à employer les moyens de coercition dont ils disposent. Ces batifolages sont plutôt leurs caprices, et nous rendrons ce titre moral par :

R. Lulle, de l'inconstance des princes.

Le deuxième sens est donc : Du principe des batifolages, et le mot batifolage a ici le sens fort que les dictionnaires ne donnent pas, mais que la langue populaire a conservé : batifoler, pour elle, c'est se livrer aux attouchements et excitations divers, en prélude à l'accouplement, que celui-ci soit quelque peu différé, et c'est alors l'antique jeu de mains des fiancés, ou qu'il suive immédiatement, et c'est alors la mise en condition de la femme. Nous n'hésiterons pas, substituant la nôtre à la construction des étymologistes, à voir dans le mot la présence de bastir : disposer, préparer, arranger (Greimas), et de folage : conduite déréglée ; foloier, folier : faire folie de son corps (Greimas). Batifoler, c'est bien se préparer à faire folie de son corps ou préparer quelqu'un à accepter de faire folie de son corps ; la langue populaire a bien raison, qui voit dans le batifolage l'échauffement préparatoire à l'amour. Notre construction a autant de valeur que celle, toute inventée, des étymologistes, celle de Bloch et Wartburg ayant pourtant l'avantage de pouvoir être comprise comme battre le rempart, et de rejoindre ainsi la nôtre, qui évoque les bagatelles de la porte. Nous avons désormais toutes raisons de voir dans ce deuxième sens : Du principe des batifolages : la préparation de l'athanor féminin est si délicate qu'il est légitime que ce principe des batifolages soit associé au nom du mystique alchimiste Raymond Lulle. Et nous rendrons le titre par :

R. Lulle : de la préparation de l'élixir de vit.

80. Callibistratorium caffardie, actore M. Iacobo Hocstratem hereticometra. (42)

Saulnier dit : Hocstratis mesureur d'hérétiques : Jacob Hochstraten, dominicain de Cologne, grand Inquisiteur pour l'Allemagne. Le callibistratoire (calibistris = sexe de la femme) de cafarderie ; Boulenger dit : Callibistratoire (de callibistris, parties sexuelles de la femme) de la cafarderie, auteur Maître Jacob Hochstraten (grand inquisiteur pour l'Allemagne, ennemi de l'école d'Erasme), mesureur d'hérétiques ; Michel penche pour mesureur d'hérésie, et ajoute que ce Hochstraten était, en particulier, adversaire de Reuchlin. Demerson donne : Des conneries des Cafards, par Maître Jacob Hochstraten spécialiste héréticométrique.

Tout cela est bel et bon, mais nous laisse perplexes : pourquoi le callibistris est-il le sexe de la femme, et pourquoi actore est-il rendu par auteur ? Nous savons que les commentateurs sont fort traditionalistes et peu curieux ; aussi devons-nous y aller voir nous-même. Prenons d'abord le mot actore.

Une seule lettre différencie ce mot de la graphie autore employée tout au long du catalogue : il est évident que la première réaction est celle de voir là une coquille, un c mis pour un u, et de conclure, sans en daigner avertir le lecteur, que l'on doit lire autore. Il se peut que cette décision soit judicieuse, mais nous allons nous permettre d'examiner de plus près avant de l'accepter. Le sens du mot actore est : celui qui met en mouvement, celui qui conduit, celui qui agit, l'auteur, l'agent ; nous avons bien là l'idée de auteur, mais qui désigne celui qui a fait l'action, et nullement celui qui a écrit. Si donc nous ne retenons pas la faute de composition, nous ne pouvons voir dans l'emploi de actore une variante de autore : nous pensons que actore a bien été écrit à dessein, et que la composition n'est pas fautive. Reste à savoir pourquoi il en est ainsi : réservons-nous d'en décider après avoir éclairci le reste du texte. Voyons donc callibistratorium.

Callibistratorium, c'est évidemment callibistratoire, où le suffixe oire désigne soit l'instrument servant à accomplir l'action, soit le lieu où se passe l'action, soit encore l'habituel comportement. Le mot serait dérivé de calibistris : parties sexuelles de la femme. Or, Saulnier dit, dans son Index verborum : Callibistrys : sexe de la femme (XI), de l'homme (XII) ; ces renvois se rapportent au découpage de l'édition de 1532, et il s'agit pour nous des chapitres xv et xvj ; la citation du premier est : Ie voy que les callibistrys des femmes de ce pays, sont a meilleur marché que les pierres, et celle du second renvoie au pauure frater qui se reb(r)assit iusques aux espaules, monstrant son callibistris a tout le monde, qui nestoit pas petit : sans doubte.

Il apparaît donc que mettre après callibistratorium : callibistris = sexe de la femme est fâcheusement restrictif, puisqu'il est bien établi que le mot désigne seulement les parties sexuelles, sans contenir la notion de féminin ou de masculin, Rabelais précisant : les callibistrys des femmes.

Il semble que le mot soit de pure fantaisie, et très probablement, comme beaucoup d'autres qui ont eu meilleure fortune, de l'invention de Rabelais. Pour calli, on pourrait croire retrouver soit le latin calix : coupe, vase à boire, vase de terre, marmite, soit le grec kalli, de kallos : beauté ; le latin ne nous donne que la possibilité d'acception féminine, et le grec semble fort surprenant. Nous préférerons l'italien calibro, emprunté à l'arabe qâlib, qui signifie forme de chaussure et moule où l'on verse les métaux en fusion, et qui a donné le mot français calibre (Dauzat et Bloch et Wartburg). Ce qâlib a pour lui de pouvoir désigner à la fois le sexe de la femme (moule) et celui de l'homme (forme), à l'instar de l'acception populaire érotique du mot calibre, qui désigne à la fois le réceptacle féminin et le volume qui en prend la mesure. Reste bistris.

On pourrait ici croire retrouver la déformation burlesque d'un mot comme bitort : oblique, tortueux, ou bestort : tort, oblique (Greimas), mais l'acception serait encore une fois uniquement féminine. On pourrait encore voir le latin bis : deux et le latin ou le grec tri : trois, mais cette fois l'acception serait exclusivement masculine. Et nous apparaît alors que c'est peut-être chercher bien loin, et donner dans le panneau qu'a tendu Rabelais : ce bistris est peut-être tout simplement le mot bistré, dont l'origine est inconnue, mais qui existe depuis 1503, et qui donnerait la notion de basané, bis, halé, tanné. Ne désignant que la teinte de la peau des parties sexuelles, sans nul rapport avec leur forme, le mot s'applique indistinctement à l'un ou l'autre sexe.

Cette désignation par la couleur se retrouve d'ailleurs chez un Bonaventure des Périers, qui dit d'un de ses personnages de la VIIIe Nouvelle : le procureur, qui avoit la brayette bendée, ne laissa pas à donner dedans le noir ; et il semble qu'il ne puisse s'agir là de l'évocation de la cible qui, à l'époque, était seulement une découpure blanche, ni de l'évocation du système pileux pubien, car l'expression exclurait alors les blondes, les rousses, et toutes celles qui ne sont pas nettement aile de corbeau.

Il faut donc considérer que le noir était employé pour désigner les parties sexuelles de la femme, et que Rabelais a recréé l'expression en lui donnant une couleur plus proche de la réalité, l'étendant ainsi aux deux sexes. Le callibistris mâle est donc quelque chose comme le qâlib (calibre-forme) bistré, et le callibistris femelle, le qâlib (calibre-moule) bistré.

Nantis de cette notion, il nous faut maintenant trouver le sens de l'ouvrage de la Librairie. Le callibistratorium n'étant pas exclusivement féminin, nous verrons donc dans ce mot la désignation du sexe en général. Nous verrons aussi dans caffardie la désignation des hérétiques, puisque le mot a pour étymologie : de l'arabe kafir : qui n'a pas la foi, renégat, mécréant. Et vient alors la notion que nous apporte : actore M. Iacob Hocstratem hereticometra, qui fait allusion au fait suivant :

Ce Jacob Hochstraten, dominicain, est mesureur d'hérétiques ou d'hérésie ; il fait donc partie, et même dirige ceux qui se livrent aux recherches que mènent ces zélés chiens du Maître (surnom que se donnaient les dominicains de la sainte Inquisition en jouant sur le mot Dominus : Maître, et canis : chien de garde). Ces recherches étaient conduites sur le corps nu des suspects, hommes et femmes, au moyen d'un instrument aigu qu'on enfonçait dans divers endroits du corps, et particulièrement dans les organes génitaux, pour y découvrir le point insensible, preuve irréfutable des rapports sexuels que lesdits suspects avaient eus avec ces incarnations du Démon que sont les incubes pour les femmes et les succubes pour les hommes. En fait, les inquisiteurs obtenaient leur preuve en finissant sur une simulation de piqûre, où l'absence de réaction du patient, auquel la souffrance antérieure avait enlevé tout discernement, était notée comme concluante. Les femmes et les filles, et peut-être même les hommes, qui croyaient écourter la torture et s'assurer l'acquittement en s'abandonnant préalablement à leurs tourmenteurs, n'en mouraient pas moins, ces saints hommes s'empressant de supprimer tout risque de révélation de leurs turpitudes.

Et c'est ici que le mot actore prend tout son sens : ce Jacob Hochstraten n'est pas seulement l'auteur de l'ouvrage, et peut-être même ne l'est-il pas, mais il est celui qui a participé aux interrogatoires ; c'est bien le Jacob Hochstraten, patron des tortionnaires en qualité de grand inquisiteur, et tortionnaire lui-même, qui est ici dénoncé. Le livre est, soit le rapport qu'il fait lui-même de sa méthode de recherche, en mentionnant sa spécialité, soit celui qu'en fait un anonyme, en mentionnant la pratique dans laquelle ce Jacob Hochstraten est passé maître. Le titre comporte, avec le mot actore la notion de qui a agi de ses propres mains. Nous rendrons donc ce titre hautement édifiant en employant le vieux mot français dérivé de poindre : piquer, éperonner, faire souffrir, et nous aurons :

La question appliquée aux sexes des renégats, conduite par Maître Jacob Hochstraten, poigneor d'hérétiques.

Le second sens fait allusion aux satisfactions qu'obtenaient les inquisiteurs en leurrant les prisonnières et les prisonniers à leur goût ; le callibistratoire désigne alors ici, plutôt que l'activité sexuelle desdits tortionnaires, l'ensemble des sexes disponibles pour leurs assouvissements ;

actore a, plus que jamais, le sens de qui agit, et metra, de hereticometra, prend le sens érotique de qui prend la mesure. Nous rendrons ce deuxième titre par :

L'enfoncement sexuel des mécréants, pratiqué par Maître Jacob Hochstraten, sondeur d'hérétiques.

81. Chaultcouillons de magistro nostrandorum magistro nostratorumque beuuetis lib. octo gualantissimi. (42)

Saulnier dit : Chaultcouillon : Rabelais lui attribue Des buvettes de nos candidats docteurs et docteurs ; Boulenger dit : Huit livres très galants des buvettes des Maîtres nostrandorum (Magistro nostrandi, ainsi étaient appelés les candidats au doctorat en théologie) et des Maîtres nostratorum (Magistro nostrati, ainsi étaient nommés les docteurs) ; Michel dit : De chaudcouillon, huit livres très galants sur les buvettes de Nos Maîtres futurs et présents (Magister noster : Notre Maître, le docteur une fois reçu ; Magister nostrandus : le futur Notre Maître) ; Demerson dit en note : Chaudcouillons, les Buvettes des Chersmaîtres et des Maîtres-z-assistants, en huit livres des plus érotiques, et donne : Chaudcouillon : Sur les beuveries des candidats au Doctorat et des Docteurs en théologie (huit volumes très gaillards).

Il y a lieu d'être quelque peu étonné de voir associés, dans un titre de la grave Librairie, un nom tel que Chaultcouillons, proprement génital, des livres très galants, au caractère nettement érotique, et des beuuetis qui ne sont que des buvettes ou des beuveries. Le vin a beau être un excellent atout pour les parties galantes, ainsi que le dira Rondibilis au Tiers livre, chapitre XXXI : Aultrement est du vin prins temperement. L'antique proverbe nous le designe, on quel est dict que Venus se morfond sans la compaignie de Ceres et Bacchus, cette juxtaposition est singulière. De plus, on s'explique assez mal comment la docte Librairie peut noter si naturellement la précision gaillarde concernant des docteurs et des candidats au doctorat en théologie. Le premier sens, ou sens édifiant, doit avoir une autre interprétation.

Voyons d'abord si gualantissimi ne peut avoir un autre sens que très galants. Greimas donne le verbe galer pour : s'amuser, faire la noce, danser, se régaler, dépenser en faisant la noce, et galant, mot dont le second sens est : vif, hardi, mais dont le premier est : réjouissant. Rien donc n'empêche que le titre édifiant emploie gualantissimi au sens de qui permettent de se réjouir vivement, c'est-à-dire qui font jubiler.

Quant à beuuetis, le mot est formé sur boivre, bevre : boire, que donne Greimas, du latin bibere : qui signifie évidemment boire, mais qui veut dire aussi : aspirer, respirer, pomper, s'imprégner de. Le sens qui s'est imposé aux commentateurs est celui de boire, car ils savent que Rabelais accuse volontiers d'ivrognerie les docteurs en théologie.

Ainsi, nous verrons au chapitre xviij du Gargantua, Maître Janotus de Bragmardo se transporter au logis de Gargantua après s'être bien antidoté lestomac de coudignac de four, & eau beniste de caue ; et le conseil que reçoit Gargantua, désireux de gagner du temps avant de recevoir la délégation, sera : Tous feurent daduis que on les menast au retraist du goubelet & la on les feist boyre rustrement (l'originale disait : theologalement).

Mais ces libations nous paraissent ici assez insignifiantes : il est question, dans le titre, de docteurs en théologie et de candidats à ce doctorat : il semble que ceux-ci, pour arriver à devenir ce que sont ceux-là, plutôt que de boire en leur compagnie, ont dû s'imprégner de leur science, la leur pomper pour la faire passer en eux ; et nous voyons alors dans beuuetis le sens évident de assimilations, mot pris non pas au sens abstrait de acte de l'esprit qui s'approprie les connaissances qu'il acquiert, mais à celui de action de rendre semblable, qui recouvre d'ailleurs, ici, le premier.

Reste le nom Chaultcouillons, qui est déroutant. Mais il nous faut considérer que, même pour ce premier sens, rien ne s'oppose à ce que l'auteur de ces huit livres signe de son nom, ce nom dût-il prêter le flanc aux quolibets des âmes malintentionnées. Nous rendrons donc ce premier sens par :

Chaultcouillons, des assimilations aux docteurs en théologie par les candidats docteurs, huit livres jubilatoires.

Il est certain que si nous avons eu quelque difficulté à trouver un sens plausible à ce qui est censé être le titre d'un ouvrage édifiant de saint Victor, c'est que les mots ont été choisis par Rabelais essentiellement pour la deuxième compréhension qu'ils offrent, et qu'à mesure que l'on avance dans le catalogue, cette deuxième compréhension prend le pas sur la première. Et si cette deuxième compréhension prend ici cette prépondérance, c'est bien qu'il y a, pour le lecteur de 1542, un sens érotique évident à Chaultcouillons, ce dont nous pouvions nous douter, mais encore un sens érotique non moins patent à gualantissimi et à beuuetis. A nous de les retrouver.

Il faut donc, encore une fois, plutôt que l'accusation d'ivrognerie, voir dans les beuuetis, comprises comme les imprégnations (de empregnier : féconder, pénétrer, du bas-latin impraegnari, de praegnans : enceinte ; Dauzat), une allusion aux rapports homosexuels que les docteurs sont censés imposer aux candidats au titre. Nous savons que cette forme d'abus d'autorité est une idée chère à Rabelais.

Reste seulement à savoir si le verbe bibere, et donc le mot beuuetis, avec ses sens de pomper, aspirer, représente ici la fellation (de fellare : sucer, téter, au sens priapéen), ou la sodomie proprement dite. Rien ne nous permet de trancher, car la confession de Janotus, qui n'a plus la vigueur qu'indique son nom de Bragmardo, n'engage pas tous les docteurs : Et ne me fault plus dorenauant, que bon vin, bon lict, le dos au feu, le ventre a table, & escuelle bien profonde (G. xix) ; d'autres docteurs peuvent encore être de puissants ribauds.

Gualantissimi est à prendre ici pour : très galants, où le mot galant a le sens étendu de jouissant (galoise : femme qui aime le plaisir, femme galante ; Greimas). Quant au nom Chaultcouillons, il livre ici tout son contenu, et nous indique assez que le rédacteur des huit livres sait de quoi il parle. Nous pouvons ainsi rendre ce deuxième titre par quelque chose comme :

Couillardent : des imprégnations des candidats docteurs par les docteurs en théologie, huit livres hautement jouissifs.

82. Les petarrades des bullistes, copistes, scripteurs, abbreuiateurs, referendaires, & dataires compillees par Regis. (42)

Saulnier dit : Régis, Hollandais, franciscain fanatique. Les Pétarrades (jeu) des bullistes, etc. (Divers officiers de la chancellerie pontificale.) Michel dit : Rédacteurs des bulles pontificales. Les dataires dataient et expédiaient le courrier de la cour romaine. Régis, moine hollandais, adversaire des humanistes ; Guilbaud dit que ce moine était prédicateur, et Demerson donne : Les Pétarades des Bullistes, des Copistes, des Scribes, des Rédacteurs, des Secrétaires et des Dataires, compilées par Régis.

Le jeu que nous indique Saulnier n'est peut-être pas exactement ce que Rabelais veut nous faire entendre : il s'agit de l'imitation faite avec la bouche, par mépris pour quelqu'un, de la série de pets que font en ruant certains animaux (âne, cheval), mais les petarrades du titre semblent être à mi-chemin du sens propre et du sens figuré : elles ne sont pas produites par jeu, donc par la bouche, puisque les bullistes, copistes, etc. s'expriment par écrit, mais c'est ce qu'ils émettent ainsi qui n'a pas plus d'importance que la série de pets de l'animal ruant. Le sens est celui que le mot prendra par la suite de coups de canon, explosions inutiles. Quant à compillees, le mot a ici le sens de mises ensemble pour former un recueil, et contient évidemment le comique lié à cette compilation de choses qui sont, d'une part, sans importance, et d'autre part, impalpables. Nous rendrons ce premier titre par :

La poudre aux moineaux des bullistes, copistes, scripteurs, abbreviateurs, referendaires, et dataires, consignée par Régis.

Le deuxième sens prend le mot petarrades au sens littéral, et joue sur le mot compillées.

Compiler, chez Greimas, c'est former de plusieurs pièces, rassembler ; conjurer, machiner ; la compilation, c'est le rassemblement, la cabale. Le mot vient du latin compilare, qui a le sens de dépouiller, piller. Un autre verbe compilare signifie assommer, rouer de coups ; un troisième verbe compilare signifie épiler. Il est bien difficile de voir ici quoi que ce soit qui puisse faire calembour : pourtant, nous savons que Régis est un fanatique, donc détesté de Rabelais, et nous pouvons penser que s'il a été choisi comme auteur de la compilation, c'est, à n'en pas douter, que le titre comporte un trait contre lui. Le verbe compilare contenant pilare, voyons donc de ce côté.

Pilare, c'est d'abord devenir poilu, puis épiler ; au sens figuré, c'est plumer, dépouiller. Un autre verbe pilare est : appuyer fortement. Dauzat nous dit que le verbe français piler vient du bas-latin pilare, de pila : mortier ; Bloch et Wartburg disent que le verbe vient du latin de basse époque : pilare, qui a pour sens enfoncer, empiler. Nous pouvons, cette fois, retenir, pour compillees, le sens de appuyées fortement, enfoncées, voyant dans com un affixe augmentatif ; le verbe équivaut à fortement enfoncées.

Nous comprenons désormais que ces petarrades des bullistes, copistes, etc. sont bien ces séries de gaz intestinaux qui s'échappent de l'anus avec bruit, mais qui sont refoulés par Régis, et de la façon que l'on soupçonne : là encore, Rabelais prête à un adversaire le même penchant pour la sodomie que nous avons vu maintes fois. Nous rendrons donc ce deuxième sens par :

Les ventosités des bullistes, copistes, scripteurs, abbréviateurs, reférendaires et dataires, renfoncées par Régis.

83. Almanach perpetuel pour les gouteux & verollez. (42)

Saulnier dit : Rabelais composa lui-même des Pronostications de ce genre, et Demerson donne : Le calendrier perpétuel pour les Goutteux et les Vérolés.

Ce titre n'a évidemment aucun double sens, et n'est glissé ici que par fantaisie, Rabelais s'amusant à supposer que le catalogue de la docte Librairie mentionne une des Prognostications dont il pourrait être l'auteur. Rien ne s'oppose à ce que ce titre figure dans les rayons de saint Victor, puisque le mot gouteux n'est en rien scandaleux, et que le mot verollez n'avait pas encore ce caractère de grossièreté qu'il prendra lorsque le poème de Fracastor, dont nous avons parlé pour le Prologue, aura remplacé la vérole par la syphilis.

Reste l'alliance de mots contradictoires : almanach perpétuel. Le mot almanach a toujours eu le sens de prédictions liées à la table de l'année lunaire ; c'était, en fait, un calendrier, accompagné d'observations astronomiques, de prévisions météorologiques, et de conseils pratiques relatifs aux travaux à faire selon la saison. Il ne peut être ici que le calendrier de soins à donner, au long des mois, aux malades de la goutte et de la vérole, et le qualificatif perpétuel laisse entrevoir que Rabelais considère comme inguérissables ces deux maux, puisqu'ils n'ont besoin que d'un seul calendrier, valable jusqu'à la mort du patient. Cette plaisante antinomie recèle peut-être l'opinion de la médecine du temps sur ces deux affections. Et c'est en se fondant sur elle que nous rendrons le titre par :

Agenda de l'impérissable goutte et de l'éternelle vérole.

84. Maneries ramonandi fournellos, par M. Eccium. (42)

Saulnier dit : Eccius : Jean Eck, ennemi de Luther. Rabelais lui attribue l'art de ramoner les fourneaux. Plaisanterie érotique banale sur le ramonage ; Demerson dit en note : Les tours de main du petit ramoneur, par Mᵉ Jean Eck (le premier théologien catholique à avoir contredit Luther), et donne : Comment ramoner les fourneaux, par Maître Eck.

Le mot maneries semble être tout simplement la latinisation plaisante du mot manières, inspirée peut-être du vieux français manée dont le premier sens est poignée, ce que peut contenir la main, et dont l'adjectif est : manier : manuel (Greimas). Pour la première interprétation, les tours de main de Demerson rendent fort bien l'idée rabaissante d'un Maître qui s'occupe de donner une recette pratique, et nous la rendrons par :

Des tours de main pour ramoner les fourneaux, par Maître Eck.

Le deuxième sens est évidemment érotique, le verbe manier ayant pour premiers sens : caresser, tâter, peloter (Greimas) ; maneries prend alors le sens de maniements ; fornellos vient directement de forn : four ; fornel : four, voûte, arcade ; fornais, fornaz : fournaise, feu de l'amour (Greimas). C'est le mot qui a donné le verbe forniquer, du latin chrétien fornicari, que les étymologistes disent pudiquement venir de fornix : voûte, parce que les prostituées se tenaient à Rome dans des chambres voûtées pratiquées dans les murs des maisons. Nous voyons plutôt, nous, dans ce fornix, le four intercrural (qu'une certaine gravure du XVᵉ siècle nous montre symboliquement entouré de flammes, comme brûlant de concupiscence), que celle qui abrite ce four soit ou non prostituée, et que sa chambre soit voûtée ou non.

Quoi qu'il en soit, nous voyons enfin, cette fois, un Maître accusé d'être attiré par les femmes, et non plus par les hommes ; le trait que lui décoche Rabelais est donc moindre que ceux qu'il a réservés à d'autres, et nous pouvons peut-être penser que cet adversaire de Luther ne lui était pas totalement antipathique. En tout cas, nous rendrons le titre par :

Des façons de s'y prendre pour ramoner le cubilot des dames, par Maître Eck.

85. Le poulemart des marchans. (42)

Saulnier dit : Ficelle des marchans ; Boulenger, Guilbaud, Jourda se garderaient bien de dire autre chose ; Michel précise : Ficelle, du provençal pouloumar, et Demerson donne : La Ficelle des Marchands.

Cette ficelle dont nous parlent les commentateurs semble ne reposer sur rien d'autre qu'une mauvaise interprétation : nous retrouvons le mot poulemart au deuxième chapitre du Gargantua, celui des Fanfreluches antidotees : Et pourroit on a fil de poulemart / Tout baffouer le maguazin dabus, où l'on ne voit pas bien comment a fil de poulemart pourrait signifier à fil de ficelle.

Nous verrons plutôt ici un mot, certes provençal, mais formé sur mar : mât, et polie, polain, polion : poulie (Greimas), et qui désigne un instrument analogue à la chèvre ou à la bigue : Appareil formé de deux ou trois montants dont les extrémités inférieures sont écartées et qui vont se rejoindre au sommet pour soutenir un palan (Petit Robert). Le poulemart est probablement cet appareil formé de deux poutres ou mâts en V, dont le sommet supporte une poulie, et dont les extrémités inférieures sont appuyées contre un mur, par exemple au-dessus d'une porte de grange, pour rentrer le foin. Selon le volume de la charge à lever, l'appareil est maintenu plus ou moins incliné, de la verticale vers l'horizontale, par une corde attachée d'un côté au sommet du V, et de l'autre à un point fixe. Le fil de poulemart est donc, plutôt que la corde qui joue dans la poulie, cette corde qui permet de dresser plus ou moins le poulemart, appareil qui devait rester à demeure au-dessus de la porte de certains marchands. Nous rendrons donc le premier sens du titre par :

L'élévateur des marchands.

Et, pour le deuxième sens, nous comprenons immédiatement ce que peut évoquer, pour les marchands, ce poulemart qui a besoin d'une corde pour rester plus ou moins érigé : nous pouvons penser que dire plaisamment de quelqu'un qu'il avait un poulemart dans sa braguette équivalait à l'accuser d'impuissance ; et nous rendrons le deuxième sens par :

Le membre à treuil des marchands.

86. Les aisez de vie monachale. (42)

Saulnier dit : Satire du libertinage des moines, et Demerson donne : Les Aises de la Vie monacale.

L'explication de Saulnier n'a trait qu'au deuxième sens ; le sens sérieux comprend le mot aisez dans une des acceptions qu'en donne Greimas : aise, aaise : situation agréable, jouissance ; aisier : satisfaire, fournir ce qui est nécessaire, et concerne plutôt la situation exempte de soucis matériels qui est celle des moines. Nous rendrons ce premier sens par le mot qui vient du latin ecclésiastique : beneficium sine cura : faveur sans travail :

La sinécure de vie monacale.

Pour le deuxième sens, il nous faut remonter à l'étymologie du mot aise que Dauzat donne pour espace vide au côté de quelqu'un, puis adjacens, participe présent substantivé de adjacere : être situé auprès. Ce sens rejoint celui que donne Greimas : aises du lit : plaisir de l'amour. Il est évident que ces aisez de vie monachale désignent le confort sexuel dont disposent les moines, que celui-ci soit encore une fois homosexuel, ou qu'il concerne les facilités que leur donne leur habit auprès des femmes. Nous rendrons ce deuxième sens par :

Les voluptés du vit monacal.

87. La gualimaffree des Bigotz. (42)

Saulnier dit : Gualimaffrée (ragout) des bigotz. Les Bigots sont exclus de Thélème ; Boulenger, Guilbaud et Michel disent : Le ragoût ; Demerson dit en note : Ragoût fait de restes, et donne : La Ratatouille des Bigots.

Le mot galimafrée existe encore, mais on ne sait plus très bien ce qu'il signifie. Le Petit Robert dit : Vieux : mets peu appétissant. Littré dit : Ragoût composé de restes de viandes ; mets mal préparé, déplaisant, et donne quelques exemples d'où il ressort que le mot est compris comme mélange. Dauzat dit que l'origine du mot est obscure : Sans doute du picard mafrer, manger beaucoup, variante de bâfrer, et de galer, s'amuser. Le Petit Robert reprend cette hypothétique étymologie.

Pourtant, le titre de Rabelais contient indiscutablement une nuance péjorative, et le mot gualimaffree, une notion d'humilité ; cette gualimaffree est donc un mélange de restes, qui donne un mets peu appétissant dont se contentent les bigots : il est alors difficile de faire cadrer ce que représente le mot avec l'idée de s'amuser, mener joyeuse vie et celle de manger beaucoup.

Hypothèse pour hypothèse, nous verrons, nous, dans le mot l'élément galma ou galima, qui semble amener l'idée de mélange fait sans dosage, de fourre-tout, de fatras, de fouillis, idée qui se retrouve dans le mot galimatias, dont l'origine est, elle aussi, si obscure qu'on va chercher pour l'expliquer le mot de bas-latin ballimathia, qui signifie chanson obscène. Toujours à titre d'hypothèse, on peut voir peut-être l'influence de cet élément galima dans le glissement de sens du mot calamar : écritoire portative (Greimas), en galemart ou gualimart, qui désigne, au chapitre xiij du Gargantua, l'étui, faisant partie de l'écritoire, où l'on serre les plumes, le canif, la mine de plomb, la règle, le grattoir, etc.

Quoi qu'il en soit, nous verrons dans ce titre l'idée de subsistance assurée par des restes fort peu appétissants, dont s'alimentent, par mortification, les bigots ; et nous rendrons ce premier sens par un mot que rien n'empêche d'employer au singulier pour désigner, non plus le reste, mais le plat fait de restes :

Le rogaton des bigots.

Quant au deuxième sens, il semble avoir trait à bien autre chose que les reliefs alimentaires : si nous prenons gualimaffree pour mixture de restes dont on se satisfait, nous pouvons comprendre, aidés par les contes ou récits du temps, qu'il s'agit des filles qu'épousent les bigots, et qui sont celles qu'ont étrennées les ecclésiastiques, qui les repassent à leurs fidèles lorsqu'elles commencent à devenir fastidieuses et qu'il faut penser à les établir. Nous pourrions rendre ce titre par un jeu de mots établi sur la ratatouille de Demerson (touiller : piler, broyer ; rata : préfixe d'insistance indiquant la répétition, le mouvement itératif) ; nous préférerons toutefois employer un à-peu-près de plus mauvais goût, mais qui a pour lui d'être populairement évocateur :

Le pot pourri des bigots.

88. Lhistoire des farfadetz. (42)

Saulnier dit : Farfadets : Les Cordeliers. Allusion au scandale des Cordeliers d'Orléans (1534) ; Demerson donne : L'histoire des Farfadets.

Selon Dauzat, farfadet est un mot créé par Rabelais ; (il donne la date de 1546, qui est donc fausse) ; le mot serait la forme renforcée de fadet, dérivé de fado : fée. Bloch et Wartburg font dériver le mot du provençal fadel : feu follet. Il désigne un esprit follet, lutin d'une grâce légère et vive (Petit Robert).

Quant au scandale dont parle Saulnier, nous le trouvons évoqué au chapitre XXIII du Tiers Livre : et en prendrons acte, affin qu'après son trespas ilz ne le declairent haereticque et damné comme les Farfadetz feirent de la praevoste d'Orléans, où Michel explique : Des Cordeliers d'Orléans firent croire que l'âme de Louise de Moreau, épouse du prévôt et enterrée dans leur église en 1534, faisait du scandale pendant les offices. Il s'agissait d'un novice caché dans les combles de l'église et imitant la voix de la défunte. Cette supercherie sacrilège, découverte, fut punie de prison perpétuelle. Boulenger dit que le prévôt se nommait François de Saint-Mesmin, précise que la peine fut commuée en bannissement, et pense que les moines voulaient sans doute obtenir des fondations de messes.

Les Farfadets sont donc ici les cordeliers ou franciscains, comme le confirme le chapitre X du même Tiers Livre : En M. Pierre Amy, quand il explora pour sçavoir s'il eschapperoit de l'embusche des Farfadetz. Et nous trouvons encore, au Quart Livre, le mot employé trois fois au chapitre XLVI : le premier de ces emplois désigne les moines en général, et les deux autres étendent l'acception jusqu'à évoquer l'âme qui appartient à Lucifer.

Nous sommes donc fondés à penser, d'abord, que le titre n'a aucun rapport particulier avec le scandale d'Orléans, ensuite, que farfadet est un mot qui désigne, chez Rabelais, l'esprit des ténèbres. Ce mot, création de Rabelais, a donc, une fois de plus, pris un sens fondé sur la seule compréhension qu'on a cru avoir du mot pour ce titre. Plutôt que cet esprit follet ou ce lutin d'une grâce légère qu'on nous donne, nous verrons dans le mot un dérivé de ce feu follet, habitant des cimetières, qui a toujours symbolisé l'âme qui n'a pas trouvé le repos, et qui appartient à Satan. Le farfadet, c'est, finalement, l'âme damnée, et nullement un petit démon espiègle et inoffensif. Le fait, pour Rabelais, d'appliquer ce terme aux moines est donc dépourvu de la moindre aménité, et équivaut à les traiter d'esprits de la nuit, que cette nuit soit, durant leur vie terrestre, celle de leur entendement, ou celle du lieu ou ira leur âme après leur mort.

Le titre qui est censé être celui de la Librairie de saint Victor ne fait évidemment pas ce rapprochement entre farfadet et moine ; il traite seulement des esprits non éclairés par la foi, et nous le rendrons par :

L'histoire des ténébrions.

Le deuxième sens du titre, qui peut reposer aussi bien sur histoire que sur farfadet, est moins assuré, et nous sommes réduits aux conjectures. Peut-être faut-il voir dans histoire un traditionnel calembour ecclésiastique entre le grec historia : histoire, et hustera : matrice, utérus. Le mot histoire prendrait ainsi le sens de : sexe de la femme, sens qui n'est pas totalement perdu [7]. On pourrait alors voir dans cette histoire des farfadets, non seulement un trait visant la propension qu'ont les moines à violer leur vœu de chasteté avec les pénitentes du lieu, mais encore une allusion précise à leurs mœurs homosexuelles, leur virilité trouvant son complément dans les parties ano-rectales confraternelles.

Il peut encore résider dans le mot farfadet, où l'on peut distinguer le préfixe de renforcement far, qu'on retrouve, par exemple, dans farfouiller. Mais, plus visible, on peut y voir le groupe farf, qui semble lié à l'idée de va-et-vient désordonné, à la manière du feu follet, groupe que l'on retrouve dans le mot de Rabelais : farfelu, qui a pris, après lui, le sens de bizarre, fou, sens amené par la notion de : qui fait

---

7. On le trouve, par exemple, sous la plume du Docteur Mardrus, traducteur des Mille et Une Nuits.

des mouvements imprévisibles, qui a des réactions capricieuses ; (nous examinerons en son temps le sens de dodu qu'on nous donne pour le mot au Quart Livre). Le même groupe, légèrement modifié, se retrouve dans l'ancien français fanfelu : bagatelle, du bas-latin famfaluca, qui a donné chez Rabelais : fanfreluche, mot dont l'acception est sexuelle, ainsi qu'en témoigne son verbe : fanfrelucher, qui contient évidemment la notion de mouvement plus ou moins désordonné. Nous avons vu que le mot fanfare, du vingt-sixième titre, contient aussi l'idée de vire-voltes équestres et celle d'ornements comparables à ces figures. Enfin, le même groupe farf a donné, dans la langue de la région du franco-provençal des étymologistes, c'est-à-dire en particulier le Lyonnais, le verbe farfoter, qui signifie clapoter, et qui a le plus souvent la nuance sexuelle de clapoter par trifouillage.

Ainsi pouvons-nous voir dans farfadet la désignation du membre viril en action ; mais, pas plus que pour histoire, nous ne sommes certains de ce deuxième sens.

Donc, selon que nous considérons la première hypothèse, nous rendons ce deuxième sens par l'équivalent français du latin de l'écolier limousin : penetissimes recesses :

Les très profondes retraites des farfadets ;

ou que nous considérons la deuxième :

L'histoire des membres trifouilleurs ;

enfin, si nous retenons les deux hypothèses, nous voyons dans ce titre :

L'antre des membres farfouilleurs.

89. La belistrandie des Millesouldiers. (42)

Saulnier dit : La mendicité des gens à mille sous (riches) ; Guilbaud dit : La Gueuserie des richards (littéralement : gens ayant mille sous) ; Michel dit : La gueuserie des Mille-sous (belîtrendie, de belître, gueux) ; Demerson donne : La Gueuserie des Pleins-de-sous.

La mendicité de Saulnier, concernant les gens riches, n'est pas convaincante. Quant à leur gueuserie, c'est-à-dire leur affectation de misère qui abrite leur avarice, elle pourrait être le titre de l'ouvrage édifiant, mais il ne semble pas qu'un livre équivalant à l'avarice des possédants puisse faire partie de la Librairie de saint Victor : sujet possible d'un sermon de frère prêcheur, il est difficile de l'attribuer à un ouvrage d'une bibliothèque que tout laisse supposer constituée au moyen des fonds des donateurs riches. Cherchons ailleurs.

Belistrandie paraît ici ne se rapporter ni à l'état de belître, ou gueux, ni à celui de belistrandier, ou homme d'armes maniant le belistre, ou bélier à battre en brèche les murailles. Le mot semble venir tout droit du vieux français bel, adjectif qui indique, en particulier, la qualité que doit posséder un amant ou une amante (Greimas), et qui a donné le verbe belir : plaire, charmer, (Greimas donne cet exemple, tiré du Roman d'Alexandre : Tant me belist quant je le voi). La belistrandie serait donc ici quelque chose comme la faculté de plaire.

Souldiers contient évidemment la notion de sol, solt, solz : monnaie de valeur fixe (Greimas) ; le mot, associé à mille, évoque effectivement les gens riches. Le livre édifiant de la librairie victorine traite donc de la fascination regrettable qui émane des gens riches, et nous pouvons rendre le sens par un mot dont nous ne retiendrons que le sens fort :
La plaisance des richards.

Le deuxième sens s'établit sur le mot souldiers, qui, s'il désigne le mercenaire, celui qui se bat pour une solde, est tout proche du mot soldaiere, qui désigne d'abord la servante à gages, mais aussi la femme publique qui fait payer ses faveurs (Greimas). Le nombre mille est, bien sûr, à prendre ici pour nombre indéterminé, et a le sens qu'indiquera Panurge au chapitre XXXVI du Tiers Livre : Je diz improprement parlant, et prenent nombre certain pour incertain, determiné pour indeterminé, c'est à dire beaucoup, à la façon du dénombrement du chapitre xxvj du présent Livre : cent cinquante mille putains belles comme deesses. Nous rendrons le titre par un terme qui permet le calembour :
La complaisance des Milleputains.

90. Les happelourdes des officiaulx. (42)

Saulnier dit : Attrape-nigaud (happe-lourd) ; Boulenger dit : Attrapes, fourberies ; Guilbaud dit : Les Attrape-nigauds des juges ecclésiastiques ; Demerson donne : Les Attrape-nigauds des Juges ecclésiastiques.

Dauzat et Bloch et Wartburg disent que le mot est de Rabelais : de happer et lourde : sotte, c'est-à-dire qui attrape une sotte ou appellation, au sens de sotte, adressée aux femmes qui se laissent prendre à l'apparence. Bloch et Wartburg parlent aussi de pierre fausse, qu'on retrouve chez Littré : Pierre fausse qui a l'éclat d'une pierre précieuse.

Il semble que donner ce sens restreint à happelourde équivaut à considérer l'arbre en négligeant la forêt : en admettant que le mot de Rabelais veuille dire artifice qui abuse, nous ne voyons pas ce qui permet de l'appliquer aux seules femmes, et encore moins de n'y voir qu'une histoire de joaillerie.

Nous trouvons dans Greimas : lort, lord : idiot, stupide ; niais ; lorde : lourdaud, sot ; lordas : lourdaud, naïf ; lordat : lourdaud ; lordois : esprit lourd, esprit simple et naïf ; langage grossier, manières rustres ; lordece : lourdeur, stupidité ; grossièreté ; lordoier : s'occuper lourdement, gauchement.

Pour happe, nous trouvons : haper, hapir : happer, attraper ; hapel :

voleur. Mais le verbe happer a pour sens particulier attraper, prendre brusquement dans la bouche, la gueule, le bec, en parlant de certains animaux (Petit Robert). Ce sens est à peu de chose près celui de gober : avaler vivement en aspirant, et généralement sans mâcher (Petit Robert). Les happelourdes ne sont donc pas, comme on pourrait le croire, les tours de passe-passe que fait, par exemple, l'Escamoteur de Bosch, mais bien ce que les juges ecclésiastiques donnent à avaler aux naïfs. Le mot n'a donc pas pour équivalent exact : attrape-nigaud ; il contient l'idée de gober, qui amène l'idée de bouche (gobet, d'un radical gobbo, bouche, présumé gaulois ; Greimas), puis celle de bouche-bée, ou niais qui gobe sans examen, qui a même contenu que lorde : lourdaud, sot. Nous rendrons donc l'idée de ce premier titre édifiant par un mot qui désigne à la fois la nourriture céleste, et les éphémères des rivières que gobent les poissons :

La manne des juges ecclésiastiques.

Il est certain que le deuxième sens est contenu dans le mot happe-lourdes, forgé à dessein par Rabelais. Il faut donc d'abord voir que lourde est aussi le doigt lourd : doi, dei : doigt (Greimas), en nous reportant à deux emplois que fait Rabelais du mot lourdois : manières rustres, emplois qui prêtent tous deux à équivoque : au chapitre xiij du Gargantua : Car je luy eusse assimenty / Son trou durine, a mon lour-doys, et au chapitre X du Quart Livre : Dea, je ne diz pas que je n'en tirasse quelque traict a mon lourdois, qui me laissast insinuer ma nomination. Ce lourdois est donc ce que la langue populaire dénomme encore le grand doigt, c'est-à-dire le membre viril.

Et il n'est alors nul besoin d'être grand clerc pour voir dans ce lourd doigt, associé à l'idée de happer ou gober, quelque chose qui a trait à ce qu'il est classiquement convenu de nommer irrumation (de irru-mare : mettre dans la bouche de quelqu'un, donner à têter au sens priapéen), et nous rendrons ce deuxième titre par un à-peu-près qui tend à conserver le jeu de mots contenu dans happelourdes :

Les gobe-manches des juges ecclésiastiques.

Nous voilà bien loin de cette pierre précieuse dont parle Littré, car nous ne pouvons penser que, ni lui ni les commentateurs, aient jamais fait le rapprochement entre cette irrumation et le balay, ou rubis de couleur rouge violacé ou rose, que nous allons rencontrer au chapitre xij du présent Livre, et qui semble bien faire équivoque avec le gland masculin. Nous dirons donc que ces sens de balay et de happelourdes se sont perdus.

Mais le sens érotique d'un mot est pourtant le dernier à se perdre ; faisant partie du fonds de la pensée populaire, il se transmet fidèlement, et n'est altéré que dans sa graphie : nous avons vu des expressions érotiques qui nous sont parvenues quelque peu dégradées (main au penier, proposer la botée), mais qui ont traversé au moins quatre siècles. Il y a peut-être alors plus de sagacité à penser que les significations des mots à double entente ont pu être volontairement masquées, c'est-à-dire que, quelques années après la mort de Rabelais, on a commencé de substituer au sens premier de ces mots, un sens banal, parfois péniblement amené, parfois absurde, qui n'offrait plus la possibilité d'une deuxième acception érotique ou obscène. Il n'y a qu'à lire, pour nous en convaincre, les explications amphigouriques des étymologistes à leur sujet.

Et nous vient alors à l'esprit que cette édulcoration a pu être le sort de beaucoup de ces termes créés par Rabelais, dont le deuxième sens a effarouché, et qu'on a fait entrer dans la langue en les affublant d'un sens de diversion souvent fort éloigné de celui de leur étymon. Pensons, par exemple, aux fanfreluches, qui ne sont peut-être pas seulement les ornements légers (nœud, dentelle, volant, pompon) de la toilette (Petit Robert), mais qui ont pu, aussi, désigner les petites lèvres vulvaires ; pensons à d'autres mots, parmi ceux que nous avons déjà rencontrés, dont nous usons encore, et qu'on nous fait employer dans un sens inexact : les fanfares, qui ont pu désigner les érections, les hanicrochements, devenus les anicroches, et qui pouvaient évoquer les prises de possession anales, le farfadet, qui est peut-être bien le membre qui va et vient dont nous avons parlé. Et soyons certains que les difficultés que nous pouvons quelquefois éprouver à comprendre Rabelais, viennent en grande partie du fait que les premiers législateurs de la langue, en même temps qu'ils ont eu le souci d'embrigader les mots, ont eu le désir de les châtrer.

91. La bauduffe des thesauriers. (42)

Saulnier dit : L'étoupe (?) des trésoriers ; Guilbaud dit : La Vessie (de porc, dont on faisait les bourses) des trésoriers ; Michel dit : La baudruche (?) des trésoriers ; Demerson renvoie au chapitre xiij du Gargantua : Ie me torchay de foin de paille, de bauduffe, de bourre, de laine, de papier, où il explique : Peut-être : membrane de vessie de porc, et donne : La Baudruche des Trésoriers.

Avant tout, il semble bien que ces trésoriers dont parlent tous les commentateurs soient plutôt ici les thésauriseurs. Le substantif trésorier et le verbe thésauriser sont issus du même mot latin thesaurus : trésor, et le titre édifiant a certainement plus de raisons de traiter de l'avarice des gens qui amassent, que de trésoriers qui ne font jamais qu'administrer les finances d'autrui.

Cela dit, la baudruche est, selon Littré, cette pellicule provenant d'une des membranes du caecum bien dégraissé, soit du bœuf, soit du mouton, et préparée par les parcheminiers. L'origine du mot est inconnue, et sa date d'apparition est la fin du XVIIᵉ siècle. Il est donc sûr que c'est la seule similitude sonore qui pousse les commentateurs à donner ce mot pour équivalent de bauduffe. Quant à la vessie de porc, on l'employait surtout, bourrée et fermée, à conserver le saindoux, qui est la graisse de porc fondue : on pouvait évidemment, une fois vide, en faire une bourse, mais le texte du Gargantua va nous montrer que cette bauduffe n'a probablement aucun rapport avec cette vessie.

La bauduffe y est placée après le foin et la paille, d'origine végétale, avant la bourre et la laine, d'origine animale ; cette bauduffe pourrait, bien sûr, être aussi d'origine animale, mais il est à remarquer que la bourre et la laine sont des produits de la peau de l'animal, donc de l'extérieur, et nullement un produit provenant du dépeçage. La bauduffe-vessie, comme la bauduffe-caecum, serait donc tout à fait anomale dans la série. De plus, cette bourre et cette laine animales ont tout l'air d'être assimilées, dans l'énumération, à ces produits végétaux que sont la paille, le foin et le papier.

Nous verrons donc plutôt dans cette bauduffe un résidu végétal provenant soit du battage, soit du décorticage ; autrement dit : cette balle ou bale, ou enveloppe des grains de céréales, qui n'est employée, à l'occasion, que pour bourrer les paillasses, et qui, le plus souvent, pour la balle de maïs par exemple, sert à torcher les baquets et autres récipients. Le mot bauduffe est dialectal, et ressemble assez au mot balouffe, que les paysans du Lyonnais employaient encore il y a peu pour désigner ces résidus végétaux, mot où l'on retrouve la finale méprisante : ouffe, uffe de bauduffe.

La bauduffe des thesauriers serait donc le titre d'un ouvrage fustigeant le vice des avares qui ramassent et conservent, par peur de manquer, ce que les autres rejettent comme résidus. Nous rendrons ce titre par le mot qui désigne toutes sortes de petites choses qu'on met au rebut (Littré) :

La menuaille des thésauriseurs.

Pour le deuxième sens, nous ne trouvons dans Greimas que : baudre, baldre, baeldre : donner, mettre, remettre, assigner, qui n'a certainement rien à voir avec la bauduffe. Bloch et Wartburg, en revanche, donnent, pour baudet, qui est un mot d'invention rabelaisienne : Il semble bien que baudet soit un dérivé plaisant de bald, baud, au sens de lascif. Ce sens est confirmé par le verbe baudouiner du Quart Livre (LII), qui signifie : saillir en parlant des ânes : Frère Jan hannissoit du bout du nez comme prest à roussiner ou baudouiner pour le moins et monter dessus, et celui de l'apologue du cheval et de l'âne du Cinquième Livre (VII) : Baudouinez vous rien ceans, vous autres, messieurs les chevaulx ? Quel baudouinnaige me dis tu, baudet ? ce disoit le cheval.

Nous verrons donc dans bauduffe un mot composé de baud : lascif, et de la finale péjorative : uffe. Le mot n'est donc pas l'équivalent exact du vietdaze, ou vit d'âne du Prologue du Gargantua, qui ne renferme certes pas cette nuance de mépris attachée à quelque chose qui ne sert plus. Bauduffe désigne plutôt, au sens second, le vit ratatiné, organe de plaisir réduit à sa plus simple expression, (la cate pelouse ou chenille, de Pathelin au vers 888), et qui n'est donc conservé par les thésauriseurs que parce qu'ils gardent ce qui n'a plus d'utilité. Nous rendrons cette idée de vit hors d'usage par un mot qui, spécialement, a l'acception de déchet plus ou moins répugnant (Petit Robert) :

La rognure des thésauriseurs.

92. Badinatorium sophistarum. (42)

Saulnier dit : L'amusoir des Sophistes ; Guilbaud dit : Le Badinatoire (l'endroit où l'on badine, au sens grivois) des sophistes ; Demerson dit en note : Lieux de badinage pour Sophistes (les premières éditions disaient : Sorboniformes), et donne : Le Badinage des Sophistes.

Pour le premier titre, le sens de badiner n'est évidemment pas le sens grivois, mais encore moins le sens de amuser. Les dictionnaires étymologiques sont clairs : pendant tout le XVIe siècle, le mot badinage a le sens de sottise, et le mot est ainsi employé par Calvin en 1541. Nous rendrons donc ce premier titre par :

L'abêtissoir des sophistes.

Pour le deuxième sens, il est à remarquer que badin a pris, parallèlement, le sens qu'indiquent Bloch et Wartburg : qui fait le sot, par conséquent qui provoque un rire facile. Mais on ignore quand et comment le mot a pris l'infléchissement grivois qu'on lui connaît, étant entendu que grivois n'a jamais que le sens de qui est d'une gaieté licencieuse, un peu hardie. Il semble pourtant qu'ici le mot désigne ceux qui, incapables de passer aux actes, se contentent d'être badins avec les femmes, c'est-à-dire de les faire rire en leur parlant de sujets voluptueux, mais sans pouvoir profiter de l'heureuse disposition où ils ont pu ainsi les mettre. En fait, ce deuxième sens a bien l'air de traiter de ceux qui ne sont que des causeurs : le mot rejoint le bade que donne Greimas : futilité, chose frivole, bêtise ; aler en bades : être vain, inutile. Nous rendrons donc ce titre par :

La viande creuse des sophistes.

93. Antipericatametanaparbeugedamphicribationes merdicantium. (42)

Saulnier dit : Discussions en tous sens des merdicants (jeu sur : moines mendiants) ; Guilbaud dit : Les Discussions en tous sens (mot burlesque) des merdisants (jeu de mots avec mendicantium, moines mendiants) ; Michel dit : Composé burlesque formé avec les prépositions grecques : anti, peri, cata, etc. et le latin cribatio, discussion (mot à mot passage au crible) : Discussion sens dessus dessous des merdicants (calembour : des ordres mendiants) ; Demerson dit en note : Contestations antipéricatanaparbeugedamphigouriques des Emmerdeurs, et donne : Mais où est donc Ornicar ? c'est la question des emmerdeurs.

Pour le premier sens, cribatio, du latin cribare : passer au crible, tamiser, et au figuré mettre à l'épreuve, n'est pas exactement l'équivalent de discussions. Nous préférerons le mot scrutations, du latin scrutari : fouiller, sonder, visiter, explorer, au figuré scruter, sonder chercher à pénétrer. Il est possible, aussi, que merdicantium comprenne les moines mendiants, mais il nous semble que le mot est plus général, et coiffe tous les vérificateurs vétilleux. Nous rendrons donc ce titre par :

Les scrutations exploratoires des fouille-merde.

Le deuxième sens est évident, si l'on retient pour cribationes l'acception érotique de passer au crible. Marot, dans l'Epître du coq à l'asne ; à Lyon Jamet (II), parle de ce crible particulier, où il n'est pas sûr que les trous en question soient féminins, puisqu'il s'agit d'un moine crotté : De sorte qu'on feroit un crible / De tous les trous qui s'abandonnent / A ceulx qui les richesses donnent. Nous verrons donc dans ces cribationes merdicantium, très exactement la partie dont parle Gargantua à son père (G. xiij) : Ce pendant eust auec ses doigtz / Mon trou de merde guaranty, et nous rendrons ce deuxième titre par :

Des trous merdeux, abordés sens dessus dessous, sens devant derrière.

94. Le limasson des rimasseurs. (42)

Saulnier dit : Des rimailleurs, et, avec lui, Boulenger et Michel. Guilbaud dit : Le limaçon des rimailleurs (et Le Ramasseur de limaçons) ; Demerson donne : Le Dictionnaire de Limes des poétaillons.

Saulnier, Boulenger et Michel ne se risquent pas à dire quoi que ce soit de limasson ; Guilbaud n'est pas convaincant, et Demerson est absurde si ce qu'il écrit n'est pas en relation avec ce que nous trouvons dans Greimas : lime : action de limer ; traitier la lime : polir un ouvrage d'esprit, des vers, etc. Le titre sérieux traite donc, probablement, de la vanité mondaine des poètes de cour, qui perdent leur temps à parfaire une œuvre sans valeur. Nous rendrons donc ce sens par :

Le fignolage des poétereaux.

Mais il est évident que le mot limasson est mis là pour le deuxième sens qu'il renferme : Greimas, encore, nous dit que le mot désignait

147

aussi bien la limace que l'escargot, et nous n'avons pas grand effort à faire pour voir dans cette limace l'acception érotique plaisamment péjorative attachée à l'évocation des objets ou des animaux dont la forme est celle d'un cylindre mou : la chenille de Pathelin, la bauduffe du quatre-vingt-onzième titre, le magdaleon dentraict (avant qu'il soit revenu) du onzième chapitre du Gargantua. Nous verrons donc dans ce titre l'idée que développe frère Jan lorsqu'il avertit ainsi Panurge (T.L.xxvii) : Si continuellement ne exercez ta mentule, elle perdra son laict et ne te servira que de pissotiere. Nous entendrons qu'il est question de ces poètes platonisants qui sont ces amoureux de Karesme, lesquelz poinct a la chair ne touchent (P. xxj), et nous rendrons ce deuxième titre au moyen d'un mot proche de la pendilloche qui se trouve un peu après le magdaleon, mais que nous ne pouvons retenir ici puisqu'il appartient à la série de noms que donnent les gouvernantes à la braguette après que celle-ci a levé les aureilles ; nous le formerons avec loche : limace grise, et nous aurons :

La pendeloche des rimasseurs.

95. Le boutauent des Alchymistes. (42)

Saulnier dit : Leur Expérience (avec équivoque paillarde) ; Guilbaud dit : Expérience (équivoque obscène) ; Michel dit : L'expérience des Alchimistes (jeu de mots avec : boutevent, soufflet) ; Demerson dit en note : Ce mot signifie à la fois : expérience, et : soufflet de forge, et donne : Le Bassin des Alchimistes.

Nous ne voyons pas ce que vient faire ici l'expérience ; c'est le mot soufflet qui est à retenir, puisque la plupart des titres contiennent l'évocation d'un objet, et le plus souvent celle d'un objet humblement familier. Le boutavent est ici le boute-à-vent, ou ce qui donne, qui produit, qui souffle le vent. Le titre édifiant traite probablement de l'inspiration diabolique qui anime les alchimistes, et nous pouvons peut-être rendre ce premier sens par :

Le soufflet maléfique des alchimistes.

Quant au deuxième titre, la première compréhension qui vient à l'esprit est celle qui s'appuie sur boter : frapper, renverser, ou boter : pousser, croître, et avant : en avant (Greimas), et qui permet de voir dans le boutavent le rostre ou l'éperon des alchimistes. Mais il apparaît tout de suite que rien ne nous permet de transformer ce substantif vent en une préposition qui marque l'antériorité dans l'espace, d'autant que, sachant que les sentiments que nourrit Rabelais pour les alchimistes sont de mépris, nous n'avons aucune raison de croire qu'il leur attribue, dans ce deuxième titre, un honorable poussoir : il nous faut plutôt chercher une idée de dénigrement. Nous garderons donc le mot vent, et nous verrons dans ce boutavent :

Le chasse-pet des alchimistes.

96. La nicquenocque des questeurs cababezacee par frere Serratis. (42)

Saulnier dit : La nicquenocque (jeu) des questeurs : Boulenger dit seulement : Ramassée (de : cabas et : besace, vraisemblablement) ; Guilbaud dit : Nom d'un jeu (ici au sens d'escroquerie) ; Michel dit : L'Attrape des Questeurs, mise en cabas et besace par Frère du Cadenas.

Avant tout, commençant par le plus facile, précisons que les questeurs ne sont probablement pas les percepteurs de la redevance appelée queste, mais ce que la langue populaire nomme plaisamment les frères qui quêtent, ou frères quêteurs, et il est certain que, les concernant, le mot escroquerie est trop fort ; on doit plutôt entendre ici nicquenocque comme manigance. Pour cababezacee, nous y verrons les mots cabas et besace qu'on nous indique, prenant alors Serratis comme provenant de serrer, du latin populaire serrare, du bas-latin serare : fermer avec une barre, clore avec la barre ou la serrure, tenir fermé (Greimas). Le micmac étant l'intrigue mesquine, les agissements suspects, le premier titre sera donc :

Le micmac des quêteurs, ensaché par frère Enserrant.

Il nous reste à trouver le deuxième sens, car le jeu dont parlent Saulnier et Guilbaud est une explication qui ne s'appuie que sur le fait que Gargantua, au chapitre xxij, jouera à la nicnocque ; or, nous verrons que nombre de ces jeux de cartes ont un nom qui fait malicieusement allusion à des situations du domaine sexuel : au fourby, au cocu, au beuf viole, a laiautru, a la couille de bélier, a ventre contre ventre, etc., et que nous ne pourrons savoir s'il s'agit de l'évocation de jeux ayant réellement existé, ou si, dans la liste de noms de jeux véritables, Rabelais n'a pas glissé des noms de son invention, chargés d'évoquer des histoires connues, ou même s'il n'a pas repris simplement des expressions courantes possédant un double sens.

C'est encore dans Marot qu'on va saisir le fil qui nous conduira : dans la pièce Le Jour de Noel, où il s'est astreint à finir chaque vers sur une syllabe en ac, ec, ic, oc, uc, on trouve l'expression que nous avons déjà rencontrée : ric à ric, et, rimant avec elle : l'enfant au povre nic, où povre nic peut s'entendre peut-être comme pauvre saint (cin). On trouve encore, deux vers plus loin : S'on nous dit nac, il faudra dire noc, et s'il est malaisé d'entendre le sens exact de ce vers [8], il

---

8. Bien que l'on soit évidemment fondé à entendre : Si l'on vous dit : Quand ? il faudra dire : Con.

est en revanche élémentaire de constater que noc est le mot con écrit à l'envers.

Une autre œuvre, plus tardive, va employer ce mot noc par euphémisme : celle d'un certain Claude d'Esternod (environ 1592-1640), intitulée : La belle Magdelaine [9], dont nous citerons :
Je le sais bien, (dites-vous, belle), / Qu'il a une bonne alumelle, / Mais je crains que, comme le coq, / Après l'avoir fait le publie, / Qu'à tout le monde il ne le die : / Alors, que deviendrait mon noc ? [...] Votre noc est de fine bure, / Puisqu'il est tant vendu d'argent. [...] Vostre noc est doublé d'hermine ; / On en ferait une hongreline.

Mais c'est peut-être là argument nul puisque ces vers sont de six à huit décennies plus récents que le titre qui nous intéresse. Tournons-nous alors vers Greimas, qui nous dit que noc, no vient du latin populaire naucum, pour navicum, de navis, bateau, et signifie : conduite d'eau ; égout ; auge, baquet, réservoir d'eau. Or, on sait ce qu'est, en langage ecclésiastique, le vaisseau féminin, et l'on n'a aucune peine à comprendre comment le souci d'atténuer la verdeur du mot con en le nommant noc s'est heureusement rencontré avec le contenu : conduite d'eau, du véritable mot noc. Il semble ne subsister aucun doute pour la signification érotique de noc. Reste nique, de nicquenocque.

Nique, dit Dauzat, qui date le mot de la fin du XIVe siècle, vient d'une racine nik, d'origine onomatopéique et, en moyen français et dans les parlers régionaux, apparaît souvent en alternance avec naque, noque. Nous pouvons ainsi considérer comme établie l'alternance entre nic et noc, et si le noc est le con, nic doit peut-être bien s'entendre comme vit, et nicquenocque comme le rapprochement sexuel. Peut nous en convaincre, le mot de même formation employé encore dans la Belle Magdelaine, et qui, là, ne fait aucun doute : Par ma foi, dites, ma belle, / Croyez-vous pas être pucelle ? / Non, voire non ; un almanach / De l'an mille six cents et quinze / M'a dit qu'estiez du tout apprinse / En ce qui est du ticque tac.

Peut-être même ce nique vient-il du vieux verbe niquier qui, s'il a pour premier sens remuer la tête, faire signe de la tête, a pour second asséner un coup à (Greimas). Bloch et Wartburg disent pourtant, péremptoires : Nique : n'a rien à faire avec l'ancien français niquer, faire un signe de tête, emprunté du néerlandais nicken, id. et qui est toujours un signe de consentement ou de sommeil approchant. Mais nous n'aurons aucun scrupule à mettre en doute leur affirmation, attendu que nous savons bien que la langue populaire emploie encore

9. La Poésie érotique, Marcel Bealu, Seghers, 1971.

le verbe niquer pour : posséder sexuellement, et que nous nous doutons bien que Bloch et Wartburg n'ont jamais trouvé le terme dans leurs livres. En tout cas, la nicquenocque est bien la nic-noc, ou le ric à ric, ou le ticque tac, ou encore le ventre contre ventre.

Reste cababezacee où il faut peut-être voir le cabas tel que nous l'avons défini pour le dix-huitième titre : les vieilles génitoires, et la besace, qui est alors le sexe flétri de la femme. C'est indiquer que le frère Serratis, qui rédige l'ouvrage, parle d'expérience, et qu'il a, frère quêteur lui-même, frotté maintes fois son lard à celui de partenaires qui n'étaient pas toujours plus fraîches que celle qu'évoque Marot quand il dit de sa plume qui a écrit tout le jour (Du coq à l'asne, I) :
Si est plus escropionnée / Qu'une vieille bas enconnée.

Quant au nom de ce frère Serratis, il prend une toute nouvelle saveur si, forts de ce que nous venons de voir, nous considérons qu'il peut être formé sur le latin sera : barre de clôture, barre pour fermer ; serrure, verrou, loquet.

Nous rendrons ce deuxième titre, d'abord en partant d'un verbe rabelaisien du Tiers Livre (XXV, XXVI) qui indique assez que l'action est un simple exutoire où il n'entre nul souci de sélection, ensuite, en empruntant un verbe du Pantagruel (XV), qui permet le jeu de mots avec ensaché que nous avons employé pour le premier équivalent :
Les brisgouttages des quêteurs, embourrés par frère Pêne-en-gâche.
97. Les entraues de religion. (42)
Saulnier dit : Allusion aux constitutions humaines, et Demerson donne : Les Entraves de Religion.

Personne d'autre ne dit rien, mais on ne sait si c'est à cause de la facilité apparente du titre, ou si c'est à cause de sa difficulté de compréhension au deuxième niveau. Toujours est-il que Bloch et Wartburg disent de entraver : Emprunté de l'ancien provencal trau : poutre, latin trabs, trabis, donc : retenir les jambes d'un cheval au moyen d'une pièce de bois. Greimas, lui, donne entraveiller : retenir par des entraves, de tref : poutre, solive ; mât, vergue. Quant au latin trabs, il signifie poutre, et, par extension arbre, puis, spécialement gourdin, bâton ; brandon, torche.

Cela nous laisse supposer que, même pour le premier titre, ces entraves qui interdisent le libre usage des membres ont quelque rapport avec la chasteté, et nous le rendrons par un mot qui rappelle qu'on nouait l'aiguillette :
Les nouements de religion.

Mais le deuxième sens retient probablement ce trau provençal, ou tref : poutre, ou trabs : poutre, bâton, brandon, pour désigner, bien sûr, le membre viril. Reste la syllabe en, qui peut être l'adverbe de lieu dont parle Greimas : en, ent, ens, an : de ce lieu, de ces lieux, ou le préfixe en, em qui exprime, de façon générale, une action commençante, une progression.

Tout cela nous suffit pour comprendre que entraves s'entend ici comme les lieux de la poutre, ou les lieux du brandon (et nous savons depuis le soixante-dix-huitième titre ce que veut dire le verbe brandoner) ; mais nous retiendrons aussi l'idée de progression contenue dans en, et nous verrons alors dans ce deuxième titre :

Les introïts de religion.

98. La racquette des brimbaleurs. (42)

Saulnier dit seulement : Sonneurs de cloches, mais explique, au mot brimbaler : se remuer (particulièrement : sonner les cloches) ; d'où brimballatoyre, remuante ; Boulenger dit : Ceux qui remuent les cloches, les sonneurs (équivoque obscène) ; Demerson donne : La Raquette des Noceurs de cloches.

Là encore, le sens sérieux est plus malaisé à comprendre que le deuxième sens. La difficulté ne vient pas du mot brimbaleurs, que nous entendons d'emblée, mais du mot racquette. Faut-il voir dans ce mot le sens propre d'instrument dont on se sert pour jouer à la paume ou au volant (Littré) ? Il faudrait alors comprendre que l'ouvrage édifiant traite de la propension coupable qu'ont les sonneurs de cloches à se rendre au jeu de paume, ce qui ne nous paraît guère satisfaisant.

Peut-être vaut-il mieux retenir pour racquette le sens que nous donne Dauzat : 1314, La Chirurgie, d'Henri de Mondeville, (rachette), paume de la main, du latin médiéval rasceta, de l'arabe parlé râhet (classique : râhat), même sens ; passé au sens moderne dans le vocabulaire du jeu de paume, parce qu'on a d'abord renvoyé la balle avec la rachette de la main, c'est-à-dire avec la paume. Et nous voyons alors, dans cette racquette, non plus un instrument pour jouer, mais l'équivalent de ce que nous donne le verbe empaumer, dont le premier sens est, selon Littré : recevoir une balle, un éteuf dans la paume de la main ou en pleine raquette et les relancer avec vigueur, et le deuxième : posséder quelqu'un en trompant, en enjôlant (Petit Robert), se rendre maître de son esprit (Littré), qui semblent être des sens dérivés d'un sens plus temporel, celui de subtiliser adroitement, qui s'appuie sur l'habileté à dissimuler dans la paume de la main ce que les doigts viennent de saisir. C'est le tour du prestigiditateur, l'homme aux doigts prestes, et c'est celui de Panurge au chapitre xvj du présent Livre : Et quand il changeoit un teston, ou quelque aultre piece, le changeur eust este plus fin que maistre mousche, si Panurge neust faict esuanouyr a chascune foys cinq ou six grans blancs visiblement, apertement, manifestement, sans faire lesion ne blessure aulcune, dont le changeur nen eust senty que le vent.

Cette racquette des brimbaleurs est donc, finalement, un ouvrage qui traite de la coupable habitude qu'ont les sonneurs de cloches de puiser subrepticement dans les plateaux des aumônes. Nous rendrons ce titre par :

La paume d'escamoteur des sonneurs de cloches.

Pour le deuxième sens, l'équivoque obscène dont parle Boulenger s'établit sur brimbaleurs. Le sonneur de cloches brimbale, c'est-à-dire remue, et remue particulièrement du bassin, d'un mouvement analogue à celui de l'exercice amoureux, analogie qui conduira Rabelais à parler, au chapitre xj du présent Livre, de buee brimballatoyre, c'est-à-dire de lessive qui fait remuer du cul. Le contenu érotique est encore plus apparent au Tiers Livre, chapitre XXV, où il nous dit que le devin Herr Trippa ignorait que les lacquais de court, par les degrez, entre les huys, saboulaient sa femme à plaisir, et, voyant toutes choses aetherées et terrestres sans bezicles, seulement ne voioit sa femme brimballante. Au même chapitre, ce même Herr Trippa se fera fort de montrer à Panurge sa femme future brimballant avecques deux rustres. Le sens de brimbaler est donc bien, par extension : qui accomplit l'acte sexuel.

Reste à comprendre le sens second du mot racquette, et nous sommes là, devant l'alternative suivante : ou bien nous prenons le mot désignant cet instrument de forme ovale adapté à un manche (Petit Robert), et nous considérons que le manche de cet instrument est le membre viril qui permet de talocher, verbe qui signifie taper, meurtrir, mais que Rabelais emploie au sens volupteux : ilz auroient tant taloché leurs amours de nouveau possedez (comme c'est l'aequité et debvoir) (T.L. VI), et en usant du sens érotique de besogner, nous arrivons alors à :

Le manche des besogneurs ;
ou bien nous prenons le mot contenant seulement la rachette ou paume de la main, et il n'est alors nul besoin d'être confesseur pour entendre que Rabelais fait allusion à la masturbation. La racquette est alors l'équivalent de ce que la langue populaire nomme la veuve Poignet, et nous rendrons alors le titre par :

Le jeu de paume des branleurs.

99. Lacoduoir de vieillesse. (42)

Saulnier dit : Ce que nous appelons le bâton de vieillesse ; Demerson donne : L'Accoudoir de Vieillesse.

Le premier sens est si évident que seul Saulnier donne quelque indication : le titre édifiant traite, bien sûr, des attentions que l'on doit avoir pour la vieillesse, et nous pouvons le rendre par :

Les égards de vieillesse.

Mais le deuxième sens, de façon non moins évidente (sauf pour les commentateurs), fait encore une fois allusion à l'amoindrissement de la puissance sexuelle qu'amène la vieillesse. Et il faut voir dans cet acodouoir, non plus l'appui pour s'accouder, mais l'action de couder quelque chose, c'est-à-dire le plier en forme de coude ; l'acodouoir de vieillesse est ici à entendre comme le coudoir de vieillesse, et nous comprenons aisément de quel organe il est question : jadis droitement acresté (P. j), il est aujourd'hui atteint de cette induration des corps caverneux, qui peut apparaître après cinquante ans, et qui entraîne une déviation de la verge pendant l'érection. Nous rendrons donc le titre par :

Le coudage de vieillesse.

100. La muselière de noblesse. (42)

Ici, personne ne dit rien, sauf Demerson, bien obligé, qui donne : La muselière de Noblesse.

Il faut avouer que le titre est déconcertant : noble est, selon Greimas, l'adjectif qui signifie : qui l'emporte par ses mérites, et la muselière est ce lien ou cet appareil qu'on met autour du muséi d'un animal pour l'empêcher d'ouvrir la mâchoire. Voyant toujours dans le titre édifiant l'emploi symbolique d'un objet concret, disons que le sens sérieux peut équivaloir au devoir de réserve de la noblesse, sens qui peut faire allusion au fait que cette noblesse, appelée à connaître des secrets d'Etat, est tenue de les taire. Nous rendrons donc ce titre par :

Le mutisme de noblesse.

Reste à trouver le second sens, car il est sûr que Rabelais n'a pas créé ce titre sans avoir entrevu son interprétation malicieuse. Le mot noblesse, selon Greimas, du latin nobilis : connu, célèbre, remarquable, a aussi l'acception de objet, chose magnifique, et le mot est souvent pris, par extension, dans le sens de force, puissance virile ; Greimas cite, par exemple, nobloie : mets délicat (testicule de cerf), et il est bien connu que si le ventre affranchit, c'est la verge qui anoblit. Disons donc que le sens de noblesse paraît bien ici s'établir autour de l'idée de l'appareil sexuel masculin.

Dès lors, la muselière, appliquée à cet appareil sexuel, peut très bien désigner la braguette qui le contient, et dont l'aiguillette, nouée par accident ou par magie, équivaut au lien qui, passé au museau de l'animal, est synonyme d'empêchement. C'est un peu l'image qu'emploiera Panurge, au chapitre XXVII du Tiers Livre, qui, défendant l'efficacité de son roydde dieu des jardins, dira, le comparant à un oiseau de volerie : Il ne luy fault que lascher les longes, je diz l'aiguillette, luy monstrer de près la proye, et dire : Hale, compaignon. Rabelais vient d'évoquer, au titre précédent, une affection gênante pour le mâle masculant (G. iij) ; la même inspiration le conduit à parler maintenant du compaignon qui ne peut plus haler. Nous rendrons donc ce deuxième titre en employant un terme de volerie :

Le chaperon de virilité.

101. La patenostre du cinge. (42)

Saulnier dit : A peu près le moulin à prière, sous une autre image ; Boulenger dit : Le singe dit sa patenôtre quand il remue les babines ; Guilbaud dit : Parce que le singe remue sans cesse les babines ; Michel dit : Marmonner ses prières en remuant les lèvres comme un singe ; Demerson, peu inspiré, donne : La patenôtre du Singe.

Nous retrouvons là un peu de l'inspiration du neuvième titre : Marmotretus de baboinis & cingis, et il est en effet indiscutable que le titre édifiant traite des prières dites du bout des lèvres, sans participation de l'esprit. L'expression est peut-être une expression figée des prédicateurs fustigeant les pratiques qui restent tout extérieures, et nous rendrons le titre par :

La prière de singe.

Mais il est fort probable, aussi, que cette expression ecclésiastique a un sens second, non moins figé qu'elle, et nous pouvons penser que si Rabelais l'a fait figurer dans son catalogue, alors que le neuvième titre aborde déjà le sujet, c'est que ce deuxième sens est plaisamment érotique.

Il semble reposer à la fois sur l'acception chapelet de patenostre, et sur le verbe patoier dont un des sens est tenir dans la main, manier (Greimas). Car cette patenostre n'est pas exactement celle que dérobera Panurge à la haute dame de Paris (P. xxj) : Bonaventure des Periers, cité par Littré, parle de ces osselets de moulue qu'on appelle patenostres ; la moulue étant, selon Littré, la morue, ces osselets sont donc ceux de l'épine dorsale. Ici, le domaine religieux se confond avec celui de l'anatomie : cette patenôtre est la suite des osselets de la colonne vertébrale, et la patenostre du cinge, prenant peut-être appui sur le sens de patoier, et le singe amenant l'évocation du geste d'épouillage mutuel, a certainement toujours eu, comme sens allusif : faire courir ses doigts sur l'épine dorsale de quelqu'un. Que cette patenôtre soit celle des préliminaires ou celle, égrenée réciproquement, de la beste a deux doz (G. iij), nous rendrons le titre par :

Le rosaire d'amour.

102. Les grezillons de deuotion. (42)

Saulnier dit : Grezillons (menottes, chaînes) de dévotion. Satire de la bigoterie ; Boulenger dit : Chaînes (sans doute les chapelets) ; Michel dit : Les Chaînes de dévotion, et Demerson : Les Menottes de Dévotion.

Le mot est attesté par Greimas : grezillons : fers formant menottes, instrument de torture. Mais nous préférerons le grezillon désignant le grillon (croisement probable de grillet, grillon, et gresillier, crépiter au feu ; Greimas), qui nous semble être de même inspiration que ces patenôtres dites du bout des lèvres, que nous venons de voir. Nous rendrons donc le titre édifiant par :

Les bourdonneurs de dévotion.

Quant au deuxième sens, s'il reprend l'idée de torture, c'est en s'appuyant sur le sens de gresillier : déterminer un plissement, un racornissement sous l'action de la chaleur (Petit Robert). Et nous comprendrons qu'en fait, cette chaleur est celle du désir, acception qu'on trouve dans Merlin Coccaie, cité par Littré : Vincence Zambelle, à qui les dents gresilloient d'envie de manger, et au chapitre VII du Tiers Livre : Je ne l'ay prins qu'a ce matin, mais desja j'endesve, je deguene, je grezille d'estre marie et labourer en diable bur dessus ma femme.

L'idée est que le désir non satisfait, réfréné par dévotion, conduit à la sclérose, comme le dira frère Jan à Panurge, au chapitre XXVII du Tiers Livre : Je t'en advise, mon amy. J'en ay veu l'experience en plusieurs qui ne l'ont peu quand ilz vouloient, car ne l'avoient faict quand le povoient. Aussi par non usaige sont perduz tous privileges, ce disent les clercs.

Nous rendrons donc le titre par un mot qui contient à la fois l'idée de consumer par le feu, et celle d'épuiser complètement les forces de quelqu'un :

Les consomptions de dévotion.

103. La marmite des quatre temps. (42)

Saulnier et Boulenger s'abstiennent ; Guilbaud dit : Jours de jeûne au début de chaque saison ; Michel s'abstient aussi, et Demerson donne impertubablement : La Marmite des Quatre Temps.

Nous ne comprenons pas le silence de la plupart des commentateurs : le titre édifiant est sans mystère si l'on prend le mot marmite pour vaisseau en terre ou en métal où l'on fait bouillir les viandes dont on fait du potage (Littré), et si l'on sait que les Quatre Temps sont les trois jours où l'Eglise ordonne de jeûner en chacune des quatre saisons de l'année (Littré). L'ouvrage traite probablement de l'observance de ces jours qui doivent être consacrés au recueillement et à la prière sans souci de la matérialité de la table, et nous rendrons son titre par :

L'abstinence des Quatre-Temps.

Le deuxième sens retient très probablement le sens parallèle du mot marmite et le sens étendu de quatre temps. Les quatre temps, qui sont les quatre saisons, doivent s'entendre comme l'année. Quant à marmite, nous avons vu, au soixante-douzième titre, ce que l'on peut penser d'une élucubration étymologique telle que : De l'adjectif hypocrite, parce que la marmite cache son contenu aux curieux (Bloch et Wartburg). Nous garderons donc au mot le sens particulier que nous avons retenu pour les marmitons de Olcam, et, attendu que ceux qui observent les Quatre-Temps sont surtout les gens d'Eglise, nous comprendrons qu'il y a encore là une allusion à leurs mœurs homosexuelles ; et que parler de la marmite des quatre temps revient à dire que leur penchant est de toute l'année, qu'il est permanent.

Nous rendrons donc ce deuxième titre en employant, comme pour les marmitons, le mot pot au sens sexuel, et en usant de l'expression mettre au pot qui, selon Littré, signifie mettre quelque viande dans la marmite pour l'y faire cuire, et qui prête à équivoque. Nous aurons donc :

La mise au pot perpétuelle.

104. Le mortier de vie politicque. (42)

Ici, aucun des commentateurs ne parle, et Demerson continue de recopier en se bornant à placer des majuscules : Le Mortier de Vie Politique. Il n'est pas sûr, pourtant que ce mutisme signifie que le sens est si facile qu'ils ont dédaigné de l'expliquer, et il est certain, en tout cas, qu'ils n'ont pas vu le deuxième sens.

Le mortier ne peut ici désigner la sorte de bonnet que portaient le chancelier de France, les grands présidents et le greffier en chef, puisque, selon les étymologistes, cette acception du mot ne date que du XVIIe siècle, fondée, paraît-il, sur la ressemblance avec le mortier : bouche à feu servant à lancer des boulets. Il s'agit donc du vase à parois épaisses, en fer, en marbre ou autre substance, creusé d'une cavité hémisphérique évasée par le haut, et dans lequel on concasse, pulvérise ou écrase, à l'aide d'un pilon, des substances pour l'usage de la chimie ou de la pharmacie ou de la cuisine (Littré). L'ouvrage édifiant doit donc traiter des rudesses et des improbités de la vie politique, où il faut être le pilon qui broie si l'on ne veut pas être celui que l'on pile. Nous rendrons le titre par :

Le fouloir de vie politique.

Le second sens est alors évident : le mortier est l'image traditionnelle du réceptacle féminin, ainsi qu'en témoignerait, s'il en était besoin, l'expression d'Eustache Deschamps citée par Littré : Toujours veult mortier qu'on besongne. L'idée de mortier amène naturellement celle de pilon, et le mortier féminin, celle de membre viril, évocation qui se traduit ici par le jeu de mots entre vie et vit. Ce dernier sens est encore renforcé par le mot politique, à entendre alors comme public, opposé à

157

privé, c'est-à-dire commun, général. Reste seulement à décider si ce qualificatif se rapporte à mortier ou à vit, et rien ne nous permet de le faire. Dans l'impossibilité de savoir s'il s'agit de l'universel creuset ou du vit commun, nous rendrons le titre par :

L'universel creuset de vit commun.

105. Le mouschet des hermites. (42)

Saulnier dit : L'émouchoir (allusion à leur longue barbe) ; Guilbaud dit : Chasse-mouches (allusion à la grande barbe des ermites) ; Michel dit : L'émouchoir (la barbe ?) des ermites, et Demerson donne : L'Emouchoir des Ermites.

Ce chasse-mouches ou émouchoir nous paraît tout à fait controuvé : le titre édifiant semble difficilement pouvoir faire mention de cet instrument, fort étrange dans les mains de ces ermites, alors que le verbe mochier, dont un des sens est : moucher la chandelle (Greimas), nous conduit naturellement à voir dans ce mouschet : l'éteignoir. L'emploi symbolique de ce mot, concernant des ermites, est parfaitement légitime, car nous comprenons que l'ouvrage édifiant traite de leur renoncement aux passions, et, l'éteignoir étant ce cône qu'on pose sur un cierge pour l'éteindre, nous saisirons qu'il s'agit particulièrement de leur oblation des satisfactions sexuelles. Nous rendrons donc ce premier titre par :

L'éteignoir des ermites.

Pour le deuxième sens, il nous faut considérer un dérivé de ce verbe mochier : mocheron, mocheroncel : bout de mèche qui charbonne (Greimas), pour comprendre que ce mouschet peut à la fois désigner l'instrument et ce que produit l'instrument, et peut donc être ce bout de mèche qui se réduit en charbon sans flamber (Petit Robert). Et il n'est pas besoin de chercher longtemps pour entrevoir ce que représente cette mèche que tous les renoncements des ermites n'empêchent pas de rougeoyer, c'est-à-dire d'être habitée de tentations semblables à celles qui assaillaient saint Antoine dans son désert. Ce mouschet est bien l'image de la persistance des désirs sexuels, ce lumignon dont toute aptitude à s'enflammer n'est pas disparue, et nous rendrons cette idée de feu qui couve par :

Le tison des ermites.

106. La barbute des penitenciers. (42)

Saulnier dit : Leur capuche ; Boulenger dit : Leur capuchon ; Guilbaud et Michel disent la même chose, et Demerson donne : Le Capuchon des Pénitents.

Il semble, là encore, qu'il y ait erreur : barbute n'est nulle part et en aucune façon attesté de manière qu'on puisse y voir le sens de capuche, et nous attendions plutôt que les commentateurs, influencés par le sens qu'ils ont vu à mouschet, nous parlent de barbe.

Car le sens s'établit effectivement sur un dérivé de barbe : barbel, barbeure : pointe, barbelure de la flèche ; barbelier : armé de flèches barbelées (Greimas), qui nous conduit à l'actuel barbelé : 1120, ancien français barbel, diminutif de barbe, pointe ; qui est garni de pointes disposées comme les barbes d'un épi (Petit Robert). Associée à penitenciers, cette barbute, dont les pointes sont disposées comme les barbes d'un épi, est ce que le latin chrétien nomme cilicium : étoffe en poil de chèvre de Cilicie ; chemise, ceinture de crin ou d'étoffe rude portée par pénitence, mortification (Petit Robert). Nous n'avons donc aucune peine à rendre le titre par :

Le cilice des pénitenciers.

Et nous voyons poindre le deuxième sens, qui repose sur la conjecture que le mot barbu avait déjà le sens sexuel qu'il a encore dans la langue populaire, désignant le système pileux pubien féminin, image englobant tout l'appareil génital. Barbute semble venir en droite ligne de ce barbustin : jeune barbu, que donne Greimas, à cette différence près que le suffixe ute apporte ici une nuance péjorative qui transforme cette agréable touffe en brosse au poil rêche dont le contact est assimilé à celui du cilice, rude friction que sont censés s'imposer les pénitents par mortification. Nous rendrons ce deuxième sens par un mot qui contient à la fois l'idée de rugosité et celle de rapprochements peu relevés :

Le paillasson des pénitenciers.

107. Le trictrac des freres frapars. (42)

Saulnier, et tous les commentateurs derrière lui, disent : Le jeu des moines débauchés. Demerson donne : Le Micmac des Moines Débauchés.

Il est certain que le sens moines débauchés n'est aucunement celui que peut contenir le titre de l'ouvrage édifiant. Ces freres frapars sont ici amenés par les penitenciers du titre précédent, et, sachant que fraper est le verbe qui signifie frapper, donner des coups, battre (Greimas), nous comprenons que ces frères sont des flagellants qui se donnent mutuellement des coups par pénitence ou mortification. Le trictrac est le mot qui matérialise l'idée de va-et-vient, ainsi que nous l'avons vu au quatre-vingt-seizième titre ; il concrétise ici le mouvement des étrivières ou du fouet. Peut-être entre-t-il aussi dans ce trictrac le sentiment péjoratif que ne peut manquer de contenir l'ouvrage de cette pieuse Librairie touchant ces démonstrations intempestives : nous rendrons donc ce premier titre en usant d'un terme qui signifie proprement : ample mouvement d'oscillation, et qui contient cette idée de dépréciation que nous supposons :

Le branle des frères flagellants.

Pour le deuxième titre, nous n'avons évidemment aucune peine à voir dans trictrac un mot de même formation que nicquenocque, ric a ric, ticque tac, que nous avons vu, au quatre-vingt-seizième titre, décrire le mouvement réciproque du rapprochement sexuel. Quant à frapars, il n'est que de se rapporter à la définition équivoque du Petit Robert : Toucher plus ou moins rudement en portant un ou plusieurs coups, pour entendre que ces freres frapars sont ceux qui frappent du bas-ventre. Nous ne pouvons savoir si ce trictrac des freres frapars désigne encore ici leurs pratiques homosexuelles, ou s'il s'agit, cette fois, des libertés que les moines prennent avec les femmes d'alentour. Aussi rendrons-nous le titre par un mot que Rabelais emploie au Prologue du Tiers Livre, et qui signifie : secouement, et par fouettard qui a le même sens de fessier qu'au vingt-huitième titre :

Le triballement des frères fouettards.

108. Lourdaudus de vita & honestate braguardorum. (42)

Saulnier dit : Lourdaudus : Balourd, Sur les bragards (les muscadins, nommés bragards de ce que l'élégance était de laisser passer la chemise à la ceinture) ; Boulenger dit : Lourdaud, De la vie et honnêteté des gens élégants ; Guilbaud dit : Des mignons, et Michel : Lourdaud. De la vie et honnêteté des élégants (bragards) ; Demerson donne : Lourdaud : Enquête sur la vie et l'élégance des Minets.

Ce premier titre est donc celui de l'ouvrage édifiant, écrit par quelqu'un qui ne comprend pas grand chose à l'élégance (Lourdaud), et qui traite probablement de la vanité qu'il voit à vouloir suivre la mode. Nous le rendrons par :

Lourdaud : de l'ostentation et de la superbe des farauds.

Mais il est certain que ce titre, dont le sens premier semble fort plat si on ne l'interprète pas, n'a été choisi que pour son deuxième sens ; il nous faut le découvrir, et pour ce faire, comprendre d'abord la deuxième acception de bragard ou braguard. C'est la Pantagrueline Prognostication qui va nous éclairer par son énumération, au chapitre v, des gens soumis à Vénus :

A Venus comme putains, maquerelles, marioletz, Bougrins, bragards, Napleux, eschancrez, ribleurs rufiens, caignardiez, Chamberieres dhostelerie, Nomina mulierum desinentia in iere ut [10] Lingiere, aduocatiere, tauerniere, buandiere, frippiere, seront ceste annee en reputanation,

_____

10. Les noms de femmes finissant en ière comme

mais le Soleil entrant en Cancer & aultres signes se doibuent garder de verolle, de chancre, de pisses chauldes, poullains grenetz, &c.

Il est évident que cette énumération concerne des gens dont les états sont marqués par la sensualité, et peut-être même par le commerce de leurs faveurs, ainsi que nous l'indique le calembour : reputanation. Le sens de putains, de maquerelles est manifeste, les Bougrins sont les sodomites, les Napleux, ceux qui sont atteints du mal de Naples ou syphilis, les eschancrez, ceux qui sont couverts de croûtes ou de cicatrices chancreuses ; mais à leur suite, deux mots dont le sens est moins assuré : marioletz et bragars, qu'il nous faut considérer l'un après l'autre.

Mariol, ou mariolle, est dérivé de Marie et a quelque rapport, nous disent les étymologistes, avec petite image de Marie, puis, par extension, avec figure sainte et avec poupée, marionnette. Greimas, lui, dit que mariole est une petite image de Marie, puis un terme de mépris pour désigner la Vierge, et il cite, à l'appui de ce deuxième sens, une phrase de Gautier de Coincy (1220) : Quant uns hon croit que li grans Deus fust nez de cele mariole, citation qui ne nous convainc pas :

Le terme mariole n'est pas ici employé pour désigner la Vierge, mais est un terme de mépris appliqué à la Vierge, et ce terme semble mettre en doute sa virginité. Il apparaît alors que ce mot mariole, effectivement dérivé de Marie, peut fort bien être le nom dont on se servait pour désigner ces fausses vierges dont le commerce était alors florissant, ces sainte Nitouche plus dangereuses que les putains déclarées, si l'on en croit Noël du Fail, au chapitre VIII des Propos rustiques[11] :

… où je feis un merveilleux gaing, et principalement en une jeune garse que je prins à Hurleu, affermant qu'elle estoit ma fille, et lors je avois plus de Muguets après la queue, plus de Maquerelles ; et elle, qui scavoit tresbien son badinage, contrefaisant la pucelle, neantmoins que elle eust couru tous les Bourdeaux de France, leur accordoit, moyennant une bonne somme quilz avançoyent, et, tandis que estois aux Eglises avec mon asne, elle practiquoit de son costé, faisant semblant toutesfois devant moy que jamais ny avoit touché pour donner meilleure couleur à la farce ; par ce moyen elle estoit tellement poursuyvie, que je fuz contraint la donner à un gros Chanoine qui la me paya ce que je vouluz. Puis voulant partir, je la luy desrobay, et la vendis par ce mesme moyen à plus de quinze, qui tous eurent la verole.

Le mot de Rabelais est masculin ; sa place, juste avant les Bougrins, nous incite à penser que ces marioletz ou marjoletz sont de jeunes gar-

---

11. Pléiade, Conteurs français du XVIe siècle.

çons qui jouent, auprès des sodomites, la même comédie payante que celle des marioles. Le caractère du mot est donc non seulement sexuel, mais concerne la sexualité vénale : il serait fort étonnant que bragar n'ait pas, lui aussi ce contenu.

La brague est, naturellement, la braie, mot qui a désigné une ample culotte serrée aux jambes par des lanières (Greimas), puis le haut-de-chausses ; mais le même mot braie, a pour deuxième sens : traverse de bois mobile du moulin à vent (Dauzat), c'est-à-dire la pièce qui rendait ou non le mécanisme de mouture solidaire du mouvement donné par les ailes (embrayage). Le bragar peut donc fort bien être à la fois ce porteur de haut-de-chausses à la mode permettant de laisser passer la chemise, qui a donné le sens d'élégant, et le possesseur de cette braie ou barre de bois qui transmet le mouvement, et qui est alors une des multiples figurations du membre viril.

Et le caractère vénal que nous avons décelé nous invite à penser que ces bragars ne sont rien autre que ces porteurs de braies, qui se font remarquer par leur élégance, mais dans le dessein de louer aux femmes esseulées les services de leur virilité. Le mot a ici les contenus du mot gigolo : jeune élégant entretenu, et jeune amant entretenu d'une femme plus âgée (Petit Robert).

Nous arrêtant là, le titre serait à rendre par : de l'ostentation et de la superbe des gigolos, et nous chercherions en vain son sens plaisant. Aussi n'hésiterons-nous pas à voir dans vita un mot évoquant la force, la robustesse, dans honestate un mot qui a trait à la façon d'honorer sexuellement, et dans Lourdaudus ce lourd doigt que nous avons rencontré au quatre-vingt-dixième titre. Et nous aurons :

Lourdoigt : de la vigueur et de la droiture des gigolos.

109. Lyripipij Sorbonici moralisationes, per m. Lupoldum. (42)

Saulnier dit : Lupoldus Federfusius (des Espitolae obscurorum virorum). Sur le lyripipion (chapeau des docteurs théologiens) ; Boulenger dit : Moralisation du lyripipion (chaperon de docteur en théologie) sorbonnique, par Maître Luitpold (un des correspondants d'Ortuinus dans les Espitolae obscurorum virorum s'appelle Lupoldus Federfusius) ; Guilbaud parle aussi de ces Epîtres des Hommes obscurs ; Michel dit aussi : Moralisations du lyripipion sorbonnique, explique aussi : le lyripipion est le chaperon des docteurs en théologie, mais ajoute : Le génitif lyripipii évoque tout autre chose ; Demerson dit en note : Du symbolisme moral du bonnet de docteur sorbonnique, par Me Luitpold, et donne : A propos de la Morale du Chaperon de Sorbonne, par Maître Lupold.

Nous allons revenir sur ce lyripipii que Michel nous fait remarquer, mais étonnons-nous d'abord que moralisationes, qui est du latin maca-

ronique, soit rendu par moralisations ; voyons-y plutôt un mot fabriqué sur moralis : relatif aux mœurs, et n'hésitons pas à dire que la moralisation ou les moralisations du chaperon des docteurs en théologie ne signifie pas grand chose. Nous préférons interpréter, et donner :
Du chaperon sorbonnique, gardien des mœurs, par Me Lupoldus.

Pour le deuxième sens, nous nous arrêterons d'abord sur la remarque de Michel, sans pourtant être certains de bien saisir ce qu'il veut nous faire comprendre. Peut-être cette finale urinale pipii le conduit-elle à penser que le mot évoque le sexe de la femme, en passant par pipiare : verser en pleurant, et lyra : la lyre. Mais il a dû, pour cela, retenir le génitif lyripipii, alors que le nominatif du bas-latin liripipium est suffisamment évocateur si l'on sait que lyripipion ou chaperon à queue des docteurs en théologie désignait aussi, dans le langage des matrones du temps, le capuchon du clitoris. Rabelais connaît évidemment mieux que personne l'acception génitale du mot, mais il est certain que tout le monde, en 1542, la connaissait aussi.

Le deuxième sens commence alors à poindre et équivaut, pour le moment, à : Des mœurs du capuchon clitoridien sorbonique. Mais la plaisanterie est à double détente, car traiter de capuchon clitotidien le chaperon des docteurs en théologie, c'est du même coup assimiler leur tête au gland que coiffe ce capuchon. L'insulte est encore vivace (bien qu'on ne comprenne plus qu'il s'agit du gland féminin), et traiter quelqu'un de gland revient à faire allusion au caractère érectile de l'organe, image de la non-valeur infatuée d'elle-même, qui enfle de la tête sous l'action de l'auto ou de l'hétéroflatterie.

Enfin, Leopoldum, c'est-à-dire Leopoldus, ne pouvait qu'amener à l'esprit de ces lecteurs de 1542 (que nous savons n'être pas des lecteurs populaires de la légende rabelaisienne) le nom Federfusius du correspondant d'Ortuinus dans les Epîtres des Hommes obscurs. Or, ce nom est manifestement fait sur les mots latins : foedus : hideux, sale, honteux, infâme, et fusio : action de répandre, de verser ; flux, écoulement. Tout cela nous semble revenir alors à évoquer, après le gland clitoridien, l'écoulement menstruel (car on ne peut penser au méat urétral et à l'urine, qui ont toujours donné lieu à des évocations joyeuses à caractère valorisant). Aussi rendrons-nous tout ce que semble contenir ce deuxième titre par :
Des mœurs du capuchon des glands sorboniques, par Maître de la Ménorrhée.

110. Les brimbelettes des voyageurs. (42)

Saulnier dit : Leurs brimborions (petits manuels de prières des pèlerins ?) ; Guilbaud dit : Petites bribes (et : petites prières), et Demerson donne : Les Casse-croûte des Voyageurs.

Ces commentaires sont inspirés du soixante-septième titre : Les brimborions des padres Celestins. Nous pensons, nous, que le rapprochement à faire est celui du quatre-vingt-dix-huitième titre : La racquette des brimbaleurs, car nous avons vu que brimbaler, c'est remuer de façon rythmique, et les brimbelettes sont, pour nous, des objets qui ballottent au rythme de la marche des voyageurs. Nous n'avons aucune peine à voir dans ces objets les médailles que ces voyageurs arborent à leur chapeau pour conjurer les mauvaises rencontres, ou, quand ils sont pèlerins, pour placer leur course sous la protection du saint de la région qu'ils traversent. Les brimbelettes sont donc ces saintes amulettes qui bringuebalent sur leur tête, et le titre, gardant l'idée de suspension, pourra se rendre par :

Les pendeloques des voyageurs.

Le deuxième sens apparaît sans difficulté, inspiré du fait que les pendans sont déjà dans le Roman de Renart les testicules. Et nous comprendrons que les brimbelettes sont, cette fois, ces précieux joyaux suspendus qui, chez les voyageurs, bringuebalent à chaque enjambée. Nous rendrons ce deuxième titre par :

Les pendouilles des voyageurs.

111. Les potingues des euesques potatifz. (42)

Saulnier dit : Drogues. Jeu sur évêque portatif (in partibus) et potatif (buveur) ; aussi sur père putatif ? ; Boulenger dit : On nommait évêques portatifs les évêques in partibus. On devine quelles étaient les drogues des évêques potatifs, c'est-à-dire experts à vider les pots ; Guilbaud dit : Les Médicaments des évêques amis des pots (jeu de mots avec portatifs, autre nom des évêques in partibus) ; Michel dit : Les Potions des évêques buveurs. Jeu de mots sur potatif, de potare, boire, et portatif (évêque in partibus) déjà employé dans la Farce de Maître Pathelin ; Demerson dit en note : Les Infusions des Evêques in potibus, et donne : Les Potions des Evêques de l'Eméché.

Il nous faut d'abord savoir que ces évêques in partibus sont les évêques titulaires de diocèses situés en pays non chrétiens ; la locution est in partibus infidelium : dans les pays des infidèles. Cela dit, il se peut que, pour le premier titre, le jeu de mots s'établisse entre portatifs et potatifs, et que ce dernier adjectif ait quelque rapport avec les pots, mais il ne semble pas qu'il s'agisse du pot des buveurs. Ce pot est, plus probablement, cet official (G.ix) ou ce lasanon qui, au Quart Livre (LX) est ainsi défini : Lasanon estoit une terrine et vaisseau approprié à recepvoir les excremens du ventre ; ou mieux encore, ce pital (LXVII) dont la Briefve Declaration dit : terrine de scelle persée. Tuscan. Dont sont dicts Pitalieri certains officiers à Rome qui escurent les scelles persées des reverendissimes cardinaux estans on conclave resserrez pour élection d'un nouveau Pape.

Les potingues semblent bien être alors ces terrines ou leur contenu, les evesques potatifz étant l'équivalent de ces Pitalieri ou de ce lasanophore : officier chargé du lasanon, dont parle Rabelais au même chapitre LX du Quart Livre.

Il est probable que ce ne sont pas les évêques qui vidaient les chaises percées des cardinaux, et il faut peut-être voir dans ce titre celui d'un ouvrage édifiant traitant de l'humilité et de l'obéissance sans murmure ni restriction demandées même aux dignitaires de l'Eglise. Nous le rendrons en laissant au mot vaisseau le soin de restituer à la fois l'idée de terrine de chaise percée et celle de voyage au loin :

Les vaisseaux des évêques porte-coton.

Pour le deuxième sens, il nous faut d'abord aller voir, comme nous y invite Michel, si Pathelin confirme que ce potatif est bien une transposition de ce portatif, des pays non chrétiens, en potatifs, amateurs de pots. Le premier emploi est celui du vers 770, où Guillaume se repent d'avoir laissé Pathelin emporter le drap : Et cest advocat potatif/ a trois lecons et trois psëaulmes. Le deuxième est celui du vers 1552, où le drapier répond à Pathelin, qui cherche à lui faire croire que celui qu'il a vu est un certain Jehan de Noyon : He deable il n'a pas visaige/ ainsi potatif ne si fade.

Le commentaire dit ici[12] : Potatif : adjectif, peut-être créé par l'auteur et qui paraît avoir comme base le latin potare, boire, donc : aviné (de plus, potatif rappelle putatif). Si le premier emploi de ce potatif peut, isolé, passer pour signifier aviné, la juxtaposition, dans le deuxième emploi, des adjectifs fade et potatif nous oblige à rejeter cette interprétation.

Pour fade, Greimas dit : privé de qualités sensibles : sans saveur, sans couleur ; sans vigueur, languissant. Or, il ne vient à l'esprit de personne de dire d'un homme aviné qu'il est sans couleur, sans saveur, sans vigueur. De plus, il est évident qu'au vers 1522, le drapier est loin de reprocher à Pathelin une quelconque propension à boire, propension qui ne peut que le laisser indifférent ; ce qui l'occupe, c'est son drap, et le fait de se l'être laissé subtiliser par ruse. Il faut donc plutôt voir dans le grief qu'il lui fait d'avoir le visage fade, celui d'avoir un visage sans caractère, sans franchise, apte à refléter des sentiments simulés. Le mot fade équivaut ici à faux, dans le sens où l'emploiera Rabelais au

---

12. Maistre Pierre Pathelin, Richard T. Holbrook, Champion, 1970.

chapitre xxj du présent Livre, quand Panurge, qui vient de presser en vain la haute dame de Paris, abandonne son discours de parade et change brusquement de ton : Adoncques Panurge tourna son faulx visaige, & luy dist. Vous ne voulez doncques aultrement me laisser un peu faire ? Bren pour vous.

Du même coup, nous comprenons que potatif n'a ici rien à voir avec aviné, mais que le mot est inspiré de putatif : du latin juridique du moyen âge : putativus (de putare, compter, estimer) ; ce mot existe déjà en latin de basse époque, mais au sens d'imaginaire (Bloch et Wartburg). L'avocat potatif du vers 770 équivaut donc à avocat présumé, prétendu, sans autre preuve que ses propres dires ; le mot introduit l'idée d'imposture et contient à peu près ce que contient l'expression du vers 756 : advocat d'eau douce. Au vers 1522, le mot participe de cette même idée d'imposture et renforce le sens de faux qu'à ici le mot fade.

Nous sommes maintenant certains que ces evesques potatifz du second titre ne sont en rien des évêques avinés. En revanche, nous pourrions croire qu'ils sont des évêques prétendus, ce qui est absurde. En fait, ce potatif n'a aucun rapport avec celui de Pathelin, et le rapprochement indiqué n'est que simple mécanique universitaire qui n'apporte rien.

Il semble alors évident que ce potatif, jouant sur portatif et sur putatif, est ici à entendre comme un mot formé sur l'adjectif put : puant, sale, infect ; ignoble, bas, méprisable (Greimas). Outre putain et pute, le mot a donné, entre autres : putement : laidement, honteusement ; puterie : débauche, mauvaise conduite en général ; putie : ordure, poussière, fumier, chose honteuse ; putisme : laid, ignoble (Greimas). Ces evesques potatifz sont, à n'en pas douter, des évêques qui aiment à se vautrer dans la fange ; et, du même coup, le sens de pots merdeux que nous avons attribué à potingues semble devoir être repris, en donnant toutefois au sens une extension allant jusqu'à l'humain.

Ces evesques potatifz sont, nous l'avons vu, des évêques qui officient en terre non chrétienne où il est évident que la dépravation est infiniment plus grave, du seul fait qu'elle est celle d'incroyants. Or, les évêques, Rabelais l'a dit et redit des ecclésiastiques, ont un goût prononcé pour la sodomie ; leurs complices, en terre chrétienne, sont, bien sûr, inspirés du Démon, mais il n'en est pas moins vrai que leurs pots sont encore ceux de chrétiens. Il n'en est pas de même in partibus infidelium, où ces pots sont ceux de païens où l'on pèche bien plus grièvement. Les potingues semblent bien alors équivaloir à pots impies, pots rénégats, et les évêques de ces terres infidèles, que leur penchant pousse à ces rapprochements avec des mécréants, sont bien alors ces évêques qui opèrent dans l'ignoble, l'infect et le puant.

Nous tenterons de rendre cette idée de rectum infidèle par un mot inspiré de bougre, qui désignait le Bulgare sodomite, et qui contient donc la notion d'étranger, et nous aurons :

Les bougreries des évêques des Terres jaunes.

112. Taraballationes doctorum Coloniensium aduersus Reuchlin. (42)

Saulnier dit : les agitations des docteurs de Cologne contre Reuchlin ; Guilbaud donne même traduction et ajoute : Reuchlin : humaniste ; ces querelles, de 1505 à 1516, furent à l'origine des Epîtres des hommes obscurs ; Plattard précise que cette querelle fut à propos de la prétention du juif converti Pfefferkorn à priver les Juifs de leurs livres hébraïques ; Demerson dit en note : les Houspillations des Docteurs de Cologne contre Reuchlin, et donne : Les Tribulations des docteurs de Cologne contre Reuchlin.

Le mot taraballationes est évidemment formé du latin ballatio : danse, et du tara qu'on retrouve dans tarabuster : du provençal tarabustar, croisement de l'ancien provençal tabustar, faire du bruit, variante de tabussar (cf. l'ancien français tambuschier, même sens), formes de la même famille que l'ancien tabour, moderne tambour, avec rabasta, querelle, bruit (Dauzat). Bloch et Wartburg parlent de deux radicaux onomatopéiques : tar (comparer : tarare) et moyen français : tabust, bruit (radical tabb) ; comparer aussi ancien français : tarabat : crécelle. Le Petit Robert donne au mot tarabuster la signification : faire du bruit, de tarabustis : désordre, querelle ; provençal tarabustar, croisement de tabustar, faire du bruit, et rabasta : querelle, bruit.

Le mot taraballationes contient donc à la fois l'idée de danse, celle de querelle et celle de bruit. Il est difficile de les voir réunies dans les mots : agitations, houspillations, tribulations que nous donnent les commentateurs. Il est pourtant important de rendre exactement le contenu du mot, ici pivot de la phrase, puisque le reste n'est qu'indication de personnes. Nous rendrons donc ce premier titre par :

Les assourdissantes danses guerrières des docteurs de Cologne contre Reuchlin.

Le deuxième sens semble n'être aucunement érotique, mais jouer sur la seconde compréhension de taraballationes, et sur un sens nouveau de adversus. Tara peut être pris comme issu du verbe tarier, dont les sens seconds sont : tourmenter, frapper, blesser (Greimas) ; baler a pour seconds sens : vanner, maltraiter (Greimas) ; et nous voyons assez bien dans lationes la latinisation macaronique de late : latte, pièce de bois longue (Greimas). Le mot est donc très exactement l'évocation d'une raclée donnée au moyen de longues pièces de bois. Quant à adversus, le mot a une multitude de compréhensions possibles, et, parmi elles, celles de dans le sens opposé à, en remontant, à la rencontre, en réponse à, qui nous permettent de saisir que ces raclées sont appliquées en représailles par Reuchlin sur les échines des docteurs de Cologne. Nous rendrons donc ce deuxième titre par :

Les volées de bois vert de Reuchlin en réponse aux docteurs de Cologne.

113. Les cymbales des dames. (42)

Saulnier dit : Leurs grelots ; Boulenger dit : On imagine ce qu'elles peuvent être chez les messieurs ; Guilbaud dit : Jeu de mots obscène : étymologiquement : objet creux ; au moyen âge, instrument de musique du genre triangle et muni de grelots ; Michel dit : Les grelots des dames (avec un sens paillard) ; même Jourda, que nous ne citions plus tant il est plat, dit : Les grelots ; seul Plattard, qui ne craint pas de passer pour ce qu'il est, ne dit rien ; Demerson dit en note : On ne joue de cet instrument qu'à quatre mains, et donne assez niaisement : La grosse Caisse des Dames.

Cette histoire de grelots n'entre certainement pas dans le titre édifiant de la librairie, et il nous faut découvrir comment ces cymbales peuvent être comprises au sens sérieux.

Les étymologistes ne nous sont d'aucune utilité : Du latin cymbalum, emprunté au grec kumbalon. Le Petit Robert n'en dit pas plus. Littré dit : Chez les anciens, instrument de percussion fait d'airain. Dans le langage de l'Ecriture, bruit éclatant et vain. Greimas donne cimble, cimbe : cymbale ; voir cembel. Cembel, de cymbalum ? : cloche pour appeler au tournoi : petite troupe destinée à attirer l'ennemi dans une embuscade ; embuscade ; sens le plus fréquent : combat, tournoi, joute ; provocation, insolence ; train de vie orgueilleux. Cembeler, cembillier : jouter, combattre ; cembiller del oel : jouer de la prunelle ; cembeleor : combattant.

Il est probable que le titre édifiant emploie le mot cymbales au même sens que l'Ecriture, et les femmes étant pour l'Eglise l'instrument du Démon, l'ouvrage traite du vain bruit fait autour d'elles, ou dénonce les moyens qu'elles emploient pour capter l'attention. Nous rendrons cette position misogyne par un mot qui signifie son, bruit (des cloches de troupeaux) :

Les sonnailles des dames.

Pour le deuxième sens, il nous faut examiner si ces cymbales sont bien l'équivalent de ces grelots dont nous parlent les commentateurs. Le premier mouvement est de voir dans cymbale, comme le dit Guilbaud, un objet creux. Les mots latins cymba : barque, canot, esquif, nacelle ; partie du navire qui plonge dans l'eau ; cymbalaris : nombril-de-Vénus (plante) ; cymbalum : cymbale (disque comportant une dépression) ; cymbium : vase à boire en forme de barque ; lampe ayant la même apparence ; cymbula : petit canot, nous invitent d'abord à penser que la cymbale représente un objet féminin, et particulièrement, le sexe de la femme, au profil naviculaire. Mais tout nous laisse croire que cette parité : cymbale : profil en forme de barque ne s'est jamais transmise au français.

D'autre part, le mot cymbalum a aussi pour signification cloche, timbre d'une machine hydraulique, et Rabelais emploie, ailleurs, ce même mot cymbale au sens de : cloche, clochette : qun basteleur, un porteur de rogatons, un mulet auecques ses cymbales (G. xvij) ; une ville sans cloches est comme un aueugle sans baston, un asne sans cropiere, & une vache sans cymbales (G. xix) ; ceintz de grosses courraies, esquelles pendoient grosses cymbales de vaches et sonnettes de muletz à bruyt horrificque (Q. L. XIII) ; jectans feu de tous coustez sus luy et sa poultre, sonnans de leurs cymbales, et hurlans en diable (Q. L.XIII). Ces cymbales sont donc des cloches pendues au cou des animaux, particulièrement des vaches, cloches qui bringueballent au rythme de leur marche, comme les brimbelettes du cent dixième titre, et qui, naturellement, évoquent les testicules.

Les commentateurs ont donc entrevu l'image mais se sont quelque peu trompés : les grelots ont besoin pour tintinnabuler, d'une agitation fébrile, et c'est pourquoi ils sont placés le plus souvent au cou des chèvres, mais ce mouvement n'est pas exactement celui que veut nous représenter Rabelais au chapitre xxj du présent Livre, quand il fait dire à Panurge : car (montrant sa longue braguette) voicy maistre Iean Ieudy : qui vous sonneroit une antiquaille, dont vous sentirez iusques a la moelle des os. Nous rendrons donc ce deuxième sens par un mot dérivé de carillon qui, bien qu'il veuille dire, étymologiquement, groupe de quatre cloches, signifie aussi sonnerie de cloches vive et gaie :

Les carillonnements des dames.

114. La martingalle des fianteurs. (42)

Saulnier dit : Chausses avec pont dans le dos ; Boulenger dit : Sorte de chausses dont le pont était placé derrière ; Guilbaud dit : Celle des chausses à la martingalle, ouvertes par derrière, dont la mode était, paraît-il, venue de Martigues ; Michel dit : Chausses venues de Martigues et dont le pont placé par-derrière facilite ce qui est indiqué ; Demerson renvoie au chapitre xx du Gargantua où Rabelais explique : a la martingualle qui est un pont leuis de cul pour plus aisement fianter, dit en note : L'entrejambe des culottes à martingualle était mobile, et donne : Les Culottes percées des fienteurs.

La martingalle du titre édifiant n'est évidemment pas ce pont leuis de cul ; le mot désignait, dans le langage populaire, la fête de la saint-Martin, mot formé, bien sûr, de Martin et du mot gale : réjouissance, plaisirs, amusement, joyeuse vie, banquet, fête (Greimas). Il faut en effet se rappeler qu'à la saint-Martin (11 novembre), était fait l'essai du vin nouveau, et qu'on pouvait ce jour-là boire autant qu'on voulait sans bourse délier. Mais il faut savoir aussi que ce vin nouveau a la propriété de provoquer, dans un très court laps de temps, une diarrhée pressante : le titre édifiant est donc celui d'un ouvrage qui fustige les mécréants qui n'honorent saint Martin qu'en buvant à ventre déboutonné (P. xx), quitte à devenir ces fianteurs hâtifs. Nous rendrons ce titre par :

La saint-Martin vineuse des foireux.

Le deuxième titre reprend, bien sûr, le mot martingalle au sens vestimentaire, évoquant la commodité du port d'un haut-de-chausses ainsi conformé pour ces intempérants de la saint Martin, que leurs libations obligent à se rendre au retrait aussi rapidement que fréquemment. Nous rendrons ce titre en jouant sur le mot foire :

Les chausses à pont de la foire saint-Martin.

115. Vireuoustatorum nacquettorum per f. Pedebilletis. (42)

Saulnier dit : Frère Pied-de-bille. La virevolte des valets ; Boulenger dit : Des tours des nacquets (valets des jeux de paume), par Frère Pied-de-Bille ; Demerson dit en note : Le terrain où virevoltent les nacquets (valets qui ramassent les balles), et donne : Les Virevoltes des Caddies, par Frère Rouletabille.

Le sens édifiant, ici, n'apparaît pas nettement, et nous pouvons encore une fois penser que Rabelais a créé le titre pour sa deuxième compréhension. Quoi qu'il en soit, si nous admettons que nacquettorum signifie des valets de jeu de paume, que virevoustatorum désigne les virevoltes, il faut bien voir dans Pedebilletis l'équivalent de Pied-de-bois : bille : tronc d'arbre ; billier : garrotter, attacher au billot de bois (Greimas). Le titre est alors celui d'un ouvrage dont le vrai sujet est probablement l'inconstance, le manque de stabilité, la propension au retournement. Et le sourire vient du fait que ce titre où tout est agilité est celui d'un auteur dont le nom est synonyme d'impotent. Nous le rendrons en employant un mot de Littré, qui est une ancienne corruption du mot virevolte et qui signifie action de se donner du mouvement :

Les virevousses de valets de jeu, par Frère Pied-de-bois.

Le deuxième sens se lit assez facilement si l'on comprend que nacquettorum est la latinisation macaronique de nache, nage : fesse, du latin populaire natica, de natis : fesse ; nates : fesses, derrière, croupion (Greimas), et si l'on voit dans virevoustatorum les retournements, où le sens de retourner est renverser, se trouver tourné à l'envers (Petit Robert), ou les volte-face, mot qui, de l'italien volte faccia, peut aussi bien vouloir dire se retourner en présentant le dos, que se retourner pour faire face (Petit Robert).

Nous entrevoyons de quoi il est question, et nous n'avons alors pas grand mal à voir dans Pedebilletis, non plus le mot pes, pedis : pied, mais l'élément Ped(o) : paidos : enfant, qui a donné pédéraste, et dans billetis, non plus les souches, mais les billes ou petites boules (Greimas). Il est pourtant peu probable que l'élément ped soit à entendre au sens restreint d'enfant ; le mot pédéraste n'avait certainement plus, en 1542, son sens grec, et il était peut-être tout simplement employé, comme aujourd'hui, pour désigner l'homosexualité masculine. Nous rendrons ce deuxième titre par :

Les volte-face des fessiers, par Frère Sodobilles.

116. Les bobelins de franc couraige. (42)

Saulnier dit : Bobelins = grosses chaussures. Allusion aux pèlerins ; Boulenger dit : Les croquenots de franc courage (bobelin : chaussure grossière à semelle épaisse) ; Guilbaud dit : Godillots (allusion aux pèlerins) ; Demerson donne : Les Godillots du courage.

Tous les commentateurs parlent de chaussures grossières, et quelques-uns, de pèlerins : nous avouons ne rien comprendre à cette liaison établie entre des croquenots et des pèlerins, puérilité qui laisse entendre que ces pèlerins sont dotés de franc couraige pour entreprendre de longues marches avec de telles chaussures, ou que ces chaussures grossières sont le symbole du franc couraige qui pousse les pèlerins à partir.

Il nous semble que, pour le sens édifiant, le mot bobelins est plutôt à entendre au sens que donne Greimas : bobelin : nigaud, fat, insolent ; bober : faire la moue, grimacer, railler, tromper. Le mot franc est alors à comprendre comme noble, libre (Greimas), dans son extension : vrai, réel, sincère. Quant au couraige, il est ici, non pas la fermeté devant le danger, la souffrance (Petit Robert), mais le corage : siège de la vie intérieure, les dispositions de l'âme ou de l'esprit, en particulier l'intention, l'envie, la volonté (Greimas).

Nous comprenons alors que ce titre, amené par le précédent, est celui d'un ouvrage qui traite de ceux qui n'ont pas ferme détermination de leur foi, de ceux qui n'ont que l'apparence de la résolution. Nous rendrons ce titre par :

Les simulacres de la vraie foi.

Le deuxième sens fait, bien sûr, équivoque avec l'acception savate avachie du quarante-cinquième titre. Nous avons vu alors que le bobelin, c'est celui qui fait la moue, celui qui grimace, et nous avons rendu de bobelinandis glosse par glose sur les fendasses affaissées. C'est le même sens que nous retrouvons ici, où ces fendasses requièrent, de la part de qui les honore, un vrai, un réel courage, qui est bien alors cette fermeté maintenue devant ce qui pourrait provoquer l'inappétence et la dérobade. Nous garderons cette idée de courage au combat en rendant le titre par :

Les vieux écus pour jouteurs héroïques.

117. La mommerie des rebatz & lutins. (42)

Saulnier dit : La mascarade des esprits follets ; Guilbaud dit : La mascarade des esprits et lutins ; Michel dit : Rebat : esprit follet ; Demerson donne : La mascarade des Esprits et des Lutins.

Ce sens qu'on nous donne de rebat n'est pas celui de Littré, qui dit d'abord : Terme de fauconnerie. Se dit de l'autour qu'on lance une seconde fois, et qui donne un exemple de Ronsard où il est question du rebat (reflet) du soleil radieux. Dans Littré toujours, le mot bat est ainsi défini : Terme de pêche, qui n'est d'usage que pour mesurer la grandeur d'un poisson. On dit qu'il a tant de décimètres entre œil et bat, c'est-à-dire entre la tête et la queue, et qui cite, de Rabelais : Par equale distance de queue et bat (Q. L. 34), alors que l'orthographe du texte est bac, et que le glossaire donne le mot pour avant d'un navire. Greimas donne seulement : Rebat : corniche, contour, chambranle, et rebatre : retrancher. Voyons si lutin peut nous apporter quelque lumière.

Dauzat dit de lutin : Sans doute altération de netun, du latin Neptunus, dieu de la mer, rangé ensuite parmi les démons ; netun est devenu nuiton, d'après nuit, et luiton, d'après luitier, lutter, puis luton, d'où lutin par changement de suffixe. En bref, cela revient à dire que Neptune a donné lutin, et nous n'y attacherons aucune foi, car nous verrons plutôt pour ce lutin la seule influence du verbe luter : du latin lutum, limon, de lutare, enduire de terre (Greimas), et qui signifie, dans le langage de la médecine du temps, fermer, boucher avec du lut (Littré), le lut étant un enduit tenace qui sert à boucher un vase (Littré). Luter, c'est boucher hermétiquement, et le lutin est précisément le boucheur.

Retenant ce sens de boucher, nous trouverons dans l'exemple d'E. Deschamps cité par Littré : Lors laisseront li vieillart ce lutin (la passion des femmes), l'idée que ce lutin désigne dans le titre ce démon masculin ou incube qui est censé abuser des femmes pendant leur sommeil (de incubare : coucher sur ; Dauzat).

Et, du même coup, le bat de rebat nous laisse entrevoir que le mot peut fort bien désigner le démon femelle, ou succube, qui vient, la nuit, s'unir à un homme (de sub : sous, et cubare : coucher ; Dauzat).

172

Ainsi, pour nous, ces rebatz & lutins sont les succubes et incubes. Reste le mot mommerie, dont les commentateurs n'ont vu qu'un sens.

La momerie est effectivement une mascarade, c'est-à-dire un divertissement où les participants sont déguisés et masqués (Petit Robert). C'est probablement le sujet de l'ouvrage édifiant, qui dénonce les trompeuses manifestations de ces démons érotiques, truchement de Satan. Nous rendrons le titre par :

Les phantasmes des succubes et incubes.

Le deuxième sens de momerie est : divertissement dansé, et c'est assurément cette interprétation qui s'impose si nous comprenons que cette danse divertissante est, en fait, le tortillement de plaisir, dont Rabelais s'amuse, sachant certainement à quoi s'en tenir sur la responsabilité des démons dans les fornications oniriques. Nous rendrons donc ce titre par un mot qui est formé de tre (latin trans : à travers), et de mousse : écume (Petit Robert) :

Les trémoussements des succubes et incubes.

118. Gerson de auferibilitatepape ab ecclesia. (42)

Saulnier dit : Son ouvrage (authentique) Du droit pour l'église de déposer les papes (1414) avait pour objet de mettre fin au grand Schisme ; Boulenger dit : De la possibilité de déposition du pape par l'Eglise. Titre d'un ouvrage de Gerson, composé en 1414 pour prouver que le concile avait le droit de déposer les deux autres papes ; Michel dit : Ouvrage composé en 1414 par Gerson lors du concile de Constance pour faire déposer les deux antipapes Grégoire et Benoît XIII et faire cesser le Grand Schisme. Mais ce droit risquait fort d'être étendu à d'autres cas ; Demerson donne : Pourquoi l'Eglise a le droit de déposer le Pape.

Le titre sérieux n'est donc pas de Rabelais ; il est tout simplement de Gerson :

Du droit de déposition des papes par l'Eglise.

Mais le deuxième, c'est-à-dire l'interprétation malicieuse, est bien de Rabelais, et nous avons là une confirmation du bien-fondé de toutes les compréhensions secondes que nous avons extraites et de leur caractère érotico-comique.

Pour celle-là, il n'est que de remarquer que auferibilitatepape est écrit en un mot pour comprendre où veut en venir Rabelais : les quatre dernières syllabes équivalent à tater pape, et le verbe auferre, s'il veut dire emporter, entraîner, faire disparaître, a pour sens figuré se faire une idée de. Nous saisissons d'emblée que le sens du deuxième titre s'appuie sur la palpation légendaire que devait subir le nouveau pape, pour qu'on vérifiât qu'il n'était point femme. Panurge, au chapitre XII du Tiers Livre, évoque cette obligation : Je vous luy coupperay les couillons tout rasibus du cul, il ne s'en fauldra d'un pelet. Par ceste raison ne sera il jamais pape, car testiculos non habet. Et Boulenger explique à cet endroit : Il n'a pas de testicules. La légende de la papesse Jeanne[13] étant accréditée, on affirma que les deux chaises en porphyre, sur l'une desquelles le pape s'asseyait après son élection, étaient percées afin qu'on s'assurât de sa virilité.

Si l'obligation d'être de sexe masculin pour être pape est réelle, la palpation est très certainement imaginée. Mais l'image grotesque et rabaissante de cette vérification subie par le plus grand dignitaire de l'Eglise était fortement ancrée dans les esprits : le peuple y attachait peut-être foi ; les lettrés y voyaient, selon le cas, une raison de s'indigner ou une occasion de rire. Nous pouvons donc, sans risque de nous tromper, rendre le titre par :

Gerson : Du droit pour l'Eglise de se faire une opinion en tatant le pape.

119. La ramasse des nommez & graduez. (42)

Saulnier dit : Le balai des titrés ; Boulenger dit : Traîneau ; Guilbaud dit : Le traîneau (et : le ramassis) des titrés et gradués ; Michel dit : Le balai des titrés ; Demerson donne : Le Ramassis des Titrés et des Diplômés.

Les commentateurs qui optent pour traîneau ont trouvé le mot dans Littré : Ramasse : espèce de traîneau dans lequel un homme dirige les voyageurs qui descendent des montagnes couvertes de neige. L'idée est alors celle que nous pourrions rendre par un mot qui désigne la voiture qui ramasse les éclopés : la voiture-balai des nommés et gradués, mais il ne semble pas que ce soit là le sens du titre.

Nous le verrons plutôt dans le ramasser : 1539, R. Estienne : resserrer, que donne Dauzat, ou le ramasser : fin XVe (Commynes, une première fois en 1213), que donnent Bloch et Wartburg. Le mot vient de masse : réunion de choses, foule, et nous pouvons rendre ce premier titre par un mot qui signifie endroit où l'on range, où l'on remise certaines choses (Petit Robert) :

La resserre des nommés et gradués.

Pour le deuxième titre, nous prendrons dans Littré la deuxième acception de ce mot ramasse : Terme technique. Outil cylindrique garni de dents plus ou moins fines, qui sert à élargir ou à nettoyer un canal creusé dans une pièce de bois ou de métal. Pour nous, l'allusion est claire, et remet encore sur le tapis les mœurs sexuelles que Rabelais prête aux théologiens. Nous pourrions rendre ce deuxième titre en

---

13. (environ 855).

abandonnant l'idée de nettoyage et, ne gardant que celle d'élargir un canal, avoir alors le choix entre divers outils tels que queue-de-cochon : tarière terminée en vrille ; queue-de-rat : lime ronde et fine terminée en pointe ; queue-de-renard : outil taillé à deux biseaux servant à percer (Petit Robert). Mais nous opterons plutôt pour un instrument qui a l'avantage de garder l'idée de nettoyage et d'élargissement, et qui a, de plus, une forme certes plus familière aux diplômés de ce temps : le goupillon : brosse ou balai ressemblant à un goupillon (Petit Robert), et nous aurons :

Le passage au goupillon des nommés et gradués.

120. Io. Dytebrodij de terribiliditate excomunicationum libellus acephalos. (42)

Saulnier dit : Dytebrodius : Richebrouet. Livre acephalos = sans préface (cf. Rabelais, Dédicace de la Topographie de Marliani, ad finem) ou sans tête, stupide ; Boulenger dit : Livre acéphale de Jean Ditebrodius de la terribilité des excommunications ; Guilbaud dit : Jean Richebrouet : Du terrible des excommunications, livre sans préface (et : sans tête) ; Demerson dit en note : J. Bouillonriche, Opuscule acéphale sur la terribilieuseté des excommunications, et donne : John Platgarne (il faut évidemment lire : Platgarni) : Etude sur la terrible excommunication (Livre acéphale).

La référence au texte, que donne Saulnier, nous montre que Rabelais y emploie effectivement le mot acéphale pour sans épître dédicatoire, et c'est certainement le sens qu'il faut retenir pour le titre édifiant. Quant au latin ditare, le verbe signifie enrichir ; le mot brodii est la latinisation macaronique de brod : jus, sauce de viandes bouillies (Greimas) et libellus est, non pas un livre, mais un petit livre, un petit écrit, un opuscule, comme dit Demerson. Le mot terribilis, s'il veut dire terrible, effrayant, a aussi le sens de qui commande le respect, vénérable, et la vénération est, en langage ecclésiastique, un respect religieux fait d'adoration et de crainte. Nous rendrons donc ce premier titre par :

Jo. Bouillongras : de la vénération qu'inspirent les excommunications, petit livre sans dédicace.

Pour le deuxième sens, la curieuse abréviation Jo, où l'on peut voir peut-être le nom Jean, se confond avec le vieux mot : job, jobe : niais ; en outre, Jan, Ian avait le sens de cocu. Si, maintenant, nous reprenons le ditare : enrichir, et le brod : jus, du premier titre, nous arrivons alors à l'idée de quelqu'un qui allonge niaisement la sauce, qui la rend insipide. Nous garderons ce contenu en formant le nom Jobard Qui-en-remet. Nous retiendrons, cette fois, de terribilis le sens d'effrayant, et nous rendrons acéphalos : stupide, par un très mauvais calembour. Nous aurons alors :

Jobard Qui-en-remet : de l'effroi qu'inspirent les excommunications, opus tout à fait cule.

121. Ingeniositas inuocandi diabolos & diabolas per M. Guinguolfum. (42)

Saulnier dit : Guingolfius, De l'art d'invoquer les diables ; Boulenger dit : L'art d'invoquer les diables et diablesses, par Maître Guingolfus ; Demerson donne : Le génie du diabolisme : Comment invoquer diables et diablesses, par Maître Guingolfus.

Pour le titre édifiant, il faut voir dans ingeniositas la capacité, le talent, le don, et dans invocare, le verbe nommer, car il ne peut évidemment s'agir que d'un ouvrage traitant de l'exorcisme, c'est-à-dire du pouvoir de reconnaître le démon possesseur, le nommer, et le chasser du corps du possédé à l'aide des formules consacrées et du cérémonial établi, quand on est un clerc ayant reçu le troisième ordre mineur, dit exorcistat, qui confère le droit d'exorciser. Nous rendrons ce premier titre par :

De l'aptitude à conjurer diables et diablesses, par Maître Guinguolfus.

Pour le deuxième titre, ce nom de Guinguolfus ne nous semble pas avoir été choisi sans intention : nous le voyons formé de guin, de guol et de fus, et nous voulons voir, pour guin le verbe guinder qui, s'il a pour premier sens celui de hisser à l'aide d'un treuil, a aussi celui de raidir ; pour guol le mot golee : grosse bouche ; goloser : désirer ardemment, et pour fus le mot fust : manche, poutre. Guinguolfus est donc à peu près : raide du manche et du fondement, interprétation qui nous conduit à voir dans les diabolos & diabolas, ces mêmes incubes et succubes que nous avons rencontrés au cent dix-septième titre.

Dès lors, nous pouvons entrevoir que ingeniositas est à prendre dans son second sens de riche talent, rare capacité (le mot ingeniosus ayant, lui, le sens de bien doué par la nature) ; et nous comprendrons que ce Guinguolfus a, en effet, le rare privilège de pouvoir invoquer, et donc de faire venir et d'user aussi bien des in-cubes (qui couchent sur) que des sub-cubes (qui couchent sous). Nous rendrons donc ce deuxième titre par :

De la rare capacité de s'envoyer et les incubes et les succubes, par Maître Ambiroide.

122. Le hoschepot des perpetuons. (42)

Saulnier dit : Le ragoût des moines qui prient perpétuellement ; Guilbaud dit : Le ragoût des prie-toujours (gens toujours en prières) ; Demerson donne : Le Ragoût des Moulins à prières.

Le mot hochepot est dans Littré : Terme de cuisine. Espèce de ragoût fait de bœuf haché et cuit sans eau dans un pot avec des marrons, des navets et autres assaisonnements. On fait aussi des hochepots avec des oies grasses et des canards. Mais il semble que ce n'est pas ce terme culinaire qu'il faille retenir ici.

Nous avons vu, au soixante-douzième titre, que le pot est aussi la tête : le Tiers Livre, chapitre VIII, nous l'indique encore, qui dit : Saulve Tevot le pot au vin, c'est le cruon. Et nous devons probablement discerner dans hosche le verbe hochier : secouer, agiter (Greimas), et comprendre que ces hochements sont ceux de la tête des moines : les oraisons dites en commun sont effectivement rythmées par les mouvements de tête correspondant à la respiration : le phrasé, généralement long, est évidemment dit pendant l'expiration, souvent forcée, qui incline lentement le menton sur la poitrine ; puis la tête se relève vivement pour une inspiration profonde et rapide, qui amène le menton en position haute. Le hoschepot est bien ce hâtif mouvement du chef d'avant en arrière, suivi de ce lent mouvement d'arrière en avant. Il ne peut qu'être permanent chez des gens qui prient sans cesse, car perpetuons est bien ici le mot fait pour le calembour que nous indiquent les commentateurs. Nous rendrons ce premier titre par :

Le branle-chef des perpétuans.

Pour le deuxième titre, il est évident que le mot pot reprend son acception sexuelle. Hosche est toujours le terme qui indique l'agitation, le secouement, signification enrichie toutefois de l'idée contenue dans un mot tel que hocheor : celui qui secoue, foulon (Greimas). Nous comprenons, que, là encore, le foulage du pot range ces perpetuons parmi les moines sodomites que dénonce Rabelais.

Du même coup, apparaît le véritable calembour auquel se prête le mot perpetuons, manifestement formé par Rabelais pour cette deuxième compréhension : le jeu de mots avec péter est évident : Péter, dit Dauzat, a éliminé l'ancien peire, poire (encore au XVe siècle chez Villon), du latin pedere : péter. Il serait peut-être excessif de voir dans perpet(uons) la redondance : peire-pet, mais il est en revanche tout à fait légitime de voir dans ces perpetuons des pères qui pètent, si nous entendons que ces moines, qui se font secouer le pot, ont quelque difficulté, vu l'affaiblissement bien compréhensible de leur sphincter anal, à retenir leurs gaz intestinaux. Nous rendrons donc ce titre par :

Le hoche-cul des pères pétants.

123. La morisque des hereticques. (42)

Saulnier dit : Morisque : danse avec grelots, moresque des hérétiques : allusion aux tortures de l'Inquisition ; Boulenger dit : Sorte de danse ; Guilbaud dit : Danse moresque. Allusion au supplice de l'estrapade et aux tortures infligées par l'Inquisition ; Demerson donne : La danse du feu des Hérétiques.

L'identification de morisque et moresque est générale chez les commentateurs. Au chapitre XXXVIII du Tiers Livre, où Panurge qualifie Triboulet de fol de morisque, le commentaire dit : Mauresque : danse d'origine arabe. La même identité se retrouve au Quart Livre, d'abord pour le chapitre XXXII, des contenances de Quaresmeprenant : S'il estoit enroué, c'estoient entrées de Moresques, et pour le chapitre LII : feurent dansées plusieurs moresques aux sonnettes et timbous, où le commentaire dit : Morisque : danse mauresque, qui se danse avec des grelots attachés aux jambes.

Au même Quart Livre, chapitre LXIV, une phrase nous donne le vrai mot : Ilz n'avoient encores le dessert, quand le vent Ouest Norouest commença enfler les voiles, papefilz, morisques et trinquetz. Le commentateur dit alors : Voile. Terme inconnu en dehors de Rabelais. Le même commentaire dit pour papefil : Grand voile du grand mât, italien papafico, mot antérieur à Rabelais, et pour trinquet : Voile du mât de misaine, italien tranchetto, antérieur à Rabelais.

Il n'est pas besoin d'être grand clerc pour voir dans papafico : la figue au pape, et dans tranchetto : le petit tranchoir. Ces noms de voiles ont tout l'air d'appartenir, non pas au langage maritime orthodoxe, mais au vocabulaire des marins ; et rien ne s'oppose alors à ce que morisque soit le sobriquet attaché à une voile dont le mouvement ondulant évoque cette danse que nous nommons danse du ventre, exécutée par des danseuses portant des grelots fixés au corps, et accompagnées d'instrument à percussion.

Ainsi, le fol de morisque du Tiers Livre est peut-être bien le fol à danser ou accompagner la danse du ventre : l'épithète se trouve dans la colonne péjorative, juste après sommiste et abreviateur, juste avant bien bullé, mandataire, capussionnaire et titulaire, termes qui semblent s'appliquer aux gens d'Eglise ; et nous pouvons penser que ce de morisque était le terme rabaissant qu'on donnait, par exemple aux évêques in partibus que nous avons vus au cent onzième titre. Les entrées de moresques et les moresques aux sonnettes et timbous ne font pas difficulté : c'est bien cette danse du ventre accompagnée de bruits d'instruments à percussion et de grelots qui est ici évoquée, comme la voile nommée morisque évoque, elle, les mouvements du corps de la danseuse.

Cette morisque ou moresque, puisqu'il apparaît que les deux mots désignent la même chose, est donc cette danse orientale où les mouvements du bassin de la danseuse ont toujours eu pour les Européens la signification de lasciveté provocante, promesse de rares voluptés. L'Eglise du temps, la toute première, a dû fortement réprouver cette démonstration scandaleuse, et c'est probablement de cette immodestie des incroyants que traite l'ouvrage de la Librairie. Nous rendrons son titre au moyen d'un vieux mot, encore dans Littré, qui désignait des mouvements qui tordaient le corps, les contorsions :

Le tordion impudique des hérétiques.

Pour le deuxième sens, les commentateurs ne se sont pas complètement trompés : nous comprenons que les mouvements d'ondulation partant du bas du corps pour arriver jusqu'aux épaules, mobilisant le bassin dans des girations accentuées, sont exactement ceux que fait un individu attaché par les pieds et par le cou à un poteau, et que les flammes commencent à atteindre. Cette morisque est ici cette tragique danse du ventre que les hérétiques mis dans le bûcher [14] pour le plus grand bien de leur âme effectuent par réflexe pour tenter de se dégager des liens qui les retiennent au lieu de leur rédemption. Nous rendrons ce deuxième titre, dont le comique était probablement aussi grinçant pour Rabelais qu'il l'est pour nous, par :

La danse enflammée des hérétiques.

124. Les henilles de Gaietan. (42)

Saulnier dit : Les béquilles. Gaëtan, cardinal, adversaire de Luther à la diète d'Augsbourg (1518) ; Boulenger dit : Le sens de henilles est inconnu ; Guilbaud dit : Gaëtan, cardinal, adversaire de Luther à la diète d'Augsbourg. Ses béquilles pourraient être les deux autorités qu'il invoquait : le Pape et le Concile ; Demerson donne : Les Béquilles de Gaëtan.

Il nous apparaît d'emblée que ce mot béquilles est n'importe quoi, et nous comprenons mal pourquoi les commentateurs, mis à part Boulenger, optent pour lui plutôt que pour quilles, chenilles ou quadrilles, puisqu'il semble que leur seul souci ait été celui de trouver une assonance. Le mot n'est employé que dans ce titre, et aucun rapprochement ne peut l'éclairer : il nous faut donc marcher seuls, et tenter, honnêtement, de comprendre. Nous trouvons dans Greimas :

hen, nom masculin ; voir han : souffrance.

han, hen, nom masculin ; voir ahan : souffrance ;

hanable : labourable.

---

14. Contrairement à ce que l'on croit habituellement, le corps vivant n'était pas brûlé sur le bûcher, mais étouffé par la fumée et léché par les flammes derrière le bûcher. Le condamné ne gravissait pas l'empilement de bois, il y entrait, la tête et la partie supérieure du corps émergeaient seules. Il était brûlé dans le bûcher et non pas dessus. Par conséquent les spectateurs ne voyaient rien ou à peu près... Jeanne d'Arc ne dut pas périr différemment. Elle aussi fut enfermée tout entière dans son bûcher. Les innombrables gravures où l'on voit l'héroïne au milieu des flammes... debout sur un énorme amoncellement de troncs d'arbres... n'offrent donc aucun caractère de vérité. (Jean Palou, la Sorcellerie, P. U. F. 1971, qui cite R. Anchel, Crimes et Châtiments au XVIIIe siècle, Paris, 1933).

han, expression d'assentiment : oui.

ahan, nom masculin, latin populaire afannare, influencé par l'onomatopée han marquant l'effort : effort, labeur ; peine, souffrance ; labour.

ahant d'home : coït.

ahaner : labourer la terre ; se fatiguer.

ahenage : labourage ; travail, fatigue.

aheneor, ahenier : laboureur.

ahenable : cultivable.

Il semble ainsi que nous pouvons voir dans henilles une forme du mot ahan : peine, effort, labeur (han, hen), où le suffixe ille, qui peut nous paraître péjoratif, n'est peut-être rien d'autre qu'une finale dialectale. Aucune idée de rabaissement ne peut d'ailleurs être contenue dans le titre édifiant, où nous verrons celui d'un ouvrage traitant vraisemblablement des louables efforts, comparables à ceux d'un labour, puisque le terme effort, peine est lié à celui de labourage, qu'a fait Gaëtan pour porter la contradiction à Luther quand il exposa sa doctrine en 1518. Nous rendrons ce titre par :

Les suées d'ahan de Gaëtan.

Le deuxième sens est évident, puisque nous avons vu que ahan d'home équivaut à coït, sens confirmé par l'antique équivalence labourage-copulation. Mais nous retiendrons cette fois le suffixe ille comme péjoratif, et nous comprendrons que la plaisanterie réside dans l'idée de labeur inutile, de labourage infructueux : ce comique, une fois encore, est le comique traditionnel fondé sur l'idée d'impuissance ou de moindre puissance, qui conduit à des efforts non couronnés de succès. Nous rendrons ce deuxième titre par :

Les échauffements de Gaëtan.

125. Moillegroin doctoris cherubici de origine patepelutarum & torticollorum ritibus lib. septem. (42)

Saulnier dit : Mouille-groin, Docteur chérubique : c'est un titre de saint Thomas d'Aquin, avec jeu sur chère, bonne chère. Des origines des rites des patepelues et torticolis (les cagots hypocrites) ; Boulenger dit : Sept livres de l'origine des patte-pelus (hypocrites) et des cous torts (id.), par Mouille-groin, docteur chérubique ; Michel dit : De Mouille-groin, Docteur chérubique (titre donné à saint Thomas d'Aquin) sept livres sur l'origine des patte-pelus (papelards) et les rites des torticolis (hypocrites se tordant le cou en priant par piété affectée) ; Demerson donne : Mouillegroin, docteur chérubin : Sur l'origine des tartuffes et sur les rites des grenouilles de bénitiers (sept volumes).

Le titre sérieux semble ne pas faire de doute : il s'agit d'un docteur en théologie, dont le titre chérubique signifie exactement digne des anges du second rang de la première hiérarchie (Littré). C'est probablement son nom de Moillegroin, à entendre dans le sens de fouineur, qui l'a prédisposé aux activités de chercheur qui lui ont permis de retrouver les origines des patespelues (Q. L. Ancien Prologue) et les rites des tordcoulx (G. lij). Son livre est certainement le précieux ouvrage qui traite de la façon de déceler les imposteurs qui se cachent sous l'habit religieux, puisque certaines gravures satiriques du temps nous invitent à voir, dans les tordcoulx, ces moines qui inclinent en permanence la tête sur la poitrine pour dissimuler leur face sous le capuchon, et dans patespelues l'allusion aux jambes de bouc et pieds fourchus que recouvrent les robes de bure. Nous rendrons donc le titre par :

Moillegroin, docteur chérubique, de la provenance des jambes de bouc et de la conduite des têtes basses, sept livres.

Pour le deuxième sens, il nous faut d'abord bien voir que s'il y a jeu de mots sur chère, ce n'est nullement avec le sens de bonne chère, comme le prétend Saulnier, mais avec le mot pris dans son acception de visage, tête, (du bas latin cara, emprunté au grec kara ; Dauzat). Chérubique fait en effet équivoque, ici, avec le sens qu'a le mot dans la Bible, celui de l'hébreu keroûbim, pluriel de keroûb, qui a donné : chérub dont Littré dit : Mot sémitique désignant des figures d'animaux et d'où provient chérubin. Au mot chérubin, il dit encore : Nom de figures dont la forme n'est pas bien connue, mais qui du moins avaient des pieds de veau (Ezéchiel,I, 7) et qui étaient placées dans le temple de Jérusalem.

Le titre chérubique équivaut donc ici à en forme d'animal. C'est évidemment son nom de Moillegroin qui vaut ce titre au docteur, puisque le groin est le museau du porc, du sanglier, et par extension : museau tronqué et propre à fouir (Petit Robert). Jusque là, nous pouvons donc voir dans Moillegroin docteur cherubique le contenu : Groin mouillé, docteur à face de pourceau.

Et nous entrevoyons que ce docteur bien particulier n'a pas grand chose à voir avec les jambes de bouc et les têtes basses. Et parce que c'est encore celle du titre qui suit, placé juste après pour nous éclairer, nous comprenons que l'idée du deuxième sens est celle de cet hommage intime que l'homme rend à la femme avec ses lèvres et sa langue, que l'on nomme cunnilinctus (cunnum : con ; Greimas ; et linctus : action de lécher ou de sucer).

L'Eglise considérait cette pratique comme spécialement fautive, d'abord parce qu'elle est luxurieuse, mais aussi parce qu'elle lui apparaissait comme dégradante pour l'homme, qui était censé perdre ainsi tout ascendant sur la femme, alors que celle-ci est toujours soupçonnée d'être le truchement du Diable. Et il était bien établi que ce ne pouvait être là que hardiesse de démons ou de pécheurs inspirés par eux ; les incubes, par exemple, s'adonnaient presque immanquablement à cet exercice, probablement pour enseigner aux femmes la manière infaillible de perdre l'âme des hommes, car c'étaient, bien sûr, les femmes, instrument du mal, qui invitaient à de tels agissements. Ainsi, le cunnilinctus était et ne pouvait qu'être démoniaque.

Cette rigoureuse condamnation religieuse avait son écho, affaibli mais vivace, dans la vie courante : la réputation, pour un homme, d'être adepte de cette pratique, entraînait, pour le moins, mépris et ridicule. Quant aux femmes qui étaient connues pour s'y prêter, il ne pouvait évidemment s'agir que de ribaudes ou de sorcières. C'était là, tout au moins, la réaction affichée, qui, pour le plus grand nombre, n'était certainement qu'attitude ; mais cette réprobation fait partie des interdits du temps, et son évocation constitue l'un des lieux communs littéraires obligés.

C'est de cette réprobation, qui devait probablement paraître aussi risible à Rabelais qu'à ses amis, qu'il est question dans ce titre. Cela nous laisse penser que les termes : origine patepelutarum et torticollorum ritibus renferment tout autre chose que ce que nous avons vu pour le premier sens, et nous allons tenter de le découvrir .

Pour patepelutarum, nous verrons dans pelu l'évident : pelu, garni de poils, que donne Greimas, qui dit encore : pelet : diminutif de poil ; pelain : laine courte du mouton tondu en été, ou d'une bête morte ; demorer en pelain : être tout nu ; pelaine : peau, fourrure ; pelate : fourrure.

Pour pate, nous pourrions voir ce pate : patin de Greimas, le mot semblant rejoindre l'identité que nous avons déjà rencontrée avec les mots savate, pantoufle, bobelin. Mais nous préférerons voir dans ce pate le verbe latin patere : être ouvert, exposé, en butte, donner prise ; s'étendre (en longueur ou en largeur) ; être découvert, libre, accessible, praticable, abordable, à la disposition. Un verbe voisin : patefere, signifie, lui, ouvrir, rendre visible, découvrir, dévoiler, révéler, mettre à découvert, ouvrir un chemin. Et un substantif, patefactio, a pour sens : action d'ouvrir (une blessure), action de découvrir, de faire connaître, de dévoiler.

Nous comprenons alors aisément que ce pelu est la partie pileuse prise pour le tout, qui désigne à l'instar du velous du Roman de Renart, le sexe de la femme, et que le mot pate apporte la précision de : dénudé, largement ouvert, exposé, offert, accessible, ainsi que celle de : tendu, rigide. Donner plus de précisions serait, comme dit Brantôme, par trop salaud, mais si nous retenons de origo-originis les sens

182

de point de départ, provenance, naissance, nous voyons immédiatement que origine patepelutarum signifie : la source des velus grands ouverts.

Du même coup, nous verrons dans ritus, aussi bien que les rites, les usages, habitudes, coutumes, mœurs, manières, façons ; et nous comprendrons que les tordcoulx sont, non plus ceux qui inclinent la tête sur la poitrine, mais ceux qui se renversent la nuque sur le dos, dans la position de l'homme agenouillé entre les jambes de la femme debout. C'est la posture, peu confortable, mais religieusement classique, qu'on retrouve dans celles qui subsistent des représentations sculptées des portails ou des façades de cathédrales, représentations qui avaient certainement pour but de dissuader le fidèle, puisque la plus grande partie des fellateurs ont des formes de démons. Gageons que bien des hommes ont dû penser qu'il est des moyens moins agréables d'attraper un torticolis, et bien des femmes, que c'est là le véritable sens de : avoir un homme à ses pieds, et voyons dans torticollorum ritibus : des façons de se tordre le cou.

Arrivés à cette compréhension, nous pouvons nous demander si Moillegroin est bien ce Mouille-groin dont parlent les commentateurs, que nous pourrions d'ailleurs rendre ici par Groin souillé, et s'il n'est pas plus judicieux de voir dans moille cette moillier, moiller : femme, épouse, que donne Greimas. Il est bien certain que nous ne pouvons pas hésiter, et nous rendrons donc ce deuxième titre par :

Groin-à-femmes, docteur à face de pourceau : sept livres sur la source des velus béants et les façons de s'y rompre le cou.

126. Soixante & neuf breuiaires de haulte gresse. (42)

Saulnier dit : 69 bréviaires de haute graisse = gras à force d'être maniés ; et aussi de haute futaie, de haute lisse ; Boulenger dit : De haute valeur, graisseux aussi, pour avoir été fort feuilletés ; Demerson donne : Soixante-neuf Bréviaires bien graissés.

Il nous faut remarquer que l'expression de haulte gresse, qui est peut-être liée plus qu'aucune autre à l'évocation du nom de Rabelais, n'a jamais été exactement précisée. On la retrouve dans le Prologue du Gargantua : A lexemple dicelluy vous conuient estre saiges pour fleurer, sentir, & estimer ces beaulx liures de haulte gresse, et au chapitre VI du Quart Livre : Moutons de Levant, moutons de haulte fustaye, moutons de haulte gresse. Il est évidemment possible d'entendre de haulte gresse comme de grande valeur, mais, que ce soit pour les beaux livres ou pour les moutons de Levant, il apparaît nettement plus naturel de voir dans l'expression l'équivalent de haute satisfaction, plaisir raffiné, grande jouissance, le mot gresse venant de gré, grei, gret, du latin gratum, neutre de gratus : agréable (Greimas).

Il est donc évident que le catalogue de saint Victor ne peut mentionner l'état graisseux de ces bréviaires, et qu'il faut entendre de haulte gresse dans un sens tout religieux de plaisir, signifiant sentiment exaltant ressenti par toute la conscience (Petit Robert) ; nous rendrons donc le titre par :

Soixante et neuf bréviaires de suprême joie.

Pour le deuxième sens, nous savons depuis le titre précédent de quoi il est question. Voyons donc précisément que le bréviaire (du latin breviarum : abrégé) est ce livre de l'office divin, renfermant les formules de prières par lesquelles l'Eglise loue Dieu chaque jour et à toute heure (Petit Robert). Ce livre est de format réduit, les caractères en sont petits, et il est tenu généralement près du visage, aussi bien pour faciliter le déchiffrement, qui se fait en prononciation silencieuse, que pour isoler le lecteur du monde extérieur : l'image du nez dans le bréviaire ne comporte donc pas une amplification qui l'éloigne trop de la réalité.

Voyons ensuite que le nombre soixante et neuf n'est pas là par hasard. Ce nombre est évidemment, reprise du signe zodiacal du Cancer, qui date d'Hipparque, au IIe siècle avant Jésus-Christ, la figuration du tête-bêche amoureux. Et quand on se souvient que Rabelais est l'un des premiers à jouer avec les chiffres arabes, alors peu familiers, on ne peut hésiter à conclure que son soixante & neuf est bien écrit à dessein : transporta une colonie de Utopiens en nombre de 9876543210 hommes, sans les femmes et petitz enfans (T. L. I).

L'idée est le prolongement de celle du titre précédent, et nous invite à voir dans ce bréviaire, petit livre dans lequel on enfonce le visage en lisant silencieusement des lèvres, marmottant à la façon des baboinis & cingis du neuvième titre, la représentation des nymphes vulvaires placées de part et d'autre de la bouche du récitant. A noter qu'ici, avec une misogynie bien ecclésiastique, à moins qu'elle ne soit tout simplement celle de l'époque, Rabelais n'évoque que l'action exercée par l'homme et ne se soucie nullement, bien que le terme implique la réciprocité, de l'action qui est celle de la femme en cette situation.

Reste alors à voir que ce de haulte gresse, que nous pourrions avoir tendance à rendre par de grande volupté, fait effectivement équivoque ici, et ici seulement, avec graisse. Mais il ne s'agit évidemment pas du sens taché de graisse, rendu gras, que les commentateurs avancent naïvement, mais bien de cette graisse ou substance onctueuse de fusion facile (Petit Robert) qui évoque la sécrétion qui accompagne l'intumescence féminine. Pour une question de consistance, et bien qu'il s'agisse de bréviaires, nous ne retiendrons pas le chrême : huile mêlée de baume, et consacrée pour servir aux onctions dans l'administration de certains sacrements (Littré), mais nous rendrons cette gresse d'appétence par le mot qui signifie matière grasse dont on fait le beurre (Petit Robert), et nous aurons :

La suave crème du bréviaire du soixante-neuf.

127. Le godemarre des cinq ordres des mendians. (42)

Saulnier dit : Godemarre, bedaine ; jeu sur gaude maria ; Boulenger dit : Godemarre : grosse bedaine ; gaudemare : Gaude Maria, antienne ; Demerson dit en note : Bedaine et Prière à la Vierge (Gaude Maria), et donne : La Bedaine des cinq Ordres des Mendiants.

L'antienne dont parle Boulenger est en fait l'explication : godemarre-grosse bedaine, gaudemare-gaude maria, qui n'est qu'allégeance à la tradition. Il paraît en effet dérisoire de voir ici un jeu de mots entre gode et gaude, et l'on peut se demander si, dans cette disposition d'esprit, les commentateurs ne trouveront pas dans le mot gaudebillaux (G. iv) le sens d'actions de grâces à Dieu qui a donné de si belles tripes.

L'astuce des commentateurs est à peu près de la même veine que celle qui fait dire, par exemple, que le mot godemiche (et non godemichet) vient du latin gaude mihi : réjouis-moi, comme on le lit quelquefois chez ceux qui veulent donner un tour de peigne à la verdeur populaire. Le mot vient tout simplement de gode, issu du moyen néerlandais kodde ou codde, qui signifie cylindre de bois, et de miche : fesse, ce mot fesse ayant pour première signification : fente, du latin populaire fissa, pluriel neutre, pris comme féminin, du mot fissum : fente, dérivé de findere : fendre (Bloch et Wartburg ; Dauzat).

Le mot godemarre est formé de ce même gode : morceau de bois en forme de cylindre, et désigne ici le manche d'un outil aratoire, puisque la marre est, selon Greimas, une houe ou une sorte de pelle recourbée utilisée par les vignerons. Le verbe marrer signifie travailler la terre avec la marre et briser, déchirer ; la marrete est une petite bêche (Greimas).

Nous comprenons que, pour le premier titre, le godemarre est le manche de la marre, cette houe utilisée par les vignerons, et fait allusion à la règle des ordres mendiants, qui faisaient profession de ne rien posséder, mais qui n'en cultivaient pas moins la vigne, probablement pour assurer la pureté de leur vin de messe. Nous verrons, au chapitre xxv du Gargantua, que sur cette vigne est leur boyte de tout lan fondée.

Gardant cette idée de briser, déchirer, qui semble indiquer que la marre était un instrument à façonner profondément la terre, nous rendrons ce premier titre en usant du nom d'un outil qui est ainsi défini dans Littré : houe à lame forte, aplatie, taillée en biseau, employée au défoncement des terrains et aux façons de la petite culture qui demandent le plus de force, et nous aurons :

Le manche de hoyau des cinq ordres des mendia.nts.

Le deuxième sens du titre est évident : après avoir abordé la question de l'activité des tordcoulx auprès des femmes, et nous avoir dit comment ils plongent le nez dans leur bréviaire, Rabelais, selon la légende qui attribue aux moines mendiants une vigoureuse rusticité, nous parle des propriétés de leur membre. Il n'est pas impossible que le trait contienne l'habituelle allusion à la sodomie homosexuelle, mais il semble plutôt, à la suite des deux titres que nous venons de lire, contenir plutôt l'idée de ces mêmes rapports sodomitiques que ces moines mendiants sont accusés d'avoir avec les femmes.

Ainsi, s'il faut retenir de godemarre le même mot gode : cylindre de bois, manche, que nous avons vu pour le premier sens, il faut voir, cette fois, dans marre le verbe : briser, déchirer ; et nous n'avons alors aucune peine à comprendre que ce deuxième titre est alors :

Le manche à défoncer des cinq ordres des mendiants.

128. La pelletiere des tyrelupins, extraicte de la bote fauue incornifistibulee en la somme angelicque. (42)

Saulnier dit : Pelletière des Tyrelupins : la Somme Angélique est celle de saint Thomas ; Boulenger, qui écrit pelleterie, dit : De saint Thomas d'Aquin ; Guilbaud, qui écrit aussi pelleterie, dit : La Pelleterie (au sens moderne, et aussi : mystification) des hypocrites ; Bote fauve : petit soulier qui se portait dans les bottes ; Incornifistibulée en la Somme angélique : entrée à force en la Somme du Docteur angélique (saint Thomas d'Aquin) ; incornifistibulée est un composé burlesque (corne, fistule), accentuant l'équivoque obscène ; Michel, qui écrit encore pelleterie, dit que les tyrelupins ou turelupins sont les vagabonds, et rend incornifistibulée par un dubitatif infiltrée ?. Demerson, qui écrit, bien sûr, pelleterie, donne : La couverture des Hypocrites, extraite du Chausson, fourrée dans la somme angélique.

Ainsi, tout le monde sauf Saulnier, transforme cette pelletiere en pelleterie, encore que, pour Saulnier, nous ne trouvions le bon mot qu'au glossaire qu'il établit à la fin de l'œuvre, et que ce titre mentionné dans les additions au texte de 1532 le soit avec le mot pelleterie. Personne n'a donc compris le mot pelletiere, et, à la suite du premier qui a caché son ignorance derrière le feint souci de corriger une coquille, on a traditionnellement voulu voir dans ce mot l'art de préparer les peaux pour en faire des fourrures, ou le commerce de fourrures (Littré).

Nous savons, depuis le sixième titre, qui sont les Tyrelupins, et nous comprenons bien qu'aucun lien ne peut les rattacher aux fourrures ; aussi n'aurons-nous aucune peine à voir dans pelletiere un mot dérivé du verbe peautrer, qui signifie d'abord fouler aux pieds, mais aussi avoir des rapports indignes (Greimas). Il s'agit probablement, pour l'ouvrage édifiant, de la dénonciation des activités sexuelles dissolues de ces tenants de l'amour sans entraves, et nous entendrons la pelletiere comme la dépravation, la débauche.

La bote fauve est ici le titre d'une section de l'ouvrage intitulé la Somme angélique ; voyons dans cette bote fauve le mot falve, qui signifie hypocrite, faux (Greimas), adjectif qui s'applique évidemment à ces Tyrelupins dont les débordements ont lieu au sein de la secte qu'ils dénomment hypocritement la Compagnie de pauvreté. Quant à bote, c'est le sens de botée : grande quantité (Greimas) qu'il faut retenir, et comprendre que cette bote fauve est l'équivalent de masse d'hypocrisie, ou, puisque les titres de la librairie emploient volontiers l'image concrète, et que le mot bote signifie aussi botte, touffe : le buisson de fausseté.

Le mot incornifistibulée est, bien sûr, placé ici pour le deuxième sens qu'il va prendre, mais nous devons l'entendre, dans ce premier titre, comme ajouté après coup, surajouté, et nous le rendrons par mis en appendice.

Reste cette somme angélique qui n'évoque peut-être en rien saint Thomas d'Aquin puisque, s'il a bien porté le titre de docteur angélique, son œuvre est la Somme théologique. Voyons plutôt dans cette somme angélique un titre de fantaisie, celui de l'œuvre qui est censée résumer toutes les connaissances relatives aux anges, y compris peut-être la question de savoir quel est leur sexe, et nous aurons, pour ce titre édifiant :

La Débauche des Tyrelupins, extraite du Buisson de Fausseté, mis en appendice à la Somme angélique.

Pour le deuxième sens, nous commencerons par cette bote fauve dont le sens érotique découle peut-être de ce petit soulier dont parle Guilbaud, et qui était en réalité une gaine de peau fauve étroitement appliquée au pied pour le protéger des duretés de la botte. Mais le mot a ici le sens de bote : grosse bouteille, outre (Greimas), fauve ayant ici celui de couleur fauve, c'est-à-dire d'un jaune tirant sur le roux (Petit Robert). La bote fauve est ainsi l'outre de couleur fauve ou l'outre qui colore de jaune tirant sur le roux ce qu'on y introduit ; et il n'est pas besoin de chercher longtemps pour entendre qu'il s'agit de l'ampoule rectale. Le mot fauve ayant aussi, nous l'avons vu, le sens de faux, le mot bote ayant le deuxième sens de coup, il n'est pas exclu que l'expression contienne, en plus, l'idée de coup porté par-derrière, coup inattendu.

La décomposition du mot incornifistibulée nous permet de voir dans incorn l'équivalent de introduit au moyen de la corne, cette corne étant le terme qui désignait le chausse-pied avant que Rabelais n'invente le mot : Q. L. XXX (Dauzat), parce que faite d'une corne d'animal façonnée sur la forme du talon ; et nous retrouvons ici, en parallèle, l'image du pied gainé de peau introduit à force dans la botte ; fistibulée évoque non seulement la fistule, c'est-à-dire, au sens médical : le tuyau, le tube (Dauzat), mais encore le vestibule, qui équivaut, au sens anatomique, à l'entrée, l'entonnoir des organes génitaux féminins. Incornifistibulée est donc bien le mot qui veut dire : introduit à force au moyen d'une corne dans le canal vestibulaire. Et nous voyons confirmé ce sens accessoire de viol que contient la bote fauve : coup donné à l'improviste, de façon déloyale, donc sans consentement.

Il est alors presque obligé de prendre, dans somme angélique, le mot somme dans son sens de selle, bât, coffre que l'on met sur le dos des bêtes de somme, et surtout celui de charge, poids (Greimas). Cette acception charge, qui est exactement ce qui pèse sur, ce que supporte la croupe, a toujours eu un sens érotique évident dû à la compréhension : peser sur la croupe, et a ainsi pris, l'image de la copulation animale aidant, le sens de posséder par-derrière. Il nous faut donc voir ici dans le mot somme l'équivalent de croupe, derrière, fessier. Et l'idée de viol nous conduit à donner à l'adjectif angélique le sens d'innocent ; la somme angélique est donc ici la croupe innocente, le fessier virginal.

Revenons maintenant à ces Tyrelupins dont nous savons que la licence sexuelle était extrême, et dont nous pouvons penser que leur propension à réaliser sur le champ leurs désirs pouvait les pousser à ne pas se contenter de chercher leur satisfaction entre membres de la secte, mais à user à l'occasion de violence envers le tout-venant à leur goût. Et voyons alors dans pelletiere, aidés de tout ce que nous savons, un mot qui contient à la fois : peleture : peau, tout ce qui recouvre la chair (Greimas), et pel : épieu, lance, piquet, bâton, poteau (Greimas). Le parallèle avec la gaine de peau portée dans la botte semble donc bien exister, indiqué dès le début du titre par ce mot péjoratif dont le sens est à peu près : l'épieu de peau ou le bâton de chair. Nous le rendrons par le mot qu'emploiera Rabelais au chapitre V du Gargantua, qui s'applique bien à ce qui n'est plus qu'un morceau de peau qu'on est contraint d'extraire artificiellement :

La pellauderie des Tyrelupins, extraite de l'ampoule rectale d'un fessier virginal, où on l'avait insérée au moyen d'une corne.

129. Le Rauasseur des cas de conscience. (32)

Voilà que réapparaît, après soixante-quatorze titres de 1542, le trente-cinquième des quarante deux titres de 1532, et nous pouvons penser que la place qui lui est assignée n'est pas gratuite, et qu'elle est due à la fois à son contenu et à la possibilité de double compréhension qu'il offre. A noter qu'en 1532, le mot Ravasseur était écrit : Ravasseux.

Saulnier dit : Ravasseux (rêvasseur) des cas de conscience : contre le scrupule casuistique ; Boulenger ne dit rien ; Guilbaud imprime d'emblée : Rêvasseur ; Michel dit : rêvasseur, et Demerson donne : La Rêverie des cas de conscience.

Or, quoi qu'en disent les commentateurs, ravasser ne veut pas dire rêvasser, et nous n'en voulons pour preuve que le chapitre lviij du Gargantua, où frère Jean dit : Telle n'est mon exposition. Le stille est de Merlin le prophete donnez y allegories & intelligences tant graues que vouldrez. Et y rauassez vous & tout le monde ainsy que vouldrez de ma part ie ny pense aultre sens enclous qune description du Ieu de Paulme soubz obscures parolles. A cet endroit de son Index verborum, Screech dit : Rêvasser, dire des bêtises, mais il n'est pas besoin d'être grand clerc (de Angleterre, car M. Screech est de Londres) pour voir qu'ici frère Jean emploie le mot pour retourner dans sa tête, ressasser. Et, de fait, le ravasseur est celui qui retourne la vasse : motte de terre garnie d'herbes (Greimas) : le mot, tout agricole, contient l'idée de mettre sens dessus dessous, et, appliqué au domaine spirituel, exprime le mépris de frère Jean pour les gens qui compliquent les choses simples. Cet aspect péjoratif était d'ailleurs rendu évident par la finale eux de l'édition de 1532.

Nous garderons cette idée de travail agraire, et, le mot défoncement signifiant exactement action de creuser méthodiquement un terrain plus profondément que ne le font les labours ordinaires pour ramener vers la surface les parties profondes, les diviser ou les mêler (Littré), nous rendrons ce titre édifiant par :

Le défonceur des cas de conscience.

Pour le deuxième sens, il nous faut voir d'abord que le mot conscience semble bien contenir un calembour semblable à celui qui est établi au Quart Livre (XLIX) sur confesser, et que nous avons vu pour le vingt-neuvième titre : c'est ici la science du con. Cette science nous interdit de penser au sens sodomitique que pourrait avoir le mot défoncement, et nous revenons donc à ce retourneur de vasse, entendant d'emblée que cette motte de terre garnie d'herbe est aussi, bien sûr, la motte pileuse féminine. Il est évident que ravasser perd alors son sens agraire d'amener à l'air la couche profonde, et que le mot ne peut que signifier placer cette motte dessous au lieu de la placer dessus. Nous avons donc affaire ici au retourneur qui possède les femmes par-derrière, et nous comprenons que ce ravasseur, dont la science du con est peut-être puisée dans les recommandations que donne Ovide concernant les partenaires qui ont quelque défaut à dissimuler, est celui qui joue du serrecropyere, au sens avignonnais du chapitre v.

Reste le mot cas que nous ne pouvons prendre ici, comme au dix-huitième titre, dans le sens de sexe de l'homme, et, accessoirement, de sexe de la femme, mais que nous devons entendre comme conjoncture, occurrence, situation, et nous rendrons alors ce deuxième titre par :

Le retourneur de mottes des postures de technique amoureuse.

130. La bedondaine des presidens. (42)

Nous voilà de nouveau en 1542 ; Saulnier dit : La bedaine des Presidens ; Guilbaud dit : Composé burlesque : bedon et : bedaine ; Michel dit : La grosse bedaine des Présidents, et Demerson donne : La Bedondaine des Présidents.

Le titre édifiant semble effectivement pouvoir viser l'obésité des gens importants, et le sujet de l'ouvrage traiter du sacrifice qu'il font au messere Gaster du Quart Livre (LVII). Pourtant, le mot bedondaine n'est pas le mot bedaine, et bien que l'on y voie la racine bod : ventre, nombril, boudin (Greimas), il semble plutôt que le terme contienne bedon : gros tambour à caisse arrondie (Greimas), et, enchaînant avec la syllabe don, le mot dondaine que Littré définit ainsi : Mot qui s'applique encore à des refrains de chansons triviales, et qui est ordinairement accolé au mot dondon. La faridondaine, la faridondon.

Ainsi, cette bedondaine a tout l'air de désigner, non pas seulement l'abdomen avantageux qu'arborent les nantis de ce temps, mais le grotesque ballotement de ces obèses, gens importants précédés de ce ventre qui concrétise leur renommée. Il est probable pourtant que l'ouvrage édifiant est une dénonciation et qu'elle vise la suffisance, l'ostentation de ces présidents à gros ventres. Nous rendrons le ridicule de cette bedondaine comprise comme l'exhibition du gros tambour par :

La parade abdominale des présidents.

Pour le deuxième sens, retenant de bedon la même signification gros tambour à caisse arrondie, nous prendrons cette fois de dondaine l'acception seconde donnée par Littré : Instrument à vent fait comme une cornemuse et usité dans le moyen âge, voyant alors dans bedondaine la conjonction de cette caisse arrondie et de cette cornemuse. Est ainsi confirmée l'idée que le titre précédent n'a pas été placé au hasard, mais inséré à dessein juste avant celui qui nous occupe, parce qu'il est de même inspiration, et que les deux titres s'éclairent mutuellement.

Nous saisissons en effet que, le ventre imposant des présidents leur causant quelque gêne dans le rapport face à face, il s'agit ici de l'évocation de la même position par-derrière que pour le ravasseur. L'image est celle du ventre : gros tambour à caisse arrondie battant la cornemuse, et nous rendrons ce mot, qui décrit le mouvement du fessier féminin ébranlé en cadence par la proéminence d'un imposant ventre masculin, par un terme fabriqué avec acculer, qui a signifié d'abord poser sur le derrière, puis buter contre (Dauzat) :

La ventraculée des présidents.

131. Le vietdazouer des abbés. (42)

Saulnier dit : Vietdaze = vit d'âne, dadais ; Boulenger dit : Viédaze : vit d'âne, en languedocien ; Guilbaud dit : Composé burlesque sur vietdaze (vit d'âne, et : dadais) ; Demerson renvoie au Prologue du Gargantua, et dit : Ce livre est donc à peu près : le Couillonnoir des Abbés, avant de donner : La Verge chevaline des Abbés.

Ce vit d'âne ou cette verge chevaline (qui devrait d'ailleurs être asinienne) ne peuvent constituer le titre édifiant : il est inconcevable que l'ouvrage de la librairie victorine traite du membre de dignes ecclésiastiques, et nous devons rechercher d'abord le sens sérieux qu'a le mot vietdazouer, qui doit pouvoir être compris de façon décente.

Et il semble bien que nous n'aurons pas à chercher longtemps pour voir dans ce vietdazouer un mot formé de vie et du mot aise, aaise : situation agréable ; chose dont on a le droit d'user, jouissance (Greimas). Nous comprenons alors que l'ouvrage édifiant est probablement une œuvre qui fustige la vie facile dans laquelle s'installent les abbés, et nous pouvons peut-être voir dans la forme occitane du mot vietdazouer l'emploi volontairement rabaissant d'un terme dialectal destiné à humilier ces abbés, censés être des personnages cultivés, qui devraient conserver à leur état toute sa noblesse. Nous rendrons donc ce premier titre, qui équivaut exactement à La vie d'aise des abbés par :

La dolce vita des abbés.

Revenons maintenant au deuxième sens qui, bien sûr, fait équivoque avec le viet d'aze du Prologue du Gargantua : Mais escoutez vietz dazes, que le maulubec vous trousque : vous soubuienne de boyre a my pour la pareille : & ie vous plegeray tout ares metys. Il apparaît pourtant que le vietdazouer n'est pas le vietdaze et que le mot contient la finale ouer que négligent les commentateurs quand ils disent vit d'âne ou dadais ou couillonnoir ou verge chevaline. Ce mot vietdazouer serait en français : vietdazoir, et Grévisse dit que ce suffixe de dérivation nominale oir, oire forme les mots désignant l'endroit où se passe l'action, l'instrument servant à accomplir l'action. Les équivalences que donnent les commentateurs, mis à part peut-être le couillonnoir de Demerson, sont bien celles d'un titre qui serait seulement : le vietdaze des abbés ; or Rabelais a écrit : Le vietdazouer des abbés : c'est donc qu'il nous faut voir dans le mot, soit l'évocation de l'activité de leur membre, soit l'indication du lieu de son activité.

Il semble exclu de voir ici l'indication du lieu, interprétation qui s'éloignerait trop de ce que contient le mot pris au sens sérieux ; mais ce vietdazouer des abbés paraît bien désigner, non plus le membre d'âne des abbés mais le membre à ânes des abbés. Et nous comprenons alors que si le vietdaze du Gargantua n'est qu'une apostrophe familière qui contient finalement un aspect laudatif, ce vietdazouer des abbés n'est que péjoratif, puisque Rabelais attribue à ces abbés le goût de la fréquentation des ânes, péché de bestialité qui pouvait alors conduire au bûcher.

Nous n'ajouterons pas à cette bestialité le péché d'homosexualité, et nous prendrons ici le mot aze pour un générique comprenant les ânesses, ce qui nous permettra, en restant orthodoxes, de rendre ce deuxième titre par :

Le foutânesses des abbés.

132. Sutoris aduersus quendam qui vocauerat eum fripponnatorem, & quod fripponnantores non sunt damnati ab ecclesia. (32)

Saulnier dit : Sutor : Couturier, chartreux, docteur en Sorbonne, ennemi d'Erasme ; Boulenger dit : Couturier (chartreux et docteur en théologie, auteur d'un traité contre Erasme) contre quelqu'un qui l'avait appelé fripon, et que les fripons ne sont pas damnés par l'Eglise ; Guilbaud ajoute à la même traduction, où damnés est cependant remplacé par condamnés : les couturiers étaient réputés voleurs et fripons ; Demerson donne : Couturier : Réponse à un individu qui a traité l'auteur de Fripon, avec la démonstration que les Fripons ne sont pas condamnés par l'Eglise.

Le titre est de 1532, et il serait vain d'y chercher les habituels sens édifiant et sens érotique. Le trait est tout entier dans l'énoncé, mais la traduction qu'on nous en donne laisse assez mal percevoir son acidité.

Il faut bien voir pourtant que le Sutor en question ne se défend nullement d'être fripon : il répond seulement à celui qui l'a ainsi nommé que les fripons ne sont pas condamnés par l'Eglise. Il apparaît donc que, puisque l'Eglise est indulgente aux fripons, il lui importe peu d'en être un ; et la forme de sa réponse laisse même supposer que les fripons sont d'autant plus nombreux dans le sein de l'Eglise qu'elle ne peut les condamner sans s'exposer à n'avoir plus grand monde à son service. Nous rendrons donc le titre par :

Couturier : Réponse à celui qui l'avait nommé fripon, accusation sans portée puisque l'Eglise ne peut condamner les siens.

133. Cacatorium medicorum. (32)

Saulnier dit : Le cacatoire des médecins. Dans leur diagnostic, ils s'intéressaient spécialement à l'urinal. Tous les commentateurs reprennent ce cacatoire des médecins, mais Demerson donne : Gros plan sur les chiottes des médecins, ce qui est une épaisse absurdité.

Le titre fait évidemment allusion au dicton qu'on adressait traditionnellement aux médecins (T. L. XXXIV), les moquant de l'intérêt qu'ils prenaient aux excréments de leurs malades, allant quelquefois jusqu'à goûter l'urine et les fèces : Stercus et urina Medici sunt prandia prima (les fèces et l'urine sont les premiers mets du médecin), plaisanterie à laquelle lesdits médecins répondaient non moins traditionnellement : Nobis sunt signa ; vobis sunt prandia digna (Pour nous, ce sont des signes ; pour vous, des mets convenables).

En tout cas, si le patient pouvait quelquefois dire à son médecin : Vous avez desjeune, nostre maistre, votre haleine me sent le vin (Q. L. A Mgr Odet), il est juste de reconnaître que ce médecin avait quelque raison de se rincer la bouche.

Quoi qu'il en soit, il semble que ce titre a un sens plus général que celui qu'on nous donne, et nous le rendrons par :

L'ambiance merdeuse des médecins.

134. Le rammonneur dastrologie. (32)

Comme si cette alliance des mots rammonneur et astrologie avaient un sens lumineux, aucun commentateur ne dit quoi que ce soit, et Demerson se borne à répéter : Le Ramoneur d'astrologie.

Il faut donc croire qu'il est évident que le rammonneur est ce nettoyeur qui emploie le ramon ou balai de branchages qui servait, bien sûr, à balayer (Greimas), mais qui était particulièrement adapté au nettoyage de la cheminée. Ce ramon réservé à l'usage du ramonage est celui qu'on voit, dans les gravures du temps, appuyé au manteau de la cheminée.

Ce même rammonneur, s'il est astrologue, c'est-à-dire s'il s'occupe de divination par les astres, peut se servir du ramon à des fins plus suspectes : d'autres gravures, traitant de démonologie, nous le montrent examinant, la nuit, le ciel par sa cheminée, pour noter la course des astres inscrits dans son périmètre, probablement pour en déduire, sans sortir de chez lui, le reste de la course astrale. Nul doute, donc, que l'astrologue a éteint son feu au crépuscule, puis ramoné pour transformer sa cheminée en observatoire.

Mais il y a pis : ce ramon est aussi la monture qu'utilisent sorciers et sorcières pour se rendre au sabbat ; car ce qu'ils enfourchent n'est pas le vulgaire balai que nous croyons voir, mais bien ce ramon, étroitement dépendant du foyer, tout imprégné du subtil éther du feu. Ce rammonneur dastrologie peut donc être aussi celui qui, frotté d'onguent, enfourche le ramon pour aller rendre ses devoirs au maître infernal ; et, premier de ces devoirs, cette soumission sexuelle qui sera attestée au titre suivant.

Il n'y a donc rien d'étonnant à voir un livre de la Librairie de saint Victor traiter de l'activité de cet astromancien, haereticque formé, haereticque clavelé, haereticque bruslable comme une belle petite horologe (T.L. XXII), puisque l'astrologie risque de conduire à cet asservissement au Démon, et à l'acceptation des pratiques sodomitiques qu'il impose à ses adeptes mâles.

Et le titre dont personne ne dit rien contient peut-être alors, finalement, et l'idée de chevaucher le ramon pour les voyages vers le sabbat, et l'idée homosexuelle évoquée par le ramonage. Nous le rendrons par :
L'astrologique chevauchée ramonatoire.

135. Campi clysteriorum per.§.C. (42)

Saulnier dit : Oeuvre authentique du médecin lyonnais Symphorien Champier (1528) ; Boulenger dit : Le médecin lyonnais Symphorien Champier a écrit un livre dont le titre débute ainsi ; Guilbaud dit : Partie du titre d'un ouvrage du médecin lyonnais Symphorien Champier, 1528. Il faut entendre : Les champs d'action des clystères, par Son Cul ; Michel dit : Les champs des Clystères... par Symphorien Champier. Fragment du titre d'un ouvrage réel de Champier (1528), illustre médecin lyonnais. Les rapports entre les deux médecins semblent avoir été médiocres. S. Champier, dans son Catalogue des médecins, ne cite pas Rabelais, qui était pourtant médecin de l'Hôtel-Dieu de Lyon. L'insertion de l'ouvrage de Champier parmi une liste d'ouvrages ridicules ou de fantaisie est au moins une taquinerie ; Demerson dit en note : Les Champs des Clystères, en 100 § (ou par S.C.) : c'est le titre d'un ouvrage du médecin lyonnais Symphorien Champier (1528) dirigé contre les médecins arabes, et donne : Etude sur le champ d'action des clystères par S.C.

Le premier point à traiter est celui du signe paragraphe : §. Tout le monde, à bon droit, rétablit le S, car il s'agit vraisemblablement d'une coquille : dans la gothique bâtarde du fac-similé, le S et le signe § se ressemblent suffisamment pour que le signe ait été mis par erreur dans le cassetin du S, puis levé comme tel par le compositeur, sans que le correcteur s'en aperçoive. Nous ne retiendrons donc pas l'idée des cent paragraphes.

Le deuxième point est celui des deux sens de ce titre : de 1542, il est glissé, isolé, entre les trois titres de 1532 que nous venons de voir ne pas offrir cette possibilité de double compréhension, et les deux titres qui vont suivre, de 1532 aussi, et qui n'auront pas non plus de double sens. Pourtant, à première vue, rien ne s'oppose, puisqu'il est de 42, à ce que ce titre renferme le sens édifiant et le sens érotique que nous avons décelés dans presque tous ceux de cette dernière cuvée : et nous prenons alors immédiatement pour sens édifiant ce Champ des clystères qui est le début du titre authentique de ce Symphorien Champier.

Mais, ce faisant, force nous est alors de constater que le mécanisme auquel nous sommes accoutumés a l'air de gripper, car nous ne pouvons que nous demander ce que vient faire, au milieu d'ouvrages tout imprégnés d'esprit théologique, cet écrit sur les lavements et la réfutation de la médecine arabe, sujets qui ne sont rien moins qu'édifiants. Encore une fois, c'est l'anomalie qui nous alerte.

Et, à mieux regarder, il nous apparaît alors que, depuis le cent trente-deuxième titre : Sutoris aduersus..., le système des deux compréhensions a été délibérément abandonné, et qu'à partir de là, semble avoir été amorcé un finale au mouvement plus alerte, avec des titres plus rapidement percutants. Notre recherche systématique du titre édifiant doublé de sa compréhension malicieuse n'a donc plus d'objet : nous l'abandonnons. Mais il nous reste à voir si ces titres du finale ne s'éclairent point l'un par l'autre, et en particulier, si ce Campi clysteriorum ne contient pas une extension de sens amenée par son insertion entre le rammonneur que nous venons de lire, et le tyrepet que nous allons rencontrer tout de suite après.

Forts de cette décision, abordons maintenant la question des rapports de Rabelais et de ce Symphorien Champier. Il est plus que probable que la taquinerie dont parle Michel est en fait l'expression d'une profonde inimitié. Nous avons dès maintenant une bonne raison de penser que Rabelais n'éprouvait qu'antipathie pour Champier, et cette raison nous est fournie par le texte d'un catalogue édité par la Bibliothèque nationale, à l'occasion de son exposition : les Sorcières (1973). Rédigé par Maxime Préaud, il donne, page 104, l'article suivant, relatif à un livre qui figurait dans l'exposition :

CHAMPIER (Symphorien). Dyalogus singularissimus et perutilis... in magicarum artium destructionem cum suis annexis de fascinatoribus, de incubis et succubis, et demoniacis... (Dialogue très nouveau et très utile... touchant la destruction des arts magiques, avec ses annexes sur les enchanteurs, les incubes, les succubes et les démons...). Champier est un médecin, un des plus grands de son temps. Pour lui, le sabbat n'est qu'une illusion ; les maléfices sont dus à des causes naturelles. S'il croit aux incubes et succubes, adoptant la position de saint Augustin et de saint Thomas, il accorde au cauchemar une part importante.

Il est certain que cette seule croyance de Champier aux démons fornicateurs, le simple fait qu'un médecin puisse s'intéresser à de telles questions et en écrire un livre sérieux, ne pouvaient qu'engendrer le mépris dans un esprit tel que celui de Rabelais. Et il paraît évident, dès maintenant, que la juxtaposition voulue de ces campi clysteriorum et du rammonneur dastrologie est faite, au moins, pour nous inviter à voir, commune aux deux titres, l'idée de nettoyage intérieur, assuré dans un cas par le ramon, dans l'autre, par le clystère.

Mais, poussant plus loin (si l'on ose dire), cette commune idée nous amène à penser qu'il y a peut-être dans ce titre une attaque qui dépasse le niveau de la dérision : les traités de démonologie posaient clairement que le démon, lors du sabbat, possédait charnellement ses adeptes : La copulation avec le diable, dit Maxime Préaud, est systématique et obligatoire. Sorciers et sorcières la commettent, c'est une condition sous-entendue de leur pacte. Dès lors, ce champ d'action des clystères, qui émane de la plume d'un homme si averti des usages des démons, prend une signification qui va au-delà du sens immédiat et semble faire plus sûrement allusion aux fornications sataniques, laissant entendre que le titre du livre écrit par cet expert est quelque chose comme les territoires de sodomisation, et que les révélations que contient l'ouvrage proviennent des expériences personnelles de son auteur.

Et il est alors peut-être bon de suivre Guilbaud, et voir dans S.C., en même temps que les initiales de Symphorien Champier, celles des mots Son Cul, interprétation qui inclut cette idée d'expérience personnelle. Le titre serait alors à entendre comme :

Les champs d'action des canules démoniaques, par Symphorien Champier et Son Cul.

Si cette compréhension est bien celle des lecteurs de 1542, et donc celle que pouvaient aussi avoir les censeurs de la Sorbonne, il n'y a rien d'étonnant, même sans qu'une autre raison intervienne, que Champier se soit abstenu de citer Rabelais dans son catalogue.

136. Le tyrepet des apothecaires. (32)

Saulnier dit : Clystères ; Guilbaud dit : Allusion aux clystères ; Michel dit : clystère, et Demerson donne : Les Tyrepets des Apothicaires.

Ainsi, Cacatorium medicorum nous ayant fait entrer dans le domaine de la scatologie, le rammonneur dastrologie nous ayant fait aborder la question de ramonage interne qui a amené les Campi clysteriorum de 1542, nous restons, avec ces apothicaires, dans la même sphère anale, mais il nous semble pourtant que ce tyrepet ne peut désigner de nouveau ce bouillon pointu évoqué au titre précédent. Nous verrons plutôt dans le terme, outre le mot pet, le verbe tirer, qui équivaut à faire sortir (une chose) d'un contenant (Petit Robert), le mot renfermant ce qu'exprime la locution tirer des pets d'un âne mort. Ce tyrepet semble alors pouvoir désigner la drogue laxative que l'apothicaire obtient par broyage dans son mortier.

Mais ce mortier, inséparable de son pilon, nous amène à discerner cette même idée de sodomie que nous avons vu sous-tendre les sens de rammonneur et de campi clysteriorum, le tyre de tyrepet étant alors le verbe tirer, dont le premier sens est, selon Greimas : martyriser (altération de martirier, mar étant senti comme préfixe péjoratif), sens qui se rencontre avec celui du verbe pester : broyer, piétiner, fouler, battre (Greimas), le substantif pestel, pesteil, pestueil désignant le pilon, la massue, le dard à grosse tête (Greimas). Le tyrepet, bien loin d'être le clystère que veulent voir les commentateurs, serait donc quelque chose comme le pilon à martyriser. Et nous n'avons aucune peine à voir, nous, que si le rammonneur dastrologie et campi clysteriorum faisaient allusion à la sodomie subie, ce pilon des apothicaires semble bien désigner l'instrument de la sodomie active.

Nous réservant de vérifier que le titre suivant confirme cette interprétation, nous rendrons ce titre par :

Le pilon à bourrer des apothicaires.

137. Le baisecul de chirurgie. (32)

Saulnier ne dit rien, non plus que Boulenger ou Michel. Guilbaud dit : Allusion à l'intérêt de la médecine du temps pour la région anale, et Demerson donne : L'intérêt du cul en chirugie.

L'intérêt de la médecine du temps pour la région anale est une illusion : cette attention, légitime, n'a pas disparu ; on a seulement cessé d'en parler avec autant de candeur, et le proctologue reste un spécialiste qu'on va consulter sans le publier. De toute façon, on nous parle ici de chirurgie et non de médecine, et L'intérêt du cul en chirurgie, de Demerson, n'a aucun sens, le chirurgien du temps, c'est-à-dire le barbier, n'ayant pas à avoir ou à n'avoir pas d'intérêt pour cette région anatomique puisqu'il se bornait à exécuter les interventions ordonnées par le médecin. Il semble donc bien que ce baisecul n'ait aucun rapport avec une attention particulière portée par le médecin, et encore moins par le chirurgien, à la sphère ano-rectale.

Il apparaît plutôt qu'il s'agit encore une fois, et c'est la dernière pour ce catalogue, d'évoquer l'organe viril utilisé à des fins homosexuelles. Le verbe baisier a pour premier sens embrasser sur la bouche, mais son second sens, encore particulièrement vivace dans le langage populaire, est copuler (Greimas). Ainsi, ce baisecul est l'équivalent de copule à l'anus, baise au cul. Substantivé comme le tyrepet du titre précédent, le mot s'entend comme l'organe qui copule à l'anus, et nous le rendrons par :

Le foutaucul des barbiers.

Arrivés à ce point, il nous apparaît alors que trois des quatre titres de 1532 peuvent fort bien, sous leur portée générale, évoquer avec précision certains membres du personnel de l'Hostel-Dieu de Notre-Dame-de-Pitié du Pont-du-Rosne. Et ce que nous savons de cet hôpital où le personnel reçoit comme traitement : le procureur-receveur 150 livres par an ; le médecin 40 livres ; le barbier-chirurgien 50 livres ; l'apothicaire 24 livres [15], nous permet de voir, groupés sous le titre de présentation : Cacatorium medicorum, ce procureur-receveur, cet apothicaire et ce barbier-chirurgien.

Les extensions de sens nous invitent alors à penser que ce : Cacatorium medicorum n'a peut-être pas seulement la signification que nous lui avons donnée d'ambiance merdeuse des médecins, mais bien celle de : le monde culier de médecine, titre qui concerne alors ce monde particulier du personnel de l'hôpital, puisque le rammonneur dastrologie semble bien désigner ce procureur-receveur qui, s'adonnant à l'astrologie, est supposé se faire ramoner l'intérieur, et que le tyrepet des apothicaires et le baisecul de chirurgie nous laissent clairement entrevoir un apothicaire et un barbier qui se servent de leur membre à des fins homosexuelles. Ainsi, ces trois personnages paraissent être dénoncés comme sodomites, et leur évocation, en fin du catalogue de 1532, ressemble assez à une revanche de Rabelais sur les chicanes, tracasseries et vexations qu'ont pu lui susciter les sociétaires de ce monde fermé.

En 1542, nous voyons que Rabelais a inséré, après le rammonneur, donc sous le procureur-receveur, le célèbre Symphorien Champier et son titre Campi clysteriorum, dont nous avons vu qu'il peut s'interpréter comme la désignation de quelqu'un qui, s'occupant de démonologie, est censé s'être prêté aux sodomisations démoniaques. Cette insertion a tout l'air d'associer ce Champier au monde des trois homosexuels de 1532.

Il peut s'agir, bien sûr, d'une simple accusation de fantaisie dont seule est à retenir l'intention plaisamment calomnieuse, expression d'une inimitié qui nous est déjà apparue. Peut-être encore ne faut-il voir dans l'insertion du titre à cet endroit précis que le souci de grouper les membres de la profession médicale ou de réunir l'adepte de la démonologie et celui de l'astrologie. Il nous semble pourtant que le fait de n'avoir cité Champier et son livre, qui date de 1528, qu'une fois hors de portée des représailles que pouvait exercer le puissant médecin, prouve assez l'intention nettement insultante contenue dans le titre, et la gravité du différend qui pouvait séparer les deux hommes.

En tout cas, ces cinq titres nous laissent au moins supposer que la

---

15. L'Hôtel-Dieu de Lyon, Auguste Croze, Laboratoire Ciba, 1939.

vie que connut Rabelais à l'Hôtel-Dieu ne fut pas exempte de difficultés qui expliquent peut-être en partie qu'on lise dans les registres de l'Hôtel-Dieu, en date du mardi 23 février 1534 (ancien style) : Lesdits Conseillers ont mis en termes de pourueoir dun medicin a lospital du pont du Rosne au lieu de maistre Rabellays qui sest absente et a habandonne ledict hospital sanz aduis ne prendre conge ; et en date du vendredi 5 mars, de la même année : Lesdits Seigneurs ont procede a eslire ung medicin pour le seruice du grand hospital du pont du Rosne au lieu de maistre Francois Rabelais medicin qui sest absente de la ville et dudict hospital sans conge prendre pour la deuxiesme foiz.

138. Iustinianus de cagotis tollendis. (42)

Saulnier dit : Justinien : Rabelais lui attribue : Sur la suppression des cagots ; Boulenger dit : Qu'il faut supprimer les cagots ; Guilbaud dit : Justinien : Des cagots à supprimer. Adaptation de la loi du Digeste : De caducis tollendis (Des biens caducs à supprimer) ; Demerson donne : Justinien : Pour la suppression des Bigots.

Le titre est bien :

Justinien : De la suppression des cagots,

et c'est ici Guilbaud qui a seul saisi que le titre est la substitution malicieuse du mot cagotis au mot caducis, mettant sous l'autorité de Justinien ce qui n'est qu'un vœu rabelaisien.

Ce titre est le dernier des titres de 1542, et, là encore, nous pouvons penser qu'il est inséré à cet endroit précis, à la fois pour créer une transition, et parce que ce qu'il contient est lié à ce que contient le suivant : antidotarium anime.

Il semble en effet qu'il nous faille voir dans ce De cagotis tollendis une précaution : Rabelais, après toutes ces attaques contre les ordres religieux, les ecclésiastiques, les théologiens, les représentants des corps respectés, tient à inviter le lecteur, et plus encore le censeur de Sorbonne, à comprendre que ces attributions de mœurs répréhensibles, ces révélations de faiblesses, ces dénonciations d'abus, ne concernent que ceux dont la foi est celle des pharisiens, des faux dévots qui s'attachent à la lettre plutôt qu'à l'esprit. Le titre est en fait une incitation à bien saisir que ces railleries volontairement grossières ne sont nullement le fruit d'un esprit impie, mais, tout au contraire, que l'auteur ne les a conçues que pour la plus grande gloire de la vraie foi. A l'appui de cette interprétation, le titre suivant :

139. Antidotarium anime. (32)

Saulnier dit : La pharmacopée de l'âme ; Boulenger dit : Antidotaire (nom des pharmacopées du moyen âge) de l'âme ; Guilbaud dit : L'Antidotaire (recueil de formules pharmaceutiques) de l'âme, et Demerson donne : Les Antibiotiques de l'âme.

Ces pharmacopées, antidotaires et antibiotiques de l'âme sont assez loin de ce qui nous paraît être l'idée de Rabelais qui, apparemment, veut ici finir son repertoyre sur une note plus grave : celle de l'évocation des Ecritures. Car s'il faut voir dans cet antidotarium anime un antidotaire de l'âme, il faut entendre que cet antidotaire ne peut, dans l'esprit de Rabelais, qu'être le texte des Evangiles et des Epîtres, et comprendre que ce texte est celui des humanistes, c'est-à-dire le texte authentique auquel veulent, seul, se référer ceux qui refusent désormais les paraphrases, extraits et arrangements habituels. Cela pourrait être pris pour une position évangélique, quelque peu suspecte aux yeux des censeurs, si le titre n'était assez général pour qu'une éventuelle défense puisse le donner pour l'image du bréviaire ou d'une quelconque caffarderie. Aussi ne rendrons-nous ce titre que par son contenu apparent :

Le recueil de santé de l'âme.

140. Merlinus Coccaius de patria diabolorum. (32)

Saulnier dit : Merlin Coccaie, Folengo, auteur des Maccaronées, allusion au : De stanciis diabolorum, qu'il attribue à Merlin l'enchanteur ; Boulenger dit : Du pays des diables. Th. Folengo (Merlin Coccaie) raconte que Merlin avait composé un ouvrage sur les demeures des diables ; Guilbaud dit : Merlin Coccaie (pseudonyme de l'Italien Folengo) : de la patrie des diables (réminiscence d'un passage des Maccaronées) ; Michel dit : Merlin Coccaie (alias Folengo). Sur la patrie des diables. L'auteur des Maccaronées raconte que Merlin l'enchanteur avait composé trois livres sur les diables ; Demerson donne : Merlin Coccaie : Sur la patrie des diables.

Voyant dans patria le sens de seconde patrie, patrie adoptive, nous préférerons rendre le titre par :

Merlin Coccaie : des terres d'élection des diables,

car nous sommes évidemment tentés de voir dans ce titre la fin de la justification commencée avec De cagotis tollendis, Rabelais évoquant maintenant les puissances infernales responsables des agissements qu'il vient de dénoncer, reportant ainsi sur les démons l'aspect scandaleux de ses titres.

Mais nous pouvons nous demander aussi si ce titre, dernier du catalogue de 1542, comme il l'était de celui de 1532, ne cite pas à dessein Folengo, sous son pseudonyme de Merlin Coccaie, avec l'intention de mettre en évidence que le moine italien a écrit sur les diables et les enchanteurs sans qu'on l'ait inquiété le moins du monde. C'est peut-être aussi pour Rabelais le souci de bien préciser que son repertoyre est de la même veine fantaisiste que les Maccaronées, et qu'il faut se garder d'y voir l'expression littérale d'une conviction.

Il nous faut bien constater alors que les censeurs de Sorbonne semblent bien s'être contentés d'une profession de foi orthodoxe, sincère ou non, pour se rasséréner, et que seuls ceux qui s'obstinaient à ne pas confesser cette foi régulière, ceux qui persévéraient dans l'erreur, encouraient le risque d'une condamnation. En fait, il apparaît que, plus que la sauvegarde de l'âme du suspect, les censeurs se sont plutôt préoccupés d'obtenir une démonstration de soumission, qui pouvait rester tout extérieure pourvu qu'elle fût exprimée et qu'ils puissent en tirer parti. Leur souci était, semble-t-il, de pouvoir prouver que tel ou tel penseur, malgré ses errements, était foncièrement croyant, et leur crainte, celle de voir une sommité, une célébrité capable d'avoir quelque audience, se ranger parmi les contestataires de la foi traditionnelle. Bien loin d'être des détecteurs de sorciers, ces censeurs de Sorbonne paraissent avoir été essentiellement des gardiens du bon exemple et de l'ordre établi.

Cela dit, et revenant au côté purement littéraire, il nous paraît révélateur que ce dernier titre cite justement Coccaie, dont nous avons vu, au chapitre précédent, qu'il a, avec l'écolier de Tory, contribué à sortir Rabelais de l'impasse où il se trouvait, en lui donnant l'idée, avec l'exemple de son Fracasse, de créer Panurge. Cela indique assez que Rabelais, ou bien venait de relire l'œuvre, ou bien qu'il l'avait présente à l'esprit ; et nous aurons la faiblesse de voir là une confirmation de ce que nous avons avancé, et, partant, de regarder l'actuel chapitre v comme le premier de la première rédaction.

Quoi que l'on puisse penser de ce point, nous voilà arrivés à la fin de ce catalogue de la Librairie de saint Victor ; l'examen a été long et minutieux ; il nous a amenés à risquer des interprétations qui, sans doute, n'emporteront pas l'adhésion de tout le monde. Notre dessein étant justement de remuer le texte, nous nous empresserons alors de dire aux sceptiques, d'abord ce qu'on devait dire dans ce cas-là avant 1400 [16] : Qui mieuz puet mieuz face, ajoutant encore ce qu'on devait alors ajouter : Qui mielz set mieulz doit dire.

Pour nous, tout n'est pas dit pourtant, puisqu'il nous faut, encore, avant de passer au chapitre suivant, faire une mise au point :

Nous avons écrit, tout au long de ces cent quarante examens : Demerson donne, tout en sachant fort bien, puisqu'il le dit dans sa préface, que les équivalences sont, pour le Pantagruel, l'œuvre de deux de ses élèves, une dame et une demoiselle. Mais nous avons pu constater que ces translations sont, pour la plupart, très puériles,

---

16. Proverbes français antérieurs au XVe siècle, P. Morawsky, Champion, 1925 ; (proverbes 1996 et 1997).

qu'elles n'apportent rien à la compréhension de Rabelais, et que leur niaiserie le dessert quelquefois. Or, comme nous ne pouvons imaginer que Demerson ait redouté de démontrer à ses deux élèves, si jolies qu'elles fussent, l'indigence de leur exercice, il porte l'entière responsabilité de cette contrefaçon que les potaches de France s'empressent déjà de substituer au texte de Rabelais.

Quant à notre tentative de superposer à chaque titre de Rabelais les deux paraphrases qui essaient de rendre les sens que nous y avons vus, elle ne doit rien à cette translation des élèves de Demerson. Le modèle dont nous nous sommes inspiré est l'édition d'Aristophane qu'a donnée V.L.Debidour au Livre de Poche (deux volumes), où il rend accessibles par de judicieuses et ingénieuses équivalences toutes les difficultés qu'il dénombre ainsi : calembours, contrepèteries, assonances, dérivations ou étymologies saugrenues, substitutions bouffonnes, fabrication de vocables truculents ou aberrants ; et jusqu'aux jeux de mots sur les noms propres ou les subtilités des jurons grecs, par excellence, domaine, dit-il, où peuvent se multiplier les notes découragées, décourageantes : Intraduisible en français.

Aucune traduction antérieure n'était parvenue à restituer l'esprit du texte qu'entendaient les spectateurs d'Aristophane, tout en ne nous privant pas de sa teneur ; V.L.Debidour y a réussi grâce à une méthode qu'il expose en tête du deuxième volume, méthode qui doit rester le guide de tous ceux qui se refusent à laisser mourir un texte (fût-il écrit en français de 1500) sous le fallacieux prétexte que les siècles qui nous séparent de lui nous l'ont rendu radicalement étranger.

Mais, Le temps estoit encores tenebreux & sentant linfelicite & calamité des Gothz, qui auoient mis a destruction toute bonne literature (P.viij) : le Théâtre d'Aristophane par Debidour a, paraît-il, été retiré du catalogue.

Comment Pantagruel estant a Paris receut letres de son pere Gargantua, & la copie dicelles. Chapitre.viij.

Ce chapitre est immanquablement choisi par les professeurs pour donner à leurs élèves une image de Rabelais, alors que, paradoxalement, son style, sans escorier la cuticule de nostre vernacule Gallicque, se enite de le locupleter de la redundance latinicome [1].

Il y a aussi, bien sûr, les idées ; mais nous ne reprendrons pas celles qu'on isole traditionnellement pour en faire, année après année, les sempiternels sujets de dissertation que nous connaissons : tout manuel, qui tient à favoriser l'aspect sérieux de Rabelais, les expose complaisamment. Nous ne nous arrêterons pas sur le fameux programme d'études, morceau que l'éclairage incessamment braqué sur lui par les pédagogues a transformé en pierre de touche, contribuant malheureusement à donner de Rabelais l'image qu'en gardent les élèves : celle d'un précepteur morose, fort exigeant, et passablement chimérique.

Nous ne retiendrons, nous, que trois sujets, généralement négligés par l'Ecole, et pour cause : celui de l'amour paternel, mal venu chez un religieux, même pour des professeurs laïcs ; celui de la science sans conscience, mal vu dans une pédagogie désormais scientiste ; et celui qu'exprime le fuis les compaignies de gens esquelz tu ne veulx point resembler, précepte qui risquerait d'annuler les efforts de l'enseignement d'aujourd'hui, qui a pour tâche d'inciter les élèves à se bien trouver de la société grégaire dans laquelle ils demandent eux-mêmes qu'on les prépare à faire bonne figure.

Notre dessein n'étant ni de faire bonne figure, ni de nous préoccuper de ce qu'en peut penser ladite société, nous commencerons d'examiner le sujet de l'amour paternel chez le prêtre Rabelais. Seul un père qui s'est retourné sur ses fils devenus adultes peut comprendre la qualité de la tendresse que contient ce morceau : Ce que ie ne dis par defiance que ie aye de ta vertu, laquelle ma este ia par cy deuant esprouuee,

---

1. sans écorcher l'épiderme de notre vulgaire parler gallique, s'efforce de l'enrichir de la surabondante chevelure latine (P. Michel). C'est ce dont se vante l'écolier limousin (vj).

Mais pour plus fort te encourager a proffiter de bien en mieulx. Et ce que presentement te escriz, nest tant affin quen ce train vertueux tu viues, que de ainsi viure & avoir vescu tu te resiouisses & te refraischisses en courage pareil pour laduenir. A laquelle entreprinse parfaire & consommer, il te peut assez souuenir comment ie nay rien espargne : mais ainsi y ay ie secouru comme si ie neusse aultre thesor en ce monde, que de te veoir une foys en ma vie absolu & parfaict, tant en vertu honesteté & preudhommie, comme en tout scauoir liberal & honeste, & tel te laisser apres ma mort.

Peut-être devons-nous voir dans cette lettre celle que Rabelais aurait voulu recevoir d'un père qui s'était probablement borné, des ars liberaux, Geometrie, Arismeticque & Musicque, à lui donner quelque goust quand il était encores petit en leage de cinq a six ans, avant de le confier aux moines, comme il était d'usage envers le dernier enfant d'une famille, pour qu'ils en fassent un des leurs, frappant ainsi de mort civile un François Rabelais qui, effectivement, n'est cité dans aucun des règlements de succession qui nous sont parvenus.

Si l'on admet que l'on essaie d'être pour ses enfants le père qu'on aurait voulu soi-même avoir, il faut admettre alors que Gargantua, signataire de la lettre, est Rabelais, comme est Rabelais, Pantagruel qui la reçoit : celui-ci est le fils idéal d'un père idéal ; celui-là, le père qu'il a résolu d'être pour les enfants qu'il aura.

Car si l'on peut penser que bien des raisons ont pu pousser Rabelais à contracter sa tenace haine des moines, ses premiers maîtres ; si nous entrevoyons maintenant que les principales de ces raisons sont le dégoût profond que lui inspirent leurs mœurs homosexuelles et l'intense mépris qu'il éprouve pour leur limitation intellectuelle, il n'est pas exclu que la décision de Rabelais d'abandonner la robe de bure, alors qu'il a trouvé compréhension et facilités chez Geoffroy d'Estissac, ait pu être dictée par son refus de l'égoïsme monacal et par son désir de se perpétuer. En tout cas, soyons sûrs que le petit Théodule, le fils qu'il a en 1536, aurait été élevé avec le soin qu'apporte Gargantua à l'éducation de Pantagruel s'il n'était mort à deux ans. Nul doute alors que ce prétendu programme d'études, et qui est, pour nous, la nomenclature que dresse un homme, encore enivré de sa liberté, de tous les sujets que s'interdisent d'étudier les moines, aurait donné lieu à une sélection judicieuse par l'excellent père qu'aurait été un Rabelais qui décrit ainsi Gargantua découvrant son fils (P. iij) : Ho mon petit filz (disoit il) mon coillon, mon peton, que tu es ioly, & tant ie suis tenu a dieu de ce quil ma donne un si beau filz tant ioyeux, tant riant, tant ioly. Ho, ho, ho, ho, que suys ayse, beuuons ho.

Nous nous arrêterons maintenant un moment sur le science sans conscience nest que ruine de lame, phrase qui se trouve après une réfé-rence biblique à Salomon (La Sagesse de Salomon, I, iv), et qui est suivie de : Il te conuient servir, aymer, & craindre Dieu & en luy met-tre toutes tes pensees, & tout ton espoir, & par foy formee de charite estre a luy adioinct, en sorte que iamais nen soys desampare par peché. Cela suffit généralement pour orienter le propos sur le fait que cette âme est l'âme religieuse, et du même coup pour disserter sur la croyance ou l'incroyance de Rabelais, soustrayant invariablement à la portée du précepte tous ceux dont la conscience n'est pas dogmatique.

S'il est regrettable qu'on ait laissé le christianisme annexer l'âme et la conscience antiques, il ne l'est pas moins de voir que la plupart des commentateurs n'osent pas trop dire que la conscience étant la faculté ou le fait de porter des jugements de valeur morale sur ses actes (Petit Robert), et que l'âme, ensemble des fonctions psychiques et des états de conscience (Petit Robert), étant en fait la personnalité ou individua-lité d'une personne morale (Petit Robert), cette âme et cette conscience sont dévolues à tout être humain évolué, fût-il agnostique, et que le précepte s'adresse à chacun.

Ne nous laissons donc pas égarer par la biblique parole, ni par l'évangélique développement, et voyons dans ce science sans conscience nest que ruine de lame une maxime qui, s'adressant éventuellement aux impies, a une portée universelle. Elle est non seulement un adage célè-bre déjà courant chez les scolastiques, avant Rabelais (P. Michel), ce qui est d'ailleurs tout à l'honneur de l'ancienne Ecole, mais un pré-cepte qui pourra toujours garder certaines nouvelles écoles d'enseigner comment employer son esprit à la seule application des principes du plus grand profit, ou, comme on dit désormais en Hexagonie, de renta-bilité.

Enfin, dernier conseil que donne Gargantua à son fils, ce fuis les compaignies, qui, noyé dans de pieuses propositions, peut encore paraî-tre avoir une portée restreinte aux croyants : aye suspectz les abus du monde, ne metz ton cueur a vanité : car ceste vie est transitoire : mais la parolle de Dieu demeure eternellement. Soys seruiable a tous tes pro-chains, & les ayme comme toymesmes. Reuere tes precepteurs, fuis les compaignies de gens esquelz tu ne veulx point resembler, & les graces que Dieu te a donnees, icelles ne recoipz en vain.

Là encore, précepte de portée universelle et de rare sagesse, bonne encore pour notre temps, où l'on oublie que la liberté commence avec celle de refuser de fréquenter et la latitude de s'abstenir. Le verbe est le latin abstinere qui signifie tenir éloigné. On a ainsi la possibilité de tenir éloigné de soi ce qui déplaît et de ne pas se mêler à ce qui irrite ou répugne.

Fuis les compaignies de gens esquelz tu ne veulx point resembler : Rabelais a fui les moines, les Sarrabouittes, Cagotz, Escargotz, Hypocrites, Caffars, Frapars, Botineurs & aultres telles sectes de gens, qui se sont desguizez comme masques pour tromper le monde (P. xxxiv) ; nous avons aujourd'hui, pour les fuir, à distinguer sous leur déguisement de bonne compagnie bien d'autres sectes : celles des fanatiques et illuminés de toutes sortes ; celles des impitoyables et sanguinaires de tout poil ; celles des gens de l'avoir, des gens du paraître et autres viandes creuses de cet ordre ; de même toutes celles qui, moins redoutables ou affligeantes, ne sont que débilitantes.

Il y aurait encore beaucoup à dire de cette lettre. Et d'abord que si elle a fait suer d'ennui des générations d'élèves, c'est que, sauf rares exceptions, on n'a jamais pris la peine de la dégager des strates de commentaires conventionnels, d'autant plus abondants qu'il n'y a ici aucune matière à rire, et que le glossateur moyen n'est jamais aussi loquace que lorsqu'il travaille dans le sérieux. Ensuite, qu'on ne s'est jamais avisé qu'il y aurait une gymnastique salutaire contre cet ennui, et qui contribuerait à une bonne compréhension, à s'essayer modestement, avec les élèves, à remettre cette lettre en style rabelaisien dégagé de la redondance latinicome. Enfin, qu'on n'a jamais osé faire ressortir que cette lettre n'a probablement ni la signification qu'on a voulu voir, ni l'importance capitale qu'on lui a donnée ; qu'elle semble bien être la version française d'un texte écrit en latin, exercice d'école de Rabelais, et qu'elle apparaît nettement comme un morceau de circonstance destiné à se faire reconnaître des Erasme, Budé et autres humanistes auxquels voulait ressembler Rabelais et dont, en vertu de son adage, il recherchait la compagnie.

Quoi qu'il en soit, elle nous permet, telle qu'elle est, de découvrir un touchant aspect de Rabelais et deux préceptes qui sont encore d'usage contemporain. Fassent les dieux que tous les fils d'aujourd'hui en reçoivent qui soient de même valeur.

Comment Pantagruel trouua Panurge lequel il ayma toute sa vie. Chapitre.ix.

Ce chapitre est, de façon surprenante, placé entre la lettre de Gargantua et les chapitres x à xiij, qui, tous quatre, relatent le procès de Baisecul et Humevesne. Or, ce chapitre ix est celui de la présentation de Panurge, qui se termine par l'annonce que fait celui-ci de raconter ses fortunes, alors qu'il ne contera la manière comment il eschappa de la main des Turcqs qu'au chapitre xiiij.

En 1532, ce chapitre est aussi le neuvième, et il est aussi placé avant le procès de Baisecul et Humevesne, mais ce procès ne forme alors qu'un chapitre au lieu de quatre ; dans l'édition qu'il donne de l'originale, Saulnier prend le parti de nommer IX le chapitre de la présentation de Panurge, et IX bis celui du procès, faisant toutefois dans sa préface la remarque suivante (où les parenthèses, sauf la deuxième et la quatrième, sont des précisions que nous ajoutons) :

Deux chapitres portent, dans l'originale, le n° IX. Or, celui que nous nommons IX bis viendrait plus heureusement après le VIII (celui de la lettre) (Pantagruel met en pratique dans l'un la sagesse que son père lui recommandait dans l'autre), et le X (les Turcs) immédiatement après le IX (les narrés de Panurge après sa présentation), au lieu que, dans la succession choisie, on nous présente Panurge au chapitre IX, juste pour l'oublier complètement au IX bis (celui du procès). On a pu supposer avec vraisemblance que Rabelais avait remis d'abord au libraire un Pantagruel en 23 chapitres, n'ajoutant le IX bis qu'en cours d'œuvre, pour parfaire le compte de 64 feuillets. Il l'aura remis avec le n° IX (il faut entendre : avec le chapitre portant le n° IX), comme devant se placer après le VIII (celui de la lettre) : mais le prote l'aura, par erreur, placé après l'ancien IX (celui de la présentation de Panurge) sans même changer la numérotation des chapitres subséquents. L'erreur, au demeurant, subsistera dans toutes les éditions jusqu'en 1537.

Il ajoute en note que la supposition est de R. Marichal, et dit : Mais on ne voit guère comment conclure avec lui qu'elle pourrait appuyer l'hypothèse d'un Pantagruel fait de morceaux de dates différentes ; il corrige enfin dans son Supplément : Je crains aujourd'hui que l'erreur de numéro ne signifie rien du tout. On trouve, à l'époque, trop d'incertitudes et de bévues en cette matière.

Ainsi, selon Marichal, toute la question est celle du chapitre du procès écrit à la demande de l'imprimeur, et placé par erreur après la présentation de Panurge alors qu'il aurait dû l'être avant. Et si nous comprenons bien le repentir du Supplément, Saulnier, lui, abandonne cette idée que Rabelais a pu donner en cours d'œuvre ce chapitre du procès. C'est fort heureux, car nous n'étions convaincus ni par les morceaux de dates différentes, ni par le chapitre du procès intercalé.

D'abord, pour nous, si l'hypothèse du Pantagruel composé de morceaux de dates différentes est plausible, elle ne l'est qu'en ce qui regarde la première rédaction (comme est plausible celle des quatre premiers chapitres écrits en reprise, ainsi, bien sûr, que le Prologue). Mais il est certain que ces morceaux étaient irrévocablement incorporés lors de la rédaction définitive, quand il s'est agi de donner à composer : la réserve de Saulnier relative à l'extrapolation de Marichal est donc parfaitement justifiée.

Ensuite, s'il nous paraît possible que le manuscrit n'ait pas été remis en une seule fois à la composition, mais au fur et à mesure de l'achèvement de la dernière rédaction, nous tenons que, si un chapitre a été intercalé, il ne l'a sûrement pas été pour parfaire le compte de 64 feuillets, car il aurait fallu, pour qu'on sût que le texte était court, que fût faite toute la composition. Or, le nombre restreint de caractères imposait de ne composer que les huit ou seize pages correspondant à une ou deux feuilles, à imprimer ces feuilles, puis à distribuer pour composer les suivantes. C'est donc une tout autre raison qui a pu faire intercaler ce chapitre : reste seulement à savoir duquel il s'agit.

L'idée que nous avons exprimée au chapitre vj, de Panurge inventé après qu'a été entreprise la première rédaction, nous conduit naturellement à croire que ce chapitre intercalé est celui de la présentation de Panurge, et à penser que cette intercalation a pu être faite dans les circonstances suivantes :

Rabelais, qui vient d'achever la dernière rédaction du chapitre du procès, arrive maintenant à celui des Turcs, dont il a écrit le premier jet quand il a décidé d'adopter ce Panurge que lui ont inspiré Fracasse, Morgan et l'écolier limousin. Il a immédiatement fait agir son personnage, se proposant d'écrire ultérieurement le chapitre d'entrée en scène, qui demande plus de recherche et plus de réflexion que celui des fortunes chez les Turcs, chapitre qui est venu facilement sous sa plume de conteur, comme sont venus les suivants : les murailles de Paris, les mœurs & conditions, les pardons, le grand clerc de Angleterre, parallèle du procès de Baisecul et Humevesne, et la haulte dame de Paris.

Il commence alors la rédaction du chapitre de la rencontre de Panurge, sur le canevas de celui de l'écolier limousin, mais la finition est d'autant plus longue qu'il lui faut attendre les courriers ou la visite de ceux qui vont lui donner leur traduction en allemand, en hollandais, en espagnol et en hébreu (Rabelais ayant évidemment écrit lui-même l'italien, le grec et le latin), et qu'il lui faut le temps de mettre sur pied ses deux langages imaginaires (le lanternois ne figurant pas dans l'originale, non plus que l'écossais, le basque et le danois). Il retient donc ce chapitre, parfait les suivants et les donne probablement à composer.

Puis vient le moment où il peut finir ce chapitre de la rencontre. Il lui assigne alors le numéro provisoire ix bis, pour qu'il prenne place après le ix, sans peut-être croire utile d'enjoindre à l'imprimeur de changer la numérotation des chapitres suivants. Et nous retrouvons là la place que donne Marichal au chapitre, comme nous retrouvons l'erreur du prote plaçant ce ix bis avant le ix, et se gardant bien de modifier quoi que ce soit à ce qu'a pu signer le correcteur, qui a toujours, sur la copie, les anciens numéros de chapitres.

Cela n'est qu'une tentative de reconstitution ; mais d'autres raisons, proprement littéraires celles-là, nous confirment dans cette opinion que le chapitre intercalé est bien celui de la présentation de Panurge, et elles sont évidemment toutes des raisons a contrario :

Si, en effet, nous prenons que le chapitre de la rencontre est écrit, et que c'est celui du procès qui est ajouté (opinion traditionnelle qui ne s'appuie que sur le fait que la rencontre est le premier chapitre ix, et le procès, le deuxième), nous ne pouvons que trouver surprenant et malhabile que Rabelais, qui vient de donner la toute première place à Panurge, l'abandonne pour redonner le premier rôle à Pantagruel dont la nécessité ne s'impose pas : car nous ne pouvons garder l'idée que ce procès montre la sagesse de Pantagruel ou qu'il est l'illustration du conseil qu'a donné Gargantua à son fils : Et veulx que de brief tu essaye combien tu as proffite : ce que tu ne pourras mieulx faire/que tenant conclusions en tout scauoir publicquement enuers tous & contre tous : hantant les gens lettrez/ qui sont tant a Paris comme ailleurs (viij).

Ce procès est bouffon et ne peut représenter une dispute d'école. De plus, le début du chapitre du procès le dit clairement, Pantagruel a déjà essayé son savoir puisqu'il a mis tous de cul les regens/artiens/et orateurs, qu'il a tenu contre tous les theologiens par lespace de six sepmaines, qu'il les a faits tous quinaulx, et que c'est la réputation qu'il s'est ainsi acquise qui l'a fait choisir pour vouloir ung peu veoir le proces.

Si le chapitre de la rencontre est écrit, nous ne pouvons encore que nous étonner, puisque ce procès est burlesque, de voir Rabelais choisir de nous montrer Pantagruel sous le jour nouveau d'un héros infiniment moins sage qu'on ne l'a vu jusque là, puisqu'il accepte de se prêter à la farce et qu'il enchérit sur elle par la sentence qu'il rend : le rôle convenait on ne peut mieux à Panurge dont la présentation vient de montrer à l'évidence que son personnage s'accommode fort bien du grotesque.

Enfin, dernière raison, pourquoi, si le chapitre de la rencontre avait été écrit au moment de la rédaction du procès, Rabelais aurait-il éprouvé le besoin, qu'on devine impérieux, de mettre en scène, au chapitre xiij, Panurge argumentant contre le grand clerc de Angleterre ? Car il l'introduit d'une façon fort abrupte, comme si, au moment de la rédaction définitive, il avait brusquement décidé que le rôle burlesque doit être dévolu à Panurge, quand le premier jet n'avait pu que donner le rôle à Pantagruel. L'improvisation semble évidente si l'on remarque que Panurge va arguer victorieusement sans s'y être préparé, alors que Pantagruel est entré, lui, en la haulte game & de toute la nuict n'a fait que rauasser après force livres sur lesquels il compte s'appuyer. C'est bien là, à notre sens, la trace de la première version, où cette préparation était de mise lorsque l'argumentateur était Pantagruel ; subsistant, inchangée, elle déconsidère nettement Pantagruel, puisque Panurge va remporter la victoire en ayant, lui, passé la nuyct a chopiner auecques les paiges et iouer toutes les aigueillettes de ses chausses a primus & secundus/ ou a la vergette.

Nous pouvons voir là, dans cette fâcheuse conséquence du revirement, l'envie de Rabelais de retrouver l'occasion qu'il a manquée au chapitre du procès, parce que Panurge n'existait pas encore. Et nous pouvons même voir dans ce revirement le souci de Rabelais de ne plus mêler son héros Pantagruel, qui, depuis qu'existe Panurge, incarne la sagesse et la pondération, à des situations scabreuses (car nous verrons que le débat est scabreux). Pourquoi, alors, Rabelais n'aurait-il pas agi de même si le chapitre de la rencontre de Panurge avait été écrit au moment de la rédaction du procès de Baisecul et Humevesne ?

Pour nous, le doute ne peut subsister : Panurge n'existait pas encore littérairement quand le chapitre du procès a été donné à la composition. C'est tout de suite après qu'est né Panurge, vers l'abbaye sainct Antoine, et le chapitre intercalé ne peut qu'être celui de son introduction.

Maintenant que nous sommes certains de sa place, il nous faut nous pencher sur ce qu'est le chapitre dans l'édition définitive et sur sa signification. Nous pouvons, à première vue, ne pas discerner à quoi tend la glossolalie [1]. de Panurge, comme nous pouvons être déroutés par la contradiction que le commentaire a maintes fois relevée :

Les compagnons de Pantagruel sont ici, outre aulcuns escholiers, son précepteur Epistemon (le Sage), Eusthenes (le Fort), Carpalim (le Rapide), et, ajouté à l'originale, Eudemon (le Fortuné), dont c'est la seule apparition dans le Pantagruel, et qui sera, dans le Gargantua (xv), le page de don Philippe des Marays, Viceroy de Papeligosse, avant de devenir celui de Gargantua. Or, tous ces gens vont ne rien comprendre de toutes les langues qu'on va employer devant eux, alors qu'il y a là le précepteur qui est censé connaître au moins l'hébreu, le grec et le latin, plusieurs étudiants, et Pantagruel, dont on nous a dit au chapitre précédent, qu'il a lentendement a double rebras & capacite de memoire a la mesure de douze oyres & botes dolif, et que, s'il a suivi les conseils de son père, il n'a pu manquer d'étudier ces mêmes langues hébraïque, grecque et latine.

Mais, à y bien regarder, la contradiction est moins étendue qu'on nous dit : car il est évident que ne peuvent être compris de ces lettrés, ni l'écossais, langage des gardes écossais du roi, ni le basque, langage de domestiques, ni le hollandais, langue qu'a dédaigné d'employer Erasme. Quant au danois, il est, selon Eusthenes, langage de Gothz, aussi incompréhensible que l'allemand, langue dont on ne connaissait que ce qu'en avait importé les Suisses : il n'y a donc pas à s'étonner que tout ce qui est dit en ces langues reste lettre morte.

Rien d'étonnant non plus que ne soient compris ni le langaige des Antipodes où le diable ne mordroit mie, ni le lanternoys, ni celui où Pantagruel croit reconnaitre langaige de (son) pays de Utopie, ou bien (qui) lui ressemble quant au son.

L'étonnement commence avec l'italien, langue alors comprise de tous les lettrés ; il continue avec l'espagnol, dont l'étude était alors courante, pour arriver à son comble avec l'hébreu, qui n'est reconnu qu'au son par Epistemon, parce que cest langue Hebraicque bien Rhetoricquement pronuncee, sans qu'apparaisse qu'il ait compris qu'on demande une miche de pain en citant une phrase biblique. Puis vient le grec, ignoré de tous sauf de Carpalim, qui n'est pas un intellectuel : c'est que ce grec est prononcé à la façon populaire et non à la façon érasmienne des lettrés, et que la question que pose Carpalim à Panurge : As tu demoure en Grece ?, laisse entendre qu'il a dû lui-même y séjourner assez longtemps pour prendre quelque teinture du

---

1. Actes des apôtres, II, 4 : Et tous furent remplis de l'Esprit saint et commencèrent à parler en d'autres langues, selon que l'Esprit leur donnait de les prononcer. (Pléiade).

son de la langue. Mais rien ne permet de croire qu'il a compris qu'on fait référence à ce que pensent les amis des lettres sur les discours, importuns quand les faits sont évidents. Vient ensuite le latin, dont on ne sait si son élégance littéraire est comprise d'aucuns, puisque c'est à ce moment que Pantagruel interroge Panurge : Dea mon amy, dist Pantagruel, ne scauez vous parler Francoys ?, et il se peut bien que la question du latin ne soit pas traitée ici parce qu'elle l'a déjà été avec l'écolier limousin.

Il ressort donc que la contradiction ne repose finalement que sur cinq langues, et nous devons alors tenter de comprendre pourquoi, si Rabelais a voulu que soient incomprises huit langues incompréhensibles, il a voulu que le soient aussi cinq langues que ne peuvent ignorer les auditeurs de Panurge.

L'épisode de la reconnaissance de la consonance grecque par Carpalim, alors que ce grec n'est reconnu d'aucun lettré, pourrait nous inciter à croire qu'il est question de transmission orale : les lettrés, accoutumés à lire les langues étrangères, n'ont nullement l'habitude de les entendre prononcer ; dites et non plus lues, elles s'apparentent pour eux, qu'ils les connaissent ou non, aux langages des Antipodes, lanternoys ou de Utopie. Mais la reconnaissance de la consonance de l'hébreu par Epistemon nous interdit de continuer dans ce sens.

Ce même épisode de la reconnaissance de la consonance hébraïque rhétorique par le lettré Epistemon, et celle de la reconnaissance de la consonance grecque populaire par le musculaire Carpalim, pourrait alors nous induire à croire que Rabelais veut mettre en évidence la faille qui sépare la connaissance littéraire, figée, d'une langue étrangère, de la connaissance du langage populaire, vivant et mouvant. Mais l'italien et l'espagnol, dont la prononciation populaire et littéraire sont semblables, nous font nous arrêter court dans cette voie.

Nous sommes ainsi amenés à penser que le choix des langues et les deux reconnaissances peuvent n'avoir aucune signification particulière, et qu'il nous faut seulement prendre ces treize langues en bloc et ne retenir que l'incompréhension générale qui les accueille, même si la nature de deux d'entre elles, et seulement leur nature, est reconnue au passage.

Et la prétendue contradiction nous semble bien, dès lors, être un apologue : celui de Panurge, Français s'adressant à des Français, utilisant en vain des langues autres que le français. Et sa verbosité polyglotte nous apparaît alors comme l'exposé de trois erreurs : d'abord, celle de ne pas répondre en français à la première question de Pantagruel, qui la lui pose en français : Pourtant mon amy dictes moy qui estes vous, dont venez vous, ou allez vous, que querez vous, & quel est vostre nom ; celle, ensuite, de s'obstiner, même après que Pantagruel lui a dit, dès sa première tirade : Mon amy ie nentens point ce barragouin, pourtant si voulez quon vous entende, parlez aultre langaige ; celle, enfin, d'utiliser, dans chacune des langues qu'il emploie, un ton pompeux et recherché très éloigné du niveau de ce qu'il veut faire entendre : j'ai faim et soif : donnez-moi à manger et à boire.

Il devient alors clair que ce que vise l'apologue est d'abord la règle des lettrés français, qui se croient tenus d'écrire en une langue qui n'est pas la leur ; ensuite, leur obstination, quand tout leur dit qu'ils ne sont ainsi compris que d'un petit nombre : enfin, l'emphase uniforme à laquelle les oblige l'usage de la langue qu'ils emploient.

La conclusion de l'apologue est évidemment la joyeuse explosion de Panurge à la dernière question de Pantagruel : Si faictz tresbien seigneur, respondit le compaignon, Dieu mercy : c'est ma langue naturelle, & maternelle, car ie suis ne & ay este nourry ieune au iardin de France, cest Touraine, où nous voyons, nous, la transposition de la décision du Français de Touraine Rabelais, renonçant à employer l'artificiel latin pour s'exprimer naturellement.

Et nous comprenons bien, maintenant, que c'est ici Rabelais qui s'écrie : Dieu mercy, se louant de posséder le français, et que c'est ici Rabelais qui se réjouit que ce français lui soit langue naturelle, & maternelle, c'est-à-dire consubstantielle. Il nous faut toutefois nous garder de croire qu'il attribue ainsi au français une quelconque supériorité : tout ce qu'il entend dénoncer est l'affectation qu'il voit à écrire dans une langue autre que celle qui vous est naturelle, & maternelle : nous n'en voulons pour preuve que cet écolier limousin du chapitre vj, qui, sous l'empire de la peur, recourt à son patois limousin natal, et qui provoque ainsi la satisfaction de Pantagruel : A ceste heure parle tu naturellement. Rabelais, pour écrire naturellement, recourt, lui, à son patois natal : le français.

Notons au passage que ce parallèle entre l'écolier employant d'abord son jargon latino-français pour arriver enfin à parler naturellement limousin, et Panurge employant d'abord treize langues étrangères pour finir par parler naturellement français, non seulement confirme que ce chapitre de la rencontre de Panurge est directement inspiré de celui de la rencontre de l'écolier limousin, mais fait apparaître encore que l'un est la suite de l'autre.

Abordons pour finir la question des langages de fantaisie ; quelques-uns se sont essayés à les déchiffrer, encouragés par les mots français qu'on y discerne. Pour le langage des Antipodes, qui commence par : Al barildim, Demerson dit en note : Ce message a été décodé dans l'article d'Emile Pons, les jargons de Panurge dans Rabelais, in Revue de littérature comparée, 1931 : en un langage coloré d'images orienta-les, Panurge réclame galette et ragoût ; sinon il sodomisera Pantagruel à l'écossaise. Pour le deuxième langage, celui qui, lanternoys, com-mence par : Prug frest, Demerson dit : Les lanternois auront compris que Panurge prie le seigneur de la Devinière et autres lieux de lui bail-ler à boire, Dieu le lui rendra au double en vins de cordeliers, et pour le langage de Utopie, qui commence par : Agonou dont : Il semble que, en langage utopien, Panurge reproche à Pantagruel de faire la sourde oreille à ses prières tout en faisant bonne chère.

Disons tout de suite que l'interprétation du premier langage nous semble reposer sur une compréhension tendancieuse de foulchrich al conin, locution transparente qui n'a manifestement jamais contenu la moindre notion de sodomie. En outre, la prétendue menace de Panurge ne peut que nous paraître ridicule, adressée au géant qu'est Pantagruel. Quant aux interprétations de Demerson, elles font bon marché des mots révélateurs qui sont contenus dans chacun des deux autres langa-ges.

Ces mots nous apparaissent, à nous, comme chargés d'évoquer, par leur forme et par leur son, l'idée de rapprochement sexuel. Nous ver-rons ainsi, au chapitre XIX du Tiers Livre, Panurge avancer que les femmes, quelques choses qu'elles voyent, elles se repraesentent en leurs espritz, elles pensent, elles imaginent que soit l'entree du sacre Ithy-phalle. Quelques gestes, signes et maintiens que l'on face en leur veue et praesence, elles les interpretent et referent a l'acte mouvent de belu-taige. S'il n'est ainsi nul besoin de la parole pour que la femme com-prenne ce que un jeune homme naturelement demande d'une femme (T. L. XIX), il est ici besoin, avec les hommes que sont les héros de l'épisode, et qui, comme chacun sait, sont moins spontanément salaces, de quelques mots qui les mettent sur la voie ; mais il n'est pourtant pas indispensable que ces mots soient du langage courant. Et si Panurge expose en des langues existantes, avec des mots répertoriés, son besoin de manger et son besoin de boire, il expose ici, en des lan-gages qui sont un délire phonétique de volupté verbale, le besoin où il est d'avoir satisfaction génésique.

Car c'est bien de ce sujet qu'il traite en ces trois langages, et les mots sont reconnaissables à qui veut bien les reconnaître, tant il est vrai que dans la langue de Rabelais les idées sexuelles sont le plus sou-vent rendues par des mots chargés d'une succession de sons évoca-teurs : alkatim : le sacrum (T. L. XX), foulchrich al conin, dans le lan-gage des Antipodes ; brleland : brelant (T. L. XXV), iocstztzampenards, dans le langage lanternois ; vou denaguez, fousquez vou, tam breda-guez, daguez daguez, dans le langage de Utopie. Et nous en avons la preuve dans l'expression de la fin du chapitre : & sen alla coucher en chappon, qui confirme que ces langages expriment bien le besoin où est Panurge, quand on aura satisfait sa necessite bien urgente de repaistre, d'avoir compagnie de femme.

On nous donne, en effet, pudiquement, la locution pour se coucher comme les poules (Saulnier, Boulenger, Guilbaud, Demerson dans sa translation), mais nous ne croyons nullement que ce mot chappon ait été choisi pour donner la seule idée du coucher précoce : le chapon est un jeune coq châtré qui, évidemment, ne peut côcher les poules, et il nous semble que si Rabelais a choisi de dire : sen alla coucher en chappon, c'est que le mot chappon est précisément là pour évoquer la situation dont parlera Panurge au chapitre XXVI du Tiers Livre : car mes Salmiguondinoys disent coucher seul, ou sans femme, estre vie brutale, et telle la disoit Dido en ses lamentations.

Cela équivaut à dire que Panurge, dont le souhait qu'il a exprimé en ses langages de représentation érotique n'a pas été compris, et qui ne l'a pas renouvelé en français, s'il a vu combler sa demande de briber, n'a pas obtenu satisfaction pour sa demande d'assouvissement sexuel. En outre, Pantagruel, qui va incarner désormais la sagesse et la vertu auprès de Panurge, n'aurait su, même s'il avait compris, se transformer en pourvoyeur de filles. Si donc Panurge a dormi jusques au lendemain heure de disner, en sorte quil ne feist que troys pas & un sault du lict a table, soyons sûrs que, son lit étant vide, c'est bien en chappon qu'il s'est allé coucher, et soyons sûrs aussi que ses langages imaginaires ont bien trait à son appétit charnel.

Il semble alors que soit vouée à l'échec toute tentative de restitution de ces langages éjaculés, où nous pouvons seulement supposer que Panurge met, dans le premier, le souvenir des galeth dal chinon mangées pruch dal maisoulum, en caressant l'alkatim des filles avant de les foulchrich al conin ; dans le deuxième, le regret du brleland avec les femmes de Grauot chauygny pomardiere et de la deuiniere pres Nays, en compagnie desquelles il buvait, monach, le vins ders cordelis en iocststzampenardant ; et dans le troisième, le reproche à ceux qui l'écoutent, eux qui denaguent, fousquent, bredaguent et daguent tant et plus, de ne pas compatir à sa douleur, et où nous devinons qu'ils les voue finalement au panygou dans le caguons goulfren jusqu'à ce qu'ils en troppassou.

Et nous ne pouvons terminer sans remarquer que Panurge semble bien incarner ici Rabelais, qui se plaît, en évoquant une vie monacale de légende, à se rappeler les rêveries érotiques de son propre temps de moinerie et la rancœur qu'il nourrissait à l'égard de ceux dont aucune claustration n'entravait l'assouvissement. Il est ainsi bien possible que ce désir d'être père, dont nous avons parlé au chapitre précédent pour sa décision de quitter le froc, ait pu impliquer aussi de pouvoir faire l'essai de toutes les mères possibles, louable souci d'un homme avisé qui ne veut pas faire ses enfants à n'importe qui.

Comment Pantagruel equitablement iugea dune controuerse merueilleusement obscure & difficile si iustement, que son iugement fut dict fort admirable. Chap.x.

Nous arrivons à ce deuxième chapitre ix de l'originale qui forme les chapitres x, xj, xij et xiij de l'édition de 1542. Le premier d'entre eux, le x, est seulement l'entrée en matière de ce qu'était le très long chapitre unique en 1532, et nous n'allons nous y arrêter que pour examiner trois suppressions qu'a cru bon de faire Rabelais.

Le titre, d'abord, finissait ainsi en 1532 : fut dit plus admirable que celuy de Salomon. Rabelais a fait disparaître cette évocation biblique du jugement de l'enfant partagé (I Rois, III, 16-28) : c'est, semble-t-il, pousser assez loin le scrupule. Mais il y a plus étonnant.

Rabelais a aussi supprimé une phrase relative aux théologiens ; après : et prendre sa refection, venait cette précision : Non pas quil engardast lesdictz theologiens Sorbonnicques de chopiner/& se refraischir a leurs beuuettes acoustumees. Le trait nous paraît bien innocent ; Rabelais semble pourtant avoir craint d'irriter les susceptibles Sorbonnards.

Enfin, il y a plus sérieux. Parlant de ces folz qui ont par dieu moins estudie en philosophie que (sa) mulle, Pantagruel, après : ilz en estoyent chargez comme un crapault de plumes, ajoutait : & en usent comme ung crucifix dung pifre.

Il ne s'agit plus là du naïf penchant des théologiens pour la chopine, ni de la lointaine et toute légendaire sagesse du juge biblique : le trait a toutes les apparences du blasphème, et cela à plusieurs niveaux. Le crucifix est la représentation de Jésus sur la croix : assimiler cette représentation, généralement entourée de respect, à celle de n'importe quel objet impersonnel est déjà une légèreté qui pouvait entraîner quelque ennui. Associer, ensuite, cette représentation tragique à un instrument de musique anachronique qui évoque la joie pouvait en amener d'autres. Enfin, évoquer l'impossibilité où se trouve un corps, dont les poignets sont cloués à une croix, de se saisir d'un fifre et d'en jouer, en supposant que le crucifié ait pu en avoir l'étonnante envie, pouvait faire passer l'auteur pour un simple profanateur. Rabelais a donc biffé cette image dont la cocasserie restait fort superficielle pour un esprit sans fétichisme, mais que les théologiens pointilleux pouvaient lui imputer à sacrilège.

Nous ne savons évidemment pas qui a imposé à Rabelais d'effacer sa scabreuse bouffonnerie, mais ce que nous pouvons penser, c'est qu'il a volontairement fait bonne mesure pour donner clairement à entendre aux censeurs, en supprimant du même coup les allusions à Salomon et aux beuuettes, combien il jugeait vétilleuse leur étroitesse d'esprit.

Et cet enchérissement sur les exigences des censeurs, qui revient à les railler en toute impunité, peut bien être alors l'explication de nombre de suppressions qui nous étonnent touchant d'inoffensives plaisanteries ou de bénignes taquineries : les Sorbonnards n'étaient peut-être pas tout à fait aussi bornés que Rabelais a tenu à nous les montrer.

Comment les seigneurs de Baisecul et Humevesne plaidoient deuant Pantagruel sans aduocatz. Chap.xj.

Il n'est pas inutile, ici, de jeter un coup d'œil sur la disposition d'esprit où se trouvent trois commentateurs. Parlant des trois chapitres xj, xij et xiij, ils déclarent doctoralement : Cette interminable série de coq-à-l'âne qui emplit les chapitres XI-XII-XIII, nous ne les commenterons pas : ce serait un travail d'érudition pure qui ne saurait intéresser beaucoup le lecteur (Boulenger) ; Ces plaidoyers des chapitres XI-XIII ne sont pas une caricature de l'éloquence judiciaire du temps, comme on l'a dit. Il n'y faut voir qu'une série de coq-à-l'âne, compliqués de lapsus : il est difficile de tous les éclaircir (Plattard) ; Les deux discours du chapitre XI (il y a là une coquille) ne sont nullement une satire de l'éloquence judiciaire, mais une série de coq-à-l'âne assez compliqués et souvent très naïfs : il est inutile de tenter de les expliquer (Jourda) [1].

Cette naïveté serait la nôtre si nous tombions dans le panneau des trois Lefranquistes, qui veulent nous faire croire qu'ils ont parfaitement compris tout ce que contiennent ces trois chapitres, mais qu'ils s'abstiennent de le communiquer à leur lecteur à seule fin de ne pas lui imposer une fastidieuse lecture. Ce lecteur, naturellement, dit : Chantez beaux merles, et tient Boulenger pour un hypocrite incapable : ne saurait intéresser ; Plattard pour un paresseux incapable : il est difficile ; Jourda pour un menteur incapable : il est inutile.

---

1. Le coq-à-l'âne est évidemment le discours sans liaison, passant d'un sujet à l'autre (Littré). C'est aussi ce que disent les étymologistes Dauzat et Bloch et Wartburg, qui citent : saillir du coq en l'asne (XIVᵉ siècle), ces derniers ajoutant : Cf. Sauter du coq à l'asne, XV-XVIᵉ, et la locution anglaise : cock-and-bull-story (une histoire de coq et de taureau). Mais cela est sans intérêt puisque l'expression du XV-XVIᵉ ne fait que broder des festons autour de l'erreur que contient celle du XIVᵉ, telle qu'elle est transcrite, tant il est vrai qu'il est absurde d'apparier un coq et un âne (ou en Angleterre un coq et un taureau).

Car c'est bien d'appariement qu'il s'agit, et le verbe saillir est bien à entendre comme côcher ; mais aussi faut-il bien voir que ce coq est censé côcher non un âne mais une ane, c'est-à-dire une cane (Greimas : non féminin, 1160, Athis, latin anas, anatis). Ainsi, et ainsi seulement, la saillie du coc a l'ane, c'est-à-dire le fait pour le coq de côcher une cane, peut-il être donné pour équivalent du discours où l'on passe d'un sujet à un autre sujet qui n'ont entre eux pas plus de parenté qu'il n'y en a entre les gallinacés et les palmipèdes.

Les autres commentateurs jouent le jeu. Guilbaud dit : Pour nous ces coq-à-l'âne ont un autre intérêt : on y trouve quantité de proverbes, dictons, plaisanteries populaires, traits de mœurs ; Michel dit : C'est le début d'une plaidoirie burlesque accumulant proverbes, calembours et jeux de mots. La fantaisie de Rabelais se donne libre cours. Demerson, lui, ne dit rien en préalable, mais comme Guilbaud, Michel et quelquefois Saulnier, il va au moins tenter par ses notes, plutôt que par l'inepte translation de ses élèves, d'entrer dans le texte. Malheureusement, cela ne nous donnera pas la clé, car, le respect de la tradition aidant, personne n'a osé se risquer à penser que cet assemblage de proverbes, de dictons, de plaisanteries populaires, de traits de mœurs, de calembours et de jeux de mots a un sens et relate un fait.

C'est qu'il est encore loin d'être admis que Rabelais, qui écrira plaisamment au Prologue du Gargantua : Car a la composition de ce liure seigneurial, ie ne perdiz ne emploiay oncques plus ny aultre temps, que celluy qui estoit estably a prendre ma refection corporelle : scauoir est, beuuant & mangeant, est en réalité un écrivain scrupuleux, dont tous les mots sont pesés, les phrases mesurées, et dont le style spontané est le fruit d'une parfaite maîtrise de son art, d'une géniale possession de sa langue, et d'un indéniable travail : l'examen des variantes le prouve assez. S'il possède la rare faculté de savoir utiliser la totalité des mots dont il dispose, il a aussi l'infaillible sûreté d'inventer ceux qui lui manquent : il est alors absurde de penser qu'il puisse employer cet instrument à vide. Soyons donc certains que tout ce qu'il écrit exprime une idée, et que personne n'est donc fondé à dire, parce qu'il ne comprend pas ce qu'il lit, que ce qu'a écrit Rabelais n'a pas de sens : c'est là ridicule suffisance qui finit par aboutir au lamentable subterfuge de nos trois commentateurs du début.

Nous partirons, nous, du postulat que ces trois chapitres racontent une histoire cohérente en des termes soigneusement choisis : le seul examen des corrections et additions apportées entre 1532 et 1542 est là pour nous en persuader. Et, sans circumbilivaginer autour du pot, comme dira Panurge au Tiers Livre (XXX), nous poserons que le sujet du procès nous paraît être une histoire de viol sur une des femmes de sa maison, dont Baisecul accuse Humevesne ou quelqu'un de chez lui, accusation dont se défend Humevesne, et sur laquelle Pantagruel n'a garde de se prononcer nettement.

Il est bien sûr que l'histoire n'est pas clairement apparente ou manifestement visible. Il faut la dégager de l'enchevêtrement des locutions qui ne la concernent pas, et la retrouver derrière celles dont le sens immédiat semble étranger à son déroulement. La recherche du deuxième sens s'apparente ici à celle que nous avons menée pour les livres de saint Victor, et nous verrons d'ailleurs que nombre de mots ont ce même sens second que les titres de la Librairie.

Et s'il est admis que ces plaidoyers et cette sentence ne sont pas une caricature de l'éloquence judiciaire du temps (Plattard), nous y pouvons voir, nous, une satire de l'embrouillement où conduirait la comparution de plaignants exposant eux-mêmes leur cause sans l'assistance d'avocats, seuls capables de séparer sans passion l'accessoire du principal. Car ce procès semble bien être en fait une démonstration par l'absurde de l'utilité des gens de loi intègres et du respect des formes nécessaires, démonstration qui a peut-être pour point de départ l'ordonnance royale de 1528 visant à l'abréviation des procès, et recommandant aux avocats de retrancher de leurs plaidoiries tous les faits superflus, impertinents, non véritables (cité par Demerson dans sa Chronologie).

Retrouver le fil de l'histoire revient en effet pour nous à la dégager des faits superflus, impertinents et non véritables dont Baisecul, puis Humevesne, et enfin Pantagruel qui se met au diapason, surchargent le narré du cas. C'est du moins ce que nous allons tenter de faire ; commençons donc :

Donc commenca Baisecul en la maniere que sensuyt. Monsieur il est vray que une bonne femme de ma maison portoit vendre des œufz au marchez,

Voilà, dès la première parole, le corps du délit. Mais Pantagruel interrompt Baisecul pour une question de civilité :

Couurez vous Baisecul, dist Pantagruel. Grand mercy monsieur, dist le seigneur de Baisecul.

Et quand celui-ci reprend, il aborde son exposé par un autre biais :

Mais a propos, passoit entre les deux tropicques six blans vers le zenith & maille par autant que les mons Rhiphees auoyent eu celle annee grande sterilité de happelourdes, moyennant une sedition de balliuernes meue entre les Barragouyns & les Accoursiers pour la rebellion des Souyces qui sestoyent assemblez iusques au nombre de bon bies, pour aller a laguillanneuf, le premier trou de lan, que lon liure la souppe aux bœufz, & la clef du charbon aux filles, pour donner l'auoine aux chiens.

Nous allons examiner point par point :

Mais a propos, passoit entre les deux tropicques six blans vers le zenith & maille

La phrase était, dans l'originale : Mais a propos passoit entre les deux tropicques vers le zenith diametralement oppose es Troglodytes. Or, troglodyte est proprement : qui entre dans des trous, et le mot sera employé précisément par frère Jan, pour désigner le membre viril, au chapitre XXVII du Tiers Livre : *Pourtant, fillol, maintien tout ce bas et menu populaire Troglodyte en estat de labourage sempiternel*. D'autre part, le simple examen des modifications, additions ou suppressions apportées au texte entre 1532 et 1542 nous montre qu'elles ont manifestement, en même temps que celle de parfaire l'écriture, l'intention de donner une forme plus hermétique à l'exposé des causes ; mais nous voyons aussi que, la plupart du temps, elles laissent subsister l'idée initiale : nous pouvons ainsi penser que cette idée de Troglodytes est encore sous-jacente dans la phrase de l'édition définitive.

D'ailleurs, le début du discours de Baisecul nous a renseignés : il vient d'évoquer, de but en blanc, la bonne femme quand il est interrompu par courtoisie. Il reprend en disant : *Mais a propos*, et cela nous indique assez que ce qui va suivre aura un rapport étroit avec cette bonne femme, et nous voyons même que l'interruption a donné à Baisecul l'occasion de se raviser : prêt à dire tout à trac l'objet de sa plainte, il a pensé qu'il valait mieux commencer en donnant un aperçu des conditions dans lesquelles se sont produits les faits. L'idée de Troglodytes se rapporte donc à la bonne femme, et nous ne pouvons que nous attendre à découvrir un contenu sexuel à la phrase.

Et, considérant cette phrase, nous nous apercevons que le verbe *passoit* n'a pas de sujet ; nous avons toutes raisons de croire qu'il est volontairement omis, et que s'il l'est, c'est parce qu'il ne pourrait, exprimé, que donner avec évidence le sens de la phrase que Rabelais a modifiée pour la rendre moins immédiatement compréhensible. Mais c'est là raison littéraire : cette omission est, avant tout, celle de Baisecul, et elle nous donne d'entrée le ton du personnage qui, pour parler des crudités qui forment le fond de sa plainte, n'emploiera jamais le mot propre mais une image, un parallèle, un à-peu-près, un euphémisme, qui seront finalement plus obscènes que le mot vrai ; ici il tait le mot qui n'a pu échapper à aucun de ses auditeurs.

Tout cela nous amène à voir dans *vers le zenith* (le zenith étant le point situé à la verticale de l'observateur), le point qui intéresse ces Troglodytes qui entrent dans des trous ; du même coup, nous voyons dans *entre les deux tropicques* l'équivalent de *entre les deux testicules*. Et nous comprenons que ce qui passe entre les deux testicules est la verticale vers laquelle tendent les Troglodytes, c'est-à-dire les membres virils. Le sujet manquant du verbe *passoit* est quelque chose comme le désir, l'envie, et la phrase est : *Mais à propos, l'envie passait entre les deux couillons*. Restent les mots : *six blans et maille*.

Nous savons que ces termes désignent des pièces de monnaie. Littré nous indique que le sou se divisait en quatre liards, ou en douze deniers, ou en vingt-quatre mailles, et que le blanc valait cinq deniers.

Il précise que six blancs valaient deux sous, six deniers. Si nous réduisons les six blans de Baisecul à la maille qu'il semble ajouter pour faire bon poids, nous arrivons au chiffre de soixante mailles, ce qui nous laisserait perplexes si nous ne saisissions qu'il s'agit de la figuration de degrés d'angle tout à fait indiqués pour quelque chose qui tend vers la verticale, figuration parfaitement plausible puisque le mot degré, dans ce sens, date de 1265 (Petit Robert). Nous entendons que la phrase est alors : Mais à propos, l'envie passait entre les deux couillons, soixante degrés vers la verticale, et même soixante et un.

Mis sur la voie, nous continuons :
par autant que les mons Rhiphees auoyent eu celle annee grande sterilité de happelourdes,

La glose dit : Monts Rhiphees en Scythie, mais nous comprenons bien que ces mons Rhiphees sont une image analogue à celle des Troglodytes, et même qu'elle y est étroitement rattachée, puisque nous voyons dans ces monts les monts Chauves qui, évidemment, désignent les glands. L'image s'impose d'autant mieux que nous avons vu, au quatre-vingt-dixième titre de la Librairie, que les happelourdes sont les gobe-manches ou sacs-à-vits. Nous entendrons alors stérilité comme pénurie, et nous rendrons la phrase par : d'autant que les monts Chauves avaient pâti cette année-là de grande pénurie de sacs-à-vits.
moyennant une sédition de balliuernes meue entre les Barragouyns & les Accoursiers pour la rebellion des Souyces

La sédition est la révolte concertée contre l'autorité publique, mais nous allons voir que le sens du mot est ici celui de grève. Les balliuernes (de balliuernes étant une addition au texte original) sont des propos futiles et creux ; et il faut remarquer ici que, contrairement à la plupart des éditeurs, qui impriment Ballivernes avec une majuscule qui laisse penser qu'il s'agit du nom d'un peuple de fantaisie, Rabelais a écrit balliuernes, conservant au mot sa signification de propos sans importance. Les Accoursiers sont, ainsi que le disent les commentateurs, les disciples d'Accurse, le glossateur des Pandectes déjà mis sur la sellette au cinquième chapitre. Les Barragouyns sont évidemment, eux, un peuple de fantaisie, ceux qui baragouinent, c'est-à-dire qui parlent un langage incompréhensible. Ils ont en commun avec les Accoursiers les balivernes, et nous saisissons que les disciples d'Accurse sont à considérer comme aussi incompréhensibles qu'eux. Quant aux Souyces, il faut probablement voir là les Suisses de la garde du Pape, fondée en 1506.

La phrase est volontairement alambiquée, et nous devons d'abord tenter d'y voir clair : nous comprenons que les Suisses pontificaux se sont rebellés, et nous verrons pourquoi, et cette rébellion a provoqué entre les Barragouyns et les Accoursiers une grève de ces balivernes qu'ils emploient en commun et dont ils usent sans mesure.

Reste à entendre que moyennant est l'équivalent de due, ce qui donne au mot ballivernes le sens second de bagatelles ou choses de l'amour physique, et nous aurons : due à une grève de bagatelles provoquée entre les Baragouineurs et les Glossateurs par la rébellion des gardes pontificaux.

qui sestoyent assemblez iusques au nombre de bon bies,

L'originale disait : iusques au nombre de troys/six/neuf/dix, et cela nous permet de penser que de bon bies conserve cette idée d'évaluation. Nous verrons dans de bon bies une déformation, peut-être dialectale, de de bon bien, c'est-à-dire en bon nombre, et nous rendrons la phrase par : qui s'étaient assemblés jusqu'au nombre d'une bonne masse.

pour aller a laguillanneuf, le premier trou de lan, que lon liure la souppe aux bœufz, & la clef du charbon aux filles, pour donner lauoine aux chiens.

Saulnier dit : Trou (premier) de l'an : Nouvel an. Faux lapsus pour : premier jour ; Guilbaud dit : Au gui l'an neuf (quête qui se faisait dans les villages la veille du nouvel an) ; trou : jour ; Michel dit : Au gui l'an neuf.

Les commentateurs ont raison, mais ils restent au premier niveau, et leur échappe le jeu de mots que fait Rabelais : il semble pourtant que s'il a transformé au gui l'an neuf en a laguillanneuf, c'est bien pour qu'on entende l'aiguille à neuf ou, plus sûrement, la guille à neuf. La guille est le nom donné, dans le Midi, à la cannelle en bois qu'on met aux barriques et par laquelle on tire le vin (Littré) ; c'est encore un morceau de bois conique (Littré). Sa fonction de bouchage du trou d'écoulement du tonneau a évidemment toujours fait assimiler la guille au membre viril. Cette guille est donc censée être remise à neuf avec l'année nouvelle, et la licence traditionnellement permise pendant la nuit qui sépare l'année ancienne et l'an nouveau, et probablement aussi le premier jour de ce nouvel an, implique l'essai de cette nouvelle vigueur ou de cette nouvelle santé ; le premier trou de l'an est alors on ne peut plus clair : il n'est pas question de jour, mais bel et bien du premier trou de l'année honoré par la guille remise à neuf.

Pour la soupe, la clef et l'avoine, Saulnier dit : Salade de locutions à allure proverbiale, qui signifie l'imprudence (la clef du charbon aux filles, cf. : laisser aller le chat au fromage) et le sens-dessus-dessous (donner la soupe aux bœufs et l'avoine aux chiens ; cf. des proverbes comme : le battu paiera l'amende) ; Guilbaud dit : Trois locutions à allure proverbiale exprimant l'imprudence et l'étourderie ; Michel dit : Autant de lapsus volontaires.

Pour nous, ces trois locutions marquent le bouleversement des habitudes, et si la soupe aux bœufs est une inconséquence due à ce bouleversement, la clé du charbon aux filles, c'est-à-dire aux servantes, n'est peut-être pas une imprudence, mais l'exceptionnelle autorisation d'utiliser à des fins personnelles la remise au charbon. Nous porte à le croire la composition de la phrase, qui cite d'abord l'inconséquence (soupe aux bœufs), puis la permission (clé du charbon), et qui ne reviendrait que par maladresse sur ce qui serait encore une inconséquence (l'avoine aux chiens). Nous savons que Rabelais n'aurait pas commis cette faute, et que s'il a rejeté en fin de phrase cette avoine aux chiens, qui est d'ailleurs précédée de la préposition pour, c'est qu'il faut y voir une précision relative à ce que font les filles de cette clé qu'on leur a abandonnée.

Et nous voyons dans cette avoine l'équivalent du petit picotin dont parlera Panurge, au chapitre XVIII du Tiers Livre, au sujet de son baston a un bout : Je vous jure et promectz que tousjours le maintiendray succullent et bien avitaillé. Elle ne me le sugsera point en vain. Eternellement y sera le petit picotin, ou mieulx. Ce petit picotin est évidemment la juste ration.

Nous comprendrons donc que les servantes vont disposer de la remise au charbon pour, de grand cœur, permettre aux guilles à neuf de s'essayer, et nous rendrons la phrase par : pour aller, la guille à neuf, au premier trou de l'an, quand tout est chamboulé, et que l'on donne la clé de la remise aux filles pour qu'elles prennent leur petite ration. Nous voilà arrivés à la fin du premier paragraphe, et il faut convenir que cela ne va pas si mal ; nous passons donc à la suite :

Toute la nuict lon ne feist la main sur le pot, que despescher bulles a pied & bulles a cheual pour retenir les bateaulx, car les cousturiers vouloyent faire des retaillons desrobez une sarbataine pour couurir la mer Oceane, qui pour lors estoit grosse dune potee de chous selon lopinion des boteleurs de foin : mais les physiciens disoyent que a son urine ilz ne congnoissoyent signe euident au pas dostarde de manger bezagues a la moustarde, sinon que messieurs de la court feissent par bemol commandement a la verolle, de non plus allebouter apres les maignans, car les marroufles auoient ia bon commencement a danser lestrindore au diapason un pied au feu & la teste au mylieu comme disoit le bon Ragot.

Toute la nuict lon ne feist la main sur le pot, que despescher bulles a pied & bulles a cheual pour retenir les bateaulx,

L'originale disait : que despescher les bulles des postes a piedz & lacquays a cheual, et il est manifeste que l'idée était alors d'évoquer les bulles papales, ou lettres patentes, avec le sceau de plomb (Petit Robert), envoyées par le pape, qui tentait ainsi de retenir les bateaux chargés de ses Suisses. Nous allons voir que l'idée a changé avec la correction.

Saulnier dit : Main sur le pot : geste signifiant : marché conclu ; avec jeu sur le pot de nuit ; Guilbaud dit : Expression signifiant : marché conclu. Equivoque entre pot de vin et pot de chambre.

Nous savons depuis Pathelin, que main sur le pot veut dire marché conclu, parce que la portée générale du geste est : je m'engage, mais nous ne croyons nullement au jeu de mots avec pot de chambre, car il faudrait admettre que Rabelais a écrit : toute la nuict, puis : la main sur le pot, avec l'intention de faire s'attendre à une histoire de pressant besoin d'évacuation nocturne, et c'est alors lui prêter une puérilité ridicule. Ce que nous voyons, en revanche, c'est l'équivoque introduite avec la correction sur le sens sexuel de pot, équivoque que nous avons rencontrée plusieurs fois dans les titres de la Librairie, et dont nous allons découvrir la nécessité.

Elle découle du fait que le mot bulles est ici à entendre comme fesses, compréhension attestée par Littré, qui cite Perceforest ; despescher gardant son sens d'expédier rapidement, nous comprenons que, toute la nuit, l'on n'a fait qu'envoyer en hâte, à pied et à cheval, les fessiers chargés de retenir les bateaux chargés des Suisses désireux d'aller, la guille à neuf, au premier trou de l'an ; et nous pourrions entendre que, de cela, Baisecul se porte garant, la main sur le pot.

Mais il semble que la locution bulles a pied & bulles a cheual ne se rapporte pas tout entière au verbe despescher, et que ce qui s'y rapporte est seulement les bulles ; a pied & a cheual est à entendre comme de toutes espèces, et la main sur le pot devient alors une précision concernant la manière dont ces fessiers sont expédiés : nous saisissons qu'on les a poussés de la main, et que la locution signifie : la main au cul, et nous voyons du même coup d'où est venue la pénurie de sacs-à-vits, puisque la phrase est : Toute la nuit l'on ne fit qu'expédier en vitesse, la main au cul, fessiers de tout poil pour retenir les partants.

car les cousturiers vouloyent faire des retaillons desrobez une sarbataine pour couurir la mer Oceane, qui pour lors estoit grosse dune potee de chous selon lopinion des boteleurs de foin :

Saulnier dit : Retaillon : chutes dans une coupe de tissu. Sarbataine : sarbacane. Espagnol zerbatana, de l'arabe zarbatâna ; Guilbaud dit : Retaillons : retailles (restes d'une étoffe coupée). Plaisanterie sur les couturiers. On disait qu'avec les retailles volées à leurs clients, ils faisaient la bannière de leur corporation. Grosse : houleuse (et : enceinte).

Le sens que voient les commentateurs semble être celui de couturiers qui veulent faire, des retailles dérobées, une sarbataine (qui serait plutôt d'ailleurs une sabaintaine, de sabain : linge pour envelopper ou essuyer ; Greimas), pour recouvrir la mer Océane qui est grosse, c'est-à-dire houleuse, d'une potée de choux, peut-être image de la surface agitée de la mer, et cela selon l'opinion de boteleurs de foin, c'est-à-dire de terriens qui n'ont aucune connaissance maritime. Mais nous voyons bien tout ce qu'il y a d'artificiel dans cette compréhension, et nous allons chercher où se tient l'évocation érotique pour laquelle cette phrase a été construite.

Pour commencer, les cousturiers sont ici les cultivateurs (Greimas), donc ceux qui labourent, et labourer a toujours eu le sens de pénétrer une femme. Il faut donc voir ici dans les couturiers les laboureurs de nature, selon le terme que Rabelais emploie au premier chapitre du présent Livre pour désigner le membre cultivateur. Pour les retaillons desrobez, il faut entendre retailler au sens de circoncire (Greimas), et voir dans les retaillons desrobez les prépuces effacés, c'est-à-dire que retaillons desrobez est à rendre par : membres érigés. Une sarbataine est effectivement, ici, une sarbacane, et il semble que l'image est celle de ces membres érigés mis bout à bout pour former une sarbacane apte à couvrir, c'est-à-dire saillir, la mer Océane. Cette mer est grosse d'une potee de chous ; l'originale disait : grosse denfant ; la potee de chous a remplacé le denfant, et la suite va nous confirmer que cette modification a introduit l'idée de contenu d'un pot, où le mot pot a encore l'acception sexuelle que nous avons vue, et chous, celle de choux-fleurs, qui désignent les végétations vénériennes génitales : cette mer n'est donc pas enceinte d'une potée de choux, mais porteuse d'un bouquet de choux-fleurs.

Les boteleurs de foin ne sont alors nullement les gens qui mettent le foin en bottes : il faut entendre le bote de boteleur comme issu du verbe boter : pousser, frapper, renverser (Greimas) ; c'est dire que ces boteleurs sont des boteurs, ou ceux qui font la botée amoureuse ; le foin est alors le mot foine : fourche (Greimas), à prendre au sens de angle formé par les jambes (Petit Robert). Et nous comprenons que ces boteleurs de foin, qui, au sens immédiat, pouvaient passer pour des terriens ne connaissant rien à la mer, sont au contraire des connaisseurs en botées d'entrejambes, et leur opinion a quelque valeur quand il s'agit de juger de l'état de salubrité d'une partenaire.

Reste cette mer Oceane : le terme ne peut que contenir le jeu de mots établi sur le latin oceanus : grand bassin (pour le bain), où Rabelais ne retient que grand bassin entendu au sens anatomique de bassin

227

osseux, et la mer est, inévitablement : la mère. Nous arrivons ainsi au sens, que la suite confirmera en tous points de : car les laboureurs de nature voulaient faire de leurs membres érigés une sarbacane pour saillir la mère au grand pelvis qui pour lors était porteuse d'un bouquet de choux-fleurs, selon l'avis des batteurs d'entrejambes.

mais les physiciens disoyent que a son urine ilz ne congnoissoyent signe euident au pas dostarde de manger bezagues a la moustarde,

L'originale disait : de manger des choux gelez a la moustarde, mais nous comprenons que c'est la proximité des choux de la potée qui a obligé Rabelais à biffer ces choux à la moutarde, le contraignant à trouver une autre image qui, nous allons le voir, est infiniment plus savoureuse.

Les physiciens sont évidemment les médecins qui, ici, examinent l'urine de la patiente, et il semble qu'il ne puisse s'agir de personne d'autre que de la mère au grand pelvis, pelvis étant le mot latin équivalant à bassin, mais avec l'inestimable avantage de se prêter au traditionnel calembour : pèle-vit. Ils ne reconnaissent, en mesurant au pas d'ostarde, c'est-à-dire au pas d'échassier, aucun signe évident de manger bezagues a la moustarde. Greimas dit que la bezague est une hache d'armes ayant un côté tranchant et l'autre pointu, et c'est la suite qui, là encore, va nous permettre de comprendre que manger bezagues a la moustarde est une expression qui dépeint les souffrances lancinantes qui accompagnent la miction dans la blennoragie, souffrances plaisamment supposées dues à l'ingestion de ces bezagues qui coupent et qui piquent, et qui, de plus, ont été accommodées à la moutarde.

Mais cette compréhension de manger bezagues a la moustarde nous amène à penser que a son urine et au pas dostarde comportent une image précise : l'expression est en fait : examiner l'urine au pas d'échassier, c'est-à-dire au compas ; et ce compas semble bien être la représentation des jambes écartées, si l'on considère que a son urine revient à parler de voir l'urine, selon l'expression qu'emploiera le médecin Rondibilis au chapitre XXXIIII du Tiers Livre, et dont le contenu est en fait le même que celui du trou d'urine du chapitre xij du Gargantua. Il nous faut entendre que les médecins examinent, non pas l'urine de la patiente, mais le lieu d'où sourd cette urine, et ils le font au pas dostarde, c'est-à-dire en lui écartant les jambes : nous comprenons que l'examen qu'ils pratiquent est un examen de vénérologie, et nous saisissons du même coup que manger bezagues a la moustarde équivaut à risquer d'avoir à rendre des bezagues à la moutarde, à peu près comme notre expression pisser des lames de rasoir implique qu'on les a auparavant ingérées. Nous rendrons donc la phrase par : mais les médecins disaient qu'à son trou d'urine ils ne reconnaissaient, jambes écartées, aucun signe évident de devoir pisser des lames de rasoir.

sinon que messieurs de la court feissent par bemol commandement a la verolle de non plus allebouter apres les maignans,

L'originale ajoutait : & ainsi se pourmener durant le seruice diuin, phrase dilatoire mais dangereuse que Rabelais a jugé plus prudent de supprimer.

Tout le monde est d'accord pour dire : allebouter : grapiller, mais la présence de la conjonction apres, qui marque la tendance vers ou contre quelque chose (Grevisse), nous incite à voir dans allebouter apres le sens de tailler dans. Pour maignans, Saulnier, Guilbaud, Michel et Demerson sont aussi d'accord pour dire : vers à soie ; Saulnier et Michel ajoutent même : cf. : magnanerie. Or, il a été dit, pour le titre Le Chaulderon de magnanimite, que les maignans sont les chaudronniers ambulants : il y a donc manifeste inconséquence, d'abord parce que maignan : chaudronnier est attesté par Greimas, qui cite E. Boileau (Livre des Métiers, 1268), ensuite parce que les vers à soie semblent n'avoir rien à faire avec la vérole, alors que les chaudronniers avaient traditionnellement la réputation d'être bons joueurs de quille. Cette réputation est en fait fondée sur l'idée que les chaudronniers martèlent abondamment, et marteler a aussi le sens de jouir d'une femme (Greimas). Nous rendrons donc les maignans par les bons membres.

Il est alors certain que la conjonction sinon introduit ici une exception ou une restriction hypothétique (Petit Robert), et nous la comprendrons comme à condition que, ce qui sous-entend que les médecins n'ont vu dans l'entrejambes de la mère au grand pelvis aucun danger de contamination, si toutefois la cour commande par bemol à la vérole de ne plus tailler dans les bons membres, ce qui confirme ce que la collection de choux-fleurs nous a appris : à savoir que cette mère au grand pelvis est vérolée jusqu'à l'os. La locution par bemol, qui est à entendre : par altération, par correction, doit, bien sûr, contenir un jeu de mots établi sur mol et sur bé, qui ne peut alors qu'être le bai : bouche bée (Greimas), compris, naturellement, au sens génital, et ce par bemol est en fait : par bée-mol ; mais nous ne pouvons le rendre textuellement, par bemol ayant perdu son sens général de par accident ; la phrase sera donc : à condition que messieurs de la cour fissent, par exception, commandement à la vérole de ne plus tailler dans les bons membres.

car les marroufles auoient ia bon commencement a danser lestrindore au diapason un pied au feu & la teste au mylieu comme disoit le bon Ragot.

Saulnier dit : Marroufle : mauvais garçon. Estrindore : air de danse. Ragot : fameux truand du XVIᵉ siècle ; Guilbaud dit : Estrindore : danse anglaise ; Plattard et Jourda, qui consentent à donner les notes historiques, disent : Ragot : chef des gueux, fameux au XVIᵉ siècle, et mentionné chez divers auteurs : Marot, Du Fail, Brantôme, etc.

Les marroufles nous semblent être ici, plutôt que de mauvais garçons, ces gens qui ont membre de chaudronnier et qui en usent : nous les rendrons par ribauds. Ces ribauds ont eu ia bon commencement, ce qui, tenant compte de ce qui précède, signifie qu'ils ont commencé d'être contaminés, étant donné que nous ne voyons dans estrindore ni un air de danse, ni une danse anglaise, mais le verbe estraindre : serrer, presser, tenir rudement (Greimas), et que cette estrindore est, de plus, au diapason, ce qui contient le sens que donne Littré : se mettre au diapason de quelqu'un : se conformer à sa manière de voir, de sentir ; danser l'estrindore au diapason est alors danser cette danse où l'on étreint quelqu'un en conformant son mouvement à la manière de sentir de ce quelqu'un, autrement dit la danse de l'étreinte à l'unisson. Nous rendrons ce danser lestrindore au diapason par danser la saccade à l'unisson.

Et si nous doutions encore de cette interprétation, la locution : un pied au feu & la teste au mylieu viendrait la confirmer, puisqu'il faut voir, de toute évidence, dans pied le traditionnel euphémisme de vit, qui est au feu, c'est-à-dire enflammé, la teste au mylieu, c'est-à-dire, milieu étant seulement amené par la rime : la tête au fond, ou le gland au fond.

Reste ce bon Ragot, dont nous ne voyons nullement la nécessité au sens que nous indiquent les commentateurs. Nous voyons, nous, ici, une équivoque établie avec ragot : jeune sanglier mâle (Petit Robert), pris au sens de verrat, mot qui recouvre l'idée de lubricité permanente. Cela nous amène à retenir de bon Ragot la seule notion d'exceptionnelle appétence sexuelle, et nous rendrons comme disoit le bon Ragot par comme disait le bon Baiseur. La phrase est alors : car les ribauds étaient déjà bien poivrés, à danser la saccade à l'unisson, le vit au four et le gland au tour, comme disait le bon Baiseur.

Nous arrivons ainsi à la fin de l'entrée en matière de Baisecul, morceau qui donne le ton de tout le reste, et il nous faut voir si nous ne nous sommes pas fourvoyés. Pour ce faire, nous relisons d'une traite tout ce que nous avons extrait de l'enflure métaphorique du plaignant :

Donc commença Baisecul de la manière qui s'ensuit. Monsieur, il est vrai qu'une bonne femme de ma maison portait vendre des œufs au marché. Couvrez-vous, Baisecul, dit Pantagruel. Grand merci, Monsieur, dit le seigneur de Baisecul. Mais à propos, l'envie passait entre les deux couillons, soixante degrés vers la verticale, et même soixante et un, d'autant que les monts Chauves avaient pâti cette année-là de grande pénurie de sacs-à-vits due à une grève de bagatelles provoquée entre les Baragouineurs et les Glossateurs par la rébellion des gardes pontificaux, qui s'étaient assemblés jusqu'au nombre d'une bonne masse pour aller, la guille à neuf, au premier trou de l'an, quand tout est chamboulé, et que l'on donne la clé de la remise aux filles pour qu'elles prennent leur petite ration. Toute la nuit, l'on ne fit qu'expédier en vitesse, la main au cul, fessiers de tout poil pour retenir les partants, car les laboureurs de nature voulaient faire de leurs membres érigés une sarbacane pour saillir la mère au grand pelvis, qui pour l'heure était porteuse d'un bouquet de choux-fleurs, selon l'avis des batteurs d'entrejambes : mais les médecins disaient qu'à son trou d'urine, ils ne reconnaissaient, jambes écartées, aucun signe évident de devoir pisser des lames de rasoir, à condition que messieurs de la cour fissent, par exception, commandement à la vérole de ne plus tailler dans les bons membres, car les ribauds étaient déjà bien poivrés, à danser la saccade à l'unisson, le vit au four et le gland au tour, comme disait le bon Baiseur.

Finalement, tout cela est très cohérent, et nous comprenons que Baisecul, pour éclairer la cour, vient de dépeindre l'ambiance dans laquelle s'est produit l'événement. Il va maintenant en préciser le moment :

Ha messieurs Dieu modere tout a son plaisir, & contre fortune la diuerse un chartier rompit nazardes son fouet, ce fut au retour de la Bicocque, alors quon passa licentie maistre Antitus des crossonniers en toute lourderie : comme disent les canonistes. Beati lourdes quoniam ipsi trebuchauerunt.

Ha messieurs Dieu modere tout a son plaisir,

Il faut voir dans ce verbe moderer le sens latin de mesurer, et la phrase de transition de Baisecul est l'équivalent de : Ha Messieurs, Dieu façonne tout à sa volonté.

& contre fortune la diuerse un chartier rompit nazardes son fouet,

Tous les commentateurs disent qu'il y a là évocation du proverbe d'époque : Contre fortune la diverse, n'est si bon chartier qui ne verse, mais il nous semble plutôt voir ici un chartier embourbé qui, sous l'œil narquois de la divinité (nazardes), rompt son fouet sur l'échine des chevaux qui n'en peuvent mais tant qu'il ne s'est pas aidé en regardant d'où provient l'achoppement qui le retient. La phrase nous apparaît comme l'allusion à un fait récent, car nazardes semble bien être le mot naguères sur laquelle la langue de l'orateur a volontairement fourché ; c'est en tout cas l'illustration de ce que vient d'énoncer Baisecul, et nous rendrons la phrase par : et contre la capricante fortune, un charretier a pu seulement, en vain, rompre son fouet.

ce fut au retour de la Bicocque,

Les commentateurs nous renseignent : bataille où Lautrec fut battu en 1522 par les Impériaux, et où fut perdu le Milanais. Cette précision ne se rapporte aucunement à l'épisode du charretier, mais tente de situer dans le temps l'événement qui est jugé, en rappelant un fait qui a dû rester dans toutes les mémoires. Nous rendrons la phrase par : ce fut juste après la piquette de la Bicoque.

alors quon passa licentie maistre Antitus des crossonniers en toute lourderie :

L'originale disait : maistre Antithus des cressonnieres. Saulnier dit : Type de docte imbécile, dans la tradition satirique du XVe siècle. Rabelais lui donne en fief la Cressonnière, près Fontenay-le-Comte. Peut-être pouvons-nous voir dans l'Antithus de l'originale le latin antitheus : qui prétend être un dieu ? En tout cas, il nous semble que la transformation de des cressonnieres en des crossonniers marque une insistance qui nous fait soupçonner une équivoque établie sur l'autre nom du cresson : la berle, qui fait lui-même jeu de mots avec berlue, de beluer : éblouir, tromper, duper (Greimas) ; avoir la berlue : être ébloui, et, par extension, avoir des visions, se faire des illusions. La lourderie est évidemment la lourdeur, et nous rendrons la phrase par : au moment qu'on reçut licencié ès lourdeurs Maître Antitus des Berlues.

comme disent les canonistes. Beati lourdes quoniam ipsi trebuchauerunt.

La phrase est, selon les commentateurs, une parodie de l'épisode des béatitudes dans le Sermon sur la Montagne : Heureux les pauvres en esprits, heureux les affligés, heureux les débonnaires, etc. (Matthieu, V). Ils la traduisent, soit par : Heureux les balourds puisqu'ils ont trébuché d'eux-mêmes, soit par : Bienheureux les lourdauds parce qu'ils trébuchèrent par eux-mêmes. Nous tenterons, nous, puisqu'il s'agit du monde de la Sorbonne, d'en rendre l'intention satirique, et nous aurons : comme disent les canonistes : Heureux les lourdauds, parce qu'on n'a pas eu à les pousser.

L'évocation dogmatique du début, puis celle des canonistes vont appeler maintenant à l'esprit de Baisecul celles du Carême, de saint Fiacre et de la Pentecôte ; mais il donne à ces évocations un contenu pécuniaire qui nous permet de saisir que son intention est de parler de dépenses qu'on lui a imposées.

Mais ce que faict la quaresme si hault, par sainct Fiacre de Brye, ce

nest pour aultre chose que la Penthecoste ne vient foys quelle ne me
couste :
Mais ce que faict la quaresme si hault,
   L'originale disait : le quaresme si hault, et il semble qu'en substituant la à le, ce qui peut passer pour un lapsus de Baisecul, Rabelais
ait voulu insister sur le jeu de mots avec crême ; si hault est alors à
entendre comme si chère puisque le drapier de Pathelin disait déjà au
vers 212 : Certes, le drap est chier comme cresme. Nous tenterons de
rendre le jeu de mots en employant le mot chrême ou huile consacrée
pour les onctions dans certaines cérémonies religieuses, et nous aurons :
Mais ce qui fait le chrême de si haut prix.
par sainct Fiacre de Brye,
   Michel dit : La cathédrale de Meaux possédait des reliques de saint
Fiacre, patron des jardiniers, qui, bien que d'origine irlandaise, vécut
en Brie. Quelque chose nous dit que ce patron des jardiniers semble
bien vouloir amener l'idée qui sera exprimée au chapitre V du Quart
Livre, relative au roydde dieu des jardins Priapus, mais nous ne pouvons que rendre ainsi la phrase : par le saint patron des jardiniers.
ce nest pour aultre chose que la Penthecoste ne vient foys quelle ne me
couste :
   Michel dit : Jeu de mots courant sur Pentecôte et coût : c'est la fête
qui coûte cher. A partir du XIIᵉ siècle, la Pentecôte est une fête somptueuse. Nous comprenons que Baisecul cite une fête qui, traditionnellement, coûte cher, à seule fin d'amener l'évocation de ce jour de l'an
où la quête lui a coûté bon. Nous rendrons la phrase par : ce n'est
pour autre raison que la Pentecôte qui ne vient jamais sans qu'il en
coûte. Et Baisecul arrive ainsi au sujet qui lui tient à cœur :
mais hay auant peu de pluye abat grand vent, entendu que le sergeant
me mist si hault le blanc a la butte, que le greffier ne sen leschast orbiculairement ses doigtz empenes de iardz, & nous voyons manifestement
que chascun sen prent au nez, sinon quon regardast en perspective oculairement vers la cheminee a lendroit ou pend lenseigne du vin a quarente sangles, qui sont necessaire(s) a vingt bas de quiquenelle :
mais hay auant peu de pluye abat grand vent,
   Un scrupule, pourtant, semble retenir Baisecul au moment d'aborder
la question ; mais il se décide en déclarant que le petit fait qui consiste
à en exposer les raisons amoindrira son ressentiment. Nous rendrons la
phrase par : mais va toujours, petite pluie abat grande ire.
entendu que le sergeant me mist si hault le blanc a la butte que le greffier ne sen leschast orbiculairement ses doigtz empenez de iardz,
   L'originale disait : ne sen leschast bas & roidde ses doigz. Le sergeant est ici l'officier de justice ; le blanc a la butte est évidemment la

cible, et elle a été mise si haut que nous comprenons qu'elle représente la forte contribution dont a été taxé Baisecul. Elle est si forte qu'on ne peut que s'attendre à voir Baisecul refuser de la payer, ce qui fait que le greffier se réjouit d'avance de sa carence. Il s'en lèche orbiculaire-ment ses doigtz empenez de iardz : orbiculairement veut dire en forme d'anneau ; les doigtz empenez de iardz sont les doigts qui tiennent la plume d'oie ; se lécher orbiculairement les doigts, c'est donc enfoncer, l'un après l'autre, les doigts dans la bouche pour en mouiller le bout : il doit s'agir du geste courant permettant de mieux assurer la plume d'oie, mince et glissante, entre les doigts humectés. Nous rendrons la phrase par : étant donné que l'officier de justice m'imposa si forte contribution que le greffier ne put que s'empresser de s'humecter buc-calement les doigts tenant la plume.

& nous voyons manifestement que chascun sen prent au nez,

Ici, c'est la suite qui va nous faire comprendre que la phrase con-tient ce que nous indique Littré pour se prendre le nez, qui signifie se reconnaître coupable ; s'en prendre au nez est donc déclarer quelqu'un coupable, et nous aurons ainsi : car nous savons fort bien que chacun est dit coupable.

sinon quon regardast en perspectiue oculairement vers la cheminee a lendroit ou pend lenseigne du vin a quarente sangles,

Pour Saulnier, ce vin est vin très fort (vin qu'il faut attacher soi-gneusement) ; pour Guilbaud, c'est vin très fort, et pour Michel : Vin très fort (?) ou rapprochement de termes n'ayant aucun sens, comme ci-dessous vingt bas (bâts), de quinquenelle (remise de cinq ans) (quin-que) accordée aux débiteurs.

Nous ne croyons pas, nous l'avons dit, à ces mots qui n'auraient aucun sens, ni au bien-fondé de cette suffisance, ou de cette naïveté, qui traite les difficultés en les éliminant. Nous faisons partie des lec-teurs qui, humblement, essayent de comprendre : aussi allons-nous exa-miner consciencieusement, et en commençant par la fin de la phrase :

vers la cheminee a lendroit ou pend lenseigne du vin a quarente san-gles :

Il y a parallèle évident entre la cheminée et le cabaret où pend l'enseigne : nous pouvons donc supposer qu'il s'agit de quelque chose qui pend dans la cheminée. Mais cette enseigne est celle d'un vin a quarente sangles, ce qui nous paraît fort déroutant, sachant que la san-gle est ce qui permet de maintenir ou serrer (latin cingula, de congere : ceindre) ; nous sommes donc amenés à penser que ce qui est ainsi maintenu peut n'être pas le vin, mais bien ce qui pend dans la chemi-née.

Or, ce qui pend normalement dans une cheminée est la marmite, et l'on n'a pas coutume de ceindre un récipient dans lequel on fait cuire les aliments. Mais ce que cette idée de sangler nous suggère, c'est qu'il peut alors s'agir de cette marmite où, Plaute nous l'apprend dans son Aulularia (aulula : petite marmite), on a toujours serré son argent. (Et c'est probablement là qu'est la vraie raison de l'étymologie traditionnellement controuvée de marmite : substantivation de l'adjectif marmite : hypocrite, qui s'explique par le fait que la marmite profonde et couverte d'un couvercle cache son contenu aux enfants curieux ; Bloch et Wartburg).

Cette marmite est donc le contenant où l'on serre son argent. Reste l'idée de vin. La relation entre ce vin et la marmite qui contient l'argent nous amène à penser que ce vin n'est en rien celui du cabaret, mais bel et bien le vin, au sens de pourboire, que nous retrouverons dans le Gargantua, chapitre xvij : Cest raison. Ie leur voys donner le vin, et au chapitre xxiiij : & par tout donnans le vin. Mais ce qu'a déjà dit Baisecul nous empêche de penser au pourboire volontairement alloué, et nous conduit à voir dans ce vin une sorte d'extorsion, ou du moins un pourboire obligé, et nous entrevoyons qu'il s'agit du pot-de-vin, mot qui date de 1501 (Dauzat). Nous prendrons finalement la phrase pour : vers l'endroit de la réserve où dort l'argent du pot-de-vin Et, forts de cette compréhension, il nous est maintenant facile de voir dans : sinon quon regardast en perspectiue oculairement, et attribuant à perspective le sens latin de perspecte : avec finesse, en connaisseur, la signification : à moins de donner un coup d'œil. La phrase complète est donc : à moins de glisser finement un coup d'œil vers l'endroit de la réserve où dort l'argent du pot-de-vin.
qui sont necessaires a vingt bas de quiquenelle :

L'originale disait seulement : qui sont necessaires a vingt bas. Les commentateurs voient dans quiquenelle le mot quinquenelle, et disent qu'il désigne le délai de cinq ans accordés aux débiteurs. Cela confirme l'idée de pot-de-vin, si l'on voit que necessaires (car l'orthographe de l'originale nous permet de corriger la coquille qu'est l'omission du s), se rapporte à quarante sangles, et qu'il faut entendre que cet argent donné en pourboire permettrait à Baisecul d'obtenir un délai pour s'acquitter ; petit délai, d'ailleurs, puisque les vingt bas semblent être les vingt parties ou le vingtième (Greimas : bas : le bas, marge). Nous rendrons donc la phrase par : qui permet d'obtenir trois miettes de délai.

La forme de la phrase de Baisecul laisse entendre qu'il considère comme dérisoire cette faveur pouvant être achetée par le pot-de-vin ; il va maintenant parler du risque encouru par celui qui accepte de se prêter à ce chantage :

a tout le moins qui ne vouldroit lascher loyseau deuant talemouses que le descouurir, car la memoire souuent se pert quand on se chausse au rebours : sa dieu gard de mal Thibault mitaine.

a tout le moins qui ne vouldroit lascher loyseau deuant talemouses que le descouurir.

L'originale disait seulement : qui ne vouldroit lascher loyseau deuant que le decouurir, et l'addition du mot talemouses, qui désigne une croquette au fromage (Saulnier) nous semble bien avoir pour rôle de nous signaler le sens érotique que contient la phrase de Baisecul. Cette croquette au fromage est évidemment l'image du sexe de la femme, et lascher loyseau est alors le parallèle courant entre l'oiseau de volerie et le membre viril ; que le descouurir est donc ici, pour l'oiseau de volerie : avant que de le décapuchonner, et, pour le membre viril : avant que de le décalotter. De toute façon, Baisecul décrit ici une conduite absurde. Nous verrons dans a tout le moins l'équivalent de c'est le moins, suite de sen prent au nez, c'est-à-dire est dit coupable. Nous le rendrons par : c'est ce qui arrive en tout cas, et nous aurons : c'est ce qui arrive en tout cas à qui se refuse à lancer son oiseau sur les barquettes au fromage avant que de le décalotter.

car la memoire souuent se pert quand on se chausse au rebours :

Baisecul dit maintenant la conséquence de cette absurdité : en agissant de la sorte, c'est-à-dire en remettant de l'argent sans qu'il reste trace de la transaction, on agit contre la règle (quand on se chausse au rebours), et l'on risque de voir qui a reçu l'argent ne pas s'en souvenir (la memoire souvent se pert). Mais l'interprétation érotique se poursuit en prenant chausser dans le sens de chausser le vit, et le verbe est alors à entendre comme s'engager, au rebours gardant sa première signification de contre l'usage ; la memoire est alors la tête, et se pert, l'équivalent de perd son utilité. La phrase sera alors : car la tête se perd quand on l'engage ainsi contre la règle.

sa dieu gard de mal Thibault mitaine.

Saulnier dit : Thibault Mitaine : quelque Roger Bontemps de chanson ; Guilbaud dit : Allusion obscure. Sans doute refrain de chanson ; Michel dit : Sans doute type de luron campagnard.

Nous verrons, nous, dans ce Thibault une réminiscence du Thibaut Aignelet de Pathelin, c'est-à-dire un berger, pourtant moins madré que celui de la farce, puisque le mot mitaine, ou gant sans séparation pour les doigts sauf le pouce, semble bien être un symbole de lourdeur, de manque de finesse. Ce Thibault mitaine est donc un être borné, et nous comprenons que Baisecul souhaite ici que Dieu garde de mal l'imbécile capable d'agir de la façon qu'il vient de décrire. Nous rendrons la phrase en employant l'insulte qu'emploieront les fouaciers au chapitre xxiij du Gargantua, et nous aurons : Dieu protège le berger de merde qui agit ainsi.

Il est maintenant temps de relire notre dernier découpage (ces découpages ne suivant pas forcément les paragraphes, qui d'ailleurs, n'étant pas nettement indiqués, relèvent de la pure interprétation) :

Ha Messieurs, Dieu modèle tout à sa volonté, et contre la capricante fortune, un charretier a pu seulement, en vain, rompre son fouet ; ce fut juste après la piquette de la Bicoque, au moment qu'on reçut licencié ès lourdeurs Maître Antitus des Berlues ; comme disent les canonistes : Heureux les lourdauds, parce qu'on n'aura pas eu à les pousser. Mais ce qui fait le chrême de si haut prix, par le saint patron des jardiniers, ce n'est pour autre raison que la Pentecôte qui ne vient jamais sans qu'il en coûte : mais va toujours : petite pluie abat grande ire ; étant donné que l'officier de justice m'imposa si forte contribution que le greffier ne put que s'empresser de s'humecter buccalement les doigts tenant la plume, car nous savons fort bien que chacun est dit coupable à moins de glisser finement un coup d'œil vers l'endroit de la réserve où dort l'argent du pot-de-vin qui permet d'obtenir trois miettes de délai ; c'est ce qui arrive, en tout cas, à qui se refuse à lancer son oiseau sur les barquettes au fromage avant que de le décalotter, car la tête se perd quand on l'engage ainsi contre la règle ; Dieu protège le berger de merde qui agit ainsi.

Ce terme de berger de merde que nous avons employé pour rendre Thibault mitaine semble bien être le bon, puisque Pantagruel est obligé d'interrompre Baisecul pour l'inviter à se modérer :

Alors dist Pantagruel. Tout beau mon amy, tout beau, parlez a traict & sans cholere. Ientends le cas, poursuyvez, c'est-à-dire : Pantagruel dit alors : Doucement, mon ami, doucement, parlez calmement et sans colère. J'entends le cas, poursuivez. Et Baisecul reprend, abordant cette fois le fond du procès. Mais il nous faut remarquer, auparavant, que sa première phrase était, dans l'originale :

Vrayement/dist le seigneur de Baisecul/cest bien ce que lon dit/quil faict bon aduiser aulcunesfois les gens/car ung homme aduise en vault deux.

Saulnier dit à ce sujet : Gros jeu de mots sur advisé : regardé, ou averti. Michel dit de cette variante qu'elle joue sur les deux sens de adviser, regarder, et avisé, réfléchi. La phrase serait alors à entendre : Vraiment, dit le seigneur de Baisecul, c'est bien ce que l'on dit qu'il fait bon regarder quelquefois les gens car un homme réfléchi (ou averti) en vaut deux. Nous avouons ne pas bien voir la nécessité ni le sel de ce jeu de mots : Baisecul vient d'aviser, c'est-à-dire avertir Pantagruel de la pratique abusive des officiers de justice ; Pantagruel vient de lui dire qu'il entend le cas ; Baisecul constate alors qu'il est bon de renseigner les gens car un homme renseigné en vaut deux. C'est finalement assez plat, et nous pouvons penser que c'est ici la banalité de la phrase qui a incité Rabelais à la supprimer, ce qu'il n'aurait probablement pas fait si la phrase avait contenu ce jeu de mots que voient les commentateurs. Toujours est-il que Baisecul aborde maintenant le vrai sujet du débat :

Or monsieur dist Baisecul, ladicte bonne femme disant ses gaudez & audinos, ne peut se couurir dun reuers fault montant par la vertuz guoy des priuileges de l'uniuersite, sinon par bien soy bassiner anglicquement

Or monsieur dist Baisecul, ladicte bonne femme disant ses gaudez & audinos,

Nous retrouvons cette bonne femme qui portoit vendre des œufz au marche ; du moins se dispose-t-elle à les porter, car, pour l'heure, elle est encore à genoux, en chemise, à dire ses prières ;

ne peut se couurir dun reuers fault montant

Greimas donne, pour reverser : retourner, renverser, retrousser ; fault ou, selon l'orthographe de l'originale, faulx, est évidemment fals, faus : déloyal (Greimas) ; pour montant, Greimas donne : monte : action de monter, monte ; monteor : celui qui monte. Nous comprenons donc que cette femme, qui est bonne, c'est-à-dire qui est une femme raisonnable, investie de la confiance de Baisecul puisqu'elle lui vend ses œufs au marché, n'est en rien une de ces servantes à qui on a dû donner la clef du charbon : elle ne prend pas part aux réjouissances du jour de l'an, et c'est lorsqu'elle dit ses prières, à genoux, qu'elle est assaillie par derrière par un excité qui lui retrousse sa chemise sur la croupe et se met en devoir de la monter, sans qu'elle puisse se soustraire à l'assaut.

par la vertuz guoy des priuileges de luniversite,

La phrase ne figurait pas dans l'originale ; elle a probablement été ajoutée pour introduire l'idée de licence permise à l'occasion du jour de l'an. Saulnier dit à son sujet : Privilèges de l'Université (maîtres et étudiants) : ils dataient de l'an 1200, sous Philippe Auguste, et consistaient surtout en exemptions d'impôts, et soumission aux seuls juges de Paris. Il nous semble que Rabelais a surtout voulu évoquer les traditionnelles prérogatives sexuelles des étudiants.

sinon par bien soy bassiner anglicquement

Bassiner, c'est, selon Littré, fomenter en mouillant avec une liqueur, une décoction ; pour anglicquement, Greimas dit : angle : angle, coin ; estre en l'angle : être poussé à bout ; traire en l'angle : pousser à bout, et ajoute : expressions souvent utilisées comme métaphores sexuelles.

Nous comprenons que cet anglicquement est l'équivalent de à l'angle, au coin, autrement dit au con, et que bassiner désigne cet état d'humidification que Humevesne évoquera à son tour en disant : ladicte bonne femme englua la pochecuilliere. Nous entendrons donc cette dernière phrase comme une histoire de lubrification, et la phrase entière par : Or, Monsieur, dit Baisecul, ladite bonne femme agenouillée pour dire ses prières, ne put se soustraire à un assaillant venu par derrière, qui, par la faculté des apanages de l'Université, la retroussa pour la monter, et ne put que se bien lubrifier conniquement

le couurant dun sept de quarreaulx & luy tirant un estoc vollant, au plus pres du lieu ou lon vent les vieux drapeaulx, dont usent les paintres de Flandres, quand ilz veullent bien a droict ferrer les cigalles, & mesbahys bien fort comment le monde ne pont veu quil faict si beau couuer.

le couurant dun sept de quarreaulx
Nous comprenons que la bonne femme a pourtant tenté de se défendre, et elle l'a fait en le couvrant d'un sept de quarreaulx : si ce le représente l'angle, le coin, c'est-à-dire le con, il faut bien reconnaître qu'un sept de carreau reste un piètre abri, et il nous apparaît que nous devons entendre quarreaulx comme quarrel : flèche, trait d'arbalète à quatre pans (Greimas), le mot sept étant seulement amené par une plaisante association d'idées avec la carte à jouer. Nous verrons que les orateurs vont souvent ajouter de ces mots qui, paraissant vouloir détourner la compréhension de ce qu'ils disent vers l'ingénuité, sont en fait des mots qui attirent l'attention sur le sens érotique de leurs métaphores.

& luy tirant un estoc vollant,
La bonne femme a usé de ce quarreaulx en luy tirant un estoc vollant : l'estoc est un bâton ou un pieu (Greimas), et elle a donné, à la volée, un coup de ce quarreaulx par derrière, coup qui n'a pu qu'être inefficace, puisque la femme est à genoux, le torse maintenu penché en avant, et que son agresseur lui charge la croupe. Nous notons au passage, et nous avons tout lieu de penser que les auditeurs l'ont remarqué, que la présence de ce carreau vers le lit de la bonne femme laisse supposer qu'il y a au moins un archer qui n'a pas besoin d'user de brutalité pour lui administrer un revers montant.

au plus pres du lieu ou lon vent
L'orthographe vent permet de voir dans ce verbe aussi bien la troisième personne du verbe venter que celle du verbe vendre. Nous verrons ici le verbe venter, et nous comprendrons que le coup d'estoc porté au moyen du quarreaulx est passé tout près de l'endroit à défendre, puisqu'il a passé au plus pres du lieu ou l'on vent, c'est-à-dire du

lieu où l'on fait des vents : voilà qui confirme, et la position dans laquelle se trouve la femme, et notre compréhension de sa défense.

Baisecul vient donc d'avancer devant la cour que la bonne femme s'est honorablement défendue, établissant ainsi la matérialité du viol. Il va maintenant se prendre au jeu des mots, et enchaîner vent, compris comme vendre avec vent, compris comme venter.

les vieux drapeaulx dont usent les paintres de Flandres,

Le mot drapeau désigne aussi bien le linge que le lange, ou le drap, ou n'importe quelle étoffe de laine (Greimas), mais c'est bien le seul sens de drap que la phrase qui suit va nous obliger à retenir. Il nous faut comprendre que les paintres de Flandres devaient se servir des vieux drapeaulx pour les tendre sur leurs châssis, et ce que nous devons retenir, c'est que ces draps usagés devaient leur être vendus assez cher, puisqu'ils faisaient partie de cette chiffe, encore appelée peille, frapouille, drilles ou pattes, rachetée à haut prix par les moulins à papier, qui en manquaient continuellement.

quand ilz veullent bien a droict ferrer les cigalles,

Les commentateurs voient dans ferrer le seul sens de garnir de fers les sabots ; Saulnier dit : Prendre la lune avec les dents ; Guilbaud dit : Proverbe : tenter l'impossible ; Michel, lui, dit : Aussi stupide que se protéger avec un sept de carreau (exécutant ici le tour de force d'expliquer quelque chose qu'il ne comprend pas au moyen de quelque chose qu'il n'a pas compris).

Il nous apparaît que nous devons entendre là ferrer comme rendre docile, obéissant, soumis (Littré), et ferrer les cigalles comme rendre dociles, soumises les cigales. Les draps usagés qu'achètent fort cher les paintres de Flandres nous amènent alors à penser que Rabelais fait ici allusion à une plaisanterie, qui devait être traditionnelle, touchant le véritable usage que ces peintres étaient censés faire de ces draps : les cigalles ont alors tout l'air de représenter les modèles que les peintres ferrent, c'est-à-dire rendent dociles à leur désir, aidés en cela par les draps usagés, donc plus doux à l'épiderme, qu'ils achètent à grands frais. La plaisanterie consiste donc à prétendre que les paintres de Flandres achètent des draps usagés pour plus facilement y coucher leurs modèles. Nous prendrons a droict pour comme il convient (Greimas), et nous tenterons de rendre le jeu de mots que contient quand ilz veullent bien a droict ferrer les cigalles par : quand ils veulent plus sûrement croquer leurs modèles.

& mesbahys bien fort comment le monde ne pont veu quil faict si beau couuer.

Il faut voir dans cette phrase la confirmation de nos interprétations : elle est la remarque d'un Baisecul excédé par ces histoires de culletage et les ennuis qu'elles lui amènent. Couver, c'est couvrir des œufs, et il n'est pas besoin d'être grand clerc pour entrevoir ce que sont ici ces œufs que les dames couvent par paire, et comment elles le font. Il leur fait évidemment beau les couver, mais il n'est, bien sûr, pas question qu'elles les aient pondus : d'où la réflexion faussement candide de Baisecul, qui revient à dire : et je m'étonne bien fort que tous ces œufs que couvent si volontiers les dames ne sont jamais ceux qu'elles pondent.

Le morceau est donc celui-ci :

Or, Monsieur, dit Baisecul, ladite bonne femme, agenouillée pour dire ses prières, ne put se soustraire à un assaillant venu par derrière, qui, par la faculté des apanages de l'université, la retroussa pour la monter, et ne put que se bien lubrifier conniquement, après avoir toutefois tenté de le protéger d'un sept de carreau d'arbalète dont elle lui tira un coup d'estoc à la volée, passant au plus près du lieu où l'on vent(e) les draps usagés dont se servent les peintres de Flandres quand ils veulent plus sûrement croquer leurs modèles, et je m'étonne bien fort que tous ces œufs que couvent si volontiers les dames ne sont jamais ceux qu'elles pondent.

A cet endroit, on ne sait ce qui a particulièrement piqué Humevesne, mais toujours est-il qu'il veut dire quelque chose :

Icy voulut interpeller & dire quelque chose le seigneur de Humevesne, dont luy dist Pantagruel. Et ventre sainct Antoine tappartient il de parler sans commandement ? Ie sue icy de haan, pour entendre la procedure de vostre different, & tu me viens encores tabuster ? paix, de par le diable paix, tu parleras ton sou, quand cestuy cy aura acheué. Poursuyvez, dist il a Baisecul, & ne vous hastez point.

Il n'y a ici rien qui ne soit clair, mais ce nous est un réconfort de voir Pantagruel suer sang et eau pour entendre la procédure du différend : notre effort pour en faire autant a ainsi son répondant, et nos erreurs seront excusables du fait que nous ne saurions prétendre à la compréhension qui est celle du géant à lentendement a double rebras & capacité de memoire a la mesure de douze oyres & botes dolif (P. viij).

Voyons donc qu'à partir du moment où il reprend la parole, Baisecul va, plus que jamais, noyer les précisions qu'il apporte dans une foule d'incidentes qui s'enchaînent, de façon machinale, sur une analogie, une association, un réflexe verbal, ou même un son ; cela n'inonde pas d'une clarté lumineuse ce qu'il dit, mais peut-être, en nous y appliquant, pourrons-nous capter quelque lueur :

Voyant doncques, dist Baisecul, que la Pragmatique sanction nen faisoit nulle mention, & que le pape donnoit liberté a un chascun de peter a son aise, si les blanchetz nestoyent rayez, quelque pauurete que feust au monde, pourueu quon ne se signast de ribaudaille, larcanciel fraischement esmoulu a Milan pour esclourre les alouettes, consentit que la bonne femme escullast les isciaticques par le protest des petitz poissons couillatrys qui estoyent pour lors necessaires a entendre la construction des vieilles bottes

Notons d'abord que le morceau : pourueu quon ne se signast de ribaudaille, larcanciel fraischement esmoulu a Milan pour esclourre les alouettes, consentit que la bonne femme escullast les isciaticques par le protest des petitz poissons couillatrys, était seulement, dans l'originale : pourueu quon ne se seignast de la main gauche/la bonne femme se print a esculler les souppes par la foy des petis poissons couillatrys.

Et, à considérer cette importante modification, il nous apparaît que le truffage auquel a procédé Rabelais, en même temps qu'il contribue, cette fois, à donner un sens précis, semble vouloir introduire un trait satirique nettement dirigé. Reste à comprendre de qui ou de quoi il est question ; et nous risquerions d'y mettre un long temps si nous ne nous avisions que la clé peut se trouver dans ce escullast les isciaticques qui s'est substitué au esculler les souppes de la version originale.

Isciaticques, nous dit-on, vient du grec iskhion, qui signifie hanche, et les commentateurs donnent la locution pour : qu'elle servît dans une écuelle les sciatiques, ce qui nous paraît totalement fol : car nous ne voyons pas bien comment on peut servir des sciatiques dans une écuelle, ni pourquoi la bonne femme serait appelée à le faire, ni à qui elle les servirait. Nous soupçonnons simplement qu'avec la conviction qu'elle peut ici dire n'importe quoi, la glose a été influencée par les souppes de l'originale, et qu'elle a vu dans esculler un verbe comme escueller.

Nous ignorerons donc cette idée de sciatiques, ne gardant que celle de hanches. Quant au verbe esculler, où nous ne verrons aucun rapport avec écuelle, nous allons devoir tenter de découvrir ce qu'il contient.

En nous référant à l'emploi que fait de ce verbe Rabelais au chapitre xj du Gargantua : Aculoyt ses souliers, baisloit souuent aux mousches, nous pouvons comprendre que le sens que nous cherchons est : déformer en affaissant, mais cela ne nous conduit à rien quand nous associons ce sens à l'idée de hanches. Mais un autre emploi d'un verbe qui semble être tout proche, au chapitre xxiij, nous amène à une autre compréhension : rompoit un huys, enfoncoit un harnoys, acculloyt une arbre ; le sens est ici : renverser, mettre sur le cul.

Et nous vient alors à l'esprit qu'il faut voir dans le verbe esculler dont use Baisecul, une équivoque établie sur ce verbe aculler, dont le sens a été, du Roman de Renart jusqu'au XVIe siècle : poser sur le derrière, et, depuis le XVIe : buter contre (Dauzat). Ce sont ces deux acceptions qui ont donné les sens généraux de pousser dans un endroit où tout recul est impossible, et mettre dans l'impossibilité de réagir, sens qui cadrent fort bien avec ce que nous savons de la position dans laquelle a été surprise et prise la bonne femme.

Nous comprendrons alors escullast les isciaticques comme eut les hanches acculées. Et si nous rattachons cette phrase à celle qui précède : consentit que la bonne femme, nous arrivons à la compréhension globale : admit que la bonne femme eut les hanches acculées, qui implique qu'elle fut dans l'impossibilité de se soustraire à l'attaque, et nous voyons là une reconnaissance de la matérialité du viol par un tribunal. Cette notion éclaire la lanterne avec laquelle nous allons pénétrer dans le texte ; reprenons donc du début :

Voyant doncques, dist Baisecul, que la Pragmatique sanction nen faisoit nulle mention,

Il eût en effet été étonnant que la Pragmatique Sanction de Bourges (1438), qui soumettait le pape à l'autorité des conciles, eût prévu cet incident. Mais il faut peut-être entendre que la décision papale dont il va être question est une décision prise solitairement, et qu'elle est illégale.

& que le pape donnoit liberté a un chascun de peter a son aise,

Il faut nous garder de voir ici dans le verbe peter (et nous allons en découvrir la raison) le sens de faire des pets, qui n'est que le sens second sur lequel va jouer Baisecul. Le verbe est, dans cette phrase, le verbe pester qui, au sens propre, signifie broyer, pétrir (Greimas), qui indique encore pestel, pestueil : pilon, massue, dard à grosse tête ; pesteler : remuer vivement les jambes, tous dérivés qui nous indiquent assez que l'acception figurée de peter est celle de foutre ou forniquer, sens qui sera confirmé par la phrase : quelque pauurete que feust au monde.

si les blanchetz nestoyent rayez,

Les blanchets sont ici, nous dit-on, la doublure en laine blanche ou d'étoffe unie des hauts-de-chausses. Baisecul joue sur le sens premier du verbe peter-faire des pets, et il faut donc entendre rayez au sens qui découle de celui qu'indique Littré : s'est dit pour un amas de bourbe. La restriction de Baisecul équivaut donc à dire : si les doublures n'étaient conchiées.

Mais cette correction qu'introduit l'orateur a surtout pour mission de souligner l'acception érotique dans laquelle il vient d'employer un terme ; il s'agit ici du verbe peter, et le mécanisme est celui-ci :

Peter a son aise est compris d'emblée comme faire des pets à son aise : c'est le sens le plus courant, donc celui qui vient immédiatement à l'esprit. Or Baisecul a mis dans ce verbe le contenu : forniquer, et il

243

tient à le signaler ; il précise donc : si les blanchetz n'estoyent rayez, c'est-à-dire si les doublures n'étaient conchiées, feignant ainsi de confirmer que le sens de son verbe est bien faire des pets, et déclenchant du même coup la réflexion rétroactive de l'auditeur, qui se dit que, si le contenu du verbe a besoin d'être précisé, c'est qu'il en a au moins un autre : la phrase qui précède la correction est alors réentendue, et sa compréhension devient alors la bonne : donnait liberté à chacun de forniquer à son aise.

Le procédé n'était peut-être, en 1532, qu'une façon comique de montrer Baisecul s'imaginant candidement que les assistants ont pu ne pas saisir l'inflexion érotique de son énoncé, inflexion qui devait probablement apparaître immédiatement au lecteur du temps ; mais il a pour nous l'inestimable avantage de nous apprendre qu'un terme courant peut contenir, secondairement, un sens érotique, et nous verrons que cela va souvent nous mettre sur la voie.

Cela dit, il nous apparaît, à la lueur de la précision qui suit, que le sens de salir les doublures en foutant revient à évoquer le coïtus interruptus, et nous comprenons qu'il est dit que le pape admet que l'on fornique autant qu'on veut pourvu qu'on ne se livre à aucune manœuvre pour éviter la conception. Il nous faut donc rendre : si les blanchetz nestoyent rayez par : à condition de ne pas éjaculer dehors.
quelque pauurete que feust au monde,

Nous revenons là au sens de peter-forniquer puisque forniquer équivaut, dans la langue du pape, à concevoir des enfants, et donc multiplier le nombre des bouches à nourrir. Littré dit d'ailleurs : Faire la pauvreté : avoir des rapports avec une femme, et l'on a longtemps désigné le membre viril comme l'outil à faire la pauvreté. La phrase confirme donc bien le sens que nous avons donné à la licence papale, et la réflexion équivaut ici à : quel que soit déjà au monde le nombre d'affamés.
pourueu quon ne se signast de ribaudaille,

La phrase découle du même sens peter-forniquer ; la liberté qu'a donnée le pape s'accompagne évidemment de la restriction habituelle concernant l'acte de chair, qui doit être réduit à sa plus simple expression. Seuls les ribauds y mettent quelque fantaisie, et la phrase est à entendre comme : pourvu qu'on ne s'y livrât en ribaud, sens confirmé par la version de l'originale : pourveu qu'on ne se seignast de la main gauche, ce qui équivaut à : pourvu qu'on ne s'avouât pas au Mauvais, la fantaisie dans l'amour ne pouvant, papalement parlant, qu'être de l'inspiration du Diable.
larcanciel fraischement esmoulu a Milan pour esclourre les alouettes,

Le fait que cette phrase a été ajoutée nous conduit à penser qu'il y a

244

ici désir d'aider à la compréhension de ce que sont ces petitz poissons couillatrys qui figuraient déjà dans l'originale. Et cette précaution nous semble plus que jamais révéler une allusion à un fait réel, peut-être la constitution d'un tribunal de sages (arcanciel), nouvellement créé à Milan (fraischement esmoulu), et dont la valeur paraît risible à Rabelais, puisqu'il ne le croit capable que de faire esclourre les alouettes, c'est-à-dire, engendrer les chimères.

consentit que la bonne femme escullast les isciaticques

Nous comprenons maintenant que c'est ce tribunal spécialisé qui s'est prononcé en admettant que la bonne femme a eu les hanches acculées, reconnaissant ainsi qu'il y a bien eu viol.

par le protest des petitz poissons couillatrys

Le protêt est l'acte de protestation, c'est-à-dire d'attestation. Les petitz poissons couillatrys sont, ni plus ni moins, les alevins à trois couillons, et il semble que Rabelais désigne ici les jeunes juristes ecclésiastiques qui sont donc spécialisés dans l'examen des questions sexuelles. Le sens de alevins contient la raillerie qui s'adresse à leur jeunesse ou à leur inexpérience, et à trois couillons introduit plaisamment l'idée qu'ils ne peuvent avoir été choisis, pour juger les affaires sexuelles du commun des mortels, que pour la supériorité que leur donne la possession d'un testicule supplémentaire. C'est évidemment mettre en doute le droit qu'ils s'attribuent de se prononcer en cette matière où, non seulement ils ne peuvent avoir plus de lumières que le vulgaire, mais où ils sont, en qualité d'ecclésiastiques, les moins faits pour en avoir.

Le trait est précis et incisif, et le sentiment, celui de la réprobation goguenarde ; nous ne pouvons que voir là confirmation de ce que nous avons avancé : à savoir qu'est ici visé un tribunal réel.

qui estoyent pour lors necessaires a entendre la construction des vieilles bottes

C'est dans cette phrase que nous devons trouver l'explication finale : gardant cette idée de tribunal, nous comprendrons qu'il s'agit ici de la description du rôle des juges : qui estoyent pour lors necessaires nous apparaît alors comme l'équivalent de qui avaient pour lors compétence ; a entendre la construction est évidemment : à comprendre la construction, mais nous n'avons pas grand effort à faire pour supposer que le mot construction, accolé aux vieilles bottes où nous voyons naturellement les botées anciennes au sens déjà entendu bien des fois, contient l'idée de ériger, compris, bien sûr, au sens sexuel.

Ces juges semblent donc avoir pour mission, afin de se prononcer sur les affaires qui leur sont soumises, d'apprécier ce qu'ont pu être les botées anciennes, c'est-à-dire les accouplements passés. Et nous pensons irrésistiblement, bien que ce tribunal soit dit siéger à Milan (mais ce

245

changement de lieu peut n'être qu'une précaution de Rabelais) au tribunal de la Rote, qui décide de l'annulation des mariages.

Institué par Grégoire X, ce tribunal auquel Jean XXII donne, en 1331, et son siège, et son règlement spécial, est formé de douze juges ou auditeurs, constitués en trois bureaux. Chaque affaire tourne successivement et indépendamment dans les trois bureaux (d'où le nom, du latin rota : roue, qui apparaît en 1545 ; Dauzat), et le jugement n'est définitif que si chacun des bureaux est du même avis. L'instruction est ainsi fort longue, et la plupart des annulations étant prononcées pour non consommation de mariage, on s'explique, d'une part que les juges aient à entendre la construction, ce qui revient à dire apprécier l'érection, d'autre part qu'ils s'occupent des vieilles bottes, c'est-à-dire des anciens accouplements.

Et nous comprenons maintenant que toute la description du tribunal est une antiphrase : les sages que nous avons cru voir dans larcanciel sont, dans l'esprit de Rabelais, de vieux radoteurs, les petitz poissons où nous avons vu des alevins sont tout le contraire, comme est à entendre au rebours le fraischement esmoulu, puisque, en 1530, le tribunal a déjà plus de deux cent ans : nous en tiendrons compte dans la transcription.

Quant à qui estoyent pour lors necessaires a entendre la construction des vieilles bottes, nous emploierons, pour rendre l'idée contenue dans construction, le mot concrétion, qui est le fait de prendre une consistance plus solide, et nous aurons : qui avaient alors compétence pour apprécier la concrétion des antiques biscotages.

Le paragraphe entier est alors celui-ci :

Ici, le seigneur de Humevesne voulut interpeller et dire quelque chose, à quoi dit Pantagruel : Et ventre saint Antoine, t'appartient-il de parler sans autorisation ? Je sue ici sang et eau pour comprendre la procédure de votre différend, et tu viens encore m'importuner ? Paix, de par le diable, paix ! Tu parlera ton soûl quand celui-ci aura achevé. Poursuivez, dit-il à Baisecul, et ne vous hâtez point.

Voyant donc, dit Baisecul, que la Pragmatique Sanction n'en faisait nulle mention, et que le Pape donnait liberté à chacun de forniquer à son aise à condition de ne pas éjaculer dehors, et quel que soit déjà au monde le nombre d'affamés, pourvu qu'on ne le fît pas en ribaud, le mirifique tribunal jeune de deux cent ans, formé à Milan pour engendrer les chimères, admit que la bonne femme fut acculée aux hanches, par l'attestation des vieux congres tricouillards qui avaient alors compétence pour apprécier la concrétion des antiques biscotages.

A cette évocation du tribunal ecclésiastique qui a admis le viol, va maintenant répondre celle du rejet par un autre tribunal, qui semble bien être celui de cette Chambre des Comptes que nous retrouverons au chapitre XVI du Cinquième Livre (Isle Sonante), déni qui paraît avoir beaucoup déçu le cousin gervays de la bonne femme.

pourtant Ian le veau son cousin geruays remué dune busche de moulle, luy conseilla quelle ne se mist poinct en ce hazard de seconder la buee brimballatoyre sans premier aluner le papier : a tant pille, nade, iocque, fore, car non de ponte vadit qui cum sapienta cadit, attendu que messieurs des comptes ne conuenoyent en la sommation des fleutes dallemant, dont on auoit basty les lunettes des princes imprimees nouuellement a Anuers.

pourtant Ian le veau son cousin geruays remué dune busche de moulle,

Ici, Guilbaud dit pour Jan le veau : Nom d'un sot. Un Jean le Veau fut secrétaire de l'agent diplomatique à Paris de l'Empereur d'Autriche, début du XVIᵉ siècle ; Saulnier dit : Gervais (cousin) : cousin germain. On disait cousin remué (issu) de germain d'où jeu de mots chez Rabelais ; busche de moulle : bois à brûler. La moule est une mesure de bois (une demi-corde). Mais busches désigne aussi les bâtons qu'on trace, apprenant à écrire, et moulle, les caractères moulés, d'imprimerie.

Tout cela ne nous éclaire guère : le secrétaire de l'agent diplomatique dont parle Guilbaud ne nous mène à rien ; quant à ce que dit Saulnier, si nous comprenons que Rabelais a écrit : son cousin geruays remué dune busche de moulle, parce qu'on disait : cousin remué de germain, cela ne nous renseigne en rien sur le mot gervays. Il nous faut donc chercher seuls.

Et nous allons nous décider à voir dans ce gervays un sens fort hasardé (mais il n'est pas inutile de donner carrière à des contestations fructueuses), et ce sera celui que l'on obtient par la contrepèterie entre gervays et vergeays, ce vergeays évoquant évidemment la verge. Le cousin gervays serait alors le terme désignant plaisamment le cousin par la verge, ou cousin de la main gauche.

Quant à la busche de moulle dont est remué ce Jan le veau, il semble n'entrer ici en compte ni le bâton à écrire, ni le caractère moulé d'imprimerie dont parle Saulnier, mais bien la bûche de bois à brûler. La première idée qui vient à l'esprit est que cette bûche peut représenter la trique au moyen de laquelle le cousin de la main gauche désire corriger sa bonne femme. Mais nous allons voir que ce cousin admet le viol, et sa colère contre la femme serait donc inexplicable. D'autre part, la recommandation qu'il va faire apparaît comme celle d'un homme dont la seule déconvenue est celle de ne pouvoir tirer profit de la situation.

Il nous semble alors que cette busche de moulle pourrait être, avec une exagération manifeste tendant à rendre l'idée de très fort désir, la désignation du membre viril érigé. Mais il faut alors penser que c'est l'évocation de l'infidélité involontaire commise par sa partenaire, qui met Jan le veau dans cet état. Or, il va apparaître que le cousin est bien loin de cette réaction de passion, et que son imagination est plutôt de celles qui évaluent l'importance de l'indemnité que peut valoir le dommage : cette interprétation cadre très mal avec le ton du conseil qu'il va donner.

Reste alors que ce remué d'une busche de moulle pourrait être l'équivalent de mu par une forte cupidité, mais nous ne voyons aucun rapport, même lointain, entre cette busche de moulle, c'est-à-dire un bois à brûler de moyenne grosseur et d'une longueur déterminée (Littré), et l'idée d'avidité.

Et nous apparaît, avec cette équivalence que donne Saulnier : remué = issu, que c'est à la naissance de Jan le veau que peut se rapporter le remué d'une busche de moulle, c'est-à-dire issu d'une bûche de bois à brûler, ce qui revient à dire qu'il a autant d'esprit qu'elle : l'idée de dépréciation est bien contenue dans la désignation bois à brûler puisqu'il s'agit de bois de la plus basse qualité, impropre à des usages plus nobles ; Jan le veau est stupide, et la recommandation qu'il va faire le montrera nettement. En clair, il est fils d'une bûche. Nous rendrons donc la phrase par : pourtant, Jan le veau, son cousin de la main gauche, d'autant d'esprit qu'une bûche.

luy conseilla quelle ne se mist poinct en ce hazard :

La phrase est claire ; elle équivaut à : lui conseilla qu'elle ne s'aventurât pas.

de seconder la buee brimballatoyre

La phrase était, dans l'originale : de lauer la buee : la correction introduit une notion érotique qui apparaît nettement avec le terme brimballatoyre ; brimballer est le verbe qui désigne le mouvement de bassin du sonneur de cloches, et, par imitation, le remuement de la conjonction sexuelle dans la position par-derrière. La buee est évidemment la lessive faite dans la buanderie, c'est-à-dire à l'eau chaude, et non pas la lessive faite à la rivière. Cette buee est faite par la femme à genoux, penchée en avant, peu vêtue puisque la pièce est fortement chauffée par le feu qui fait bouillir l'eau, vêture et position qui sont les mêmes que celles de la bonne femme lorsqu'elle a été assaillie.

Et si l'originale conseillait seulement à cette bonne femme de ne pas se hasarder à laver la buee, c'est-à-dire se faire secouer, la nouvelle phrase contient le verbe seconder, qui est à prendre ici, plutôt qu'au sens de aider, à celui de répéter, recommencer. Ainsi, cette buee brimballatoyre est donc la lessive secouante ou secouement dans la position des lavandières, et de seconder la buee brimballatoyre revient à dire : à recommencer la secouée buandière.

sans premier aluner le papier :

Il nous faut savoir ici qu'on employait l'alun pour rendre imperméable le papier d'écriture, préparation qui ne concernait pas le papier des imprimeurs, recevant, lui, de l'encre sans eau. Aluner le papier équivaut donc, au sens général, à : avoir l'intention d'écrire, mais, dans le cas présent, l'expression se restreint au sens de se diposer à consigner. Jan le Veau est donc manifestement un imbécile, puisqu'il recommande à la femme de ne pas recommencer à se faire violer sans s'être disposée à consigner tous les faits de l'action, et nous allons voir pourquoi il est amené à parler ainsi. Mais cette absurdité se double du fait que aluner le papier est une opération qui précède de longs jours, imposés par le séchage puis par le lissage, le moment où ce papier peut être employé pour écrire. Nous rendrons donc le délai contenu dans la phrase par : sans d'abord avoir lissé le papier pour noter.

a tant pille, nade, iocque, fore,

Il semble ici, que Baisecul parle de nouveau en son nom ; il a fini de relater ce qu'a dit le cousin gervays et se dispose à tirer personnellement la morale que lui inspire la recommandation de Jan le Veau.

Le commentaire dit simplement : Expressions de jeu, mais Guilbaud précise : Jeu de cartes italien : piglia-nada ; giucofora (prends-rien ; joue-dehors), et il apparaît que ces quatre mots sont une évocation imagée du va-et-vient coïtal. A tant est l'équivalent de avec cela, c'est-à-dire muni de cela ; et nous rendrons le raccourci qu'est cette phrase par : avec ça, trou-madame tant qu'on veut.

car non de ponte vadit qui cum sapienta cadit,

C'est l'inversion du proverbe : Il ne tombe pas du pont celui qui marche sagement, et se lit : Il ne marche pas hors du pont celui qui tombe avec prudence. Mais nous interpréterons, nous, cette contrepèterie en attribuant à tomber le sens de fauter, et nous verrons là la suite de la réflexion désabusée de Baisecul, qui constate : car ne sort pas du droit chemin qui sait fauter adroitement.

attendu que messieurs des comptes

Nous arrivons ici au fait qui a provoqué le ridicule conseil de Jean le Veau et l'amertume de Baisecul. Ne nous étonnons pas trop de voir la Chambre des Comptes avoir à connaître d'une affaire de ce genre : Rabelais semble avoir voulu évoquer dans ce morceau deux tribunaux qui lui semblent mettre indûment le nez dans les affaires personnelles :

d'abord, celles des relations intimes, avec le tribunal de la Rote ; maintenant, celles des biens avec cette Chambre qu'il nous montrera au Cinquième Livre (chapitre XVI de l'Isle Sonante) disposer d'un grand pressouer, d'un maistre pressouer, et de pressouers petits, grands, secrets, moyens, et de toutes sortes. La phrase est : attendu que ces messieurs de la Cour des Comptes.

ne conuenoyent en la sommation des fleutes dallemant,

La flûte d'allemand est la flûte traversière, très en vogue alors, c'est-à-dire la flûte dont on joue en la mettant presque horizontalement sur les lèvres (Littré). Mais peut-être ne faut-il voir dans ce dallemant qu'un mot amené automatiquement par fleutes, et, le négligeant, ne considérer que le mot fleutes au sens qu'il a dans l'expression : Ajustez (ou accordez) vos flûtes, qui se dit soit en parlant à un homme qui ne paraît pas d'accord avec lui-même, soit en parlant à plusieurs personnes qui ne conviennent pas des moyens de faire réussir quelque chose (Littré). C'est en effet cette idée qui semble devoir être retenue si l'on considère que ne conuenoyent en la sommation équivaut à n'acceptaient pas la plainte, les fleutes représentant alors les termes dans lesquels a été exprimée cette plainte.

Revenant sur ce dallemant que nous avons cru devoir négliger, nous nous apercevons que si la locution querelle d'Allemaigne avait déjà cours à l'époque, avec le sens qu'elle a gardé (Littré), la phrase suivante va nous indiquer que, plutôt que le sens de mauvaise querelle, il s'agit ici du sens de allemand : incompréhensible, ainsi que nous l'indique la locution courante alors : n'y entendre que l'allemand, ou le haut-allemand, c'est-à-dire n'y rien comprendre. Nous saisissons alors que ne conuenoyent en la sommation des fleutes dallemant contient en fait cette idée de n'être pas d'accord avec soi-même, c'est-à-dire avoir tenu des propos incohérents ; la phrase équivaut à : ne recevaient pas une plainte en termes aussi obscurs, sens qui s'emboîte parfaitement dans ce qui suit.

dont on auoyt basty les lunettes des princes imprimees nouuellement a Anuers.

Demerson dit : Jean Meschinot avait publié en 1459 ses Lunettes des Princes ; sa poésie, fondée sur les jeux de mots et les calembours, touche à l'absurde. Voyons là confirmation que les fleutes dallemant renferment bien cette idée d'obscurité comparable à celle qui se trouve dans les Lunettes des Princes. Et c'est dire que cette affaire de viol n'a pas paru évidente aux messieurs des comptes, et qu'ils ont rejeté la plainte, d'où le conseil de Jan le Veau de prendre la précaution de consigner le déroulement des faits si la bonne femme doit seconder la buee brimballatoyre.

Il nous faut maintenant faire encore le point et relire le morceau entier :

pourtant, Jean le Veau, son cousin de la main gauche, d'autant d'esprit qu'une bûche, lui conseilla qu'elle ne s'aventurât pas à recommencer la secouée buandière sans d'abord avoir lissé le papier pour tout noter : avec ça, trou-madame tant qu'on veut, car ne sort pas du droit chemin qui sait fauter adroitement, attendu que ces messieurs de la Cour des Comptes ne recevaient pas une plainte en termes aussi obscurs que ceux dont on avait composé les Lunettes des Princes imprimées nouvellement à Anvers.

Pour Baisecul, les choses sont claires : ce n'est qu'une question de forme qui a fait rejeter la plainte par messieurs des comptes, et il conclut :

Et voyla messieurs que faict mauluais raport. Et en croy partie aduerse in sacer verbo dotis,

La première phrase fait allusion à la version écrite des faits, brûlée sur ordre de Pantagruel, mais dont Baisecul craint que l'adversaire ne fasse état quand sera venu son tour de parler. L'orateur met d'ores et déjà en garde la cour : lui, en tout cas, en croit la partie adverse in sacer verbo dotis.

La phrase de l'originale était : Et en croy partie aduerse en sa foy/ ou bien in sacer verbo dotis. La locution est une contrepèterie sur in verbo sacerdotis : en parole de prêtre, c'est-à-dire en toute vérité, et aboutit à un à-peu-près qu'on peut entendre comme en maudit verbiage intéressé, le en sa foy de l'originale nous indiquant assez que le sens est bien celui d'une relation faite, sans égard pour la vérité, avec le seul souci de tourner les faits à son propre avantage. Nous comprendrons ce que faict mauluais raport comme pourquoi j'ai mauvaises conclusions, et nous rendrons cette mise en garde par : Et voilà Messieurs pourquoi j'ai mauvaises conclusions. Mais j'en crois la partie adverse autant qu'elle parle dans son seul intérêt.

Et Baisecul va maintenant exposer pourquoi cette partie adverse a pu déposer dans la forme qui lui est favorable : il n'était pas là pour la contredire :

car voulant obtemperer au plaisir du roy ie me estois armé de pied en cap dune carrelure de ventre pour aller veoir comment mes vendangeurs auoyent dechicqueté leurs haulx bonnetz, pour mieulx iouer des manequins & le temps estoit quelque peu dangereux de la foire, dont plusieurs francz archiers auoyent este refusez a la monstre, nonobstant que les cheminees feussent assez haultes selon la proportion du iauart & des malandres lamibaudichon.

Autant le dire tout de suite : c'est après avoir erré pendant longtemps, après avoir édifié bien des interprétations, qui finissaient toujours niaisement, que nous est apparu que ce morceau a exclusivement un sens sodomitique, caché sous des formules de viticulture. Ce sens sera confirmé on ne peut mieux par la fin de la péroraison, où Baisecul préconisera l'amour hétérosexuel, même vénal, conclusion qui ne s'explique que si le présent morceau est compris dans le sens homosexuel qui s'est finalement imposé. Cela dit, commençons :

car voulant obtemperer au plaisir du roy

Il y a très probablement ici allusion à un fait contemporain touchant peut-être la responsabilité qu'ont les maîtres, du respect des bonnes mœurs par leurs serviteurs. Baisecul obtempère au plaisir du roi : nous voyons là l'euphémisme de obéir à l'édit royal, c'est-à-dire que Baisecul a été astreint, bien que son procès fût pendant, à faire visite à ses vendangeurs. Dans l'ignorance de ce que peut être cette recommandation royale, nous nous bornerons à rendre la phrase par : car voulant me conformer aux ordres du roi.

ie me estois armé de pied en cap dune carrelure de ventre

La carrelure est, selon le commentaire, une pièce de cuir pour faire une semelle ; la carrelure du ventre peut donc apparaître comme une pièce assez grande pour habiller le ventre, et nous pourrions penser qu'il s'agit d'un tablier de cuir, vêtement de travail des vendangeurs, que Baisecul revêt pour aller les voir. En fait, le armé de pied en cap nous l'indique, et la suite nous le confirmera, cette carrelure de ventre est probablement un haut-de-chausses en cuir dont Baisecul s'est muni comme d'une armure, étant donné le danger qu'il court parmi les vendangeurs. Interprétant de pied en cap comme l'idée de protection totale, nous rendrons la phrase par : je m'étais muni d'une culotte de peau à toute épreuve.

pour aller veoir comment mes vendangeurs auoyent dechicqueté leurs haulx bonnetz

Saulnier dit : Bonnets (hauts) : coiffure démodée, mais il est probable que la locution de Baisecul est formée sur une tout autre expression que du temps des hauts bonnets, c'est-à-dire du temps des vieilles lunes, qui semble inspirer le commentateur. Celle que nous entrevoyons est : jeter son bonnet par dessus les moulins, ce qui, Littré nous le dit, signifie qu'une fille a bravé l'opinion, les bienséances, étant entendu, et Littré ne le dit pas, que les moulins ne sont ici que le pluriel du mot mole, modle : mode, manière (Greimas).

Or, si pour une fille, jeter son bonnet équivaut à s'abandonner au plaisir amoureux, il est à remarquer, d'abord que son bonnet est un bonnet courant, ensuite qu'on ne s'acharne pas sur ce bonnet. Nous avons affaire, nous, à des bonnets haulx, que, de plus, on déchiquette, c'est-à-dire qu'on met en pièces. Et si nous considérons que ces haulx bonnetz représentent les traditionnelles façons de faire, nous comprenons que ce sont ces façons qui ont été mises en pièces, c'est-à-dire bouleversées, ou encore mises devant-derrière.

La phrase suivante : pour mieulx iouer des manequins, nous renseigne sur ce qu'est le domaine de ces vieilles pratiques : c'est celui de l'amour fait entre homme et femme. Si donc les traditions ont été bouleversées, déchiquetées, c'est que les vendangeurs ont abandonné ces façons de faire hétérosexuelles pour adopter les pratiques homosexuelles.

Peut-être le mot vendangeur contient-il déjà cette notion d'amour physique que nous indique le iouer des manequins ; mais il nous faut, pour comprendre, remonter au Roman de Renart, où dame Hersant se fait foler la vandange, équivalent, nous dit-on, de fotre, c'est-à-dire que la première syllabe fo- est enchaînée avec -ler la vandange (Mario Roques, Champion, 1970). Le fait que Hersant est une dame n'implique pourtant nullement que vandange ait jamais pris le sens de parties génitales féminines ; seule demeure l'expression foler la vandange, synonyme de foutre, et il se peut fort bien que vandanger ait contenu un moment, à lui seul, ce sens de foutre.

Quoi qu'il en soit, nous rendrons la phrase en usant d'un substantif fait sur le verbe tabourer que Rabelais emploiera au chapitre xxvj, et nous aurons : pour aller voir comment mes taboureurs avaient tourné casaque.

pour mieulx iouer des manequins

Guilbaud dit : Jeu de mots : petits paniers, et instrument de musique. Il est sûr que le mannequin est une sorte de panier haut et rond, qui est ordinairement d'osier ou une espèce de hotte à l'usage des chiffonniers (Littré). Peut-être y a-t-il volontaire équivoque sur vendangeurs et manequins compris comme hottes à vendange, mais nous ne voyons pas le parti qu'on peut tirer du jeu de mots panier-instrument de musique. De toute façon, ce n'est pas ce sens édulcoré qui nous intéresse.

Nous avons rencontré l'expression, à l'occasion du Prologue, au sixième chapitre de la Pantagrueline Prognostication : & peu ioueront des cymbales, & manequins, si le Guaiac nest de requeste ; nous la retrouverons au chapitre xxj du présent Livre : en condition que nous fissons vous & moy un transon de chere lie, iouans des manequins a basses marches. La locution est transparente : elle signifie faire l'amour, et, précisément, faire l'amour pour la femme, ainsi que nous l'indique sans conteste la phrase de la Nouvelle LXXV de Bonaventure des Periers : Janin s'estoit marié la sienne fois, et avoit pris une femme qui jouoit des manequins, laquelle ne s'en cachoit point pour luy, ne voulant point faire de tort au beau nom de son mary. (On sait que le prénom Jan, et tous ses diminutifs, était le nom traditionnel du mari trompé, et particulièrement du cocu complaisant.)

Veu que sommes de seiour, disons en passant que nous voyons mal la raison de la locution dans le néerlandais mannekijn, diminutif de man, homme, que donne Dauzat, consulté après que les commentateurs se sont bornés à dire qu'il y a ici probablement équivoque obscène fondée sur mannekijn-man : le mot équivaudrait alors à petit homme, et, désignant évidemment le membre viril érigé, la locution reviendrait alors à dire : jouer du petit homme. Or, nous avons vu que la formule décrit l'exercice amoureux de la femme, et si, bien sûr, rien n'empêche la femme de jouer du petit homme, la phrase du chapitre xxj, avec ses manequins a basses marches, semble bien indiquer, elle, que la taille de ce mannequin est celle de l'être humain.

La même étymologie nous conduit alors à voir dans ce mannekijn, non pas un diminutif du mot man, mais bien un dérivé qui signifie image d'humain ; et nous prendrons ainsi plus facilement ce mannequin pour la figure d'homme ou de femme sur laquelle les chirurgiens exercent les élèves à l'application des bandages ou à la manœuvre des accouchements (Littré).

Il s'agit évidemment ici du mannequin féminin sur lequel les sages-femmes et les médecins s'exerçaient ; il en subsiste quelques exemplaires qui nous montrent la femme, les seins nus, les jambes écartées, la vulve largement exposée, et il ne faut pas chercher longtemps pour comprendre que cette position de mannequin peut aussi bien évoquer la position de la femme consentante. Et, retenant l'idée de docilité, qui est évidemment celle de ces figures, nous voyons dans jouer le mannequin, l'équivalent de imiter le mannequin, c'est-à-dire prendre la position de soumission de la femme qui accepte.

Nous voyons que l'expression concerne effectivement et exclusivement le rôle de la femme, et que la proposition que fait Panurge à la haulte dame de Paris reviendrait à lui demander de se mettre sur le dos, jambes écartées, acceptant docilement, comme le mannequin d'exercice, les manœuvres qu'il se promet de faire. Mais cela n'est qu'une idée émise en passant, et nous examinerons réellement la locution quand nous le rencontrerons au chapitre xxj.

Revenant à la phrase de Baisecul, nous saisissons que iouer des manequins, prend ici, en raison de ce qu'il a dit auparavant, l'inflexion qui aboutit à la même compréhension : posséder de la façon qu'on possède une femme ; pour mieulx est alors à comprendre comme afin de, et, utilisant le verbe que Rabelais emploie dans ce même chapitre vj de la Prognostication, pour rendre la même idée, nous rendrons la phrase par : pour plus aisément beliner.

& le temps estoit quelque peu dangereux de la foire,

Nous entrons ici dans le domaine de la scatologie traditionnellement mis en évidence par ceux qui ne sont pas adeptes de la sodomie : la foire est, ainsi que le dit Saulnier, le flux de ventre, et nous rendrons la phrase, en ajoutant l'adverbe pourtant qui nous semble être fidèle à la pensée que Baisecul se prépare à développer : et le temps portait pourtant quelque peu à la diarrhée.

dont plusieurs francz archiers auoyent este refusez a la monstre,

Nous avons déjà vu ces poltrons, objet de toutes les dérisions, au quarante-septième titre de la Librairie, et nous comprenons que cette foire est ordinairement chez eux le fruit de la peur, car La vertus retentrice du nerf qui restrainct le muscle nommé sphincter (c'est le trou du cul) estoit dissolue par le vehemence de paour qu'il avoit eu en ses phantasticques visions (Q. L. LXVII). Mais la phrase prend ici un sens sodomitique certain si nous considérons que la monstre, c'est-à-dire la revue, est à entendre comme la monte : les francz archiers, qu'on peut impunément charger de tous les ridicules et de toutes les dépravations, puisqu'ils n'ont pas de courage, sont ici présentés comme les partenaires passifs des vendangeurs actifs, et c'est leur diarrhée qui en a fait rejeter plusieurs à la monte. L'idée est la même que celle de cette phrase de la Prognostication où nous avons pris le verbe beliner : Moscovites, Indians, Perses, & Troglodytes, souuent auront la cacque-sangue, par ce quilz ne vouldront estre par les Romanistes belinez.

Le mot trouille étant proprement l'excrément, la colique (peut-être du néerlandais drollen : aller à la selle ; Petit Robert), nous rendrons la phrase par : dont plusieurs francs trouillards avaient été refusés à la monte.

nonobstant que les cheminees feussent assez haultes

Nous comprenons d'emblée que ces cheminées n'ont aucun rapport avec ce qui évacue la fumée, et qu'elles ont, en revanche, un rapport étroit avec les vendangeurs, leur déviation, et surtout avec les francz archiers. Ces cheminées, la phrase suivante le confirmera clairement, sont les rectums des francs trouillards refusés à la monte pour cause de diarrhée. Il nous faut comprendre l'adjectif haut comme profond, et ne pas hésiter à voir dans la parole de Baisecul une de ces rudes trivialités qu'employaient, pour les rabaisser, ceux qui tenaient à blâmer haute-ment les bougres. Baisecul compte sur la vigueur de son expression pour bien affirmer sa réprobation, et nous verrons que la sentence innocentera Baisecul sur ce point. Nous rendrons donc la phrase par : bien que les boyaux culiers fussent assez profonds.

selon la proportion du iavart & des malandres lamibaudichon.

On nous dit que le javart est une tumeur de la jambe du cheval, mais Littré atteste que le javart est aussi le chancre. Et, pour malandres, la citation que fait encore Littré au mot malendreux indique sans conteste que le mot s'appliquait aux humains, et qu'il a trait à la peste. Nous prendrons donc du javart & des malandres, pour du chancre et des tumeurs (Demerson dit : du chancre et de la gale). Et nous aurons bien raison, puisque lamibaudichon n'est nullement ce qu'indique Guilbaud : Paroles d'une chanson du XVe siècle. Peut-être salut en passant à l'humaniste genevois Baudichon de la Maison-Neuve, ni tout à fait ce que dit Michel, pourtant plus proche de la vérité : L'ami Baudichon, personnage d'une chanson populaire, citée dans le Mystère de l'Assomption (XVe siècle) : Que je sceusse d'une vielle/ Jouer sans plus une chanson,/ Seulement l'amy Baudichon/ Ce seroit assez pour me vivre... et évoquée dans le Quintil Horatian, comme une chanson vulgaire.

Nous trouvons, dans la Poésie érotique de Marcel Bealu, (Seghers, 1971), mention d'une chanson du XVIe siècle qui parle aussi de Baudichon :

Une bergette près d'un vert buisson/ Gardant brebiettes/ Avec son mignon/ Lui dit en bas ton :/ Et hon !/ Une chansonnette/ Et l'ami Baudichon.// Adonc la fillette de teneur prit son/ Et Robin gringotte un dessus tout bon/ Disant en bas ton/ Et hon !/ Motte contre motte/ Et l'ami Baudichon.// Robin tâte motte, lui leva son plisson/ Pardessous la cotte, lui tâta le con/ Qui lui dit : chantons/ Et hon !/ Motte contre motte/ Et l'ami Baudichon. (La fleur des Chansons, Jehan Bonfons, Paris, sans date.)

Comme baudet, mot créé par Rabelais (Dauzat), qui, par opposition à âne, animal châtré, est l'étalon de l'ânesse, donc celui qui baudouine baudement, il est évident que baudichon est formé sur bald : lascif (Petit Robert), baut : lascif (Dauzat), bald, baud : lascif (Bloch et Wartburg). Baudichon est donc la personnification de la conjonction sexuelle.

Quant à lami, nous pourrions penser que le mot est la représentation de la sympathie qu'inspire le plaisir que donne cette conjonction, si nous ne pouvions voir dans le mot, comme pour fotre-foler, l'euphémisme de l'a mis, car il nous semble que lamibaudichon peut fort bien être une corruption voulue de l'a mis baudichon, à entendre comme : l'a mis et baudissons...

Il est bien sûr, en tout cas, que ce vocabulaire appartient exclusivement au domaine de l'accouplement hétérosexuel ; or, Baisecul l'emploie pour désigner la conjonction homosexuelle : il doit donc préciser l'inflexion, et nous voyons cette précision dans le mot proportion, qui serait superflu dans l'évocation de l'union entre un homme et une femme, mais qui joue ici un rôle éminent.

Le mot est proprement : pour la portion, et la portion étant la part qui revient à quelqu'un ou la partie d'un mets qui revient à une personne (Petit Robert), nous comprenons que le mot, qui contient une notion de partage, implique une idée de consommation en commun. Comme Baisecul parle, depuis un moment, des relations homosexuelles de ses vendangeurs, nous comprenons que lamibaudichon est à prendre exceptionnellement pour la représentation de la relation homosexuelle. Du même coup, selon la proportion devient une formule d'évaluation concernant ce mode de relation, et du iauart & des malandres, le chancre et les tumeurs qui affectent les sièges des francz archiers.

Nous aurons recours, pour rendre la phrase, au verbe qu'emploie Panurge au chapitre XXV du Tiers Livre : Va (respondit Panurge), fol enraigé, au diable, et te faiz lanterner à quelque Albanoys ; si auras un chapeau poinctu ; (Les Albanais passaient pour être sodomites, comme les Bulgares (Bougres), et les mercenaires albanais portaient un chapeau pointu). Nous aurons ainsi, nous permettant, pour plus de clarté, de faire nous aussi l'inversion : pour lanterner, même en tenant compte du chancre et des tumeurs.

Ainsi, ce morceau bien particulier est celui-ci :
car voulant me conformer aux ordres du roi, je m'étais muni d'une culotte de peau à toute épreuve pour aller voir comment mes taboureurs avaient tourné casaque pour mieux beliner, et le temps portait pourtant quelque peu à la diarrhée, dont plusieurs francs trouillards avaient été refusés à la monte, bien que les boyaux culiers fussent assez profonds pour lanterner même en tenant compte du chancre et des tumeurs.

La suite est la conclusion de Baisecul :
Et par ce moyen fut grande annee de quaquerolles en tout le pays de Artoys qui ne feust petit amandement pour messieurs les porteurs de cousteretz, quand on mangeoit sans desguainer cocquecigrues a ventre deboutonne.

Et par ce moyen fut grande annee de quaquerolles en tout le pays de Artoys

Saulnier et Guilbaud disent : Caquerolle : coquille de limaçon ; Michel dit : Escargots, et c'est lui qui a raison puisque Panurge, au chapitre II du Tiers Livre, tirera un incertain revenu de ces gastéropodes, mélangés, il est vrai, aux hannetons. Mais personne ne s'est inquiété de voir que l'édition originale écrivait caquerolles quand l'édition corrigée écrit : quaquerolles. Dont vient cela messieurs ? pensez y ie uous pry (G. xxvij).

Et, y pensant, nous comprenons que la modification orthographique a été introduite pour le jeu de mots (que Rabalais avait pu voir rester lettre morte sous la graphie de 1532) entre : quaquerolle et quacquesangue, mot de la Pantagrueline Prognostication (vj) que nous venons de citer, que nous retrouverons au chapitre xiij du Gargantua (elle est alors de Lombard), et qui désigne la dysenterie. Ainsi la phrase est clairement rattachée à cette foire que nous avons vue.

Quant à ce pays de Artoys, qui n'est pas là pour rien, il nous faut comprendre que l'Artois faisait alors partie des Flandres, nom qui vient du mot flamand qui signifie lui-même : rouge, enflammé (Dauzat) ; en tout le pays de Artoys a donc valeur de en tout le pays des enflammés, et nous rendrons la locution par : en tout le pays échauffé.

Sans essayer de rendre l'équivoque contenue dans quaquerolles, nous nous servirons d'un mot de Littré, qui est un terme d'ancienne médecine qui désigne la fièvre accompagnée d'abondantes déjections, et nous aurons : Et c'est ainsi que fut grande année de fièvre cacatoire en tout le pays échauffé.

qui ne feust pas petit amandement pour messieurs les porteurs de cousteretz,

Saulnier et Guilbaud disent : Coustrets : hottes de vendanges, fagots ; Michel ne parle que de hottes. Mais le cotret est aussi, et surtout, chacun des bâtons qui composent le fagot (Littré), et ce fagot est de bois court et de médiocre grosseur (Littré) : nous voyons déjà ce que peut représenter le costeret. L'allusion du chapitre xxx (version de l'originale) ne nous laissera aucun doute : Perceforest portoit une hotte : ie ne scay pas sil estoit porteur de coustretz : Epistemon est ici sûr que Perceforest portait une hotte, mais il ignore s'il avait des érections, et c'est évidemment un comble pour quelqu'un dont le nom s'entend comme perce (de son) foret ou s'insinue (dans la) forêt.

Ainsi, les porteurs de cousteretz sont indubitablement les porteurs de membres virils érigés. Quant aux amandements, ils sont, bien sûr, les améliorations, et nous devons entendre ici le mot comme soulagements ; nous comprenons alors que ce que dit Baisecul est ironique : ne feust pas petit est exactement : ne fut pas grand, et nous rendrons la phrase par : qui apporta bien beau soulagement à messieurs les dresseurs de virolet.

quand on mangeoit sans desguainer cocquecigrues a ventre deboutonne.

L'originale ne comportait pas ce sans desguainer, inséré, nous semble-t-il, pour préciser ce que sous-entend le verbe mangeoit, ce que représentent les cocquecigrues, et ce qu'il faut entendre par : a ventre deboutonne ; desguainer, c'est évidemment sortir la lame du fourreau ; sans desguainer, c'est ne pas sortir cette lame, et nous savons immédiatement de quelle lame il s'agit quand nous saisissons que sa gaine est la vagina latine. Nous voilà renseignés pour aborder le reste. Voyons d'abord cocquecigrues.

Les cocquecigrues sont, bien sûr, ces animaux chimériques, probablement de la famille des oiseaux, qu'on retrouvera dans le Gargantua, avec Picrochole qui sera aduise par une vieille Lourpidon, que son royaulme luy seroit rendu, a la venue des Cocquecigrues (xlix). A cet endroit, Screech, le commentateur, dit : Cocquecigrue : coquille de mer et oiseau, coq-grue (grue mâle, migrateur) ; d'où oiseau fantastique. Le même mot se retrouve au chapitre XXXI du Quart Livre : S'il reculloit c'estoient coquecigrues de mer, et Marichal, le commentateur, donne la même explication, pour l'excellente raison que celle de Screech est la sienne, écrite vingt ans avant. Saulnier, lui, pour la phrase qui nous occupe, dit seulement : Coquillage, et oiseau ; Guilbaud dit : Coquilles (et aussi : balivernes) ; Michel dit : Coquillage marin, ou oiseau.

Cet oiseau fabuleux semble bien, si l'on en croit la vieille Lourpidon, être un oiseau migrateur, et ce cocquecigrues étant le premier emploi que Rabelais fait du mot, nous sommes enclins à penser qu'il peut désigner, dans la bouche de Baisecul, ces oiseaux volages dont parle Brantôme dans Les Dames Galantes, au chapitre : Discours sur le sujet qui contente plus en amours, ou le toucher, ou la veue, ou la parole : je les dis aisles, parce que les Grecs appellent ces labies himenae ; les Latins les nomment alae, et les François labies, levres, lendrons, landilles et autres mots ; mais je trouve qu'à bon droit les Latins les appellent aisles : car il n'y a animal ny oyseau, soit il faucon, niais ou sot, comme celuy de nos fillaudes, soit il de passage, ou hagard, ou bien dressé, de nos femmes mariées ou veufves, qui aille mieux ny ayt l'aisle si viste.

Ainsi, ces cocquecigrues chimériques sont ici les sexes de femme. Nous rendrons donc cocquecigrues par une composition qui, avec leur nom familier, mentionne ces ailes dont la vélocité leur permet de voleter dans les rêves, et nous les nommerons : connassailées.

Le quant on mangeoit ne doit donc pas nous abuser : il n'y a là nulle idée d'absorber pour se nourrir, mais bien celle de s'approprier. Et, tenant compte du fait que nous sommes au plan du rêve, nous rendrons quand on mangeoit par quand on rêvait de s'envoyer.

Sans desguainer prend maintenant toute sa signification, et nous comprenons que si cette gaine dont on ne sort pas est la vagina, sans desguainer est proprement : sans déconner, ce que nous rendrons, de peur d'une mauvaise compréhension, par : sans désemparer, le verbe désemparer signifiant quitter le lieu où l'on est, abandonner la place (Littré).

Reste seulement a ventre deboutonne, que nous ne pouvons que comprendre comme le laisse entendre la plaisanterie du chapitre xx du présent Livre : et croyez quilz beurent a ventre deboutonne (car en ce temps la on fermoit les ventres a boutons, comme les colletz de present) iusques a dire, dont venez vous ? Nous rendrons donc l'expression par : jusqu'à plus soif.

Il est clair, alors, que Baisecul décrit les phantasmes des dresseurs de virolet, qui n'eurent aucun soulagement, quand ils rêvaient de s'envoyer sans désemparer connassailées jusqu'à plus soif. La réflexion de Baisecul est donc celle-ci :
Et c'est ainsi que fut grande année de fièvre cacatoire en tout le pays échauffé, ce qui apporta bien beau soulagement à messieurs les dresseurs de virolet, quand ils rêvaient de s'envoyer sans désemparer connassailées jusqu'à plus soif.

Baisecul va maintenant tirer la morale de la mésaventure : il admire les puissants ribauds, et souhaite même que tout le monde ait leur vigueur, mais il déplore qu'ils n'aillent pas plutôt calmer leurs ardeurs dans les lieux prévus à cet effet :
Et a la mienne volunte que chascun eust aussi belle voix, lon en iourroit beaucoup mieulx a la paulme, & ces petites finesses quon faict a etymologizer les pattins, descendroyent plus aisement en Seine pour tousiours seruir au pont aux meusniers, comme iadis feut decrete par le Roy de Canarre, & larrest en est au greffe de ceans.
Et a la mienne volunte
  C'est la formule qui correspond à : Et je ne peux que souhaiter.
que chascun eust aussi belle voix,
  Il ne faut peut-être pas se hâter de voir dans voix le sens d'organe, et mieux vaut considérer qu'il y a équivoque entre voix et voie, ce qui revient à dire aussi belle carrière. Nous comprenons qu'il y a là une image, et ce qui a formé le sujet de toute la péroraison de Baisecul nous invite à entendre que cette carrière est, dans son esprit, l'aptitude et la rapidité à s'éveiller au désir. Nous rendrons la phrase par : que chacun eût aussi belle santé.
lon en iourroit beaucoup mieulx a la paulme,
  Nous savons que jouer à la paume a toujours eu le sens second de être en érection, sens probablement fondé sur le manche de la raquette. Mais nous rendrons l'expression par une représentation qui a conservé sa force d'évocation : l'on n'en serait que meilleurs joueurs.
& ces petites finesses qu'on faict a etymologizer les pattins,
  Saulnier dit : Pastins : patins, souliers de femme à semelles épaisses

et hauts talons (mode italienne) ; il ajoute puérilement : Plaisanterie : peuvent servir de bateau à passer l'eau.

Plutôt que cette traversée, nous voyons, nous, la plaisanterie ailleurs, et l'originale, qui disait seulement : qu'on faict a porter des pattins, nous permet de penser que le verbe etymologizer a été substitué à porter, et les à des, pour nous permettre, là encore, de bien comprendre. En effet, si les pattins sont des souliers de femme, les etymologizer, c'est, comme dit Guilbaud qui ne voit pas plus loin, en chercher l'étymologie. Or, chercher l'étymologie, c'est, pour connaître le vrai, remonter à la source ; et remonter à la source des souliers de femme, c'est passer des souliers à la cheville, puis au mollet, puis au genou, puis à la cuisse, pour arriver au mitan, qui est proprement la source.

Quant aux petites finesses, nous pourrions les prendre pour les bagatelles de la porte où se gagne le droit d'entrer ; mais le mot est celui qui exprime, surtout au pluriel, le plan ou action marquant la ruse : il ne s'agit donc que des caresses indiscrètes, comme dit le Petit Robert au mot pelotage, qui ne précèdent pas immédiatement la reddition, et nous allons voir que c'est bien ce que sous-entend Baisecul. Nous rendrons donc la phrase par : et ces petites excitations qu'on gagne à remonter au mitan

descendroyent plus aisement en Seine pour tousiours seruir au pont aux meusniers,

Tout d'abord, remarquons que la présence du verbe descendroyent nous confirme que le sens de etymologizer est bien remonter. Cela dit, pour pont aux meusniers, le commentaire se borne à noter : A Paris, près, ou en aval, du Pont-au-Change, ce qui ne nous avance guère. Pourtant, les sens que nous avons extraits jusque là ne peuvent que nous laisser penser que ce pont aux meusniers indique le lieu d'un de ces bordeaux où Villon disait aux clients de sa grosse Margot : Retournez cy, quant vous serez en ruit. C'est exactement ce que veut faire entendre Baisecul, et tout ce qu'il a dit avant nous fait comprendre cette phrase comme : seraient bien mieux venues à descendre en Seine pour toujours s'employer au bordel du Pont aux Meuniers.

comme iadis feut decrete par le Roy de Canarre,

Baisecul va finir sur un double calembour qui masque plaisamment la confession qu'il fait : à tant parler des choses de l'amour, l'excitation l'a gagné lui aussi.

Le commentaire dit : Canarre : pays et roi imaginaires. Il semble pourtant que Rabelais n'a pas choisi au hasard de parler du Roy de Canarre plutôt que du roy des Parpaillos (G. iij) ou du roy Petault (T. L. VI), et que ce nom de Canarre doit renfermer une allusion, que nous avons tout lieu de croire égrillarde. Et nous trouvons alors dans

Greimas le mot cane, chane (du latin canna : roseau, jonc), qui a, entre autres sens, ceux de tuyau, canne, roseau. Nous avons compris ; ce Roy de Canarre est le roi du pays des cannes, c'est-à-dire des triques, et nous le verrons, nous, sous le titre de roi de Triquedondaine. La phrase sera donc : comme jadis fut décrété par le roi de Triquedondaine.

& larrest en est au greffe de ceans.

Amené par le mot decrete de la phrase précédente, voilà le double calembour. Il nous faut, pour l'entendre, nous reporter au chapitre ix du Gargantua, où nous lisons : & ma braguette, cest le greffe des arrestz ; le mot arrestz est ici à prendre comme le substantif du verbe arresser : raidir, dresser, croiser la lame (Saulnier) ; le mot greffe fait équivoque avec grefe : poinçon, stylet, poignard, pousse (Greimas), et nous comprenons que larrest, c'est la raideur, et en est au greffe, l'équivalent de en est à ce qui m'est poussé.

Pour de ceans, c'est à la phrase qui suit celle que nous venons de citer qu'il faut nous référer : Et un estront de chien, cest un tronc de ceans, ou gist lamour de mamye. A cet endroit, Screech écrit : Tronc de ceans : ceans (céans) probablement prononcé cian, tronc, tronçon. Il s'agit du pénis.

Mais c'est à nous de voir que ceans est l'ancien français çaenz (XIIᵉ siècle), de ça : par ici, et enz : dedans, et que la signification de ceans est très exactement : ici dedans. Et la phrase, qui a pour sens immédiat : et l'arrêt en est au greffe d'ici, est, au sens second : et la raideur en est à ce qui m'est poussé ici dedans (ma braguette). Et nous tenterons de rendre l'esprit de la phrase par : et l'arrêt-deur en est au greffon de mon haut-lieu-de-chausses.

Faisons le point une dernière fois, puisque Baisecul a fini son exposé :

Et je ne peux que souhaiter que chacun eût aussi belle santé, l'on n'en serait que meilleurs jouteurs, et ces petites excitations qu'on gagne à remonter au mitan, seraient bien mieux venues à descendre en Seine pour toujours s'employer au bordel du Pont aux Meuniers, comme jadis fut décrété par le roi de Triquedondaine, et l'arrêt-deur en est au greff-on de mon haut-lieu-de-chausses.

Puis c'est la formule consacrée :

Pour ce monsieur ie requiers que par vostre seigneurie soit dict & declaire sur le cas ce que de raison auecques despens, dommaiges & interestz.

Et Pantagruel, scrupuleux, de reprendre, avant d'écouter la partie adverse :

Lors dist Pantagruel Mon amy voulez vous plus rien dire ? Respondit Baisecul, non monsieur : car ie ay dict tout le tu autem, & nen ay en rien varie sur mon honneur.

Nous n'avons pas la prétention d'avoir dit, comme Baisecul, le tu autem, c'est-à-dire la totalité ; (Saulnier dit : Toute la teneur, jusqu'à la conclusion. Chaque leçon de l'office s'achevait sur la formule : Tu autem, Domine, miserere nobis : Mais toi, Seigneur, aie pitié de nous.) A noter que personne ne se risque à dire que c'est probablement ce tu autem qui a fini par donner le toutim du langage populaire. Mais tu autem ou non, nous allons écouter le défendeur Humevesne, que Pantagruel invite maintenant à parler :

Vous doncques (dist Pantagruel) monsieur de Humevesne, dictes ce que vouldrez & abreuiez, sans rien toutesfoys laisser de ce que seruira au propos.

Mais, pour tenter de nous mettre au niveau de compréhension qui est celui de Pantagruel, nous allons, auparavant, relire d'une traite tout ce qu'a dit Baisecul :

Donc commença Baisecul de la manière qui s'ensuit : Monsieur, il est vrai qu'une bonne femme de ma maison portait vendre des œufs au marché. Couvrez-vous, Baisecul, dit Pantagruel. Grand merci, Monsieur, dit le seigneur de Baisecul. Mais, à propos, l'envie passait entre les deux couillons, soixante degrés vers la verticale, et même soixante et un, d'autant que les monts Chauves avaient pâti cette année-là de grande pénurie de sacs-à-vits, due à une grève de bagatelles provoquée entre les Baragouineurs et les Glossateurs par la rébellion des gardes pontificaux, qui s'étaient assemblés jusqu'au nombre d'une bonne masse pour aller, la guille à neuf, au premier trou de l'an, quand tout est chamboulé, et que l'on donne la clé de la remise aux filles pour qu'elles prennent leur petite ration. Toute la nuit, l'on ne fit qu'expédier en vitesse, la main au cul, fessiers de tout poil pour retenir les partants, car les laboureurs de nature voulaient faire de leurs membres érigés une sarbacane pour saillir la mère au grand pelvis, qui pour l'heure était porteuse d'un bouquet de choux-fleurs, selon l'avis des batteurs d'entrejambes : mais les médecins disaient qu'à son trou d'urine ils ne reconnaissaient, jambes écartées, aucun signe évident de devoir pisser des lames de rasoir, à condition que ces messieurs de la Cour fissent, par exception, commandement à la vérole de ne plus tailler dans les bons membres, car les ribauds étaient déjà bien poivrés, à danser la saccade à l'unisson, le vit au four et le gland au tour, comme disait le bon Baiseur. Ha Messieurs, Dieu modèle tout à sa volonté, et contre la capricante fortune, un charretier a pu seulement, en vain, rompre son fouet ; ce fut juste après la piquette de la Bicoque, au moment qu'on reçut licencié ès lourdeurs Maître Antitus des Berlues ;

comme disent les canonistes : Heureux les balourds parce qu'on n'aura pas eu à les pousser. Mais ce qui fait le chrême de si haut prix, par le saint patron des jardiniers, ce n'est pour autre raison que la Pentecôte qui ne vient jamais sans qu'il en coûte : mais va toujours : petite pluie abat grande ire : étant donné que l'officier de justice m'imposa si forte contribution que le greffier ne put que s'empresser de s'humecter buccalement les doigts tenant la plume, car nous savons fort bien que chacun est dit coupable à moins de glisser finement un coup d'œil vers l'endroit de la réserve où dort l'argent du pot-de-vin qui permet d'obtenir trois miettes de délai ; c'est ce qui arrive en tout cas à qui se refuse à lancer son oiseau sur les barquettes au fromage avant que de le décalotter, car la tête se perd quand on l'engage ainsi contre la règle : Dieu protège le berger de merde qui agit ainsi. Pantagruel dit alors : Doucement, mon ami, doucement, parlez calmement et sans colère. J'entends le cas, poursuivez.

Or, Monsieur, dit Baisecul, ladite bonne femme, agenouillée pour dire ses prières, ne put se soustraire à un assaillant venu par derrière, qui, par la faculté des apanages de l'Université, la retroussa pour la monter, et ne put que se bien lubrifier conniquement, après avoir toutefois tenté de le protéger d'un sept de carreau d'arbalète, dont elle lui tira un coup d'estoc à la volée, passant au plus près du lieu où l'on vent(e) les draps usagés dont se servent les peintres de Flandres quand ils veulent plus sûrement croquer leurs modèles, et je m'étonne bien fort que tous ces œufs que couvent si volontiers les dames ne sont jamais ceux qu'elles pondent.

Ici, le seigneur de Humevesne voulut interpeller et dire quelque chose, à quoi dit Pantagruel : Et ventre saint Antoine, t'appartient-il de parler sans autorisation ? Je sue ici sang et eau pour comprendre la procédure de votre différend, et tu viens encore faire du bruit ? Paix, de par le diable, paix ! Tu parleras ton soûl quand celui-ci aura achevé. Poursuivez, dit-il à Baisecul, et ne vous hâtez point.

Voyant donc, dit Baisecul, que la Pragmatique Sanction n'en faisait nulle mention, et que le Pape donnait liberté à chacun de forniquer à son aise, à condition de ne pas éjaculer dehors, et quel que soit au monde le nombre d'affamés, pourvu qu'on ne le fît pas en ribaud, le mirifique tribunal, jeune de deux cents ans, formé à Milan pour engendrer les chimères, admit que la bonne femme fut acculée aux hanches, par l'attestation de vieux congres tricouillards, qui avaient alors compétence pour apprécier la concrétion des antiques biscotages ; pourtant, Jean le Veau, son cousin de la main gauche, d'autant d'esprit qu'une bûche, lui conseilla qu'elle ne s'aventurât pas à recommencer la secouée buandière sans d'abord avoir lissé le papier pour tout noter :

avec ça, trou-madame tant qu'on veut, car ne sort pas du droit chemin qui sait fauter adroitement, attendu que ces messieurs des Comptes ne recevaient pas une plainte en termes aussi obscurs que ceux dont on avait composé les Lunettes des Princes imprimés nouvellement à Anvers. Et voilà, Messieurs, pourquoi j'ai mauvaises conclusion. Mais j'en crois la partie adverse autant qu'elle parle dans son seul intérêt, car, voulant me conformer aux ordres du roi, je m'étais muni d'une culotte de peau à toute épreuve pour aller voir comment mes taboureurs avaient tourné casaque pour mieux beliner, et le temps portait pourtant quelque peu à la diarrhée, dont plusieurs francs trouillards avaient été refusés à la monte, bien que les boyaux culiers fussent assez profonds pour lanterner, même en tenant compte du chancre et des tumeurs. Et c'est ainsi que fut grande année de fièvre cacatoire en tout le pays échauffé, ce qui apporta bien beau soulagement à messieurs les dresseurs de virolet, quand ils rêvaient de s'envoyer sans désemparer connassailées jusqu'à plus soif. Et je ne peux que souhaiter que chacun eût aussi belle santé, l'on n'en serait que meilleurs jouteurs, et ces petites excitations qu'on gagne à remonter à la source seraient bien mieux venues à descendre en Seine pour toujours s'employer au bordel du Pont aux Meuniers, comme jadis fut décrété par le roi de Triquedondaine, et l'arrêt-deur en est au greff-on de mon haut-lieu-de-chausses. Pour cela, Monsieur, je requiers que par Votre Seigneurie soit dit et déclaré sur le cas ce que de raison, avec dépens, dommages et intérêts.

Alors dit Pantagruel : Mon ami, ne voulez-vous plus rien dire ? Baisecul répondit : Non, Monsieur : car j'ai dit tout ce que j'avais à dire, et n'en ai en rien menti, sur mon honneur. Vous donc, Monsieur de Humevesne, dit Pantagruel, dites ce que vous avez à dire, et abrégez, sans rien négliger toutefois de ce qui soutiendra la cause.

Comment le seigneur de Humevesne plaidoie dauant Pantagruel. Chap.xij.

Michel n'est ici guère encourageant, qui dit : La plaidoirie du seigneur de Humevesne est un galimatias tout aussi incohérent que celle de Baisecul. Mais, de telles pétitions de principe, nous savons ce que vaut l'aune ; nous commençons donc, imperturbablement :

Lors commenca le seigneur de Humevesne ainsi que sensuit. Monsieur & messieurs, si liniquite des hommes estoit aussi facilement veue en iugement categoricque comme on congnoist mousches en laict, le monde, quatre beufz ne seroit tant mange de ratz comme il est, & seroient aureilles maintes sur terre, qui en ont este rongees trop laschement.

Lors commenca le seigneur de Humevesne ainsi que s'ensuit. Monsieur & messieurs, si liniquite des hommes estoit aussi facilement veue en iugement categoricque comme on congnoist mousches en laict,

Humevesne commence par une mise en garde concernant le jugement sans condition, c'est-à-dire sans recours puisque Pantagruel juge en dernier ressort ; et ce qu'il dit est : si la corruption humaine était aussi facilement décelée en jugement définitif qu'on distingue mouches dans le lait.

le monde, quatre beufz ne seroit tant mange de ratz comme il est,

Sachons d'abord que les mots quatre beufz ont été ajoutés à l'originale, uniquement peut-être pour appuyer la phrase que nous rencontrerons plus loin : Bien vray est il que les quatre beufz, desquelz est question. Nous retrouverons ces quatre beufz au chapitre vij du Gargantua, lors de l'accouchement de Gargamelle, où Grandgousier exhorte ainsi sa femme prise des douleurs : Couraige, couraige (dist il) ne vous souciez au reste, & laissez faire au quatre bœufz de deuant. A cet endroit, Screech dit : Locution courante, expliquée par Du Fail : Que chascun montre ce qu'il sait faire tant seulement, et puis laissez faire aux bœufs de devant. Nous pouvons donc prendre la locution pour : Laissez faire la nature, l'instinct, et, dans la phrase qui nous occupe, la comprendre comme : tout naturellement.

Cela dit, voyons dans le monde mange de ratz l'équivalent de l'expression du chapitre xv du Quart Livre : Le monde ne faict plus que resver. Il approche de sa fin. Ce monde mange de ratz est la locution figée qui a trait au déclin des mœurs qu'invoquent immanquablement ceux qui sont appelés à se justifier. Nous rendrons donc la phrase par : le monde, tout naturellement, ne serait pas aussi décadent qu'il est.

seroient aureilles maintes sur terre, qui en ont este rongees trop laschement.

Guilbaud, ici, se laisse abuser par le mot rongees, et dit : Il y aurait encore sur terre maintes oreilles qui ont été rongées par les rats, et Demerson fait de même dans sa translation. Or, les ratz n'ont rien à faire dans cette histoire d'oreilles : Humevesne vient d'avancer qu'il est difficile de reconnaître en jugement définitif l'iniquité des hommes, évoquant ainsi l'erreur judiciaire : c'est donc que ces oreilles qui ne sont plus sur terre, c'est-à-dire qui n'existent plus, sont les oreilles qui ont été rongees par le bourreau qui essorille. Sans aller jusqu'à voir dans rongees une coquille de rognees, puisqu'il est sûr que Rabelais a voulu équivoquer sur ratz et rongees, le sens est bien : couper pour prélever. Pour laschement, Greimas indique : laschesse : indolence, négligence, mais nous comprenons que l'idée est ici celle de légèreté, et nous rendrons la phrase par : et subsisteraient sur terre maintes oreilles qui en ont été rognées trop légèrement.

Car combien que tout ce que a dit partie aduerse soit de dumet bien vray quant a la lettre & histoire du factum, toutesfoys messieurs la finesse, la tricherie, les petitz hanicrochemens, sont cachez soubz le pot aux roses.

Car combien que tout ce que a dit partie aduerse soit de dumet bien vray

Les mots de dumet ne figuraient pas dans l'originale. Michel et Demerson disent : de duvet, et Guilbaud : On était volé au XVIe siècle comme aujourd'hui sur le duvet. Le mot est bien duvet puisque Greimas donne : dum, dun : duvet, et il reste alors à comprendre, semble-t-il, que ce de dumet introduit une idée de réserve qui répond au & en croy partie aduerse in sacer verbo dotis de Baisecul, réserve due au fait que le volume apparent cache la falsification. Nous prendrons donc la phrase pour : Car bien que tout ce qu'a dit la partie adverse soit apparemment bien vrai.

quand a la lettre & histoire du factum,

La phrase est claire, et équivaut à : quant au sens littéral et à l'historique des faits.

toutesfoys messieurs, la finesse, la tricherie, les petitz hanicrochemens,

Nous avons vu au trente-deuxième titre de la Librairie, que hanicrochemen avait le sens de manœuvre faite pour amener à soi dans un dessein intéressé ; c'est encore ce sens qu'il faut retenir, et entendre : toutefois, Messieurs, la cautèle, la tricherie, les petites interprétations tendancieuses.

sont cachez soubz le pot aux roses.

On a usé des litres d'encre à tenter, en vain, d'expliquer la locution, mais son sens général nous suffit : nous la prendrons ici pour : sont cachées au fond du pot.

Humevesne va maintenant donner sa propre version des faits :

Doibs ie endurer que a lheure que ie mange au pair ma souppe sans mal penser ny mal dire lon me vienne ratisser & tabuster le cerueau me sonnant lantiquaille, & disant, qui boit en mangeant sa souppe, quand il est mort il ny voit goutte.

Doibs ie endurer que a lheure que ie mange au pair ma souppe sans mal penser ny mal dire

Endurer, c'est proprement supporter avec patience, et il faut voir dans doibs ie endurer le sens de puis-je souffrir, puis-je résister ; a lheure que ie mange au pair ma souppe n'offre qu'une difficulté, celle de comprendre : au pair, qui a été ajouté à l'originale. C'est Littré qui nous renseigne : au pair, au courant de la besogne. Je n'ai pas de besogne arriérée, je suis au pair. Il faut donc entendre ici : ma besogne faite, c'est-à-dire ma journée finie ; sans mal penser ny mal dire équivaut à en toute innocence. Nous rendrons donc la phrase par : Puis-je résister quand, à l'heure que, la journée finie, je mange ma soupe en toute innocence

lon me vienne ratisser & tabuster le cerueau

Saulnier dit : Tabuster : tracasser, mais nous verrons plutôt dans ce verbe le sens du tabus de l'Inscription mise sur la grande porte de Theleme (G. liiij) : fagoteurs de tabus, c'est-à-dire de trouble, de vacarme, de désordre ; ratisser équivaut à racler, et a ici le sens de mettre à vif. Nous comprenons qu'on est venu jeter le trouble dans la tête de Humevesne, balayant ses scrupules, et nous rendrons la phrase par : l'on vient me troubler et me mettre martel en tête.

me sonnant lantiquaille,

Guilbaud dit : Danse gaillarde très ancienne ; Michel dit : Sonner l'antiquaille : jouer la chanson populaire appelée l'antiquaille, et Demerson : Cette danse, ancêtre du French Cancan, était le symbole d'autre branle encore plus gaillard. Nous le croirons volontiers, rapprochant cette danse de celle que promet Panurge à la haulte dame de Paris (xxj) : Car (monstrant sa longue braguette) voicy maistre Iean Ieudy : qui vous sonneroit une antiquaille, dont vous sentirez iusques a la moelle des os. Nous rendrons donc la phrase, en exprimant tout ce qu'elle contient, par : m'invitant à sonner le branle.

& disant, qui boit en mangeant sa souppe, quand il est mort il ny voit goutte.

Nous verrons assez bien que, sous cette amusante formule qui sert d'euphémisme, on a représenté à Humevesne qu'il n'est plus un jeune homme, que ce n'est nullement l'heure de manger sagement sa soupe quand l'occasion se présente de sonner l'antiquaille aux filles, et que ce n'est pas quand il sera mort qu'il pourra le faire. La phrase sera donc : et disant que ce n'est pas quand je serai mort que je pourrai le faire ?

Humevesne s'est donc laissé convaincre, et il va maintenant avancer un exemple qui doit servir de caution à son changement d'attitude, et à l'abandon de sa réserve habituelle :
Et saincte dame combien auons nous veu de gros cappitaines en plein camp de bataille, alors quon donnoit les horions du pain benist de la confrarie, pour plus honnestement se deliner, iouer du luc sonner du cul, & faire les petitz saulx en plate forme ?
Et saincte dame combien auons nous veu de gros cappitaines en plein camp de bataille,

La phrase est claire : Et sainte Vierge, combien avons-nous vu de ces grands capitaines, en plein champ de bataille
alors quon donnoit les horions de pain benist de la confrarie,

Il y a là une image assimilant les combattants aux membres d'une confrérie monacale se partageant les morceaux de pain bénit. Ici, les morceaux sont les horions, c'est-à-dire les coups, et la phrase équivaut à : au plus fort de la distribution confraternelle de pains sur la figure.
pour plus honnestement se deliner,

Ici, l'originale disait : pour plus honnestement se asseoir a table ; là encore, la substitution indique nettement l'intention de donner une précision : reste seulement à comprendre se déliner. Or, ce verbe a été curieusement déformé par les éditeurs : Saulnier, dans ses notes de variantes, Boulenger et Plattard disent : se dodeliner ; aucun des trois ne donne le sens de leur verbe. Guilbaud imprime : se deliner et explique : se balancer, ainsi que Jourda et Michel. Demerson imprime : se deliner et dit en note : Faire de la balançoire (au sens que l'on suppose).

Nous ne pensons pas avoir l'esprit fermé au vocabulaire de l'exercice amoureux, mais nous ne voyons pas comment se balancer ou faire de la balançoire peuvent évoquer une image coïtale ; car le monde a beau être tant mange de ratz comme il est, personne n'entreprend de faire l'amour pour le mince plaisir de se bercer. Il semble qu'il y a là une erreur des commentateurs, et que le verbe se deliner n'est aucunement érotique.

Nous voyons, nous, dans ce verbe, le latin linea : ligne, et deliner serait alors quitter, sortir de la ligne, c'est-à-dire que les gros cappitaines qui se delinent sont des capitaines qui se retirent du combat, qui rompent la ligne de combat. Se deliner a, pour nous, le sens de se retirer de la ligne, et, puisque nous en sommes aux hypothèses, nous pouvons voir dans se deliner le verbe qui par corruption a pu donner le débiner : s'enfuir, dont les étymologistes ignorent la provenance. Quoi qu'il en soit, le texte de l'originale, avec se asseoir a table, contenait déjà cette idée de s'abstenir de participer au combat pour s'attabler, ce qui n'est pas précisément la position d'un foudre de guerre ; aussi rendrons-nous la phrase par : pour très honorablement se retirer de la mêlée.

iouer du luc sonner du cul, & faire les petitz saulx en plate forme ?

Guilbaud dit : Jouer du luth (au sens grivois, jeu de mots avec ce qui suit) ; Michel dit : La série de jeux de mots obscènes continue.

Le chapitre xxvj du présent Livre nous rappellera que des femmes accompagnaient l'armée, et il se peut fort bien que les gros cappitaines se soient retirés du combat pour aller, à l'arrière, visiter les putains belles comme deesses dont les aulcunes sont Amazones, les aultres Lyonnoyses, les aultres Parisiannes, Tourangelles, Angevines, Poictevines, Normandes, Allemandes, de tous pays & toutes langues. Et nul doute, qu'avec elles, ils aient pu jouer du luc, équivoque transparente, sonner du cul à la façon dont le battant fait sonner la cloche, et faire les petitz saulx en plate forme, c'est-à-dire les trémoussements à l'horizontale. Nous rendrons la phrase par : jouer du fifre, sonner du cul et se trémousser horizontalement ?

mais maintenant le monde est tout detraué de louchetz des balles de lucestre, lun se desbauchez, laultre cinq quatre & deux & si la court ny donne ordre, il fera aussi mal glener ceste annee, quil feist ou bien fera des goubeletz.

mais maintenant le monde est tout detraué de louchetz des balles de lucestre,

Pour Saulnier, ce louchet est de l'étoffe de laine, ainsi que pour Michel (qui émet pourtant un doute), et pour Demerson, dans sa translation. Guilbaud, toutefois, donne : Louchets : pelles à bout ferré (détravé de louchets : brisé à coups de pelle), et aussi : étoffes de laine. Jeu de mots avec louchet (dans le sens d'étoffe, louchet ne viendrait-il pas d'ailleurs de lucestre ?)

Demerson, qui renvoie au Quart Livre, chapitre VI, où Dindenault prétend de la toison de ses moutons que les louchetz des balles de Limestre, au pris d'elle, ne sont que bourre, dit : Les louchets sont des écheveaux. Mais le mot qui, dans Greimas, signifie pelote, écheveau est le mot luissel, loissel, loincel, et il semble assez difficilement pouvoir être rattaché à louchet ou lochet.

Nous ne suivrons pas Guilbaud, avec qui il nous faudrait comprendre que le monde est tout brisé à coups de pelle, alors qu'à tout prendre, nous le verrions plutôt tout retourné à coups de bêche, action qui n'a rien de dévalorisant puisqu'on retourne la terre pour améliorer son rendement. Mais l'idée de mouvement qu'implique cette action nous incite à nous arrêter, dans Greimas, au verbe lochier, loichier, loigier, qui signifie branler, agiter, secouer, et nous entrevoyons alors que le louchet ou lochet peut être la grosse bobine conique (ou rancon) garnie de fil, envoyée par les filatures aux tisseurs : ce lochet, lorsqu'on le dégarnit en tissant, a effectivement, fixé sur une broche mince, un mouvement de tressautement, de branle, qui a pu lui donner son nom.

Mais, bobine ou écheveau, nous nous apercevons que le mot detraué, que personne n'explique autrement que par détraqué, prend plutôt le sens de débobiné, dévidé avec, en sous-entendu, la conséquence : enchevêtré, embrouillé, emmêlé. La bale est bien le paquet de marchandise (Greimas), et lucestre ne pouvant qu'être Lucestre ou Leicester, nous rendrons la phrase par : mais maintenant le monde est tout en perruque des bobines des ballots de Lucestre.

lun se desbauchez, lautre cinq quatre & deux

La phrase de l'originale était : lung se desbauche/ laultre se cache le muzeau pour les froidures hybernales : retenons de cette modification que Rabelais a préféré supprimer cette réaction du frileux, somme toute fort compréhensible, et la remplacer par un plus vigoureux cinq quatre & deux qu'il nous faut prendre pour l'image de celui qui déraisonne, puisqu'il dit quatre et deux égale cinq. Le verbe se desbaucher étant, ainsi que le dit Saulnier, se débander, nous rendrons la phrase par : l'un se dérobe et l'autre est fou.

& si la court ny donne ordre, il fera aussi mal glener ceste annee, quil feist ou bien fera des goubeletz.

Les orateurs donnent à cette cour bien de la puissance puisque Baisecul lui demandait il y a peu de faire commandement a la verolle de non plus allebouter apres les maignans et que Humevesne l'invite maintenant à remédier à la dégradation qu'il dénonce.

Glener, c'est glaner, c'est-à-dire ramasser les épis oubliés par les moissonneurs. La phrase de l'originale, au lieu de des goubeletz, disait : de troys sepmaines : Rabelais a préféré remplacer cette indication de durée quelque peu saugrenue, par le mot qui signifie : petite coupe (Greimas), et peut-être y a-t-il équivoque entre cette coupe à boire et la coupe, qui est une mesure de grain (Greimas). En tout cas, nous rendrons la phrase en gardant cette idée de boisson, et nous aurons : et si

271

la cour n'y donne ordre, il va être cette année aussi difficile qu'hier ou demain de glaner des verres de vin.

Bien que personne n'interrompe Humevesne, nous allons tout de même, avant de poursuivre, voir où nous en sommes des généralités du défendeur :

Lors commença le seigneur de Humevesne ainsi que s'ensuit : Monsieur et Messieurs, si la corruption humaine était aussi facilement décelée en jugement définitif qu'on distingue mouches dans le lait, le monde, tout naturellement, ne serait pas aussi décadent qu'il est, et subsisteraient sur terre maintes oreilles qui ont été rognées trop légèrement. Car bien que tout ce qu'a dit la partie adverse soit apparemment bien vrai quant au sens littéral et à l'historique des faits, toutefois, Messieurs, la cautèle, la tricherie, les petites interprétations tendancieuses sont cachées au fond du pot. Puis-je résister quand, à l'heure que, la journée finie, je mange ma soupe en toute innocence, l'on vient me troubler et me mettre martel en tête, m'invitant à sonner le branle et disant que ce n'est pas quand je serai mort que je pourrai le faire ? Et sainte Vierge, combien avons-nous vu de ces grands capitaines, en plein champ de bataille, au plus fort de la distribution confraternelle de pains sur la figure, pour très honorablement se retirer de la mêlée, jouer du fifre, sonner du cul, et se trémousser horizontalement ? Mais maintenant le monde est tout en perruque des bobines des ballots de Lucestre, l'un se dérobe et l'autre est fou, et si la cour n'y donne ordre, il va être cette année aussi difficile qu'hier ou demain de glaner des verres de vin.

Cela s'entend fort bien, et nous continuons avec un morceau bien abrité dans sa gangue :

Si une pauure personne va aux estuues pour se faire enluminer le museau de bouzes de vache ou acheter bottes de hyuer, & les sergeans passans, ou bien ceulx du guet receuuent la decoction dun clystere, ou la matiere fecale dune celle persee sur leurs titamarres, en doibt lon pourtant roigner les testons & fricasser les escutz elles de boys ?

Deux commentateurs, ici, se risquent à dire quelque chose : Guilbaud avance : Jeux et équivoques libres sur plusieurs expressions : rogner les testons (afin de les faire passer pour des écus), fricasser les écus (jeter l'argent par les fenêtres), rogner l'écuelle (diminuer les pensions) ; Demerson, pour escutz elles, dit en note : Le langage incohérent, s'affole : on passe sans transition des écus (pièces de monnaie, comme les testons) aux écu-elles, ce qui est proprement du verbiage de potache. Autrement dit, il nous faut encore marcher seuls, mais nous commençons à bien savoir faire.

Précisons la situation : il est question, dans la première ligne, de ces estuves ou maisons de bain, dont on sait qu'elles étaient, sinon des bordels au sens strict du terme, du moins des maisons de rendez-vous et des lieux où l'on trouvait des partenaires d'un niveau quelque peu plus relevé que celui des filles de bordeau. Or, Humevesne vient de parler de ces gros cappitaines qui s'adonnent à contretemps à la volupté, et cela en toute impunité : peut-être ce qu'il va dire est-il un exemple de faute qu'on n'a pas jugé bon de punir ? Voyons de ce côté.

Si une pauure personne va aux estuues pour se faire enluminer le museau de bouzes de vache ou acheter bottes de hyuer,

Humevesne a l'habileté de présenter la personne en question comme une victime : le quidam est une pauvre personne qui se rend aux étuves pour sa santé, les bouzes de vache évoquant les bains de boue qui étaient effectivement dispensés dans ces établissements. Quant aux bottes de hyver, il est certain qu'on n'en a jamais vendu dans les estuves, et qu'il nous faut voir ici une locution érotique qui laisse entendre que la pauvre personne peut aussi se rendre aux étuves par hygiène sexuelle : les bottes sont alors les botées, de hyver parce qu'elles sont fourrées, c'est-à-dire exactement garnies extérieurement de fourrure. Nous prendrons : ou acheter des bottes de hyver comme : ou se payer un manchon fourré, et nous rendrons la phrase par : Si un pauvre affligé va aux étuves pour se faire enluminer la figure au bain de boue, ou s'offrir un manchon fourré.

& les sergeans passans, ou bien ceulx du guet receuuent la decoction dun clystere, ou la matiere fecale dune celle persee sur leurs titamarres,

Pour Guilbaud, leurs tintamarres (car l'originale permet de corriger la coquille) c'est leurs derrières ; pour les élèves de Demerson, c'est leur pétard, mais nous sommes d'un tout autre avis. La phrase fait évidemment allusion aux éliminations qui se faisaient, la nuit, par les fenêtres ; il était de règle d'avertir avant de lancer, mais l'incident n'était pas rare, soit qu'on ait omis d'annoncer, soit qu'on l'ait fait en même temps qu'on retournait la tinette sur des passants silencieux dans des rues sans éclairage.

Or les sergents sont gens bruyants : leur armure, assemblage de métal articulé, fait un tintamarre ininterrompu pendant la marche, avertissant suffisamment de leur venue pour qu'on s'abstienne de lancer quoi que ce soit avant qu'ils aient disparu. Si donc ils reçoivent sur leurs tintamarres, c'est-à-dire leurs armures, cette decoction ou cette matiere fecale c'est que le jet a toutes chances d'avoir été volontaire ; et quand ce jet provient de ces mauvais lieux que sont les étuves, le doute n'est pas permis : les sergents ont été visés par les filles qui, traditionnellement, les détestent. Nous rendrons donc la phrase en gardant cette idée d'armures bruyantes, et nous aurons : et si les sergents de ronde, ou bien ceux du guet, reçoivent sur leurs sonores armures la décoction d'un clystère ou la matière fécale d'une chaise percée.

en doibt lon pourtant roigner les testons

Outre les commentaires que nous avons vus, Michel dit : Teston : monnaie d'argent marquée d'une tête. Rogner les testons : faire de la fausse monnaie. Jeu de mots sur teston et téton. Nous savons qu'on rognait effectivement le listel des pièces pour prélever quelques copeaux du métal ; et il est vrai qu'il y a ici jeu de mots avec téton. Mais quel ?

Il s'agit de toute évidence, de la peine qui est censée pouvoir frapper les filles des étuves après l'insulte faite aux sergents, car il est avéré que l'écrasement puis l'arrachage du mamelon faisaient partie de la question extraordinaire. La phrase de Humevesne est donc : en doit-on pour cela couper les tétons.

& fricasser les escutz elles de boys ?

Michel dit : Ecus elles ou écuelles de bois ; Saulnier dit : Jeu de mots sur écuelles, appelé par le début du mot (écu) venant après teston (monnaie), comme fricasser après rogner. Fricasser les écuelles de bois doit en outre jouer sur une locution de sens équivalant à notre mettre les petites plats dans les grands. En fait, Saulnier n'explique rien de plus que les autres, mais il est moins excusable qu'eux puisque, travaillant sur le texte de l'originale, il a imprimé à juste titre fricasser les escuz esles de boys.

Cette différence entre esles et elles nous fait comprendre qu'il y a dans le texte de l'originale un jeu de mots évident, qui a été masqué dans la définitive, soit par une précaution de Rabelais, soit par une correction intempestive du compositeur. Les escuz esles sont exactement les ailes du cul, et nous saisissons que ces ailes sont les labies, lèvres, landrons, landilles dont parle Brantôme, cité pour les cocquecigrues : Humevesne vient de parler de roigner les testons, c'est-à-dire les couper, mais ce n'est là qu'une des mutilations pouvant être exécutées par le bourreau : il évoque maintenant la possibilité de fricasser les escutz elles, que nous lisons : escuz esles ; fricasser étant à entendre comme faire cuire, nous comprenons qu'il s'agit du brûlage des nymphes, qui faisait aussi partie de la question extraordinaire. Reste ce de boys qui, bien qu'appelé par le sens de écuelles, a lui aussi un sens second, puisque nous pouvons voir dans ce de boys l'allusion à ce que deviennent ces ailes une fois qu'elles sont brûlées. L'argument de Humevesne est donc celui-ci : même aux filles d'étuves qui ont embrené volontairement les sergents, on n'applique pas les tortures que les inquisiteurs ordonnent pour les femmes hérétiques. Nous rendrons la phrase en tentant de garder le jeu de mots sur de boys, et nous aurons : et rôtir les lèvres culières en bois ?

Ainsi, avec l'exemple de ces capitaines et celui de ces filles, Humevesne vient d'amener l'idée que sa faute mérite toute l'indulgence du tribunal. Il lui apparaît pourtant que ce tribunal peut n'être pas unanimement convaincu, et il annonce qu'il va maintenant produire des témoignages :

Aulcunesfoys nous pensons lun mais Dieu faict laultre, & quand le soleil est couche, toutes bestes sont a lombre, ie nen veulx estre creu, si ie ne le prouue hugrement par gens de plain iour.

Aulcunesfoys nous pensons lun mais Dieu faict laultre,

C'est le parallèle de ce qu'a dit Baisecul : Ha messieurs Dieu modere tout a son plaisir, mais nous comprenons bien que la phrase de Humevesne est la transposition de : quelquefois l'on peut croire avoir partie gagnée, mais le tribunal pense tout autrement. Mais nous nous garderons de détruire l'habileté du défendeur, et nous nous bornerons à rendre : Quelquefois nous pensons l'un mais Dieu fait l'autre.

& quand le soleil est couche, toutes bestes sont a lombre,

Saulnier dit : Adage (d'origine lyonnaise ?), conservé en tout cas dans les Proverbes de Guignol. Nous comprenons que cet adage s'adresse en fait aux membres du tribunal qui s'est déjà penché sur l'affaire, et que Humevesne exclut de ces bêtes à l'ombre un être comme Pantagruel ; mais la prudence lui impose la généralisation, d'autant plus adroite qu'il sait bien que Pantagruel a saisi son intention. Nous ne pouvons donc que rendre la phrase sous sa forme lyonnaise : et quand le soleil est couché, bien des bêtes sont à l'ombre.

ie nen veulx estre creu, si ie ne le prouue hugrement par gens de plain iour.

Les commentateurs disent : hugrement : vivement, mais Greimas donne : Huer, huier : crier, parler à haute voix ; huement : cri, clameur confuse, bruit. Il nous semble alors que hugrement est plutôt à entendre comme hautement, visiblement, manifestement. Pour gens de plain jour, l'originale disait : par gens dignes de memoire, ce qui avait un sens précis. Rabelais a préféré opposer de plain jour au mot ombre, et nous rendrons la nouvelle idée par : je n'en veux être cru si je ne le prouve hautement par gens éclairés.

Humevesne semble avoir terminé son exorde ; voyons donc où nous en sommes :

Si un pauvre affligé va aux étuves pour se faire enluminer la figure au bain de boue, ou s'offrir un manchon fourré, et si les sergents de ronde ou bien ceux du guet reçoivent sur leurs sonores armures la décoction d'un clystère ou la matière fécale d'une chaise percée, en doit-on pour cela couper les tétons et rôtir les lèvres culières en bois ? Quelquefois nous pensons l'un mais Dieu fait l'autre, et quand le soleil est couché bien des bêtes sont à l'ombre, je n'en veux être cru si je ne le prouve hautement par gens éclairés.

Humevesne va donc entreprendre d'exposer des faits ; mais ce ne sont pas encore ceux du viol. Il va y arriver, mais il ne peut s'empêcher d'introduire encore une digression qui semble avoir pour but de démontrer combien il est confiant et naïf :

Lan trente & six achaptant un courtault Dalemaigne hault & court dassez bonne laine & tainct en grene, comme asseuroyent les orfeures, toutesfoys le notaire y mist du cetera.

Lan trente & six achaptant un courtault Dalemaigne hault & court

L'originale disait : iauoys achapte, et il semble que le participe présent de la définitive peut se rendre par ce même plus-que-parfait. Pour courtault, Saulnier dit : Cheval à oreilles et queue courtes ; Michel dit : Gros cheval de selle à qui on a coupé les oreilles et la queue. Cf. le calembour haut et court, court-haut inversé.

Il semble donc que Humevesne tient à passer pour un être sans défiance, et même aux portes de la simplicité : il va énumérer toutes les erreurs qu'aucun acquéreur de cheval ne pouvait commettre à une époque où la connaissance du cheval faisait partie de l'éducation de tous. Pour commencer, il le prend haut et court, feignant de croire que le terme courtault désigne un cheval qui a ces propriétés ; mais un cheval court, qui de plus est haut, est un cheval qui n'a pas d'assise : Humevesne est vraiment un innocent aux yeux du tribunal. Nous rendrons la phrase par : L'an trente-six, j'avais acheté un courtaud d'Allemagne, haut sur pattes et court d'échine,

dassez bonne laine

Personne évidemment, ne se soucie de la laine du cheval, mais de sa robe. Humevesne ne connaît vraiment rien aux chevaux, et l'on peut sans peine s'attendre à ce qu'il se fasse voler. Nous rendrons par : d'assez bonne toison.

& tainct en grene,

C'est continuer de démontrer qu'il est profane en matière de cheval : personne, sauf Humevesne, n'achèterait un cheval dont on sait que la robe est teinte.

Saulnier explique : Teint en grène : écarlate ; Michel dit : Grène : graine ; Demerson renvoie à sa note du chapitre viij du Gargantua, où il dit : En graine d'écarlate, c'est-à-dire d'une teinte vive. Greimas dit : Escarlate : sorte de drap de qualité supérieure dont les couleurs variaient beaucoup. Ainsi, tout ce que nous retirons de cet enseignement, c'est que écarlate ne signifie pas toujours rouge mais de couleur vive, et que les commentateurs, lorsqu'ils ne savent rien de teint en grene nous orientent sur teint en écarlate, dont ils ne savent pas grand chose.

Nous pensons, nous, que ce tainct en grene, appliqué à un cheval, doit contenir un non-sens chargé de donner l'idée de l'incompétence de Humevesne, et que ce non-sens vient du fait que cette méthode de teinture ne peut être employée pour un être vivant. Et nous y voyons l'équivalent de teint à cœur, par immersion prolongée (ce qui est une absurdité quand il s'agit d'un cheval), opposé à teint en surface, ce qui était évidemment le fait de tous les chevaux maquillés. Nous rendrons donc la phrase par : et teint à cœur.

comme assuroyent les orfeures,

Le mot ne peut désigner ici ceux qui font ou vendent des ouvrages en métaux précieux : Humevesne prétend ne rien connaître aux chevaux, mais il sait pertinemment que personne ne le suivrait s'il disait avoir cru que l'orfèvrerie donne des lumières en hippologie. Nous verrons dans ces orfèvres, la désignation des maquignons que Humevesne présente comme des experts, lui donnant pour de rares qualités des vices rédhibitoires. Nous rendrons la phrase par : comme assuraient les experts.

toutesfoys le notaire y mist du cetera.

La feinte candeur de Humevesne est à son comble : il semble vouloir faire entendre au tribunal qu'il prend le cetera pour une sorte d'ingrédient ajouté à la teinture. Saulnier dit : Additif ; Guilbaud explique : Les caetera dans les actes permettant des interprétations frauduleuses, et Michel : Les et cetera des notaires pouvaient introduire des choses dangereuses dans les actes.

En tout cas, sans qu'on puisse penser un moment que le tribunal suit Humevesne dans sa prétendue compréhension de ce qu'est le cetera, il n'en reste pas moins que le défendeur établit qu'il a eu la simplicité de faire passer la vente par devant notaire. Les honoraires, ajoutés au prix payé aux maquignons, arrivent alors à former la conviction que Humevesne a dépensé une somme exorbitante eu égard à la rosse qu'il a prise. Il a ainsi réussi à donner de lui l'image d'un homme qu'on abuse facilement, et cela pourra toujours lui servir quand arrivera le moment d'aborder le véritable objet du procès. Nous rendrons la phrase par : toutefois le notaire y ajouta quelque chose du nom de cetera.

Enchaînant immédiatement, Humevesne va confesser qu'il n'est point clerc, ce dont se doutent maintenant les auditeurs ; et, prenant appui sur cette prétendue ingénuité, il va continuer de présenter finement une défense désarmante.

Ie ne suis poinct clerc pour prendre la lune auecques les dentz, mais au pot de beurre ou lon selloit les instrumens Vulcanicques le bruyt estoit, que le bœuf sale faisoit trouuer le vin sans chandelle & feust il caiche au fond dun sac de charbonnier, houzé & bardé auecques le chanfrain & hoguines requises a bien fricasser rusterie, cest teste de mouton, & cest bien ce quon dict en prouerbe, quil faict bon veoir vaches noires en boys brusle, quand on iouist de ses amours.

Ie ne suis poinct clerc pour prendre la lune auecques les dentz,

Humevesne se pose maintenant en homme de bon sens qui sait ce que lui ont enseigné l'expérience et l'observation. Sa phrase équivaut à : Je ne suis point clerc, instruit en finesses, nuances et subtilités.

mais au pot de beurre ou lon selloit les instrumens Vulcanicques

L'originale disait : seelloit. Guilbaud explique : Cachait (celait) ou bien scellait ; de Vulcain (marteau et enclume). Il ne peut donc s'agir ni du verbe sceller : marquer d'un sceau, ni du verbe seller : munir d'une selle, mais bien seulement du verbe celer : cacher, ranger. Il semble qu'il s'agit de la forge, le pot de beurre étant peut-être la métaphore de endroit chaud, et la phrase est donc : mais au lieu ardent où l'on rangeait les instruments du forgeron

le bruyt estoit, que le bœuf sale faisoit trouuer le vin sans chandelle

L'originale disait : faisoit trouuer le vin en plain minuyct sans chandelle. Le bruyt est ici la rumeur ; le bœuf sale est cette viande salée qui provoque cette soif qui fait trouver, sans qu'on ait besoin de chandelle, l'emplacement où se trouve, dans l'obscurité de la cave, le vin qui va désaltérer ces forgerons plus assoiffés encore par le feu de la forge. L'expression revient à dire que nécessité fait loi, et nous rendrons la phrase par : on disait que le bœuf salé fait trouver sans chandelle le vin dans la cave.

& feust il caiche au fond dun sac de charbonnier,

C'est une redondance sur l'habileté que confère la nécessité : on trouverait le vin, même caché dans un sac de charbonnier, qui, noir à l'intérieur comme à l'extérieur, rendrait la recherche encore plus difficile dans la pénombre. La phrase ne demande pas de transposition : et fût-il caché au fond d'un sac de charbonnier

houzé & bardé auecques le chanfrain & hoguines,

L'originale disait : housse & barde. Michel dit : Houzé : botté (de l'ancien français huese, botte, guêtre). Barder, c'est couvrir le cheval de son armure, et la barde est l'armure du cheval faite de lames de fer (Greimas). Le chanfrein est, selon Guilbaud, l'armure protégeant la tête du cheval de guerre ; pour Michel, c'est la pièce d'armure protégeant le bras ; mais Littré dit que c'est la pièce d'armure qui couvrait le devant de la tête du cheval, de la partie qui s'étend depuis les yeux jusqu'aux naseaux. Les hoguines sont, selon Guilbaud, les jambières (partie de l'armure protégeant les jambes) ; Michel donne même définition, mais Littré dit : Pièce qui recouvrait le bas des reins dans les armures pour combattre à pied, au commencement du XVIe siècle.

Ainsi, sera trouvé par les forgerons ce vin, même caché au fond d'un sac de charbonnier, même s'il est botté (houzé = piéton), et recouvert d'une armure de cheval (bardé = cheval), avec le protège-naseaux (chanfrain = cheval), et le protège-fesses (hoguines = piéton). Il faut bien dire que, s'agissant de vin, cet équipage composite nous paraît fort saugrenu ; mais peut-être la suite va-t-elle nous donner la clé de cette déroutante métaphore ? Voyons-la.
requises a bien fricasser rusterie,

L'orthographe de l'originale était : rustrye. Guilbaud dit : Les rustres (la piétaille, méprisée des chevaliers) et : le plat des rustres ; Michel dit : Mets grossier (?) ; cf. chapitre vij, La Rustrie des prestolans.

C'est effectivement au cinquantième titre de la Librairie que nous avons rencontré le mot qui, pour nous, a eu pour premier sens : trivialité, et pour second : agitation, tumulte dû à l'état de rut. Mais nous ne voyons pas du tout comment notre phrase, qui équivaut alors à : exigées pour bien faire rôtir l'état de rut peut avoir le moindre sens, et comment elle peut se rattacher au harnachement qui précède, lui-même fort anomal. Et nous sommes dans une noire perplexité. Mais nous savons bien que s'il y a incohérence, elle ne peut que venir de nous ; et, très simplement, nous récapitulons :

Nous avons du vin qui, recouvert de pièces d'armures diverses, a des hoguines qui sont requises a bien fricasser rusterie (car l'accord féminin-pluriel de requises montre que le mot se rapporte aux seules hoguines et non à chanfrain & hoguines, puisque chanfrain est du genre masculin). Or, la hoguine est la pièce d'armure qui recouvre les fesses, et il y a ici des hoguines, et elles sont requises, c'est-à-dire demandées, exigées comme nécessaires. En quoi ces pièces d'armures qui recouvrent les fesses sont-elles indispensables ? et indispensables à quoi ? si ce n'est à bien fricasser rusterie, c'est-à-dire à cuire les mets grossiers de la piétaille méprisée des chevaliers ? Tout nous porterait à croire que les commentateurs ont raison quand ils parlent d'incohérence ; mais moins suffisants qu'eux, nous pensons que nous avons fait quelque part une grossière erreur d'interprétation : nous allons donc tenter de la découvrir en repartant du dernier mot.

Prenant, comme au cinquantième titre, et à titre d'hypothèse, le mot rusterie pour état de rut, nous verrons alors dans fricasser le sens de frotter l'un contre l'autre (latin : fricare). C'est le sens que nous trouvons chez Brantôme, avec sa fricarelle ou amour lesbien ; c'est encore le sens de la fricassée de Littré : Danse ancienne très irrégulière et souvent fort libre ; c'est encore le sens de l'expression populaire : fricassée de museaux, qui désigne le baiser. Ce sens parallèle de fricasser : frotter contre, donne donc à la locution : bien fricasser rusterie, le sens de bien satisfaire par la conjonction sexuelle l'état de rut où l'on se trouve.

Et il ne nous en faut pas plus pour voir où nous nous sommes fourvoyés, et confesser que, moins attentifs que Pantagruel, et mal aiguillés par les glossateurs, ou même abandonnés d'eux, nous avons naïvement pris le vin pour du vrai jus de la treille, et le pot de beurre pour un pot réel rempli de vrai beurre. Nous n'avons pas saisi que Humevesne est en train de filer euphémiquement une métaphore érotique qui a bien trait à l'affaire, puisqu'elle parle du désir et de sa satisfaction.

Reprenons donc du début, hormis la première phrase qui est claire, et respectons, cette fois, le découpage que nous indique la ponctuation :
mais au pot de beurre ou lon selloit les instrumens Vulcanicques le bruyt estoit,

La virgule après estoit, et qui était déjà un oblique dans l'originale, nous indique assez que le sens de la phrase est : le bruyt estoit au pot de beurre ou l'on selloit les instrumens Vulcanicques ; et, partant, nous voyons que : le bruyt est à la fois le bruit et le rut (Greimas) ; selloit est bien le verbe sceller, avec le sens étendu de forger, puisque forger, comme sceller, c'est imprimer une forme à une matière rendue malléable par la chaleur ; les instrumens Vulcanicques évoquent le souvenir d'un des plus beaux rires de l'Olympe, Vulcain ayant lui-même révélé aux dieux son infortune en leur montrant son épouse Vénus en train de commettre l'adultère avec Mars : du coup, les instrumens Vulcanicques ne sont plus ni le marteau ni l'enclume, mais bel et bien ceux du cocuage ; le pot de beurre est alors, sans conteste, le sexe de la femme.

Nous comprenons désormais cette phrase comme une protestation de Humevesne suivant laquelle il faut considérer que les hommes n'étaient pas les seuls à être en proie au désir. Il le dit sans appuyer, faisant pivoter la phrase, du premier sens : bruyt-rut au sens courant : bruit-rumeur, et nous tenterons de rendre le jeu de mots par : mais au pot beurrier où se forgent les cocuages, le bruit enflait,
que le bœuf sale faisoit trouuer le vin sans chandelle

Tout en enchaînant sur le sens littéral de le bruyt estoit, Humevesne compare maintenant l'appétence féminine à la viande salée qui provoque la soif, et qui fait trouver, même dans le noir, le vin qui désaltère : c'est dire que cette appétence provoque la recherche de ce qui doit la satisfaire. La phrase n'a pas à être transposée et restera : que le bœuf salé faisait trouver le vin sans chandelle.

& feust il caiche au fond dun sac de charbonnier,

Il semble que c'est là qu'est le nœud de l'erreur : nous nous sommes lourdement trompés en prenant le mot caiche pour le participe caché, alors qu'il est le substantif caiche, que Screech définit ainsi : De l'italien caccio, membre viril, pour la phrase du Gargantua (xxxix) : nest ce falotement mourir quand on meurt le caiche roidde ? Humevesne précise donc ici ce qu'il entend par ce vin qui apaise la soif : c'est ce caiche, qui apaise le désir féminin, et dont la recherche sera infailliblement fructueuse, quelles que soient les difficultés : ici, la femme le trouvera, même s'il se trouve au fond d'un sac de charbonnier. Nous rendrons la phrase par : mieux encore le vit, fût-il au fond d'un sac de charbonnier.

houzé & bardé auecques le chanfrain

Tout cela, que nous avons analysé tout à l'heure, revient à dire, nous le comprenons maintenant : pourvu que ce caiche soit armé pour le combat (houzé & bardé), renforcé de la tête (avecques le chanfrain). Nous rendrons la phrase par : s'il est armé pour le combat, renforcé de la tête.

& hoguines requises a bien fricasser rusterie,

Il nous est maintenant facile de voir que ces hoguines qui protègent les parties renflées que sont les fesses, sont ici ce qui protège les parties renflées du combattant qu'est le caiche, et il n'est pas besoin d'être grand clerc pour comprendre que les hoguines sont ici assimilées aux testicules. Il est évidemment clair alors que que ces hoguines sont requises, c'est-à-dire nécessaires, indispensables, à bien fricasser rusterie, c'est-à-dire à bien frictionner l'état de rut.

Mais nous nous apercevons aussi que rusterie, en plus de l'idée de rut, contient celle de rustaud, rustique, et que fricasser rusterie semble bien être une expression figée dont l'acception érotique est à rendre par fricasser à la rustique, ce qui équivaut à dire qu'on se passe des magny, magna que dénonce frère Jan au chapitre x du Quart Livre, et qu'on va directement à l'essentiel, la vigueur remplaçant les afféteries. Nous rendrons la phrase par : et munitions nécessaires à bien fricasser à la rustique.

cest teste de mouton,

Il nous faut ici recourir au Tiers Livre pour trouver : fol de rustrie (XXXVIII) et lire le commentaire de Screech : Rusterie : tête de mouton assaisonnée (plat du bas peuple). Ainsi, fricasser rusterie a aussi un sens culinaire, et c'est ce sens que Humevesne feint d'avoir donné à entendre, en réalité, nous le savons, pour attirer l'attention sur le fait

qu'il a employé l'expression au sens érotique. Nous rendrons donc cette hypocrite précision par : c'est de cuisine que je parle,
& cest bien ce quon dict en prouerbe, quil faict bon veoir vaches noires en boys brusle, quand on iouist de ses amours.

La teste de mouton n'était bien qu'une incidente, puisque Humevesne revient à son sujet : l'assouvissement du désir.

Saulnier, Guilbaud et Michel sont d'accord pour dire que les vaches noires en boys brusle signifient : en pleine nuit, rien du tout ou n'y voir goutte. Mais si nous les suivons, il apparaît que Humevesne se borne à énoncer que l'obscurité est souhaitable quand on iouist de ses amours, ce qui semble être la marque d'une préférence, d'ailleurs fort discutable, qui n'a rien à voir avec ce qui précède : nous ne nous arrêterons donc pas là.

Il nous semble que Humevesne, en citant le proverbe, fait volontairement une abusive extension de compréhension qui sert sa cause : son veoir vaches noires en boys brusle est l'équivalent de l'aveuglement, l'égarement, et son quand on iouist de ses amours, celui de : quand on assouvit son désir. Et nous voyons là une habileté consommée de Humevesne, qui essaie depuis un moment de faire admettre que ce sont les femmes qui ont provoqué les hommes, qui s'attend qu'on lui rétorque que c'est bien invraisemblable pour la bonne femme puisqu'il ne manquait certes pas d'hommes plus jeunes et plus séduisants que lui, et qui annule d'avance l'objection en rappelant cette vérité première : l'on ne choisit pas quand on a le feu au cul.

La phrase de Humevesne ne concerne donc pas l'homme qui ne choisit pas sa partenaire, mais la femme qui, poussée par le désir, se contente même d'un Humevesne. Nous la rendrons par : et c'est bien ce qu'on dit en proverbe, qu'on n'y regarde pas de si près quand on a le feu au cul.

Et c'est alors le moment ou jamais de faire le point :
L'an trente-six, j'avais acheté un courtaud d'Allemagne, haut sur pattes et court d'échine, d'assez bonne toison et teint à cœur, comme assuraient les experts, toutefois le notaire y ajouta quelque chose du nom de cetera. Je ne suis point clerc, instruit en finesses, nuances et subtilités, mais au pot beurrier où se forgent les cocuages, le bruit enflait que le bœuf salé faisait trouver le vin sans chandelle, mieux encore le vit, fût-il au fond d'un sac de charbonnier, s'il est armé pour le combat, renforcé de la tête, et munitions nécessaires à bien fricasser à la rustique, c'est de cuisine que je parle, et c'est bien ce qu'on dit en proverbe, qu'on n'y regarde pas de si près quand on a le feu au cul.

Humevesne arrive maintenant au témoignage de ces gens de plain jour que sont les théologiens :

Ien fis consulter la matiere a messieurs les clercs, & pour resolution
conclurent en frisesomorum quil nest tel que faucher leste en caue bien
garnie de papier & dancre, de plumes & ganiuet de Lyon sur le Rosne
tarabin tarebas : car incontinent que un harnoys sent les aulx, la rouille
luy mangeue le foye, & puis lon ne faict que rebecquer torty colli fleuretant le dormir dapres disner, & voyla qui faict le sel tant cher.
Ien fis consulter la matiere a messieurs les clercs,

Le sens de la phrase pourrait être simplement : Je consultai sur le
sujet messieurs les clercs ; mais il s'agit ici de consulter la matière,
c'est-à-dire, si l'on veut, questionner la substance ; or cette substance
est en l'occurrence l'impatience du désir : la consulter revient alors à
l'expérimenter. Nous comprendrons la phrase comme : J'en fis tâter la
substance à messieurs les clercs.
& pour resolution conclurent en frisesomorum

Michel dit : Un des neuf modes de la première figure du syllogisme.
C'est donc dire : et pour résolution conclurent en due forme.
quil nest tel que faucher leste en caue bien garnie de papier & dancre,

Faucher, c'est abattre, et leste est évidemment le moment de la plus
forte chaleur ; il semble qu'il faut considérer l'expression faucher leste
comme un tout, qui contient deux compréhensions : d'abord celle de
faire une action naturelle puisqu'il n'y a rien de plus normal que faucher en été ; ensuite celle, contradictoire, de abattre la chaleur. Ainsi,
la première phrase serait : qu'il n'est tel que combler son désir en cave
bien garnie de papier et d'encre, et la seconde : qu'il n'est tel que
mater son désir en cave bien garnie de papier et d'encre.

La première compréhension contient donc une incitation à céder à
son penchant, et l'autre à le combattre. Or, si cette dernière est légitime dans la bouche de clercs, la première est pour le moins étonnante.
Etonnement de courte durée, car nous ne tardons pas à nous apercevoir que la phrase comporte un sens double, et que les clercs commencent par un conseil qui s'adresse à leurs pairs, complicité qui passe par-
dessus la tête du commun, à l'usage duquel ils infléchissent ensuite le
sens pour arriver au précepte édifiant.

Ici donc, avec : quil nest tel que faucher leste en caue bien garnie, le
sens que les clercs donnent à entendre aux clercs est : qu'il n'est tel
que combler son désir en cave bien garnie, et nous aurions tort de voir
dans le mot cave l'endroit où se trouve le vin ; le sens du mot est
caverne (Greimas), qui désigne le lieu à l'écart, l'endroit retiré. Et nous
saisissons alors, au moyen de la phrase qui va suivre, que ce lieu n'est
autre chose que le bordel. Le conseil est donc, finalement, qu'il n'est
tel que combler son désir en bordel bien pourvu.

Restent les mots : de papier & dancre : ils servent à faire pivoter le

premier sens, transformant la phrase en conseil moral, puisque l'adjonction change la première acception du mot cave en celle de lieu de retraite, cabinet de travail ; et nous avons alors affaire à la traditionnelle recommandation du labeur intellectuel, dérivatif des pensées voluptueuses. La phrase est alors : qu'il n'est tel que mater le désir en cabinet bien garni de papier et d'encre. Nous tenterons de garder à la phrase son ambiguïté, en disant : qu'il n'est tel que s'activer en lieu retiré bien pourvu de papier et d'encre,
de plumes & ganiuet de Lyon sur le Rosne tarabin tarebas :

C'est cette phrase qui nous a permis de comprendre ce que contient la précédente : pour écrire, il faut effectivement, en plus du papier et de l'encre, des plumes et un ganivet de Lyon sur le Rosne, c'est-à-dire un de ces petits canifs à tailler les plumes, qu'on fabriquait à Lyon. Et nous comprendrons tarabin tarebas comme une onomatopée tendant à rendre le mouvement du copiste qui trace ses lignes avec application. Il s'agit là, bien sûr, de la suite de la recommandation concernant le travail intellectuel en cabinet.

Mais le sens qu'évoquent les clercs pour les clercs joue ici sur le deuxième sens du mot ganivet. Saulnier dit : Ganyvet : nom d'un fameux mauvais lieu de Lyon ; ainsi, ce ganivet est bien la confirmation de l'acception bordeau que nous avons vue au mot cave. Mais tout n'est peut-être pas là puisque Saulnier ajoute : D'où ganyvettière, marchande de canifs, mais sans doute aussi sobriquet de ribaudes. Ces ganyvettières font donc partie de ces femmes légères dont le nom se termine en iere, comme dit la Pantagrueline Prognostication (v), mais elles possèdent certainement une spécialité, attendu que leur nom est celui des vendeuses de canifs à tailler les plumes, et que tailler une plume est la locution imagée qui décrit la masturbation masculine.

Ainsi, la phrase des clercs aux clercs contient donc l'allusion au service que rendent les dextres pensionnaires du Ganyvet ; quant à tarabin tarebas, nous pouvons y voir cette fois une représentation du mouvement de la masturbation, précisé d'ailleurs par la transformation du tarabas de l'originale en ce tarebas de la définitive, où nous discernons l'intention contenue dans tare : déchet, exonération, décharge du bas. Les clercs, au mode ecclésiastique, ne prônent que cette façon de satisfaire leur désir, tout simplement parce que, même appliquée par une femme, elle est tenue pour infiniment moins coupable que la fornication, et n'est pas réputée violer le vœu de ne pas forniquer.

La phrase est donc, pour les clercs : de tailleuses de plumes du Ganivet de Lyon sur le Rhône as-ti-quons dé-ga-geons, et la suite du conseil au vulgaire : de plumes et canif de Lyon sur le Rhône ma-nus-cal-li-gra-phions. Nous tenterons, là encore, de sauvegarder les deux compréhensions en disant : de plumes taillées du ganivet de Lyon sur le Rhône allons-y de la main.

car incontinent que un harnoys sent les aulx, la rouille lui mangeue le foye,

Le double sens est ici fort apparent, par le harnoys, qui est à la fois l'armure et les parties naturelles de l'homme (Greimas). Les aulx sont d'abord les eaux qui rouillent l'armure ; mais les aulx sont aussi les testicules, et le mot appelle l'idée de mortier féminin avec la compréhension malicieuse, mais consacrée, du dicton : Toz jorz set li mortiers les auz (Morawski, 2417), qui s'entend aussi bien comme les aulx perçoivent toujours le mortier que comme le mortier perçoit toujours les aulx (puisqu'il est avéré que, dès la fin du XIIIᵉ siècle, sont employés sans discernement les cas sujet et régime de la déclinaison du français).

Le propos des clercs équivaut donc à : car aussitôt qu'un pilon sent le mortier, l'envie lui ronge les entrailles. Et le précepte moral se prolonge par : car aussitôt qu'une armure sent les eaux, la rouille la pique au plus profond, métaphore de sermonnaire signifiant évidemment : car aussitôt qu'une âme sent la tentation, le mal s'infiltre au plus profond.

Nous tenterons, cette fois, de sauver les deux sens en remplaçant harnoys par couleuvrine, inséparable du jeu de mots que fera Panurge au chapitre xv, en la nommant couilleurine ; la présence de ce canon au tube long et effilé amènera l'emploi du mot âme qui est aussi l'évidement intérieur d'une bouche à feu, et celui du mortier, qui est aussi la pièce à lancer les boulets ; et nous aurons : car aussitôt qu'une couleuvrine sent le mortier, le trouble s'infiltre au fond de son âme.

& puis lon ne faict que rebecquer torty colli fleuretant le dormir dapres disner,

Pour Saulnier, rebecquer c'est riposter ; pour Guilbaud, c'est riposter aigrement, et pour Demerson, c'est frapper sur le bec, reprendre vertement. Mais rebecquer est aussi, au sens figuré, redresser, remonter : ainsi d'un épi dans les cheveux qui rebecque malgré la brosse.

Torty coli a d'abord le sens de col tors qu'il aura au chapitre xxx du présent Livre, quand Panurge rajustera la tête coupée d'Epistemon : & les afusta iustement veine contre veine, nerf contre nerf, spondyle contre spondyle, affin quil ne feust torty colly (car telles gens il haissoit de mort). Rebecquer torty colli est donc à entendre comme redresser le cou tordu, c'est-à-dire remonter la tête, et donc porter au loin le regard qui ne doit considérer que le sol : c'est là langage d'ecclésiastiques, familiers du monde des moines, où la tête doit se porter perpétuellement inclinée.

Cette locution, employée à l'adresse de Humevesne, ne peut évoquer pour lui et pour le commun que la distraction, l'inattention, la préoccupation coupables. Nous comprendrons donc, au sens général, le début de la phrase comme : et puis l'on ne fait que mettre nez au vent.

Mais, entendue par les clercs, il est probable que cette locution contient le calembour, peut-être traditionnel dans le langage monacal, qui rattache *torty* à *tortil* : flambeau, torche (Greimas), et *colli* à *coil*, *coille* : testicule, couille (Greimas) ; et puis *lon ne fait que rebecquer torty colli* équivaut alors à : et puis l'on ne fait que redresser la torche couillère.

Pour *flairetant*, Guilbaud dit : flairant souvent ; Michel dit : humant. Littré, en effet, indique qu'il n'y avait aucune distinction entre flairer et fleurer, et nous entendrons donc ici *fleuretant* comme *flairetant*, c'est-à-dire flairant frénétiquement.

Quant au *dormir dapres disner*, ce ne peut être, pour Humevesne, que le repos qui suit le repas de midi, cette sieste ou méridienne que l'Eglise a toujours tenue pour hautement peccamineuse, soit que, faite solitairement, elle favorise les rêveries érotiques dues à la réplétion, soit qu'on la fasse voluptueusement à deux.

Mais pour les clercs, le mot *disner* évoque aussi l'idée contenue dans *disjunare* : rompre le jeûne, et nous saisissons bien que cette idée, liée à celle de dormir, ne peut que concerner le manquement au vœu de chasteté. Est ainsi confirmé ce que nous avons vu pour la masturbation libératoire, à savoir qu'elle est préconisée, comme un pis-aller, parce qu'elle ne rompt pas le jeûne.

La phrase complète est donc, pour les clercs : et puis l'on ne fait que redresser la torche couillère tout prêts à s'endormir sur son vœu de chasteté ; celle qui s'adresse aux fidèles est : et puis l'on ne fait que mettre nez au vent n'attendant plus que l'heure de l'exécrable sieste.

Nous tenterons une dernière fois de conserver les deux sens, en recourant à l'expression que Panurge emploiera au chapitre xxvij, sachant que cette *umbre de courtines* est pour lui inséparable de la *fumee de con* (car nous verrons que c'est là le vrai texte), et du *clicquetys de couillons* ; et nous aurons : et puis l'on ne fait que redresser la tête, n'aspirant qu'à dormir à l'ombre des courtines,
& voyla qui faict le sel tant cher.
Humevesne a ici fini de rapporter les propos de messieurs les clercs, et cette conclusion absurde est de son cru. Mais comme nous avons vu que le défendeur est loin d'être malhabile, nous avons toutes raisons de penser qu'il continue de jouer les naïfs. La phrase est tout simplement : et voilà ce qui rend le sel si cher.

Nous devons relire maintenant d'une traite le morceau à double entente :
J'en fis tâter la substance à messieurs les clercs, et pour résolution

conclurent en due forme qu'il n'est tel que s'activer en lieu retiré bien pourvu de papier et d'encre, de plumes taillées du ganivet de Lyon sur le Rhône allons-y de la main : car aussitôt qu'une couleuvrine sent le mortier, le trouble s'infiltre au fond de son âme, et puis l'on ne fait que redresser la tête, n'aspirant qu'à dormir à l'ombre des courtines, et voilà ce qui rend le sel si cher.

Mais il nous faut aussi nous remémorer chacune des deux compréhensions : voici donc, à gauche : celle des clercs ; à droite : celle des fidèles :

qu'il n'est tel que combler son désir en bordel bien pourvu (de papier et d'encre et) de tailleuses de plumes du Ganivet de Lyon sur le Rhône as - ti - quons dé - ga-geons, car aussitôt qu'un pilon sent le mortier, l'envie lui ronge les entrailles, et puis l'on ne fait que redresser la torche couillère, ne pensant qu'à s'endormir sur son vœu de chasteté	qu'il n'est tel que mater le désir en cabinet bien garni de papier et d'encre, de plumes et canif de Lyon sur le Rhône ma - nus - cal-li - gra - phions, car aussitôt qu'une âme sent la tentation, le mal s'infiltre au plus profond, et puis l'on ne fait que mettre nez au vent, n'attendant plus que l'heure de l'exécrable sieste

Humevesne juge maintenant que son long préambule a suffisamment préparé la cour à entendre sa relation des faits. Il va enfin aborder le sujet de viol, et mentionner la bonne femme :

Messieurs ne croyez que au temps que ladicte bonne femme englua la pochecuilliere pour le record du sergeant mieulx apanager & que la fressure boudinalle tergiuersa par les bourses des usuriers, il ny eust rien meilleur a soy garder des Canibales, que prendre une liasse doi-gnons liee de troys cens naueaulx, & quelque peu dune fraize de veau du meilleur alloy que ayent les alkymistes, & bien luter & calciner ces pantoufles mouflin mouflart auecques belle saulce de raballe & soy mucer en quelque petit trou de taulpe, saluant tousiours les lardons.

Messieurs ne croyez que au temps que ladicte bonne femme englua la pochecuilliere

Pour pochecuilliere, Saulnier dit : Oiseau de passage ; Guilbaud dit : Nom vulgaire de l'échassier nommé spatule (avec jeu de mots sur cul) ; Michel dit : Oiseau de passage (?), spatule (?) ; Demerson renvoie au chapitre xxxvij du Gargantua, où se trouve le mot foulques, renvoie de là au chapitre LIX du Quart Livre où se trouve le mot pochecuilliere, et ramène de là au présent chapitre. Est-ce commenté, cela !

Pourtant, si la pochecuilliere du Quart Livre est un gibier, la poche-cuilliere qui nous intéresse est, comme l'a pressenti Guilbaud : la poche du cul ; la poche est le sac, et nous reconnaissons dans le mot l'équivalent du fameux sac à homme d'Aristophane, que nous avons rendu, pour Baisecul, par sac-à-vit. L'image est alors claire de cette bonne femme qui englue son sac-à-vit. Nous rendrons donc la phrase par : Messieurs, ne croyez pas qu'au temps que ladite bonne femme englua le sac-à-vit.

pour le record du sergeant mieulx apanager.

Le sergeant, comme l'atteste une chanson du temps citée au Cinquième livre (XXXII bis) : Mon con est devenu sergent, est assimilé, dans la langue érotique, au membre viril ; le record, qui est la mémoire (recort : souvenir, mémoire ; Greimas), est donc ici mis pour la tête. Ainsi, le record du sergeant n'est autre chose que la tête du vit. Apanager, c'est exactement partager des biens (Greimas) ; c'est donc être en bonne disposition à l'égard de quelqu'un, et partager son bien, dans le contexte qui vient de nous apparaître, ce n'est rien autre que offrir ou s'offrir. Humevesne donne d'entrée une précision physiologique qui va rendre difficilement soutenable l'accusation de viol. Nous rendrons la phrase par : pour mieux accueillir la tête du membre.

& que la fressure boudinalle tergiuersa par les bourses des usuriers,

La fressure, c'est, selon Littré : les gros viscères qui se tiennent, comme les poumons, le cœur, le foie, et au figuré, toujours selon Littré : le cœur, le foie où s'excitent les désirs ; boudinalle est évidemment le mot qui signifie en forme de boudin ; ainsi, la fressure boudinalle semble être le désir survenu au boudin, jusque là simple viscère qui ne servait que de pissotière (T. L. XXVII). Tergiverser, c'est évidemment user de détours avant d'en arriver au fait ; les bourses sont, bien sûr, l'enveloppe des testicules, et par extension, les testicules euxmêmes. Quant aux usuriers, c'est l'habituel mot révélateur qui a charge de signaler que le mot bourses est justement à ne pas entendre au sens de petit sac arrondi destiné à contenir des pièces de monnaie. Nous rendrons donc la phrase par : et que le désir génital se faufila par les bourses (des usuriers).

il ny eust rien meilleur a soy garder des Canibales,

Sachons que l'originale disait : il y eust rien meilleur, et voyons que Canibales est, selon Bloch et Wartburg, un mot de 1515, emprunt de l'espagnol canibal, altération de caribal, qui vient lui-même de caribe, mot de la langue des Caraïbes (ou Caribes) des Antilles, qui passe pour signifier proprement hardi. Or, le mot hardi est le participe de l'ancien français hardir : rendre, devenir dur (Petit Robert), et Greimas indique : hardier, hardoier : attaquer, pourchasser. Le n ajouté, purement explétif, ne changeant pas le sens, nous comprendrons donc la phrase comme : il y eût rien de mieux à faire pour se garder des entreprises des excités. Humevesne, cette fois, se pose en protecteur de la bonne femme, qui, tourmentée par le désir, comme il vient de le révéler, aurait pu facilement devenir la proie de tous les gars de la guille à neuf. Nous rendrons donc la phrase, qui est liée à ne croyez que, par : il y eût rien de mieux à faire pour se garder des excités.

que prendre une liasse doignons liee de trois cens naueaulx, & quelque peu dune fraize de veau de meilleur alloy que ayent les alkymistes,

Ces oignons, ces naveaulx et cette fraize de veau qui constituent effectivement une soupe que l'on fait encore en Piémont, semblent nous ramener à cette souppe que Humevesne était en train de manger quand on est venu lui ratisser & tabuster le cerueau. Mais nous remarquons immédiatement qu'il était alors question de la manger, quand il ne s'agit ici que de la préparer. Cette régression chronologique nous interdit de penser plus longtemps que nous pouvons avoir affaire à la soupe que Humevesne mangeait sans mal penser ny mal dire.

Et à mieux regarder, nous nous avisons que ces oignons, ces naueaulx et cette fraize de veau font partie d'une phrase qui se situe juste après que Humevesne vient de dire qu'il s'est fait le protecteur de la vertu de la bonne femme en émoi, et juste avant sa conclusion qui dira clairement, nous allons le voir, que la seule solution était pour lui de se livrer au rapprochement sexuel. Les ingrédients de cette soupe nous semblent dès lors bien anomaux, et nous avons pris l'habitude d'être alertés par l'anomalie.

La phrase de l'originale disait : liee de troys cens auez mariatz, et nous pouvons penser que ces auez mariatz, qui font ici figure de parole si naturelle qu'elle est machinale, avaient pour fonction de remplacer un mot évident, qui, appelé par oignons, n'avait pas besoin d'être exprimé pour être entendu. Ces auez mariatz ont disparu, soit que Rabelais ait pu constater que la substitition ne se faisait pas aussi spontanément qu'il avait cru, soit que le mot à substituer étant érotique, la mention de ces auez mariatz ait été jugée scandaleuse. Toujours est-il que nous avons maintenant le mot naueaulx, et que nous sommes fondés à croire, d'abord que le mot est bien celui qui était suggéré, ensuite, que ce mot a un sens érotique.

Enfin, dernière confirmation que ces oignons et ces naueaulx ne sont pas des légumes et que la fraize de veau ne désigne pas les tripes : la précision finale que ayent les alkymistes. Nous savons très bien, désormais, que lorsqu'une phrase finit par une précision qui a l'air de vouloir renseigner sur l'acception courante dans laquelle a été pris le mot qui précède, c'est en réalité pour attirer l'attention sur le sens érotique que l'orateur a donné au mot. Or, le mot précisé par : que ayent les alkymistes est le mot : alloy. L'aloi est le mélange de plusieurs métaux ; Greimas, au mot aloi, renvoie au verbe alier : joindre, assembler. Si donc Humevesne précise faussement qu'il entend alloy au sens alchimique de mélange des métaux, c'est qu'en réalité le mot est pris dans le sens de alloy : assemblage, rapprochement sexuel. Négligeant donc, pour le moment, le que ayent les alkymistes, qui a rempli sa fonction de révélateur, nous modifions d'ores et déjà la phrase en : que prendre une liasse doignons liee de troys cens naveaulx, & quelque peu dune fraize de veau du meilleur accouplement.

Nous avons entrevu que naueaulx peut et doit même avoir un sens érotique ; les commentateurs rendent unanimement naueaulx par navets : navet, dit Dauzat, vient de l'ancien français nef, homonyme de nef : navire. Greimas dit : navel : navet, mais il dit aussi : nave : navire, charge d'un navire ; navel, navele : bateau, navire ; navee : charge d'un bateau. Or nous savons que le langage ecclésiastique désigne le sexe de la femme du nom de vaisseau au sens de vase, et que ce mot a toujours permis de nombreuses équivoques avec le sens de vaisseau : navire, bateau. Nous comprendrons donc que ces troys cens naueaulx sont troys cens vaisseaux féminins. La phrase, qui se transforme lentement, est alors : que prendre une liasse doignons liee de troys cens vaisseaux féminins, & quelque peu dune fraize de veau du meilleur accouplement.

Prenons maintenant, comme dit Humevesne, cette liasse d'oignons, et rappelons-nous que nous avons vu, il y a peu, pour le mortier sent les aulx, que les aulx sont la représentation des testicules. Il n'est pas difficile de voir que ce même rôle peut être joué par les oignons, et nous n'avons alors aucune peine à comprendre que prendre une liasse d'oignons décrit le geste de prendre en main son phallus en laissant, bien sûr, pendre les oignons. La phrase : que prendre une liasse doignons est alors : que prendre son vit en main, et la phrase complète, qui continue d'abandonner son déguisement, devient : que prendre son vit en main liee de troys cens vaisseaux féminins, & quelque peu dune fraize de veau du meilleur accouplement.

Attaquons-nous au mot liee pour clarifier tout le début de la phrase, et voyons que Greimas dit : lier, loier : lier, mettre les entraves ; liance : alliance ; liage : lien, ce qui sert à lier ; lieor : celui qui lie. Tout cela nous confirme dans l'idée de rapprochement que nous avons vue dans alloy, mais n'apporte rien de nouveau. Pourtant, un mot qu'ajoute Greimas nous éclaire d'un coup : lioison, qui est à la fois ce qui lie, lien et façon de s'habiller. Ainsi, liee signifie que la liasse d'oignons s'est habillée d'une certaine façon, et comme nous savons que la liasse d'oignons est le vit, nous comprenons que ce vit a modifié son apparence, autrement dit, qu'il s'est rigidifié, et cela à la vue ou plutôt à l'idée des nombreux vaisseaux féminins, car nous saisissons que troys cens est mis là pour très grande quantité. La phrase, qui, elle aussi, se transforme est devenue : que prendre son vit en main, rigidifié par l'idée de tous ces vaisseaux féminins, & quelque peu dune fraize de veau du meilleur accouplement.

Nous arrivons à ce & quelque peu dune fraize de veau, et, tenant désormais le bon fil, nous comprenons que si les vaisseaux, dans le langage ecclésiastique qui ne s'intéresse naturellement qu'à la fonction et nullement aux fioritures, désignent le vagin, ce & quelque peu dune fraize de veau corrige cet austère dépouillement, et désigne ces mêmes tendres labies dont nous a parlé Brantôme pour les cocquecigrues. Ainsi, le langage hautement imagé de Humevesne revient à dire : que prendre son vit en main, rigidifié par l'idée de tous ces vagins, et quelque peu des pendilloches du meilleur accouplement.

Et, arrivés là, nous ne pouvons que nous apercevoir que ce mot alloy, qui nous a servi de base de départ, n'est nullement à prendre au sens d'accouplement, mais bel et bien dans le sens courant que nous indique le Petit Robert : de bon, de mauvais aloi : de bonne, de mauvaise qualité, qui mérite, qui ne mérite pas l'estime. Ce du meilleur alloy est donc l'équivalent de du meilleur aspect, de la plus engageante qualité, mais nous garderons sans le changer le du meilleur alloy, puisque nous devons avoir souci de le relier à que ayent les alkymistes.

Nous avons ainsi fini de désaffubler la phrase, et nous comprenons alors très bien pourquoi Rabelais a dû transformer ses auez mariatz en naueaulx, ce qui prouve que les censeurs ont certainement mis moins longtemps que nous à saisir le sens caché sous la banalité culinaire. Mais il n'importe : l'idée est maintenant dénudée, et nous la rendrons définitivement par : que prendre en main son vit rigidifié par l'idée de tous ces vagins, et quelque peu des pendilloches du meilleur aloi qu'aient les alchimistes.

& bien luter & calciner

Luter, c'est boucher, et même boucher hermétiquement, le lut étant un enduit tenace qui sert à boucher un vase (Littré) ; calciner, c'est au sens propre : transformer (des pierres calcaires) en chaux par l'action d'un feu intense ; au sens figuré qui est le nôtre, c'est seulement soumettre à une forte chaleur qui réduit, ce qui revient à dire apaiser par l'ardeur. Nous rendrons la phrase par : et obturer ardemment et apaiser.

ces pantoufles mouflin mouflart

La pantoufle est, nous le savons, le sexe de la femme, évocation à laquelle Humevesne ajoute les termes de tendresse : mouflin mouflart qui ne laissent aucun doute quant au sens qu'on doit voir à pantoufles, bien que Guilbaud y voie des mots forgés par Rabelais sur moufle pour exprimer le confort bourgeois (pantoufles et mitaines), et que Michel en dise : comme plus haut tarabin tarebas, cf. patati patata. En fait, le mouflart est le nom d'affection donné au sexe de la femme, comme l'atteste le blason à lui consacré par un anonyme qui pourrait bien être Marot : Petit mouflard, petit con rebondy,/ Petit connin plus que levrier hardy,/ Plus que Lyon au combat courageux,/ Agille et prompt en tes follastres jeux/ Plus que le Singe ou le jeune Chaton,/ Connin vestu de ton poil folastron,/ Plus riche que la toison de Colcos,/ Connin grasset, sans arestes, sans os,/ Friant morceau de nayfve bonté,/ O joly con bien assis, hault monté,/etc. (Pléiade, Poètes du XVIᵉ siècle.) Nous rendrons donc la phrase par : ces gentils petits connins.

auecques belle saulce de raballe

Le raballe, nous dit Littré, est dans l'Aunis, une sorte de rateau composé d'une planche et d'un manche qui est adapté au milieu ; on s'en sert pour mettre le grain en tas. Nous voyons fort bien ce qu'évoque ce raballe, et nous voyons encore mieux ce que peut être la saulce de ce raballe qui permet au manche de se ficher plus aisément dans la planche. Nous rendrons donc la phrase par : avec belle sauce d'emmanchement

& soy mucer en quelque petit trou de taulpe,

Soy mucer, c'est se cacher (Greimas : muce : cachette, lieu secret), et le petit trou de taulpe est évidemment l'entrée de cette galerie où, le terme étant probablement choisi pour amener l'équivoque, l'on gale volontiers (Greimas : galer : s'amuser, se réjouir ; galerie : réjouissance). Nous rendrons la phrase par : et s'enfouir en quelque galerie galante.

saluant tousiours les lardons.

Ces lardons pourraient encore nous sembler arriver tout droit de la soupe de tout à l'heure, mais ils ont, eux aussi, un sens second : Humevesne vient de parler de soy mucer en quelque petit trou de taulpe, et nous avons vu ce qu'il entend par là ; mais nous comprenons qu'il apporte maintenant la traditionnelle et plaisante restriction : en laissant toutefois à l'extérieur les lardons, où nous voyons immédiatement de quels lardons il s'agit, puisque Greimas dit : lardel : morceau de chair en général ; saluant tousiours les lardons est l'équivalent de : exceptant toujours les couillons.

Et le texte entier est donc finalement celui-ci :

Messieurs, ne croyez pas qu'au temps que ladite bonne femme englua le sac-à-vit pour mieux accueillir la tête du membre, et que le désir génital se faufila par les bourses des usuriers, il y eût rien de mieux à faire pour se garder des excités que prendre son vit en main, rigidifié par l'idée de tous ces vagins, et quelque peu des pendilloches du meilleur aloi qu'aient les alchimistes, et obturer ardemment et apaiser ces gentils petits connins avec belle sauce d'emmanchement, et s'enfouir en quelque galerie galante, exceptant toujours les couillons.

Les points forts de l'argumentation de Humevesne sont donc, jusque là, que la bonne femme était en émoi, qu'elle risquait ainsi fort d'être la victime de bon nombre d'échauffés, qu'il s'est fait son protecteur, et que, pour ce faire, il n'avait d'autre solution que de lui faire l'amour. Nous allons voir que Humevesne, pour démontrer sa bonne foi, va être amené à confesser à la cour que ses forces n'ont pas été, d'abord, à la hauteur de son dévouement ; mais il ne le fera pas sans avoir préparé son auditoire à recevoir cet aveu : pour commencer, il va laisser entendre que les victimes d'une telle défaillance sont nombreuses, allant jusqu'à indiquer ce qu'il faut faire en pareil accident : c'est évidemment une façon de rendre son cas moins singulier et de désarmer ainsi les railleurs :

Et si le dez ne vous veult aultrement ambezars, ternes du gros bout, guare daz, mettez la dame au coing du lict, fringuez la toureloura la la, & beuez a oultance : depiscando grenoillibus a tout beaulx houseaulx coturnicques,

Et si le dez ne vous veult aultrement ambezars, ternes du gros bout, guare daz,

Greimas dit : Ambesas : double as ; mauvaise chance, malheur ; pour ternes, il dit : Coup où chacun des dés (deux au moins) amène un trois. Il semble donc que ternes, comme ambezars, ait un sens défavorable. Quant à guare d'az, où guare est le guaire, gaire : beaucoup, longtemps de Greimas, il nous faut l'entendre comme rien que des as, et le comprendre comme l'expression d'une malchance persistante.

La phrase de l'originale était : Et si le dez ne vous veulx aultrement dire/ que tousiours ambezars/ ternes/ six et troys/ guare daz. La substitution de du gros bout à six et troys apporte, là encore, un éclaircissement à ce qui, dans l'originale, n'avait qu'une compréhension restreinte : on a dit, en effet, pour un tout autre texte de Rabelais, que la figure du six du dé représente le sexe de la femme, et pour un texte encore différent, que le nombre trois est le symbole du sexe de l'homme : la correction de Rabelais laisse penser que ces interprétations n'étaient peut-être pas aussi générales qu'on le croit. Quoi qu'il en soit, ce gros bout ne fait aucun doute, et il nous amène même à penser que le mot dez est à entendre comme doigt au sens érotique. Ainsi, Humevesne jouerait sur dez-dé pour dire qu'il a été atteint par la mauvaise chance, c'est-à-dire que le dez-doigt n'a voulu qu'être terne, c'est-à-dire sans éclat, éteint (Dauzat : XVe siècle) du gros bout, c'est-à-dire du gland. Nous rendrons la phrase en remplaçant ce dé-doigt par le lourdoys du Gargantua (xiij), et nous aurons : Et si le lourdois ne veut faire autrement qu'être terne du gros bout, et que cela dure.

mettez la dame au coing du lict, fringuez la toureloura la la, & beuez a oultrance :

L'originale disait : mettez la dame au coing du lict auecques la toureloula lala ; ici encore, Rabelais a voulu être plus explicite : mettez la dame au coing du lict s'entend fort bien, mais il faut toutefois considérer que les lits étant hauts sur pieds, la position imposée à la dame implique qu'elle a les jambes pendant de part et d'autre de ce coing ; or, comme Humevesne vient de parler de ceux qui sont ternes du gros bout, il ne peut s'agir pour eux que d'effectuer une manœuvre de diversion ; et parce que nous ne sommes pas tombés de la dernière pluie, nous devinons qu'il va s'agir d'user d'habileté buccale.

Humevesne ajoute en effet : fringuez la : c'est la précision que Rabelais a mise à la place de auecques, et nous devons voir que la fringue est, selon Greimas, le sautillement, la danse, le divertissement ; pour Dauzat, fringuer c'est gambader, sautiller ; Bloch et Wartburg ajoutent même : d'un radical onomatopéique : fring- qui désigne le sautillement d'une personne dans la joie. Nous comprenons que fringuez la est l'équivalent de réjouissez-la.

Pour toureloura la la qui a remplacé le toureloula lala de l'originale, où l'on distinguait bien moins le radical, il faut voir là, semble-t-il, un mot formé sur loure : vieux mot qui signifiait musette (Littré). La musette est la cornemuse, et la cornemuse symbolise le plus souvent, nous le savons, le sexe de la femme ; mais il apparaît qu'il y a ici, en plus, l'idée de l'instrument qu'on éveille avec la bouche : nous verrons donc dans ce toureloura une onomatopée dont l'équivalent est : de la bouche autour du sexe, et dans la la une idée d'application, de soin, d'assiduité. Nous rendrons l'expression par : de circonlocutions.

Quant à beuez a oultrance, remarquons que la phrase de l'originale était : & viuez en souffrance : le mot souffrance était à prendre à son sens de délai (Dauzat), et la phrase était l'équivalent de : et gagnez du temps, étant entendu que le mot souffrance pouvait aussi indiquer que l'attente était anxieuse. Mais Rabelais continue d'être à la fois plus direct et plus optimiste ; il dit : & beuez a oultrance, ce que nous n'avons pas la naïveté de prendre au pied de la lettre, et que nous entendons comme : et lappez assidûment. Le conseil que donne Humevesne est donc : mettez la dame au coin du lit, réjouissez-la de circonlocutions, et lappez assidûment.

depiscando grenoillibus a tout beaulx houseaulx coturnicques,

L'originale disait : & me peschez force grenoilles a tout beaux houseaulx, et cette phrase formait la suite de : & viuez en souffrance ; la correction a coupé la phrase après oultrance, et depiscando grenoillibus est le début d'un développement qui n'apparaissait pas aussi nettement dans l'originale.

Pour ce depiscando grenoillibus, Guilbaud dit : En pêchant la grenouille ; Michel dit : En pêchant les grenouilles (latin macaronique !) ; Demerson dit : En dé-pêchant aux guernouilles, ce qui n'est qu'un rideau de fumée. Mais, latin macaronique ou non, l'important est de voir que la locution s'inspire directement de l'image du chiffon rouge qu'on trempe dans l'eau pour faire mordre la grenouille, et, en l'occurrence, ce chiffon rouge est la langue ; depiscando grenoillibus veut dire en fait : plongeant la langue.

Le quatorzième titre de la Librairie nous a montré que les houlseaulx sont des bottes, et aussi des botées sexuelles ; mais ici les houseaulx représentent les sexes dans lesquels on plonge le chiffon rouge. Et si l'originale disait seulement : a tous beaux houseaux, ce qui signifiait donc à tous beaux cons, la définitive ajoute : coturnicques, et le cothurne étant la chaussure d'acteur rehaussée pour grandir celui qui la porte, les houseaulx coturnicques donnent, parlant du sexe de la femme, l'idée d'intumescence, d'exposition. Si donc les houseaux étaient les cons, les houseaulx coturnicques sont les cons épanouis. Nous rendrons la phrase par : plongeant la langue en toutes belles cramouilles épanouies.

Ainsi Humevesne, passant outre à l'interdit religieux qui condamnait les partenaires de cet exercice à une forte et longue pénitence, vient-il de parler du cunnilinctus. Mais cette pratique n'avait nul besoin de la condamnation religieuse pour être considérée comme une humiliation par les mâles adultes, et indigne de leur virilité. Aristophane, déjà, fait railler par un de ses personnages sympathiques un antipathique qui va ainsi se salir la barbe dans les bordels. Et, deux mille ans plus tard, un Chaucer (1340-1400) décrit ainsi l'indignation de son clerc Absalon, à qui la femme qu'il courtise et qui se moque de lui, vient, profitant d'une nuit noire comme poix, de faire embrasser amoureusement son sexe par la fenêtre, fenêtre située si bas qu'Absalon a dû se mettre à genoux pour donner le baiser :

Who rubbeth now, who froteth now his lippes/ With dust, with sond, with straw, with clooth, with chippes,/ But Absolon, that seith ful ofte, allas !/ My soule bitake I un-to Sathanas,/ But me wer lever than al this toun, quod he,/ Of this despyt awroken for to be !/ Allas ! quod he, allas ! I ne hadde y-bleynt ! : Qui se frotte maintenant, qui se torche les lèvres,/ avec poussière, et sable, et paille, et drap et copeaux ?/ C'est Absalon qui souvent dit : Hélas !/ je livre mon âme à Satan/ si je ne donnerais cette ville toute entière/ pour être vengé de cette injure !/ Hélas (dit-il), hélas, que ne me suis-je détourné ! (Traduction : J. Delcourt ; Collection bilingue, Hatier.)

Mais ce cunnilinctus, que se refusaient à pratiquer les hommes, était la spécialité des tout jeunes garçons, en particulier les pages, attachés aux grandes dames (étant entendu que nombre de jeunes garçons qui n'étaient pas pages étaient attachés aussi étroitement à des dames qui n'étaient pas grandes). L'époque ne voyait aucun mal à ce genre de relations ; elle en riait même ouvertement, et peut-être avait-elle raison. La seule fâcheuse conséquence que l'on en puisse voir est la réprobation, inséparable de l'idée d'impuissance, qui s'abattait sur l'homme qui s'adonnait à ce jeu d'enfant, réprobation qui ne visait rien autre que la puérilité commise par un adulte. C'est de cette puérilité que va maintenant parler Humevesne :

ce sera pour les petitz oysons de mue qui sesbatent au ieu de foucquet, attendant battre le metal, & chauffer la cyre aux bauars de godale.
ce sera pour les petitz oysons de mue

La phrase est la suite de : depiscando grenoillibus a tout beaulx houseaulx coturnicques, et nous reconnaissons dans ces petitz oysons de mue les préadolescents ou les adolescents qu'emploient les dames aux folâtreries que nous avons évoquées.

qui sesbatent au ieu de foucquet,

Les commentateurs disent qu'il s'agit d'un jeu où il fallait éteindre une chandelle avec le nez, mais nous n'avons plus, avec ce que nous savons, la moindre raison de les suivre. Foucquet est l'ancien nom vulgaire de l'écureuil (Littré), et nous pouvons voir, dans le fait que l'écureuil grignote, une des raisons du choix du foucquet pour désigner le jeu du cunnilinctus ; mais l'écureuil n'est pas le seul rongeur qui grignote, et il nous apparaît que le mot foucquet a pu être retenu pour l'équivoque qu'il permet avec le mot pouvant être formé sur forc, dont Greimas dit : latin populaire furcum pour furca : fourche, fourchure, et pour lequel il donne, parmi d'autres mots : forcheure : endroit où les jambes se séparent. Nous comprenons que le jeu de foucquet peut être celui de l'écureuil qui grignote, confondu avec celui de forquet ou fourquet, qui est le jeu de la fourchure, c'est-à-dire de l'entrejambes.

attendant battre le metal,

Battre le métal est une action d'adulte, qui demande de la force. L'image est claire : on bat le métal en tenant en main le manche d'un lourd marteau ; or, il s'agit ici d'attendre de battre le métal : c'est donc que ce manche d'homme n'est pas encore le fait de ces tout jeunes adolescents.

& chauffer la cyre

C'est la suite de l'image précédente, et elle nous confirme que Humevesne parle bien d'adolescents mâles, puisqu'il s'agit pour eux d'attendre d'être adultes pour mettre à chauffer la cire, où nous voyons sans peine la représentation de quelque chose qui, sous l'action de la chaleur, finit par couler.

aux bauars de godale.

Guilbaud dit : Lapsus pour buveurs ; il dit pour godale : bière douce ; Michel explique en bloc : Chauffer la cire aux bavards (confusion avec buveurs) de bière (good ale francisé en godale).

Nous ne voyons pas du tout ce que peut signifier : chauffer la cire aux bavards-buveurs de bonne bière douce, et il y a gros à parier que les glossateurs ne le voient pas mieux que nous. Mais tout s'éclaire si, en fonction de ce qui précède, nous nous avisons que les bavars peuvent être ceux qui bavent (Greimas : baver : baver ; bavarder). Et si nous hésitions à comprendre, le jeu de mots sur godale serait là pour nous indiquer de quels baveux il s'agit, puisque si godale peut être la bière dans laquelle pataugent les commentateurs, le de godale du texte signifie : de plaisir (Greimas : gode : joyeux drille, débauché ; gode-mine : bonne chère, plaisir, débauche). Ainsi, la phrase qui commence par plongeant la langue en toutes belles cramouilles épanouies, continue avec : ce sera pour les jouvenceaux qui s'ébattent au jeu de l'écureuil d'entrejambes, attendant d'empoigner le manche et mettre à chauffer le gland aux baveux de plaisance.

Humevesne essaie par ce biais de décourager la moquerie, car il va devoir admettre qu'il a connu une défaillance, et sous-entendre qu'il a recouru, lui aussi, à cette diversion. Mais il va immédiatement exposer que cette défaillance ne pouvait qu'être transitoire chez un homme de sa réputation :

Bien vray est il que les quatre beufz desquelz est question, auoyent quelque peu la memoire courte, toutesfoys pour scauoir la game ilz nen craignoyent courmaran ny quanard de Savoye, & les bonnes gens de ma terre en auoyent bonne esperance, disant ces enfans deuiendront grands en Algorisme, ce nous sera une rubrique de droict, nous ne pouuons faillir a prendre le loup, faisans nos hayes dessus le moulin a vent duquel a este parlé par partie aduerse.

Bien vray est il que les quatre beufz desquelz est question, auoyent quelque peu la memoire courte,

Les quatre beufz desquelz est question sont ceux qu'a cités Humevesne au début de sa défense : nous avons vu qu'ils représentent la nature, l'instinct. Mais la précision : desquelz est question, ne se rapporte finalement à cette mention que par l'artifice d'une clause de style : ceux dont il est maintenant question représentent le désir naturel, la puissance génésique. Et si ces quatre beufz ont eu quelque peu la memoire courte, c'est que cette mémoire, ou record (qui était pour le record du sergeant la tête du membre) a été défaillante : c'est là l'aveu de l'impuissance temporaire de Humevesne. Nous rendrons ce désir qu'incarnent les quatre bœufs par le mot aiguillon, et nous aurons : Il est bien vrai que l'aiguillon dont nous parlons a quelque peu été pris de court.

toutesfoys pour scauoir la game ilz nen craignoyent courmaran ny quanard de Sauoye,

Scauoir la game pourrait signifier ici : connaître toutes les finesses du déduit. Mais la suite va évoquer les enfants, et nous avons vu quel est le service qui leur est demandé. Il nous faut donc penser que cette game contient, outre la science du déduit, celle des manœuvres de diversion dont il a été question. Le cormoran est le pélican chinois (Littré), et nous avons vu au Prologue que le pélican (sous le nom d'onocrotale) est le symbole de cette lubricité aujourd'hui transférée à l'âne (couillard) ; quant au quanard de Sauoye, qui est à l'époque un canard italien, il est probable qu'il participe de cette réputation qu'avaient les Italiens d'être fort assidus auprès des femmes, et d'user à profusion de fioretti à leur endroit. Nous rendrons la phrase par : toutefois, pour connaître la musique, il n'en craignait baudet baudouinant, ni caqueteur d'Italie.

& les bonnes gens de ma terre en auoyent bonne esperance,

Humevesne se reporte à sa jeunesse, invoquant les gens de chez lui, contemporains de sa puberté et des services qu'il assurait auprès des dames. La phrase est : et les bonnes gens de mon pays en formaient bon espoir.

disant ces enfans deuiendront grands en Algorisme,

Le Comput, cité par Littré, dit que : Quatre parties sont d'angorisme, assembler, abatre, dividier, multeplier : il est évident que ces quatre verbes s'appliquent plaisamment à l'union sexuelle : assembler les corps, abatre la fille, dividier ses jambes, multeplier ou posséder pour se reproduire. Ainsi, la phrase équivaut à : disant : Ces enfants deviendront experts en arithmétique amoureuse.

ce nous sera une rubrique de droict,

Il semble que, contrairement à ce qu'impriment la plupart des éditeurs, Humevesne a fini de rapporter le dire des bonnes gens de sa terre, et qu'il reprend la parole pour son compte. Le nous renvoie ici à une collectivité indéterminée (Grevisse), à moins, ce qui est plus probable, qu'il ne représente Humevesne et la Cour. En tout cas, nous savons depuis le deuxième titre de la Librairie ce qu'est le droict de la braguette. Quant au mot rubrique, il désigne évidemment les titres écrits en rouge. L'équivoque est ainsi claire entre ce droict dont le titre, c'est-à-dire la tête, est rouge, et cette habileté qui sera celle de ces enfants jusqu'à les faire devenir des modèles. Nous tenterons de rendre le jeu de mots par : ce nous sera règle de raideur inflexible.

nous ne pouvons faillir a prendre le loup,

Le verbe faillir est évidemment : manquer ; le loup est celui de l'expression : avoir vu le loup, dont Littré dit : en parlant d'une fille, exprime qu'elle a eu des galanteries. Il n'est pas difficile de comprendre que ce loup ne peut qu'être le sexe masculin en érection, et faillir a prendre le loup est très exactement : manquer d'entrer en érection. Humevesne dit, en fait, que le témoignage des bonnes gens de sa terre garantit qu'il ne pouvait faillir à entrer en érection, même si, momentanément, il en a été incapable. Nous rendrons la phrase par : nous ne pouvons manquer d'être à la hauteur.

faisans nos hayes dessus le moulin a vent

Nous trouvons dans Littré le verbe hayer : faire une haie ; mais nous trouvons aussi le mot hayon, qui désigne un assemblage de pièces de bois, en forme de haie, qui sert à fermer le devant et le derrière des chariots et des charrettes. Ce mot hayon, qui n'est en fait que l'image d'une haie, nous amène à penser que les hayes du texte peuvent n'être que des représentations de haies, et nous nous doutons bien qu'elles sont alors, à l'instar des haies de piques militaires, des haies de piques phalliques. Faisant nos hayes équivaut alors à : dressant nos piques.

Pour dessus le moulin, nous pourrions penser que ce moulin est le même moulin-mole-modle que nous avons vu pour les haulx bonnetz de Baisecul. Mais les mots : a vent qui terminent la phrase nous indiquent avec évidence que le mot moulin est justement ici à ne pas prendre au sens de manières, convenances ; voyons donc Greimas.

Il indique : mole : meule à moudre ; masse, fondement, et nous nous avisons que ce moulin peut alors bien être, puisqu'on dresse sur lui des piques qui sont phalliques, le fondement à moudre les vents, c'est-à-dire le fessier. Nous rendrons donc la phrase en usant du nom que frère Jan donne à son trou du cul au chapitre LII du Quart Livre, et nous aurons : dressant nos piques au-dessus du clos bruneau.

duquel a este parlé par partie aduerse.

C'est là un tour de vieille guerre que de paraître réfuter un point précis censé avoir été opposé par l'adversaire : Baisecul a évidemment parlé du fessier de la bonne femme, mais il n'a jamais isolé particulièrement ce moulin a vent pour en faire un point de discussion. Nous ne verrons là qu'une habileté supplémentaire de Humevesne jouant les

299

réfutateurs méthodiques, et nous rendrons la phrase par : dont a parlé la partie adverse.

Il est temps, croyons-nous, de peur de perdre le fil, de relire d'un coup ce que vient de dire Humevesne :

Et si le lourdois ne veut faire autrement qu'être terne du gros bout, et que cela dure, mettez la dame au coin du lit, réjouissez-la de circonlocutions, et lappez assidûment : plongeant la langue en toutes belles cramouilles épanouies, ce sera pour les jouvenceaux qui s'ébattent au jeu de l'écureuil d'entrejambes, attendant d'empoigner le manche et mettre à chauffer le gland aux baveux de plaisance. Il est bien vrai que l'aiguillon dont nous parlons a quelque peu été pris de court ; toutefois, pour connaître la musique, il n'en craignait baudet baudouinant ni caqueteur d'Italie, et les bonnes gens de mon pays en formaient bon espoir, disant : Ces enfants deviendront experts en arithmétique amoureuse ; ce nous sera règle de raideur inflexible : nous ne pouvons manquer d'être à la hauteur, dressant nos piques au-dessus du clos bruneau dont a parlé la partie adverse.

Humevesne arrive maintenant au fait pour lequel il comparaît : la possession de la bonne femme. Mais il compte bien que son adresse lui a acquis les juges : l'aveu de sa défaillance a dû éveiller chez eux le souvenir des leurs, et en annonçant que la virilité lui est revenue, il rassure ceux qui sont inquiets, les inclinant à user d'indulgence à son endroit. C'est donc sans la moindre nuance de repentir qu'il révèle :

Mais le grand diole y eut enuie : & mist les Allemans par le derriere, qui firent diables de humer her tringue, tringue, de doublet en case.

Mais le grand diole y eut enuie :

Saulnier dit : Diole : diable. Euphémisme pieux. L'originale disait : Mais le diable y eut envie, et, plutôt que la piété, nous voyons le motif de la correction, d'une part dans la proximité des diables de : firent diables de humer, d'autre part dans le fait que ce grand diole semble devoir être compris encore comme grand doigt.

& mist les Allemans par le derriere,

Nous pourrions comprendre qu'il s'agit d'affidés du grand diable, mais nous gardons la même idée, et ces Allemans sont, pour nous, les affidés du grand doigt. Le mot Allemans nous apparaît alors comme une équivoque établie avec le mot : alemande, alemandre : amande (Greimas) : ces amandes, complices du grand doigt, sont évidemment les testicules, et il semble que mettre les Allemans par le derriere, (que l'expression soit consacrée ou de l'invention de Rabelais), est à entendre comme : mettre les amandes au derriere, c'est-à-dire effectuer la pénétration.

qui firent diables

Nous pourrions penser, ici, que la locution équivaut à : s'évertuèrent, mais le verbe suivant va nous indiquer clairement qu'elle est à prendre au sens de faire honte.

de humer

Bloch et Wartburg disent que le verbe est sûrement une onomatopée qui dépeint l'aspiration du liquide qu'on absorbe de cette façon. Nous comprendrons donc que l'action honteuse est celle d'absorber en aspirant, et nous savons qu'il est ainsi fait allusion au cunnilinctus.

her tringue, tringue,

Guilbaud dit : Monsieur, bois, bois ! (Exclamation favorite des lansquenets). Mais il nous paraît illogique que les amandes-testicules, qui viennent de faire honte, pendant le cunnilinctus, d'absorber en aspirant, exhortent maintenant à boire quelqu'un qu'ils nomment Monsieur. Il semble qu'il y a là une incompréhension que la phrase de l'originale va peut-être nous permettre de déceler.

La phrase était : tringue/tringue/das ist cotz/frelorum bigot paupera guerra fuit, que Saulnier rend par : bois, bois, c'est bon ! par Dieu ce fut pauvre guerre que celle des frelons, expliquant : par allusion à quelque épopée burlesque du genre de la Batrachomyomachie. Ecrit en germano-latin macaronique. Cette phrase est suivie, dans l'originale, par : Et mesbahys bien fort/comment les astrologues sen empeschent tant en leurs astrolabes/& almucantarath, pour laquelle Saulnier dit que l'astrolabe est l'instrument qui mesure la position des astres, et l'almucantarath, le cercle imaginaire sur la sphère céleste, parallèle à l'horizon ; mais c'est sur la première phrase que nous comptons.

Ces frelons qui firent si pauvre guerre nous apparaissent comme une confirmation de la honte attachée au cunnilinctus : les frelons, en effet, sont réputés piller le miel des abeilles, et le miel est l'euphémisme consacré pour désigner la rosée de plaisir féminine. Ce que disent ici les Allemans-alemandes-amandes est en fait : Ce fut par Dieu pauvre butin de guerre que celui du miel des frelons, ou, en d'autres termes : Ce fut par Dieu piètre victoire que celle du cunnilinctus.

Frelorum bigot paupera guerra fuit, et : firent diables de humer sont donc deux expressions du reproche que sont censées prononcer les amandes. Or, ces amandes-testicules ont été mis par le derriere, c'est-à-dire placés au derrière de la bonne femme : ces testicules sont donc, lorsqu'ils prononcent ces deux blâmes, dans la position qui les satisfait enfin, après qu'ils ont été réduits à l'inaction dégradante durant le cunnilinctus ; et c'est entre ces deux blâmes que se placent les mots : tringue/tringue/das ist cotz qu'on nous donne pour : bois, bois, c'est bon ! : il nous semble alors fort étonnant qu'immédiatement après avoir reproché à Humevesne d'avoir humé, c'est-à-dire d'avoir été fellateur, ils puissent, alors qu'ils sont en train d'accomplir la fonction virile qui leur appartient, l'engager à boire, en ajoutant : c'est bon ! ; si humer est le fait du fellateur que les testicules cherchent à humilier en lui disant que ce fut pauvre victoire que celle du cunnilinctus, boire ne semble aucunement pouvoir être le fait du masle masculant (G. iij).

Et il nous faut entrevoir que tringue/tringue, s'il est l'impératif du verbe trinken : boire, est peut-être bien à entendre au sens étendu qu'a pris ce verbe : choquer les verres avant de boire (Dauzat) : ce sens comporte l'idée de contact, de rapprochement de deux objets ayant même fonction, ce contact précédant la réalisation d'une satisfaction. Nous y verrons, nous, l'évocation du rapprochement sexuel, et nous ne pourrons donc raisonnablement rendre ce tringue/tringue par bois, bois, qui n'implique que l'idée d'un agent actif (le buveur) disposant d'un agent passif (la boisson). Nous comprendrons donc que ces testicules, placés de façon combative et satisfaisante par le derrière de la bonne femme, après avoir fait diables de humer, c'est-à-dire fait honte de la fellation, et avant d'ajouter : par Dieu, ce fut pauvre guerre que celle des butineurs de miel, félicitent Humevesne de se conduire enfin virilement, et lui disent : tringue/tringue/das ist cotz, c'est-à-dire : baise, baise, c'est bon ! [1].

L'édition définitive ajoute : her, et l'analyse de la phrase de l'originale vient de clairement nous montrer que cette apostrophe ne peut se traduire par monsieur, mais qu'il s'agit ici du vir latin : celui qui se sert de ses testicules ; her tringue, tringue sera donc : homme, baise, baise. A moins, plus vraisemblablement, qu'il n'y ait ici calembour entre her et haire, le haire étant, bien sûr, comme nous le confirmera le chapitre xiv, le membre viril. Quoi qu'il en soit, cette définitive à l'avantage de nous donner confirmation de notre interprétation au moyen des mots : de doublet en case qui ont remplacé la phrase en germano-latin macaronique ; (ils ont aussi remplacé la phrase : Et mesbahys bien fort/comment les astrologues sen empeschent tant en leurs astrolabes/& almucantarath, où nous voyons maintenant que Rabelais avançait que les astrologues s'embarrassaient du cunnilinctus, donc que leurs astrolabes se bornaient à mesurer l'almucantarath parallèle au ventre des dames).

de doublet en case.

Guilbaud dit : Coup sur coup (jeu de trictrac) ; Michel dit : Expression tirée du jeu de tric-trac, mais jouer du doublet ou du redoublet a

---

1. Et cela a une importance capitale puisque c'est ce verbe trinken, sous sa forme impérative trinch, qui sera, au chapitre xliv du Cinquième Livre, le mot de la dive bouteille et la conclusion de l'œuvre.

aussi un sens obscène. Il n'est nullement étonnant que le vocabulaire de ce jeu ait pu être doublé d'une compréhension érotique, puisque Littré explique que ce trictrac, au nom déjà évocateur, est un jeu où l'on doit gagner douze trous au moyen de quinze dames à jouer, dames qui peuvent être couvertes, découvertes ou abattues, et où l'on peut battre le coin ou battre à faux. Toutes les équivoques étant ainsi permises, nous avons maintenant la certitude que si Rabelais a ajouté : de doublet en case, que nous comprendrons comme : et redouble en la trappe, c'est bien pour que tringue soit entendu comme une exhortation à étancher sa soif génésique. La phrase entière est donc : mais le grand doigt en prit envie et mit les amandes au derrière, qui firent honte de gougnoter : Mâle, baise, baise, et redouble en la trappe.

Humevesne a donc possédé la bonne femme : les précautions oratoires qu'il a prises donnent l'action pour légitime, mais il va toutefois prendre soin de réfuter ce qu'a dit Baisecul des bordels où l'on doit conduire l'excitation qu'on a pu gagner aux amusettes :

Car il ny a nulle apparence de dire que a Paris sur petit pont geline de feurre, & feussent ilz aussi huppez que duppes de marays, sinon vrayement quon scacrifiast les pompetes au moret fraichement esmoulu de lettres versalles ou coursiues ce mest tout un, pourueu que la tranchefille ny engendre les vers.

Car il ny a nulle apparence de dire que a Paris sur petit pont geline de feurre,

Guilbaud dit : Cri de Paris annonçant qu'il y avait à vendre sur le Petit Pont des poules de pailler (poules élevées en pleins champs) ; Michel dit la même chose en ajoutant : Cf. Janequin, chanson des Cris de Paris : A Paris sur petit pont geline de feurre.

Il est certain qu'il a dû y avoir constamment équivoque sur ce cri, attendu que petit pont évoque un bordel, puisque les gelines sont les poules, et que de feurre signifie de paille : or, l'on jonchait de paille les chambres des bordels (P. Michel, dans sa note sur la IIIᵉ Ballade en jargon, Villon, Livre de Poche). En outre, le mot pailler a, entre autres acceptions, celle de maison de prostitution (Greimas), et là n'est pas la difficulté.

Elle est à entendre le sens de Car il ny a nulle apparence de dire ; mais la suite va nous montrer que cette phrase introduit une objection, et nous pouvons la rendre par quelque chose comme : Car il n'est pas raisonnable de dire ; la phrase entière est donc : Car il n'est pas raisonnable de dire qu'à Paris sur petit pont, poule de bordeau, phrase elliptique équivalant à : Car en aucun cas l'on ne peut nous opposer qu'il eût mieux valu aller trouver à Paris, sur petit pont, une poule de bordeau, qui répond exactement au souhait qu'a fait Baisecul.

& feussent ilz aussi huppez que duppes de marays,

Il y a ici, de toute évidence, une contrepèterie, et la phrase est à lire : et fussent-ils aussi dupes que huppes de marais ; les dictionnaires disent en effet : dupe : emploi plaisant de dupe : huppe, oiseau d'apparence stupide (Petit Robert). Le pronom ilz représente ici les clients éventuels, et la phrase est alors : et fussent les clients aussi dupes que huppes de marais,

sinon vrayement quon scacrifiast les pompetes

L'originale écrivait non pas scacrifiast, mais scarifiast, et cela va nous donner la clé de la phrase ; mais voyons d'abord les pompetes. Nous les avons rencontrées au premier chapitre, au sujet des nez : Es aultres tant croyssoit le nez quil sembloit la fleute dun alambic, tout diapré, tout etincelé de bubeletes : pullulant, purpuré, a pompettes, tout esmaille, tout boutonne & brode de gueules. Les commentateurs disaient alors : à pompettes : avoir de petits pompons, Saulnier donnant, lui : pompettes : petits pompons, petits rubis. Ici, pour cette phrase, Guilbaud dit : Pompetes : balles servant à appliquer l'encre sur les formes d'imprimerie, les autres se gardant bien de prendre aucun risque. Il n'y a nulle apparence, pourtant, que ces petits pompons du premier chapitre puissent ici devenir cette balle à encrer : Guilbaud commet une erreur manifeste, puisque la balle à encrer est la poupée ou la poupette. Donc, que ce soit sur le nez ou ailleurs, les pompetes sont les excroissances charnues, les pompons de chair ; et, parlant des gelines de feurre, la plume du médecin Rabelais décrit ainsi les végétations vénériennes, alias crêtes-de-coq ou choux-fleurs qui siègent aux organes génitaux de ces dames.

Revenons maintenant au verbe scacrifiast qui a remplacé le scarifiast de l'originale : cette dernière était fort explicite puisque scarifier, c'est inciser superficiellement, et que la scarification des pompetes, avant d'y déposer le produit médicamenteux, était très probablement le traitement de l'époque, ainsi que nous le confirmera le premier mot de la phrase suivante. L'originale était donc purement et simplement médicale. Or, nous ne pouvons penser, pour la définitive, à une correction intempestive du compositeur non médecin, de scari en scacri par l'addition d'une lettre : Rabelais est censé avoir relu les épreuves, et nous devons croire à son dessein d'ajouter la plaisanterie qui réside dans la nuance de regret que comporte le verbe sacrifier accolé aux pompetes qui ne peuvent qu'être indésirables. Nous garderons donc ce scacrifiast tout en nous félicitant que le scarifiast de l'originale nous permette de voir confirmé le sens de pompetes et celui du mot moret que nous allons rencontrer. La phrase est donc : à moins que l'on n'ait vraiment sacrifié les petites excroissances vulvaires.

au moret fraichement esmoulu

Selon les commentateurs, le moret est une sorte d'encre (Saulnier, Michel), ou l'encre (Guilbaud, Demerson). Nous sommes ainsi en plein contresens, dû aux lettres versalles ou coursives qui vont suivre. Nous ne nous laisserons pas abuser, et nous verrons, nous, que le moret est la more, muere, meure : pointe de l'épée, lame, tranchant (Greimas) ; le moret est un diminutif qui désigne la petite lame, c'est-à-dire, en l'occurrence, la lancette, le bistouri ou le scalpel au moyen desquels on scarifie. Il est alors facile de voir dans fraichement esmoulu l'équivalent de affilé de frais. Mais nous allons voir que le verbe esmoulu est le pivot sur lequel tourne le sens de la phrase qui suit : nous sommes donc obligé de rendre ce fraîchement affilé en en tenant compte, et nous aurons : d'un bistouri au fil fraîchement imprimé.

de lettres versalles ou coursiues ce mest tout un,

C'est cette phrase qui a trompé nos commentateurs : ils ont cru reconnaître en ces lettres versalles ou coursives quelque chose de leurs connaissances, et, tant bien que mal, ils ont alors été contraints de voir dans moret l'encre des imprimeurs, et, pour Guilbaud, dans les pompetes les balles à encrer la forme.

Mais surtout, ce qu'ils n'ont pas vu, c'est que, selon le jeu habituel à Humevesne, qui attire l'attention sur le sens particulier qu'il a donné aux mots qu'il vient de dire, l'orateur, qui vient de prononcer esmoulu, va prendre les syllabes moulu comme étant celles du participe du verbe mouler ; (Littré, qui dit que moulu est le participe passé de moudre, ajoute : Terme de chasse : fumées mal moulues, mal digérées, en spécifiant : moulu pour moulé). Or, ce moulu évoque ici les lettres de moulle, c'est-à-dire les caractères moulés d'imprimerie dont parlait Saulnier pour busche de moulle. La phrase que va prononcer Humevesne prend donc son essor sur le sens de moulu équivalent à moulé, fondu, qui s'applique aux caractères typographiques. Et il va, sur ce participe qui revient à dire : fondu de moule, rattacher : de lettres versalles ou coursives.

Les commentateurs donnent ici de bien curieuses explications : Saulnier dit : Versale (lettre) : capitale, majuscule en tête de vers ; Guilbaud dit : Versalles : majuscules ; Michel dit : Lettres versalles ou coursives : lettres majuscules ou courantes. Or les versalles ne sont rien autre que les lettres penchées que nous nommons italiques (Greimas : verser : renverser : versage : action de verser ; versee : renversement), et les coursives (que l'originale écrivait cursives) sont les lettres droites, c'est-à-dire les lettres courantes (et non les lettres tracées à la main comme le disent les dictionnaires), celles que nous nommons romaines.

Ainsi, Humevesne a dit : moulu de lettres penchées ou droites, c'est-à-dire : fondu de lettres italiques ou romaines.

Quant à ce mest tout un, il n'est alors pas difficile de comprendre que la locution équivaut à cela m'est tout à fait égal, cela m'est totalement indifférent. Cette phrase qui a désarçonné la glose se termine donc simplement par : de lettres italiques ou romaines, cela m'est tout a fait égal.

pourueu que la tranchefille ny engendre les vers.

Les caractères typographiques amènent à l'esprit de Rabelais une métaphore du domaine de la reliure : il fait prononcer à Humevesne le mot tranchefille qui est la tranchefile ou bourrelet qui se trouve en haut et en bas des cahiers assemblés d'un livre relié. Il est exact, en outre, que ces tranchefiles, qui sont du papier roulé recouvert de soie ou de fil, peuvent, comme les pages, être attaquées par les larves des vrillettes qui creusent de profondes galeries dans l'épaisseur du papier.

Mais la proximité des pompetes nous indique clairement qu'il y a là une image en rapport avec ces excroissances que Humevesne désirait qu'on scarifiast. Et nous vient alors à l'esprit que cette tranchefille est ici à la fois la trenche-fille (Greimas : trencheis : coupure, entaille), c'est-à-dire la fente de la fille, et les deux tranchefilles ou bourrelets, où il faut voir le petit peloton médian, élastique, ridé, froncé [2]. que forment les nymphes à l'état de repos. La tranchefille est donc aussi bien la fente de la geline de feurre, que les tranchefilles qui portent les redoutables excroissances vénériennes.

Humevesne, qui a finalement souhaité qu'on scacrifiast les pompetes d'un bistouri au fil fraîchement imprimé, a fait glisser sa phrase vers le sens des lettres qui peuvent être penchées ou droites, en spécifiant que cela lui est indifférent ; il la fait maintenant rebondir sur le premier sens, prenant le ce mest tout un comme une locution concernant le moyen dont on rendra inoffensives les pompetes, en ajoutant : pourvu que la fente de la fille n'engendre point les vers, c'est-à-dire : ne communique pas le mal qui ronge, qui détruit en profondeur. Le y de ny engendre représentant les tranchefilles ou bourrelets nymphéaux de la trenche-fille ou fente de la fille, nous rendrons la phrase par : pourvu que les tranchefiles de la fendasse n'engendrent pas les vers.

Ce qu'a dit Humevesne, depuis qu'il a abordé le vrai sujet du procès, est donc :

Mais le grand doigt en prit envie et mit les amandes au derrière, qui firent honte de gougnoter : Mâle, baise, baise, et redouble en la

---

2. Le sexe de la femme, Dr G. Zwang, La jeune Parque.

trappe. Car il n'est pas raisonnable de dire qu'à Paris, sur petit pont, poule de bordeau, et fussent les clients aussi dupes que huppes de marais, à moins que l'on n'ait vraiment sacrifié les petites excroissances vulvaires d'un bistouri au fil fraîchement imprimé de lettres italiques ou romaines, cela m'est tout à fait égal, pourvu que les tranchefiles de la fendasse n'engendrent pas les vers.

Une fois faite cette remarque sur ce qui rend les poules de bordeau impraticables, Humevesne pour minimiser les conséquences fâcheuses qu'on peut voir à son acte, va aborder le cas des filles qui ont vu le loup avant d'être passées devant notaire, et qui l'ont fait savoir : leur valeur n'en est que fort peu diminuée, puisque, finalement, va-t-il avancer, pour faire l'amour, une femme en vaut une autre :

Et pose le cas que au coublement des chiens courans, les marmouzelles eussent corne prinze deuant que le notaire eust baille sa relation par art Cabalisticque, il ne sensuit (saulue meilleur jugement de la court) que six arpens de pre a la grand laize feissent troys bottes de fine ancre sans souffler au bassin, considere que aulx funerailles du Roy Charles lon auoit en plain marche la toyson pour deux & ar ientens par mon serment de laine,

Et pose le cas que au coublement des chiens courans,

Le coublement est évidemment l'accouplement ; les chiens courans sont, bien sûr, les chiens qui courent, mais nous allons comprendre que ces chiens courans désignent les gens de passage qui s'accouplent au hasard de la rencontre. Nous rendrons donc la phrase par : Et à supposer qu'à l'accouplement des gars de rencontre.

les marmouzelles

Saulnier dit : Marmouset : fou de cour (d'où marmouselle, jeu sur Mademoiselle) ; Guilbaud dit : Petites filles ; Michel dit : Marmouselles, cf. marmouset (petit personnage de cour) : les petites filles, Demerson, dans sa translation, dit : les donzelles. Il semble que nous n'avons là ni ces donzelles, mot du XVIIIe qui désigne une jeune fille ou une femme prétentieuse et ridicule, ni ces petites filles, trop jeunes pour goûter le genre de rencontre dont il est question.

Nous allons voir que le texte implique l'idée de virginité, et nous rendrons le mot par : les jouvencelles

eussent corne prinze

Guilbaud dit : eussent sonné du cor pour annoncer la prise. Jeu de mots : cornes prises (prendre les cornes : devenir insolent) ; Michel dit : sonné la prise avec le cor. La phrase suivante va nous montrer qu'il n'est nullement question d'insolence, et que corne prinze est effectivement à prendre comme un terme de chasse, et l'on comprend que les jouvencelles ont corne prinze du moment qu'elles ont pris quelque

chose dans leur trappe ; corne prinze est donc ici une plaisante extension érotique transformant la fille qui a été dépucelée en chasseresse
fière d'avoir capturé une proie, et le proclamant à son de trompe.
Nous rendrons l'expression par : aient proclamé en avoir pris.

deuant que le notaire eust baille sa relation par art Cabalisticque,

L'art Cabalisticque du notaire est sa langue, inintelligible aux non-
initiés, et la relation est le texte du contrat de mariage écrit en cette
langue ; mais le mot relation (Dauzat : relation, participe passé de rela-
tus, de referre : raconter, rapporter), insinue que c'est le notaire qui a
charge de consigner au contrat l'état de non-virginité de la fille, qu'il
fait cette relation en langage de notaire, incompris des signataires, et
que cela n'a donc aucune répercussion sur le contrat. Il en est tout
autrement ici où les jouvencelles ont publié leur aventure. Nous rendrons la phrase par : avant que le notaire l'eût consigné en contrat
cabalistique.

il ne sensuit (saulue meilleur iugement de la court) que six arpens de
pre a la grand laize feissent troys bottes de fine ancre sans souffler au
bassin,

Il s'agit évidemment ici de l'estimation de l'apport du contrat de
mariage, et de la dépréciation qu'il peut subir du fait que l'état de
non-virginité de la fille est connu.

Guilbaud dit : Bottes : tonneaux ; ancre : encre ; Michel dit : La
laize est la largeur d'une étoffe entre deux lisières. Rabelais accumule
des mesures incohérentes : laize, bottes (tonneaux), arpens. Il n'y a ici
nulle incohérence : la surface du pré est donnée en arpens, ce qui est
conséquent, et la laize est bien le mot attesté pour désigner la largeur
d'une terre (Littré) ; quant à la botte, il ne s'agit pas ici du tonneau,
mais de la bote : outre, grosse bouteille (Greimas), et nous allons voir
qu'il s'agit bien de l'emploi du mot propre.

Le pré est donc de bonne valeur puisqu'il est de grande largeur, à la
différence d'un pré de même surface, mais tout en longueur, peu apte
à la pâture, difficile à cultiver ou onéreux à clôturer. Et il nous faut
comprendre que Humevesne avance que la tare de la fille ne ramène
tout de même pas la valeur de ce pré à celle de troys bottes de fine
ancre, c'est-à-dire de trois outres d'encre de la meilleure qualité.

Et, plutôt que dans les mesures dont parle Michel, c'est dans cette
comparaison cocasse qu'il semble y avoir une bouffonnerie remarquable, attendu que l'encre, qui était encore le plus souvent un mélange de
galles et de gomme, devait être préparée par dilution en petite quantité,
qu'elle était ordinairement contenue dans des cornets de faible capacité,
que sa qualité ne pouvait évidemment présenter aucune différence de
finesse, et que le prix de revient de la dilution obtenue devait être déri-

soire. L'idée est donc que la valeur du pré ne peut être ramenée à celle de trois outres d'eau teintée, fût-elle de la meilleure qualité, sans souffler au bassin.

Pour ce sans souffler au bassin, Guilbaud dit : Cracher au bassin (payer) ; Demerson, dans sa translation, dit : cracher au bassinet, probablement dans ce même sens de payer ; tout cela ne signifie rien, si ce n'est que la glose continue de montrer une totale incompréhension. Nous nous reporterons, nous, à l'ancien Prologue du Quart Livre, où Rabelais demande : Avez vous jamais entendu que signifie cracher au bassin ? et où il explique, prenant l'expression au pied de la lettre, que des gens qu'il abhorre dégoûtent ainsi les hôtes pour avoir tout le plat : le sens de cracher au bassin est donc bien, dans la phrase de Humevesne : déprécier, dévaloriser, puisque, nous allons le voir pour soufler au cul, soufler a exactement le sens de cracher. Nous rendrons donc la locution par : à moins de dévaloriser délibérément, et la phrase entière par : il ne s'ensuit (sauf meilleur jugement de la cour) que six arpents de pré de grande largeur soient ramenés à la valeur de trois outres d'eau teintée, fût-elle de la meilleure qualité, à moins de dévaloriser délibérément.

considere que aulx funerailles du Roy Charles

Saulnier dit : Roi Charles : Charles VIII. Nous entendons que c'est ce fils de Louis XI, qui est mort en 1498 d'un coup qu'il s'était donné à la tête, probablement étourdi par ly boucon de Lombard (G. iij) qu'on lui avait fait absorber.

lon auoit en plain marche la toyson pour deux & ar ientens par mon serment de laine,   ⟍

Pour comprendre ce qu'est cette toison, il nous faut aller tout de suite au serment de laine pour lequel tout le monde, naturellement, évoque les vers 251-253 de Pathelin : me cousta, a la Magdalaine,/huit blans, par mon serment, de laine/que je souloye avoir pour quattre.

Mais la glose s'arrête là, alors que nous savons, nous, que si Rabelais fait plaisamment préciser à Humevesne que la toison dont il a parlé est de laine, c'est évidemment que cette toison qu'on avait pour deux & ar n'est justement pas celle-là. Et, forts de ce que nous avons entendu du contrat de mariage et de la valeur de la fille déflorée, nous comprenons que nous avons ici la suite du raisonnement, et que cette toison est la toison pubienne des filles, qu'on pouvait s'offrir en plain marche, c'est-à-dire au plus haut cours, pour deux & ar.

La référence est, d'une part, aussi cocasse que maladroite puisque ce prix remonte à trente-cinq ans en arrière, et que la somme devait, en 1532, représenter une compensation ridicule ; elle est, d'autre part, fort outrageante, puisque Humevesne s'appuie sur le prix que demande une fille de joie pour une rencontre, pour estimer la valeur forfaitaire d'une fille qui, bien qu'un peu ébréchée, est réputée honnête. Mais nous savons que Humevesne a décidé d'afficher une naïveté désarmante, et nous pouvons être sûrs que, là encore, sa comparaison incongrue est faite à dessein.

Pour deux & ar, Saulnier dit : Deux et as. Point du jeu de dés. L'originale disait : la toyson pour six blancs, et nous avons vu, pour Baisecul, que Littré dit que six blancs valaient deux sous six deniers c'est-à-dire deux sous et demi. Or, ce deux & ar qui a remplacé six blancs semble bien avoir même valeur, deux étant les deux sous, et ar, le demi-sou. Si donc Rabelais a voulu substituer deux & ar à six blancs, c'est que l'expression de jeu, en plus de sa compréhension monétaire, devait avoir une acception érotique ; et nous comprenons alors que deux & ar, c'est-à-dire deux et as, est aussi l'image du sexe de l'homme. Ainsi, équivoquant sur deux & ar, Humevesne dit qu'on avait la toison pubienne, à la fois pour deux sous et demi et pour le deux et un masculin. Nous tenterons de rendre le jeu par : l'on avait au plus haut cours la toison pour deux sous l'autre, j'entends, par mon serment, de laine.

Humevesne a toutefois conscience que sa comparaison peut lui aliéner certains juges dont les épouses n'étaient pas toutes neuves : il va tenter de se les concilier en donnant la raison du parallèle qu'il a mené, raison toute prosaïque qui a chance d'éveiller un écho consolateur chez les gens d'âge mûr qui l'écoutent :
Et ie voy ordinairement en toutes bonnes cornemuses que quand lon va a la pipee, faisant troys tours de balay par la cheminee, & insinuant sa nomination : lon ne faict que bander aux reins & soufler au cul, si daduenture il est trop chault, & quille luy bille,
Et ie voy ordinairement en toutes bonnes cornemuses

L'originale disait : en toutes bonnes maisons, qui était à comprendre comme en tous bons ménages. Rabelais a voulu préciser le sens qu'il donnait à maisons, en lui substituant le mot cornemuses qui, nous le savons, est le symbole du sexe de la femme et de l'acte sexuel. Aucun commentateur ne dit rien à ce sujet ; seule la translation des élèves de Demerson, qui est, depuis que Baisecul a pris la parole, un musée du contresens, dit : en toutes bonnes chansons. Nous rendrons la phrase par : Et je vois le plus souvent qu'en toutes bonnes besognes.
que quand lon va a la pipee,

Saulnier dit : Piper : boire, Guilbaud dit : Chasse aux pipeaux, et c'est aussi ce que dit la translation. Or, la pipée est, selon Littré, une sorte de chasse dans laquelle on contrefait le cri de la chouette pour attirer les oiseaux sur des branches enduites de glu. En fait, la pipée

est l'appareil de la pipée, et cet appareil est ici la branche engluée ;
aller à la pipée, c'est se faire prendre à la glu. Et, la suite aidant, nous
voyons fort bien de quel genre de glu il s'agit ici, et quel est l'oiseau
qui se fait ainsi volontiers capturer, de cette façon, pipé par les char-
mes de la fendasse. Nous rendrons la phrase par : que lorsqu'on va se
faire engluer.

faisant troys tours de balay par la cheminee,

L'originale disait : de balail : les commentateurs ne sonnent mot :
personne n'a voulu voir que le balay ou balail est le rubis balais, ou
rubis de couleur rouge violacé ou rose (XIIIe, du latin médiéval balas-
cius, de l'arabe balakhtch, de la région de Balakhchân ; Petit Robert).
Nous n'avons évidemment aucune peine à voir dans ce rubis balais le
gland, et, conséquemment (si l'on ose dire), dans la cheminee, le vestibule vaginal. Nous rendrons la phrase par : faisant trois tours de gland
par le vestibule.

& insinuant sa nomination :

Guilbaud est seul à parler et dit : Terme de pratique bénéficiale, avec
équivoque. Insinuer, au sens de l'ancien droit, c'est inscrire (un acte)
dans un registre qui lui donne l'authenticité (Petit Robert) ; mais ici
l'expression est naturellement tout autre, et fort claire : nous la retrouverons dans la bouche de frère Jan, au chapitre X du Quart Livre :
Dea, je ne diz pas que je n'en tirasse quelque traict dessus la lie a mon
lourdois, qui me laissast insinuer ma nomination : insinuer, c'est insi-
nuare : faire pénétrer, de sinus : pli, repli, sinuosité ; et nous voyons
fort bien ce qu'est la nomination qu'on fait ainsi pénétrer dans le repli,
ou partie dissimulée, secrète : c'est évidemment le manche qui supporte
le balay que nous venons de voir (et dussent en frémir les raffinés,
nous ne résisterons pas au plaisir d'y voir le manche à balail), mais
nous rendrons la phrase par : et introduisant sa distinction.

lon ne faict que bander aux reins

Guilbaud dit : Faire des efforts, et l'inepte translation des élèves de
Demerson dit : l'on ne fait que s'efforcer en vain. La locution ne peut
pourtant qu'être : et l'on ne fait autre chose que, sans la moindre idée
d'efforts vains. Mais l'on a voulu voir dans bander aux reins une érection à contretemps ou sans objet, et pour se donner l'air averti, on a
traduit de façon à faire croire qu'on avait volontairement atténué une
expression dont la verdeur n'avait pas échappé, espérant que le commentaire du professeur, abusé, ferait la lumière : le tour est de vieille
tactique et doit remonter au temps du premier élève en face du premier
pédagogue. L'ennui est qu'ici, avec Demerson, on est arrivé à faire
dire au texte le contraire de ce qu'il exprime.

Bander aux reins, c'est, tout crûment, notre verbe bander, devenu

311

intransitif avec la disparition de l'arbalète. Car Pantagruel va, dans sa sentence, employer l'expression : bendant une arbaleste aux reins, nous indiquant ainsi que bander aux reins a même contenu, et que ce contenu est sexuel.

L'expression décrit exactement la manière d'armer employée pour l'arbalète dite à croc. Comme toutes les autres, excepté celles des cavaliers, cette arbalète comportait à l'avant un étrier qui permettait de maintenir du pied l'arme verticalement au sol pendant l'opération. Mais, pour celle-ci, le croc ou crochet en demi-cercle, simple ou double, avait la particularité d'être attaché à demeure, par une sorte de baudrier, à la hauteur de la ceinture de l'arbalétrier. Celui-ci, pour armer, se courbait donc sur l'arme, insérait le crochet sous la corde, et tendait le ressort en se relevant, ramenant par un mouvement du bassin cette corde dans l'encoche du mécanisme de détente. L'effort, effaçant le torse en arrière, faisait saillir le pubis à la hauteur duquel pointait alors l'extrémité de l'arme maintenue entre les jambes. Cela explique on ne peut plus clairement que la locution bander l'arbaleste aux reins ou bander l'arbaleste ait été constamment doublée d'une compréhension érotique dont la langue n'a gardé ensuite que le verbe. Nous rendrons donc la phrase par : l'on ne fait rien d'autre que bander l'arme.

& soufler au cul, si daduenture il est trop chault,

Les commentateurs gardent un mutisme pudique, voyant probablement dans la locution l'image burlesque de quelqu'un qui fait du vent en poussant de l'air par la bouche en direction du fessier de la dame ; c'est évidemment ce que laisse entendre le si daduenture il est trop chault. Mais nous savons que si Humevesne précise ainsi que soufler est compris comme expulser de l'air par la bouche, c'est justement que le verbe a en réalité une autre acception.

Nous l'avons vu pour souffler au bassin, soufler est ici à entendre au sens qui sera celui de la repartie de Panurge au Tiers Livre (XXV) : en condition que celluy qui jadis souffloit on fond de mes chausses praesentement de son crachatz luy enluminast les moustaches ; souffler a ici le sens de cracher, émettre en lançant, éjaculer, et nous voyons alors clairement que & souffler au cul est très exactement cracher, émettre en lançant, éjaculer au cul, le trop chault n'ayant que valeur de signal, et nous aurons : et arroser le cul, si par hasard il est trop sec.

& quille luy bille,

Saulnier dit : Expression du jeu de quilles ; Guilbaud dit : Expression tirée des verbes quiller et biller (jouer aux quilles et aux billes) avec équivoque ; Michel dit : Au jeu de quilles et de billes ; la translation dit : saute-mouton, et l'on ne sait s'il s'agit d'une intention égrillarde, d'ailleurs fort éloignée du texte, ou d'une puérilité.

Quiller signifie jeter une quille en visant à la placer près de la boule pour savoir qui jouera le premier ou quels sont ceux qui seront ensemble (Littré), et il est évident que ce sens ne peut être celui de l'impératif quille bille. Pour biller, il est certain que le verbe n'a pas non plus ici le sens controuvé de jouer aux billes, mais qu'il participe de celui qu'indique Littré : Pousser à droite ou à gauche une pièce de bois en équilibre sur un appui, ou de celui que donnent Bloch et Wartburg pour billard : Bâton pour pousser les boules. Le verbe biller contient donc cette idée de pousser, faire aller devant soi, lancer en avant que nous retrouvons dans l'argot : biller dedans ; quille bille est donc une exhortation à pousser la quille.

Mais la présence du pronom luy, qui n'étonne nullement les commentateurs, nous invite à penser que le mot quille est ici à prendre à son sens érotique : jouer de la quille a toujours été jouer du membre, et les beaux joueurs de quille ont toujours désigné les chauds lapins. L'expression de jeu : quille bille, c'est-à-dire pousse la quille, si tant est qu'elle ait existé, devient alors pousse le membre, et il n'est pas difficile de voir que luy représente alors la dame en qui on pousse cette quille.

Finalement, la glose s'est trompée sur le sens de bille, a négligé de s'interroger sur la raison du pronom luy, et n'a nullement été gênée par le sens propre qu'elle garde au mot quille, alors que la seule évocation du prosaïque jeu de quilles, juste après que le texte vient de parler de souffler au cul, eût dû lui sonner l'alarme. Nous rendrons, nous, la phrase par : et pousse lui la quille.

Humevesne va maintenant se poser en inculpé persuadé que sa justification a convaincu les juges de son innocence, et il va anticiper les conclusions :
incontinent les lettres veues, les vaches luy furent rendues. Et en fut donne pareil arrest a la martingalle lan dix & sept pour le maulgouuert de Louzefougerouse, a quoy il plaira a la court dauoir esguard.
incontinent les lettres veues, les vaches luy furent rendues.

Personne ne se risque à expliquer ces lettres veues, et il nous faut encore aller seuls : mais nous venons de voir que ce n'est pas forcément un handicap. Cette phrase nous apparaît comme la citation de la fin d'un conte ou d'un fabliau si connu à l'époque que ce distique devait pouvoir être invoqué pour exprimer que, la lumière étant faite, l'intéressé injustement dépossédé rentrait immédiatement dans ses droits de propriété. C'est la mise en avant d'une conclusion reconnaissant le mauvais fondement de l'accusation, et Humevesne, par un raccourci éloquent, se donne pour cet inculpé totalement blanchi ; sa phrase est l'équivalent de : et tout cela entendu, sa candeur fut reconnue.

Et en fut donne pareil arrest a la martingalle de lan dix & sept

Il n'y a là aucune difficulté : nous avons déjà rencontré le jeu de mots : martingalle - saint-Martin, et la phrase est : Et en fut donné même arrêt à la saint-Martin de l'an dix-sept.

pour le maulgouuert de Louzefougerouse, a quoy il plaira a la court dauoir esguard.

Saulnier dit : Maulgouvert : maucouvert, mal couvert ; Guilbaud dit : L'abbaye de Maugouvert était une association joyeuse du Sud-Est de la France (XVᵉ-XVIIᵉ s.). L'abbé, reconnu par les autorités, était l'inquisiteur des mariages mal assortis et le vengeur de l'autorité maritale outragée ; Louzefougerouse : nom de lieu burlesque peut-être forgé sur Loge-Fougereuse, près de Fontenay-le-Comte ; Michel dit : Maulgouvert : mal gouverné ou mal couvert ? , et la translation donne sans la moindre explication : pour le dissipateur de Louzefougerouse.

Tout cela nous laisse supposer que Humevesne évoque une personne et un lieu, mais ne nous donne aucune certitude sur la signification de maulgouuert, nulle raison de la création du nom Louzefougerouse, et surtout ne nous éclaire en rien sur l'intention contenue dans pour le maulgouuert de Louzefougerouse. Nous allons devoir mener seuls l'enquête, en partant des indices dont nous disposons :

Pour maulgouuert, c'est l'abbaye dont parle Guilbaud qui va nous mettre sur la voie : l'association avait à charge de venger les maris trompés et ceux dont la femme portait le haut-de-chausses : son nom ne pouvait donc qu'afficher hautement sa position antiféministe ; en conséquence, il ne peut contenir l'idée de qui couvre mal, qui gouverne mal, qui est l'expression d'une faute imputable au mari ; il ne peut non plus contenir l'idée de qui est mal gouverné, qui est mal couvert, cette compréhension ne pouvant que concerner les épouses et incluant l'excuse de leur inconduite ou de leur autoritarisme. Maulgouuert ne peut équivaloir à mal couvert ou mal gouverné, et ce que le nom de l'abbaye renferme ne peut qu'être une idée fortement misogyne crûment exprimée.

Et nous découvrons cette idée en distinguant dans maulgouuert le préfixe péjoratif maul, mau : mauvais, méchant, accolé au mot gouvert, manifestement formé sur gove : grotte, cave, antre ; du germanique gaupa : creux (Greimas). C'est ce gaupa qui a donné le français gaupe, dont le sens euphémique est : femme malpropre, prostituée, mais dont le véritable sens est, nous le voyons : femme-trou. Or, gove, gouve et gaupa ont le même sens de trou, cavité, creux de la femme : gouve est donc la désignation de la femme considérée dans son seul rôle de complément sexuel, et il semble que nous avons là l'idée crûment et fortement misogyne que nous cherchions.

Gouvert étant adjectif, maulgouvert est alors l'équivalent de mal gové ou mal gouvé, dont le sens est à peu près : allié à un mauvais creux ; l'abbaye est donc cette plaisante communauté de vits appariés à de méchants trous : l'abbaye des mal gouvés ou plus exactement : du Mal gouvé, ou encore, puisque gaupe a même sens que gove, gouve : l'Abbaye du Mal gaupé. Et il semble que ce méchant trou soit ici, traditionnellement, le trou trop exigeant, jamais satisfait des assiduités du mari, tenu alors pour semi-impuissant.

Ainsi, ce que dit Humevesne, c'est qu'à la saint-Martin de l'an dix-sept fut donné pareil arrêt, c'est-à-dire de relaxe, pour le mal gaupé de Louzefougerouse. Reste à comprendre ce Louzefougerouse, qui était louze foigerouse dans l'originale.

C'est ici la phrase finale : a quoy il plaira a la court davoir esguard qui sera le révélateur : elle semble, sous sa banalité de convention, contenir une compréhension seconde qui nous laisse penser que le nom formé par Rabelais renferme un sens qui transforme la respectueuse invite de circonstance en recommandation ironiquement allusive : il nous faut donc chercher dans Louzefougerouse une signification qui, liée à mal gaupé, permette et explique l'extension malicieuse de a quoy il plaira a la court dauoir esguard.

Et nous nous avisons alors qu'en décomposant le nom Louzefougerouse, nous trouvons dans louze le mot lose ou pierre plate, caveau, dalle (Greimas) ; dans fou (ou foi de l'originale, transformé probablement pour plus de transparence) le verbe foer : mettre le feu, allumer ; et dans gerouse, le giron, qui est la partie du corps entre taille et genoux d'une personne assise. La Louzefougerouse serait alors : la dalle-qui-chauffe-le-giron, et nous comprenons qu'est ici évoquée une de ces pierres réputées guérir les femmes de la stérilité et, surtout, les hommes de l'impuissance.

Le nom est visiblement calqué sur celui de la localité proche de Fontenay-le-Comte : la Loge-Fougereuse, dont le sens est à peu près : l'Abri aux fougères ; mais nous ne pouvons savoir s'il s'agit d'une simple élaboration de fantaisie, ou si Rabelais donne là le nom que portait le lieu avant que l'Eglise eût transformé les trop explicites dénominations du paganisme. Quoi qu'il en soit, le nom chrétien dont on avait rebaptisé les lieux de ces pierres ou ces pierres elles-mêmes n'empêchait pas qu'on eût gardé, en 1532, le souvenir de leurs vertus. Et l'image que suscite Rabelais avec cette dalle-qui-chauffe-le-giron, est celle de ces hommes et de ces femmes qui, la nuit, à une phase bien précise de la lune, allaient traîner leur derrière nu sur la pierre jusqu'à ce que l'échauffement dû à la friction leur ait donné l'impression qu'ils avaient capté la chaleur salvatrice. Le clergé condamnait évidemment très fort ces pratiques, d'autant que la guérison était quelquefois si rapide qu'il arrivait qu'on fît sur place l'essai de la vigueur retrouvée.

Ainsi, le sens de dalle-qui-chauffe-le-giron que nous voyons dans Louzefougerouse est donc bien, lié à celui de mal gaupé, celui qui transforme la phrase : a quoy il plaira a la court dauoir esguard en : a quoi il plaira à la cour de s'aller frotter. Et nous saisissons parfaitement la raison de cette insolente saillie si nous nous souvenons que Humevesne est persuadé que sa relation des faits n'a pu que convaincre définitivement des hommes qui savent ce que peut être l'exigence du désir : ceux qui auraient persisté à le tenir pour coupable ne peuvent donc qu'être des gens qui ignorent cette exigence, donc des impuissants, qui, en conséquence, feraient bien de s'aller frotter à la dalle-qui-chauffe-le-giron.

Il n'en demeure pas moins que Humevesne semble bien citer un réel cas de jurisprudence, et nous comprenons maintenant qu'il peut fort bien s'agir d'un mal gaupé mis en accusation pour avoir mésusé de la guérison obtenue par la dalle : l'accusation a pourtant été abandonnée, bien que sa faute fût entachée d'impiété, alors que celle de Humevesne en est totalement exempte.

Et c'est probablement là ce qu'ont dû comprendre tous les Presidens, Conseilliers & Docteurs la assistans, alors que le sens de s'aller frotter que met Humevesne dans son auoir esguard n'a pas dû échapper à Pantagruel qui, complice, a certainement ri intérieurement du brocard visant des gens qui, assemblez par lespace de quarante & six sepmaines, n'ont su mordre, ny entendre le cas au net, pour le mettre en droict en facon quelconques. Humevesne est décidément un fort habile homme, qui sait montrer à l'esprit supérieur qui le juge qu'il partage ses mépris. Nous saurons bientôt que les assistants devront confesser, du différend : Nous lauons veritablement ouy, mais nous ny auons entendu au diable la cause : nous rendrons donc la phrase en lui donnant la compréhension qu'a dû avoir Pantagruel : pour le mal gaupé de la Dalle-qui-chauffe-le-giron, a quoi il plaira à la cour de s'aller frotter.

Arrivés là, il nous faut encore faire le point, de crainte de nous perdre :

Et à supposer qu'à l'accouplement des gars de rencontre, les jouvencelles aient proclamé en avoir pris, avant que le notaire l'eût consigné en contrat cabalistique, il ne s'ensuit (sauf meilleur jugement de la cour) que six arpents de pré de grande largeur soient ramenés à la valeur de trois outres d'eau teintée, fût-elle de la meilleure qualité, à moins de dévaloriser délibérément, étant donné qu'aux funérailles du roi Charles, l'on avait au plus haut cours la toison pour deux sous l'autre, j'entends, par mon serment, de laine, et je vois le plus souvent qu'en toutes bonnes besognes, lorsqu'on va se faire engluer, faisant trois tours de gland par le vestibule, et introduisant sa distinction, l'on ne fait rien d'autre que bander l'arme, et arroser le cul si par hasard il est trop sec, et pousse lui la quille, et tout cela entendu, sa candeur fut reconnue, et en fut donné même arrêt à la saint-Martin de l'an dix-sept pour le mal gaupé de la Dalle-qui-chauffe-le-giron, a quoi il plaira à la cour de s'aller frotter.

Humevesne va pourtant tenter d'atténuer ce que peut avoir de présomptueux sa prétention à la relaxe pure et simple ; il va avancer qu'il admet que la rigueur de la justice doit s'exercer quand existe la culpabilité :

Ie ne dis vrayement quon ne puisse par equite desposseder en iuste tiltre ceulx qui de leaue beniste beuuroyent comme on faict dun rancon de tisserant dont on faict les suppositoires a ceulx qui ne voulent resigner, sinon a beau ieu bel argent.

Ie ne dis vrayement quon ne puisse par equite desposseder en iuste tiltre

Continuant sur la lancée du double sens qu'il a donné à auoir esguard, et peut-être encouragé par le sourire de Pantagruel, Humevesne continue de jouer sur les sens différents du même mot : il commence ici sa phrase en employant le verbe despposseder au sens de dépouiller, dessaisir ; il s'agit de l'action de la justice qui peut déposséder, à juste titre, quelqu'un de ses biens ; la phrase est : Je ne dis pas qu'on ne puisse vraiment par justice déposséder à bon droit.

ceulx qui de leaue beniste beuuroyent

Nous comprenons que cette suite fait pivoter le sens de déposséder : dessaisir sur celui de déposséder : libérer de la possession maléfique. L'eau bénite est, dans ce cas, employée en aspersions : nul doute qu'en la faisant boire on doive arriver plus rapidement et plus radicalement à l'expulsion des démons. Nous reprendrons donc la première phrase avec celle-ci, et nous aurons : Je ne dis pas qu'on ne puisse vraiment par justice à bon droit déposséder ceux qui boiraient de l'eau bénite.

comme on faict dun rancon de tisserant

Ici, Guilbaud rompt le silence des commentateurs, et dit à tout hasard : Rancon : sorte de hallebarde. Or, il est à peu près certain que le rancon de tisserant désigne la grosse bobine en forme de cône sur laquelle est enroulé le fil à tisser, dont nous avons parlé pour les louchetz de lucestre. Rabelais n'avait pu manquer de voir ce rancon à Lyon dont le décret de Louis XI avait fait un centre de tissage. Et ce rancon de tisserant fait repartir la phrase sur le sens despposseder : dépouiller, puisque l'image est celle de cette bobine qui se dégarnit progressivement à mesure que le fil qu'elle porte est tissé. Nous rendrons la phrase par : comme on dégarnit un cône de tisserand.

dont on faict les suppositoires

Guilbaud dit : Le supplice du pal, et c'est trop dire : il ne s'agit ici que d'une plaisanterie traditionnelle évoquant l'idée d'enfoncer ce cône dans le fondement, à l'instar de ce que faisaient les Grecs, si l'on en croit Aristophane, avec le gros radis noir à goût de moutarde qu'est le raifort. La phrase n'a besoin d'aucune transposition : dont on fait les suppositoires.

a ceulx qui ne voulent resigner,

Le sens est clair et découle de celui du latin médiéval resignare : rendre. Humevesne parle ici, peut-on penser, des débiteurs récalcitrants qui se refusent à payer l'amende à laquelle ils ont été condamnés. Mais resignare a, en latin classique, le sens de décacheter, desceller, et nous comprenons que le deuxième sens que prend ici le verbe est celui qui concerne les constipés qui ne veulent briser le sceau qui obture leur rectum. La phrase est donc : à ceux qui ne veulent restituer.

sinon a beau ieu bel argent.

L'expression n'est pas immédiatement compréhensible, et ce ne sont pas les lumières des commentateurs qui peuvent nous guider : ils se taisent. Littré donne bien la locution : A beau jeu, beau retour, qui se dit quand on rend la pareille à qui nous a fait quelque injure, mais cela n'a rien à voir avec l'idée du rancon employé pour ceux qui ne veulent restituer autrement.

Et, la suite aidant, nous vient alors à l'esprit que beau ieu peut ici représenter le jeu de l'union sexuelle ; faire beau jeu, c'est se livrer à l'accouplement, et c'est alors par plaisanterie que Humevesne évoque le beau jeu de l'union sexuelle à l'occasion de la pénétration du rancon dans le fondement.

Nous nous avisons même que a beau ieu bel argent peut être la locution consacrée des filles de joie, pour signifier qu'on n'a beau jeu que si l'on paie bien. La plaisanterie de Humevesne est donc fondée sur cette expression dont, à son habitude, il modifie la compréhension ; l'interprétation cadre fort bien et avec la forme d'esprit de Humevesne, et avec le contexte. Nous rendrons la phrase par : autrement qu'à bel ébat bel argent.

Nous avons besoin de relire tout de suite ce que vient de dire Humevesne, car nous allons nous apercevoir que la suite de son exposé va rebondir sur le verbe résigner pris dans un troisième sens pour revenir grand erre sur le sujet qui le préoccupe.

Je ne dis pas qu'on ne puisse vraiment par justice à bon droit déposséder ceux qui boiraient de l'eau bénite, comme on dépouille un cône de tisserand dont on fait les suppositoires à ceux qui ne veulent restituer autrement qu'à bel ébat bel argent.

Et nous ne voyons pas d'emblée, à vrai dire, ce qu'est venu faire cette concession de Humevesne. Mais la suite va nous montrer qu'elle n'est pour lui que le moyen de revenir sur la légitimité du cunnilinctus auquel il s'est livré, pratique qui, liée à l'aveu de sa défaillance, semble rester pour lui le chef d'accusation dont il tient à se disculper totalement. C'est évidemment l'évocation du beau jeu qui l'amène à enchaîner sur l'activité du premier boute feu que nous allons voir, comme c'est probablement le sens de resignare : briser, rompre, qui lui permet de revenir sur l'idée du dépucelage déjà abordée avec les marmouzelles qui ont corne prinze.

Tunc messieurs quid iuris pro minoribus ? Car lusance comme de la loy Salicque est telle, que le premier boute feu qui escornifle la vache qui mousche en plein chant de Musicque, sans solfier les poinctz des sauatiers, doibt en temps de godemarre sublimer la penurie de son membre par la mousse cuillie alors quon se morfond a la messe de minuict pour bailler lestrapade a ces vins blancs Daniou, qui font la iambette collet a collet a la mode de Bretaigne.
Tunc messieurs quid iuris pro minoribus ?

La phrase n'existait pas dans l'originale ; Guilbaud dit : Alors, messieurs, quel droit pour les mineurs ? Allusion à la loi salique ; mais cette traduction, qui est celle de tous les commentateurs, nous paraît infiniment trop plate pour avoir motivé l'addition de la phrase. Nous nous doutons que si Rabelais l'a insérée à cet endroit précis, c'est qu'elle a un sens second.

Et, la suite toujours aidant, nous nous avisons que iuris peut n'être pas à prendre au sens de droit, mais à celui de jus, sauce, et que pro minoribus n'est pas à comprendre comme pour les mineurs mais pour les moindres, pour les plus petits. Autant le dire tout de suite, alors que c'est seulement la fin de la période qui éclaire d'un seul coup l'idée de Humevesne, le défendeur parle ici de la mouillure de la fille et des membres qui, nous allons le voir, ont à se mettre à la hauteur de l'occurrence. La phrase est donc, comprise par Pantagruel : Dans tel cas, messieurs, quel jus pour les moins forts ?
Car lusance commune de la loi Salicque est telle,

L'édition définitive imprime : comme, mais il est certain que nous devons nous reporter, pour corriger la coquille, à l'édition originale, qui dit : commune. En tout cas, cette loi salique, qui exclut les femmes du droit de succession à la terre des ancêtres, n'est ici que pour l'équivoque, et nous avons vu que Guilbaud s'y est laissé prendre. Ce qu'il nous faut entendre par le jeu de mots entre salicque et le verbe salir, saillir : couvrir une femelle (Greimas), c'est que la loi Salicque est ici la loi de saillie, et nous rendrons la phrase par : Car le commun usage de la loi de saillie est tel

que le premier boute feu qui escornifle la vache

Le boutefeu est le bâton garni à son extrémité d'une mèche pour mettre le feu à la charge d'une canon (Littré), mais nous avons affaire ici à celui qui boute le feu, c'est-à-dire celui qui pousse la mèche : ce boute feu est le fout-au-cul. Et il est le premier, ce que nous nous garderons de prendre pour celui qui étrenne, donc celui qui dépucèle, car premier est ici à entendre, nous allons le voir, au sens de qui vient en tête pour la valeur ; le premier boute feu est exactement le plus fort fout-au-cul.

Nous avons alors dans escornifler, non pas ce croisement qu'indique le Petit Robert entre écorner : entamer, et nifler : renifler, mais bien le verbe qui, relié au mot vache, et comportant cet affixe : nifle qui a charge d'indiquer qu'il s'agit d'une façon particulière de faire l'action qu'exprime le verbe où il est introduit, est l'équivalent de encorner au sens érotique.

Quant au mot vache, outre qu'il est appelé par ce sens d'encorner, il est apparemment le terme qui désigne l'objet quelconque de l'action, ici n'importe quelle partenaire, à peu près comme nous avons encore dans la réponse faite à un conseil importun : j'en parlerai à ma vache. Nous rendrons donc la phrase par : le plus fort fout-au-cul à encorner la bête.

qui mousche en plein chant de Musicque,

Il n'y a pas de virgule (ni d'oblique dans l'originale), mais nous allons comprendre que la phrase ne peut que se rapporter au premier boute feu et nullement à la vache. Pour mousche, il semble que, plutôt que de voir ici l'idée de toucher juste, qui nous vient à l'esprit, sens qui n'est pas attesté pour le verbe mochier, nous devions distinguer l'idée de moucher la chandelle, même si le sens littéral est : ôter le bout du lumignon qui empêche la chandelle de bien éclairer (Littré) ; ce sens a toujours été confondu avec celui de coiffer la chandelle d'un éteignoir en forme de cône, et c'est bien ici l'image que va préciser la suite de la phrase.

Pour en plein chant de Musicque, nous entendons une fois de plus que de Musicque est justement mis là pour nous interdire de comprendre qu'il s'agit du plain-chant de la musique vocale, et qu'il nous faut voir dans ce chant la face étoite d'un objet (Greimas). Nous n'avons alors aucun mal à saisir que cette face étroite est évidemment le sexe de la fille dans lequel on mouche sa chandelle. Nous rendrons la phrase, en tentant de transposer le jeu de mots, par : qui entonne en plein con-certo.

sans solfier les poinctz des sauatiers,

Guilbaud dit : Jeu de mots entre les points de l'écriture musicale et les points de couture, des savetiers ; Demerson dit : Terme de musique et de couture, et ajoute péremptoirement : l'équivoque est absurde. L'absurdité n'est que dans la suffisance de Demerson qui, n'ayant rien compris, ni cherché à rien comprendre, tranche du haut de sa simplicité. Mais nous savons que Rabelais pardonne aux maistres inertes (G. xviij), et nous passons.

Nous comprenons, nous, que solfier les poinctz est la suite obligée de de Musicque, et que solfier est ici déchiffrer à l'instrument, c'est-à-dire jouer d'une main les notes qu'on lit, puisque ces points sont ceux des sauatiers et que la savate est, nous le savons, le sexe de la femme : sans solfier les poinctz des sauatiers évoque donc les attouchements du prélude, c'est-à-dire la préparation au jeu, qui seraient à faire pour mettre la fille dans le ton. Nous rendrons la phrase par : sans préluder au bas clavier.

doibt en temps de godemarre

L'originale disait : en temps de peste ; à cette indication quelque peu saugrenue, Rabelais a substitué le mot qui, au cent vingt-septième titre de la Librairie signifiait : manche à défoncer. C'est bien ici cette même idée de défonçage qui est à retenir, étant entendu que Humevesne, qui vient de décrire la conduite expéditive du premier boute feu, qui possède les femmes en entonnant en plein con-certo sans préluder au bas clavier, dit maintenant par restriction : doit en cas de dépucelage.

sublimer la penurie de son membre

L'originale disait : charger son pauvre membre, et il semble que le verbe charger avait alors pour mission de renforcer le sens apparent que Rabelais voulait donner au mot mousse de la phrase suivante. Peut-être est-ce, là encore, pour plus de clarté, après avoir constaté l'incompréhension qui avait subsisté, que Rabelais a préféré le verbe sublimer, qui est à entendre ici au sens de transformer en élevant. L'idée est bien celle de transcender, c'est-à-dire mettre le membre au-dessus du niveau moyen.

La penurie, qui est au sens propre, l'extrême disette, est alors le prosaïsme : Humevesne dit en fait que, pour l'acte de défloration, le plus fort se doit de faire accéder son membre à un niveau supérieur au niveau habituel qu'il a pour l'acte courant. Nous rendrons la phrase par : transcender le prosaïsme de son membre.

par la mousse cuillie

L'originale disait : de mousse cuillie, et Saulnier dit : On voit assez le genre de mousse où l'on va rafraîchir le pauvre membre. La plaisanterie devait être traditionnelle. Voir l'anecdote du chapitre XI (xv). Saulnier commente l'originale, et il a été abusé par la phrase : charger son pauvre membre, où charger et pauvre pouvaient donner l'idée de compenser ; nous ne voyons pas toutefois où il a pris l'idée de rafraîchir, à moins qu'il ne s'agisse du sens de revivifier.

Mais nous qui savons désormais ce qu'il faut entendre par sublimer la penurie, nous voyons que cette mousse n'est pas la plante généralement verte, rase et douce, formant touffe ou tapis sur la terre, les pierres, les écorces (Petit Robert), dont le lion se servira, au chapitre xv, pour étouper le comment a nom de la vieille, mais bel et bien l'écume qui se forme sur l'eau et sur quelques liqueurs quand on les bat (Littré) et, bien sûr, celle qui se forme au sexe de la femme en proie au désir, la phrase suivante va nous le confirmer sans conteste. Mais déjà, l'équivoque contenue dans cuillie nous met sur la voie, et nous rendrons la phrase en transposant ainsi cette équivoque : par la mousse du cul-te.

alors quon se morfond a la messe de minuict

Il s'agit bien ici de la mousse qui peut se trouver à la base des piliers de l'église, et nous savons que si Humevesne a soin d'ajouter cette précision, étrangère au développement de sa pensée, c'est afin qu'on comprenne que la mousse cuillie est celle que nous avons dite.

Il n'en reste pas moins que, dans cette phrase, cette mousse végétale est celle que l'on arrachait aux piliers pour se la mettre sous les pieds, dans les sabots ou sous les genoux, étant entendu que alors qu'on se morfond signifie alors qu'on s'enrhume : (morfondre (se) : contracter un catarrhe, en parlant des chevaux, du provencal mourre, museau, et de fondre ; Dauzat). Il est bien sûr qu'une église où l'on trouve de la mousse sur les piliers risque bien d'être celle où l'on peut contracter un catarrhe, mais la Providence fait bien les choses, qui apporte avec le mal son remède isolant. Nous rendrons la phrase par : alors qu'on s'enrhume à la messe de minuit.

pour bailler l'estrapade a ces vins blancs Daniou,

La phrase est à rattacher à par la mousse cuillie ; elle est la suite du développement de Humevesne qui a exposé que le fout-au-cul le plus fort à encorner la bête, qui entonne en plein con-certo sans préluder au bas clavier, doit en cas de dépucleage transcender le prosaïsme de son membre par la mousse du cul-te.

L'estrapade est le supplice consistant à hisser la victime à une certaine hauteur, puis à la laisser tomber en la retenant par un câble à une certaine distance du sol ; de l'italien strappata, de strappare, arra-

322

cher (Dauzat). Il n'est pas ici question de supplice, et seul nous intéresse le sens de arracher qu'a le verbe strappare : nous pouvons comprendre alors qu'il s'agit de procéder à l'arrachage des bouchons des vins. Mais la phrase de ces vins blancs Daniou est bien trop précise pour ne pas vouloir signaler, là encore, que l'estrapade n'est pas l'arrachage, fût-il de bouchons.

Et nous nous apercevons que le verbe strappare, en plus de arracher, a le sens de déchirer, et que le substantif strappata est exactement la secousse. Il est alors évident que pour bailler lestrapade est à entendre comme pour donner la saccade, et l'idée de dépucelage alliée au sens de déchirer nous laisse penser que cette saccade est la saccade de défloration.

Mais il apparaît pourtant que a ces vins blancs Daniou est lié à la phrase suivante : ces vins ne sont donc pas là seulement pour infléchir le sens de estrapade, et ils doivent avoir un sens propre qu'il nous faut découvrir. Et il ne nous est pas difficile de nous remémorer que les vins d'Anjou sont, pour la dégustation, contenus dans des demi-bouteilles qu'on a, de tout temps, dénommées fillettes. Tout s'éclaire alors, et nous saisissons que si la phrase de Humevesne a pour sens premier : pour se livrer au débouchage de ces vins blancs d'Anjou, ce sens se double de : pour donner la saccade défloratrice à ces fillettes, et c'est, bien sûr, le seul que nous retiendrons. Nous rendrons la phrase par : pour un procéder au débouchage de ces fillettes.
qui font la iambette

Guilbaud dit, naïvement : Le croc-en-jambe. Ces vins coupent en effet les jambes ; Michel dit : Qui donnent des crocs-en-jambe comme à la lutte bretonne.

Nous trouvons dans Greimas le verbe jambeter : faire la culbute, être renversé. Donc faire la jambette, c'est faire la culbute, se faire renverser, et nous entendons que cette action peut aussi bien être subie par les fillettes-bouteilles que par les fillettes de chair et de sang. Nous entrevoyons ici que le calembour a toutes chances d'être filé jusqu'à la fin, et nous rendrons la phrase par : qui font la culbute.
collet a collet a la mode de Bretaigne.

Guilbaud dit : Comme les lutteurs se prennent au collet et : La lutte était le jeu national de Bretagne. Nous pourrions en effet, nous appuyant sur la colee, de coler : accoler, embrasser (Greimas), prendre collet a collet pour une locution désignant soit une prise de lutte, soit la position de l'embrassade : cela s'appliquerait aux bouteilles prises au col l'une après l'autre, et aux fillettes tenues par le cou et tenant elles-mêmes par le cou.

Mais, une dernière fois, la précision que semble donner Humevesne avec a la mode de Bretaigne nous alerte en nous laissant penser qu'il n'est pas plus question ici de lutte que de Bretagne, et que collet a collet n'est peut-être pas à prendre à des sens si innocents. Nous nous avisons alors que le collet est le bourrelet qui termine le goulot d'une bouteille (Littré), et ce bourrelet nous amène à penser que, pour le sens érotique, nous pourrions bien nous trouver ici devant une locution imagée d'essence populaire ou forgée par le médecin Rabelais, et décrivant exactement la défloration : le mot collet est à la fois le nom du sillon situé sous le gland et le nom du gland (collet : partie en saillie autour d'un objet, bourrelet ; Petit Robert), et celui de l'hymen (collet : qui entoure le col ; Petit Robert).

Nous ne pouvons, évidemment, être certains que ce collet a collet a bien le sens que nous lui trouvons. Mais il faut bien reconnaître que ce sens sonne tout à fait à l'unisson du morceau commencé avec en temps de godemarre, et qu'il forme une conclusion conséquente à l'argumentation de Humevesne. En outre, nous avons toujours vu le signal renvoyer à un sens salace, et il semble, raison littéraire, que le finale de Humevesne a toutes raisons d'être, en ce domaine, de plus haut ton que tout ce qu'il a dit. Nous tiendrons donc pour bonne notre interprétation, et nous rendrons la phrase, qui s'applique à la fois aux bouteilles, à la lutte et à la défloration, par : collet à l'étau, à la mode de Bretagne.

Nous relisons maintenant ce qui a formé la conclusion de Humevesne :

Dans tel cas, Messieurs, quel jus pour les moins forts ? Car le commun usage de la loi de saillie est tel que le fout-au-cul le plus fort à encorner la bête, qui entonne en plein con-certo sans préluder au bas clavier, doit, en cas de dépucelage, transcender le prosaïsme de son membre par la mousse du cul-te alors qu'on s'enrhume à la messe de minuit, pour procéder au débouchage de ces fillettes qui font la culbute, collet à l'étau, à la mode de Bretagne.

Humevesne vient donc, en se gardant de l'exprimer clairement, de faire naître l'opinion qu'il a bien eu affaire à une vierge, qu'il a dépucelée. Or comme il a dit que le plus fort fout-au-cul se doit, pour dépuceler, de sublimer la penurie de son membre par la mousse du cul, et qu'il a sous-entendu, avec son jus pour les moins forts, qu'il n'est pas ce puissant fout-au-cul, il peut légitimement penser qu'est effacée par son exploit la fâcheuse impression qu'a pu produire sa défaillance, comme est annulé le grief qu'on peut lui faire de ce cunnilinctus considéré comme une puérilité. Humevesne, qui a montré une très grande finesse tout au long de sa défense, le conclut par une habileté consommée.

Le reste est formule consacrée et n'a nul besoin de transposition. Puis c'est la rituelle question :

Apres que le seigneur de Humevesne eut acheue, Pantagruel dist au seigneur de Baisecul Mon amy voulez vous rien replicquer ? A quoy respondit Baisecul. Non monsieur : car ie nen ay dict que la verite : & pour dieu donnons fin a nostre different : car nous ne sommes icy sans grand frais.

Et, comme pour Baisecul, afin de mieux épouser la compréhension de Pantagruel arrivé au moment où il doit se prononcer, nous allons relire d'une traite tout ce qu'il a compris, lui, d'emblée, de la défense de Humevesne :

Lors commença le seigneur de Humevesne ainsi que s'ensuit : Monsieur et Messieurs, si la corruption humaine était aussi facilement décelée en jugement définitif qu'on distingue mouches dans le lait, le monde, tout naturellement, ne serait pas aussi décadent qu'il est, et subsisteraient sur terre maintes oreilles qui ont été rognées trop légèrement. Car bien que tout ce qu'a dit la partie adverse soit apparemment bien vrai quant au sens littéral et à l'historique des faits, toutefois, Messieurs, la cautèle, la tricherie, les petites interprétations tendancieuses sont cachées au fond du pot. Puis-je résister quand, à l'heure que, la journée finie, je mange ma soupe en toute innocence, l'on vient me troubler et me mettre martel en tête, m'invitant à sonner le branle et disant que ce n'est pas quand je serai mort que je pourrai le faire ? Et sainte Vierge, combien avons-nous vu de ces grands capitaines, en plein champ de bataille, au plus fort de la distribution confraternelle de pains sur la figure, pour très honorablement se retirer de la mêlée, jouer du fifre, sonner du cul, et se trémousser horizontalement ? Mais maintenant le monde est tout en perruque des bobines des ballots de Lucestre, l'un se dérobe et l'autre est fou, et si la cour n'y donne ordre, il va être cette année aussi difficile qu'hier ou demain de glaner des verres de vin. Si un pauvre affligé va aux étuves pour se faire enluminer la figure au bain de boue, ou s'offrir un manchon fourré, et que les sergents de ronde ou bien ceux du guet reçoivent sur leurs sonores armures la décoction d'un clystère ou la matière fécale d'une chaise percée, en doit-on pour cela couper les tétons et rôtir les lèvres culières en bois ? Quelquefois, nous pensons l'un mais Dieu fait l'autre, et quand le soleil est couché bien des bêtes sont à l'ombre, je n'en veux être cru si je ne le prouve hautement par gens éclairés. L'an trente-six, j'avais acheté un courtaud d'Allemagne, haut sur pattes et court d'échine, d'assez bonne toison et teint à cœur, comme assuraient les experts, toutefois le notaire y ajouta quelque chose du nom de cetera. Je ne suis point clerc, instruit en finesses, nuances et subtilités, mais au pot beurrier où se forgent les cocuages, le bruit enflait que le bœuf salé faisait trouver le vin sans chandelle, mieux encore le vit, fût-il au fond d'un sac de charbonnier, s'il est armé pour le combat, renforcé de la tête, et munitions nécessaires à bien fricasser à la rustique, c'est de cuisine que je parle, et c'est bien ce qu'on dit en proverbe, qu'on n'y regarde pas de si près quand on a le feu au cul. J'en fis tâter la substance à messieurs les clercs, et pour résolution conclurent en due forme qu'il n'est tel que s'activer en lieu retiré (combler son désir en bordel / mater le désir en cabinet) bien pourvu de papier et d'encre, de plumes taillées du ganivet (de tailleuses de plumes du Ganivet/ de plumes et canif) de Lyon sur le Rhône allons-y de la main (as-ti-quons déga-geons/ manus-cal-li-gra-phions), car aussitôt qu'une couleuvrine sent le mortier (qu'un pilon sent le mortier/ qu'une âme sent la tentation), le trouble s'infiltre au fond de son âme (l'envie lui ronge les entrailles/ le mal s'infiltre au plus profond), et puis que l'on ne fait que redresser la tête (que redresser la torche couillère/ que mettre nez au vent), n'aspirant qu'à dormir à l'ombre des courtines (qu'à s'endormir sur son vœu de chasteté/ n'attendant plus que l'heure de l'exécrable sieste), et voilà ce qui rend le sel si cher. Messieurs, ne croyez pas qu'au temps que ladite bonne femme englua le sac-à-vit pour mieux accueillir la tête du membre, et que le désir génital se faufila par les bourses des usuriers, il y eût rien de mieux à faire pour se garder des excités que prendre son vit en main, rigidifié par l'idée de tous ces vagins et quelque peu des pendilloches du meilleur aloi qu'aient les alchimistes et obturer ardemment et apaiser ces gentils petits connins avec belle sauce d'emmanchement, et s'enfouir en quelque galerie galante, exceptant toujours les couillons. Et si le lourdois ne veut faire autrement qu'être terne du gros bout, et que cela dure, mettez la dame au coin du lit, réjouissez-la de circonlocutions, et lappez assidûment : plongeant la langue en toutes belles cramouilles épanouies, ce sera pour les jouvenceaux qui s'ébattent au jeu de l'écureuil d'entrejambes, attendant d'empoigner le manche et mettre à chauffer le gland aux baveux de plaisance. Il est bien vrai que l'aiguillon dont nous parlons a quelque peu a été pris de court ; toutefois, pour connaître la musique, il n'en craignait baudet baudouinant, ni caqueteur d'Italie, et les bonnes gens de mon pays en formaient bon espoir, disant : Ces enfants deviendront experts en arithmétique amoureuse ; ce nous sera règle de raideur inflexible ; nous ne pouvons manquer d'être à la hauteur, dressant nos piques au-dessus du clos bruneau dont a parlé la partie adverse. Mais le grand doigt en prit envie et mis les amandes au derrière, qui firent honte de gougnoter : Mâle, baise, baise, et redouble en la trappe. Car il n'est pas raisonnable de dire qu'à Paris, sur petit pont, poule de bordeau, et fussent les clients aussi dupes que huppes de marais, à moins que l'on n'ait vraiment sacrifié les petites excroissances vulvaires d'un bistouri au fil fraîchement imprimé de lettres italiques ou romaines, cela m'est tout à fait égal, pourvu que les tranchefiles de la fendasse n'engendrent pas les vers. Et à supposer qu'à l'accouplement des gars de rencontre, les jouvencelles aient proclamé en avoir pris, avant que le notaire l'eût consigné en contrat cabalistique, il ne s'ensuit (sauf meilleur jugement de la cour) que six arpents de pré de grande largeur soient ramenés à la valeur de trois outres d'eau teintée, fût-elle de la meilleure qualité, à moins de dévaloriser délibérément, étant donné qu'aux funérailles du roi Charles, l'on avait au plus haut cours la toison pour deux sous l'autre, j'entends, par mon serment, de laine, et je vois le plus souvent qu'en toutes bonnes besognes, lorsqu'on va se faire engluer, faisant trois tours de gland par le vestibule, et introduisant sa distinction, l'on ne fait rien d'autre que bander l'arme, et arroser le cul si par hasard il est trop sec, et pousse lui la quille ; et tout cela entendu, sa candeur fut reconnue, et en fut donné même arrêt à la saint-Martin de l'an dix-sept pour le mal gaupé de la Dalle-qui-chauffe-le-giron, a quoi il plaira à la cour de s'aller frotter. Je ne dis pas qu'on ne puisse vraiment par justice à bon droit déposséder ceux qui boiraient de l'eau bénite, comme on dépouille un cône de tisserand dont on fait les suppositoires à ceux qui ne veulent restituer autrement qu'à bel ébat bel argent. Dans tels cas, Messieurs, quel jus pour les moins forts ? Car le commun usage de la loi de saillie est tel que le fout-au-cul le plus fort à encorner la bête, qui entonne en plein concerto sans préluder au bas clavier, doit, en cas de dépucelage, transcender le prosaïsme de son membre par la mousse du cul-te alors qu'on s'enrhume à la messe de minuit, pour procéder au débouchage de ces fillettes qui font la culbute, collet à l'étau, à la mode de Bretagne. Concluant comme dessus, avec dépens, dommages et intérêts. Après que le seigneur de Humevesne eut achevé, Pantagruel dit au seigneur de Baisecul : Mon ami, voulez-vous rien répliquer ? A quoi répondit Baisecul : Non, Monsieur : car je n'en ai dit que la vérité : et pour Dieu, donnons fin à notre différend : car nous ne sommes ici sans grand frais.

Comment Pantagruel donna sentence sus le different des deux seigneurs. Chapitre.xiij.

Michel nous avertit d'entrée : L'arrêt de Pantagruel est, comme les plaidoyers, une succession de coq-à-l'âne ; nous ajoutons alors : tous les espoirs nous sont donc permis. Et sans nous arrêter à l'étalage d'érudition juridique de Pantagruel, et nous rappelant seulement que les assistants ont renoncé à comprendre et qu'ils ont supplié Pantagruel de donner la sentence comme il entendra, la ratifiant d'avance de leurs pleins consentemens, nous entrons tout de suite dans le vif du sujet :

Veu, entendu, & bien calcule le different dentre les Seigneurs de Baisecul & Humevesne, la court leur dict que consideree lorripilation de la ratepenade declinent brauement du solstice estiual pour mugueter les billes vesees qui ont eu mat du pyon par les males vexations des lucifuges qui sont au climat diarhomes dun matagot a cheual bendant une arbaleste au reins,

Veu, entendu, & bien calcule le different dentre les Seigneurs de Baisecul & Humevesne, la court leur dict que consideree lorripilation de la ratepenade

L'originale disait seulement : que consydere que le soleil, et l'expérience acquise par les deux plaidoiries nous donne la certitude que si Rabelais a remplacé ce vague soleil par deux mots précis, c'est que ces deux mots sont chargés du sens salace que le mot soleil ne permettait pas de déceler.

Guilbaud dit : Ratepenade : chauve-souris. Jeu de mots entre horripilation de la ratepenade et opilation (obstruction) de la rate ; Michel dit : Horripilation de la chauve-souris. Calembour possible sur l'expression médicale : opilation (obstruction) de la rate.

Les méninges de nos commentateurs sont obscurcies par l'esprit de gravité : ils veulent à tout prix, et fort légèrement, considérer que la ratepenade est la rate, et distinguer, vaille que vaille, dans l'horripilation une étrange opilation nettement controuvée. Nous essayons, nous, de mettre nos pas dans les pas de l'auteur : nous sommes donc frivoles mais conséquents ; et nous voyons que l'horripilation désigne le frissonnement général qui précède la fièvre, et pendant lequel les poils, se dressant sur la surface du corps, produisent l'état qu'on nomme chair de poule (Littré). D'autre part, nous nous souvenons d'avoir vu, au cinquante-sixième titre de la Librairie, que la ratepenade désigne le bas-ventre masculin ou féminin. La suite aidant, nous allons comprendre que la ratepenade est ici l'appareil génital masculin, et l'horrilation est alors cet état où le scrotum est affecté de cette chair de poule qui précède le désir déclaré. Nous rendrons donc cette phrase par : Vu, entendu et bien calculé le différend d'entre les seigneurs de Baisecul et Humevesne, la cour leur dit que, considéré l'état d'excitation de la génitoire.

declinent brauement du solstice estiual

L'originale disait : decline brauement de son solstice estiual, et c'était le soleil qui était censé arriver vaillamment de sa position estivale du jour le plus long de l'année à celle de la plus longue nuit. La correction, faisant disparaître le soleil, a donné à declinent, qui est un participe présent se rapportant à orripilation, un tout autre sens : il faut lui voir celui de faisant dépendre, inclinant à, qui attribue la responsabilité de l'état d'excitation au solstice. Nous conserverons l'idée que l'excitation est due à l'influence astrale et rendant brauement par astrologiquement, nous aurons : encline astrologiquement par le solstice d'été.

pour mugueter les billes vesees

Mugueter, c'est rechercher, désirer d'obtenir (Littré), ou courtiser (Petit Robert). Pour billes vesees, c'est ici le sens propre qui est à retenir ; Dauzat dit : Mot de l'Ouest qui paraît représenter beille, boyau (latin botulus) et vezée, soufflée (aujourd'hui veze, cornemuse). Il n'est pas besoin de chercher longtemps pour voir dans ces boyaux soufflés, c'est-à-dire des boyaux dont les parois ne sont plus appliquées l'une contre l'autre, les vagins en état d'appétence. L'état de boursouflure où l'on va bientôt nous dire que se trouvait le gallion de la bonne femme nous confirme dans cette compréhension, et nous rendrons la phrase par : à courtiser les manchons turgescents.

qui ont eut mat du pyon

L'expression est du jeu d'échecs, et désigne le mat, c'est-à-dire l'impossibilité pour le roi de se dérober à l'échec ou menace de prise ; le pion est, de toutes les pièces, la moins puissante, et nous pourrions ici comprendre qu'il s'agit d'avoir été réduit à l'impuissance par une autorité discutable. Mais la suite va nous faire entendre que la phrase se rapporte à billes vesees, et que le mat du pyon décrit l'inaction où a dû rester le pyon, c'est-à-dire le membre, par l'obligation de chasteté d'une période d'abstinence précédant une célébration religieuse. Les billes vesees sont donc les manchons qui sont turgescents parce qu'ils ont été délaissés pendant tout ce temps. Nous rendrons la phrase par : qui ont été privés du membre.

par les males vexations des lucifuges qui sont au climat diarhomes

L'originale disait : par les males vexations des lucifuges nycticoraces/ qui sont inquilines du climat diaromes, et Demerson dit, pontifiant, en citant cette phrase de l'originale : Dans les trois chapitres consacré au procès actuel, Rabelais a enrichi, au cours des rééditions, le répertoire des termes dénués de sens, qu'il a semés au hasard : nous ne pouvons que souhaiter à M. Demerson d'être dénué de sens de semblable manière et d'avoir un jour le hasard aussi heureux.

Saulnier dit : Lucifuge : qui fuit la nuit (ce qui est une coquille puisqu'il s'agit de fuir la lumière) ; nycticoraces : oiseaux de nuit, corbeaux de nuit ; inquilin : locataire ; diazomes (autre coquille) : de Rome (dia Rome). La phrase était donc l'équivalent de : par les méchantes vexations des oiseaux de nuit fuyant la lumière qui habitent la région de Rome.

Pour la définitive, les males vexations sont toujours les mauvais, les méchants tourments (vexare : tourmenter). Mais il semble que le mot climat soit à prendre ici dans son sens astrologique, et nous rendrons ainsi la phrase : par les cruelles austérités des ténébrions qui gravitent à Rome autour.

dun matagot a cheual

L'originale disait : dung crucifix a cheual : se retrouve ici la situation de la phrase du chapitre x, avec le crucifix qui était censé souffler dans un fifre, et que Rabelais a prudemment supprimée.

Guilbaud dit : Matagot : singe (terme d'injure) ; Michel dit : singe ; mais nous nous doutons que, si le mot est inspiré du magot ou singe à queue rudimentaire, mot qui vient lui-même de Magog : nom propre hébreux associé à Gog pour désigner dans l'Apocalypse, XX, 8, puis au Moyen Age, des peuples orientaux hostiles aux chrétiens (Dauzat), matagot désigne ici un de ces hommes d'Eglise hypocrites, finalement aussi néfastes à la chrétienté que les peuples de Magog, et que Rabelais exècre. Et comme nous avons vu que les lucifuges qui sont au climat diarhomes, sont les ténébrions qui gravitent autour, nous n'avons aucune peine à comprendre que ce matagot a cheval est ici le pape, pivot du vol des nycticoraces de l'originale, et dont la position a cheval souligne les instincts belliqueux. Nous rendrons la phrase par : d'un singe équestre à tiare.

bendant une arbaleste au(x) reins,

Une raison supplémentaire d'avoir remplacé le crucifix par le matagot est que la position équestre s'accompagne ici de l'état d'érection : nous avons vu, en effet, pour Humevesne, ce qu'évoque l'image de l'arbalétrier bandant son arme au moyen du croc, et nous l'avons compris grâce à cette phrase de Pantagruel ; il n'y a donc aucun doute quant à ce qu'il faut entendre de ce matagot qui impose aux fidèles l'abstention des rapports sexuels tout en étant lui-même bien loin du détachement des convoitises charnelles. Mais l'image prolonge aussi l'idée du pape chef d'armée, et nous rendrons la phrase par une expression qui comprend et le sens érotique et le sens guerrier, et nous aurons : portant la lance à l'arrêt.

Le début de la sentence est donc celui-ci, qui serait fort scandaleux dans la bouche d'un Pantagruel, si nous ne savions que personne n'entend son propos, et si nous ne nous doutions qu'il profite de la totale liberté qui lui est ainsi offerte :

Vu, entendu et bien calculé le différend d'entre les seigneurs de Baisecul et Humevesne, la cour leur dit que, considéré l'état d'excitation de la génitoire encline astrologiquement par le solstice d'été à courtiser les manchons turgescents qui ont été privés du membre par les cruelles austérités des ténébrions qui gravitent à Rome autour d'un singe équestre à tiare portant la lance à l'arrêt,

Nous allons examiner la suite avec toute la liberté que nous laisse le mutisme des commentateurs, si total que, pour un peu, nous penserions qu'ils comprennent ce qu'ils lisent, et qu'ils en sont effarouchés :

le demandeur eut iuste cause de callafater le gallion que la bonne femme boursoufloit un pied chausse & lautre nud, le remboursant bas & roidde en sa conscience daultant de baguenaudes, comme y a de poil en dixhuit vaches, & autant pour le brodeur.

le demandeur eut iuste cause

La phrase est claire : Pantagruel se prononce nettement et dit : le demandeur aurait eu toutes raisons.

de callafater le gallion

L'originale disait : calfreter, que Saulnier donne pour calfater. Le gallion est, au sens propre, le grand navire de commerce du XVIe siècle ; mais ce n'est là qu'une image, et il faut voir dans ce gallion le vaisseau qui est le vase naturel, mots par lesquels l'Eglise désigne le réceptacle féminin, ainsi que l'attestent les pénitentiels du XVe siècle, qui recommandent au confesseur de s'enquérir si le pénitent a opéré dans le vaisseau, ou dans un vaisseau indu, ou hors de tout vaisseau [1]. Nous rendrons donc la phrase par : de combler le vaisseau.

que la bonne femme boursoufloit

La boursouflure est, selon Littré, terme de médecine qui signifie engorgement formé par la présence de l'air ou de sérosités dans le tissu cellulaire. Rabelais parle ici en médecin, et nous comprenons que la

---

1. Manuels de saint Antonin et de Savonarole (cité par J-L. Flandrin dans l'Eglise et le contrôle des naissances, Flammarion, 1970).

disposition dans laquelle se trouve le gallion de la bonne femme est celle des billes vesees de tout à l'heure ; la forme de la phrase, qui laisse entendre que l'intéressée boursoufle volontairement son vaisseau, nous amène à rendre la phrase par : qu'enflait la bonne femme
un pied chausse & laultre nud,

Nous avons toutes raisons de croire que la locution est érotique, liée qu'elle semble être au gallion que la bonne femme boursoufloit : il n'y a en effet pas de virgule après boursoufloit, alors qu'il y en a une après nud, et l'originale donne même ponctuation. Pourtant l'image que nous entrevoyons sous un pied chausse & laultre nud ne s'applique pas au gallion boursouflé, mais au développement qui va suivre : peut-être pouvons-nous alors penser à une omission de la virgule, et considérer que un pied chausse & laultre nud ne constitue pas la fin de la description qui concerne l'état où se trouve la femme, mais le début de la représentation de ce qu'aurait dû être l'action de l'homme en cette occasion.

Car il nous apparaît que l'équivoque est élaborée sur la traditionnelle acception vit du mot pied, et l'image, construite sur l'idée du vit chaussé puis déchaussé, évocation évidente du va-et-vient coïtal, qui cadre fort bien avec ce qui va suivre. Nous éprouvons toutefois quelque insatisfaction à nous dire que nous passons peut-être là sans la voir sur une expression plus savoureuse concernant le désir féminin, mais nous nous résoudrons à rendre la phrase par : le vit chaussé puis déchaussé.
le remboursant

Rembourser, c'est remettre en bourse ce qu'on en a sorti. Mais il ne s'agit pas ici, bien sûr, de la bourse à monnaie, mais bien de la bursa latine ou petit sac de cuir qui désigne le scrotum. Le verbe semble bien être le verbe rembourrer (de re-embourrer), c'est-à-dire remplir en poussant pour combler, verbe transformé à dessein pour contenir cette idée de bourse-scrotum. Nous verrons dans ce verbe l'équivalent de : y portant la bourse, qui équivaut à dire : le scrotumisant ; mais l'idée de pénétration nous fera rendre le verbe par : lui rembourrant
bas & roidde

L'expression est du vocabulaire du tournoi et décrit la façon de tenir la lance pour le choc. Mais il est apparent qu'il s'agit ici de l'acception érotique concernant la lance virile, qui ne peut, bien sûr, qu'être tenue bas, et qu'il est évidemment souhaitable de tenir le plus roidement possible. Le mot bas est pourtant à entendre aussi comme bât, mot qui a toujours fait équivoque avec le bas féminin, le verbe bâter ayant, lui, le sens sexuel de couvrir. Nous rendrons donc la locution par : rigidement le bât.

dans sa conscience

Il s'agit là, indiscutablement, du jeu de mots que nous avons déjà rencontré entre conscience et science du con. Mais il apparaît aussi que, Pantagruel ayant prononcé les paroles : eut iuste cause, il y a dans la locution : dans sa conscience, l'idée de en conscience : avec application, ainsi que celle de en conscience : honnêtement, légitimement. Nous rendrons les trois compréhensions par la désarticulation : en toute con-science.

daultant de baguenaudes,

Les baguenaudes sont, selon Guilbaud, qui est seul à sortir de l'aphasie générale, les fruits du baguenaudier, qui claquent quand on les presse. Il ajoute : Ce remboursement bas et roidde se fait manifestement à coups de pied ou de bâton. Guilbaud ne voit ici que l'action de rendre et ne distingue qu'une volée de coups : nous sommes ainsi certains que le silence de la glose ne provient nullement d'une quelconque compréhension qui la scandaliserait, mais bel et bien du fait qu'elle n'entend rien au texte ; à vrai dire, nous nous en doutions un peu, mais nous voilà rassurés quand à l'intégrité de sa juvénile fraîcheur.

Voyons donc, nous, que si Littré dit : Baguenauder : s'amuser à des choses vaines et frivoles, ce qui ne nous avance guère, il dit aussi : Baguenaudier : jeu composé d'un certain nombre d'anneaux, qu'il faut enfiler et désenfiler suivant un certain ordre, ce qui nous satisfait bien davantage, tout en nous laissant supposer que, presque à coup sûr, nous avons affaire ici, avec baguenaude, à un mot qui a été détourné de son sens : ce jeu des anneaux prouve assez que le mot vient du moyen néerlandais bagge : anneau, et pas du tout du latin baca : baie (Dauzat) ou du méridional baga : baie (Bloch et Wartburg).

En tout cas, la baguenaude de Pantagruel s'entend comme l'action d'enfiler et de désenfiler des anneaux ou un anneau ; et il n'est pas besoin d'être grand clerc pour induire que le jeu de la baguenaude a dû, traditionnellement, avoir le sens érotique dicté par l'image suggérée. Nous comprendrons donc daultant de baguenaudes comme d'autant d'enfilages et de désenfilages d'anneau ; nous voyons fort bien ce qu'est cet anneau, et nous rendrons la phrase par : d'autant de va-et-vient.

Avant de passer à la suite, et pour jouer au petit étymologiste, nous pouvons tenter de reconstituer ce qu'ont pu être les manœuvres abortives qui ont empêché ce mot de transmettre son contenu égrillard :

Il existe donc, à l'époque anté-étymologique, un jeu qui consiste à enfiler et désenfiler (nauder ?) des bagues ou anneaux, jeu qui évoque, bien sûr, un enfilage et un désenfilage de bague moins innocents. Là

333

est le scandale à faire cesser. Or, il se trouve que baguenauder, en plus du sens réel de jouer au jeu d'enfiler et désenfiler de vraies bagues, a celui de s'amuser à des choses vaines et frivoles qu'implique cette occupation futile ; et il se trouve aussi qu'un des jeux auxquels se livrent les enfants est celui qui consiste à faire éclater les fruits de l'arbuste qui porte des gousses remplies d'air ; agissant ainsi, ils baguenaudent, c'est-à-dire s'occupent à des choses vaines et frivoles. Le premier châtreur de langage faisant un dictionnaire s'empresse alors de nommer baguenaudes ces fruits qu'on fait éclater en baguenaudant, espérant ainsi distraire le verbe du sens primitif de enfiler et désenfiler des anneaux, qui se prête à une compréhension sexuelle ; et il y réussit pleinement : la baguenaude est désormais la gousse, et son arbuste, le baguenaudier.

Là-dessus arrive l'ère des étymologistes qui constatent que l'arbuste en question est originaire du Languedoc, entendent que son fruit y est appelé baganaudo, et estiment que le mot baguenaude est la transcription française du mot dialectal. Et, sérieux comme des papes, persuadés que les gens du XIVe siècle ou du XVe siècle ont appris cette façon de faire éclater les gousses des clercs latinistes du moyen âge, ils concluent que le mot baguenaude a toutes chances de venir du mot latin baca : baie, nous laissant d'ailleurs dans la plus grande perplexité pour la partie -naude du mot.

Et c'est ainsi que des bagues qui se font enfiler et désenfiler ont pu devenir des gousses qui éclatent, trouvant des étymologistes-généalogistes pour établir gravement une filiation sur une simple assonance. Et l'on frémit à la pensée que si les enfants du temps avaient mieux aimé faire des ronds dans l'eau en crachant du haut d'un pont, nous aurions pu baguenauder aussi blanc comme cotton de Malthe (P. vij). Cela dit, qui nous a bien détendus, revenons à nos moutons.

comme y a de poil en dixhuit vaches,

L'expression est limpide : le poil de vache a déjà servi d'unité de mesure au Prologue, pour le diamètre, avec : aussi menu que poil de vache ; il sert ici pour l'évaluation du nombre, évidemment prodigieusement échauffant quand il s'agit du va-et-vient que nous venons de voir, mais Pantagruel tient peut-être à marquer là que la liberté qu'avait Baisecul d'user du gallion de la bonne femme était sans limite. Nous rendrons la phrase par : qu'il y a de poils sur dix-huit vaches.

& autant pour le brodeur.

Guilbaud dit : Tailleur faisant la bordure des habits. Les tailleurs demandaient autant pour la bordure que pour l'habit lui-même. Nous n'entreprendrons pas de donner notre avis sur cette locution : des spécialistes du feston ont écrit nombre d'articles hautement documentés pour savoir qu'il s'agit ici de brodure ou de bordure, de bordeur ou de brodeur, concluant toutefois à l'impossibilité de se prononcer sur cet important aspect de la pensée rabelaisienne.

Nous contournerons, nous, cet arbre qui a caché la forêt à nos chercheurs, et nous prendrons la locution pour une sorte de ritournelle satirique concernant les tailleurs faisant leur prix, et citée pour exprimer l'idée de multiplier par deux. Nous rendrons l'expression par : et même du double.

Le premier attendu de Pantagruel commence donc ainsi :
le demandeur aurait eu toutes raisons de combler le vaisseau qu'enflait la bonne femme, le vit chaussé puis déchaussé, lui rembourrant rigidement le bât en toute con-science d'autant de va-et-vient qu'il y a de poils sur dix-huit vaches, et même du double.

Le deuxième motif est plus sibyllin, et nous allons devoir suivre Pantagruel avec beaucoup d'attention, et ne pas hésiter à recourir sans vergogne à l'intuition :
Semblablement est declaire innocent du cas priuilegie des gringuenaudes, quon pensoit quil eust encouru de ce quil ne pouuoit baudement fianter par la decision dune paire de gands parfumes de petarrades a la chandelle de noix, comme on use en son pays de Mirebaloys, laschant la bouline auecques les bouletz de bronze, dont les houssepailleurs pastissoyent conestablement ses legumaiges interbastez du loyrre
Semblablement est declaire innocent du cas priuilegie des gringuenaudes, quon pensoit quil eust encouru

L'originale disait seulement : innocent du cas de crime quon pensoit quil eust encouru, et c'est ce mot crime qui va heureusement nous empêcher de prendre la gringuenaude pour cette petite ordure qui s'attache aux émonctoires et ailleurs par malpropreté (Littré) : on n'a jamais, en effet, imputé à crime la malpropreté. Ces gringuenaudes ne sont pas non plus des hémorroïdes, car on n'a jamais condamné personne pour fait de maladie non contagieuse. Il reste alors que ces gringuenaudes, qui sont criminelles, sont ce que nous avons entrevu au Prologue, à savoir les fistules anales qui permettaient alors, à tort ou à raison, de conclure au crime de sodomie.

Et nous en voyons la confirmation dans les mots : cas priuilegie : les cas privilégiés ou cas royaux sont, dit Littré, les crimes dont les juges royaux pouvaient seuls connaître, quelle que fût la condition de l'accusé. La fausse monnaie, le duel étaient des cas privilégiés. Que ce soit au mode plaisant ou par allusion à une réelle compétence, le cas privilégié qui est celui de Baisecul ne peut qu'être un crime, et le seul crime que puissent révéler des gringuenaudes ou fistules anales est bien celui de sodomie.

Nous ne nous étonnerons pas de voir ici abordée cette question de gringuenaudes et de sodomie qui n'a jamais été évoquée pendant les plaidoiries : nous comprendrons que c'est parce que Baisecul a négligé de callafater le gallion de la bonne femme, qui était pourtant en fort bonnes dispositions, que Pantagruel a cru un moment pouvoir tenir Baisecul pour sodomite ; son quon pensoit quil eust encouru l'exprime clairement. Et le seul nom de Baisecul ne devait-il pas nous amener fatalement à effleurer ce point ? (comme le nom de Humevesne ne pouvait que nous conduire au cunnilinctus). Nous rendrons la phrase par : De même, est déclaré innocent du cas privilégié des fistules anales dont on pensait qu'il pouvait relever.

de ce quil ne pouuoit baudement fianter :

Là est le véritable motif étayant ce qui n'était que simple suspicion fondée sur le dédain qu'a eu Baisecul du gallion de la bonne femme. L'originale disait : baudement fiancer, et peut-être y avait-il jeu de mots entre fiancer : s'engager, au sens étendu de s'engager dans la bonne femme, et fianter : déféquer ; toujours est-il que Rabelais a supprimé l'équivoque ou a laissé le typographe supprimer l'équivoque.

Pour baudement, Saulnier et Michel disent : Avec entrain ; Guilbaud dit : Allègrement. Mais il semble que le jeu de mots entre fiancer et fianter existait, puisque nous voyons ici baudement pouvoir être entendu comme lascivement, voluptueusement (bault : lascif ; Dauzat), qui s'appliquait évidemment à la compréhension : s'engager dans la bonne femme, et à celle de : à la manière baudouine, c'est-à-dire, nous verrons pourquoi : solidement. Ne reste plus que ce dernier sens, et nous rendrons la phrase par : de ce qu'il ne pouvait solidement déféquer.

par la decision dune paire de gands parfumes de petarrades

La phrase fait suite à est declaire innocent : c'est bien cette paire de gants qui a permis d'innocenter Baisecul du crime de sodomie. Nous verrons, en effet, au chapitre viij du Gargantua, le héros se torcher des gants de sa mère, bien parfumez de mauioin (mal joint : sexe de la femme) : c'est donc qu'on les gardait aux mains pour toutes sortes d'activités. Nul étonnement, donc, à voir ici les gants de Baisecul parfumés de petarrades, mot qui est à entendre au sens propre de séries de pets. Nous rendrons aussi la phrase : par la démonstration d'une paire de gants parfumés de relent de pets

a la chandelle de noix, comme on use en son pays de Mirebaloys,

Restait à être sûr que ces gants sont bien ceux de Baisecul : c'est chose faite puisque le relent est mêlé à l'odeur de la chandelle faite d'une mèche de chanvre dans la pâte de noix pilée (Guilbaud) ; c'est précisément celle dont on se sert dans la région qui est la sienne, et dont Saulnier dit : Région de Mirebaux, près Poitiers, célèbre par ses moulins à vent, d'où plaisanterie, (la plaisanterie consistant à rapprocher les vents des pétarades du moulin à vent ; mais alors pourquoi la chandelle de noix ?).

Il nous faut pourtant admettre que si une paire de gants parfumés de relents de pets et de chandelle de noix suffit à innocenter quelqu'un soupçonné de s'adonner à la sodomie, c'est que ces pets et cette chandelle jouent un rôle décisif. Et nous saisissons que l'entendement à double rebraz de Pantagruel ne s'embarrasse pas de rapporter ici son raisonnement et se contente de donner la conclusion. Mais, la suite aidant, nous reconstituons ainsi ce raisonnement scatologiquement probant :

Rabelais, en médecin, sait que la constipation est incompatible avec la sodomie ; or, la constipation s'accompagne évidemment de vents nombreux, et la chandelle de noix a tout l'air d'avoir ici été employée comme lubrifiant, à l'instar du rancon que nous avons vu ; si donc les gants sont parfumés de relent de pets et de chandelle de noix, outre que cette dernière odeur indique que ces gants sont bien ceux de Baisecul, c'est donc que Baisecul est sujet à faire des vents et qu'il a dû user de la chandelle de noix pour pouvoir fianter : c'est donc qu'il est constipé, et donc qu'il n'est pas sodomite. Il est alors infiniment probable que le : comme on use est alors à comprendre comme : selon l'usage qu'on en fait.

Et pendant que nous traitons de cette matière, disons que s'explique du même coup la compréhension solidement déféquer pour baudement fianter, étant entendu que les fèces dures et solides sont le fait du constipé, et naturellement pas de celui qui se fait sodomiser : nous allons voir d'ailleurs la phrase suivante revenir sur la consistance des excrétions. Nous rendrons donc la phrase par : mêlé à l'odeur de chandelle de noix telle qu'on l'utilise en son pays de Mirebaux.
laschant la bouline auecques les bouletz de bronze,

La bouline est un cordage qui tient la voile de biais pour lui faire prendre le vent de côté (Petit Robert) ; les bouletz sont, évidemment, des sphères, et il nous faut voir dans de bronze une précision sur la couleur qui ne nous permet pas de nous demander longtemps de quoi il s'agit : cette bouline auecques les bouletz sont à entendre comme la corde et les boules, ces mots désignant, bien sûr, les formes de la matière fécale de Baisecul, dont nous avons vu qu'elle est celle du constipé, et nullement celle du sodomite. Lascher est alors à prendre au sens de laxere : délivrer, et s'entend comme cesser de retenir, de détenir. Nous rendrons la phrase par : libérant corde et boules de bronze.
dont les houssepailleurs

Saulnier dit : Houssepaillier : palefrenier, ainsi que Guilbaud et Michel. La suite va nous indiquer qu'il est effectivement question de palefreniers. Tout en notant qu'il semble que c'est à l'écurie que Baisecul va se libérer, nous rendrons la phrase par : dont les palefreniers.
pastissoyent conestablement ses legumaiges interbastez du loyrre

Après une errance comportant quelque anxiété, nous nous apercevons qu'il y a ici, incontestablement, à rétablir l'ordre des mots quelque peu bouleversé par le style judiciaire : conestablement se rapporte à interbastez, et les deux mots forment une incise à placer après pastissoyent ; la phrase est donc à lire : pastissoyent, conestablement interbastez, ses legumaiges du loyrre. Mais nous lirons, pour l'analyse, la phrase ainsi construite : pastissoyent ses legumaiges du loyrre, conestablement interbastez. Nous reprenons donc :
pastissoyent ses legumaiges du loyrre

Greimas dit : Past : nourriture ; ainsi, il s'agit ici de nourrir les legumaiges, c'est-à-dire les cultures maraîchères ; or, nourrir les légumes, c'est bien épandre sur eux de l'engrais, qui dans ce cas est de l'engrais animal constitué par les litières usées de l'écurie, litières où se soulage Baisecul. Voyant ici à pastissoyent le sens de engraissaient, nous rendrons la phrase par : engraissaient ses cultures maraîchères de Loire.
conestablement interbastez

Saulnier dit : Interbaster : entrebander. Entrebate = entrebande d'une étoffe, le début et la fin de la pièce ; Guilbaud dit : pastissoyent conestablement : mélangeaient de façon contestable ; interbastez : composé burlesque : entre-bâtés ; Michel dit : Légumes entre-bâtés.

Or, ce qui est d'abord à voir, c'est que conestablement interbastez ne se rapporte nullement à legumaiges, mais bien à la matière dont les palefreniers engraissent les légumes, c'est-à-dire la bouline auecques les bouletz de bronze que les houssepailleurs emportent aux champs avec les litières usées où s'est soulagé Baisecul. Et il les emportent interbastez, car il s'agit ici de cette civière placée entre deux ânes ou deux mulets, donc entre deux bâts, qu'on employait pour porter le fumier de l'écurie ou de l'étable aux cultures à fumer.

Quant à conestablement, il faut voir là un calembour inspiré de cette civière à fumier : le conestable est proprement le comes stabuli : le comte de l'étable (Dauzat) ; ce comte de l'étable est celui à qui est censé revenir de droit la civière placée entre deux bâts qui sert justement à transporter les litières usées de l'étable aux champs. Les matières de Baisecul sont donc transportées conestablement, c'est-à-dire avec les égards dus au prétendu comte de l'étable ; conestablement interbastez revient donc à dire : transportées entre deux bâts comme connétable. Et nous pouvons maintenant rétablir la phrase telle que nous avons compris qu'il faut la lire : engraissaient, transportées entre deux bâts comme connétable, ses cultures maraîchères de Loire.

La première démonstration, fort inattendue, de l'innocence de Baisecul se termine sur ces épandages ; faisons donc le point pour savoir où nous en sommes :

De même, est déclaré innocent du cas privilégié des fistules anales dont on pensait qu'il pouvait relever de ce qu'il ne pouvait solidement déféquer par la démonstration d'une paire de gants parfumés de relent de pets mêlé à l'odeur de chandelle de noix telle qu'on l'utilise en son pays de Mirebaux, libérant corde et sphères de bronze dont les palefreniers engraissaient, transportées entre deux bâts comme connétable, ses cultures maraîchères de Loire.

La deuxième démonstration est plus cocasse : c'est la virilité de son beau-frère qui va servir de caution à l'orthodoxie sexuelle de Baisecul ; mais peut-être faut-il entendre que l'autorité du frère étant alors très grande, cet homme si viril n'aurait pu laisser sa sœur épouser un dévoyé :

a tout les sonnettes desparuier faictes a poinct de Hongrie, que son beau frere portoit memoriallement en un penier limitrophe, brode de gueulles a troys cheurons hallebrenez de canabasserie, au caignard angulaire dont on tire au papeguay vermiforme auecques la vistempenarde.

a tout les sonnettes desparuier

A tout a évidemment la signification de avec, et nous pourrions entendre qu'il va s'agir du transport conestablement interbastez, qui est ici accompagné de sonnettes d'épervier ; mais nous nous apercevons vite de la gratuité de la situation. Et nous comprenons que ce que Pantagruel aborde, c'est l'exposé du deuxième motif qui l'a conduit à innocenter Baisecul du cas privilégié : a tout est alors l'indication d'une addition équivalant à de plus, que nous rendrons par : ajouté.

Les sonnettes desparvier sont, au sens propre, les sonnettes que les fauconniers mettaient aux pattes de leurs oiseaux pour les retrouver, mais il apparaît que ces esparuiers, appelés aussi émouchets, semblent ici chargés de l'idée de battre : émoucher : chasser les mouches ; par extension, battre comme si les coups étaient donnés pour chasser les mouches (Littré). Cela conduit, bien sûr, à voir ici le bâton, et quant aux sonnettes de ce bâton, nous voyons d'emblée ce qu'elles peuvent être, la précision qui va suivre nous confirmant qu'il s'agit bien des testicules. Nous rendrons la phrase en mettant dans le mot volerie cette idée d'oiseau de proie qui chasse les connassailées, et nous aurons : ajouté aux sonnettes de volerie.

faictes a poinct de Hongrie,

Saulnier dit : Hongrie : déjà célèbre par ses broderies ; Guilbaud dit : Point de tapisserie. Or, ce qui est à entendre ici, c'est que a poinct de Hongrie désigne en fait une façon particulière de tanner le cuir, au gros sel et à l'alun, cette façon ayant même donné le terme de hongroyeur, qui désigne l'ouvrier qui prépare les cuirs de Hongrie (Petit Robert). Nous voyons donc que ces sonnettes desparuier sont en cuir, et qu'elles semblent bien avoir été tannées à l'extrait de maujoin ; nous rendrons l'expression par : amoureusement tannées.

que son beau frere portoit memoriallement en un penier limitrophe

Nous savons que le penier est le contenant de la penade ; limitrophe signifie : ce qui est sur les limites (Littré), c'est-à-dire ce qui est saillant, bombé, proéminent tout en tenant aux limites : le penier limitrophe est donc la poche saillante ou braguette. Quant à memoriallement, nous allons voir que cette braguette est assez remarquable pour qu'on la garde en mémoire. Nous rendrons la phrase par : que son beau-frère portait de façon digne de mémoire en une musette adjacente.

brode de gueulles a troys cheurons

Saulnier et Guilbaud disent, se référant au langage héraldique : Brodé de gueules : bordé de rouge, mais il faut bien voir que ce rouge n'est que la transposition graphique de la décoration réelle : ici, ce penier est brodé de véritables gueules, c'est-à-dire de petits morceaux de fourrure découpés dans la peau de gosier de l'animal et servant d'ornement (Petit Robert) ; a troys chevrons signifie, toujours héraldiquement, que ces morceaux de fourrure sont disposés en V renversé, puisque le chevron est le nom de deux bandes plates qui sont jointes par le haut et qui s'élargissent en forme de compas à demi ouvert (Littré). Nous rendrons la phrase par : ornée de trois chevrons de fourrure

hallebrenez de canabasserie,

Saulnier dit : Hallebrener : aller chasser le halbran ; hallebrené : épuisé. Canabasser : mettre en canevas. Canabasserie : toile de chanvre, d'où : canabassier. De chaneve, chanvre. Guilbaud dit : Hallebrenés : recrus de fatigue. Jeu de mots sur brenés : emmerdés. Canabasserie : toilerie. Michel dit : Hallebrenez : épuisés (par la chasse au halbran, canard sauvage) ; canabasserie : toile de chanvre.

Les commentateurs sont ici recrus d'incompréhension, et en les suivant, c'est bien nous qui pourrions être les canards sauvages. Voyons, nous, que halbrené est, selon Littré, le mot qui désigne l'oiseau de volerie qui a les plumes rompues, le verbe rompre ayant ici le sens de séparer en deux ou en plusieurs parties (Petit Robert), perdre son ordre, son arrangement (Littré). Un oiseau de volerie qui a les pennes rompues est un oiseau qui revient du lancer avec les plumes des ailes, et surtout de la queue, mises en touffes par la lutte qu'il a fournie, et qui ne pourra plus se diriger sans vaciller. L'idée contenue dans halle-brenez est donc celle de mis en touffes, agglutinés.

Pour canabasserie, c'est bien dans le domaine du tissage qu'il faut chercher, mais il faut voir que c'est le verbe basser qui est d'abord à considérer puisqu'il signifie : imbiber la chaîne d'une étoffe avec une colle qui rend les fils gluants (Littré), pour ensuite comprendre cana comme cane, chane : tuyau, roseau, canne (Greimas). Il faudrait alors être bien naïf pour ne pas voir qu'il s'agit de la fourrure des chevrons dont les poils sont agglutinés en touffes par la colle de la canne. Nous rendrons l'expression par : aux poils agglutinés de suc de canne.

au caignard angulaire

L'équivoque cynégétique amorcée avec esparuiers (et nullement avec les halbrans des commentateurs) continue avec ce caignard où la glose voit, à juste titre, la cabane pour l'affût (proprement : chenil, ajoute Saulnier).

Mais il nous faut voir que ce caignard est angulaire, et qu'il s'agit là d'une indication sur l'endroit où se situe le penier limitrophe que porte le beau-frère : il est placé en angle, et, la suite aidant, nous compre-nons que cet angle est celui que forment les deux plis inguinaux, et nous voyons évidemment que ce caignard angulaire est l'appareil géni-tal masculin. Nous entrevoyons même qu'il peut y avoir équivoque entre ce caignard et le coingnouoir qu'exhibera Priapus au Prologue du Quart Livre. Nous rendrons la phrase en usant d'un mot qui désigne la guérite de pierre placée en encorbellement aux angles des châteaux forts, et nous aurons : au cognoir de l'échauguette.

dont on tire au papeguay vermiforme

Saulnier dit : Le papegay (proprement : perroquet), c'est la cible d'un jeu de tir à l'arc ou à l'arquebuse, très en faveur à Lyon, où un concours annuel, à la Pentecôte, désignait le Roi du Papegay. Guil-baud et Michel s'inspirent tous deux de sa note.

Nous ne retiendrons de ce papeguay que l'idée de cible, puisque ce papeguay est vermiforme, et qu'il est évident que cela ne peut s'appli-quer à l'oiseau. Le sens premier de vermiforme est en effet celui de vermiculaire : qui a la forme, l'aspect d'un petit vers (Petit Robert) ; mais vermiforme est un ancien terme d'anatomie qui avait même sens que le vermiculaire de mouvement vermiculaire qui désigne la contraction successive des fibres musculaires de l'intestin et des conduits excréteurs, d'où résulte un mouvement analogue à celui des vers (Littré). Nous comprenons que la cible vermiforme du texte est alors à entendre comme la cible qui ondule à la façon des vers, ou plus certainement comme la cible aux plis en forme de vers, et nous voyons dans l'image la comparaison du médecin Rabelais décrivant ainsi le

vagin et ses rides vermiformes ou son allégresse ondulatoire. Nous rendrons la phrase en restant dans le monde ornithologique, et nous aurons : d'où l'on tire au nid vermiforme.
auecques la vistempenarde.

Nous avons rencontré le vistempenard au sixième titre de le Librairie, et nous avons déjà fait quelque réserve sur la signification de plumeau à long manche qu'on nous donnait. Ici, Saulnier dit encore : Long plumeau, avec jeu sur la première syllabe. Nous avions bien compris, pour le titre, que le mot est à comprendre comme vit-en-penard, et nous ne reviendrons pas sur ce double sens. Mais nous verrons ici dans cette vistempenarde un mot auquel, en le féminisant, Rabelais a voulu donner une figure de pièce d'artillerie, d'arme de tir ou d'arme de jet. Et comme cette pièce tire du cognoir de l'échauguette au nid vermiforme, nous n'aurons aucune hésitation pour porter notre choix sur l'arme de jet, où jet est alors le mouvement par lequel une chose jaillit, fuse, s'écoule avec plus ou moins de force (Petit Robert).

Nous rendrons la phrase au moyen d'un mot qui n'est qu'à peine anachronique puisque ce sont aulcuns bastons noirs pleins de fuzees qui vont effrayer la poultre de Tappecoue, au chapitre XIII du Quart Livre, et nous aurons : avec le lance-fusées.

Ainsi, le deuxième motif de Pantagruel est donc celui-ci :
ajouté aux sonnettes de volerie amoureusement tannées que son beau-frère portait de façon digne de mémoire en une musette adjacente ornée de trois chevrons de fourrure aux poils agglutinés de suc de canne, au cognoir de l'échauguette d'où l'on tire au nid vermiforme avec le lance-fusées.

Nous arrivons maintenant au deuxième attendu : après avoir énoncé ce qui innocente Baisecul, Pantagruel va dire ce qu'il a retenu contre lui ; nous n'avons vu nulle part que Baisecul mît sus au defendeur les accusations dont va parler Pantagruel, mais peut-être a-t-il mieux que nous entendu le sens caché des paroles de Baisecul, et nous le suivrons sans discuter :
Mais en ce quil met sus au defendeur quil fut rataconneur tyrofageux & goildronneur de mommye, que na este en brimbalant trouue vray, comme bien la debastu ledict defendeur,
Mais en ce quil met sus au defendeur

La phrase est claire ; elle équivaut à : Mais en ce qu'il accuse le défendeur.
qu'il fut rataconneur

Guilbaud dit : Rapetasseur de godasses (équivoque obscène) ; Michel dit : Raccommodeur. Il est sûr, en effet, que le préfixe ra- est itératif ou intensif (Greimas) ; que le tacon est la pièce mise à un vêtement, à une chaussure ; que taconer, c'est rapiécer, raccommoder ; que le taconier est le savetier, le rapiéceur (Greimas).

Le bobelin est, nous le savons, la vieille savate, et la savate est aussi le sexe de la femme ; le bobelin est donc le sexe usé, avachi, le vieulx cabas dont parlait Nicolas Martin pour le dix-huitième titre de la Librairie. Pourtant, il faut bien reconnaître que l'idée de raccommoder, rapiécer ces cabas, c'est-à-dire leur mettre une pièce pour boucher définitivement un trou, ne donne pas une image très cohérente. En outre, si rataconneur de bobelins prend son sens érotique avec le complément bobelins, le rataconneur de la sentence est seul à exprimer l'intention, qui ne peut qu'être malveillante puisque Pantagruel la retient contre Baisecul. Nous sommes ainsi amenés à penser que le mot rataconneur a un sens autre que celui de raccommodeur, qui n'est en rien infamant ; il nous reste à le découvrir.

Ce sont évidemment les syllabes conneur du mot qui ont appelé le sens érotique, et là n'est pas la difficulté ; elle est à voir que le verbe taconner a pris une extension de sens qui le conduit à exprimer l'action de frapper à coups redoublés, sens que le verbe avait encore dans le Lyonnais il y a peu ; cette extension du sens général de l'action au sens restreint du geste de l'action est aussi courante que naturelle, mais elle nous conduit ici à voir dans rataconner, non plus l'idée de rapiécer à l'aide d'un tacon, mais celle de frapper à coups redoublés le con, sens confirmé par cette phrase du chapitre iij du Gargantua : Et si personne les blasme de soy faire rataconniculer ainsi suz leur groisse, où le verbe est manifestement formé sur rataconner, et où la finale culer est seulement une plaisante redondance assurant la compréhension érotique du verbe.

Pourtant, frapper à coups redoublés le con ne constitue pas, tant s'en faut, une accusation infamante ; c'est donc que l'action dont parle la sentence contient, de plus, une nuance péjorative qui nous reste à découvrir. Et nous apparaît alors que le rataconneur étant le rapiéceur, ou celui qui, en plaçant une pièce, remet en état les choses usagées, flétries, Humevesne est ici accusé de remettre en état les cabas en y plaçant une pièce, en l'occurrence une béquille, un contrefort pour les empêcher de s'écrouler, et pour les remonter éventuellement. L'insinuation revient à dire que Humevesne fréquente exclusivement les vieux cons à voie large et basse, et qu'il fait, à titre curatif, ce que font à titre préventif les bons compagnons du Prologue du Quart Livre pour les porteuses de cons jeunes, hauts et fermes : ilz leurs coingnent si fierement et d'audace leurs emmanchouoirs qu'elles restent exemptes d'une paour epidemiale entre le sexe feminin : c'est que du bas ventre ilz leurs tombassent sus les talons.

343

Nous avons maintenant compris où est la malveillance, et nous rendrons l'expression au moyen d'un mot où le verbe bouter peut s'entendre au sens sexuel : d'être arc-bouteur de cons bas.

tyrofageux

Guilbaud dit : Mangeur de fromage ; Michel dit doctement : Mangeur de fromage (du grec turophagos, surnom du rat dans la Batrachomyomachie : Combat des rats et des grenouilles, épopée burlesque faussement attribuée à Homère).

Nous considérerons que tyrofageux est une accusation distincte s'adressant à la personne de Humevesne, car cette idée de manger nous empêche, bien qu'il n'y ait de virgule ni dans la définitive ni dans l'originale, de considérer que tyrofageux qualifie rataconneur : ce rataconneur ne peut, en même temps, étayer les vieux cons et manger leur fromage.

Car nous avons établi, pour le vingt-troisième titre de la Librairie, en faisant référence au présent emploi du mot, la signification érotique de ce tyrofageux : nous avons vu que le fromage est l'exsudat vaginal que les femmes négligentes laissent fermenter. Il est alors évident que si la première accusation a formulé que Humevesne est l'adepte des vieux cons écroulés, elle peut ici le charger, avec tyrofageux, de l'accusation de pratiquer sur eux le puéril cunnilinctus que réprouve l'homme de l'époque, ainsi que nous l'avons vu pour depiscando grenoillibus de la plaidoirie de Humevesne, cunnilinctus ici aggravé du fait que les houseaulx sont malpropres et nauséabonds. Nous rendrons donc tyrofageux par : amateur de caillé.

& goildronneur de mommye,

Saulnier et Michel disent : Goudronneur ; Guilbaud dit : Comme les Égyptiens qui se servaient de goudron de pin pour conserver les corps (d'après P. Belon, Singularités, 1553, L. II), et nous devons nous étonner quelque peu ici de voir les commentateurs accepter sans sourciller de transformer Humevesne en embaumeur égyptien.

Il n'est pourtant pas besoin de torturer le texte pour voir dans l'expression un contenu érotique : goudronner, c'est passer un enduit de couleur brune, et l'intention malveillante qu'est censé avoir Baisecul nous amène immédiatement à penser, le contexte aidant, que ce goudron désigne ce qu'on ramène du rectum de quelqu'un quand on y a plongé quelque chose ; ce quelque chose est, en l'espèce, le membre viril qui, ainsi passé en brun, est assimilé au corps embaumé par les goildronneurs égyptiens : la mommye. Nous comprenons qu'il ne s'agit de rien d'autre que d'accuser Humevesne d'être sodomite actif.

Et il semble à peu près sûr qu'il n'est ici question que de sodomie pratiquée sur la femme : l'accusation de sodomie homosexuelle était trop grave, et pouvait conduire au bûcher, alors que la sodomie hétéro-sexuelle vous laissait la vie, l'Eglise se contentant d'infliger une lourde pénitence : les époux qui cherchaient à éviter la conception par des relations contre nature (coït anal ou commerce oral) sont eux aussi frappés plus lourdement que les meurtriers ; leur pénitence durait trois ans selon les auteurs les plus indulgents, mais généralement sept, dix ou quinze ans, voire tout le reste de leur vie (L'Eglise et le contrôle des naissances, J.L. Flandrin).

Ainsi, être goildronneur de mommye est la dernière des dépravations dont, selon Pantagruel, Baisecul a accusé Humevesne ; nous rendrons l'expression par : et embreneur de poupée.

que na este en brimbalant trouue vray,

Saulnier dit : Brimbaler : se remuer (particulièrement sonner les clo-ches) ; Guilbaud dit : Allant d'un côté à l'autre.

Nous saisissons que le verbe a ici, à la fois le sens de agitant, mou-vant la question, c'est-à-dire l'examinant de tous côtés, et celui de remuant comme sonnant les cloches, c'est-à-dire besognant, au sens érotique, ce dernier sens faisant allusion au fait que Humevesne, finis-sant par posséder la bonne femme, a démenti toutes les accusations dont on l'avait chargé : cette bonne femme n'étant nullement une vieille, il n'est donc ni rataconneur ni tyrofageux ; elle paraît ne s'être plainte que d'avoir été violée de façon traditionnelle : il n'est donc pas goildronneur de mommye. Nous rendrons la phrase en gardant les deux sens contenus dans brimbalant, et nous aurons : ce qui n'a été, en poussant au fond, avéré,

comme bien la debastu ledict defendeur,

Debatre, c'est, selon Greimas : battre fortement, lutter ; c'est aussi se débattre ; c'est encore sonner les cloches ; c'est enfin discuter, récu-ser. Nous n'avons ici qu'à choisir, comprenant que les sens coexistent de battre fortement et de récuser. C'est donc par le verbe appointer dont le sens juridique de prouver les faits articulés se double de la compréhension faire une pointe que nous tenterons de rendre l'équivo-que, et nous aurons : comme l'a bien appointé ledit défendeur.

Le deuxième attendu est donc celui-ci :

Mais en ce qu'il accuse le défendeur d'être arc-bouteur de cons bas, amateur de caillé et embreneur de poupée, ce qui n'a été, en poussant au fond, avéré comme l'a bien appointé ledit défendeur,

Et c'est alors la condamnation, évidemment édifiée sur les seules accusations qu'a retenues Pantagruel :

la court le condemne en troys verrassees de caillebotes assimentees pre-lorelitantees & gaudepisees comme est la coutume du pays enuers ledict defendeur payables a la My doust en May, la court le condemne en troys verrassees de caillebotes

Saulnier dit : Verrassée : contenu d'un verre ; Caillebote : lait caillé, fromage blanc ; Guilbaud dit : A trois verres pleins de caillebottes (laitage consommé encore dans l'Ouest de la France).

C'est là le sens immédiat, et il faut convenir que, tout en n'étant rien moins qu'assuré pour le mot verrassée, il paraît tout gratuit et fort plat. Là encore, nous ne pouvons croire que Rabelais ait voulu finir sur cette note mineure que constituent trois verres pleins de lait caillé ; il nous semble plutôt que la conclusion doit avoir repris un des sens contenus dans les attendus, et lui donner l'ampleur qui convient à un finale. A nous de le découvrir.

Littré dit : Caillebote : masse de lait caillé, coupé par morceaux ; le Petit Robert dit : Caillebotte : masse de lait caillé ; caillebotter : de cailler et boter (bouter), mettre en caillé : réduire en caillots. Dauzat et Bloch et Wartburg confirment cette étymologie : cailler et bouter. Et nous comprenons alors quel parti Rabelais tire de la finale bote de caillebote, qu'il prend à dessein à son sens sexuel de houseau ou manchon féminin, c'est-à-dire vagin ; et, du même coup, caille est entendu comme le caillé que nous venons de voir pour tyrofageux, et dont Humevesne est prétendument accusé de se délecter. Nous pourrions donc penser que les caillebotes sont ici les botes caillées, c'est-à-dire les vagins caséeux, mais la suite va nous faire comprendre qu'il s'agit en fait plutôt du contenu que du contenant, et que le mot caillebote équivaut à vaginée de caillé. Non seulement Rabelais a repris un des sens contenus dans les attendus, mais il est fort probable qu'il a dû enchérir, et que nous devons arriver à un renforcement qui confine au burlesque.

Nous entrevoyons alors que, dans ces conditions, verrassee n'a certainement rien à voir avec le contenu d'un verre. L'idée de vaginée de caillé, qui évoque la malpropreté, nous invite à chercher plutôt dans le mot une notion fortement péjorative : et nous la trouvons en voyant dans verrassee un mot formé sur verrat ou porc mâle employé comme reproducteur. Le mot vient de l'ancien français ver, issu du latin verres, et appelle, bien sûr, l'idée de truie, mot qui incarne traditionnellement, en même temps qu'une lubricité prononcée, la saleté repoussante. Ces caillebotes ou vaginées de caillé sont donc celles des truies, et nous comprenons alors que Baisecul est condamné à remplacer par trois fois le verrat.

Nous rendrons donc la phrase en donnant cette précision : de truie, qui était contenue dans verrassee, et comme la truie est aussi la coche, nous aurons : la cour le condamne à trois saillies de verrat en vaginées de caillé cochères assimentees

Saulnier dit : Assaisonné, pour durcir comme ciment ; Michel dit : Assaisonné (cimenté de...). Nous retrouverons le mot au chapitre xiij du Gargantua : Car je luy eusse assimenty/ Son trou durine, a mon lourdoys, et Screech dit alors : Assimentir : variante de assimenter, accommoder, arranger.

Plutôt que assaisonnées ou cimentées, et aussi bien pour la phrase du Gargantua que pour celle dont nous traitons, le sens nous paraît être celui de ajuster, dont la définition est : mettre aux dimensions convenables, rendre conforme à un étalon (Petit Robert). Cette idée d'étalon vient fort à propos, et nous rendrons le mot par : étroitement ajustées.

prelorelitantees :

Saulnier dit : Apprêté. Mot obscur ; Guilbaud dit : Apprêtées ? (mot inconnu en dehors de Rabelais) ; Michel dit : Mot au sens inexpliqué : apprêtées (?). Nous avons assez souvent dû tenir les définitions de nos commentateurs pour fausses, et nous avons ici sur eux l'avantage de n'être pas placés, pour la première fois, devant un mot dont l'Ecole n'a pas fixé le sens : aussi ne jetterons-nous pas le manche après la cognée, mais attendrons-nous seulement d'avoir traité du mot suivant pour voir si les sens qui entourent prelorelitantees ne nous permettront pas de conjecturer plus sûrement.

& gaudepisees comme est la coutume du pays

Saulnier dit : Epicé (?) ; Guilbaud dit : Séchées (comme la morue), et l'on se demande ce que vient faire ici cette comparaison, puisqu'il s'agit toujours, pour les commentateurs, de trois verres de lait caillé ; Michel dit : Bien épicées (?).

La première idée est de voir dans gaude le verbe gaudir : se réjouir (gaudie : folâtrerie ; Greimas), mais la notion d'allégresse que contient le verbe semble ne pas pouvoir cadrer avec le fait que Pantagruel parle ici d'une pénalité. C'est donc vers le mot régional gaude que nous nous tournons, guidés par la fin de la phrase : comme est la coutume du pays, qui nous semble être une indication donnée à dessein. Ce mot désigne la bouillie faite avec la farine de maïs (Littré). Cette bouillie est ici associée au mot pisé, qui vient du verbe, régional lui aussi, piser, qui signifie : battre la terre entre deux planches pour la rendre plus compacte (Littré) ; la définition du Petit Robert est : Pisé : maçonnerie faite de terre argileuse délayée avec des cailloux, de la paille et comprimée ; du mot lyonnais piser : broyer ; mais c'est encore Littré qui décrit la méthode de construction : on dresse des planches jointes ensemble sur deux rangs parallèles, dans l'intérieur on jette de l'argile qu'on foule ; quand la terre est bien serrée et un peu séchée, on retire les planches.

Nous en savons assez pour comprendre que les planches entre lesquelles on bat la terre, et dont le nom est banches, sont l'image des parois vaginales, et la gaude ou bouillie de maïs, le résultat auquel on doit parvenir en battant, broyant, foulant le caillé entre ces parois. Nous rendrons donc la phrase par : et pilées en bouillie de maïs telle qu'on la fait dans le pays.

Nous pouvons maintenant revenir au mot prelorelitantees, et présumer alors que ce participe, placé entre assimentees, c'est-à-dire étroitement ajustées, et gaudepisees, c'est-à-dire réduites en bouillie par foulage entre des parois, doit avoir trait à l'action qui, partant de l'ajustement, arrive à l'état de bouillie.

Et ce que nous voyons d'abord, c'est que les trois syllabes loreli ont tout l'air d'avoir pour charge d'évoquer une sorte de mouvement tel que celui du pilonnage, comme le verbe sacsacbezevezinemasser du Quart Livre (v) évoque, par ses deux premières syllabes, le mouvement de va-et-vient coïtal (nous verrons en temps et lieu les contenus de la suite du mot). Partant de là, le préfixe pre- : porté en avant, nous semble bien avoir pour mission de représenter le devant, c'est-à-dire, en l'occurrence, le pilon. Jusque là, le mot équivaudrait à : alertement pilonnées du devant.

Reste alors tantees, qui nous apparaît comme le participe passé du verbe tendre (le changement du d en t se retrouvant aussi pour un mot tel que tente : de tenta ou tendita, féminin de tentus ou tenditus, participe passé de tendere : tendre ; Petit Robert).

Et nous comprenons alors que cette idée de tension s'applique aux parois entre lesquelles sont battues les vaginées de caillé, puisque ces parois doivent arriver à la consistance des banches entre lesquelles on foule la terre. Le mot prelorelitantees, placé entre étroitement ajustées et réduites en bouillie par foulage entre des parois a finalement le contenu : allègrement pilonnées, qui concerne les vaginées de caillé, et rendues rigides, qui concerne les parois du pilonnage. Mais il nous apparaît que les contenus des trois mots s'interpénètrent, et nous rendrons en bloc les trois participes assimentees prelorelitantees & gaudepisees par : étroitement ajustées, allègrement pilonnées du devant et, par foulage entre les parois raidies, réduites en bouillie de maïs telle qu'on la fait dans le pays.

enuers ledict defendeur payables a la My doust en May,

Que nous comprenions que ce dédommagement vient en déduction des montes que le défendeur est ordinairement tenu de payer à qui lui prête son reproducteur, ou qu'il implique que ces troys verrassees sou-

348

lageront d'autant Humevesne qui les assure lui-même, tout cela est exigible a la My doust en May.

Saulnier dit : Locution proverbiale ; Guilbaud dit : C'est-à-dire jamais (plaisanterie proverbiale). Nous avions bien compris que les troys verrassees sont exigibles à la saint Glinglin ; mais nous pouvons nous demander si cette pirouette finale est simple plaisanterie ou si elle signifie que Pantagruel renonce à trancher, et si, devant une affaire à la fois si complexe et si futile, il ne décide pas, sagement, de suspendre son jugement. Nous rendrons en tout cas la phrase par : payables envers ledit défendeur à la saint Glinglin.

La peine qui frappe le demandeur est donc celle-ci :
la cour le condamne à trois saillies de verrat en vaginées de caillé cochères étroitement ajustées, allègrement pilonnées du devant et, par foulage entre les parois raidies, réduites en bouillie de maïs telle qu'on la fait dans le pays, payables envers ledit défendeur à la saint Glinglin,

Mais Pantagruel, pensant quil failloit a un chascun faire droict, sans varier ny accepter personne, va passer à Humevesne ; bien que la peine qui frappe le défendeur soit subordonnée à celle de Baisecul, elle-même exécutoire à la My doust en May, Humevesne, sans avoir à payer de sa personne, va devoir fournir de son bien :
mais ledict defendeur sera tenu de fournir de foin & destoupes a lembouchement des chassetrapes guitturales emburelucocquees de guiluerdons bien grabelez a rouelle, & amis comme deuant sans despens, & pour cause.
mais ledict defendeur sera tenu de fournir de foin & destoupes

L'étoupe est la partie la plus grossière de la filasse ; la filasse est la matière textile végétale non encore filée (chanvre, lin), et l'étoupe blanche est le résidu du chanvre travaillé dans les corderies ; paquet, tampon d'étoupe pour calfater, boucher un trou (Petit Robert). Nous comprenons que de foin & destoupes désigne des matières propres à assurer par bourrage l'étanchéité de quelque chose, et nous rendrons la phrase par : mais ledit défendeur sera tenu de fournir de foin et de filasse.
a lembouchement

Guilbaud dit : Pour boucher et, par jeu de mots, pour nourrir. Le mot embouchement (bosche : touffe d'herbe ; boschier : boucher avec une touffe d'herbe ; Greimas) est à prendre dans le sens de bouchonner, c'est-à-dire mettre en bouchon, en tampon. Nous allons voir qu'il n'est pourtant nullement question de frotter vigoureusement pour sécher, frotter le poil de l'animal pour sécher la sueur (Petit Robert), donc d'éliminer une sécrétion, mais bien de bourrer pour obturer le vide subsistant autour d'une cheville insuffisante à remplir seule une cavité. S'il y a jeu de mots, il est plutôt entre embochier : parer à l'extérieur, et embochier : boucher avec une touffe d'herbe, de paille (Greimas) ; nous rendrons le mot par : au rembourrage.

des chassetrapes guitturales

Guilbaud, gardant son idée de nourriture, dit : Les gueules. Mais l'originale disait : des chaussetrapes, et la chaussetrape est le trou recouvert, cachant un piège (Petit Robert). Le mot est formé de chaucher : fouler, du latin calceare (Petit Robert), et du mot trape : embûche, piège, souricière, cachette (Greimas). Les chaussetrapes sont donc des trous, des cavités à chaucher, dont la profondeur ne peut être soupçonnée, cette ignorance formant piège ; et nous commençons à entrevoir que ce qu'il s'agit ici de rembourrer semble bien être le vagin des truies.

Quant à gutturales (car l'originale donnant gutturales, nous pouvons penser que le i de guitturales est une coquille), le mot signifie proprement : qui appartient au gosier (du latin guttur : gosier ; Petit Robert). C'est là l'adjectif qui, ramenant la compréhension génitale au niveau du gosier, a trompé Guilbaud et lui a imposé son option alimentaire pour de foin & destoupes, puis pour embouchement. Nous comprendrons, nous, que guttur : du gosier, étend ici son sens à l'idée d'avaler (gluttire : avaler), et que gutturales est l'équivalent de glutturales, c'est-à-dire avalantes ; l'idée est celle de voracité, d'avidité, et, connaissant maintenant la nature des chaussetrapes, nous rendrons des chaussetrapes gutturales par : des goulues fosses trompeuses.

emburelucocquees de guiluerdons

Saulnier dit : Emburelucocqué : emmitouflé ; guilverdon : capuchon ; Guilbaud dit : Emmitouflées de capuchons (c'est-à-dire : des moines) ; Michel dit : Emberlificotées de capuchons, et Demerson dit, dans sa translation : emberlificotées dans des capuchons monacaux. Il semble qu'il soit désormais difficile à des glossateurs de mieux réussir la préparation de l'embrouillamini.

Nous rencontrerons en effet le verbe emburelucocquer au chapitre v du Gargantua : Ha pour grace, ne emburelucocquez iamais vos espritz de ces vaines pensees, et le commentateur, Screech, dit alors : emmitoufler, d'où, troubler le cerveau. Nous retrouverons le même verbe au chapitre XXII du Tiers Livre : l'Eclise romaine soy sentente emburelucocquee d'aulcun baragouinage d'erreur ou de haeresie, où le même commentateur dit mêmement : troubler le cerveau.

Il apparaît alors que, dans aucun des trois textes, emburelucocquer n'a jamais pu signifier emmitoufler, qui est exactement : envelopper dans des vêtements chauds et moelleux, (de en et mitoufle, altération de mitaine, d'après moufle et ancien français emmoufler ; Petit Robert), verbe qui a indiscutablement une valeur méliorative. Or, le verbe des textes du Gargantua et du Tiers Livre a visiblement un sens fortement péjoratif : Rabelais ne peut se borner à parler de cerveaux moelleusement enveloppés dans des idées nocives ; nous le connaissons trop pour ne pas saisir que son expression a toutes chances de contenir une image fortement rabaissante conduisant à une comparaison de niveau physiologique. Et nous comprenons alors qu'il faut voir dans emburelucocquer un verbe dont le début est formé sur embu-imbu, d'après le lati imbutus, de imbuere, imbiber : qui est imprégné, pénétré ; emboire : s'imprégner ; embut : entonnoir.

Pour la suite du mot, un commentateur bien élevé, voilant la nudité du texte comme Sem et Japhet firent pour celle de Noé, leur père, verrait dans cocque le coquillon : patte du chaperon de docteur ; le chaperon ; le docteur (Saulnier), et dans relu, soit un mot évoquant la science livresque, soit deux syllabes dont la première, liée à bu, évoquerait la bure des docteurs, et la deuxième, lu, évoquerait lux la lumière, la science desdits docteurs. Le mot emburelucocqué serait alors quelque chose comme : imprégné de la science des docteurs en bure, sens évidemment caustique, donc péjoratif à souhait pour les textes du Gargantua et du Tiers Livre.

Le fâcheux est que ce sens ne s'applique en aucune façon au texte de la sentence. Aussi préférerons-nous, comme Cham regardant, lui, la nudité de Noé, voir dans la finale relucocqué le verbe reluire : s'accoupler (en parlant du bélier et de la brebis ; Greimas), et le verbe cocquer, qui confirme ce premier sens avec l'idée de côcher : altération de l'ancien français caucher, chaucher, latin calcare : presser, fouler (Petit Robert). Le mot emburelucocquees de notre texte est alors : humidifiées, détrempées, rendues glissantes par les foulantes saillies, sens qui est bien celui auquel nous devions nous attendre depuis que nous savons ce que sont les chaussetrapes gutturales, sens probablement repris tel quel dans les textes du Gargantua et du Tiers Livre, où il apporte l'intention méprisante et rabaissante dont nous sentions la nécessité.

Quant aux guiluerdons, que l'originale écrit guiluardons, ce qui n'est probablement qu'une autre coquille, nous comprenons clairement, maintenant, qu'il ne peut s'agir de capuchons, mais bien de l'agent dont l'action rend emburelucocquées les chaussetrapes gutturales. Nous savons que ces chaussetrapes gutturales sont les goulues fosses trompeuses, que emburelucocquées signifie rendues glissantes par les foulantes saillies ; nous savons que ces fosses trompeuses sont celles des truies, et que les foulantes saillies ne sont pas celles du verrat mais celles qu'est censé effectuer Baisecul : il nous apparaît donc que guiluerdons peut à la fois désigner l'agent des saillies, et contenir l'idée de fausseté, puisque cet agent n'est que de substitution.

Et nous voyons alors facilement dans guil la guile : tromperie, fraude, du verbe guiler : tromper, duper (Greimas). Cette idée de duperie nous invite à voir dans verdon un mot issu de verde-vert : qui a de la sève, vert (Greimas) et qui désigne la pousse ou le jet de l'arbre, appelé encore rejet, rejeton. C'est évidemment là un des innombrables synonymes du membre viril, mais il semble que ce synonyme ait ici une nuance particulière, et qu'il désigne l'objet employé comme substitut. Ainsi, ce mot verdon désignant le substitut végétal, joint à l'idée de fausseté, de tromperie qu'exprime le mot guil, a tout l'air de représenter ce que les Grecs appelaient olisbos, et le moyen âge godemiche, et dont nous avons parlé pour le cent vingt-septième titre de la Librairie. Nous saisissons que la sentence fait état du fait que le membre humain de Baisecul est pour le vagin de la truie, rendu lubrique (lubricus : glissant) par les foulantes saillies, un succédané insuffisant qui aura quelque peine à se maintenir en place puisqu'il faudra avoir recours au rembourrage. Nous rendrons donc emburelucocquees de guilverdons par : lubrifiées par les foulantes saillies godemicheuses
bien grabelez a rouelle,

Saulnier dit : Grabeler : examiner, scruter, analyser. Italien garbellare, passer au crible. Rouelle : rondelle. Du latin rotellam ; Guilbaud dit : Passés au crible ; Michel dit : Criblés en rondelles, ce qui n'a pas un sens certain.

Il s'agit évidemment des guiluerdons qui sont grabelez, et il faut ici entendre le mot non comme passés au tamis, mais comme faisant le mouvement qu'on fait en passant au tamis, c'est-à-dire, puisqu'il s'agit de guiluerdons, effectuant le va-et-vient qu'impose le mouvement du bassin quand on passe au crible ; grabelez est ici : bien brimbalés.

Pour rouelle, où les commentateurs voient une inexplicable rondelle, nous pouvons penser que le mot désigne la tranche ronde (Petit Robert), et spécialement la rondelle de viande comportant au milieu, avec la rondelle osseuse, la moelle de l'os ; mais ce sens est, nous dit-on, récent en ce qui concerne la viande, et si la moelle nous fournit une bonne image, l'os qui l'entoure nous est un peu rude.

Nous comprenons donc, d'autant que l'expression n'est pas : en rouelle mais a rouelle, que le mot est issu du verbe roeler dont le sens est : tourner en rond (Greimas), et qu'il indique que le mouvement de va-et-vient s'accompagne d'un mouvement circulaire. Et nous pourrions le rendre par l'adverbe circumbilivaginalement formé sur le verbe qu'emploiera Panurge au chapitre XXX du Tiers Livre, si nous ne nous apercevions que, bien que circum rende l'idée de tourner, umbili, qui est l'ombilic, indique que le mouvement est fait dans la position face à face, et ne peut s'appliquer à la monte animale que doit pratiquer Baisecul. Nous rendrons donc ce a rouelle par l'idée de giration appliquée non pas aux guiluerdons mais aux saillies, et nous aurons : bien girobrimbalantes.

Ainsi, la fin de la sentence de Pantagruel est donc celle-ci :

mais ledit défendeur sera tenu de fournir de foin et de filasse au rembourrage des goulues fosses trompeuses lubrifiées par les foulantes saillies godemicheuses bien girobrimbalantes, et amis comme devant, sans dépens, et pour cause.

Comme nous l'avons fait pour les plaidoiries, nous relisons d'une traite le prononcé de Pantraguel :

Vu, entendu et bien calculé le différend d'entre les seigneurs de Baisecul et Humevesne, la cour leur dit que, considéré l'état d'excitation de la génitoire encline astrologiquement par le solstice d'été à courtiser les manchons turgescents qui ont été privés du membre par les cruelles austérités des ténébrions qui gravitent à Rome autour d'un singe équestre à tiare portant la lance à l'arrêt, le demandeur aurait eu toutes raisons de combler le vaisseau qu'enflait la bonne femme, le vit chaussé puis déchaussé, lui rembourrant rigidement le bât en toute conscience d'autant de va-et-vient qu'il y a de poils sur dix-huit vaches, et même du double. De même, est déclaré innocent du cas privilégié des fistules anales dont on pensait qu'il pouvait relever de ce qu'il ne pouvait solidement déféquer, par la démonstration d'une paire de gants parfumés de relent de pets mêlé à l'odeur de chandelle de noix telle qu'on l'utilise en son pays de Mirebeaux, libérant corde et boules de bronze dont les palefreniers engraissaient, transportées entre deux bâts comme connétable, ses cultures maraîchères de Loire, ajouté aux sonnettes de volerie amoureusement tannées que son beau-frère portait de façon digne de mémoire en une musette adjacente ornée de trois chevrons de fourrure aux poils agglutinés de suc de canne, au cognoir de l'échauguette d'où l'on tire au nid vermiforme avec le lance-fusées. Mais en ce qu'il accuse le défendeur d'être arc-bouteur de cons bas, amateur de caillé, et embreneur de poupée, ce qui n'a été, en poussant au fond, avéré, comme l'a bien appointé ledit défendeur, la cour le condamne à trois saillies de verrat en vaginées de caillé cochères, étroitement ajustées, allègrement pilonnées du devant et, par foulage entre les parois raidies, réduites en bouillie de maïs telle qu'on la fait dans le pays, payables envers ledit défendeur à la saint Glinglin, mais ledit défendeur sera tenu de fournir de foin et de filasse au rembourrage des goulues fosses trompeuses lubrifiées par les foulantes saillies godemicheuses bien girobrimbalantes, et amis comme devant, sans dépens, et pour cause.

Ainsi, tout en constituant une pirouette de dégagement, la sentence de Pantagruel a bien l'air de découler du Tu seras puni par où tu as péché : Baisecul, soupçonné, apparemment sur son seul nom, d'être sodomite, bien qu'innocenté, est condamné à saillir trois fois des truies ; Humevesne, dont le nom trahit les goûts, et qui, lui, a confessé s'être livré au cunnilinctus, est condamné à fournir de quoi garnir lesdites truies, censées être trop largement proportionnées pour le membre de Baisecul. Tout cela serait fort injuste, le coupable étant finalement moins pénalisé que l'innocent, si les peines devaient être exécutoires autrement qu'à la saint Glinglin.

Retenons alors que le procès semble être surtout la démonstration de l'impossibilité pour chacun de comprendre autrui et de s'en faire comprendre. Baisecul et Humevesne ont parlé chacun pour soi, et aucun des deux n'a été entendu de son adversaire, sauf sur quelques points secondaires ; Pantagruel, tout supérieur qu'il est, a interprété les mots du demandeur et du défendeur à son propre niveau de subtilité, favorisant des aspects inexistants ou mineurs, pour finalement rendre une sentence qui ignore l'objet même du procès : le viol de la bonne femme, ce viol n'étant d'ailleurs rien moins qu'établi.

Cette incompréhension, l'extravagance des peines injustes, l'absurdité qui consiste à les énoncer alors qu'elles ne sont pas exécutoires ; le fait, aussi, qu'elles condamment des agissements intimes qui ne troublent ni ne regardent la société, tout cela nous apparaît comme la satire d'une certaine justice qui veut abusivement connaître de l'individu. Mais notre propos n'a jamais été de disserter sur le procès ; il était celui de prouver qu'il n'est pas cette incompréhensible série de coq-à-l'âne (coq-à-cane) qu'on dit.

Notre exploration a été longue, hésitante et quelquefois risquée : nous avons conscience que tout ce que nous avons extrait peut n'avoir pas été dépouillé sans prêter à critique ; il n'en reste pas moins que ces trois chapitres, qu'on nous donne depuis bientôt quatre siècles et demi pour inanimés, doivent désormais être regardés comme bien vivants, même si cela bouscule de confortables positions confortablement assises dans de confortables chaires. Mais là, nous ne pouvons plus que dire, comme le bateleur du Dit de l'Herberie de Rutebeuf : En tel maniere venz je mes herbes et mes oignemens ; qui vodra si les preigne, qui ne vodra si les laist !

Comment Panurge racompte la maniere comment il eschappa de la main des Turcqs. Chapitre.xiiij.

Le chapitre commence par un retour sur le chapitre précédent, qui nous permet de comprendre pourquoi Rabelais a corrigé le titre du chapitre x, remplaçant fut dict plus admirable que celluy de Salomon par fut dict fort admirable : c'est qu'ici la même idée se retrouve avec : en sorte que le monde commenca a dire. Salomon qui rendit par soubson lenfant a sa mere, et Rabelais a préféré supprimer la redite, gardant la phrase développée plutôt que l'allusion.

Mais il est fort étonnant de voir ce chapitre commencer par un tel retour, auquel s'ajoute l'offre des honneurs qu'on veut faire à Pantagruel, et qu'il décline avec sagesse pour quelque muitz de bon vin, quand, selon notre hypothèse, le présent chapitre devrait être séparé de celui du jugement par celui de la rencontre et des treize langages. Force nous est pourtant de reconnaître que, loin d'apparaître comme le rappel d'un chapitre éloigné, cette introduction du chapitre des Turcqs semble bien avoir été écrite pour prendre immédiatement place après ce chapitre du jugement.

Une autre remarque paraît devoir, elle aussi, démentir que c'est à tort que le chapitre de la rencontre a été placé avant le procès alors qu'il aurait dû l'être après : celle que nous pouvons faire sur les lignes qui, à la fin de cette introduction, amènent le récit de l'aventure chez les Turcs :

Les assistants sont en train de rire du mot qu'a fait Panurge en disant : Ie croy que lombre de monseigneur Pantagruel engendre les alterez, comme la lune faict les catharres, quand Pantagruel intervient de façon quelque peu conventionnelle : Ce que voyant Pantagruel dist. Panurge quest ce que auez a rire ? et ledit Panurge de répondre, rattachant sa repartie au vin qu'il vient de humer : Seigneur, (dist il) Ie leur contoys, comment ces diables de Turcqs sont bien malheureux de ne boire goutte de vin. Si aultre mal nestoit en Lalchoran de Mahumeth, encores ne me mettroys ie mie de sa loy. Le procédé est manifeste : l'imparfait Ie leur contoys est ici le temps qu'on emploie pour marquer que des faits à l'état de projet sont sur le point d'être exécutés, mais il est aussi le temps qui indique la conséquence d'un fait antérieur :

Panurge fait ainsi référence à la promesse de conter qu'il a faite au chapitre ix, tout en se montrant prêt à tenir cette promesse pourvu que Pantagruel y consente ; et il semble alors patent que le temps de cette promesse n'est pas un temps tout proche.

De plus, la suite de la phrase, qui parle des Turcqs, de Lalchoran de Mahumeth, prend visiblement prétexte du vin pour rappeler de quoi il était alors question : précaution inutile si les paroles : & a present viens de Turquie, Et voluntiers vous racompteroys mes fortunes, avaient été récemment prononcées. L'enchaînement n'aurait certes pas été le même, et Rabelais n'aurait pas eu à employer cet artifice si, comme nous l'avons prétendu, le chapitre où Panurge raconte ses fortunes avait dû suivre immédiatement le chapitre où il annonce qu'il va les raconter. Qu'est-ce donc à dire ?

Il est à dire, et nous devons le faire de bon gré puisque cela nous prémunira contre toute rechute, que nous nous sommes laissé entraîner par la glose dans une vaine enquête où, perdant le contact direct avec le texte, nous avons reconstitué le raisonnement de Rabelais à partir d'une logique de la construction littéraire qui n'est pas celle du temps, commettant ainsi ce que Lucien Febvre appelle le péché des péchés, le péché entre tous irrémissible : l'anachronisme [1].

Certes, nous ne sommes pas les instigateurs ; ce sont les doctes qui nous ont fourvoyés, se montrant convaincus qu'un auteur ne saurait présenter un héros au neuvième chapitre pour l'abandonner jusqu'au quatorzième sans qu'il y ait faute. Dressés à l'école de la rigueur compassée, les glossateurs ont été déconcertés par l'art de Rabelais ; et, bien légèrement nous avons mis nos pas tout à côté de leurs pas de clercs. Retenons de notre maladresse, pour qu'elle soit au moins fructueuse, que nous devons désormais tenir pour fariboles ces petites fouillures faites en côtoyant le texte sans y entrer, et nous garder à l'avenir d'être de ceux qui semblent es coquins de village qui fougent & escharbottent la merde des petitz enfans en la saison des cerises & guignes pour trouuer les noyaulx, & iceulx vendre es drogueurs qui font lhuille de Maguelet (P. xxxiv).

Car il apparaît clairement, et nous aurions dû y penser plus tôt, qu'à supposer qu'une erreur de placement se soit produite lors de l'impression de l'édition originale (que cette erreur porte sur le chapitre du procès, comme le prétend la glose, ou qu'elle porte sur le chapitre de la rencontre, comme nous le prétendions), rien n'empêchait Rabelais,

---

1. Le Problème de l'Incroyance au XVIᵉ siècle ; la Religion de Rabelais, Albin Michel, 1942.

lors des éditions ultérieures où il transforme l'unique chapitre du procès en quatre chapitres distincts, de rétablir le bon ordre. L'édition de 1542 en particulier, qu'on a coutume de considérer comme l'édition définitive revue par l'auteur, est d'un caractère et d'un format différents de ceux de l'édition originale : sans parler des éditions intermédiaires, il a bien fallu, au moins pour celle-là, refaire la composition et l'imposition, et le moment était éminemment propice à un remaniement. Si Rabelais n'a rien fait de tel, c'est bien que la succession des chapitres : la rencontre, le procès, les Turcs, est la succession qu'il a conçue.

Et, dessillés, nous comprenons même que c'est à dessein que Rabelais, découvrant la nécessité d'un Panurge et décidant de l'incorporer, l'introduit après le chapitre de la Librairie, entre celui de la lettre et celui du procès, c'est-à-dire entre des chapitres où l'action est arrêtée, Pantagruel statique, et les comparses absents. Bien loin d'être une maladresse, il s'agit là de belle virtuosité, le long chapitre des livres créant la disponibilité, celui de la lettre la transition, et le chapitre du procès, que Rabelais étoffe considérablement par la suite, laissant une impression de durée propice à l'intégration du nouveau venu.

Car il est de fait que Panurge réapparaît au chapitre qui suit le procès comme un personnage connu depuis longtemps : la réplique au quelcun qui ladmoneste a demye alaine dun grand hanat plein de vin vermeil (qui a remplacé le simple admonesta en disnant, de l'originale) montre une sérénité, une insouciance, une assurance bien éloignées du ton qu'avait le pauvre hère lors de la rencontre ; l'interpellation de Pantagruel : Panurge qu'est ce que auez a rire ? laisse aussi entendre que la liberté de parole, l'enjouement du compagnon font partie de sa réputation ; tout suggère qu'il a disposé du temps nécessaire à se faire admettre définitivement, et tout concourt à créer la sensation de familiarité. Non seulement le chapitre ix est bien placé là où Rabelais a voulu nous le donner à lire, mais il a été placé là par la main d'un maître, au seul endroit où il pouvait se trouver. Et nous apparaît ici, une fois de plus, la ridicule suffisance qu'il y a à vouloir reprendre plutôt qu'à vouloir comprendre.

Mais si la transition procure à Rabelais la possibilité de donner Panurge pour un acolyte agrégé de longue date, elle lui permet en même temps de caractériser celui dont nous ne connaissons que ce que nous a laissé entrevoir le dialogue du chapitre de la rencontre où, comme il se devait, l'individualité du nouveau venu n'apparaît pas sous son jour réel. La seule réplique : Ie doncq au diesble [...] faict les catharres, va donner le ton qui, définitivement, sera celui du héros : langage coloré, abondant, toujours situé au registre de l'argumentation, même si la situation est celle d'une réponse à une simple remarque qui n'appelle aucune discussion : moyen oratoire qui a pour but de persuader l'adversaire que la joute lui sera difficile puisque, si les arguments de réserve sont présentés d'entrée, c'est qu'il y en a bien d'autres, encore plus forts. Ainsi, la seule exclamation : Compere tout beau, vous faictes rage de humer, donne à Panurge l'occasion de répondre copieusement, ampleur recherchée puisque tout le morceau : Ie doncq au diesble [...] O compaing, est une addition faite à l'originale :

Ie doncq au diesble (dist il)

Ici, les éditeurs ont bien tort de voir une faute, et de croire bon de rétablir en Je donne au diable (Je me donne au diable) : le Ie, c'est le Moi, et la réponse de Panurge est ce : Moi donc au double, expression qui vient probablement du vocabulaire du jeu, avec équivoque possible sur diable, et qui équivaut à dire que il auoit trouue fort bon : & quil nen failloit plus que autant (P. iv).

tu nas pas trouué tes petitz beuureaux de Paris qui ne beuuent en plus qun pinson, & ne prenent leur bechee sinon quon leurs tape la queue a la mode des passereaux.

Panurge a ici fini de boire, et la phrase elliptique dite en même temps qu'il reprend souffle fait place à un développement surajouté, de pure faconde, et sa parole a l'amplification théâtrale de celle de l'acteur soucieux de capter l'attention par l'inattendu, la cocasserie et le grossissement des effets. Toujours est-il que la phrase nous renseigne sur deux points : Panurge connaît les Parisiens, ou connaît tout au moins la réputation qu'on leur fait ; Panurge est d'esprit salace et se plaît à former l'image surprenante de ces chipoteurs auxquels on doit taper la queue pour qu'ils prennent leur bechee.

O compaing si ie montasse aussi bien comme ie aualle, ie feusse desia au dessus la sphere de la lune, auecques Empedocles.

Encore le jeu de l'acteur, qui tient, par l'outrance, à conserver l'attention de l'auditoire. Et deux points, encore, qui nous renseignent : Panurge aime les jeux de mots : monter opposé à avaller entendu à la fois comme déglutir et comme descendre ; Panurge qui a déjà, lors de la rencontre, évoqué Homère avec les fortunes qui sont plus merueilleuses que celles de Ulysses, est décidément teinté de clergie puisqu'il connaît l'Icaroménippe de Lucien qui rencontre Empédocle dans la lune où l'ont propulsé les vapeurs de l'Etna.

Mais ie ne scay que diable cecy veult dire, ce vin est fort bon & bien delicieux, mais plus ien boy plus iay de soif.

Panurge change de ton pour créer l'étonnement par la naïveté, perçue évidemment comme naïveté feinte par l'auditoire, qui ne peut alors que s'attendre à une explication bouffonne : toujours l'acteur qui prépare ses effets.

Ie croy que lombre de monseigneur Pantagruel engendre les alterez, comme la lune faict les catharres.

C'est la chute : Panurge y est finement courtisan, évoquant le personnage populaire de la soif tout en donnant du monseigneur a celui qui l'a mis sous son ombre, et s'assurant du même coup du rire obligé des assistants, tous domestiques dudit Pantagruel : Auquel (mot) commencerent rire les assistans (le terme mot n'étant pas imprimé mais manuscrit dans la marge).

Panurge a donc réussi à se faire écouter en silence jusque là et à déclencher le rire au moment qu'il a choisi. Rabelais, lui, est parvenu, en ces quinze lignes de l'édition définitive, à présenter un Panurge bon mangeur, bon buveur, habile parleur, naturellement salace, instruit comme un clerc, maîtrisant sa langue au point de jongler avec elle, et surtout, usant de la parole par jeu, ce jeu étant bien l'activité mentale purement gratuite qui n'a, dans la conscience de celui qui s'y livre, d'autre but que le plaisir qu'elle procure (Petit Robert).

Et c'est alors l'interpellation, le procédé de l'imparfait employé à la fois pour solliciter et anticiper l'autorisation, le prétexte du vin pour remettre en mémoire les fortunes de Turquie dont il a été parlé lors de la rencontre, puis, dernière phrase avant le conte, ce Par dieu seigneur, dist Panurge, ie ne vous en mentiray de mot, où nous devons voir l'avertissement du hâbleur qui se dispose à donner pour vrai un récit de pure imagination, mais qui ne cherche nullement à abuser, et qui s'assure, par cette plaisante antiphrase, de l'assentiment et de la connivence de Pantagruel.

Car si c'est dans ce chapitre que nous nous apercevons que Panurge, qui n'était encore qu'une deuxième écolier limousin lors de la rencontre, a accédé au rang de premier rôle, c'est cette phrase qui nous apprend que ce rôle est celui de fou du roi ; Panurge est désormais le faiseur de gabs à qui sont permises toutes les audaces de parole (Greimas : gaber : plaisanter, jouer des farces, se moquer de, tourner en dérision ; gab (m.), gabe (f.) : plaisanterie, moquerie ; gabeor : railleur, plaisantin).

Il est de fait que personne, hormis Pantagruel, n'imposera jamais silence à Panurge, et que tout le monde subira sans se fâcher ses moqueries ou ses insinuations : c'est que sa parole est artifice, et n'est pas le reflet d'une conviction ; Panurge est le bouffon de Pantagruel, jouissant de sa protection en échange de sa fonction d'amuseur, et si le personnage est né de Fracasse et de Morgan, son office est calqué sur celui de Triboulet : le récit de ses fortunes en Turquie est donc le premier de ces gabs qu'il a mission d'inventer pour distraire son maître et la compagnie de son maître, puisque nous ne pouvons douter que ce que raconte Panurge soit de pure imagination : le récit commence par un postulat que le conteur fait adroitement passer, mais qui est invraisemblable :

Les paillards Turcqs mauoient mys en broche tout lardé, comme un connil, car iestois tant exime que aultrement de ma chair eust este fort mauluaise viande, & en ce poinct me faisoyent roustir tout vif.

L'habileté consiste à distraire l'attention du point délicat par l'éclaircissement sur la maigreur qui ferait mauvais mets de la chair sans lardons ; cette précision est d'ailleurs une addition faite à l'originale ; mais l'invraisemblance est dans le fait que Panurge est mis en broche vivant, et donc attaché sur la broche : il est alors tout à fait impossible à quiconque, fût-il Turc, de faire rôtir en tournant la broche une pièce d'un tel poids qui n'est pas embrochée, c'est-à-dire dont la masse n'est pas répartie également autour de l'axe de rotation. Et il est non moins impossible que les cordes entourant un corps exposé au feu ne brûlent pas avant que ce corps ne soit rôti. Mais cela n'a aucune importance puisque les auditeurs de Panurge savent pertinemment que le récit est imaginé, et que leur seul souci est de voir comment il va l'agencer pour le rendre plaisant. Panurge va donc continuer de développer son gab, et Rabelais va, ce faisant, continuer de dessiner le caractère de Panurge. Et le tout premier trait de ce caractère est celui de la soumission religieuse :

Ainsi comme ilz me routissoyent, ie me recommandoys a la grace diuine, ayant en memoyre le bon sainct Laurent, & tousiours esperoys en Dieu, quil me deliureroit de ce torment, ce qui feut faict bien estrangement.

Nous devons entendre l'adverbe estrangement comme l'entend l'auditoire, c'est-à-dire comme l'ultime avertissement qu'il s'agit d'un récit inventé, et qu'il va falloir admettre docilement les agencements osés que le conteur va devoir utiliser. Cela dit, voyons que Panurge, bouffon de Pantagruel, ne peut qu'être bien pensant et respectueux de la foi traditionnelle ; le gab qu'il va dire est une sorte d'examen d'aptitude à son rôle de fou, et il s'empresse ici de renseigner Pantagruel et sa suite sur la qualité de sa croyance, qualité qu'il a déjà laissé entrevoir en protestant de ne jamais se mettre de la loi de Lalchoran.

Car ainsi que me recommandoys bien de bon cueur a dieu, cryant. Seigneur dieu ayde moy, Seigneur dieu saulue moy, Seigneur Dieu oste moy de ce torment, auquel ces traistres chiens me detiennent, pour la maintenance de ta loy ?

Ici, la ponctuation nous renseigne : Panurge, bien que bon chrétien, ne s'est nullement exposé, pour la maintenance de la loi de Dieu, à être rôti : il demande à Dieu de démontrer sa puissance aux mécréants en le délivrant du tourment qu'ils lui infligent. C'est très nettement du chantage, et nous apparaissent ici à la fois l'opportunisme du personnage et sa cautèle qui n'hésite pas à tenter d'abuser un Dieu omniscient, et qui lit donc dans les consciences.

le routisseur sendormit par le vouloir diuin, ou bien de quelque bon Mercure qui endormit cautement Argus qui auoit cent yeulx.

Saulnier dit : Formule d'intention lucianiste. Les esprits frondeurs donnaient au dieu chrétien le nom de Mercure, l'illusionniste : cf. le Cymbalum Mundi de Bonaventure Des Périers. Voir ici chapitre XIII, et surtout chapitre XX.

Il s'agit, dans la définitive, du chapitre xix : Et si Mercure, dist Langloys, et du chapitre xxx : Ce pendent vint Cyre luy demander un denier en lhonneur de Mercure. Le Mercure du récit de l'aventure chez les Turcs se trouvait déjà dans l'originale et Rabelais ne l'a pas supprimé ; quant au Mercure des chapitres xix et xxx, il s'agit d'une addition faite à cette originale : preuve que ce Mercure est plutôt ici ce que dit Demerson : A la Renaissance, Mercure était le symbole de l'ange de Dieu, qui envoie le sommeil ou la mort.

Les dieux antiques étaient en effet à l'époque censés avoir été la préfiguration des saints chrétiens, et il nous faut voir que Panurge parle de bon Mercure : nous ne verrons donc pas dans sa phrase l'intention dont parle Demerson dans la suite de sa note : mais Bonaventure des Périers appelle Mercure Dieu lui-même en esprit de dérision, mais nous remarquerons que Panurge semble être bien savant en théologie pour citer sans danger un Mercure qui a été christianisé. Et nous pouvons même discerner dans son Mercure une affectation d'humilité puisqu'il admet que ce peut n'être pas Dieu qui s'est prononcé en faveur de sa pauvre personne, mais seulement son ange subalterne.

Quand je vys quil ne me tournoit plus en routissant, ie le regarde, & voy quil sendort, lors ie prens auecques les dents un tyson par le bout ou il nestoit point bruslé, & vous le gette au gyron de mon routisseur, & un aultre ie gette le mieulx que ie peuz soubz un lict de camp, qui estoit la paillasse de monsieur mon roustisseur.

L'invraisemblance est admise : le rôtisseur est censé tourner la broche impossible à faire pivoter, et la faire tourner alors qu'il est assis, comme nous l'indique le mot gyron. Quant aux tisons saisis avec les dents, nous devons jouer le jeu et accepter que Panurge, qui va dire, quand le Baschaz tire la broche, qu'il est tombé en se faisant un peu mal, ait ici la bouche tout près du feu. Notons pourtant au passage l'inconséquence qu'il y a à jeter un tison au giron du rôtisseur :

361

Panurge risque ainsi de l'éveiller et de le voir éteindre le début d'incendie qu'il a tant de mal à provoquer. Mais nous allons voir que le personnage ne peut résister au désir d'amener ainsi la possibilité de parler de l'appareil génital du mécréant, fût-ce au prix d'une imprudence pouvant ruiner ses efforts.

Incontinent le feu se print a la paille, & de la paille au lict, & du lict au solier qui estoit embrunche de sapin faict a quehues de lampes.

Pour solier, les commentateurs hésitent entre le plafond et le plancher : il semble que le soin que prend Panurge à rendre plausible la propagation du feu les ait perdus. Il s'agit tout simplement du grenier, ou plus exactement, car l'intérieur de cette maison de Turquie a bien l'air d'être fait au modèle des logements lyonnais du XVIᵉ siècle, de la soupente, c'est-à-dire le réduit aménagé dans la hauteur d'une pièce pour servir de grenier ou de logement sommaire. Du faux plafond ainsi formé pendent les ornements a quehues de lampes faits de ce bois tendre qu'est le sapin, et qui sont léchés par les flammes ; ils sont la cause de l'embrasement général, et il semble qu'est ici évoquée une question bien connue des lecteurs du temps : nous pouvons penser que ces ornements avaient dû être souvent dénoncés comme responsables de l'extension de bien des incendies.

Mais le bon feut, que le feu que iavoys getté au gyron de mon paillard routisseur luy brusla tout le penil & se prenoit aux couillons, sinon quil nestoit tant punays quil ne le sentit plus tost que le iour,

Bien que les commentateurs expliquent le mot punays par : infect, puant (Saulnier), sentait si mauvais (Guilbaud), il puait trop (Demerson), le sens est évidemment ici : pourri, corrompu, et il s'agit, bien sûr, de ce bas-ventre de mécréant qui ne peut qu'être altéré par un commencement de nécrose dû à une maladie vénérienne, qui est censée lui enlever la faculté de percevoir avant le jour la sensation de brûlure. Les commentateurs prennent le verbe sentir pour avoir la sensation d'une odeur, et comprennent que le rôtisseur pue tant lui-même que cette odeur lui masque jusqu'au jour l'odeur de brûlé : que n'ont-ils demandés à un médecin ce qui est le plus rapidement perçu de la brûlure du thermocautère sur des crêtes-de-coq ou de l'odeur de chair brûlée ! En outre, personne n'est jamais importuné de sa propre odeur, si désagréable qu'elle soit pour autrui, et Rabelais, médecin, ne l'ignore pas : son rôtisseur n'est en rien anosmique, mais vérolé jusqu'à l'os. Et nous noterons là un des traits principaux de la personnalité de Panurge : il parle volontiers, et d'abondance, à toute occasion, de ce qui se rapporte à la sphère ou l'activité génitales ; le domaine sexuel est sa constante préoccupation, comme si de nombreuses années de contrainte monastique lui avaient rendu le sujet prépondérant.

& debouq estourdy se levant crya a la fenestre tant quil peut dal baroth, dal baroth, qui vault autant a dire comme au feu, au feu :

Pour debouq estourdy, Saulnier dit : Debouq : comme un bouc. Qui fonce étourdiment, tête baissée, sur le danger, et les autres commentateurs reprennent la même explication. Or, le texte ne dit pas que le rôtisseur fonce dans le feu, mais bien qu'il se met en devoir de donner l'alerte : les commentateurs se paient de mots.

Littré donne au mot bouc les exemples suivants, du XVIe siècle : Ils vindrent de boucq-estourdy trouver M. le connestable dedans ses tranchées, sans demander ny prandre hostaiges ; Il s'y est allé jetter de bout estourdy, sans mon commandement ny pouvoir, pour y estre obey (Carloix). Il semble évident qu'il n'y a là aucune trace de bouc, étourdi ou non, mais que l'expression vient, soit de bouter qui a donné l'adverbe debout, soit plutôt de débouquer : sortir de l'embouchure d'un canal. L'idée est celle du jaillissement impétueux que font les eaux libérées de la contention du canal, image à laquelle est adjointe la précision : estourdy, quand il s'agit du comportement d'un être animé. Nous laisserons donc le bouc à ses chèvres, et nous prendrons l'expression pour l'équivalent de tout à trac.

De plus, l'explication : qui vault autant a dire comme au feu, au feu, pour l'exclamation : dal baroth, dal baroth, semble bien contenir la notion comique du mot du vocabulaire le plus courant détourné de son sens en même temps qu'une orthographe fantaisiste lui donne l'air exotique : et nous pouvons vraisemblablement voir là le mot lyonnais barotte que Littré définit ainsi : mot employé dans certaines campagnes pour désigner un vaisseau cerclé en fer, et servant à la vendange.

& vint droict a moy pour me getter du tout au feu, & desia auoit couppé les cordes dont on mauoit lye les mains, & couppoit les lyens des piedz,

L'invraisemblance est ici à son comble : on ne s'explique en effet pas pourquoi le rôtisseur, qui a l'intention de jeter Panurge au feu, éprouve le besoin de lui libérer les mains et les pieds ; mais la suite du conte va demander que Panurge ait au moins une main de libre.

mais le maistre de la maison ouyant le cry du feu, & sentent ia la fumee de la rue ou il se pourmenoit auecques quelque aultres Baschatz & Musaffiz, courut tant quil peut y donner secours & pour emporter les bagues. De pleine arriuee il tire la broche ou iestoys embroché, & tua tout roidde mon routisseur,

Nous le savons, Panurge n'est pas embroché mais lié sur la broche : l'action est prenante, et le conteur en profite pour arranger la vérité selon les besoins de sa narration. Quant au maistre de la maison, il s'embarrasse inexplicablement pour férir le rôtisseur d'une broche qui mesure au moins deux mètres puisqu'elle supporte un homme, quant tout nous permet de croire qu'il a à sa portée d'autres armes plus maniables et aussi efficaces. Mais Panurge doit recouvrer sa liberté, et la licence accordée au diseur de gabs lui permet d'introduire cette péripétie.

dont il mourut la par faulte de gouuernement ou aultrement, car il luy passa la broche peu au-dessus du nombril vers le flan droict, & luy percea la tierce lobe du foye & le coup haussant luy penetra le diaphragme, & par atrauers la capsule du cueur luy sortit la broche par le hault des espaules entre les spondyles & l'omoplate senestre. Vray est que en tirant la broche de mon corps ie tumbe a terre pres des landiers, & me feist peu de mal la cheute toutesfoys non grand : car les lardons soustindrent le coup.

Nous notons ici qu'une broche de deux mètres ne peut pénétrer et ressortir là où dit le texte, surtout le coup haussant, que si la victime est étendue à terre. Et c'est ce que confirme la faulte de gouuernement qui est ici la syncope. Mais le plus remarquable est cette connaissance de l'anatomie galénique que possède Panurge ; nous savons évidemment d'où elle vient, mais peut-être devons-nous penser que le personnage Panurge la tient des médecins mécréants qu'il a pu rencontrer en Turquie. C'est en tout cas tout ce qu'il a pris là, car il est resté fort dévot :

Puis voyant mon Baschaz, que le cas estoit desespere, & que sa maison estoit bruslee sans remission, & tout son bien perdu : se donna a tous les diables, appellant Grilgoth, Astarost Rappallus et Gribonillis par neuf foys.

Ce Gribonillis est une addition faite à l'originale, et l'orthographe du fac-similé est bien celle-là ; mais il s'agit vraisemblablement d'un u retourné, et Michel note qu'on retrouve le nom Gribouillis au chapitre XL du Quart Livre.

Quoy voyant ie euz de peur pour plus de cinq solz, craignant : les diables viendront a ceste heure pour emporter ce fol icy, seroyent ilz bien gens pour memporter aussi ? Ie suis ia demy rousty, mes lardons seront cause de mon mal : car ces diables icy sont frians de lardons, comme vous auez lautorite du philosophe Iamblicque & Murmault en lapologie de bossutis & contrefactis pro Magistros nostros, mais ie fis le signe de la croix, criant agyos, athanatos, ho theos, & nul ne venoit,

Le fait d'avoir eu les mains déliées par le rôtisseur permet heureusement ici à Panurge de faire le signe de la croix en prononçant la formule d'exorcisme : Saint et immortel est Dieu ; mais il la dit en grec, et s'il nous apparaît d'abord comme l'humble fidèle terrorisé par les démons, surtout quand ils sont invoqués neuf fois par un hérétique, il se révèle ensuite assez savant pour parler de Jamblique et prêter à Murmault (dont on nous dit qu'il peut s'agir de Joannes Murmel, de Munster, professeur et écrivain, mort à Deventer en 1517) un ouvrage de fantaisie qu'il cite en latin : Des bossus et des contrefaits, à l'usage de Nos Maîtres. L'opinion de ces deux penseurs sur le goût qu'ont les diables pour les lardons n'est qu'une autre facétie, et cette désinvolture, qui révèle une familiarité de spécialiste, nous laisserait facilement penser que Panurge a été imprégné à quelque moment de l'esprit des études théologiques.

Ce que congnoissant mon villain Baschatz se vouloit tuer de ma broche, & sen percer le cueur, de faict la mist contre sa poictrine : mais elle ne pouoit oultre passer car elle nestoit assez poinctue : & poulsoit tant quil pouoit, mais il ne prouffitoit rien.

Le conteur paraît bien ici ne plus même chercher à dissimuler que le récit est improvisé, car pourquoi le Baschatz emploie-t-il, pour tenter de se tuer, cette même broche incommode ? et pourquoi n'est-elle plus assez ague, comme disait l'originale, alors qu'elle vient de fort bien transpercer le rôtisseur, et qu'elle n'a rencontré que des viscères et aucun os ? Mais nous allons voir que l'intention est de faire jouer encore un rôle à cette broche.

Alors ie vins a luy, disant. Missaire bougrino tu pers icy ton temps : car tu ne te tueras iamais ainsi : bien te blesseras quelque hurte, dont tu languiras toute ta vie entre les mains des barbiers : mais si tu veulx ie te tueray icy tout franc, en sorte que tu nen sentiras rien, & men croys : car ien ay bien tue daultres qui sen sont bien trouuez.

Panurge a retrouvé son assurance en recouvrant la liberté de ses mouvements ; et il trouve l'audace de nommer le Baschatz du nom générique des mécréants : Missaire bougrino, eux qui ne peuvent, bien sûr, qu'avoir des mœurs homosexuelles, tout à l'inverse des chrétiens. Quant à l'offre qu'il lui fait de le tuer, elle semble encore comporter la sûre connaissance de ces blessures qui ne cicatrisent jamais, et qui sont la fortune des barbiers. Et sa confession : car ien ay bien tue daultres qui sen sont bien trouuez, apparaît assez comme la plaisanterie du carabin feignant de se glorifier de la mort de malades qu'il n'a pu guérir : le personnage Panurge semble décidément avoir eu à quelque moment de sérieuses attaches avec le monde médical.

Ha mon amy (dist il) ie ten prie, & ce faisant ie te donne ma bougette, tiens voy la la il y a six cens seraphz dedans, & quelques dyamans & rubiz en perfection. Et ou sont il (dist Epistemon) Par sainct Ioan, dist Panurge, ilz sont bien loing silz vont tousiours, mais ou sont les neiges d'antan ? cestoit le plus grand soucy que eust Villon le poete Parisien.

Panurge se découvre ici comme le dépensier insouciant, l'imprévoyant dissipateur qui, au Tiers Livre, mangera son blé en herbe. Il est sûr, puisqu'ils sont du domaine du rêve, que les quelques dyamans & rubiz en perfection ne lui coûtent rien ; mais la réponse : ilz sont bien loin silz vont tousiours semble moins onirique, et quelque peu teintée d'un esprit de désintéressement tout franciscain : comme pour Villon, les neiges d'antan sont pour Panurge la bonne sagesse qui ne s'afflige nullement que rien ne demeure, et qui se soucie fort peu d'amasser des biens. A noter que le vers de Villon et la phrase qui suit sont une addition faite à l'originale, l'édition qu'à donnée Marot n'étant parue qu'en 1533.

Acheue (dist Pantagruel) ie te prie que nous saichons comment tu acoustras ton Baschatz. Foy dhomme de bien, dist Panurge, ie nen mentz de mot.

C'est bien ici le maître du bouffon qui lui enjoint de continuer. Et, en bouffon, Panurge renouvelle sa protestation ironique, qui semble aussi vouloir rappeler à Pantagruel qu'il invente à mesure qu'il parle, et qu'il lui faut donc bien quelquefois se reprendre. Peut-être encore faut-il voir dans le Foy dhomme de bien une équivoque sur les biens dissipés du contenu de la bougette.

Ie le bande dune meschante braye que ie trouue la demy bruslee, & vous le lye rustrement piedz & mains de mes cordes, si bien quil neust sceu regimber, puis luy passay ma broche a trauers la gargamelle, & le pendys acrochant la broche a deux gros crampons, qui soustenoient des alebardes. Et vous attise un beau feu au dessoubz & vous flamboys mon milourt comme on faict les harans soretz a la cheminee, puis prenant sa bougette & un petit iavelot qui estoit sur les crampons men fuys le beau galot. Et dieu scait comme ie sentoys mon espaule de mouton.

Bien que personne ne le dise, ie le bande signifie je le bâillonne, puisque c'est avec les cordes qui le maintenaient sur la broche que Panurge lie rustrement le Baschatz. Et si nous en croyons le comme on faict les harans soretz, quoique la précision se rapporte au feu qui flambe le milourt, nous pouvons penser que Panurge a passé la broche d'une carotide à l'autre, en la faisant ressortir d'une bonne longueur, puisqu'il peut prendre le corps a deux gros crampons. Ces deux crampons soustenoient des alebardes, et peut-être avions-nous raison de penser qu'il existait d'autres armes moins encombrantes que la broche ; pourtant, rien ne nous dit que ces crampons sont garnis ; en tout cas, ils soutiennent le petit javelot dont s'empare Panurge en s'enfuyant, mais ce javelot semble bien être seulement engendré par le besoin qu'aura Panurge d'être pourvu, pour la suite du récit, d'une arme légère et maniable.

Plus important est le Panurge qui apparaît ici : il est l'homme vindicatif dont la vengeance enchérit largement sur le dommage subi : il tue le Baschatz alors que le Baschatz l'a fait mettre en broche vivant ; mais cette mort ne lui étant pas une totale compensation, puisqu'elle résulte d'un accord, Panurge, qu'on a voulu rôtir tout larde comme un connil, flambe le corps comme on faict les harans soretz a la cheminee, situation où il faut probablement voir un plus grand degré d'humiliation. Panurge est ici, sans pitié ni pardon, celui qui dira au Quart Livre (VIII) : Jamais homme ne me feist plaisir sans recompense, ou recongnoissance pour le moins. Je ne suys point ingrat et ne le feuz, ne seray. Jamais homme ne me feist deplaisir sans repentence, ou en ce monde ou en l'autre. Je ne suys poinct fat jusques la. Mais quelque chose nous dit que c'est ici Rabelais qui parle et qu'il s'agit plutôt là du rappel d'une résolution qu'on prend chaque fois qu'on est déçu, et qu'on n'applique jamais.

Quand je fuz descendu en la rue, ie trouuay tout le monde qui estoit acouru au feu a force deau pour lestaindre.

C'est ici seulement que nous apprenons que le lieu où s'est déroulé l'aventure est en étage ; et ce détail, ajouté à celui du solier, nous semble bien confirmer que la Turquie de Panurge est faite à l'image du Lyon du XVIᵉ siècle.

Et me voyans ainsi a demy rousty eurent pitie de moy naturellement & me getterent toute leur eau sur moy, & me refraicherent ioyeusement, ce que me fist fort grand bien,

Nous nous en avisons ici : Panurge est nu, car si on l'a mis vivant sur la broche, tout lardé, on ne l'a évidemment pas fait par-dessus ses vêtements. Et comme rien ne nous dit qu'il se soit vêtu depuis qu'il est délivré, et la meschante braye qu'il a trouvée lui ayant servi à bâillonner sa victime, il faut qu'il soit dénudé, portant toutefois, nous allons l'apprendre, les bardes de lard lui entourant le tronc et formant probablement, par le début de cuisson qu'elles ont subie, des bandes continues adhérant à sa chair.

puis me donnerent quelque peu a repaistre, mais ie ne mangeoys gueres : car ilz ne me bailloient que de leau a boyre a leur mode.

Il est fort étonnant que, la surprise passée, qui les a fait jeter leur eau sur un homme nu sortant visiblement du feu, ces Turcqs donnent a repaistre à un étranger bardé de lard, ne lui faisant pour tout mal que le priver de vin. Mais peut-être Panurge a-t-il payé pour sa réfection de quelques-uns des seraphz qu'il a emportés.

Aultre mal ne me firent sinon un villain petit Turq bossu par deuant, qui furtivement me crocquoit mes lardons : mais ie luy baillys si vert dronos sur les doigts a tout mon iavelot quil ny retourna pas deux foys.

Nous voyons là la raison du javelot dont Panurge s'est emparé en s'enfuyant ; mais il faut bien dire qu'elle est mince, et que le dronos aurait fort bien pu être donné avec la main. Plus remarquable est cette enflure par deuant que présente le villain petit Turq : nous ne croyons pas à une notation toute gratuite, et nous pensons alors qu'il faut voir dans ce bossu par devant l'allusion à une érection d'homosexuel : un voyageur du XVIᵉ siècle ne peut omettre de parler des mœurs qui ont cours dans ce pays régi par Lalchoran de Mahumeth.

Et une ieune Corinthiace, qui mavoit aporté un pot de Myrobolans emblicz confictz a leur mode, laquelle regardoit mon pauure haire esmouchete, comment il sestoit retire au feu, car il ne me alloit plus que iusques sur les genoulx.

Ne nous y trompons pas : cette ieune Corinthiace, qui était une ieune Tudesque dans l'originale, fait partie des événements fâcheux qu'a introduits la restriction de la phrase : Aultre mal ne me firent sinon. Le villain petit Turq est le premier danger, la jeune Corinthiace, le second.

Voyons d'abord dans la substitution de Corinthiace à Tudesque l'intention de mieux marquer que la fille est une courtisane : Corinthe était, dans l'antiquité, une ville renommée pour ses débauches, et les Corinthiennes, le Prologue du Tiers Livre nous le dira, estoient au combat couraigeuses. Et il nous apparaît que cette correction a pu être tout spécialement faite pour que ne se perde pas (comme il avait pu se perdre avec la Tudesque de l'originale) le calembour construit sur les Myrobolans emblicz confictz a leur mode dont la jeune femme a apporté un pot à Panurge.

Car les Myrobolans emblicz, qui étaient dans l'originale des mirobalans emblicz, sont, nous dit Boulenger, le fruit de l'arbre Phyllanthus Emblica ; Saulnier, lui, se borne à dire : Mirobalant : fruit des Indes, mais il ajoute, sans paraître remarquer la compréhension anatomique du mot : myrobalanus, gland odorant. Pour emblicz, il dit : Fruits aphrodisiaques, d'Alexandrie, mais nous en savons assez pour commencer à nous douter que ce que dit Panurge est à double entente.

En effet, la ieune Corinthiace regarde le pauure haire esmouchete de Panurge : le haire est évidemment le membre viril, et il est esmouchete, c'est-à-dire sans pointe : c'est qu'il s'est retire au feu : il est donc en état de flaccidité, le prépuce recouvrant largement le gland. En cet état, il ne lui va plus que iusques sur les genoulx ; c'est dire ce qu'il peut être en position de combat : et nous avons ici la première manifestation de l'exagération épique dont Panurge affectera toujours l'évocation de son organe génital ou de sa puissance génésique ; c'est là une constante de sa hâblerie : il est membré de façon gigantesque, et capable de prouesses bien au-delà de celles du commun.

Donc, la Corinthiace, qui est femme d'expérience, regarde ce haire de longueur exceptionnelle ; elle n'a vraisemblablement eu affaire jusque là qu'à des circoncis ; mais même si tel n'est pas le cas, la longueur du membre de Panurge ne peut lui permettre de penser qu'il est ainsi retire au feu, mais, tout au contraire, qu'il n'est pas loin d'avoir vent en pouppe (P. j) : d'où, de toute façon, son étonnement et sa déception de le voir esmouchete, c'est-à-dire sans gland odorant, alors que la dimension de la hampe pouvait lui laisser entrevoir la cueillette d'un fruit de belle grosseur.

Car c'est là qu'est la plaisanterie : le regard de la ieune Corinthiace et le pot de Myrobolans emblicz qu'elle lui a apporté établissent dans l'esprit de Panurge un rapport de cause à effet : tout étant à redouter dans ce pays où l'anthropophagie fait mettre les gens en broche, Panurge a vu, ou feint d'avoir vu dans la jeune courtisane une de ces confiturières qui récoltent sur les hommes ces glands odorants qu'elles confisent a leur mode. Nous comprenons alors pourquoi l'épisode est rangé par Panurge dans les événements fâcheux : après avoir failli périr rôti, il s'en est fallu de peu qu'il ne perde son myrobalanus, et c'est le feu qui, en lui retirant le membre, l'a sauvé de la mutilation. Ce feu lui a apporté un deuxième bienfait :

Mais notez que cestuy rotissement me guerist dune Isciaticque entièrement a la quelle iestoys subiect plus de sept ans auoit du couste au quel mon rotisseur sendorment me laissa brusler.

La phrase est d'apparence banale et paraît ne rien apporter à l'action ; il s'agit pourtant d'une addition à l'originale : or, Rabelais n'a pas décidé pour rien d'une addition : il nous faut alors peut-être voir dans le plus de sept ans auoit la traditionnelle durée attachée aux maux syphilitiques, et dans la guérison par le feu, le rappel du traitement par la sudation. Panurge serait donc ici cet ancien vérolé qui, au chapitre xxx, sera quitte de la vérole dans l'autre monde.

Or ce pendent quilz se amusoyent a moy, le feu triumphoit ne demandez comment a prendre en plus de deux mille maisons,

La convention est admise depuis longtemps : certainement, personne n'a idée de demander à Panurge comment plus de deux mille maisons se sont embrasées simultanément ; l'amplification amorce la chute du récit.

tant que quelcun dentre eulx laduisa & sescria, disant. Ventre Mahom toute la ville brusle, & nous amusons icy. Ainsi chascun sen va a sa chascuniere.

Contre toute attente, Panurge se révèle ici le poète de la savoureuse trouvaille : Ainsi chascun sen va a sa chascuniere, d'autant plus remarquable qu'elle suit l'invocation de l'exécrable Mahomet et de son ventre d'incroyant, qui ne peut, bien sûr, qu'être répugnant.

De moy ie prens mon chemin vers la porte. Quand ie fuz sur un petit tucquet qui est aupres, ie me retourne arriere, comme la femme de Loth, & vys toute la ville bruslant, dont je fuz tant aise que ie me cuyde conchier de ioye : mais Dieu men punit bien. Comment ? (dist Pantagruel). Ainsi (dist Panurge) que ie regardoys en grand liesse ce beau feu, me gabelant : & disant. Ha pauures pulses, ha pauures souris, vous aurez mauluais hyuer, le feu est en vostre paillier,

Panurge cite à propos la Genèse (XIX, 26) et la femme de Loth, changée en statue de sel pour avoir regardé en arrière Sodome et Gomorrhe anéanties par le soufre et le feu, et il apparaît de plus en plus que sa connaissance des Ecritures est celle d'un chrétien qui les aurait étudiées avec application. Mais il semble que ce soit pour s'être réjoui du malheur d'autrui que Panurge est ici puni, et nous pouvons peut-être voir là une condamanation du fanatisme, les paroles de grand liesse de Panurge en Turquie ressemblant assez à celles que peuvent prononcer les brûleurs d'hérétiques dans le royaume de France. Il n'en reste pas moins qu'est ici confirmé ce que nous avons entrevu du caractère de Panurge, impitoyable dans la vengeance, mais Rabelais ayant soin de montrer évangéliquement que cette vengeance se retourne contre celui qui en use.

sortirent plus de six voire plus de treze cens & unze chiens gros & menutz tous ensemble de la ville fuyant le feu. De premiere venue acoururent droict a moy, sentant lodeur de ma paillarde chair demy rostie,

C'est ici la situation conventionnellement comique de l'individu débordé par une foule de chiens excités : nous la retrouverons au chapitre xxij où Panurge, jouant un tour a la dame Parisianne, se souviendra de l'aventure en Turquie pour faire compisser la dédaigneuse par sis cens mille & quatorze chiens.

& me eussent devore a lheure, si mon bon ange ne meust bien inspire me enseignant un remede bien oportun contre le mal des dens.

C'est apparemment de son ange gardien que parle ici Panurge, décidément fort imprégné de la lettre de la vraie religion, et se réclamant d'elle à tout propos. Quant au mal des dens, c'est évidemment du mal que peuvent lui causer les dents des chiens qu'il est question.

Et a quel propous (dist Pantagruel) craignois tu le mal des dens. Nestois tu guery de tes rheumes ? Pasques de soles (respondit Panurge) est il mal de dens plus grand, que quand les chiens vous tenent au iambes.

Pantagruel comprend, ou feint de comprendre qu'il s'agit d'une douleur dentaire, et Panurge est amené à s'expliquer : tout le morceau, depuis me enseignant jusqu'à aux iambes est ajouté à l'originale, remplaçant la simple question : Et que fys tu pouuret ? dist Pantagruel ; et il faut bien dire que nous avons quelque peine à voir dans cette addition la seule intention d'introduire le jeu de mots sur mal des dens ; là encore nous chercherons une raison plus forte, et nous nous risquerons à voir dans les rheumes ces rhumatismes qui ont même contenu syphilitique que l'Isciaticque que nous avons vue, et dans le mal des dens cette manifestation de la maladie qu'est le déchaussement des dents. Rabelais aurait alors fait cette addition pour confirmer ce qu'il a laissé entrevoir avec l'Isciaticque : à savoir que Panurge est bien un ancien vérolé, les séquelles qu'il gardait de son mal venant d'être guéries par le feu du rôtisseur.

Mais soudain ie me aduise de mes lardons, & les gettoys au mylieu dentre eulx, lors chiens daller, & de se entrebatre lun laultre a belles dentz, a qui auroit le lardon. Par ce moyen me laisserent, & ie les laisse aussi se pelaudans lun lautre. Ainsi eschappe gaillard & dehayt, & viue la roustisserie.

Est-ce à dessein que les lardons ont été conservés jusque là, ou bien le mais soudain ie me aduise est-il aussi l'expression de soulagement du hâbleur imprudemment engagé, qui découvre le moyen de conclure ? Toujours est-il que Panurge termine son gab sur cette situation, et que son : & ie les laisse aussi constitue une chute assez abrupte, à peine compensée par le : Ainsi eschappe gaillard & dehayt, le & viue la roustisserie étant une addition à l'originale.

Mais cela n'a pas plus d'importance que tous les autres défauts de facture, puisque le conte n'a visiblement été conçu que pour permettre de définir complètement le personnage que sera désormais Panurge. L'allure quelque peu incertaine de la narration nous permet même peut-être de penser que les diverses péripéties n'ont été amenées que pour donner l'occasion à Panurge de révéler tel ou tel trait de sa personnalité. L'important est, en définitive, que l'art de Rabelais nous fasse attribuer cette incertitude à la témérité du bouffon se lançant debouq estourdy dans une fabulation hasardée.

Quoi qu'il en soit, l'analyse nous l'a montré, c'est dorénavant à ce gab bâti à la diable et développé à l'estime que nous devrons nous reporter pour voir qu'y est inscrit tout ce que la glose considère traditionnellement comme déroutant, contradictoire, voire incohérent dans le comportement de Panurge : ainsi de sa déconcertante philautie du Tiers Livre comme de son inexplicable couardise du Quart Livre. Nous verrons que l'étonnement des commentateurs n'a pas lieu d'être, et que ce sont seulement les interprétations superposées en strates qui les empêchent de lire le texte.

Cette même analyse nous a montré clairement que Panurge est formé pour une large part, dans ce chapitre de constitution du héros, de la personnalité de son auteur : le Rabelais théologien, médecin et amuseur ; cela a été dit, mais cela a été souvent admis aussi comme une donnée définitive : il va pourtant nous falloir vérifier si cette identité va rester la même jusqu'à la fin ou si, personnage vivant, Panurge ne va pas prendre une indépendance qui l'éloignera de cette ressemblance, obligeant Rabelais à créer plus tard un autre répondant plus proche de lui.

Pour l'heure, nous nous contenterons d'aller voir au chapitre suivant si la conduite de Panurge est bien celle que nous a préparée son attitude en Turquie.

Comment Panurge enseigne une manière bien nouuelle de bastir les murailles de Paris. Chapitre.xv.

Il apparaît que nous avons eu raison de voir en Panurge le fou du roi, bouffon de Pantagruel : tout le présent chapitre confirme que sa fonction est bien celle de l'amuseur qu'il a commencé d'être avec le gab du rôtissage. Pourtant, si cette fabulation de l'aventure chez les Turcs, que nous avons considérée comme un examen d'aptitude, a pu renseigner Pantagruel, elle a aussi informé Panurge sur les réactions de son nouvel auditoire ; les questions qu'on lui a posées lui ont créé quelques difficultés, et il a pu constater que les procédés sommaires qui suffisaient pour le populaire n'ont pas la même efficacité avec Pantagruel et sa suite. Panurge et Rabelais ont fait, avec le récit de Turquie, la même découverte : le conte merveilleux, docilement accepté par le commun, n'est plus de mise, et il va falloir prendre le ton qui convient aux gens évolués que sont Pantagruel et son précepteur Epistemon. Panurge va donc se garder désormais de donner pour réels les faits qu'il va avancer ; il aura soin de rester au niveau du concret de convention, et rompant avec le tangible, il va opter pour le mode intemporel et abstrait du conte allégorique.

Mais la pirouette dont il a usé pour éluder la question sur les quelques dyamans & rubiz en perfection lui a aussi montré qu'une repartie spirituelle est fort bien accueillie par Pantagruel, et qu'elle compte pour réponse. C'est le procédé qu'il va employer pour satisfaire à la question qu'on lui pose quand il refuse de porter épée, prétendant qu'elle lui eschaufferoit la ratelle : Voire mais, dist Epistemon, si lon te assailloit, comment te defendroys tu ? A grands coups de brodequin : respondit il, pourueu que les estocz feussent defenduz.

Ici, les commentateurs passent au pas de charge à côté de la question. Saulnier dit : Comprendre : en détalant ; Boulenger dit : Il faut entendre, non pas : à coups de savate, mais : en fuyant à belles jambes ; Plattard se borne à dire : Estocz : les coups de pointe ; Michel dit : En pratiquant la savate, ou bien plutôt en détalant à toute vitesse ; Demerson dit, pour estocz : coups de pointe, et explique : en gagnant du pied, en fuyant.

Si les estoctz sont ces coups donnés de la pointe de l'épée, le coup de taille est le coup donné du tranchant ; et nous ne voyons pas comment la glose peut admettre que Panurge excepte les uns et accepte les autres puisqu'elle n'envisage que la fuite ou la savate. Or, pour cette savate, il est évident que dans ce mode de défense, de toute façon fort inefficace contre une épée, les coups de taille sont aussi dangereux que les coups de pointe, et l'on ne saisit pas pourquoi seuls les seconds seraient redoutés. Manifestement la glose n'a rien compris à : pourucu que les estocz feussent defenduz, ce qui ne l'a pas empêchée de se prononcer.

Le commentateur Guilbaud, qui a l'inestimable avantage de n'être pas commentateur professionnel, s'est cru tenu de relire le texte, et il ajoute, après avoir donné par déférence la même explication erronée : Il y a aussi équivoque gaillarde sur brodequin (fine botte qu'on enfilait dans les houseaux) ; ce qui explique à la fois le singulier de brodequin et la fin de la phrase. Il est dommage que Guilbaud n'ait pas eu licence d'en dire davantage, mais il nous a au moins alertés, et nous allons examiner. Commençons par l'épée :

L'estoc est en fait ici la grande épée droite (Petit Robert), et Littré explique : Estoc volant, bâton ferré que l'on pouvait cacher sous ses habits. Brin d'estoc, bâton ferré en pointe par les deux bouts. Par extension, ancienne épée droite fort longue. Il n'y a donc aucun doute : la restriction que Panurge introduit porte sur la seule longueur de l'épée : il souhaite que soient défendus les estocs ou épées plus longues que les épées courantes, et c'est dire, du même coup, qu'il accepte de se mesurer aux épées de longueur normale. Ce point acquis, voyons le : A grands coups de brodequin, dont il faut effectivement noter le singulier.

Pour brodequin, le Petit Robert confirme ce que dit Guilbaud : Anciennement, chaussure d'étoffe, de peau, couvrant le pied et le bas de la jambe. Le brodequin est donc cette protection de peau souple qu'on interposait entre cuir et chair et qui épousait étroitement la forme du pied. Or, nous l'avons vu maintes fois, pied est synonyme de vit, et la botte est à la fois la représentation du manchon sexuel féminin et le mot qui évoque le rapprochement sexuel : il est ainsi facile de comprendre que l'action d'enfiler en extension le pied gainé de peau dans la botte ait pu évoquer l'intromission sexuelle, et que, par conséquent, le brodequin ait été assimilé au membre viril en érection.

Or, nous avons entendu Panurge prétendre, au chapitre précédent, que son membre, alors qu'il estoit retiré au feu, ne lui alloit plus que iusques sur les genoulx ; il s'agit ici de la conséquence de cette forfanterie : le membre, en position de combat, est censé avoir une longueur qui lui permet de se mesurer à des épées de longueur normale ; et ce que sous-entend le : pourueu que les estocz feussent defenduz, phrase qui a aussi à charge d'indiquer dans quelle acception est à prendre le mot brodequin, c'est que ce membre de longueur et de dureté exceptionnelles ne peut toutefois rivaliser avec les estocz ou épées plus longues que la normale. Cette feinte pondération dans la fanfaronnade, cette affectation de précision rigoureuse, qui rejoint le souci rabelaisien de finir les dénombrements les plus massifs par d'infimes quantités, donnent la touche de sage modération qui doit ébranler l'incrédulité de l'auditeur et le disposer à admettre de confiance la proposition.

Le dialogue entre Epistemon et Panurge était donc ainsi compris des lecteurs du temps : Voire mais, dist Epistemon, si lon te assailloit, comment te defendroys tu ? A grands coups de braquemard, répondit-il (que j'ai long et fort comme une épée), à condition que feussent défendus ces longues épées qu'on nomme estocs (car je ne vais toutefois pas jusque là).

Reste que le choix qu'a fait Rabelais de placer cette facétie en tête du chapitre peut nous étonner : rien n'empêchait, en effet, de repousser la question et la réponse au moment où Pantagruel veut habiller Panurge de sa livrée. Mais le conteur semble vouloir indiquer d'entrée la silhouette du personnage, et nous pouvons là encore penser que si Panurge est décrit ayant tousiours le Flacon soubz sa robe, & quelque morceau de iambon, tout en refusant de s'armer, c'est probablement que cette robe est la transposition de la robe de bure de celui qui anime Panurge.

Quoi qu'il en soit, c'est au cours de la promenade de Pantagruel vers la follie Goubelin, pour se recreer de son estude, que commence l'apologue des murailles. Il est lumineusement clair et n'aurait besoin de nul commentaire si l'on n'y découvrait deux points que la glose a obscurcis. Le premier est celui du mot callibystris, mais nous avons traité la question pour le quatre-vingtième titre de la Librairie. Voyons donc tout de suite le deuxième point.

Panurge conseille donc de disposer ces callibistrys, qui sont ici des sexes de femmes, en les arrengeant par bonne symmeterye darchitecture, & mettant les plus grans au(x) premier rancz, et les petits derrière, projetant de faire en plus un beau petit entrelardement a poinctes de diamans comme la grosse tour de Bourges de tant de bracquemars enroiddys qui habitent par les braguettes claustrales. Cette évocation de la traditionnelle vigueur monastique a remplacé la phrase de l'originale, qui faisait allusion à un personnage et à un fait historiques : de tant de vitz quon couppa en ceste ville es pouures Italiens a lentree de la

Reyne. (A noter pourtant que la mention des braguettes claustrales explique mieux que ne le faisait la phrase de l'originale le : Daduantaige la fouldre ne tumberoit iamais dessus. Car pourquoy ? ilz sont tous benitz ou sacrez.)

Plattard avance que ces Italiens étaient des pillards incendiaires, et les autres commentateurs reprennent en tout ou en partie ce que dit Saulnier : l'Entrée de la reine Claude à Paris (1517) ? Plutôt, pensons-nous, celle de la seconde femme de François, Eléonore d'Autriche (il l'épouse en 1530), dont l'arrivée était toute récente. On peut alors éclaircir l'allusion aux Italiens. Lors de l'Entrée d'Eléonore, pour éviter que, suivant la tradition, l'événement leur rendît la liberté, on emmena de Paris à Sèvres une soixantaine de prisonniers (cf. le Recueil Montaiglon, XI, 227-276). Parmi eux, des brodeurs (corporation riche en main d'œuvre italienne) : cf. E. Picot, Chants historiques français, Paris, 1903, p. 56. Ils finirent aux galères. L'affaire, qui suscita plusieurs chansons, dut faire du bruit.

Ce ne sont pas de tels éclaircissements qui nous aveugleront ; ces brodeurs nous paraissent fort éloignés des pouures Italiens, et la pluie de références ne nous masque pas que, dans le voyage entre Paris et Sèvres, se sont perdus les vits coupés. Or nous allons voir, dans le conte qui va suivre, que Rabelais a de même remplacé la phrase de l'originale : ie te feray estre a gaiges/esmoucheteur de la reyne Marie ou bien de dom Pietro de Castille, par : ie te feray estre a gaiges, esmoucheteur de dom Pietro de Castille. Cette reine Marie a donc disparu comme a disparu la Reyne dont l'entrée fut marquée par ces mutilations.

Pour cette reine Marie de l'originale, les commentateurs disent : Sans doute Marie de Padilla, favorite de Pierre le Cruel (Saulnier) ; et de ce Pietro de Castille : Pierre le Cruel, roi de Castille. Froissart rapporte qu'il fut excommunié et réputé bougre et incrédule par le pape Urbain V en 1365 (Guilbaud) ; Michel résume : Don Pietro de Castille ou Pierre le Cruel était l'amant de Marie de Padilla.

Outre le fait que cette Marie de Padilla n'eut probablement jamais le titre de reine, notre opinion est qu'elle n'a rien à faire ici, et cela pour plusieurs raisons : il est d'abord à noter que sont simultanées la suppression de la reine à l'entrée de laquelle on coupa les vits et la suppression du nom de la reine Marie ; il est d'ailleurs à peu près certain que la première évocation n'était faite sous forme anonyme que parce que le nom de la reine concernée était cité dans la seconde : cette reyne Marie a donc toutes chances d'être celle dont l'entrée fut si fâcheusement marquée. D'autre part, si Rabelais s'est résolu à faire disparaître et l'allusion à l'entrée de cette reine et sa désignation, c'est, à n'en pas douter, qu'on a dû lui représenter que cette remémoration constituait, à l'égard de quelqu'un d'important, un inconvénient sérieux. Or si personne, en 1532, ne pouvait prendre ombrage d'une attaque contre une Marie de Padilla, concubine d'un roi étranger ayant vécu près de deux siècles plus tôt, il est sûr qu'il n'en est pas de même s'il s'agit d'une reine contemporaine, et qui plus est, française. Il n'en faut décidément pas plus pour voir dans cette Reyne Marie celle dont l'entrée a donné lieu aux mutilations dont il est parlé, et dont Rabelais a lié le nom à celui de ce Pietro de Castille à la légendaire cruauté ; et cela dans une phrase où, nous nous en avisons, il disait : de la reyne Marie ou bien de dom Pietro de Castille, ce ou bien ayant à charge de marquer l'éloignement temporel séparant les deux noms associés seulement par la sauvagerie.

Il apparaît donc qu'il s'agit d'une reine de France contemporaine, et qui n'eut pas la sympathie du peuple, car il est visible que Rabelais fait ici appel non seulement à un souvenir encore frais dans l'esprit de ses lecteurs, mais qu'il va à la rencontre d'un sentiment d'antipathie unanime. Or la seule Marie contemporaine, que son mariage a rendue française, et qui fut honnie des Français est la troisième femme de Louis XII, Marie d'Angleterre, qui entra dans Paris en 1514. Le roi l'avait épousée trois mois avant de trouver la mort entre ses bras dans la nuit du 31 décembre 1514 au 1er janvier 1515 ; il avait cinquante-deux ans quand elle en avait dix-sept, et l'histoire veut que ce soit le zèle mis à honorer sa jeune épouse qui ait hâté sa fin.

Cette Marie d'Angleterre est morte en 1534, dans son pays, où elle était retournée épouser le duc de Suffolk, l'amant qui n'avait pas craint de la suivre en France, et dont la présence rendait ainsi totalement vaines les prouesses que s'imposait Louis XII ; ce n'est donc pas directement pour elle qu'a pu être demandée la suppression. Mais elle avait été un moment l'épouse d'un roi de France, et François Ier était à la fois le cousin, le gendre et le successeur de Louis XII, toutes raisons qui justifient largement le souci de supprimer la mention de cette reine Marie et l'évocation de l'acte de cruauté qui marqua son entrée.

Quant à ce qu'on fit aux pouures Italiens, nous ne pouvons, bien sûr, que conjecturer ; l'entrée d'une reine était effectivement un événement qui entraînait la grâce de certains condamnés plutôt que l'application d'un supplice ; or la phrase de Rabelais lie sans conteste le supplice à l'entrée de cette reine : c'est donc que l'affaire dut être fortuite. Et nous pouvons alors imaginer un groupe d'Italiens, probablement plus au courant que Louis XII de la liaison de l'Anglaise, faisant sur son passage un geste obscène : le genre de châtiment indique nettement que le forfait à punir est de caractère sexuel. Louis XII ne pouvait qu'être éperdument épris de la jeune Marie, et l'indulgence à laquelle il devait être enclin en ce jour a pu alors faire place à une férocité passionnée et à l'ordre d'exécuter immédiatement une punition exemplaire chargée de prévenir de nouveaux attentats à l'honneur de sa femme. Rabelais dans sa phrase de l'originale, associait donc cette reine Marie, tenue pour responsable des mutilations, à la légendaire cruauté de Pietro de Castille ; dans la définitive, il ne fait plus qu'associer ce Pierre le Cruel au substantif esmoucheteur dont nous allons voir qu'il signifie ici : coupeur de vits. Cela dit, nous revenons à l'apologue.

Il se termine avec les mouches que Panurge dit tant friandes que merueilles de ces callibistrys entrelardés quelles se y cueilleroyent facillement & y feroient leur ordure : & voyla louurage gasté. L'originale ajoutait ici : & diffamé, mot qui, dit Demerson, est devenu dans la première édition : & le pape diffamé, addition qui a bien vite disparu. Mais le remède est à portée de main : il fauldroit tresbien les esmoucheter auecques belles quehues de renards, ou bons gros vietz dazes de Prouence. Et nous avons là le premier emploi du verbe esmoucheter, au sens de chasser les mouches, alors que le chapitre précédent lui a donné le sens de raccourcir, éteter, puisque dans la phrase : laquelle regardoit mon pauure haire esmoucheté, nous avons entendu que le membre de Panurge apparaissait à la jeune Corinthiace comme dépourvu de son mouchet, c'est-à-dire, au sens déduit du contexte, de son gland.

Et c'est l'évocation de l'activité de ces mouches, comme l'emploi de ce verbe esmoucheter, qui va amener Panurge à citer à l'appui le prétendu bel exemple que met frater Lubinus, libro de compotationibus mendicantium, dont Guilbaud dit : Frère Lubin, au livre : Des beuveries des mendiants. Titre fantaisiste visant les ordres mendiants ; jeu entre compotationibus (beuveries) et computationibus (comptes). De cette phrase ajoutée en 1533, Michel dit qu'elle donnait alors, à la place de frater Lubinus, symbole des moines balourds, Frater de Cornibus, allusion vraisemblable à un franciscain : Pierre Cornu.

Le conte est édifié sur les traditionnelles images du fonds populaire ; il se passe au temps que les bestes parloyent, et le lion qui, lorsqu'il est blessé, se promène en disant ses menus suffrages, ressemble étroitement à ces ermites qui faisaient amitié avec elles. Le villain qui le blesse est charbonnier parce qu'il lui faut employer une coignee, mot qui a toujours eu, amenées par la syllabe coign, la compréhension sexuelle masculine d'instrument à frapper les cons, et, féminine, celle de porteuse de con. Et le pitoyable charpentier n'est charpentier que pour pouvoir guérir la plaie du lion au moyen de l'herbe au charpentier, qu'on nous dit être le millefeuille qui a la propriété d'aseptiser les blessures.

378

Mais, plus important pour saisir tout le sel de la jonglerie verbale à laquelle se livre Panurge, reste à bien se représenter les notions qui sont celles du lecteur de l'époque : d'abord celle que le chasse-mouches habituel est fait de la queue d'un renard, et que cet appendice est l'émouchoir par excellence, ce qui explique que l'animal que le lion appelle à l'aide soit un renard. Ensuite, que cette queue-émouchoir est aussi réputée servir d'époussette en un sens probablement issu de l'assimilation malicieuse entre le verbe esposer : épouser (Greimas) et le verbe (conjectural) esposter : épousseter. C'est cette équivoque qu'illustre par exemple un Béroalde de Verville dans le Moyen de Parvenir (LXVIII-Respect), où il dit d'un impuissant qui vient d'épouser une innocente : Estant mariée à ce bon personnage, la première nuict de ses nopces, il la caressa de baisers et de petites mignotises superficielles ; et puis mit la main à une paire d'espoussettes de soye qui estoient pendues au chevet du lict, et luy espousseta son cas ; ce qu'il fit deux ou trois fois, et ainsi les passant et repassant par son velu d'entre les deux gros orteils, la contentoit, sans qu'elle y pensast autre finesse.

C'est donc chargée de ces contenus que va entrer en scène la queue du renard, étant de plus entendu, d'une part que le lion n'a manifestement jamais vu d'autre fente que celle que lui a faite jadis avec sa cognée le villain charpentier ; d'autre part, que le renard n'est pas moins candide, lui dont la queue n'est jamais étroitement associé au cas des dames en qualité d'époussette qu'après qu'il est mort. Les sous-entendus salaces sont donc censés n'être perçus ni du lion qui les dit, ni du renard qui les écoute.

Les équivoques procèdent essentiellement des deux verbes esmoucher que donne Greimas : I - esmochier, voir mosche ; proprement, débarrasser des mouches. Battre, maltraiter. Réfléchi : s'escrimer. II - esmochier, voir mochier. Mochier : enlever les mucosités nasales. Moucher la chandelle.

Ainsi, ce verbe esmoucher, dont le sens propre est débarrasser des mouches, évoque érotiquement, au premier niveau, l'action de battre, de s'escrimer sexuellement, et au second niveau l'action de moucher le nez entendue comme éjaculer, et moucher la chandelle entendue comme couper le bout du membre. Car ce que disait Rabelais de ce qu'on fit aux pouures Italiens nous permet de supposer que ce châtiment faisait partie, aussi bien dans le royaume de France qu'à l'étranger, de l'arsenal des supplices que le bourreau avait à charge d'appliquer. Et il semble même que cette mutilation, associée à la compréhension d'organe de substitution donnée à la queue de renard, a pu arriver à faire signifier à cette queue de renard apposée par raillerie dans le dos des hommes, comme on le verra au chapitre suivant, que la victime de la plaisanterie est impuissante ou écourtée[1]. Donc, une fois revenus aux représentations mentales des années 1500, nous entreprenons de lire le conte :

Le premier emploi du verbe esmoucher est celui de la phrase que prononce le charpentier : luy disant, quil esmouchast bien sa playe, que les mouches ne y feissent ordure ; et le verbe n'a encore ici que le seul sens de chasser les mouches. Même sens littéral encore dans la bouche du lion, quand il a aperçu la solution de continuité manifeste, qui n'est pour lui rien d'autre qu'une plaie faite par un coup de coignée : pourtant affin que les mousches ny prennent, esmouche la bien fort ie ten prie, & dedans & dehors, bien que ce dedans & dehors puisse déjà laisser supposer un sous-entendu égrillard, évidemment non voulu du lion, qui ne fait que constater l'évasement de la fente dont il a dit qu'il se doubte que la playe soit vieille. Mais, toujours en toute innocence de la part du lion, le sens du verbe s'infléchit avec la phrase suivante vers la compréhension épousseter : tu as bonne quehue & longue esmouche mon amy esmouche ie ten supplye. Et il prend nettement le sens de battre sexuellement avec : Esmouche fort, ainsi mon amy, esmouche bien : car ceste playe veult estre esmouchee souuent, aultrement la personne ne peut estre a son aise. Or esmouche bien mon petit compere, esmouche, dieu ta bien pourueu de quehue, tu las grande & grosse a laduenent, esmouche fort & ne tennuye poinct ; et le verbe s'ennuyer est apparemment à prendre ici au sens fort de se nuire, exhortation possible à esmoucher sans tenir compte des interdits qu'ont pu édicter les prêcheurs de chasteté.

Puis, sous forme d'énoncé sentencieux, addition à l'originale, revient maintenant le verbe esmoucheter du début, qui prend ici le sens sexuel de se servir de son mouchet : un bon esmoucheteur qui en esmouchetant continuellement esmouche de son mouchet par mousches iamais esmouché ne sera. Il est en effet évident que la phrase, qui ne semble d'abord dire que celui qui chasse consciencieusement les mouches de son émouchoir ne sera jamais importuné d'elles, se double du sens sexuel qui fait entendre le début comme : un bon fouteur qui, en foutant continuellement, fout de son membre ; la suite de la phrase : par mousches iamais esmouché ne sera, impliquant que le participe esmou-

---

1. Et les fameuses queues de renards qui apparaissent dans les tableaux de Breughel : Les Mendiants, et Le Combat entre Carême et Mardi-Gras, arborées par des êtres tous infirmes des jambes, n'ont-elles peut-être pas d'autre signification que celle-ci : destiné à inspirer la pitié et à inciter à l'aumône, le port volontaire de ces queues pourrait être alors le signe de cette mutilation génitale, châtiment qui a suivi les tortures dont les jambes tronquées ou estropiées sont les seules séquelles visibles.

ché prend ici le sens parallèle à celui de coupé, c'est-à-dire ici : diminué, amoindri, étant entendu que par mousches prend alors le sens contextuel de : par empêchement, par impuissance.

L'acception sexuelle est nettement confirmée par le : Esmouche couillaud, de la suite de l'addition, la fin semblant toutefois revenir au sens de chasse-mouches : esmouche mon petit bedaud, où bedaud à peut-être le sens originel d'officier de justice, c'est-à-dire ici celui qui maintient l'ordre en protégeant des importunités (des mouches).

La suite est, sans doute possible, résolument de sens sexuel : Esmouche bien tousiours compere, esmouche, & ne te fasche iamais de bien esmoucher, mon petit compere, où le verbe se fascher est à entendre, selon Guilbaud, comme un jeu de mots étymologique : se fasticare (s'irriter) et se fastigare (s'élever en pointe).

La phrase suivante revient, elle, au verbe esmoucheter dans le sens où il était employé au chapitre précédent, c'est-à-dire couper : ie te feray estre a gaiges, esmoucheteur de dom Pietro de Castille, et nous avons vu pourquoi cette phrase a été elle-même amputée, et à quelle mutilation elle fait allusion. La phrase qui suit semble contenir à la fois le sens de chasser les mouches et celui de s'escrimer sexuellement : Esmouche seulement, esmouche & rien plus. Puis le conte se poursuit, et le verbe esmoucher reprend son sens littéral de chasser les mouches, doublé, semble-t-il, de celui d'épousseter au sens érotique : Le pauure regnard esmouchoit fort bien & deca & dela & dedans & dehors. Même sens double dans la phrase : encores un aultre pertuys, non si grand que celluy quil esmouchoit. Et la phrase finale : Ainsi fauldroit garder ces murailles des mousches, & mestre esmoucheteurs a gaiges, revient brusquement aux murailles, semblant ne plus donner à esmoucheteurs que le sens initial qu'avait le mot dans : Il fauldroit tresbien les esmoucheter auecques belles quehues de renards, ou bons gros vietz dazes de Prouence. Mais il est évident que le mot est maintenant chargé de tous les sens adventices qu'il a pris, bien que cette feinte innocence tende à donner les variations salaces faites sur esmoucheter et esmoucher comme aussi involontaires de la part du conteur que de celle du candide lion.

Le conte est à peine fini que Pantagruel pose la question qui semble l'avoir tourmenté depuis la première proposition de Panurge : Comment scez tu que les membres honteux des femmes sont a si bon marche : car en ceste ville il y a forces preudes femmes, chastes & pucelles. L'affirmation provoque l'indignation de Panurge : Et ubi prenus ? (et où le prends-tu ?) demande-t-il en un latin que les commentateurs s'empressent d'étiqueter : de cuisine, macaronique ou jargon scolaire, car on ne peut nier, nous l'avons vu maintes fois, qu'ils abordent le texte de Rabelais avec une réelle connaissance du bon latin. Panurge enchàîne : Ie vous en diray non oppinion, mais vraye certitude & asseurance, et Demerson explique doctoralement pour ceux de ses élèves qui n'ont pas lu Platon : L'opinion est une forme inférieure du savoir. Puis vient l'introduction de l'apologue du bissac : Ie ne me vante den auoir embourré quatre cens dix & sept despuis que suis en ceste ville, & ny a que neuf iours. Et ici l'originale ajoutait : voire de mangeresses dymaiges & de theologiennes.

Saulnier, Guilbaud, Michel et Demerson (car Boulenger, Plattard et Jourda n'ont garde de se prononcer) veulent que la phrase : Ie ne me vante den auoir embourré, soit à entendre : Je ne me vante pas en disant que j'en ai embourré. Or, si nous savons que Panurge enfle sans vergogne ses possibilités génésiques, quatre cent dix-sept femmes en neuf jours font quarante-six femmes par jour, ce qui donne un peu plus de trente et une minutes à consacrer à chacune, sans prendre trêve ni repos ; et Panurge, tout hâbleur qu'il est, n'est pas absurde.

Il pourrait pourtant s'agir d'une amplification démesurée avancée à seule fin d'amuser ; mais la situation n'est pas ici celle de ce niveau de plaisanterie : la proposition a charge d'amener l'apologue du bissac, et Panurge vient de dire qu'il va donner non oppinion, mais vraye certitude & asseurance. La mystification consiste donc dans l'affectation de ton sérieux et réfléchi, car Panurge a toutes les raisons d'employer le procédé que nous avons vu pour les estocz, c'est-à-dire la démonstration de modération qui doit disposer l'auditeur à accepter l'assertion qui va être énoncée. Enfin, la phrase qui suit : Mais a ce matin iay trouue, commence par la conjonction mais, qui, de toute évidence, introduit une compensation (bien que Jourda voie ici l'équivalence : bien plus) ; nous comprenons donc, nous, que ce : Ie ne me vante, est l'équivalent de Je ne veux me vanter, et que Panurge dit en fait : Je pourrais me vanter d'en avoir embourré quatre cent dix-sept depuis que je suis en cette ville, et il n'y a que neuf jours, ce qui serait une facétie ; mais, et ceci n'en est pas une, j'ai trouvé ce matin...

Commence alors l'apologue, et les commentateurs, rencontrant la phrase-plot qui fait contact : en un bissac tel comme celluy de Esopet, établissent le rapprochement avec la fameuse fable de la Besace (Saulnier) ou bissac qui, dans la poche de derrière renferme nos défauts ; ceux d'autrui sont dans la poche de devant que nous avons sous les yeux (Boulenger). Guilbaud parle d'allusion à la fable d'Esope, Les deux besaces, et Plattard, Jourda et Demerson en font autant. Michel dit plus justement : Esope. Allusion fort libre à l'apologue du bissac.

Il apparaît en effet que la liberté prise avec Esope est si grande que le rapprochement que font les commentateurs est quelque peu hors de propos : Rabelais n'évoque Esope que pour le bissac, c'est-à-dire la sorte de sac ouvert en long par le milieu (Littré), et qui, jeté sur l'épaule, forme poche devant et poche derrière. Mais si Esope n'est concerné que par ce bissac, il semble que c'est un autre Grec qu'il faut évoquer pour l'apologue même : Aristophane qui, dans Les Acharniens, met en scène un paysan de Mégare qui, en pleine famine, vient vendre au marché d'Athènes, pour qu'elles ne meurent pas de faim, ses deux fillettes dans un sac. La traduction de V. H. Debidour (Livre de Poche) nous le montre les faisant passer pour porcelettes alors qu'elles sont pucelettes, équivalent qui tend à conserver, dit le traducteur, l'équivoque du mot grec qui signifie à la fois petit cochon et petit con. Le paysan fait tâter la marchandise, sans la sortir du sac, à Dicéopolis-Justinet, et c'est évidemment la source de calembours savoureusement graveleux.

Sans doute, Rabelais connaissait Aristophane, qu'il citera aux chapitres XXI et XXV du Tiers Livre, et la scène n'a pu manquer de retenir son attention, lui donnant peut-être l'idée des pucelettes dans le bissac. Et s'il a renchéri en donnant à ses fillettes leage de deux ou troys ans au plus, quand celles d'Aristophane sont presque nubiles, c'est qu'elles sont françaises et qu'elles ont à charge d'incarner la salacité dont la tradition veut que les femmes soient affectées en naissant. De toute façon, nous sommes bien loin de la décevante niaiserie des commentateurs et de leur édulcoration de patronage.

Toujours est-il qu'à la fin de l'histoire Pantagruel est conquis : les deux apologues, le conte, l'esprit de repartie de Panurge l'ont convaincu qu'il est bien le fou qu'il peut souhaiter ; et il lui exprime sa satisfaction : tu es gentil compaignon, ie te veulx habiller de ma liuree. A partir de ce moment, Panurge est définitivement à Pantagruel, comme Pantagruel est définitivement son protecteur.

Aussi, désormais assuré de l'indulgence de son maître, Panurge se permet-il de présenter tout de suite une restriction au sujet de cette livrée : excepte que Panurge voulut que la braguette de ses chausses feust longue de troys piedz, & quarree non ronde, ce que feust faict, & la faisoit bon veoir. Panurge est donc désormais vêtu de la livrée de Pantagruel, toutefois sans épée puisqu'il a craint qu'elle ne lui échauffe la ratelle, et la braguette avantageusement modifiée. Et sa fonction l'incite à faire immédiatement un chaleureux éloge des longues braguettes, célébration qui se termine par l'engagement de faire un liure de la commodite des longues braguettes, quand il aura plus de loysir.

Cet ouvrage, Boulenger, Jourda, Michel et Demerson notent qu'il en est encore parlé au Prologue du Gargantua : lisans les ioyeux tiltres daulcuns liures de nostre inuention comme Gargantua, Pantagruel, Fessepinte, La dignite des braguettes, Des poys au lard cum commento &c, et au chapitre viij du même Gargantua : Mais ie vous en exposeray bien daduantaige au liure que iay faict De la dignité des braguettes ; et cette insistance mérite examen.

Dans la dernière phrase du présent chapitre, Rabelais reprend la parole pour dire : De faict en composa un beau & grand liure auecques les figures ; mais il nest encores imprime que ie saiche. Le conteur éprouve ici le besoin inhabituel, en se plaçant en dehors du temps de l'action, de renseigner sur le destin qu'a eu le projet de Panurge. Or nous avons admis que Panurge et Rabelais sont, au Pantagruel, souvent confondus : nous sommes ainsi tout naturellement amenés à voir dans ce livre composé mais non encore imprimé une œuvre que Rabelais a effectivement écrite, et qui n'a pas encore trouvé d'imprimeur-éditeur. Et nous ne pouvons nous empêcher de considérer ce projet prêté à Panurge d'écrire un De la commodite des longues braguettes, et l'information finale disant que l'ouvrage a bel et bien été composé, c'est-à-dire écrit, comme une sorte de réclame glissée dans le Panta-gruel ; et nous entendons alors que le compaignon a qui la longue bra-guette a saulue la vie, qui lui a valu pour un iour cent soixante mille & neuf escutz, qui lui a permis de sauver toute une ville de mourir de faim, n'est peut-être rien autre qu'un extrait de la table des matières destiné à allécher. Quant au que ie saiche, qui introduit l'idée plaisante qu'on aurait pu imprimer le livre à l'insu de son auteur, il nous appa-raît comme une allusion à l'atermoiement opposé à Rabelais, le manus-crit déposé chez un imprimeur attendant encore le bon vouloir de celui-ci.

A l'appui de cette hypothèse, l'analyse de la phrase du Prologue du Gargantua, où Rabelais prolonge manifestement son entreprise de réclame en jouant sur la confusion entre ses propres titres et les titres qui connaissent déjà la notoriété : Gargantua, qui est l'ouvrage qu'a entre les mains le lecteur, mais qui est aussi le livret des grandes & inestimables Chronicques de lenorme geant Gargantua ; Fessepinte, dont le nom est attesté par Bringuenarilles, cousin germain de Fesse-pinte, ou les Navigations du Compagnon à la bouteille (Michel) ; Des poys au lard cum commento, qui est le quarante-troisième titre de la Librairie de saint Victor depuis que Rabelais l'y a ajouté, ainsi qu'il a ajouté Fessepinte au Prologue du Pantagruel, comme pour permettre les rappels qu'il fait ici. Enfin ce La dignite des braguettes. Or seul ce dernier titre va encore être cité au chapitre de l'habillement de Gargan-tua : c'est bien, semble-t-il, porter un intérêt tout particulier à cet ouvrage, et c'est trop insister pour qu'on ne soit pas amené à se dire que ce traité a l'air d'être toujours au point que décrivait le Pantagruel : beau & grand liure auecques les figures, mais non encore imprimé.

Et la phrase du chapitre viij du Gargantua ne peut que renforcer notre opinion : on y voit le futur : ie vous en exposeray, accolé au passé : que iay faict, et cela s'applique exactement à un ouvrage rédigé dont le lecteur aura connaissance dès qu'un éditeur aura consenti à le publier. Il faut donc croire que ni la publication du Pantagruel, ni celle du Gargantua n'avaient pu inciter un imprimeur à prendre en charge ce traité des braguettes : les deux mentions que fait Rabelais de son ouvrage dans le Gargantua sont donc bien des annonces d'anticipation destinées à créer la demande et forcer la décision de celui qui a ajourné la décision de publier.

A noter toutefois que le titre a été modifié entre le Pantagruel et le Gargantua : il n'est plus que La dignité des braguettes, englobant le De la commodite des longues braguettes, qui n'est peut-être plus alors que le titre d'un des chapitres. Et nous pouvons voir là, puisque nous en sommes aux supputations, une atténuation d'opportunisme, une concession faite devant l'objection de l'éditeur, car il y a loin entre publier des récits contenant quelques gaillardises et publier un traité dont le titre même est gaillard et laisse augurer un recueil d'obscénités.

Pour nous, donc, la réalité de ce De la commodite des longues bra-guettes dont parle Panurge ne fait pas doute : Rabelais a bien écrit ce plaisant traité, qui n'a jamais été édité, tout au moins sous sa forme de traité. Car nous verrons en temps et lieu que la matière de l'ouvrage semble avoir pu, remaniée, constituer l'éloge qui ouvrait le Tiers Livre lors d'une première rédaction, avant que Rabelais ne décide ou ne soit contraint de le remplacer par l'éloge des dettes, quelque peu étranger au sujet du Livre, et visiblement surajouté. Cela n'est évidemment qu'oppinion & non vraye certitude & asseurance, mais nombre d'indices permettent d'asseoir l'hypothèse.

Nous ne terminerons pas l'étude de ce chapitre sans nous aviser que le fac-similé de l'édition originale montre six phrases barrées du trait de plume d'un rabat-joie inhibiteur, car toutes ont trait aux parties génitales : Ie voy que les callibistrys des femmes de ce pays/ sont a meilleur marche que les pierres ; & mettant les plus grans au premiers rancz/ et puis en taluant a doz dasne arranger les moyens & finable-ment les petitz ; de tant de vitz quon couppa en ceste ville es pouures Italiens a lentree de la Reyne ; ou bons gros vietz dazes de Prouence ; que iauoys beaucoup plus de couillons que de deniers ; que Panurge voulut que la braguette de ses chausses feust longue de troys piedz/ & quarree non pas ronde/ ce que feut faict/ & la faisoit bon veoir.

Il n'y a évidemment aucun lien entre ces biffures et la suppression de la phrase qui a trait aux Italiens, puisque nous avons vu que cette suppression est de politique et non de pudeur ; nous n'avons manifestement affaire ici qu'à l'exemplaire qu'a possédé un moment un pudibond. Mais nous nous demanderons longtemps quel pouvait être cet esprit qu'effarouche l'évocation des parties sexuelles et qui reste indifférent à celle de filles de deux ou trois ans dont la virginité est mise en doute, car il n'a rien trouvé à redire à l'apologue du bissac. Il n'a d'ailleurs rien biffé non plus des mangeresses dymaiges & de theologiennes qui sont censées avoir cédé à Panurge, donnant ainsi à penser que s'il blâme la représentation des membres honteux des femmes, il ne trouve rien à reprendre au dénigrement qui vise l'usage qu'elles en font. La vertu de ce censeur a ainsi tout l'air de ne porter que sur les mots, et nous ne pouvons que nous dire que les desseins de la pruderie sont impénétrables, liés qu'ils peuvent être à la sournoise dépravation.

Aussi ne nous attarderons-nous pas plus longtemps : nous retournons au dru et sain texte de Rabelais, pour constater que l'auteur, au chapitre suivant, marque le pas et même nous ramène quelque peu en arrière.

Des meurs & condictions de Panurge. Chapitre.xvj.

Avant tout, il nous faut signaler que l'édition originale est ici privée d'un feuillet : le feuillet I. La dernière phrase de la page qui le précède est : En laultre ung fouzil garny desmorche/dallumettes/de pierre a feu/& tout aul-, et la première de la page qui le suit est : de dessus son sain lequel toutesfois il y auoit mis. Or les mots : de dessus son sain sont, non plus rayés, mais entièrement masqués par un dense réseau de traits de plume. Il en est de même pour la phrase qui suit celle-ci : Et quand il se trouuoit en compaignie de quelques bonnes dames/il leur mettoit sus de propos de lingerie/& leur mettoit la main au sain demandant ; ici, le réseau d'encre dissimule la partie : & leur mettoit la main au sain demandant. Ainsi, la pudeur du censeur est, cette fois, montée jusqu'aux tétons.

Il n'est pourtant pas certain que ce censeur soit le même que celui du chapitre précédent : celui-ci se contentait de barrer la phrase, qui reste lisible ; celui-là cherche à rendre indéchiffrable ce qu'il juge scandaleux : il semble y avoir là deux comportements différents, en l'espèce deux degrés d'étroitesse d'esprit, le dernier étant de loin le plus redoutable. Et nous avons alors toutes raisons de penser que l'ablation des seins n'est que la moindre partie de la hargne du deuxième censeur, et que ce que contiennent les deux pages manquantes : la femme molle a la fesse, l'épisode du frater à la couille si longue, les femmes que l'alun fait se despouiller, le nouel amy, le grand trou, a dû être noirci avec tant d'application qu'il n'est resté qu'à arracher le feuillet où ne subsistaient plus que quelques mots incompréhensibles. Saulnier comble cette lacune en se reportant au texte de l'édition ultérieure qui, dit-il, a paru avoir le plus de chances de ne pas trop défigurer le texte original ; nous ne pouvons effectivement rien faire d'autre.

Nous nous consolons de la perte en nous disant que, pour la nuit des temps, le seul exemplaire existant du Pantagruel original portera dans ses flancs l'éloquente démonstration de la bêtise hypocrite que dénonce Rabelais, et nous passons à un sujet moins désolant.

Le présent chapitre est traditionnellement censé contenir une grossière erreur, toute incluse dans la phrase : & a lheure que le guet montoit par la : ce que il congnoissoit en mettant son espee sur le paue &

387

laureille aupres, & lors quil oyoit son espee bransler : cestoit signe infallible que le guet estoit pres.

Saulnier note ici : Se rappeler que Panurge était dit ne jamais porter d'épée. Il utilise même ce fait, dans son Introduction, pour appuyer sa théorie de Pantagruel roman improvisé : Un détail révélateur : on nous dit au chapitre XI (xv) que Panurge ne porta jamais d'épée ; et au chapitre XII (xvj) qu'il en a une. Sommes-nous si loin du feuilletoniste, qui, emporté par sa verve, oublie un jour qu'il a fait mourir son héros la semaine précédente ? Outre que le ne porta jamais d'épée est une affirmation hasardée, il y a là la fameuse verve qui a toujours permis d'étiqueter joliment le bocal de toutes les incompréhensions.

Boulenger, Plattard, Jourda et Demerson ne font ici aucune remarque, mais l'on ne sait si c'est parce qu'ils n'ont rien vu, ou parce qu'ils répugnent à donner l'explication que risque Guilbaud : La nature de l'épée de Panurge nous a été indiquée au début du chapitre précédent, et il s'agit évidemment du brodequin. Michel donne un commentaire de même inspiration : Comme Panurge ne porte pas d'épée (cf. chapitre XV), il s'agit sans doute de l'épée... de la braguette.

Disons tout de suite que, pour nous, cette raison faisant intervenir une position aussi priapique qu'acrobatique n'a aucune valeur, fondée qu'elle est sur la réalité d'un brodequin ou d'une épée de la braguette que nous savons être un gab. Nous voyons même dans ce parti pris de rationalisation une puérile confusion entre le niveau où se situe la parole de Panurge pour le brodequin et celui où se place ici la parole du conteur : l'un cherchait, en sacrifiant la crédibilité, à provoquer le rire par l'exagération démesurée relative à un endroit de sa personne ; l'autre relate, au mode impersonnel, un fait auquel, par cette précision sur l'emploi de l'épée, il cherche au contraire à donner le caractère de la véracité. Ainsi, l'épée de Panurge est bien une épée réelle, et l'inadvertance semble demeurer.

Pourtant, nous ne pouvons que trouver fort étonnant qu'une faute commise dans l'originale ait été reconduite telle quelle dans toutes les éditions ultérieures, y compris dans l'édition définitive de 1542 ; Rabelais a eu maintes fois l'occasion de corriger la prétendue erreur, et il ne s'est jamais soucié de le faire : cette reconduction nous semble donc diablement ressembler à une confirmation, et la mention de l'épée à une mention réfléchie. Et, puisqu'il est certain que l'épée que Panurge emploie est bien une arme blanche, puisqu'il est évident qu'il n'y a nulle erreur, il ne nous reste plus qu'à comprendre que le présent chapitre n'est pas autre chose qu'un retour dans le passé nous décrivant Panurge tel qu'il était antérieurement à la rencontre de Pantagruel.

Le chapitre précédent nous a montré Panurge, en même temps qu'il endossait sa livrée, rompant avec son ancien mode de vie : à l'abri de Pantagruel, il a renoncé à porter épée, et, simultanément, a décidé d'arborer une longue braguette comme si, désormais sans souci de subsistance, il avait choisi de se consacrer aux plaisirs charnels (et nous pouvons peut-être voir là, en transparence, l'image de la félicité qu'a pu se forger un certain moine assuré de la protection d'un grand, et de la détermination qui a pu être la sienne au sortir du monastère). Mais le Panurge que nous voyons agir dans le présent chapitre est encore l'aventurier dont la vie se conserve et dont le pain se gagne chaque jour à la pointe de l'épée ; il est armé et a grand besoin de l'être : la description de ses frasques d'alors fait intervenir naturellement l'épée dont il est porteur.

Ce retour dans le temps nous fait tout d'abord croire que nous avons affaire à un chapitre écrit au moment où s'élaborait le personnage dans l'esprit de Rabelais, qui aurait décidé de conserver le morceau et de l'insérer à cette place en dépit de l'anachronisme. Nous aurions là le premier état de Panurge, conçu comme le vagabond vivant d'expédients, toujours prêt à duper pour vivre et à berner pour se distraire. Mais ce comportement est finalement tout proche de celui qu'aura Panurge dans les chapitres suivants : sa malignité, bien qu'elle ait désormais des motifs plus nobles puisqu'elle s'emploie au profit de son maître, comme dans l'épisode des six cens soixante cheualiers (xxv), sera de même veine que dans le présent chapitre, et particulièrement pour le tour joué à la dame Parisianne. La correspondance est trop étroite pour que nous croyions plus longtemps à une si heureuse rencontre entre le caractère final de Panurge et un chapitre écrit d'avance.

Aussi arrivons-nous à la conviction que nous nous trouvons là devant un chapitre tout spécialement écrit pour être inséré à cette place précise, et cela pour la simple raison que ce chapitre répond au besoin de combler une lacune : Panurge va être, à partir de maintenant, le matois expert en ruse et en pièges, et rien, jusque là, n'a préparé le lecteur à voir le personnage agir avec une telle maîtrise en ce domaine ; les trois chapitres où il est apparu nous l'ont montré, d'abord pauvre hère nanti d'une érudition aussi disparate que déroutante, ensuite ingénieux conteur de sornettes, enfin amuseur opportuniste ; mais nulle part n'ont encore été montrés l'esprit de cautèle, la faculté de machiner qui formeront la dominante de sa personnalité. Le présent chapitre semble donc indiscutablement écrit pour introduire cet aspect du personnage.

Mais peut-être devons-nous surtout voir dans ce chapitre le moment où Rabelais décide de prendre ses distances d'avec le héros qu'il a commencé de faire vivre en le composant pour une bonne part à sa ressemblance ; l'abondante relation que fait Rabelais des mauvais tours de Panurge aurait alors pour principale raison d'établir indiscutablement la différence entre l'auteur et sa créature. Car il peut se faire que des esprits malintentionnés prennent l'érudition du chapitre de la rencontre pour la transposition du désir qu'a eu un certain moine d'étendre sa curiosité à des langues interdites ; il peut se faire que l'aventure chez les Turcs apparaisse à ces esprits malveillants comme la réplique de l'état de ce moine intellectuel vivant comme sur le gril dans un monde de cannibales, et ne souhaitant que d'y mettre le feu ; il peut se faire qu'ils interprètent le chapitre des apologues sur les femmes comme la figuration de l'expérience acquise par un moine défroqué, en même temps qu'une protestation contre l'obligation de chasteté qu'on lui a prêchée. Il convient donc de se garantir, et la cascade de méfaits est là pour détromper ceux qui croiraient discerner l'auteur sous l'enveloppe de Panurge : la dissemblance devient d'un coup si grande qu'on ne peut qu'être dissuadé de prolonger le parallèle.

S'explique ainsi fort bien le procédé littéraire du retour dans le temps : l'artifice permet d'une part à Rabelais de dissimuler que ce qu'il introduit ici l'est par raccroc ; il lui permet d'autre part de donner à ce composant de la personnalité de Panurge, et la notion d'antériorité, et celle de prépondérance. Il est ainsi bien établi que Panurge est avant tout un mauvais plaisant sans scrupule, et qu'il l'était bien avant la rencontre, bien avant les Turcs, bien avant la promenade avec Pantagruel ; toute ressemblance avec un certain moine qui jeta son froc aux orties ne peut donc qu'être fortuite.

Nous allons découvrir dans le chapitre suivant, qui n'était dans l'originale que la suite du présent chapitre, la poursuite de cette entreprise de dissuasion qui confirme l'intention ; mais cette intention apparaît nettement, dès maintenant, si nous nous avisons que les deux chapitres, qui se situent en dehors du temps de l'action romanesque principale, et qui ne peuvent donc mettre en scène les autres personnages, contiennent sur Panurge une confidence qui restera ignorée de Pantagruel et de ses compagnons ; personne n'aura jamais connaissance des faits qui sont ici relatés : c'est bien que le chapitre de l'originale (scindé ultérieurement en deux probablement autant pour adoucir l'abrupt que par souci d'équilibre) n'est rien d'autre qu'une connivence établie entre l'auteur et le lecteur, preuve pour nous évidente de la préméditation de Rabelais de désavouer Panurge.

Voilà donc réglée, croyons-nous, cette accusation d'inadvertance formulée si légèrement, tant il est vrai qu'il est plus facile de ramener un

Rabelais à sa dimension de commentateur que de discerner les desseins de son génie.

Cela admis, il nous faut maintenant examiner ce nouvel aspect de Panurge, et nous interroger sur quelques points que les glossateurs négligent, quand ils ne les obscurcissent pas de leurs conventuelles antiennes. Et nous n'avons pas à lire bien longtemps pour rencontrer le fameux : fin a dorer comme une dague de plomb, sur lequel tout le monde se prononce :

Saulnier dit : A l'époque, on ne savait pas dorer le plomb. Par ailleurs, une dague de plomb est de mauvaise qualité ; Boulenger dit : Le plomb ne supporte pas la dorure au mercure, la seule qu'on connût alors ; Guilbaud dit : Fin à dorer, fin comme une dague... de plomb (chute plaisamment ajoutée et qui peint admirablement le personnage, tout en finesse et très peu ferrailleur. C'est aussi façon de nous avertir que sur Panurge il ne faudra peut-être pas plus compter que sur une dague de plomb) ; Plattard dit : L'adjonction aux mots fin à dorer de la comparaison : comme une dague de plomb est une facétie, le plomb ne supportant pas la dorure ; Jourda dit : Comparaison comique : le plomb n'a pas de valeur et ne mérite pas la dorure, que, du reste, il ne supporte pas ; Michel dit : Double plaisanterie : le plomb, métal malléable, n'est pas utilisable pour les armes blanches ; d'autre part, on ne savait pas dorer le plomb à l'époque de Rabelais ; Demerson dit : Objet d'une finesse toute relative, et d'ailleurs impossible à dorer.

Guilbaud est ici en pleine interprétation hallucinatoire, et les autres n'ont qu'un réflexe de chimiste, bien que Michel ait au moins vu la première impossibilité. Il nous faut donc examiner :

La première partie de la phrase : fin à dorer, est une expression figée dont Littré dit : Cet homme est fin à dorer, il est très fin, par allusion à l'or qui doit être très fin pour être employé en dorage. L'idée est donc, jusque là, que Panurge possède un esprit raffiné. Mais la phrase continue et introduit la comparaison avec une dague de plomb, autre expression figée dont Littré dit : Il est fin comme une dague de plomb, se dit d'un homme qui, ayant l'esprit grossier, veut faire le fin. Rabelais a donc rapproché deux expressions indépendantes qui prennent ainsi, par réaction, la première le contenu : fin à dorer le plomb, la seconde le contenu : dague de plomb doré.

S'il est donc légitime que les commentateurs voient surtout l'impossibilité incluse dans la juxtaposition : à dorer-plomb, ils ont tort de voir surtout cette impossibilité, alors que la nouvelle expression contient deux absurdités qui devaient apparaître bien plus spontanément au lecteur du temps. La première est dans le rapprochement : à dorer-dague, la dague étant une espèce de long poignard à deux tranchants qu'on aiguisait périodiquement, et personne ne pouvant concevoir une dague dorée, attendu que le dorage aurait émoussé les tranchants et empêché tout nouvel affilage ; la deuxième, celle qu'a vue Michel, est dans le rapprochement : dague-plomb, puisqu'une telle dague, si un plaisantin en avait jamais fabriqué une, aurait tout juste permis de couper un fromage frais. Les trois absurdités équivalent donc à annuler largement ce qu'exprimait : fin à dorer ; Panurge est ainsi donné pour un esprit grossier, et il semble que c'est surtout pour n'avoir pas à se prononcer sur ce qu'il faut déduire de la phrase de Rabelais que les glossateurs ont joué les laborantins.

Il nous faut évidemment entendre seulement par là que Panurge n'est pas un pur produit de l'éducation de cour ; son langage direct, son verbe coloré, son mépris du raffinement sont d'inspiration toute franciscaine ; il n'a pas coutume d'éviter les sujets scabreux, il n'use point d'euphémismes, et, pour tout dire, trouve hypocritement ridicules les magny, magna, chiabrena contre lesquels s'élèvera frère Jan au chapitre x du Quart Livre : Panurge est grossier, c'est-à-dire naturel sans la moindre atténuation et le moindre affadissement, à l'instar peut-être d'un moine dont le franc-parler avait séduit un Geoffroy d'Estissac : si Panurge gagne ici son autonomie, son caractère n'en reste pas moins formé des dominantes de celui de son créateur.

Voyons maintenant une phrase où deux commentateurs ont, pertinemment, une réaction de vénérologue : & subiect de nature a une maladie quon appelloit en ce temps la, faulte dargent cest doleur non pareille.

Saulnier dit : Refrain d'une chanson d'étudiants du XVe siècle. Cette maladie, c'est faute d'agent (pénurie de pécune). Mais c'est aussi (cf. la forme de la phrase de Rabelais) une autre maladie, plus intime, qui est douleur nompareille faute d'argent, entendez qui réclame de l'argent en onguent, ou plutôt des médications coûteuses. Une maladie ruineuse, la syphilis. Et le terme de paucque denarre, qui la désigne à l'époque, et dont on ne trouve pas le sens, ne viendrait-il pas de pouc (peu) et danaro (argent) ? Guilbaud est seul à suivre Saulnier, de confiance : Refrain d'une chanson d'étudiants du XVe siècle passé en dicton. Cette maladie c'est le manque d'argent, mais aussi la vérole, maladie précieuse qui coûtait fort cher à soigner. Les autres commentateurs se voilent la face, et se bornent à dire qu'il s'agit d'un dicton ou du refrain d'une chanson du XVe siècle.

Pourtant, tout n'est pas vrai de ce que dit Saulnier : il emploie d'abord le mot syphilis, quand le terme coiffait alors et les affections vénériennes syphilitiques et celles qui ne le sont pas ; c'est le mot vérole qui est le bon. Ensuite son raisonnement est boiteux. Il apparaît en effet que c'est la phrase : bien galand homme de sa personne, sinon quil estoit quelque peu paillard, qui a mis Saulnier sur la voie, car il faut convenir qu'un bien galand homme qui est quelque peu paillard profite de toutes les ouvertures qu'on peut lui faire, et multiplie ainsi les risques de contracter le mal. Mais nous ne comprenons pas comment Saulnier a pu voir la confirmation de son idée de vérole dans une phrase où il entend seulement faulte d'argent comme manque de pécune ; il s'en arrange en faisant intervenir que les préparations coûtaient cher, et laisse entendre que la doleur non pareille, qu'il veut comprendre comme douleur du même nom, atteint ceux qui ne peuvent payer ; mais nous mettrons au compte d'un heureux hasard que, de mauvaise compréhension, il fasse bonne interprétation.

Car il est exact que Rabelais joue ici sur les mots et qu'il évoque la vérole en même temps que le manque d'argent. Mais l'expression, qui était courante, ne prend pas, pour établir le double sens, la voie alambiquée de la valeur vénale des onguents. Le jeu de mots est en réalité fondé sur les deux acceptions du mot argent, qui signifie à la fois pécune et vif-argent, ce vif-argent étant le mercure dont Littré dit : En médecine, nom que l'on donne aux préparations mercurielles employées à divers usages, et particulièrement pour le traitement de la syphilis.

Le premier sens de la phrase est donc celui qui repose sur l'acception pécune du mot argent :
& subiect de nature a une maladie : c'est la prédisposition à souffrir du manque d'argent, et c'est la traditionnelle assimilation de ce manque d'argent à une maladie ;
quon appelloit en ce temps la, : la phrase sous-entend que ce mal ne sévit plus au moment où écrit Rabelais : la recherche de comique est évidente puisque, d'une part, cette maladie est, selon toute vraisemblance, une de celles qui ne s'éteindront qu'avec le genre humain ; d'autre part que Rabelais est bien placé pour savoir que la maladie frappe encore, victime qu'il est des crises d'une forme qui est chez lui chronique ;
faulte dargent cest doleur non pareille : c'est là le refrain ou le dicton ; la douleur ne ressemble effectivement à aucune autre, et paraît de temps à autre proprement insupportable, quels que soient le désintéressement ou la résignation. Et c'est sur ce faulte dargent que, pour le lecteur du temps, pivotait la compréhension, la phrase repartant sur l'acception vif-argent du mot argent. Nous entendons alors :
& subiect de nature a une maladie : Panurge, bien galland homme de sa personne et quelque peu paillard, s'est abondamment exposé à recevoir les coups de pied de Vénus ;
quon appelloit en ce temps la, : la phrase fait plaisamment remonter le

traitement par le mercure à des temps reculés. Or, nous l'avons vu au Prologue, si le gaïac, encore nommé euphémiquement arbre de vie, était employé en onctions précédant le séjour en étuve, ce traitement ne pouvait être appliqué qu'en hôpital, à un petit nombre de malades vraisemblablement parmi les plus atteints ou les plus riches : le mercure restait le remède courant qu'employaient les barbiers de la ville.

faulte dargent cest doleur non pareille : qui ne pouvait aller trouver ces barbiers devait évidemment se passer de ce mercure ou vif-argent et continuait d'endurer les douleurs que les applications de cet argent auraient calmées.

Ainsi, Guilbaud mis à part, les commentateurs ont eu bien tort de ne pas vouloir entendre l'alerte sonnée par Saulnier ; et Michel est peut-être le plus coupable, qui s'avise que le refrain est cité notamment dans une sotie de Gringoire, et qui ne se doute toujours pas que la pérennité de l'expression a toutes chances de reposer sur un contenu sexuel mémorable. Quant au pouc danaro dont parle Saulnier, nous verrons plutôt dans danaro un dérivé du verbe italien dannare : damner, et dans pouc le mot poque qui désigne encore en Piémont la vérole ; pouc danaro serait donc la vérole de damné ou la damnée vérole, mais ce n'est là qu'hypothèse, et, de peur de nous aventurer à découvert, nous continuons de lire.

Nous arrivons au signe infaillible de l'épée sur le pavé : nous passons puisque nous savons maintenant qu'il s'agit bien de l'arme blanche. Mais nous nous arrêterons quelques instants sur les petites quehues de regnard que Panurge accroche au dos des pauures maistres es ars : elles sont ici associées aux aureilles de lieures, et nous y verrons la confirmation de ce que nous avons avancé pour la queue de renard considérée comme époussette : les oreilles de lièvre, molles et veloutées, sont aussi des époussettes, et le geste de les attacher dans le dos des hommes (car nous allons voir que ce que Panurge attache au dos des femmes est tout différent), s'il représente plaisamment la mollesse qu'est censé avoir le membre de la victime de la farce, revient surtout à lui fournir ce qui lui permet de remplir la fonction d'épousseteur de cas qui est la sienne. Quant à la signification du geste qui précède, elle est transparente : en leurs mettant un estronc dedans leurs chaperons au bourlet, Panurge propose tout simplement l'assimilation de leur tête à leur cul.

A noter que, dans l'originale, il était question des pouures maistres es ars & theologiens : Rabelais a fait ici prudemment disparaître les susceptibles et redoutables théologiens, comme dans la phrase que nous rencontrons maintenant : Un iour que lon avoit assigne a yceulx se trouuer en la rue du feurre, où le pronom yceulx représente les maistres es ars dont il vient d'être parlé. La phrase de l'originale, tout au contraire, reprenait ces théologiens victimes des mauvais tours de Panurge, et disait : Et ung iour que lon auoit assigne a tous les theologiens de se trouuer en Sorbone pour examiner les articles de la foy. Même suppression pour la phrase : engressa & oingnit theologalement tout le treilliz de Sorbonne, qui est devenue dans la définitive : engressa & oignit tout le paué. Plattard dit ici de treilliz : C'était une galerie treillissée qui régnait le long de la salle des actes : ainsi, il semble que, dans l'originale, Panurge avait ses entrées à la faculté de théologie.

Nous notons encore dans l'épisode l'artifice qui consiste à prendre au pied de la lettre une image : Et tous ces bonnes gens rendoyent la leurs gorges deuant tout le monde, comme silz eussent escorche le regnard. Nous remarquons encore une phrase construite autant sur l'allitération que sur le sens : & souvent leur en faisoit de belles cornes quilz portoyent par toute la ville, aulcunesfoys toute leur vie, et nous arrivons à ce que Panurge réserve aux dames :

Aux femmes aussi par dessus leurs chapperons au derriere, aulcunesfoys en mettoit faictz en forme dun membre dhomme : c'est le pendant de la facétie faite aux hommes, taxés, eux, d'impuissance : les femmes sont désignées par ce geste comme étant en état permanent d'appétence, signification que tendra à donner le tour fait à la dame Parisianne poursuivie par les chiens en rut. La tradition est respectée, qui veut qu'un appétit insatiable réponde chez les femmes aux moyens limités des hommes, tout au moins de ceux qui ne sont point moines.

Car ceux-ci sont pourvus, non moins traditionnellement, de façon exceptionnelle, comme le montre l'épisode du cordelier auquel nous arrivons, où Rabelais fait naturellement remonter à la farce de Panurge l'obligation pour les pauures beaulx peres de se vêtir et dévêtir non plus deuant le monde : mais en leur sacristie, mesmement en presence des femmes : car ce leur seroit occasion du peche denuie.

Ici, la solution que donne Panurge à la question de savoir pourquoi les fratres auoyent la couille si longue comportait, dans la première édition, que donne ici Saulnier, la phrase : A pareille raison, ce qui faict la couille des povres beaulx pères tant Sainct Anthoine large, c'est qu'ilz ne portent point de chausses foncées. Elle est devenue dans la définitive : A pareille raison, ce que faict la couille des pauures beatz peres, cest quilz ne portent point de chausses foncees : la construction de la phrase, restée inchangée, laisse encore attendre cette indication d'intensité : tant Sainct Anthoine large, que Rabelais a dû faire disparaître, la plaisanterie salace sur saint Antoine, probablement habituelle dans le monde monacal, restant scandaleuse au dehors.

A noter que la dernière phrase de l'épisode : car selon les Legistes, agitation & motion continuelle est cause dattraction, contiendrait une allusion que Guilbaud est seul à révéler : Formule juridique sur le système féodal des fiefs mouvants (c'est-à-dire dépendants d'autres fiefs), prenant plaisamment ici un sens érotique.

Mais si, à part Guilbaud, les commentateurs restent muets sur l'axiome de droit, la plupart d'entre eux s'empressent, pour l'alun de plume auquel nous arrivons, de reprendre l'explication de Saulnier : Ainsi nommé parce qu'il a l'aspect des barbes de plume, alors qu'il est bien plus certain, comme nous l'avons vu pour la phrase : sans premier aluner le papier, de la plaidoirie de Baisecul, que l'alun de plume doit ce nom au fait qu'on l'employait pour apprêter le papier destiné à l'écriture à la plume.

Vient alors l'épisode de la petite guedoufle pleine de vieille huyle, où la phrase de la première édition : et ensemble la malle tache y demouroit perpétuellement, que le dyable n'eust pas ostée (texte de Saulnier) est devenue : ensemble la male tache y demouroit perpetuellement, si enormement engrauee en lame, en corps, & renommee, que le diable ne leust poinct ostee.

Or, si nous pouvons nous étonner que Rabelais emploie l'adverbe perpétuellement, dès la première édition, pour parler d'une tache d'huile au collet d'une belle robbe neufve, nous devons nous étonner bien davantage de voir, dans l'édition définitive, que cette simple tache est, de plus, enormement engravee en lame, en corps, & renommee : il y a là évidente disparité de registre qui décèle l'intention d'arriver, partant du prosaïque, au niveau du spirituel. Nous comprenons, pour l'avoir vu à plusieurs reprises, que l'addition, en même temps qu'elle confirme l'intention contenue dans la phrase initiale, a charge de signaler la présence du sous-entendu.

Ainsi alertés, il nous apparaît alors que ce enormement engravee en lame, en corps, & renommee ressemble étroitement aux paroles de la formule relative à ce que confère l'administration de l'ordre de la prêtrise, idée immédiatement confirmée par ce que nous distinguons alors dans la phrase de la première édition : l'adverbe perpétuellement et la phrase finale : que le dyable n'eust pas ostée appartiennent à la même formule, et l'addition s'est ici bornée à étoffer la première citation, trop réduite pour avoir été reconnue.

Dès lors, le parallèle est clair : la petite guedoufle de vieille huyle est l'ampoule d'huile sainte ; le collet de la belle robbe neufve est celui de la robe neuve du nouveau prêtre ; et la male tache qui demouroit perpetuellement, si enormement engrauee en lame, en corps, & renommee, que le diable ne leust poinct ostee évoque probablement l'attouchement fait avec l'huile sainte, qui confère pour l'éternité à l'âme, au corps, à la renommée la marque du sacerdoce que le diable lui-même ne peut effacer. La plaisanterie devait, à coup sûr, faire partie du répertoire ecclésiastique, et il devait être aussi courant qu'innocent de dire du diacre qu'on allait ordonner prêtre qu'il allait faire tacher sa belle robe neuve. (A noter pourtant que, probablement par pure inadvertance, le mot neufve ne figure plus dans l'édition de 1542.)

Là encore, c'est l'addition qui nous a mis sur la voie, et nous ne nous féliciterons jamais assez que Rabelais ait, ici comme en bien d'autres endroits, sûrement détecté le sous-entendu à préciser parce qu'il passait inaperçu. Nous pouvons toutefois nous demander comment il acquérait la conviction que la rédaction qu'il avait cru suffisamment explicite restait lettre morte. Mais nous ne nous le demandons pas longtemps, tant la réponse est évidente : c'est l'absence de réaction de la part des censeurs théologiens, sur un point que Rabelais savait devoir être particulièrement visé, qui lui indiquait avec certitude que son trait s'était perdu.

Et il faut alors admettre en conséquence que la conduite habituelle de Rabelais était alors celle qui nous apparaît ici : contraint de supprimer les théologiens associés aux maistres es ars, puis ceux qui sont assignés de se trouver en Sorbone pour examiner les articles de la foy, puis l'action d'oindre theologalement tout le treilliz de Sorbonne, ainsi que le tant Sainct Anthoine large, qui a choqué le comité de lecture, Rabelais, en même temps qu'il apporte quelques retouches de forme, se plaît en jubilant à désigner auxdits censeurs, par une addition éloquente, l'allusion qui leur a échappé.

Cela semble impliquer que toutes les éditions successives passaient au contrôle, et cela explique que les additions du frondeur Rabelais aient finalement abouti à la condamnation, seul recours restant aux théologiens qui découvraient, avec l'impudence de l'auteur, la démonstration de leur manque de perspicacité.

L'addition qui suit n'est pas de cette veine, et n'a certainement pas été faite pour ouvrir les yeux des théologiens, puisque nous savons qu'ils n'ont jamais rien vu de répréhensible aux plaisanteries grivoises, aux équivoques gaillardes ou aux obscénités, tant qu'elles ne s'appliquent pas aux personnages de l'Ecriture ou qu'elles ne sont pas associées à des lieux religieux : c'est celle de la fin de l'épisode : Madame, donnez-vous garde de tumber : car il y a icy ung grand trou devant vous (texte de Saulnier). Il y avait déjà là ce reproche de fâcheuse grandeur que nous avons déjà vu employer. Mais l'effronterie de Panurge a été amplifiée dans la phrase de l'édition définitive, qui est devenue : Ma dame donnez vous garde de tomber : car il y a icy un grand & sale trou deuant vous, où Rabelais ajoute un adjectif désobligeant, qui découle peut-être tout droit de son expérience de médecin d'hôpital.

Tout cela nous a empêchés de nous arrêter à cette phrase du même épisode : voz aues robbe neufue, nouel amy, dieu vous y maintienne. Saulnier dit : Plaisanterie sur la formule courante : vous avez bonne santé, dieu vous y maintienne ; mais cela ne concerne que la robe neuve, le verbe maintenir étant entendu comme conserver dans le même état, et Panurge s'apprêtant justement à la tacher. Personne, toutefois, ne nous renseigne sur ce que peut contenir : nouel amy, dieu vous y maintienne.

Guilbaud dit : Expression du temps : faire un nouvel ami (prendre un amant). Ainsi, une fois admise l'insolence de Panurge supposant que la dame inconnue n'a pu que sacrifier à la règle immuable de prendre un amant, nous sommes amenés à penser que la plaisanterie est audacieuse et d'intention nettement salace : nous prendrons donc le verbe maintenir dans son acception : tenir ferme et fixe (Littré), qui étend la compréhension au domaine de l'équitation, et nous entendons alors que la phrase optative de Panurge revient à souhaiter que Dieu veuille que la dame au nouel amy se maintienne bien en selle.

Poursuivant, nous notons encore que la belle lingere du palays était, dans le première édition : la belle lingère des galleries de la Saincte Chappelle (texte de Saulnier). Jourda dit ici : Il s'agit de la Galerie mercière qui reliait la Grand-Salle à la Sainte-Chapelle, et Boulenger note : Marot parle aussi de la lingère du palais. Ce devait être une célébrité parisienne. Remarquons seulement que si le commerce de cette belle lingère a paru aux censeurs incompatible avec l'évocation de la Sainte Chapelle, Rabelais a dû s'amuser ferme en la remplaçant par le palays, qui est au bout de la même galerie.

Nous décelons encore le souci de teinter d'érotisme l'impertinence de Panurge, avec le de Fonterabie de l'originale (car nous abandonnons la première édition après le mot poul), qui devient dans la définitive : de foutignan ou de Foutarabie.

Puis, nous étonnant quelque peu que les assiduités de Panurge aillent jusqu'à le faire péter comme un roussin en présence des femmes qui ryoient luy disans comment vous petez Panurge ?, nous arrivons à la fin du chapitre où ses doigts faictz a la main lui permettent de voler adroitement un changeur ; et la volonté de Rabelais de nous donner son personnage pour un homme rompu à toutes les astuces apparaît encore clairement avec l'information qu'ajoute le conteur : Et auoit aultresfoys crie le theriacle.

Et, moins clairement, mais pourtant indiscutablement chargée d'une intention, nous apparaît la phrase qui détermine le verbe esuanouyr : visiblement, apertement, manifestement, sans faire lesion ne blessure aulcune, phrase qui détonne nettement et nous alerte : la période ne semblait effectivement pas demander une telle profusion d'adverbes, ni le sens exiger deux locutions établissant l'intégrité ; la phrase, pour tout dire, présente tous les caractères de la phrase surajoutée, et nous nous doutons bien qu'elle ne l'a pas été sans motif.

Cette phrase étant exactement la même dans l'originale, nous n'avons, pour nous guider, aucune adjonction ; aussi est-ce la seule intuition qui nous fait distinguer ici la reprise d'une formule figée, et une réminiscence qui nous fait trouver une ressemblance étroite entre cette formule et les termes d'un procès-verbal qui constaterait que quelque chose est resté intact. Nous n'avons alors pas grand effort à faire pour nous douter que la formule est vraisemblablement celle des décisions du tribunal de la Rote qui, ayant fait constater par les médecins l'intégrité de l'hymen de la plaignante, reprenait leur conclusion dans son prononcé de non-consommation du mariage. Ainsi s'explique la phrase qui devait faire suite à un attendu établissant que l'époux avait laissé l'hymen intact, visiblement, apertement, manifestement, sans faire lesion ne blessure aulcune. L'interprétation, bien sûr, relève de l'hypothèse ; elle nous paraît, à nous, fort plausible. En tout cas, ce qui semble avéré, c'est que Rabelais a bien ici truffé son texte dans un dessein satirique, et il n'était peut-être pas sans importance de le voir.

Le chapitre finit donc sur le récit de la filouterie de Panurge, récit qui, en même temps qu'il confère au personnage son penchant à la malhonnêteté, en introduit la démonstration es bassains des pardons. C'est cet endroit, où s'interrompt la relation et où commence l'action, que Rabelais choisit avec une sûre maîtrise pour couper son chapitre original, et faire de la suite le chapitre suivant de la définitive. Nous nous y rendons de ce pas.

Comment Panurge guaingnoyt les pardons et maryoit les vieilles et des proces quil eut a Paris. Chap.xvij.

La toute première phrase du chapitre nous confirme d'emblée l'intention de désavouer Panurge que nous avons prêtée à Rabelais : celui qui parle ici à la première personne est le maistre Alcofrybas Nasier du titre de l'originale, comme le M. Alcofribas abstracteur de quinte essence du titre de la définitive ; et celui qu'il rencontre est Panurge, quelque peu escorné & taciturne : le personnage est désormais si bien extérieur à l'auteur qu'un dialogue s'établit entre eux.

Et la seconde phrase d'Alcofribas est pour reprendre l'idée de cette maladie qu'est le manque d'argent : Panurge vous estes malade a ce que je voy a vostre physionomie, & ientens le mal, vous auez un fluz de bourse.

Pour ce fluz, Saulnier dit : Ecoulement. Cf. flux de ventre ; Guilbaud dit : Ecoulement de bourse (métaphore d'allure médicale et plaisanterie grivoise) ; Plattard renvoie au chapitre iij de la Pantagrueline Prognostication, et Demerson dit doctement : Une boursorrhée, métaphore médicale.

Littré dit de l'expression : Figurément et populairement. Il a un flux de bourse, se dit d'un prodigue qui se ruine. Ma bourse a le flux, phrase de plaisanterie pour dire que mon argent se dépense trop vite. Elle est évidemment formée sur le sens pathologique de écoulement puisque la phrase de la Prognostication est : ceulx qui auront flus de ventre iront souuent a la celle percée. Mais ce n'est pas là le seul flux, et Littré parle aussi bien du flux de bile, catharral, hémorrhoïdal, menstruel, dyssentérique, diarrhéique, de lait, de sueur, d'urine, et particulièrement du flux honteux qui s'est dit, dans l'antiquité, d'écoulements par les parties génitales.

Or, il est évident que si Alcofribas reprend l'idée de faulte dargent (manque), il ne peut qu'avoir à l'esprit l'équivalence faulte dargent (vérole) qu'il a évoquée au début du chapitre précédent. Nous en verrons la preuve dans la phrase qui suit, qui contient cette allusion à la vérole que rien d'autre n'appelle : qui ne vous fauldront non plus que la verolle, en vostre nécessité. Il semble, de plus, que l'équivoque n'a pu qu'avoir une raison supplémentaire de s'imposer, si l'on se rappelle que le mot bourse signifie à la fois sac à monnaie et scrotum, ce dernier mot ayant toujours eu l'extension : testicule.

En fait, le fluz de bourse n'a ici probablement rien à voir avec le flus de ventre de la Prognostication sur lequel s'appuient les commentateurs, qui sautent volontiers dans la scatologie quand il s'agit d'éviter de parler du domaine génital. Ce fluz de bourse évoque bien plutôt un flux génital dû à la vérole, et la boursorrhée de Demerson (construction qui prend d'ailleurs le contenant pour le contenu) est plus certainement la gonorrhée (gonos : semence, et rhein : couler) ou plus exactement la blennorhée (blenna : mucus). Quant à la plaisanterie grivoise de Guilbaud, elle semble contenir une confusion entre la juvénile spermatorrhée et la cuisante chaude-pisse : heureuse fraîcheur !

Le début de cette troisième phrase est aussi à relever : Iay encores six solz & maille, qui ne virent oncq pere ny mere, pour lequel tout le monde dit : Pathelin, vers 215-216, Encore ay je denier et maille/ qu'onc ne virent pere ne mere. Mais personne ne se risque à donner le sens de ces vers, ni, par conséquent, à préciser le sens de ce que dit ici Alcofribas : pour nos commentateurs, référence fait compte.

Guilbaud, pourtant, laisse entendre qu'il sait ce que contiennent les vers de la farce puisqu'il dit : Le sens en a été modifié par Rabelais, qui semble indiquer ici que ces pièces sont des enfants trouvés. Ainsi, pour Guilbaud, le sens de ce que dit Pathelin est tout autre, mais il se garde de se prononcer, recourant à l'échappatoire banale mais commode qui consiste à supposer trop connu pour qu'on en parle ce qu'en fait tout le monde ignore. L'ennui est que le sens de enfants trouvés ne semble pas non plus être celui de ce que dit Alcofribas, qui est ici le personnage sérieux et raisonnable dont l'argent n'est certainement pas trouvé.

L'édition de Pathelin que donnent Holbrook et Mario Roques (Champion) indique, elle, pour ces deux vers, et parlant d'un autre éditeur : Jeanroy comprend : de l'argent que je n'ai pas reçu en héritage, mais que j'ai gagné. Ainsi, là encore, c'est ce sens que n'ont pas les paroles de Pathelin qu'on nous indique, mais le sens qu'il faut leur voir n'est pas non plus donné. De toute façon, on ne voit pas pourquoi Pathelin ferait cette distinction entre argent gagné et argent hérité ; et il ne me semble pas non plus qu'Alcofribas éprouve le même besoin de faire ce départ à l'intention d'un Panurge qui n'a plus de raison de s'y intéresser que n'en a le drapier. Tout ce que nous savons pour le moment est donc le sens que n'ont pas les paroles de Pathelin et celles d'Alcofribas.

Mais A. Pauphilet, dans l'édition qu'il donne à la Pléiade, dit enfin clairement : Qui jamais ne virent père ni mère, c'est-à-dire qui n'existent pas. (Ce vers est censé être dit en a parte). Pauphilet est ici obligé d'appuyer son intervention sur le subterfuge de l'aparté, qui n'est rien moins que vraisemblable puisque Pathelin édifie sa tromperie sur une attitude cordiale et expansive. Et il est évident que ce sens ne peut être celui des paroles d'Alcofribas, qui va donner à Panurge le denier que celui-ci le priait de lui prêter a linterest. Cette fois, nous voilà au moins nantis de la connaissance de tous les chemins qui se terminent en cul-de-sac.

Pourtant une certitude nous soutient : nous nous doutons que Rabelais reprend les vers de Pathelin avec le sens exact qu'on leur voyait alors qu'ils ne remontaient qu'à soixante ou soixante-dix ans, quand l'on n'avait pas encore perdu la possibilité de comprendre ce qu'ils expriment : autant dire que le sens qui est à découvrir doit s'adapter de même façon à la situation de Pathelin chez le drapier et à celle d'Alcofribas secourant Panurge. Et, forts de cette conviction, nous relisons la scène de Pathelin (édition Champion) :

Or vrayment j'en suis attrappé,/ car je n'avoye intencion/ d'avoir drap, par la passion/de Nostre Seigneur, quand je vins (194-197). Pathelin a soin ici d'établir que ce n'est pas pour acheter qu'il est entré dans la boutique, ce qui a charge, bien sûr, d'expliquer pourquoi il n'a pas d'argent sur lui.

J'avois mis appart quatre vings/ escus, pour retraire une rente,/ mais vous en aurez vingt ou trente,/ je le voy bien, car la couleur/ m'en plaist trestant que c'est douleur ! (198-202). C'est la seule beauté du drap qui éveille sa convoitise ; et c'est seulement selon la conventionnelle attitude du client qui joue sur la familiarité, que Pathelin plaisante ouvertement en prétendant qu'il doit renoncer à sa rente pour s'offrir le drap. Mais, un peu plus tard, devant la relance du drapier qui revient à son fait : Certes, drap est chier comme cresme./ Vous en aurez, se vous voulez :/ dix ou vingt frans y sont coulez/ si tost ! (212-215), il abandonne le ton du badinage et feint de répondre sérieusement à la sollicitation :

Ne me chault ; couste et vaille !, c'est-à-dire : N'importe le prix si la marchandise le vaut ! Et il enchaîne, toujours dans le ton de celui qui parle affaires : Encor ay je denier et maille/ qu'onc ne virent pere ne mere, ce qui revient à rassurer le drapier en confessant qu'il n'a nul besoin de renoncer à sa rente pour s'offrir le drap, puisqu'il a en réalité quelques sous (litote ordinaire du chaland riche qui se dispose à marchander) qui ne virent jamais père ni mère, c'est-à-dire qui n'ont point de parenté, donc point d'attache, donc point d'engagement, et qu'ils sont disponibles. Il semble bien que ce sens est aussi celui des paroles d'Alcofribas reprenant cette idée de disponibilité des denier et maille qui, dans le besoin où il est, ne manqueront pas plus à Panurge que ne lui manque la vérole.

Ici se place la déroutante repartie de Panurge : Et bren pour largent. Ie nen auray quelque jour que trop : car iay une pierre philosophale qui me attire largent des bourses, comme laymant attire le fer.

Il est en effet assez étonnant d'entendre Panurge répondre : Et bren pour largent. Ie nen auray quelque jour que trop, pour que nous nous doutions que l'exclamation de mépris, comme l'idée d'en avoir un jour un excès importun, concernent l'acception particulière qu'il donne au mot argent. C'est, là encore, le jeu de mots que nous avons vu sur argent (denare) et argent (vif-argent) : Panurge n'apprécie pas trop le traitement par les préparations mercurielles qu'il a pu connaître, et qu'il s'attend bien à devoir encore subir, et il parle ici de l'argent (vif-) qui est censé s'amasser à chacun des traitements.

La suite continue l'équivoque et l'éclaire : le car iay une pierre philosophale qui me attire largent des bourses, comme laymant attire le fer, s'il s'entend d'abord comme : car j'ai une pierre philosophale qui m'attire le denare des sacs-à-monnaie, se double immédiatement de la compréhension : car j'ai une pierre philosophale qui m'attire le vif-argent des bourses-testicules, où il est censé s'être accumulé. Ainsi s'explique que Panurge puisse mépriser l'argent et déplorer d'en avoir quelque jour plus qu'à sa suffisance, comme s'explique le pouvoir de cette pierre philosophale qui fait remonter cet argent du scrotum ou petit sac, et qui fait probablement allusion aux réactions secondaires ou remontées dues au mercure.

Aussi ne s'arrête-t-il pas à ce triste sujet et en balaie-t-il vite l'évocation : Mais voules vous venir gaigner les pardons ? dist il. C'est là qu'Alcofribas va donner à Panurge ce denier qui lui manque, et nous remarquons que Panurge remercie Alcofribas en usant du calembour : grates vobis dominos (les dominos vous sont agréables ; Michel) établi sur grates vobis do (Je vous rends grâce, Seigneur), ce qui indique assez que les deux interlocuteurs ont une connaissance commune des cocasseries habituelles aux membres des congrégations.

Puis c'est l'épisode des pardons ou apparaît encore la détermination de Rabelais de mettre clairement en évidence la différence entre l'insouciante fripouillerie de Panurge et l'inquiétude effarée d'Alcofribas. Pourtant, leur est encore commune cette connaissance de la grammaire hébraïque par laquelle Panurge explique qu'il ne se damne pas comme une sarpe puisqu'il entend : centuplum accipies (tu auras le centuple) comme : centuplum accipe (aie le centuple), selon la maniere des Hebreux, dit-il, qui usent du futur en lieu de limperatif.

Là-dessus Panurge fournit l'exemple : diliges dominum (tu aimeras le

Seigneur) & dilige (aime). L'originale donnait ici une phrase complète : dominum deum tuum adorabis et illi soli servies/ diliges proximum tuum/ & sic de aliis, qui équivaut à : tu adoreras le Seigneur ton Dieu et le servira lui seul ; aime ton prochain comme toi-même. Les commentateurs donnent ici des références diverses aux Evangiles et à la Bible, mais la phrase paraît être simplement la forme cathéchistique des premier et second commandements. Demerson dit : Les premières éditions donnaient des citations plus littérales des textes parallèles de la Bible et de l'Evangile, mais elles étaient moins claires, juxtaposant le futur du verbe adorer à l'impératif du verbe aimer. Il semble plus probable que ce n'est pas une question de clarté qui a provoqué la modification, mais le fait que la Sorbonne a dû s'insurger contre l'emploi d'un texte rituel pour une démonstration des plus profanes qui fournissait, en outre, une excuse plausible aux indélicatesses commises es bassains des pardons.

Et nous en verrons la preuve dans l'addition faite simultanément : Panurge, dans l'originale, alléguait les autorités de doctes commentateurs juifs de la Bible : & ainsi lexpose Rabi quimy & Rabi aben ezra/ & tous les Massoretz ; il ajoute, dans la définitive : & ibi Bartolus, ce Bartole n'étant, lui, que commentateur de droit. Nos commentateurs, eux, disent qu'il y a ici raillerie de la manie des glossateurs du temps de citer Bartole à tout propos et hors de propos : ils n'ont pas vu que, profitant de ce que la phrase éliminée est celle de deux commandements, donc de deux lois, Rabelais ajoute à dessein le commentateur du texte profane aux commentateurs du texte sacré, pour rétablir sous une autre forme la disparité scabreuse.

Toujours est-il que si Panurge et Alcofribas ont reçu la même formation et se comprennent à demi-mot, leurs caractères sont essentiellement différents : bien que n'étant pas grand pardonneur en ce monde icy, et ne sachant s'il le sera dans l'autre (car l'originale disait : si ie le seray dans laultre, quand la définitive pourrait nous induire en erreur, comportant la coquille : si ie seray en laultre), Alcofribas se signe faisant la croix ; il est l'homme respectueux des lois, des règles et des usages quand Panurge, larron & sacrilege, a une fois pour toutes rejeté toutes les conventions. Et la désapprobation d'Alcofribas est si bien marquée que Rabelais peut maintenant faire exprimer à Panurge les opinions les plus osées.

C'est ainsi que Panurge s'enhardit nettement : recommençant à donner pour réels des faits imaginés, comme ce pape Sixte censé lui avoir alloué quinze cens liures de rente, il va jusqu'à parler pour ce pape de bosse chancreuse qui fait allusion aux mœurs qu'on lui avait prêtées ; il déclare impudemment : ie me paye par mes mains : car il nest tel, laissant entendre que les promesses de pape ne sont pas tenues ; il prétend enfin que les chous gras de la croysade lui ont permis de prendre au passage plus de six mille fleurins : toutes les audaces sont permises au personnage qu'on a vu scandaliser l'auteur lui-même.

Et c'est par une pirouette du même genre que celle du chapitre des Turcs que Panurge répond à la question de savoir où sont allés ces fleurins puisqu'il n'en a une maille : Dont ilz estoyent venuz (dist il) ilz ne feirent seulement que changer maistre, nouvelle audace puisque la première partie de la phrase sous-entend que, où qu'ils aient pu être dépensés, les fleurins n'ont pu manquer de retourner au pape. La réponse lui permet d'enchaîner le : Mais ien emploiay bien troys mille, qui introduit le premier des contes burlesques qu'Alcofribas écoute, mi-figue, mi-raisin, en sirotant le vin du cabaret du chasteau : la mise au point clairement faite, Rabelais relance son Panurge plus effronté qu'il n'a jamais été.

L'histoire du mariage des vieilles est limpide ; une phrase, toutefois, est altérée par le commentaire : Incontinent men alloys a quelque porteur de coustretz gros & gras. Saulnier et Michel disant de coustretz : hottes de vendange ; fagots ; Guilbaud et Jourda disent : portefaix. Or, si c'est bien là le sens littéral, il nous faut entendre aussi le sens figuré de porteur de beau et puissant membre viril qui était déjà celui des porteurs de cousteretz de la plaidoirie de Baisecul. Le porteur de coustretz est le type de l'homme de grande puissance musculaire et d'esprit rudimentaire à qui on prête une endurance génésique qui va de pair avec sa rusticité : d'où le jeu de mots sur coustretz. Une fois de plus, les commentateurs dénaturent la portée d'une locution, convaincus qu'ils sont d'avoir mission de pallier une gaudriole d'un écran d'esprit de sérieux.

Mais quand ils acceptent d'aborder le sujet, le sort ne leur sourit guère : les nombreux termes qui, ici, désignent l'acte sexuel, donnent à quelques glossateurs l'occasion de sombrer dans le ridicule. Ainsi, le verbe saccader fait dire à Guilbaud : Donner la secousse (c'est proprement un terme de manège). C'est bien ce que dit Littré : Terme de manège. Donner des saccades à un cheval, la saccade étant le mouvement subit communiqué aux rênes par les mains du cavalier ou du conducteur. Mais Guilbaud s'est arrêté de lire avant la deuxième définition, qui est la bonne : Secousse violente qu'on donne à quelqu'un. L'allusion au manège, reprise d'ailleurs par Demerson, n'est donc pas de mise ici où les saccades ne sont nullement communiquées à la partenaire par des rênes, eût-elle pris le mors aux dents.

Non moins amusant est ici Saulnier qui dit doctement : Saccader : besogner (une femme). Espagnol saccar, tirer. Le mot apparaît ici pour la première fois. L'espagnol n'a rien non plus à faire ici, puisque donner une secousse violente à quelqu'un ne revient pas à le tirer, c'est-à-dire exercer un effort sur, de manière à allonger, à tendre (Petit Robert) : le lit où l'on saccade n'a heureusement rien à voir avec le lit de Procuste.

Pour le verbe biscoter, qui a remplacé le besoigner de l'originale, Saulnier dit : Biscoter (une femme) : jouer l'amour. De biscot, jeu de bouchon, dans le nord. Or, le jeu de bouchon est, selon Littré, un jeu dans lequel on met des pièces de monnaie sur un bouchon qu'il s'agit d'abattre avec un palet, et l'on ne voit pas comment cela aurait pu former un verbe évoquant l'acte sexuel à moins de ne retenir que l'idée de boucher ; le biscot de Saulnier semble être ici aussi vain que jouer au bouchon dans la neige. Guilbaud, lui, dit froidement : Baiser, mais il nous apparaît immédiatement qu'il a certainement voulu parler de la bise sur les joues. Et nous pencherons, nous, plutôt pour le vieux mot : cote, colte : lit de plume, matelas, couette, oreiller (Greimas), uni au mot : bis indiquant le redoublement, le mouvement itératif.

Pour fretinfretailler, Saulnier dit sans plus : Jouer l'amour ; Guilbaud dit : Frétiller comme petits poissons, ce qui est mettre beaucoup de frénésie à la chose. Il semble plutôt que fretin et freta sont ici des constructions édifiées à partir des anciens verbes : fraindre, dont un des sens est : renverser, et frainter : résonner, faire du bruit (Greimas) ; le verbe fretinfretailler équivaudrait alors à peu près à évoquer ce que Rabelais exprimera plus tard par : faire beau bruit de culletis (T. L. XIX).

Quant à bubaialloient, qui a remplacé le arressoient de l'originale, Saulnier dit simplement : Synonyme de arresser, mot qu'il donne ailleurs pour : raidir, dresser, croiser la lame. Mais Guilbaud dit ici : Les pauvres hères soufflaient, ce qui pourrait nous paraître déroutant s'il n'ajoutait : Jeu de mots déjà rencontré (chap. XIV) sur hère et haire. Il fait allusion au pauvre haire esmoucheté de Panurge dans l'épisode de la ieune Corinthiace, et nous comprenons alors quelle est, pour Guilbaud, la nature de ces pauvres haires qui bubajollent. Mais nous ne saisissons pas comment il peut concevoir que soufflent si prématurément les membres virils des porteurs de coustretz à la seule vue des escutz, d'autant que Panurge n'a pas encore pu leur aprester a banqueter, boire du meilleur & force espiceries pour mettre les vieilles en ruyt & en chaleur ; c'est attribuer à ces rustres une belle imagination et une spontanéité d'adolescents.

Car un premier examen nous montre déjà que le terme pourrait contenir le mot bube dont Greimas dit : Cf. grec bubôn, tumeur à l'aine, associé au mot jal, jau, gal : coq (Greimas) ; mais plus plausible semble être la formation faite sur le latin bubalion : concombre, mot où s'intercale la syllabe jal, qui se rattache soit au mot jale dont le sens fort est : excroissance, soit au verbe jalir, jaillir dont le sens est : lancer, jeter, mettre (Greimas). Il est sûr, en tout cas, qu'il y a l'idée de modification par accroissement, et bubajoller, compris comme dresser en concombre, est alors bien un synonyme de arresser.

Saulnier est toutefois mieux inspiré dans son Introduction quand il dit, au sujet des variantes d'art, que les mots vulgaires arresser et besogner (de l'originale) sont remplacés par bubajoler et biscoter (dans la définitive). Il entend probablement par mots vulgaires les mots courants. Rabelais a effectivement créé dans l'originale les verbes saccader et fretinfretailler : il a souci, à la correction, de substituer aux termes connus arresser et besogner, des termes de son invention, évitant ainsi, pour l'un d'entre eux, la redite : besoigner et besoignoient à quelques lignes d'intervalle. Tous les verbes du morceau sont donc, dans la définitive, de sa conception ; mais il laisse toutefois subsister le verbe besoingnoyent qui a charge d'assurer la compréhension de saccader, biscoter et fretinfretailler, comptant, pour bubajalloient, sur le déterminant : comme vieulx mulletz, qui était alors une image évocatrice.

Puis c'est l'annonce du conte des procès avec la phrase : Dauantaige ien ay perdu beaucoup en proces. Ici se manifeste Alcofribas qui tient peut-être à rappeler qu'il n'est qu'auditeur et ne participe en rien de l'impudence de Panurge. Sa question est celle d'un homme rangé et pondéré, quelque peu fermé à la fantaisie : Et quelz proces as tu peu auoir ? (disoys ie), tu ne as ny terre ny maison, question qui sousentend l'opinion conventionnelle que rappelle Plattard : Le vieux dicton : Qui terre a, guerre a, était fréquemment allégué à propos des procès.

Panurge s'élève contre les damoyselles de ceste ville dont les corsages leur cachoyent si bien les seins, que lon ny pouoit plus mettre la main par dessoubz ; ce sont les nouveaux corsages à collerette montante qui, sous François Ier, remplacèrent les gorgerettes largement décolletées qui, nous dit-on, dataient de Charles V. Et avec un superflu désir de précision qui indique à coup sûr que le récit est imaginé, Panurge explique : un beau iour de Mardy, ien presentay requeste a la court, me formant partie contre lesdictes damoyselles & remonstrant les grans interestz que ie y prendroys.

Guibault annote ici : Les grands préjudices que j'en éprouverais (formule juridique plaisamment tournée en grivoiserie). Il est sûr, en effet, que Rabelais emploie une formule de droit, et il semble que Guilbaud a raison de voir dans le mot interestz, outre son sens juridique de dommages, préjudices, celui d'accroissement du capital qui s'entend, bien sûr, au sens génital. L'intention est confirmée par la modification qu'a apportée Rabelais à l'originale qui disait : les grans interestz que ie y pretendoys, où il pouvait apparaître que Panurge parlait d'une action passée qui a cessé, alors que la définitive sous-entend qu'il a l'intention d'agir à l'avenir comme il a toujours fait. Est ainsi établi que le geste de mettre la main par dessoubz les seins des damoyselles de ceste ville est chez lui aussi naturel qu'immuable.

Mais bien autrement gaillarde nous paraît être la phrase qui suit immédiatement celle-ci : protestant que a mesme raison ie feroys souldre la braguette de mes chausses au derriere. Guilbaud explique ici : Au lieu de la laisser flotter par devant, et il me semble qu'il comprend que la braguette sera passée derrière, mais entièrement cousue au haut-de-chausses. Or, la braguette était toujours cousue à sa base et faisait corps avec le haut-de-chausses ; seuls ses côtés étaient lacés ou boutonnés ; elle avait ainsi la possibilité de s'abattre entièrement, tout en restant dépendante. La menace de Panurge est donc seulement celle de transférer derrière cette braguette qui se trouve devant. Et, comme à l'endroit que recouvre la braguette, le haut-de-chausses est largement échancré en forme de V, ce transfert équivaut à faire ce qu'ont fait les damoyselles pour leur corsage : car la fente diceulx elles auoyent mise par derrière, c'est-à-dire à n'offrir plus à ces damoyselles que la possibilité d'atteindre les fesses.

Car il nous faut bien voir aussi que la portée de la phrase de Panurge, qui revient à menacer que, comme pour les corsages, les hauts-de-chausses soient tous cloz par deuant, implique que si les femmes privent les pauvres amans dolens contemplatifz du plaisir qu'elles leur procurent en les laissant manier leurs seins, les hommes les priveront du plaisir qu'elles éprouvent à manipuler les parties que contient la braguette. Aussi conventionnel que fallacieux est évidemment ici le comique qui établit que les femmes ne se font manier les seins que pour donner du plaisir sans ressentir elles-mêmes de satisfaction ; mais purement captieux est alors le corollaire qui laisse entendre que c'est uniquement pour satisfaire les damoyselles que les hommes leur offrent la possibilité de plonger la main dans leur braguette. La menace est donc bien plus grosse de rire que ne le laissent supposer le mutisme des commentateurs et la naïveté de Guilbaud. Soyons persuadés que les lecteurs du temps ont fort bien vu tout ce que recèle l'intention de Panurge, et demeurons assurés qu'Alcofribas, le nez dans son verre, et sans rien laisser paraître, doit s'amuser ferme.

La suite comporte une équivoque nettement plus visible ; elle est contenue dans la phrase ajoutée à l'originale : monstrerent leurs fondemens, qui est, bien sûr, formule de juriste où les fondements sont les titres sur lesquels sont fondés l'instance ; mais c'est aussi le cul des damoyselles, et personne ne s'y trompe. Guilbaud ajoute même à sa note explicative : C'est la réponse aux grands intérêts de Panurge !, mais nous ne savons ce que nous devons entendre : le sens littéral, ajouté aux locutions : formerent syndicat, et : passerent procuration a defendre leur cause, indique assez que les défenderesses n'ont ici aucune intention d'être agréables à Panurge ; elles ne cherchent donc pas à lui procurer une compensation de la privation qu'elles lui imposent pour les seins. Et il nous faut peut-être alors voir dans ce : montrerent leurs fondements une équivoque sur l'antique geste de mépris que fait la femme excédée : celui que Dame Hersant adresse à son mari Isangrin qui a perdu ses attributs : les .IIII. piez mist sor le soil/ et a torné le cul au vant :/ c'est la costume bien sovant ; (2794-2796) (Mario Roques, le Roman de Renart, Champion).

Une phrase encore semble à Guilbaud receler une intention : mais ie les poursuivy si vertement, qui lui fait dire : Cela ne nous étonne pas de Panurge !. Toujours est-il que cet acharnement permet audit Panurge d'obtenir que ces haulx cachecoulx ne seroyent plus portez, sinon quil(s) feussent quelque peu fenduz : son argent n'a pas été dépensé en vain.

Vient ensuite la courte relation du procès bien hord & bien sale contre maistre Fify & ses suppostz : l'intention était toute contenue dans la phrase de l'originale : a ce quilz neussent point a lire clandestinement les liures des Sentences de nuyct/ mais de beau plain iour et ce es escholles de Sorbonne/ en face de tous les theologiens. Saulnier dit ici : Maître Fify : le Vidangeur (de l'interjection : Fi ! qui exprime répugnance), et Plattard explique : Jeu de mots sur sentir et sentences. Le Livre des Sentences (liber sententiarum) de Pierre Lombard (XIIe s.), résumé encyclopédique de la dogmatique chrétienne, était un des fondements de la théologie enseignée dans les écoles.

La définitive a évidemment dû atténuer la raillerie, et la phrase est devenue : a ce quilz neussent plus a lire clandestinement de nuyct, la pipe de bussart, ne le quart de Sentences : mais de beau plein iour, & ce es escholes du Feurre, en face de tous les aultres Sophistes. Michel dit que la pipe et le bussart sont deux mesures à liquides, la première correspondant à un tonneau et le second à une grosse futaille. Demerson voit dans le quart de Sentences : Le tome IV de l'Encyclo... pudie. Or, il semble qu'il faut voir dans ce quart la mesure valant deux pintes (Greimas), comme il faut voir dans bussart l'équivoque avec l'adjectif : bussart : niais, stupide, ou avec le substantif qui désigne l'homme stupide et méchant (Greimas).

Et, originalité pour originalité, retiendrons-nous aussi l'interprétation de Guilbaud, qui explique d'abord : Dans l'édition de 1532 Rabelais avait mis : théologiens. En 1542 il a remplacé ce mot, ici comme presque partout ailleurs, par le terme moins direct : sophistes, puis déclare : Atténuation, prudence, dit-on en général. Certes, mais le nouveau mot ne trompait personne, et ici quelle nouvelle force prend le trait : sots-Fify-stes !.

Le procès suivant est celui qui est intenté aux mulles des Presidens & Conseilliers, & aultres. Le morceau contient le calembour que tout le monde signale : en sorte que les pages du palais peussent iouer dessus a beaulx detz, que Saulnier explique : A beaux dés, avec jeu sur baudets, à cause des mules (le mot baudet ne paraît qu'en 1534, justement chez Rabelais : mais peut remonter quelques années plus tôt).

Plus importante, semble-t-il, est la correction de forme, sur laquelle personne n'attire l'attention, où la phrase de l'originale : sans y rompre leurs chausses aux genoulx a fait place à : sans y guaster leurs chausses aulx genoulx. La phrase de l'originale était manifestement formée sur la locution proverbiale : rompre l'anguille au genou, que Littré explique ainsi : Prendre un mauvais moyen pour réussir dans une affaire ; il ajoute : Cette locution vient de ce que les anguilles ne peuvent se rompre sur le genou. Cette interprétation est évidemment risible puisque rompre est ici à entendre comme déchirer (Greimas), c'est-à-dire : entamer la peau ; mais nous comprenons alors que la correction de rompre en guaster vient simplement du fait que rompre des chausses aux genoux étant non seulement possible mais inévitable puisque, ici, le genou existe ; Rabelais s'est aperçu que la phrase qu'il avait écrite vidait la locution de son contenu. Mais c'est égal : nous laissons ainsi passer la belle envolée symbolico-ésotérique que nous aurions pu faire en disant que Rabelais semble avoir voulu réserver ce verbe rompre comme s'il avait eu la prescience de l'emploi qu'il devait faire au chapitre XLI de son Quart Livre, où il est dit que Pantagruel rompoit les andouilles au genoil.

Puis c'est l'histoire des petitz bancquetz que Panurge dit offrir aux paiges du palays de iour en iour, annonce qui fait soudain sortir Alcofribas de son silence attentif : Et a quelle fin dis ie, question qui introduit le dernier échange de répliques entre les deux personnages ; Panurge y est cette fois le vaurien consommé : Mon amy (dist il) tu ne as passetemps aulcun en ce monde. Ien ay plus que le Roy. Et si vouloys te raislier auecques moy, nous ferions diables. Non non (dis ie) par saint Adauras : car tu seras une foys pendu. Et toy (dist il) tu seras une foys enterré, lequel est plus honorablement ou lair ou la terre ? He grosse pecore.

L'intention de Rabelais est ici évidente de finir le chapitre en portant la dissemblance entre Alcofribas et Panurge jusqu'à l'opposition : Panurge commence par une irrévérence qu'Alcofribas ne peut que désapprouver : Mon amy (dist il) tu ne as passetemps aulcun en ce monde. Ien ay plus que le Roy. Il continue par la proposition inopinée : Et si vouloys te raislier auecques moy, nous ferions diables : la soudaineté de l'offre décèle ici le calcul de Rabelais : détromper de façon aussi éclatante que définitive ceux qui pourraient encore tenir pour bonne l'assimilation de l'auteur à son personnage. L'idée d'association est donc repoussée avec effroi : Non non (dis ie) par sainct Adauras : car tu seras une foys pendu.

Saulnier dit : Saint ad-auras, en l'air ; Guilbaud dit : Nom de saint inventé par Rabelais. Sans doute formé des mots latins ad auras (en l'air) parce qu'il protège de la pendaison ; Jourda et Plattard disent comme un seul homme, d'ailleurs fort timoré : Nom d'un saint inconnu, probablement forgé par Rabelais ; Michel dit platement : Saint inconnu ; Demerson dit : Saint Vers-le-Haut ou Saint Loin-du-sol ; Rabelais invente un saint patron aux pendus. Ce dont nous sommes sûrs, en tout cas, c'est que le sainct Adauras d'Alcofribas est une facétie : Rabelais veut bien se montrer fort réservé, mais pas jusqu'à perdre le sens de la plaisanterie.

La craintive réponse n'ébranle nullement Panurge, qui répond : Et toy (dist il) tu seras une foys enterré, lequel est plus honorablement ou lair ou la terre ? He grosse pecore. Cela témoigne au moins une impudente désinvolture ; aussi ne devons-nous pas nous étonner que Rabelais ait pris soin de placer dans ce court dialogue deux dis ie et deux dist il, souci qui prouve qu'il tient à ce qu'il n'y ait pas d'ambiguïté dans l'attribution des paroles. Et ce souci est d'autant plus légitime que la phrase de l'originale allait plus loin, et que Rabelais y avait donné Panurge pour quelque peu blasphémateur en lui faisant dire : He grosse pecore/ Iesuchrist ne fut il pas pendu en lair. C'était une façon décisive de montrer ce qui sépare irrémédiablement un Panurge d'un Alcofribas, mais il faut croire que, même pour une démonstration à la gloire de la dévotion, la Sorbonne s'est opposée à ce que Rabelais évoque en ces termes la crucifixion. Et Rabelais n'a dû laisser subsister que le : He grosse pecore, exclamation qui devient alors riche de signification, puisqu'elle est chargée à elle seule d'exprimer tout le scepticisme de Panurge, la pecore étant ici la bête crédule substituée à l'ouaille évangéliquement soumise.

Rabelais a maintenant fini la mise au point qu'il s'était proposé de faire : il termine l'épisode des Conseilliers ou aultres qui aprestent a rire pour plus de cent frans, puis Alcofribas, qui est sorti de l'action après la dernière réplique, redevient le conteur. Il se manifeste encore

discrètement quand il dit : Fin de compte il auoit (comme ay dict des-
suz) soixante & troys manieres de recouurer argent ; puis la phrase se
termine, écrite par quelqu'un qui n'est plus que chroniqueur : mais il
en auoit deux cens quatorze de le despendre, hors mis la reparation de
dessoubz le nez.

Alcofribas a donc quitté la scène après avoir rempli la mission qui
était la sienne : donner à l'auteur la libre disposition d'un personnage
qui ne lui soit plus rattaché. Et Rabelais va ainsi, dès le chapitre suivant, et par un enjambement audacieux, pouvoir replonger son
Panurge dans le temps qui est celui qui succède naturellement au
moment où il a revêtu la livrée de Pantagruel. Nous enjambons derrière lui.

Comment un grand clerc de Angleterre vouloit arguer contre Pantagruel, & fut vaincu par Panurge. Chap.xviij.

Sachons que ce chapitre xviij ne constituait que le début du chapitre xiij de l'originale, qui contenait aussi la dispute (chapitre xix de la définitive) et la conclusion (chapitre xx de la définitive). Les deux versions commencent toutefois par la même trompeuse locution : En ces mesmes iours, au moyen de laquelle l'auteur élude la difficulté de situer le chapitre dans le temps. Le tour est, bien sûr, faussement précis, et n'a d'autre but que de créer l'illusion de la continuité ; l'indication du moment, habilement placée en attaque de la longue phrase, est seulement perçue par le lecteur, et l'action, qui commence immédiatement, ne donne pas loisir à l'esprit de s'arrêter sur la question : Rabelais emploie ici l'expédient dont use Panurge en pareil cas, et montre qu'il n'a rien à apprendre, pour escamoter, de celui qui a aultresfoys crie le theriacle.

Donc arrive d'Angleterre ce Thaumaste (admirable, en grec), qui est dans l'originale : ung grandissime clerc, et dans la définitive : un scauant homme. Il va trouver Pantagruel à lhostel sainct Denys, maison d'études recevant surtout les bénédictins, et dont on nous dit qu'elle dut probablement être la résidence de Rabelais lors de ses séjours à Paris. Pantagruel y est en train de se promener par le iardin auecques Panurge, philosophant a la mode des Peripateticques ; et nous noterons qu'en prévision de la suite, Panurge est ici à dessein promu au rang d'interlocuteur de son maître dans les conversations philosophiques, bien que nous venions d'apprendre que Pantagruel est celui dont le bruict & renommee du scauoir incomparable sont allés jusqu'en Angleterre.

Thaumaste salue Pantagruel comme est la facon, courtoysement, puis, d'entrée, lui assène un discours où, après avoir paraphrasé une idée du Phèdre de Platon, il évoque emphatiquement les longs voyages faits par d'importants personnages à seule fin de rencontrer les plus grands esprits. Nous nous doutons bien que cela est de la compilation, et Demerson relève même une erreur de Rabelais, le texte grec de Elien disant, paraît-il, que c'est Solon qui admira Anacharsis, et non le contraire. Mais nulle importance : le contresens peut être attribué à

Thaumaste, puisque nous entrevoyons déjà, rien qu'au ton de grandiloquence que Rabelais lui fait prendre, que l'intention est de faire de Thaumaste un grotesque.

Ledit Thaumaste continue en disant ne pas oser se recenser au nombre & ordre de ces gens tant parfaictz, mais il accepte d'être dit studieux (c'est-à-dire au sens latin : passionné de), & amateur, non seulement des lettres, mais aussi des gens lettrez. Puis, avec une enflure aussi vaine que déplacée, il s'engage, si Pantagruel peut souldre daulcuns passages dont il doute et dont il ne peut contenter son esprit, à se rendre son esclave, lui et toute sa postérité.

Les aulcuns passages étaient, dans l'originale, de Philosophie/de Magie/de Alkymie/& de Caballe ; ils sont, dans la définitive, de Philosophie, de Geomantie, & de Caballe, la géomantie étant, selon Littré, l'art prétendu de deviner l'avenir en jetant une poignée de poussière ou de terre au hasard sur une table, pour juger des événements futurs par les lignes et les figures qui en résultent. Rabelais a supprimé la magie et l'alchimie, qui faisaient de l'Anglais un personnage quelque peu hérétique ; mais il en fait, avec la divination par la poussière, un illuminé ridicule. De toute façon, ce fatras de sciences hétérogènes montre assez le genre d'esprit fumeux et confus que Rabelais entend prêter au scauant homme.

Enfin Thaumaste s'engage à rédiger par écrit ces passages à éclaircir, et à les faire connaître aux gens scauans de la ville pour pouvoir en disputer publiquement. Mais il passe ensuite en revue diverses formes de disputation qu'il repousse pour finalement choisir de disputer par signes seulement, et cela le lendemain en la grande salle de Nauarre a sept heures du matin.

Pantagruel lui répond en un style à peine moins ampoulé, et, ce faisant, commet, nous dit-on, l'erreur de confondre Héraclite avec Démocrite : Rabelais semble décidément faire si bon marché de la somme d'érudition de compilation qu'il est obligé de manier ici, qu'on le soupçonnerait pour un peu d'en être excédé. Mais ce n'est pas là l'important.

Plus important est que le sage Pantagruel nous déroute ici par son attitude : il se réjouit, de façon incompréhensible, de disputer publiquement sans que personne comprenne : Et loue grandement la maniere darguer que as proposee, cest assauoir par signes sans parler : car ce faisant toy & moy nous entendrons : & serons hors de ces frapemens de mains, que font ces badaulx sophistes quand on argue : alors qu'on est au bon de largument. L'originale différait seulement par les formes : toy & moy/nous nous entendrons, et : que font ces sophistes ; l'idée était donc la même. Et il nous apparaît que si Rabelais a ainsi

414

confirmé l'opinion de Pantagruel, c'est qu'elle renferme peut-être bien quelque chose qui va au-delà de l'apparence, et que nous pouvons la prendre pour un avertissement donné au lecteur qu'il va avoir à chercher la résolution, iusques au fond du puis inespuisable au quel disoit Heraclite [Démocrite] estre la verite cachee.

Le beau dernier mot de Pantagruel est : la verite seule. Puis Thaumaste oppose encore la haulte magnificence de Pantagruel à sa propre petite vilité, et c'est le : Or a dieu iusques a demain, auquel répond le : A dieu de Pantagruel. L'agencement est terminé ; tout semble être en place pour le lendemain.

Et Rabelais, qui vient d'envoyer coucher ses personnages, change alors de registre et retrouve le ton de la familiarité pour apostropher ses lecteurs ; son : Messieurs vous qui lisez ce present escript, a visiblement mission de détromper ceux qui se seraient laissé prendre à l'accent cérémonieux donné jusque là. Et la suite est d'un auteur qui rit le premier de la gravité de Thaumaste et du sérieux de Pantagruel : ne pensez que iamais gens plus feussent esleuez & transportez en pensee, que furent toute celle nuict, tant Thaumaste que Pantagruel.

La nuit est en effet pour Thaumaste, qui loge dans la résidence parisienne des abbés de Cluny, une nuit où il est tant altere qu'il pense que Pantagruel le tient à la gorge : Rabelais s'amuse ici, avec cette prise à la gorge, à doubler l'allusion au diablotin de la soif de la compréhension relative à l'argument imparable d'une discussion. Thaumaste demande donc de l'eau pour se guargariser le palat, et l'on n'entre pas dans la cour de lhostel de Cluny, maintenant musée de Cluny, sans voir, penchée sur la margelle du puits, l'ombre du concierge de lhostel tirant de leau fresche pour Thaumaste.

Encore cette soif n'est-elle que la manifestation de l'anxiété de celui qui attend pour le lendemain une révélation. Pantagruel, qui aura, lui, à argumenter pour convaincre, connaît une excitation autrement grande dans la bibliothèque de lhostel sainct Denys où il se dispose à passer la nuit à rauasser apres d'antiques traités de matières plus ou moins hermétiques : le lettré conventionnel qu'il est ne peut aborder un débat par signes sans s'être auparavant replongé dans des ouvrages tels que : Des nombres et des signes, De l'inénarrable, De la magie, Sur le sens des songes, Sur les signes, Des choses indicibles, De ce qu'il faut taire, ou les livres d'un certain Philistion, qui n'était pourtant qu'un mime, & un tas daultres. Et, là encore, des titres comme : De l'inénarrable, Des choses indicibles, De ce qu'il faut taire, nous semblent avec évidence être une indication concernant le sujet qui se trouvera derrière l'apparence.

Survient alors Panurge, pour l'intervention de qui à manifestement été édifiée toute la préparation. Il ramène en quelques mots la situation à sa juste mesure : il apaise l'ardeur de Pantagruel en lui faisant craindre une fiebure ephemere, et l'engage à boire, mis à sa taille, le traditionnel coup de vin du coucher qui doit procurer un sommeil sans inquiétude. Mais surtout, il le rassure : car de matin ie respondray & argueray contre monsieur Langloys, & au cas que ie ne le mette ad metam non loqui, dictes mal de moy : nous avons là le nœud de la situation : Panurge, qui ne prétend pas au scauoir incomparable de Pantagruel, qui n'est pas le scauant homme qu'est Thaumaste, prend la gageure de se substituer à l'un pour mettre l'autre à la borne du mutisme, expression à double entente puisque, de toute façon, le débat doit être silencieux. C'est donc indiquer clairement, l'appareil d'érudition étant banni, que le niveau de la dispute sera, nécessaire et suffisant, celui du simple bon sens.

L'objection de Pantagruel est toute conventionnelle et contient déjà le consentement. Panurge le sent bien, qui ne lui oppose qu'un argument mystique : y a il homme tant scauant que sont les diables. Non vrayement (dist Pantagruel) sans grace diuine especiale. Et toutesfoys (dist Panurge) iay argué maintesfoys contre eulx, & les ay faictz quinaulx & mis de cul. La réfutation est sans réplique : c'est donc Panurge qui arguera contre le glorieux Angloys et le fera demain chier vinaigre deuant tout le monde.

Bien loin du zèle anxieux de son maître, Panurge va passer la nuit a chopiner auecques les paiges, & iouer toutes les aigueillettes de ses chausses a primus & secundus, & a la vergette. Ici, Guilbaud dit : Jeux d'écoliers dans lesquels on faisait sauter des aiguillettes ou des baguettes ? et ajoute : Ce que nous savons des mœurs de Panurge nous permet de comprendre la phrase tout autrement. Nous ne pouvons que penser qu'il faut voir là une équivoque érotique, si l'on considère que là où l'originale disait : ou a la vergette, la définitive a été corrigée en : & a la vergette ; ce dernier jeu, qui joue aussi sur verge, s'ajoutant ainsi aux deux autres, il apparaît que Panurge a bien pu avoir, cette nuit-là, les trois défaillances majeures que sont le vin, le jeu et les femmes.

C'est donc sans la moindre contention d'esprit que Panurge conduit le lendemain son maître au lieu constitué. Et comme on nous y invite, nous croyons hardiment (l'impératif croyez ayant été ajouté, dans la définitive, à la phrase initiale) quil ny eut petit ne grand dedans Paris qui, par la pensée, ne se trouuast au lieu, car tous s'attendent que ce diable de Pantagruel, qui a conuaincu tous les ruseurs & beiaunes Sophistes, a ceste heure aura son vin.

Au lieu de : qui a conuaincu tous les ruseurs & bejaunes Sophistes, l'originale disait : qui a conuaincu tous les Sorbonicoles, et le repentir ne nous surprend pas. Mais nous découvrons avec plus d'étonnement la demande de correction que nous voyons, manuscrite, en marge du fac-similé de la définitive, le groupe esu ou esv devant remplacer le premier u du mot ruseurs. Il apparaît donc que ce mot ruseurs, qui ne s'allie nullement avec le mot beiaunes, devrait être le mot resueurs, les Sophistes ou les Sorbonicoles étant plus justement qualifiés de resueurs & beiaunes.

Quant à la locution : aura son vin, les commentaires nous la donnent pour l'équivalent de : aura son pourboire, ce qui paraît être le fruit d'une sommaire assimilation. Le chapitre xxiiij du Gargantua, parlant des visites que fait le héros aux artisans, finit l'énumération des métiers par : Imprimeurs, organistes, tinturiers, & aultres telles sortes douuriers, & par tout donnans le vin : il s'agit bien ici de donner la pièce, c'est-à-dire remettre une somme d'argent pour récompenser. Mais le chapitre xvij du même Gargantua dit aussi : Ie croy que ces marroufles voulent que je leur paye ma bien venue & mon proficiat. Cest raison. Je leur voys donner le vin, et le vin ne représente plus ici une somme d'argent, mais bel et bien la boisson offerte en signe d'accueil.

Nous pouvons donc légitimement penser que la locution : avoir son vin se situe entre la compréhension : vin-pourboire et la compréhension : vin-boisson d'accueil, et qu'elle s'appuie sur le contenu de l'expression : vin de marché, qui désigne le vin que boivent ensemble ceux qui viennent de se mettre d'accord sur un marché, au moment donc où toute discussion est close ; vin est alors synonyme de : argumentation terminée. Avoir son vin a ainsi pu prendre la signification de n'avoir plus rien à répondre, donc être réduit au silence, être mis à quia par un argument imparable. C'est en fait l'équivalent d'avoir son paquet. Ce sens est déjà celui du commentaire du Sot au mari bafoué de la Farce du pauvre Jouhan (XVe siècle), dont la femme revenant de se faite labourer sa motte pour mieux reverdir, l'insulte et lui souhaite quelques graves maladies : Sainct Jehan, voilà le paistu ! (la pâture) Va t'en coucher, complie est dicte ! (Pléiade, Jeux et sapience du Moyen Age). Tout Paris s'attend donc que Pantagruel ait son vin de cet insulaire qui, venant de l'autre côté de ce qui était encore la grand Mer oceane, ne peut qu'être un aultre diable de Vauvert.

Ce diable a précédé Pantagruel et Panurge dans la salle ; il attend en compagnie de tous les grimaulx, artiens, & intrans, qui sont, nous diton, les élèves des petites classes, des classes supérieures, et les quatre délégués des nations de l'Université. L'assistance semble donc composée uniquement d'étudiants. Pantagruel leur impose immédiatement silence alors qu'ils commencent à sacrifier à leur badaude coustume en se mettant à frapper des mains. Et ce sont là les derniers mots d'un Pantagruel qui n'est déjà plus ici que le géant, haussant la voix comme si ce eust esté le son dun double canon. Est encore évoqué à son propos, et pour la seconde fois dans le chapitre, le démon de la soif qui leur eust les gorges salees, puis la main est passée à Panurge, qui devient le protagoniste.

Le premier devoir de Panurge est alors d'informer Thaumaste de la décision qui a été prise dans la nuit, en violation de l'engagement de la veille. Il le fait avec sa cautèle ordinaire, prenant soin de revenir sur un point qui a déjà été clairement précisé : Seigneur es(t) tu icy venu pour disputer contentieusement de ces propositions que tu as mis, ou bien pour aprendre et en scauoir la verite ?. Mais si la redite est une astuce de Panurge, qui table sur une réponse qui ne peut faillir, elle est aussi une habileté de Rabelais, qui mentionne au passage, sans attirer l'attention, que les propositions de Thaumaste ont bien été affichées, ce qui implique que les disputeurs aussi bien que les assistants ont désormais connaissance des questions qui vont être traitées.

Thaumaste proteste évidemment de nouveau de la pureté de ses intentions, attaquant même au passage ces maraulx Sophistes, lesquelz en leurs disputations ne cherchent verite mais contradiction & debat. La phrase de l'originale s'arrêtait après : Sophistes, mais on nous dit que trois des éditions postérieures à celle de 1532, et en particulier celle de 1534, de François Juste, ajoutaient au mot Sophistes la kyrielle : Sorbillans, Sorbonagres, Sorbonigenes, Sorbonicoles, Sorboniformes, Sorbonisecques, Niborcisans, Borsonisans, Saniborsans, ce qui montrait, de la part de l'Anglais, une belle connaissance de la langue de France.

Panurge, en tout cas, s'empresse de conclure, non sans quelque abus : Doncques dist Panurge, si ie qui suis petit disciple de mon maistre monsieur Pantagruel, te contente & satisfays en tout & par tout, ce seroit chose indigne den empescher mondict maistre, par ce mieulx vauldra quil soit cathedrant, iugeant de noz propos, & te contentent au parsus, sil te semble que ie ne aye satisfaict a ton studieux desir.

Nous avancions, au chapitre ix, que la substitution de Panurge à Pantagruel dans cette dispute semble procéder du désir de ne pas mêler le héros, qui incarne la sagesse et la pondération, à cette argumentation burlesque et scabreuse. Nous venons de distinguer dans cette substitution l'intention de faire prévaloir le bon sens contre l'érudition. Mais il semble, arrivés à la fin de la mise en place, que cette dernière intention se double de celle de donner le beau rôle à l'astuce et à l'ingéniosité d'un Panurge, plus efficace dans ces circonstances inaccoutumées qu'un

Pantagruel, au savoir certes plus vaste et plus solide, mais probablement incapable de l'utiliser en dehors des formes apprises. Nous verrons, à la fin de la dispute si nous pouvons mieux distinguer la vraie raison.

Thaumaste, bon prince, accepte docilement la substitution : Vrayement, dist Thaumaste, cest tresbien dict. Et Panurge enchaîne vivement : Commence doncques : Du moins, c'est dans la définitive que Panurge invite son adversaire à ouvrir le débat, et c'est Thaumaste qui, au chapitre suivant, va faire le premier geste. Il n'en était pas de même dans l'originale où c'est Panurge qui faisait le premier geste, et donc Thaumaste qui lui donnait le trait. Les rôles sont désormais définitivement distribués.

Le chapitre se termine, non sans que Rabelais donne encore la liste des accessoires qui doivent être utilisés : Or notez que Panurge auoit mis au bout de sa longue braguette un beau floc de soye rouge blanche, verte, bleue, & dedans auoit mis une belle pomme dorange. En fait, ces accessoires sont ceux qui sont employés dans la version de l'originale ; quant à ceux que Rabelais fait utiliser par Panurge dans l'addition, il a superbement négligé de les ajouter à la liste.

Commence alors cette disputation par signes, alors que Rabelais n'a pas donné au lecteur la moindre lueur sur les questions qui ont été affichées : il va donc nous falloir être très attentifs, et tâcher de comprendre à demi-signe.

Comment Panurge feist quinaud Langloys, qui arguoit par signe. Chap.xix.

Ainsi, nous avons cru distinguer dans le chapitre précédent plusieurs avertissements de Rabelais au lecteur, l'invitant à chercher derrière l'apparence. Ce n'est pas la position des commentateurs, qui font ici d'emblée notre religion :

Saulnier dit : L'argumentation par signes est une satire du formalisme creux des discussions scolastiques ; Boulenger dit : Il est difficile de trouver une satire plus spirituelle des controverses purement verbales et verbeuses des derniers scolastiques que la scène qu'on va lire. Les arguments mécaniques dont on usait n'avaient pas beaucoup plus de sens que les geste de Panurge et de Thaumaste. Inutile d'insister sur le sens souvent obscène de ceux-ci ; Demerson dit : Rabelais, en insistant sur cette accumulation de gestes équivoques ou obscènes, que ne peut soutenir aucune parole sensée, se livre à la satire du formalisme stupide et indécent des argumentations selon le mode scolastique. L'origine de cette saynète est une anecdote connue rapportée par un glossateur d'Accurse.

Deux commentaires sont particulièrement fournis ; voyons d'abord celui de Guilbaud : L'origine de cette scène est probablement dans une phrase d'Accurse, l'idole des jurisconsultes, du XIIIe siècle, sur le Digeste (titre II, Origine du droit) : un Grec et un fou y discutent par signes. Il s'agit d'ailleurs d'un thème qui se retrouve dans la littérature populaire de plusieurs pays. Ce que fait Rabelais est une parodie très poussée des disputations de Sorbonne. Car, dans la grande salle de Navarre, les gestes mystérieux de Thaumaste et de Panurge ne sont en réalité que pitrerie de petits grimauds. Rabelais les décrit avec une précision quasi scientifique et un sérieux imperturbable, ajoutant à la parodie qui fait rire son public la mystification de son public lui-même. Probablement veut-il aussi attirer l'attention sur le sens ésotérique de son œuvre.

Voyons enfin celui de Michel : Tout ce chapitre est une satire des controverses scolastiques aussi vaines que la mimique de Thaumaste et de Panurge. Rabelais vise aussi les occultistes, qui utilisaient le langage par signes, et dont la vogue était grande. Les ouvrages de Corneille

Agrippa sont sensiblement contemporains de Pantagruel (De occulta philosophia, 1531 ; De incertudine et vanitate scientiarum, 1530). La perplexité des savants spectateurs devant les simagrées de Thaumaste et de Panurge est d'autant plus ridicule que leur signification obscène est évidente, et qu'elle n'exige aucune interprétation ésotérique.

Donc, ces bons apôtres érigent en frontière les bornes de leur compréhension, et décident souverainement qu'il n'y a rien à entendre là où ils n'ont rien entendu. Michel va même plus loin, qui ajoute dans une note à la fin du chapitre, cherchant visiblement à réfuter d'avance une théorie contradictoire : Nouvelle raillerie à l'adresse des pédants, qui glosent même sur une bouffonnerie. Quant à Guilbaud, il perçoit la résonance des espaces infinis et, parlant de mystification, s'abuse lui-même au point de jouer les initiés et d'évoquer le sens ésotérique de l'œuvre, faisant montre ici d'un mysticisme nébuleux qui lui ferait trouver hermétique une poêle à marrons. Tous, en tout cas, affichent le désir de dissuader de chercher quoi que ce soit après eux.

Nous avons déjà passé outre bien des fois à une telle recommandation, et nous ne nous en sommes pas si mal trouvés. Nous le ferons encore ici, persuadés de nouveau que le comique ne réside pas dans la seule bouffonne absurdité que voient les commentateurs, et que les gestes ont bel et bien une signification, et que cette signification est satirique.

Et nous nous appuierons, pour la découvrir, sur deux anomalies qui nous paraissent receler l'intention : d'abord le fait que ce n'est qu'incidemment que Rabelais apprend à son lecteur que les propositions ont été affichées, et cela dans la phrase de Panurge : Seigneur es(t) tu icy venu pour disputer contentieusement de ces propositions que tu as mis, ou bien pour aprendre et en scauoir la verite ? ; ensuite, le fait qu'il laisse ce lecteur dans la totale ignorance de leur teneur.

A n'en pas douter, ces anomalies sont volontaires, et la réserve relative à la publication, comme le mutisme sur la teneur, nous paraissent être la conséquence de l'audace de la question abordée, et du danger qu'il y aurait à l'exprimer. Or il n'y a à l'époque de question dangereusement audacieuse que de religion : nous tiendrons donc que le sujet de la dispute est théologique et porte sur un point dont la mise en doute doit fleurer l'hérésie.

Partant de là, nous définirons le sujet en déduisant du fait que Rabelais compte sur les seuls gestes pour le faire reconnaître, qu'il représente nécessairement une question fondamentale connue de chacun ; du fait que Thaumaste est censé avoir affiché, sans scandale, le doute qu'il nourrit à son endroit, que ce doute est le reflet de scepticisme qui s'attache à la question ; et du fait que le contenu des gestes est obscène, que cette question se prête naturellement à des commentaires égrillards.

Et cela nous conduit à penser que le sujet qui remplit ces conditions a toutes chances d'être le fameux point de dogme relatif à la virginité de Marie, ou, plus exactement, celui que l'Eglise a finalement dénommé, en en délimitant la compréhension : la conception virginale de Jésus.

Ce point est, à l'époque, une des principales cibles de la critique des tenants de la réformation : il est donc présent à tous les esprits et peut être évoqué, sans risque d'ambiguïté, par des gestes. Mais, même pour les catholiques traditionnels, l'article de foi n'a jamais été foncièrement admis, et il est demeuré assorti d'une réserve silencieuse ou sarcastique : l'idée d'une dispute sur ce sujet ne peut donc que trouver des esprits préparés. Enfin, la matière se prête évidemment fort bien aux allusions gaillardes de la veine populaire sur les mille et un tours de la duplicité féminine.

Il est pourtant inconcevable, et la construction est purement fictive, que des propositions de discussion sur un tel sujet aient pu être affichées, et l'invraisemblance explique que Rabelais ne mentionne le fait que subrepticement. Mais nous ne pouvons que nous dire que si, précisément, Rabelais édifie cette fiction sans en tirer parti, c'est qu'elle doit avoir une utilité seconde ; et nous entrevoyons que cette situation invraisemblable a peut-être bien pour mission d'évoquer dans l'esprit du lecteur, par association d'idées, une situation réelle. Et c'est alors que nous apparaît que de telles propositions qui n'ont pu être divulguées ont fort bien pu être mises à l'ordre du jour de ces examinacions (Greimas) auxquelles se livraient les théologiens pour mettre au point ou affirmer leur argumentation sur une question épineuse, en cherchant à triompher des objections que leur opposait l'un des leurs : l'avocat du diable.

Et, comme nous avons saisi la raison de la discrétion de Rabelais au sujet de l'affichage des propositions, nous comprenons aussitôt son mutisme sur leur teneur, si nous considérons que la parodie des controverses scolastiques dont parlent les commentateurs est en réalité la parodie de ces disputations sur un sujet de dogme : Rabelais transforme ici l'examinacion menée à huis clos par des théologiens érudits en un débat public entre un faux lettré et un amuseur, tous deux sans compétence ; qui plus est, ils s'expriment par gestes, domaine où l'euphémisme est inconnu, et leur mimique ne peut, traitant d'un tel point, que paraître outrageusement indécente : l'entreprise est assez risquée pour que, soucieux de laisser à son lecteur la responsabilité de sa compréhension, Rabelais s'abstienne de donner le moindre indice qui pourrait le compromettre.

Une autre raison de penser qu'il s'agit bien ici de la parodie de cet examen théologique sur une question de dogme, est que l'analyse des gestes va faire apparaître que le rôle de chacun des interlocuteurs est déterminé : Thaumaste va présenter les objections qui s'opposent à la théorie orthodoxe, et Panurge va, lui, défendre cette théorie, et finir par emporter l'adhésion : l'un est manifestement l'avocat du diable, l'autre, le théologien convaincu et convaincant.

Donc, pose mais non admis ne concede le cas, comme dira Panurge (T. L. XVIII), qu'il s'agit bien d'une examinacion et que le sujet en est bien la conception virginale de Jésus, nous allons commencer d'éprouver dans ce sens, toujours à temps de faire amende honorable si notre hypothèse n'est pas confirmée. Et nous allons relire les textes relatifs au sujet : d'abord huit versets de l'Evangile selon Matthieu, I (traduction de la Pléiade) :

18 Et voici les origines de Jésus Christ. Marie sa mère était fiancée à Joseph ; avant qu'ils soient ensemble, elle se trouva enceinte par l'Esprit saint.

19 Joseph son époux, qui était juste et ne voulait pas la diffamer, décida de la renvoyer en secret.

20 Comme il y pensait, voilà qu'un ange du Seigneur lui apparut en songe et dit : Joseph fils de David, ne crains pas de prendre Marie ta femme, car ce qu'elle a conçu est de l'Esprit saint.

21 Elle enfantera un fils et tu l'appelleras Jésus car il sauvera son peuple de leurs péchés.

22 Tout cela arrivera pour remplir cette parole du Seigneur qui dit par le prophète :

23 Voici, la vierge sera enceinte et enfantera un fils, et lui, on l'appellera Emmanuel, ce qui veut dire : Dieu avec nous.

24 Réveillé, Joseph fit comme l'ange du Seigneur lui avait prescrit, il prit sa femme.

25 et il ne la connut pas jusqu'à ce qu'elle enfante un fils et il l'appela Jésus.

Au verset 23, figure la note suivante : Isaïe, VII, 14. Dans le texte hébreu d'Isaïe : almah, l'adolescente, que les Septante ont traduit par parthènos, la vierge.

Notons encore que le verset 25 du texte de la Bible de Jérusalem dit : et, sans qu'il l'eût connue, elle enfanta un fils auquel il donna le nom de Jésus, et que la note relative à ce verset dit : Le reste de l'Evangile suppose, et la tradition ancienne affirme que Marie est plus tard restée vierge.

Lisons maintenant deux versets de l'Evangile selon Luc, I (traduction de la Pléiade) :

34 Marie dit à l'ange : Comment ce sera-t-il, puisque je ne connais pas d'homme ?

35 L'ange lui répondit : L'Esprit saint surviendra sur toi, la puissance du Très-Haut te couvrira : c'est pourquoi l'enfant sera saint et on l'appellera fils de Dieu.

Au verset 34 figure la note : Connaître : comme en Matthieu, I, 25 (Il ne la connut pas) ; et au verset 35 la note : Te couvrira : même mot qu'en Matthieu, XVIII, 5, où il s'agit de la nuée lumineuse, et dans les Actes, (V, 15), où il s'agit de l'ombre de Pierre.

Ces mêmes versets sont, dans la Bible de Jérusalem :

34 Mais Marie dit à l'ange : Comment cela se fera-t-il, puisque je ne connais point d'homme ?

35 L'ange lui répondit : L'Esprit saint viendra sur toi, et la puissance du Très Haut te prendra sous son ombre ; c'est pourquoi l'enfant sera saint et sera appelé fils de Dieu.

Au verset 34 figure le commentaire : De fait, et par résolution déjà arrêtée.

Nous constatons que subsiste encore dans les traductions et les commentaires la trace des intentions diverses qui les ont dictés : la question a donc bien été une de celles qui ont été le plus constamment examinées par les théologiens et qui ont été le moins docilement acceptées par les fidèles. Nulle surprise, donc, à voir un Thaumaste, qui vient d'un pays enclin depuis longtemps déjà à cet esprit de réformation qui va aboutir à la rupture d'avec Rome et à la destruction de toutes les représentations de la Vierge, à braver la longueur du chemin, lattediation de la mer, la nouueaulté des contrees (xvij) pour avoir le fin mot de l'énigme. Et nul étonnement non plus à voir Rabelais décider ici de ridiculiser à couvert cette vaine controverse sur une toute prosaïque affaire de membrane, édifiée à partir d'une traduction infidèle et tendancieuse des Septante.

Pourtant, avant de commencer notre vérification, un dernier scrupule nous fait comparer le texte de l'édition originale et celui de la définitive ; nous constatons alors que les additions sont, en tout et pour tout, constituées d'un long morceau placé en tête du texte initial et de deux répliques ajoutées à la fin. Le texte original apparaît ainsi serti sans modification, et une telle précaution ne peut que nous alerter : si Rabelais prend soin de garder intact son texte original, c'est que ce texte a toutes chances d'être le texte significatif, celui des additions n'ayant probablement pour mission que de diluer l'intention première. C'est donc ce seul texte original que nous considérerons d'abord :

Adoncques tout le monde assistant & speculant en bonne silence/Panurge sans mot dire/leua les mains/& en feist ung tel signe : car de la main gauche il ioignit longle du doigt indice a longle du poulce/ feisant au meillieu de la distance comme une boucle/& de la main dextre serroit tous les doigts au poing/excepte le doigt indice /lequel il mettoit & tiroit souuent par entre les deux aultres susdictz de la main gauche/puis de la dextre estendoit le doigt indice & le meillieu/les esloingnant le mieulx quil pouoit/et les tirant vers Thaumaste : et puis mettoit le poulce de la main gauche sur langlet de loeil gauche estendant toute la main comme une aesle doyseau/ou une pinne de poisson/et la meuuant bien mignonnement deca & dela/et autant en faisoit de la dextre sur langlet de loeil dextre : & ce dura bien par lespace dung bon quart dheure.

Il n'est pas besoin d'être grand clerc pour voir que le premier signe, que Rabelais décrit malicieusement avec la minutie qui s'imposerait pour un geste inventé, est le signe universellement employé, probablement depuis la nuit des temps, pour représenter le coït. Le deuxième signe est, sans conteste, le signe de moquerie ou d'injure qui a nom : faire les cornes. Et, pour le troisième, le texte de Luc que nous venons de relire nous invite à voir là la représentation de l'Esprit saint.

Ici donc, Panurge, qui incarne le vertueux défenseur de la position de l'Eglise, vient d'indiquer par le premier signe qu'il va traiter de la conjonction de fécondation ; par le deuxième a rappelé qu'il va le faire à la demande de Thaumaste, qui supporte toute la honte d'émettre là-dessus quelque doute ; et par le troisième, a posé d'emblée que c'est de la conjonction avec l'Esprit saint qu'il s'agit.

Dont Thaumaste commenca a paslir & trembler/

Le geste des cornes a désigné Thaumaste comme celui qui a l'audace d'exprimer son scepticisme ; seul au milieu d'une assemblée qui se doit d'être désapprobatrice, il s'émeut, probablement de crainte. Il n'en présente pas moins sa première question :

& luy fist tel signe/que de la main dextre/il frappa du doigt meillieu contre le muscle de la vole/qui est au dessoubz le poulce/et puis mis le doigt indice de la dextre en pareille boucle de la senestre : mais il le mist par dessoubz/non par dessus/comme faisoit Panurge.

Le doigt meillieu représente ici le membre viril, et le fait de frapper de ce doigt l'éminence thénar de la main gauche semble vouloir rappeler que le conduit féminin virginal est obturé. Marie étant réputée être demeurée vierge, c'est poser la question de savoir comment a pu s'effectuer la conjonction. Le geste de l'union des sexes, le mâle passant cette fois par-dessous, paraît introduire l'hypothèse : Doit-on alors admettre que l'Esprit saint a passé par-derrière ?, faisant allusion à l'idée que la position a retro a plus de chances de permettre la fécondation, dans un coït incomplet.

Adoncques Panurge frappe la main lune contre laultre/et souffle en paulme/& ce faict/met encores le doigt indice de la dextre en la boucle de la gauche le tirant & mettant souuent :

Les mains jointes, légèrement entrouvertes pour laisser passer le souffle, représentent sans nul doute la vulve ; le souffle est donc l'Esprit saint. Puis de nouveau le signe du coït laisse entendre que cette action a bien été l'équivalent de l'union sexuelle, l'explication paraissant alors être que l'Esprit saint s'est insinué par le défaut de l'hymen.

& puis estendit le menton regardant intentement Thaumaste/dont le monde qui nentendoit riens a ces signes/entendit bien que en ce il demandoit/sans dire mot/a Thaumaste/que voulez vous dire la ?

L'argument, lui, est sans faille, et Panurge a toutes raisons de penser qu'il a mis sur ce point son adversaire ad metam non loqui. L'interprétation du geste que donne Rabelais n'est évidemment pas à suivre, puisqu'il rapporte la compréhension qu'en ont les assistants, qui n'entendent rien. Nous pouvons même penser que l'auteur ne donne la compréhension erronée que pour empêcher le lecteur d'avoir la même. Nous verrons donc dans le mouvement de menton de Panurge la provocation du disputeur qui a fourni un argument définitif, et qui pose alors la question : Qu'as-tu à répondre à cela ?, en escomptant l'aveu de l'impuissance de l'adversaire. Il est de fait que l'explication a plongé Thaumaste dans une grande exaltation :

Et de faict Thaumaste commenca a suer a grosses gouttes/et sembloit bien ung homme qui estoit rauy en haulte contemplation. Toutefois il se ressaisit et présente une nouvelle question :

Puis se aduisa/& mist tous les ongles de la gauche contre ceulx de la dextre/ouurant les doigts/comme si ce eussent este cercles/& eleuoit tant quil pouoit les mains en ce signe.

C'est ici figurer par les doigts l'intumescence génitale, et par l'extension, le dépassement : le geste aborde la question, qui fut classique, de savoir si Marie ressentit du plaisir lors de la conjonction avec l'Esprit saint.

A quoy Panurge soubdain mist le poulce de la main dextre soubz les mandibules/& le doigt auriculaire dicelle en la boucle de la gauche/& en ce point faisoit sonner ses dentz bien melodieusement les basses contre les haultes.

L'auriculaire au milieu de la boucle de la main gauche paraît bien signifier qu'il n'y eut pas les conditions du contact voluptueux et que le rapprochement se borna à l'insémination. Le pouce, doigt le plus éloigné de l'auriculaire, que Panurge place sous la mâchoire, semble indiquer que l'esprit de Marie était bien loin de toute sensation d'ordre sexuel, le son des dents paraissant décrire une musique éthérée ou un ravissement tout désincarné. La réponse doit commencer à faire douter Thaumaste du bien-fondé de sa recherche :

Dont Thaumaste de grand hahan se leua/mais en se leuant il fist ung gros pet de boulangier : car le bran vint apres/& puoit comme tous les diables/& les assistans commencerent a se estouper les nez : car il se conchioit de angustie/

Nous noterons que, pour établir la liaison avec la promesse que Panurge a faite au chapitre précédent : ie vous le feray demain chier vinaigre deuant tout le monde, Rabelais ajoutera ici, dans la définitive, à la suite de : vint apres, la phrase : & pissa vinaigre bien fort. Toujours est-il que cela n'empêche nullement Thaumaste de poser la question suivante, conséquence de la réponse que vient de lui faire Panurge :

puis leua la main dextre la clouant en telle facon/quil assembloit les boutz de tous les doigts ensemble/& la main gauche assist toute plaine sur la poictrine.

La main droite en pointe semble bien ici symboliser l'instillation de l'Esprit saint s'infiltrant, et la main gauche à plat représenter l'état d'inappétence de la réceptrice. C'est demander comment, dans les conditions que Panurge vient d'établir, a pu pénétrer l'inondation fécondante.

A quoy Panurge tira sa longue braguette auecques son floc/quil estendit dune couldee & demie/& la tenoit en lair de la main gauche/ & de la dextre print sa pomme dorange/et la gettant en lair par sept foys/la huytiesme la cacha au poing de la main dextre/la tenant en hault tout coy/et puis commenca a secouer sa belle braguette/ en la monstrant a Thaumaste.

La braguette tenue en l'air, le floc étendu, représentent sans aucun doute l'état propice à l'éjaculation, symbolisée, elle, par l'orange jetée en l'air par sept foys. Cette même orange tenue, la huitième fois, à bout de bras tout coy représente la fécondation, et la braguette finalement mobilisée décrit visiblement l'état de vacuité après l'émission. C'est donc affirmer que la fécondation s'est effectuée de façon normale par projection de semence vers l'utérus.

Apres cella Thaumaste commenca a enfler les deux ioues comme ung cornemuseur & souffler/comme se il enfloit une vessie de porc.

Thaumaste a manifestement admis l'explication qui vient de lui être donnée, puisque, figurant le gonflement du sac d'une cornemuse ou d'une vessie de porc, il passe maintenant à la question de la grossesse, paraissant demander dans quelles conditions elle s'est déroulée.

A quoy Panurge mist ung doigt de la gauche au trou du cul/& de la bouche tiroit lair comme quand on mangeue des huytres en escalle/ou quand lon hume sa souppe/& ce faict ouure quelque peu la bouche/et avecques le plat de la main dextre en frappoit dessus/faisant en ce ung grand son et parfond/comme sil venoit de la superficie du diaphragme par la trachee artere : & le feist par seize foys.

Aspirant l'air après avoir pris soin de montrer que son issue anale est bouchée, Panurge fait comprendre que l'air aspiré est censé s'emmagasiner et produire un gonflement progressif : c'est représenter la gestation. L'image est confirmée par le son que rend sa bouche, semblable à celui que produit la percussion sur le ventre d'une femme enceinte ; Rabelais donne d'ailleurs ici la précision anatomique : comme sil venoit de la superficie du diaphragme par la trachee artere. Panurge répond donc à Thaumaste que la grossesse a été semblable à celle de toutes les femmes.

Mais Thaumaste/souffloit tousiours comme une oye.

Ici, l'air est expiré : c'est donc qu'après avoir admis encore l'affirmation de Panurge quant à la grossesse, Thaumaste parle maintenant de la délivrance.

Adoncques Panurge mist le doigt indice de la dextre dedans la bouche/le serrant bien fort auecques les muscles de la bouche/et puis le tiroit & le tirant faisoit ung grand son/comme quand les petits garsons tirent dung canon de seux auecques belles rabbes/& le fist par neuf foys.

Le geste de Panurge est clair : les muscles de la bouche serrés autour du doigt représentent l'hymen ; et le son caractéristique qui accompagne l'extraction de ce doigt indique bien que l'hymen a ici livré passage sans se rompre. Thaumaste voit nettement qu'est ici atteint le fond de la question, et cet éclaircissement l'éblouit tant qu'il ne peut se retenir de parler :

Ha messieurs/le grand secret/,

phrase que Rabelais prolongera, dans la définitive, par : il y a mis la main iusques au coulde. Thaumaste passe alors au dernier point qu'il a dû se proposer d'éclaircir :

& puis tira ung poignart quil auoit/le tenant par la poincte contre bas.

Il est évident que le manche du poignard représente chez Thaumaste le membre viril, et nous comprenons qu'il ne peut ici qu'introduire une question sur le comportement sexuel de Joseph. Panurge l'a bien compris, qui entreprend aussitôt de répondre :

A quoy Panurge print sa longue braguette/& la secouoit tant quil pouoit entre les cuisses/& puis mist les deux mains lyeez en forme de peigne/sur la teste/tirant la langue tant quil pouoit/et tournant les yeulx en la teste/comme une chieure qui se meurt.

La braguette mobilisée représente, nous le savons, l'état de vacuité

de l'organe génital mâle, mais le geste symbolise ici, non plus le retour à l'humilité, mais l'absence permanente de désir. Les mains croisées, signe de nouement, représentent l'interdiction ; elle vient d'en haut puisque les mains sont croisées sur la tête. La langue tirée et les yeux blancs semblent représenter la sujétion proche de l'envoûtement ou l'adoration. La démonstration de Panurge peut donc s'interpréter ainsi : Dieu voulut que Joseph n'eût pour Marie que des sentiments de respectueuse adoration et qu'il ne la connût point.
Ha ientends/dist Thaumaste/mais quoy ?

Là, nous entendrons, nous, que Thaumaste introduit la demande complémentaire que va exprimer le geste suivant, le mais quoy ? étant à interpréter comme : mais la nature humaine a ses obligations :
faisant tel signe quil mettoit le manche de son poignart contre la poictrine/et sur la poincte mettoit le plat de la main en retournant quelque peu le bout des doigts.

Le geste est éloquent : la position du manche et le geste de la main représentent la masturbation. Thaumaste pose ici la question que les paroles qu'il a prononcées ont laissé prévoir : Alors Joseph fut, par la volonté divine, contraint de se masturber ?
A quoy Panurge baissa sa teste du couste gauche et mist le doigt meillieu en loreille dextre/eleuant le poulce contre mont. Et puis croisa les deux bras sur la poictrine/toussant par cinq foys/& a la cinquiesme frappant du pied droit contre la terre/& puis leua le bras gauche/& serrant tous les doigtz au poing/tenoit le poulce contre le front/frappant de la main dextre par six fois contre la poictrine.

C'est ici signifier, par le premier geste, que Joseph avait reçu d'en haut les ordres concernant la conduite qu'il devait avoir ; par le deuxième, qu'il était placé sous une surveillance étroite et autoritaire ; et par le troisième, que l'esprit de Joseph fut pénétré de la volonté de Dieu, qu'il se soumit entièrement, et ne connut donc point le désir. C'est sur ce dernier geste que finit la dispute dans l'originale : il semble légitime de considérer que notre hypothèse est pleinement vérifiée et que le cas posé au départ doit être admis et concédé.

Et maintenant que nous l'avons découvert, il apparaît même que le sujet n'est finalement dissimulé que de façon très sommaire, au moyen de ces minutieuses précisions qui feignent de le rattacher au langage pythagorique des nombres : Panurge jette en l'air sa pomme d'orange par sept foys, la gardant en main la huytiesme ; il se tape la bouche par seize foys ; il fait le bruit dung canon de seux par neuf foys ; il tousse par cinq foys et c'est a la cinquiesme qu'il frappe du pied droit contre terre ; il se bat la poitrine par six foys : autant d'indications fallacieusement ésotériques mises dans la bouche de celui qui défend le point de vue de l'Eglise, lui donnant ainsi les dehors de l'initié aux mystères.

Il pourrait sembler que ce subterfuge a suffi à aveugler les censeurs, puisqu'ils n'ont pas demandé la suppression. Mais nous ne devons pas nous laisser abuser : il est vraisemblable que les censeurs ont, là encore, parfaitement discerné l'objet du débat, et que, comme d'ordinaire, soucieux seulement de préserver l'innocence de l'humble fidèle, ils se sont bornés à demander que l'intention soit mieux dissimulée. C'est en tout cas ce qui ressort du soin que va prendre Rabelais, enrobant son texte d'additions de divertissement, en même temps qu'il apporte quelques retouches de forme.

Ainsi, dans l'ajout de début que nous examinons maintenant, c'est Thaumaste qui ouvre le débat ; nous notons qu'il y est exclusivement dénommé Langloys, alors que l'originale le nommait uniquement Thaumaste ; et nous avons tout lieu de penser qu'il faut voir là un signal repérant les gestes qui ne participent pas de la question traitée dans l'originale.

Doncques tout le monde assistant & escoutant en bonne silence, Langloys leva hault en lair les deux mains separement clouant toutes les extremitez des doigtz en forme quon nomme en Chinonnoys, cul de poulle, & frappa de lune laultre par les ongles quatre foys : puis les ouurit, & ainsi a plat de lune frappa laultre en son strident, une foys de rechief les ioignant comme dessus frappa deux foys, & quatre foys de rechief les ouurant. Puys les remist ioinctes & extendues lune iouxte laultre, comme semblant deuotement dieu prier.

Nous savons que les gestes sont maintenant de diversion. Mais il n'en est pas moins certain que, pour la vraisemblance, Rabelais fait ici poser par l'Anglais une vraie question. D'autre part, il est sûr que les gestes nouveaux, qui ont mission de camoufler, ont été choisis pour être spontanément évocateurs et facilement compréhensibles : il est donc certain que la mimique de Thaumaste a trait, ici plus que jamais, à un sujet qui ne peut qu'être un sujet présent à tous les esprits ; et que ce sujet comporte, là comme dans l'originale, une interrogation pour laquelle aucune réponse définitive n'a jamais été donnée et qui reste constamment pendante. Enfin, ce sujet de substitution doit au moins se rapprocher du sujet traité dans l'originale, pour que le texte initial puisse s'incorporer sans heurt et paraître faire partie du débat qui s'amorce ici.

Tout cela nous incite à voir dans les mains aux doigts cloués qui se rencontrent une représentation du rapprochement sexuel, et dans les mains ouvertes frappées l'une contre l'autre l'image du couple. Et nous pensons immédiatement que la gesticulation a trait au sujet invariablement abordé dans les ouvrages sur le mariage, mais avec des recommandations très diverses, de la fréquence souhaitable des rapports sexuels.

Ici, le langage des nombres n'est plus l'apanage du seul Panurge ; Thaumaste commence en faisant le premier signe quatre fois, et une fois le deuxième ; puis il fait le premier deux fois et quatre fois le second ; il finit en joignant les mains en un geste de prière. Puisque nous ne pouvons déterminer quelle durée signifie le geste qui représente le couple, c'est-à-dire la cohabitation chaste, nous comprendrons que la question est posée sous forme d'alternative : Vaut-il mieux quatre fois pour une ou deux fois pour quatre ?, le geste final des mains jointes pouvant être interprété comme : Qu'est-ce qui convient au chrétien ? Les nombres perdent ici leur signification ésotérique pour prendre un sens tout prosaïque : manière de masquer le contenu de ceux que le lecteur va rencontrer dans le texte de l'originale. Personne d'ailleurs ne va plus les employer, que Panurge dans la dernière réplique de l'ajout final.

Panurge soubdain leua en lair la main dextre, puis dycelle mist le poulse dedans la narine dycelluy cousté, tenant les quatre doigtz estenduz & serrez par leur ordre en ligne parallele a la pene du nez, fermant lœil gausche entierement, & guaignant du dextre auecques profonde depression de la sourcile & paulpiere. Puys la gausche leua hault, auecques fort serrement & extension des quatre doigtz & eleuation du poulse, & la tenoyt en ligne directement correspondente a lassiete de la dextre, auecques distance entre les deux dune couldee & demye. Cela faict, en pareille forme baissa contre terre lune & laultre main : finablement les tint on mylieu, comme visant droict au nez de Langloys.

Rabelais décrit ici avec la même minutie que pour le signe du coït dans l'originale, le signe non moins connu du pied de nez. Il le fait en décomposant le mouvement, qui reste incomplet, puisque finalement les mains ne se touchent pas et les doigts restent immobiles : il ne semble donc s'agir que de la préparation du pied de nez. On ne voit pas quel peut être le niveau d'interprétation que l'Anglais donne à ce signe, mais il ne peut garder le silence convenu :

Et si Mercure, dist Langloys. La Panurge interrompt disant. Vous auez parle masque. Revenu au respect des conventions, Thaumaste s'exprime de nouveau par gestes :

Lors feist Langloys tel signe. La main gausche toute ouuerte il leua hault en lair. Puys ferma on poing les quatre doigts dycelle, & le poulse extendu assist suz la pinne du nez. Soubdain apres leua la dextre toute ouuerte, & toute ouuerte la baissa ioignant le poulse on lieu que fermoyt le petit doigt de la main gausche, & les quatre doigtz dycelle mouuoyt lentement en lair. Puys au rebours feist de la dextre ce quil auoyt faict de la gausche & de la gausche, ce que auoyt faict de la dextre.

C'est là, cette fois, le pied de nez complet, et l'Anglais le fait même en fantaisie, intervertissant l'ordre des mains. Mais ici c'est ce qu'a compris Panurge que nous ne saisissons plus :

Panurge de ce non estonné tyra en lair sa tresmegiste braguette de la gausche, & de la dextre en tira un transon de couste bouine blanche & deux pieces de boys de forme pareille, lune de Ebene noir, laultre de Bresil incarnat & les mist entre les doigtz dycelle en bonne symmetrie, & les chocquant ensemble, faisoyt son, tel que font les ladres en Bretaigne auecques leurs clicquettes mieulx toutesfoys resonnant & plus harmonieux : & de la langue contracte dedans la bouche fredonnoyt ioyeusement, tousjours reguardant Langloys.

La tranche de côte de bœuf et les pièces de bois sont ces accessoires omis dans l'inventaire du contenu de la braguette. Mais si nous voyons bien à quoi Panurge utilise les morceaux de bois, nous ne savons rien de ce qu'il fait du transon de coste bouine. Et à dire vrai, nous ne comprenons pas grand chose non plus à la musique de ces pièces de bois, ni au fredonnement joyeux. Mais ici Rabelais a soin de rapporter la compréhension des assistants :

Les theologiens, medicins, & chirurgiens penserent que par ce signe il inferoyt, Langloys estre ladre.

Nous notons ici que l'assistance, composée dans l'originale de simples étudiants, s'est augmentée de sommités. L'interprétation des médecins et chirurgiens ne peut qu'être toute matérialiste ; ils se bornent à voir ici Panurge accuser Thaumaste d'être lépreux, et c'est malicieusement que Rabelais attribue cette même compréhension terre à terre aux théologiens.

Les conseilliers, legistes & decretistes, pensoient que ce faisant il vouloyt conclurre, quelque espece de felicite humaine consister en estat de ladrye, comme iadis maintenoyt le seigneur.

Ces autres sommités ont, paradoxalement, une interprétation plus spirituelle que celle des théologiens et voient dans le geste une évocation de l'Evangile selon Luc (XVI, 20-25) où le lépreux Lazare est, dans l'autre monde, plus heureux que le riche. Il est maintenant certain que Rabelais ne nous fait part de ces interprétations, que l'on devine erronées, que pour nous garder d'avoir les mêmes. Ainsi, tout ce que nous savons, c'est qu'il n'y a là ni accusation d'être ladre, ni exaltation de la félicité qu'il y aurait dans l'état de ladrerie. Reste seulement à découvrir ce que Rabelais veut réellement faire entendre ; voyons donc le geste suivant :

Langloys pour ce ne seffraya, & leuant les deux mains en lair les tint en telle forme, que les troys maistres doigtz serroyt on poing, & passoyt les poulses entre les doigtz indice & moien & les doigtz auriculaires demouroient en leurs extendues ainsi les presentoyt a Panurge, puys les acoubla de mode que le poulse dextre touchoyt le gausche, & le doigt petit gausche touchoyt le dextre.

Ce signe a nom : faire la figue ; c'est celui-là même qu'adresseront les Papefigues à l'image du Pape, au chapitre XLV du Quart Livre. Il évoque l'aventure que connurent, selon Rabelais, les Milanais contraints, sous peine de mort, d'enlever et de remettre avec les dents une figue placée aux organes honteux d'une vieille mule nommée Thacor, nom qui, selon la Briefve Declaration, signifie en hébreu : un fic au fondement (une figue). Le geste est donné pour signe de contempnement (mépris) et dérision manifeste ; ceux qui préférèrent la mort eurent honte et horreur de telle tant abhominable amende ; ceux qui s'exécutèrent furent guarantiz et saulvez, mais en pareille ignominie : le signe est donc des plus infamants ; mais nous ne comprenons pas du tout ce qu'il peut signifier ici, pas plus que nous ne comprenons pourquoi les deux mains sont mises face à face dans cette position, ni ce qu'a pu alors entendre Panurge, qui va répondre par ce qui était son premier geste dans l'originale :

A ce Panurge sans mot dire leua les mains, & en feist tel signe : De la main gauche il ioingnit longle, etc.

La boucle est bouclée, et, arrivés à ce point, il nous faut bien admettre qu'en nous arrêtant à l'apparence, nous n'avons distingué, dans ce début de dispute, que juxtaposition incohérente de signes, c'est-à-dire en fait l'arbre qui a masqué la forêt aux commentateurs. Et cela nous satisfait d'autant moins que nous avons pu constater tout au long que Rabelais prend grand soin de nous montrer qu'il y a lieu de ne pas rester au niveau de la signification littérale. En témoigne le : Et si Mercure, début de raisonnement de Thaumaste, que Panurge réprime mais qu'il ne semble pas trouver absurde ; et en témoigne encore l'effort d'interprétation que font les theologiens, medicins, & chirurgiens comme celui des conseilliers, legistes & decretistes.

Nous avons admis toutefois que la compréhension de ces lettrés ne nous est rapportée que pour nous empêcher d'avoir la même : il nous vient alors à l'esprit que le Et si Mercure, de l'Anglais peut n'avoir pas non plus le sens qui nous est apparu immédiatement. Et nous sommes amenés du même coup à penser que les signes expriment aussi autre chose que l'apparence, et que leur signification littérale peut pallier une signification seconde qui nous reste à dévoiler.

Nous allons donc reprendre du début, en partant de ce qui est déjà une interprétation située au-delà de l'apparence : l'interrogation sur le sujet que nous avons cru pouvoir déduire : la question de la fréquence souhaitable des rapports sexuels. Nous allons donc supposer que la gesticulation qui suit continue de traiter le sujet, et nous repartons de la première réplique de Panurge :

Panurge soubdain leua en lair [...] au nez de Langloys.

Ainsi, ce que nous avons pris pour la préparation du pied de nez, sens qui n'est que l'apparence livrée à l'assistance, nous semble alors être pour Panurge et Thaumaste un signe qui ne peut qu'être chargé d'un sens sexuel. Et nous remarquons qu'ici Panurge lève la main droite tenant les quatre doigtz estenduz & serrez par leur ordre, et la gauche auecques fort serrement & extension des quatre doigtz & eleuation du poulse ; autant dire, donc, que les mains sont à plat. Or nous avons vu, dans le signe qui pose la question initiale de la fréquence souhaitable, que le couple est symbolisé par un frappement des mains étendues : nous pouvons donc aisément voir dans chacune des mains à plat la représentation d'un des membres du couple. Le fait, pour la droite, d'être mise le poulse dedans la narine paraît bien alors indiquer que cette main droite, rattachée au trou du nez, est la main féminine ; la gauche, le pouce maintenu en extension, la main masculine. Nous notons encore que les deux mains ne se touchent pas mais restent éloignées l'une de l'autre dune couldee & demye.

Panurge, commençant de répondre à la question de la fréquence, semble donc indiquer que la première des conditions est que se trouvent en présence un homme et une femme, et que chacun des deux soit en heureuse disposition.

Survient alors l'exclamation intempestive de Thaumaste : Et si Mercure. Rabelais écrit ici Mercure avec une majuscule, et nous reconnaissons évidemment le dieu. Mais peut-être cette graphie n'est-elle, là encore, que la transcription de ce que comprend l'assistance, et qu'en réalité le mercure dont parle Thaumaste est ce fameux vif-argent qui évoque immédiatement la vérole. Nous entendons bien, en effet, que Rabelais n'a pas placé là sans nécessité cette courte phrase, et qu'elle est chargée de donner une indication qu'il était impossible de faire exprimer par gestes ; aussi l'a-t-il attribuée à un manquement de Thaumaste, immédiatement corrigé par Panurge, mais qui apporte la précision indispensable au lecteur qui cherche à bien entendre. Nous saisissons même que ce mercure, autrement dit cette vérole, n'étant pas, sauf accident, le mal qui touche le couple régulier des époux, la question qu'a posée Thaumaste ne concerne pas exclusivement l'homme marié mais peut-être aussi celui qui s'accouple selon la rencontre.

Lors feist Langloys tel signe. La main gausche toute ouuerte [...] ce que auoyt faict de la dextre..

Thaumaste, réduit au silence, fait alors de la main gauche l'image d'un conduit, laissant l'autre main figurer l'élément mâle. Il met en contact avec la figuration de ce conduit féminin la représentation de l'élément masculin, et en mobilisant les doigts, indique par l'agitation quelque chose qui semble bien signifier l'allégresse, la réjouissance, donc le plaisir. Le geste attribue ce plaisir au seul élément masculin. Puis il change l'ordre des mains et donne à la droite mission de figurer le principe féminin et à la gauche le principe masculin. Ce changement peut être compris comme le symbole de la diversité ; et nous pourrions comprendre que Thaumaste pose ici la question de savoir si Panurge préconise la variété dans le choix des partenaires. Mais cela est totalement incompatible avec cette crainte de la vérole que Thaumaste a exprimée : nous arrivons encore ici à une incohérence.

Et c'est alors que nous comprenons que la figuration du conduit féminin, où le doigt mâle est apposé mais non introduit, décrit ici non seulement la femme, mais la vierge : dans sa crainte de la maladie, Thaumaste pose la question de savoir s'il ne doit s'adresser qu'à des pucelles, l'interversion des mains s'expliquant alors fort bien : à chaque fois une autre ; ainsi peut-être que le plaisir dévolu à la seule main masculine.

Panurge de ce non estonné tyra en lair sa tresmegiste braguette [...] tousiours regardant Langloys.

C'est maintenant que nous saisissons tout ce que contient la réponse de Panurge : le transon de couste bouine symbolise ce transon de chere lie que se proposera de faire avec la gaye bergeronnette le palefrenier du chapitre VII du Cinquième Livre ; quant aux pièces de bois, lune de Ebene noir, laultre de Bresil incarnat, nous n'en retiendrons que les couleurs : le noir désigne, nous le savons, le sexe de la femme, et nous entendrons que le rouge est, en conséquence, celui de l'homme. Le fait que les deux pièces s'entrechoquent en résonnant de façon harmonieuse dépeint évidemment l'acte sexuel, et le fredonnement est l'expression de la satisfaction voluptueuse. Panurge répond donc ici à l'Anglais qu'un transon de chere lie ne s'obtient que par la participation active des deux partenaires, laissant entendre que le danger de contagion encouru passe au second plan.

Nous ne reviendrons pas sur les interprétations erronées des sommités, et nous irons tout de suite à la réponse de Thaumaste :

Langloys pour ce ne seffraya, et leuant les deux mains en lair [...] & le doigt petit gauche touchoyt le dextre.

435

Le geste nous est apparu tout à l'heure, quand nous nous sommes référés au texte du Quart Livre, comme un signe de dérision et de mépris dus à l'ignominie qu'a conférée l'acte de mettre la bouche en contact avec les organes honteux de la vieille mule Thacor. Et nous pourrions croire retrouver ici cette idée de réprobation attachée au cunnilinctus, censé être réservé aux adolescents encore insuffisamment virils et aux impuissants, ainsi que nous l'avons vu dans la plaidoirie de Humevesne, si nous n'arrivions, là encore, à l'incohérence : Thaumaste ne peut ici repousser, par crainte de la maladie, le transon de chere lie tel que vient de le décrire Panurge pour se rabattre sur le cunnilinctus, que les connaissances vénérologiques du temps, et surtout celles de Rabelais, ne peuvent croire moins contagieux. Il est manifeste qu'il s'agit d'autre chose.

Nous sommes ainsi amenés à penser que c'est par plaisanterie que Rabelais suggère, dans ce Quart Livre, que le geste est la représentation de la figue entre les lèvres vulvaires de Thacor, et que c'est en fait par litote burlesque qu'il transpose la signification d'un geste qui semble bien être en réalité la figuration de l'organe mâle inséré entre les fesses. Le geste aurait donc de tout temps symbolisé l'acte sodomitique, et dès lors la mimique de Thaumaste pourrait plus vraisemblablement se comprendre ainsi :

Les deux mains, qui représentaient auparavant, l'une la femme, l'autre l'homme, décrivent maintenant l'une et l'autre le sodomite passif, l'auriculaire demeurant étendu représentant l'érection résultant de la friction prostatique subie. Le deuxième geste mettant en contact, face à face, les deux pouces et les deux auriculaires, semble alors vouloir symboliser la dualité de chacun des partenaires. Nous pouvons donc comprendre que l'Anglais demande à Panurge s'il n'est pas préférable de se consacrer à l'union homosexuelle et de choisir un ami exclusif, chacun des deux éléments du couple étant tour à tour actif et passif.

Voilà où nous en sommes au moment où finit l'addition, quand le morceau rejoint le texte de l'originale. Et, de façon surprenante, nous nous apercevons que la réplique suivante, qui appartient pourtant au texte initial auquel se raccorde l'ajout, continue sans aucune solution de continuité l'argumentation commencée, l'interprétation se superposant à celle que nous avons vue en premier. Ainsi, le geste que fait Panurge, répondant au signe de l'homosexualité qu'a fait Thaumaste, a bien l'air de lui démontrer que c'est le coït hétérosexuel qui est la bonne voie ; les cornes peuvent fort bien être comprises comme le signe de la honte attachée à qui opte pour l'homosexualité ; et peut-être le signe des mains à l'angle de chaque œil est-il la marque de l'esprit dérangé : certaines gravures de l'époque nous montrent le geste exécuté par le personnage du fou.

Nous ne croyons évidemment pas à une coïncidence, et nous voyons immédiatement là l'intention de Rabelais de mettre sur pied un début qui lui permît de disposer d'une seconde interprétation cohérente pour le cas où il serait appelé à se justifier. Aussi nous faut-il maintenant examiner sous cet angle ce texte de l'originale, et voir s'il contient effectivement matière à donner le change. Nous reprenons donc, mais dans la version de l'édition définitive :

Thaumaste commencza paslir & trembler [...] non par dessus, comme faisoit Panurge.

Ici Thaumaste peut nous paraître éprouver quelque crainte d'avoir été mal compris de Panurge, et son geste chercher à établir qu'il n'a jamais été question d'homosexualité, mais de sodomie avec la femme, le doigt mâle contre l'éminence thénar de la main droite montrant que la voie antérieure est négligée et le geste final indiquant nettement que c'est la voie postérieure qui est choisie.

Adoncques Panurge frappe la main [...] regardant intentement Thaumaste.

En cherchant à intégrer cette réplique au nouveau développement, nous pouvons admettre que le geste représente encore la vulve, mais le fait de souffler à l'intérieur semble alors, cette fois, avoir quelque rapport avec la prétention qu'aura Panurge au chapitre xxj, concernant Maistre Iean Ieudy après le passage duquel il n'y a que epousseter. Cela fait allusion à la croyance prétendant que le mâle vigoureux n'a rien à craindre de la contagion. C'est encourager Thaumaste à choisir la voie traditionnelle.

Nous passons sur : Le monde [...] en haulte contemplation, y voyant toutefois une allusion supplémentaire aux diverses compréhensions d'une expression, et nous arrivons à la réplique suivante :

Puis se aduisa, & mist tous les ongles [...] les mains en ce signe.

Continuant à suivre notre fil, nous pouvons voir ici Thaumaste objecter que le conduit génital féminin a tendance à acquérir avec le temps une fâcheuse augmentation de diamètre.

A quoy Panurge soubdain mist le poulse [...] les basses contre les haultes.

L'auriculaire dans la boucle de la main gauche nous paraît représenter le membre insuffisant, et le claquement mélodieux des dents avoir quelque rapport avec le vieux mythe du vagin denté, symbole conventionnel de la prédominance féminine. C'est dire à Thaumaste que son objection ne tient que pour un timoré ou un mal pourvu.

Nous passons sur : Thaumaste de grand hahan [...] car il se

conchioit de angustie, bien que nous puissions comprendre que Thaumaste a vu dans le geste de Panurge la représentation du danger que court son membre et qu'il a alors tout lieu de s'en embrener d'angoisse, et nous arrivons au geste :

puis leua la main dextre [...] assist toute pleine sur la poictrine.

Les gestes paraissent montrer que Thaumaste se rend aux raisons de Panurge : la main gauche sur le cœur indique la sincérité, la bonne foi ; et la main droite montrée les boutz de tous les doigts ensemble représente le coin, c'est-à-dire le sexe de la femme. Thaumaste abandonne ses errements et se déclare donc prêt à user de la voie génitale.

A quoy Panurge tira sa longue braguette [...] commenca secouer sa belle braguette, la monstrant a Thaumaste.

La braguette étirée, le floc, la pomme d'orange lancée puis tenue peuvent paraître signifier que, puisqu'il s'agit désormais de la voie légitime, il est loisible d'en user avec elle comme il le montre : éjaculation avec recherche de la fécondation, et cela jusqu'à l'apaisement, la braguette mobilisée continuant de représenter le membre revenu à l'état de flaccidité.

Apres cella Thaumaste commenca enfler les deux ioues [...] une vessie de porc.

Il est manifeste qu'ici Thaumaste représente, comme pour la première version, la grossesse ; mais il doit s'agir d'une objection d'un autre ordre, que nous imaginons sans peine pouvoir être : Mais un ventre gravide n'offre pas précisément le lieu de plaisir idéal.

A quoy Panurge mist un doigt de la gauche ou trou du cul [...] & le feist par seize foys.

Il semble là que Panurge craigne que Thaumaste ne prenne prétexte de la grossesse pour revenir à la voie postérieure ; de la main gauche, il indique donc que cette issue reste interdite ; et il montre que, pour la voie antérieure, il s'agit de procéder avec quelque précaution, le fait d'aspirer comme quand on mange des huystres en escalle : ou quand on hume sa soupe pouvant être compris comme un exemple d'appropriation teintée de prudence. Le dernier geste, décrivant la grossesse arrivée près de son terme, semble dire que les rapports sont possibles jusqu'au dernier moment.

Mais Thaumaste souffloit tousiours comme une oye.

De même que pour la première interprétation, le geste semble ici figurer la délivrance. Nous imaginons facilement que Thaumaste parle ici de la conduite à tenir à ce moment, ou, plus vraisemblablement, qu'il émet l'objection que l'accouchement va distendre irrémédiablement cette voie génitale que Panurge recommande exclusivement.

Adoncques Panurge mist le doigt indice de la dextre [...] & le fist par neuf foys.

Le geste représente ici à n'en pas douter la possibilité de distension de la voie génitale livrant passage, en même temps que la faculté qu'elle a de retrouver rapidement son calibre initial : c'est rassurer pleinement Thaumaste sur la pérennité de l'aptitude de la voie légitime à donner du plaisir.

Alors Thaumaste sescria. Ha messieurs, le grand secret : il y a mis la main iusques au coulde,

La phrase de l'originale s'arrêtait à secret ; la suite est donc une addition faite en même temps que les ajouts. Guilbaud dit de cette phrase ajoutée : Jeu de mots sur le sens propre (geste de Panurge) et le sens figuré (s'enfoncer, s'empêtrer dans son discours). Demerson dit : Au sens figuré, cette expression signifiait aussi : s'engager dans une explication interminable. Nous pensons, nous, que même si tout cela est vrai, ce n'est pas ici le sens à entendre, Rabelais paraissant plutôt avoir introduit tout spécialement la plaisanterie qui consiste à parler de mettre la main jusqu'au coude, qui est geste de sage-femme, juste après que vient d'être évoqué l'accouchement.

puis tira un poignard quil auoit, le tenant par la poincte contre bas.

Le sens rejoint ici encore celui de la première interprétation : ce poignard tenu le manche en bas représente le membre viril flaccide ; nous imaginerons donc que Thaumaste pose la question du temps d'abstention de rapports sexuels après l'accouchement.

A quoy Panurge print sa longue braguette [...] comme une chieure qui meurt.

La démonstration semble être la même que celle de la première interprétation : la braguette secouée entre les cuisses représente l'état d'abstinence et le reste de la mimique symbolise la résignation nécessaire mais pénible.

Ha ientends, dist Thaumaste, mais quoy ?

La question de Thaumaste a le même sens que lorsqu'il était question de Joseph, mais c'est de ses propres besoins que nous pouvons imaginer que parle l'Anglais.

faisant tel signe, quil mettoit le manche de son poignard [...] quelque peu le bout des doigts.

C'est naturellement de sa propre masturbation que Thaumaste avance l'hypothèse.

A quoy Panurge baissa sa teste [...] par six foys contre la poictrine.

Ici, l'interprétation est toute nouvelle car la réponse de Panurge semble sortie tout droit du manuel des règles monastiques : la tête baissée de côté est le sommeil, et le poulse contre mont est l'érection. Les deux bras sur la poitrine sont l'image de l'absence d'attouchements ; la toux par cinq foys est l'éjaculation, et le frappement du pied contre terre a la cinquiesme marque le retour au calme : c'est exposer ici la thèse théologique des éjaculations involontaires exemptes de culpabilité. Les doigtz au poing contre le front sont l'image de la pensée du conduit féminin occupant l'esprit, et la main droite frappant par six foys contre la poictrine est le reproche qu'on doit s'en faire : c'est dire qu'en revanche est coupable l'abandon aux pensées lascives.

Ainsi, sans avoir eu à le solliciter de façon excessive, nous sommes parvenus à donner au texte de l'originale une seconde interprétation dont la cohérence est satisfaisante. Nous ne pouvons évidemment être sûrs d'avoir retrouvé la version que Rabelais pouvait se proposer de révéler en cas de demande d'éclaircissement sur le sens évangélique apparaissant dans le texte de l'originale isolé, mais il semble que nous avons au moins découvert son intention. Nous pouvons maintenant examiner l'addition de la fin.

Mais Thaumaste comme non content de ce mist le poulse de la gauche sur le bout du nez fermant la reste de ladicte main.

Nous pourrions ici nous dire que le : comme non content de ce est seulement l'idée que se font les assistants, et donc la négliger, puisqu'ils sont constamment dans l'erreur. Mais il s'agit de la pirouette finale, et il semble que leur sentiment est le bon : Thaumaste n'est nullement satisfait de l'obligation que vient d'exposer Panurge, et son geste pourrait être compris comme l'invitation à aller se faire lanterner. Mais ce même geste est aussi la représentation de l'expression : en mon nez, par laquelle on confesse son erreur : Thaumaste renonce ici à toute contestation et reconnaît la supériorité de l'argumentation de Panurge ; autant dire qu'il se dit pleinement convaincu.

Dont Panurge mist les deux maistres doigtz a chascun cousté de la bouche le retirant tant quil pouuoit & monstrant toutes ses dentz : & des deux poulses rabaissoit les paulpiers des yeulx bien parfondement en faisant assez layde grimace selon que sembloit es assistans.

Là encore, nous retiendrons l'opinion des assistants : les mots : assez layde grimace sont une indication et nous interdisent de douter : le signe est le signe conventionnel qui représente le crâne du squelette, et il a, là encore, deux significations. La première est la réponse que fait Panurge à l'insulte que lui a adressée Thaumaste : il l'invite, lui, à aller se faire tuer. Mais cette imprécation majeure est immédiatement recouverte par le sens philosophique qu'on peut prêter à cette image de la mort ; nous pouvons ainsi comprendre que Panurge cherche à atténuer l'humiliation de Thaumaste en lui rappelant la vanité des choses de ce monde, mais il semble plus judicieux de voir là l'incitation, qui est la suite logique du conseil précédent, à penser à son salut éternel. De toute façon, il est patent que Rabelais a voulu terminer en donnant encore le change, fournissant une conclusion que les censeurs puissent prendre pour argent comptant. Ainsi finit la comédie.

Bien sûr, notre interprétation n'est qu'une de toutes celles qu'on peut donner du texte de l'édition définitive, car il est apparu tout au long que nous aurions pu aussi bien opter pour une compréhension différente, cette multiplicité constituant d'ailleurs pour Rabelais autant d'échappatoires. Mais pour nous la preuve est faite que l'ajout de départ a bien été conçu dans le dessein, magistralement réalisé, d'imposer à la version complète un sens qui recouvre sans l'annuler celui de la version de l'originale.

L'entreprise de Rabelais était certes risquée, mais moins qu'il y paraît : le langage pas signes n'engage finalement que celui qui l'interprète, et l'auteur reste à tout moment libre de désavouer le contenu qu'on lui impute. De toute façon, Rabelais s'égayera toujours de la distance qui sépare ce qui est entendu de ce qui est exprimé. Et l'une des constantes du Tiers Livre sera formée des compréhensions radicalement opposées d'une même réponse, selon qu'il s'agit du questionneur passionné ou du spectateur détaché. Encore les cloches de Varenes feront-elles même penser blanc puis noir au seul Panurge, à quelques moments d'intervalle (XXVII et XXVIII).

Personne donc (et peut-être nous-mêmes les premiers) n'ayant décelé dans le langage par signes autre chose que ce qu'il y voulait trouver, nous ne nous étonnerons pas que Thaumaste ait découvert dans la dispute la solution des doutes qui l'habitaient et dont il ne pouvait satisfaire son esprit. Il est temps alors de passer au chapitre suivant, où il exprime verbalement son ravissement, avec ce débordement d'emphase que l'économie des gestes l'a obligé jusque là à contenir.

Chapitre,   xx.

C'est là ce qu'on lit dans le fac-similé de l'édition définitive, où le texte est surmonté de cette simple indication numérique étalée sur la justification de la première ligne, comme si le compositeur avait matérialisé la place d'un titre à venir ; ce titre n'aurait pas été donné à temps et l'impression aurait été faite avec le substitut. Nous reprenons donc le titre habituel : Comment Thaumaste racompte les vertuz et scauoir de Panurge.

Ce qu'il nous faut bien voir, c'est que le texte de ce chapitre, formé de la fin de l'unique chapitre xiij de l'originale, est à peu de chose près ce texte même de l'originale, les rares retouches apportées pour la définitive n'affectant en rien le fond du discours de Thaumaste. Nous aurons donc présent à l'esprit, d'abord que ce chapitre xx est la suite de la dispute dans son premier état, quand aucune addition ne lui a encore donné son sens de substitution et que le seul sujet traité est la conception virginale de Jésus ; ensuite, que Panurge représente toujours les théologiens, puisque la position qu'il a défendue est la leur. Cela posé, nous commençons d'examiner :

Donc Thaumaste, qui a dû apparemment se rasseoir après l'accident du gros pet de boulangier, bien que le bran soit venu après, se dresse, se découvre et remercie Panurge doulcement, c'est-à-dire du ton modéré du tête à tête, ce qui fait que ni l'assistance ni le lecteur ne savent ce qu'il lui dit. Mais il est probable qu'il nous faut surtout retenir que Thaumaste a le cul breneux, image qui a toujours signifié qu'un individu ne peut cacher qu'il est en situation défavorable ou dans l'erreur.

Puis dist a haulte voix a toute lassistance. Seigneurs a ceste heure puis ie bien dire le mot euangelicque. Et ecce plusquam Salomon hic.

C'est le mot du Christ : il y a ici plus que Salomon, quand il détermine la portée de son enseignement dans Matthieu (XII, 42) et dans Luc (XI, 31). La louange, reprenant la formule de Jésus qualifiant sa parole inspirée, est quelque peu irrévérencieuse ; si elle traduit l'enthousiasme incontrôlé de Thaumaste, nous ne pouvons que nous dire qu'elle ne manque certainement pas de choquer un Panurge qui vient de se révéler si totalement imbu des préceptes de l'Eglise.

Vous auez icy un thesor incomparable en vostre presence, cest monsieur Pantagruel, duquel la renommee me auoit icy attire du fin fond de Angleterre,

C'est ici que, contrairement à ce qu'annonce le titre, nous nous apercevons que le compliment ne concerne nullement Panurge mais Pantagruel ; c'est au maître que s'adresse le : il y a ici plus que Salomon, et c'est lui qui est le thesor incomparable. Or, non seulement nous savons qu'il était, la nuit précédant la dispute, fort embarrassé au milieu de ses livres, et qu'il a accepté docilement d'être remplacé, mais nous avons même cru comprendre qu'armé lourdement de son puissant appareil, il aurait été vraisemblablement incapable de l'ingénieuse mobilité qu'a montrée Panurge. Que peut donc signifier cette démonstration d'ingratitude ?

Avec quelque difficulté, tant les choses ont changé depuis, nous arrivons à concevoir que Rabelais semble ici moquer l'un des comportements constitutifs essentiels de la gent universitaire de l'époque, qui consistait pour le maître à s'attribuer sans vergogne l'honneur des trouvailles de son disciple. Cet abus paraît avoir fortement indigné Rabelais puisqu'il va y revenir encore deux fois dans le chapitre.

Nous saisissons en tout cas clairement que le titre : Comment Thaumaste racompte les vertuz et scauoir de Panurge est ironique ; l'ironie est toutefois élémentaire, et cela peut expliquer que Rabelais se soit proposé un moment de donner un titre plus élaboré. Mais Thaumaste n'a pas fini sa phrase :

pour conferer auecques luy des problemes insolubles tant de Magie, Alchymie, de Caballe, de Geomantie, de Astrologie, que de Philosophie : lesquelz ie auoys en mon esprit.

L'originale parle ici de doubtes inexpuysables. Or Thaumaste renchérit quelques lignes plus loin en employant les mots : doubtes inestimables : il semble que la correction soit due au seul souci de la forme.

Donc, à propos de ces problèmes, Thaumaste nomme de nouveau les sciences qu'il a citées lors de son entrevue avec Pantagruel ; mais nous avons vu à ce moment que, s'il associait dans l'originale les passages de Philosophie/de Magie/de Alkymie/& de Caballe, il ne mentionnait plus dans la définitive que ceux de Philosophie, de Geomantie, & de Caballe. Or il regroupe ici le contenu des deux listes, en y ajoutant l'astrologie, et nous soupçonnons que ce nouvel assemblage recèle une intention.

Nous n'hésitons pas longtemps : cette intention semble bien être celle de faire allusion à ce qui est alors l'enseignement de l'Eglise, qui professe que, la Révélation étant contenue dans les livres saints, leur connaissance rend inutile celle des livres profanes, qui sont même nuisibles, quels qu'en soient leur objet et leur valeur. La forme de la phrase, qui oppose nettement la philosophie aux autres sciences, celles-ci toutes plus ou moins occultes, exprime manifestement le sentiment que, si la condamnation de l'occultisme par l'Eglise est admissible et peut-être même légitime, celle de la philosophie, qui est essentiellement à l'époque l'enseignement de Platon, constitue un déplorable excès.

Il est toutefois apparent que ce jugement de valeur reste complètement étranger à Thaumaste, qui n'a ici que le souci de marquer la diversité des problemes insolubles qui le tourmentaient. Et c'est alors que nous saisissons que nous avons affaire, là encore, à un discours à double sens : ce que dit Thaumaste contient, en même temps que le sens littéral qui exprime sa pensée, un deuxième sens qui donne l'opinion de Rabelais, ce deuxième sens restant ignoré de celui qui parle. Le procédé est classique du naïf qui prononce en toute candeur des paroles dont l'innocence recouvre une signification malicieuse qui lui échappe totalement ; c'est ici par-dessus la tête du jobard qu'est Thaumaste que s'établit la complicité entre l'auteur et le lecteur qui a percé le secret des gestes de la dispute.

Et nous apparaît du même coup que ce que nous avons pris, dans le titre, pour ironie élémentaire, a en fait valeur de signal : ce titre promet la relation des vertuz et scauoir de Panurge, mais le texte infléchit aussitôt le sens de l'annonce pour exposer les vertuz et scauoir de Pantagruel ; c'est bien indiquer au lecteur que le sens de ce qu'il va lire ne correspond pas au sens affiché, et lui montrer le mouvement de dérivation qu'il doit faire pour comprendre. Nous voilà donc alertés : nous devons chercher, derrière le débordant enthousiasme d'un Thaumaste que l'auteur a eu soin de marquer du sceau de l'erreur, la déviation qui, selon toutes probabilités, change l'adhésion admirative en railleuse réprobation. Peut-être même avons-nous là l'explication du temps mis pour donner un titre qui doit à la fois ne pas attirer l'attention et contenir une clé.

Mais de present ie me courrouce contre la renommee, laquelle me semble estre enuieuse contre luy, car elle nen raporte la miliesme partie, de ce que en est par efficace. Vous avez veu comment son seul disciple me a contente

L'exaltation de Thaumaste prend maintenant la forme du langage précieux : se courroucer contre la renommée, lui attribuer l'envie, Pantagruel étant neuf cent quatre-vingt-dix-neuf fois encore plus valeureux que ne le dit cette renommée, tout cela est du dernier bien. Mais l'intensité de la flagornerie nous laisse attendre, du moment que nous sommes désormais de connivence avec l'auteur, une clausule secrète hautement satirique. Quant à la conviction qui est celle de Thaumaste, celui qu'il loue n'ayant montré la précellence de sa sagesse que par le mutisme, il ne peut la tenir que du précepte du catéchisme universitaire : la brillance du seul disciple ne peut qu'être le reflet de l'aveuglant éclat du maître ; et c'est ici la deuxième allusion à la règle de vassalité.

& men a plus dict que nen demandoys,

C'est affirmer que tous les problemes insolubles, tant de Magie, Alchymie, de Caballe, de Geomantie, de Astrologie, que de Philosophie ont trouvé leur solution dans l'argumentation de Panurge. Mais nous savons que cette argumentation a traité en tout et pour tout de l'intégrité de ce qu'Ambroise Paré nomme le pannicule virginal ; d'autre part, nous avons pressenti un trait fortement caustique : nous comprenons donc que Thaumaste ramène ainsi à son insu la position de l'Eglise sur la primauté des textes sacrés à la prétention que toutes les questions soulevées par les sciences profanes ont leur réponse dans le saint lieu vulvo-vaginal dont il a été question.

dabundand ma ouuert & ensemble solu daultres doubtes inestimables.

Nous allons directement au sens second, et nous comprenons que le virginal vestibule a encore, non seulement exposé daultres doubtes inestimables, mais qu'il les a apaisés dans le même temps. Cet antre anatomique est décidément le lieu de toutes les connaissances et l'unique fontaine de vérité ; il n'est pas sans nous rappeler, nonobstant l'anticipation et la différence de calibre, celui que Panurge découvrira au chapitre XVII du Tiers Livre quand il ira consulter la Sibylle de Panzoust : Ces parolles dictes, se retira en sa tesniere, et sus le perron de la porte se recoursa robbe, cotte et chemise jusques aux escelles et leurs monstroit son cul. Panurge l'aperceut, et dist à Epistemon : Par le sambre guoy de boys, voy là le trou de la Sibylle.

En quoy ie vous puisse asseurer quil ma ouuert le vrays pays & abisme, de Encyclopedie, voire en une sorte que ie ne pensoys trouuer homme qui en sceust les premiers elemens seulement, cest quand nous auons disputé par signes sans dire mot ny demy.

Le texte de l'originale est ici : le vray puys & abysme, quand la définitive imprime fautivement : le vrays pays & abisme. Une demande de correction apparaît d'ailleurs en marge, changeant le groupe : ays en : uitz, et il semble que la modification de l'orthographe marque le souci du correcteur d'éviter que la confusion ne se reproduise. Aussi ne se produit-elle plus, sauf dans l'édition du Livre de Poche, où Michel laisse encore passer : le vrays pays et abisme. Mais nous comprenons aussitôt qu'il ne peut plus s'agir là, quatre cents ans après la faute détectée, que d'une coquille placée en ex-voto par un micquelot (G. xxxviij) de retour du Mont-Saint-Michel.

445

Plus important est ce que nous apprennent certains commentateurs : à savoir que le mot encyclopédie est ici employé pour la première fois en français. Bloch et Wartburg indiquent que le mot est un emprunt du latin de la Renaissance, encyclopaedia, fait par Budé en 1508, d'après le grec : enkyklopaideia, fausse lecture d'un manuscrit pour enkyklios paideia : éducation comprenant l'étude de toutes les sciences. Dauzat dit que l'expression : egkuklios paideia est de Plutarque et signifie instruction circulaire, c'est-à-dire embrassant le cercle des connaissances.

Ainsi Thaumaste, à l'apogée de son dithyrambe, a vu l'argumentation de Panurge lui ouvrir le vrai puits et abîme de l'ensemble des connaissances. Mais nous savons désormais que ce que dit Thaumaste s'entend à un autre niveau que le niveau littéral, et que lorsqu'il parle des vertus de l'argumentation de Panurge, il nous est loisible de comprendre qu'il s'agit des vertus du miraculeux vestibule marial. Cela ne peut que nous amener à penser que ce vrays puys & abisme de Encyclopedie a un sens second, et qu'il y a toutes chances que ce sens soit édifié à partir de l'acception érotique du mot puys.

Le puys d'amor est une périphrase courante, et le puys pelu est du langage imagé traditionnel : Rabelais ne fait donc qu'ajouter au mot puys le mot abisme, qui contient l'idée théologique de perdition attachée à l'endroit, et obtient déjà une nouvelle périphrase tout ecclésiastique. Reste le mot encyclopédie, que nous avons vu formé de enkuklios dont la signification est : qui fait le tour, qui encercle, et de : paideia : les connaissances. Or le sens érotique donné à : puys & abisme nous conduit naturellement à voir dans enkuklios une idée de périmètre vulvo-vaginal ; et il est alors évident que, dans ces conditions, le mot paideia, les connaissances, ne peut que faire jeu avec le mot : pais, paidos : enfant. Encyclo - pédie prend alors la signification de : périmètre aux enfants, à peu près comme si nous rendions le cercle des connaissances par le rond des cons - naissances.

Le vrays puys & abisme de Encyclopedie passe donc de la compréhension littérale : vrai puits et abîme de l'ensemble des connaissances, à la signification seconde : vrai puits et abîme du périmètre aux enfants. Mais nous remplacerons avantageusement le mot périmètre par le mot cirque qui contient à la fois l'idée de forme circulaire et celle de lieu de divertissement, d'autant que la langue populaire l'a entériné dans ce sens. Ainsi, ce que Thaumaste proclame ici en toute innocence, c'est que l'argumentation de Panurge lui a ouvert le vrai puits et abîme du cirque aux enfants, et nous saisissons immédiatement l'intention satirique du terme : ouvert, puisque Panurge a précisément prétendu démontrer que le puits et abîme de Marie est démeuré fermé.

La circonlocution (et le mot fait ici image) vient donc s'ajouter aux multiples vocables qui désignent le sexe de la femme [1]. Bien sûr, il y a peu de chances que notre reconstitution soit jamais reconnue, ne serait-ce qu'en raison de l'embarras qui saisirait alors les étymologistes, contraints de dire que le mot encyclopédie, qui recouvre tant de doctes ouvrages, a vu le jour en français dans une locution équivoquant sur le cirque aux enfants (de Marie). Il n'en est pas moins vrai que notre interprétation est immédiatement confirmée par le sens second qu'elle fait apparaître à la phrase qui suit ce vrays puys & abisme de Encyclopedie : voire en une sorte que ie ne pensoys trouuer homme qui en sceust les premiers elemens seulement :

Ce que nous venons d'apprendre nous fait entrevoir qu'elle contient en sous-entendu l'expression corollaire que ce savoir en la matière (en une sorte) ne serait aucunement surprenant de la part d'une femme. Et nous entendons alors la compréhension qui échappe à Thaumaste : la femme est évidemment la seule à connaître les diverses tribulations qu'a pu éprouver son puits et abîme du cirque aux enfants, mais sa discrétion bien connue à cet égard fait que l'homme n'en sait jamais les premiers elemens seulement. L'étonnement admiratif de Thaumaste prend alors, au deuxième niveau, le caractère de l'ébahissement railleur devant la péremptoire certitude des théologiens sur l'état du puits de Marie, dont l'existence remonte à quinze siècles, quand l'homme est déjà voué à l'ignorance pour le puits de ses contemporaines.

Mais a tant ie redigeray par escript ce que auons dict & resolu, affin que lon ne pense que ce ayent este mocqueries, & le feray imprimer a ce que chascun y apreigne comme ie ay faict.

C'est probablement en s'appuyant sur la proposition : affin que lon ne pense que ce ayent este mocqueries que les glossateurs, y voyant une antiphrase, se sont persuadés de la vanité de toute recherche d'interprétation. Or nous discernons au contraire que, de ce que dit Thaumaste, c'est certainement cette incise qui est à tenir pour le dernier avertissement au lecteur de ne pas prendre tout cela pour de simples pitreries.

---

1. Peut-être même devons-nous voir au mot vray du vrays puys & abisme de Encyclopedie le sens de : unique, infaillible, absolu. Ce puys, source de toute vie, lieu de toute connaissance, et donc fontaine de vérité, pourrait alors bien être la première conception de ce qui deviendra l'ensemble fontaine-dive Bouteille (vagin-utérus) du Cinquième Livre. Le tringue, tringue, das ist costz de la plaidoirie de Humevesne, où nous avons entendu : baise, baise, c'est bon, nous a déjà donné l'occasion de mettre en doute que le Trinch final soit la traditionnelle incitation à boire qu'on y veut voir. Ce qui nous apparaît ici ne peut que nous confirmer dans l'idée que ce Trinch est plus certainement le maître-mot Baise, le puys-fontaine détenant la réponse à toutes les questions, puisque Bacbuc a dit quelque peu avant : beuvans de cette liqueur mirifique, sentirez goust de tel vin comme l'aurez imaginé.

L'ironie, elle, est dans le reste de la phrase qui, incise exclue, donne pour nouvelle une dialectique rebattue, puisque nous savons que la gesticulation de Panurge s'est bornée à figurer la sempiternelle explication catéchistique. Il n'y donc évidemment rien eu de résolu et, tout cela étant écrit depuis belle heure, il n'y a lieu ni de rédiger par escript ni de faire imprimer, pas plus qu'il n'y a quoi que ce soit à apprendre pour chascun.

Dont pouez iuger, ce que eust peu dire le maistre, veu que le disciple a faict telle prouesse : car Non est discipulus super magistrum.

La dérision se prolonge avec la prouesse qu'a vue Thaumaste dans la simple figuration de l'argumentation éculée, garante de l'exploit que n'aurait pu manquer de faire Pantagruel. Mais la phrase semble surtout vouloir amener ce : car le disciple n'est pas au-dessus du maître (Matthieu, X, 24 ; Luc, VI, 40), qui revient une troisième fois sur la dépendance où le système universitaire maintient le disciple. C'est, cette fois, mettre en évidence l'abus majeur : tourner à son profit une parole évangélique pour justifier ses agissements répréhensibles.

Mais tout n'est pas là : quand la définitive dit : super magistrum, l'originale disait : supra magistrum, et nous voyons dans le changement de la préposition une atténuation qui attire aussitôt notre attention sur le sens érotique qui pouvait s'attacher au supra de l'originale (pardessus). Et nous comprenons que la parole anagogique prend ici son sens le plus prosaïque pour évoquer les abus sexuels des maîtres sur leurs élèves, tare déjà dénoncée dans le soixante et onzième titre de la Librairie : Lambouchouoir des maistres en ars : le disciple ne peut effectivement être supra magistrum puisqu'il doit succomber à ses exigences (succombere : se coucher sous).

En tous cas Dieu soit loué, & bien humblement vous remercie de lhonneur que nous auez faict a cest acte, Dieu vous le retribue eternellement.

C'est, bien sûr, Thaumaste qui termine en louant Dieu et en remerciant Pantagruel ; l'acte est ici la dispute, événement universitaire, et nous apprécions tout le sel de cet acte de Pantagruel fait par personne interposée. Mais nous sommes aux aguets, et ce mot acte nous fait clairement entrevoir que ces paroles sont aussi directement liées au deuxième sens de Non est discipulus super magistrum ; nous entendons que c'est ici le disciple qui, après avoir dû succomber, a encore le devoir de louer Dieu, de se déclarer honoré de l'acte qu'on a fait sur lui, et de souhaiter que Dieu en rétribue éternellement le magister. C'est là-dessus que prend fin le témoignage de reconnaissance du grand clerc de Angleterre, porte-parole inconscient des brocards de Rabelais.

Pantagruel, lui, est resté totalement en dehors de cette agitation, et il ne sort de la gravité qui a masqué sa torpeur que pour rendre à son tour semblables actions de graces [...] a toute lassistance, et pour emmener dîner Thaumaste. Rien ne nous dit d'ailleurs que Panurge soit des leurs, l'esprit de caste unissant le maître inerte et le clerc inepte ayant pu continuer d'évincer l'astucieux roturier. Il semble même que cette éviction suggérée, jointe au motif profond qui a produit la transposition des abus des maîtres sur les disciples, puisse être la réminiscence des humiliations ressenties par Rabelais, admis dans le monde de ses protecteurs sans y être jamais incorporé.

Mais si tel est le cas, l'écriture a guéri l'amertume, puisque Rabelais s'empresse d'évoquer l'ampleur de la beuverie à laquelle se livrent les deux grands. L'originale disait ici : & croyez quilz beurent comme toutes bonnes ames le iour des mortz/le ventre contre terre/iusques a dire/dont venez vous ?

La plaisanterie est élaborée à partir de l'antique croyance que les âmes réintègrent leur dépouille le jour des morts, et s'appuie probablement sur l'expression ivre mort, prise au pied de la lettre : elle assimile la position de qui a bu jusqu'à se trouver à plat ventre à celle de l'enterré qui, retrouvant son corps, est, en bon compagnon, censé avoir bu de même façon puisqu'il a lui aussi le ventre contre terre, pardessous. Il faut croire que les censeurs ont pris ombrage de voir ici resurgir le contenu joyeusement païen du jour des morts, puisque la définitive ne dit plus que : et croyez quilz beurent a ventre deboutonné (car en ce temps la on fermoit les ventres a boutons, comme les colletz de present) iusques a dire, dont venez vous ? Rabelais s'est donc rabattu sur la locution : à ventre déboutonné qu'il a prise, là aussi, littéralement, en y mêlant l'idée des cachecoulx, objet du procès qui a tant coûté à Panurge au chapitre xvij. Mais il faut bien dire que la plaisanterie ne vaut pas l'autre.

Il n'en est que plus affligeant de voir quelques éditeurs ne pas faire mention de la version de l'originale, et quelques autres la mentionner en la tronquant, et sans rien expliquer, comme s'ils avaient à cœur de se conformer à l'interdit vieux de quatre siècles, en ne donnant à lire que ce que la Sorbonne a bien voulu qu'on lût. Il est urgent de faire savoir à ces scrupuleux que la Sorbonne ne fait plus la pluie et le beau temps, qu'ils ne courent donc aucun risque à publier Rabelais avec les variantes ni à produire les explications qu'ils brûlent de donner, et qu'ils ne retiennent, soyons-en sûrs, que par crainte du bûcher. Soyons sûrs, par exemple, que c'est la raison pour laquelle personne n'a jamais dit que la locution & croyez quilz beurent [...] iusques a dire, dont venez vous ?, est une claire allusion au rituel dont parle R. Caillois dans l'Homme et le sacré : Lors des Purim, le Talmud indique qu'on devait boire jusqu'à impossibilité de reconnaître l'un de l'autre les deux cris spécifiques de la fête : Maudit soit Aman, et Béni soit Mardochée.

Quant à la suite, nulle interdiction ne s'y opposant, la glose a dit et redit qu'elle est le premier état de la scène que Rabelais va développer dans Les propos des bienyures au chapitre v du Gargantua. La version de l'originale a effectivement été enrichie, après cheurotin, de : & flaccons daller, et eulx de corner, tyre, baille, paige, vin, boutte de par le diable boutte, et il est évident que le tableau s'impose à Rabelais et qu'il le ravit. Mais il y a pourtant loin de ces quelques exclamations émanant de deux personnes, à ce que seront les foisonnantes interjections du Gargantua, chargées de laisser deviner la profession ou le sentiment de chacun des multiples buveurs. L'assimilation des glossateurs revient finalement à celle qu'on peut faire entre le pot de cataire pour le chat et la rangée de matras de l'apothicaire : ce sont herbes (G. v). Et c'est sur cette soûlerie que se termine le récit, puisque l'auteur va maintenant intervenir :

Au regard de lexposition des propositions mises par Thaumaste, & significations des signes desquelz ilz userent en disputant ie vous les exposeroys selon la relation dentre eulx mesmes :

Comme pour le livre : De la dignité des braguettes, du chapitre xv, le conteur se place dans le temps réflexif ; il a eu l'avantage, comme tous les membres de l'assistance, de lire les propositions affichées, mais c'est en priviligié qu'il a eu connaissance de la relation dentre eulx mesmes ; aussi se disposait-il à éclairer la lanterne du lecteur quand une nouvelle l'en a empêché :

mais lon ma dict que Thaumaste en feist un grand liure imprime a Londres, auquel il declaire tout sans rien laisser :

L'entreprise devient inutile. Mais, outre l'échappatoire, il semble que nous devions distinguer dans la phrase une intention : il est légitime que l'Anglais Thaumaste ait publié son livre à Londres, mais nous entendons aussi que le lieu, lié au fait que l'Angleterre est le pays des contempteurs de la Vierge, suggère l'idée que ce n'est certes pas au royaume de France qu'aurait pu être imprimé un tel livre mettant en discussion la sacro-sainte virginité.

par ce ie men deporte pour le present.

La chute était prévue. Mais nous y voyons aussi un défi aux censeurs de formuler le moindre reproche puisque, finalement, rien n'aura été exprimé en clair. Et l'étrange formule : pour le present, qui réserve manifestement l'avenir, semble dès lors signifier que cette retenue obligée prendra fin le jour, qui ne saurait tarder, où cessera l'emprise de la Sorbonne. Rabelais n'aura décidément jamais, pour ce premier livre, poussé aussi loin la provocation que dans cette argumentation par signes.

Et cela nous impose de revenir encore une fois sur un point déjà abordé à deux reprises : celui du rôle accessoire assigné à Pantagruel et du rôle prépondérant accordé à Panurge.

Nous y avons vu l'intention de ne pas mêler Pantagruel à la mascarade ; puis, complémentaires, l'intention de faire prévaloir, avec Panurge, le simple bon sens sur l'érudition, et celle de donner le beau rôle à l'astuce et à l'ingéniosité. Mais, arrivés désormais au terme de l'analyse, force nous est de tenir ces motifs pour des satellites du motif essentiel. Et, comme il arrive souvent, ce motif essentiel se révèle à la fois plus simple et plus démonstratif :

Les théologiens nous ont clairement été donnés pour des personnages grotesques : l'intérêt qu'ils marquent pour une question aussi futile que l'intégrité d'un hymen est ridicule ; leur effort pour établir la véracité d'une telle assertion est risible ; et leur argumentation est pitoyable, qui forge pour ce faire des prémisses imposées par une conclusion acceptée d'avance. Mais tout cela n'a jamais été dit, et c'est à partir du comportement de Panurge que nous l'avons induit, quand nous est apparu qu'il incarne un théologien et que sa gesticulation est la parodie de l'argumentation catéchistique. La démonstration demandait donc qu'un personnage, jusque là donné pour avisé, s'abaissât jusqu'à devenir borné comme un théologien. Et le seul à pouvoir le faire sans déchoir est, bien sûr, le bouffon attitré dont on sait déjà que la conduite ordinaire est un jeu permanent, sans rapport avec sa vraie personnalité. Là et non ailleurs est la raison de l'effacement de Pantagruel.

Car il s'agit bien d'un effacement : il est clairement établi que celui qui doit répondre à Thaumaste est le savant Pantagruel, lorsque survient, impromptu, le bouffon, qui bouleverse la donnée de façon autoritaire. Et il nous apparaît maintenant que l'immixtion de Panurge doit être regardée comme une intervention salvatrice gardant Pantagruel de persévérer dans l'erreur qu'il commet : celle de se disposer à répliquer à Thaumaste par des arguments sérieux. La substitution de Panurge à Pantagruel est en fait celle de l'extravagance à la rigueur, de la fantaisie à la gravité, du risible au respectable.

Dès lors, il semble qu'il faut plutôt voir dans la position obtusement dogmatique de Panurge, se substituant à ce qui aurait pu être un libre examen fondé sur l'érudition, le désir de signifier que le vrai savoir n'a rien à faire en de telles controverses ; et dans l'idée de la primauté donnée à l'astuce et la rouerie pour étayer cette position, la recommandation de n'user d'autre chose, en de semblables débats, que du persiflage et de la charge.

Ainsi, ce n'est qu'en cheminant attentivement dans le texte que nous avons pu, par approches successives, voir se préciser les intentions profondes de Rabelais. Il serait pourtant tendancieux, et anachronique, de prendre appui sur ce qui est apparu pour taxer Rabelais, à la mode lefranquiste, d'athéisme ou d'agnosticisme. Tout ce qu'exprime le texte, c'est la condamnation de l'attitude des théologiens qui, en s'ingéniant à fonder la compréhension littérale des mythes, interdisent l'accès à l'interprétation symbolique permettant de passer de la lettre à l'esprit, et c'est cette seule position obtuse du respect de la lettre que nous pouvons voir ici tournée en ridicule.

Et comme nous pouvons être assurés que, sans être dupe le moins du monde, Panurge n'a endossé la robe du théologien que pour une démonstration par l'absurde, rien n'interdit d'imaginer qu'il a répondu à Thaumaste qui le remerciait doulcement : prou dhouquys brol panygou den bascrou noudous caguons goulfren goul oust troppassou (P. ix). Heureusement, personne n'a pu entendre ; Thaumaste a dû voir là une citation en araméen, et la réputation de Panurge est restée intacte. Il va donc bientôt devenir glorieux et entreprendre de venir au dessus dune des grandes dames de la ville. Allons voir comment il s'y prend.

Comment Panurge feut amoureux dune haulte dame de Paris. Chapitre.xxj.

Là encore, ce chapitre est le premier des deux chapitres en lesquels Rabelais a scindé l'unique chapitre xiiij de l'originale. Le texte a néanmoins été fort peu remanié ; il ne comporte que des modifications superficielles et des additions dont le seul dessein est manifestement d'appuyer le trait.

La première des corrections est celle de la phrase : & faisoit des lors bien valoir sa braguette/ & la feist au dessus esmoucheter de broderie a la Tudesque, où a la Tudesque devient a la Romanicque. Nous avons déjà rencontré un changement de ce genre au chapitre xiv, où la ieune Tudesque s'est transformée en ieune Corinthiace, et nous avons alors clairement vu l'intention. Nous pouvons donc penser que la présente substitution est, elle aussi, significative : elle nous paraît effectivement vouloir renforcer l'idée d'extrême raffinement et peut-être de prodigalité, ce qui nous conduit à entendre que Panurge est ici en proie à la griserie du succès ; nous devons, semble-t-il, en déduire que son jugement va être quelque peu altéré.

C'est que sa réputation est grande ; elle n'a nullement été entachée par le tranfert de gloire sur le maître qu'a fait l'inepte Thaumaste : le monde le loue publicquement, et, couronnement des couronnements, il est fait de sa victoire une Chanson, dont les petitz enfans alloyent a la moustarde, ce qui n'est évidemment que plaisanterie pour lettrés, le populaire et sa progéniture se souciant vraisemblablement fort peu d'une disputation en Sorbonne.

Nous retrouvons dans le même temps ce fameux verbe esmoucheter qui nous a tant occupés au chapitre xv. Saulnier le donne pour : orner de découpures ; Guilbaud et Demerson le rendent par un arbitraire moucheter, ce qui revient à dire : parsemer de petites marques, de petites taches rondes (Petit Robert). Or il est évident que le verbe garde le même contenu qu'au chapitre xv, celui de retrancher, de priver d'une partie. C'est donc ici le côté supérieur de la braguette (au dessus) qui est perforé pour former des trous ou des entailles dont les bords sont ensuite ornés de broderie.

Toujours est-il qu'ainsi paré, Panurge est bien venu en toutes compaignies des dames & damoiselles : nous entendons bien que ce n'est pas pour la seule conversation, et que la renommée dont il jouit doit lui procurer de faciles conquêtes. Mais Panurge a la tête enflée, et il ne saurait se satisfaire de ces amours paisibles ; aussi, momentanément dépourvu de tout sens de la mesure, conçoit-il le désir de venir au dessus dune des grandes dames de la ville.

Les commentateurs nous semblent ici bien naïfs, qui voient dans ce venir au dessus l'idée de dominer, triompher, l'emporter sur, avec équivoque obscène. C'est là raisonner anachroniquement : Rabelais n'a nullement à s'embarrasser de dissimuler le sens littéral ; ce qu'il donne en clair, c'est l'idée de monter sur la dame, et c'est le sens second : dominer, l'emporter sur qui est en écho, la participation sexuelle de la femme non bordelière étant, à l'époque, comprise comme manifestation de sa soumission spirituelle. Du moins, c'était probablement déjà là un vœu pieux.

Mais Panurge va user avec elle d'une méthode fort mal adaptée au rang de la dame : l'originale disait déjà fort clairement : De faict laissant ung tas de longs prologues et protestations que font ordinairement ces dolens contemplatifz amoureux de quaresme/ luy dist ung iour. Et nous pourrions croire ici que l'équivoque contenue dans amoureux de quaresme n'a pas toujours été comprise, puisque Rabelais juge bon d'ajouter dans la définitive, après quaresme écrit cette fois : Karesme, la précision : lesquelz poinct a la chair ne touchent. Mais il doit plutôt s'agir de cette intention de renforcement que nous avons avancée, et il semble alors que nous devons suivre Demerson, qui dit en note : La satire des poètes platonisants est évidente ici : la piteuse complaincte des amants martyrs qui préfèrent l'honneste amour aux joies de la chair (voir les Dernières Poésies de Marguerite de Navarre) rappelle les privations des jours maigres, où l'Eglise interdit de manger de la chair, c'est-à-dire de la viande. Et Panurge commence avec le cynisme le plus ingénu :

Ma dame, ce seroit bien fort utile a toute la republicque, delectable a vous, honnestement a vostre lignee, & a moy necessaire, que feussiez couuerte de ma race, & le croyez, car lexperience vous le demonstrera.

On peut difficilement être plus malhabile et plus infatué : Au temps que les bestes parloyent (il ny a pas troys iours) (P. xv), ce discours aurait pu être celui d'un chien de race s'adressant à une chienne bâtarde. De plus, la faute que commet Panurge en disant : honnestement a vostre lignee, alors qu'il disait correctement dans l'originale : honneste a vostre lignee, si elle n'est pas une simple coquille, semble décrire la précipitation verbale de quelqu'un pour qui les paroles sont superflues, sa seule personne devant lui assurer une victoire dont il ne doute pas un instant. Tout cela fait que la grande dame se cabre : Meschant fol vous appertient il me tenir telz propos ? A qui pensez vous parler ? allez, ne vous trouuez iamais deuant moy, car si nestoit pour un petit, ie vous feroys coupper bras & iambes.

Ainsi, cette dame est puissante et peut faire punir cruellement l'insolent. Mais le si nestoit pour un petit marque toutefois une volonté de rémission que nous n'avons aucune peine à croire inspirée par la satisfaction qu'elle éprouve à se voir désirée avec une telle ferveur. Panurge saisit la balle au bond, et continue du même ton à viser droit au but : Or (dist il) ce me seroit bien tout un dauoir bras & iambes couppez, en condition que nous fissons vous & moy un transon de chere lie, iouans des manequins a basses marches :

Le transon de chere lie est celui que représentait le transon de coste bouine du chapitre xix, pour lequel nous avons rapproché la partie de plaisir que propose à la bergère la palefrenier du Cinquième Livre (vii) ; nous savons donc parfaitement de quoi il s'agit, mais nous devons tenter, ici, de voir de quoi est faite la locution.

Saulnier dit d'abord : Transon : tranche, morceau, puis : Chère : visage (grec Kara). Faire bonne chère, etc. Chère lie : visage joyeux (laeta). L'équivoque commence avec l'expression : faire grande chère. Et faire chère a l'air, par confusion avec chair, de vouloir dire : faire bombance. Saulnier ne traite donc que du sens faire bonne figure arrivé à signifier faire bombance puisque faire bon accueil était inséparable de l'action d'offrir le vivre ; mais il ne nous renseigne aucunement sur la nature du transon de chere lie que Panurge propose à la dame.

Guilbaud dit, lui : Une partie de joyeuse chère (jeu de mots : transe, chair, lit), et il semble que cela mérite examen. Pour le mot chere compris comme chair, dans le sens sexuel où le prend Rabelais pour les amoureux de Karesme, voyons que chère vient du bas latin cara : visage, et chair, du latin caro ; la similitude de caro et cara fait apparaître que le calembour en français n'a fait que reprendre celui que les clercs ne se privaient certes pas de faire en latin.

Pour le mot lie, nous ne trouvons pas grande aide chez Littré : Vieux mot qui signifie joyeux, usité seulement dans cette locution : faire chère lie, faire bonne chère avec gaieté. Greimas donne : lié, liet, adjectif masculin, liee, lie, féminin (laetum, heureux) : joyeux, gai ; content. Cette idée de joie, de liesse semble condamner sans appel l'interprétation de Guilbaud : lie-lit. Mais, bien que nous abandonnions ainsi le lieu de la rencontre, nous saisissons que faire chère lie est faire chair lie, ce qui revient à dire : faire chair liesse, faire joyeuse copulation.

Pourtant, comme il est exceptionnel de se livrer à cet exercice en pleurant, bien que la femme y puisse rechercher de temps à autre quelque piment, nous admettrons que l'adjectif joyeux est ici trop faible et que nous devons rendre faire chair lie par : faire l'amour à corps joie, étant entendu que nous rétablissons dans son état primitif la locution édulcorée : à cœur joie.

Littré dit en effet : Se donner au cœur joie, ou à cœur joie de quelque chose, en jouir pleinement, abondamment, s'en rassasier. On dit dans le même sens : s'en donner à cœur joie. Le Petit Robert ne cite plus que : à cœur joie et explique : avec délectation, jusqu'à satiété. Or cette idée de rassasier, de satiété, a un contenu de réplétion qui nous paraît bien matériel pour concerner le cœur, et l'expression peut alors nous sembler entachée d'euphémisme : nous voyons donc là une vertueuse spiritualisation de la locution : à corps joie, c'est-à-dire à jouissance du corps, que cette jouissance soit de ripaille ou de volupté. Le cuer, coer, cor : cœur (Greimas) a donc été aisément substitué au cors : corps (Greimas). Nous trouvons d'ailleurs encore chez Greimas l'adjectif joi : joyeux, réjoui, dans l'article sur le verbe joir (latin populaire gaudire, de gaudium : joie), qui signifie : bien accueillir ou caresser ou gratifier de son amour ou jouir de ou goûter ou savourer ou se réjouir ou venir à bout de. La cause semble ne pouvoir qu'être entendue.

Reste ce transon dont l'équivalent : tranche, morceau nous apparaîtrait maintenant très anomal, même si Guilbaud ne nous avait pas mis sur la voie. Ce transon a été compris comme trançon, du verbe tranchier, influencé par tronçon (Greimas), et cette confusion découle peut-être directement du calembour, qui devait être courant, de la tranche donnée pour la transe, ainsi que nous l'a montré Panurge avec son transon de coste bovine. Il s'agit en réalité du substantif issu du verbe transir, du latin transire : aller au-delà. Ce transir, dit Greimas, signifie : passer, partir ; trépasser, mourir ; il a donné les mots transe : trépas, transe de la mort ; transer : être transi, avoir peur, trembler ; transition : passage de la vie à la mort, transe de la mort.

Ce verbe transir n'évoque donc que la mort ; mais nous savons depuis belle heure que la langue populaire désigne du nom de petite mort le court moment d'abolition de la conscience qui accompagne l'orgasme. Il est d'ailleurs à noter que si, pour Littré, cette petite mort est populairement, le frisson, le même vocabulaire populaire désigne aussi par grand frisson la transe de volupté. L'assimilation est donc courante entre la perte de conscience définitive due à la mort et celle qui, transitoire, accompagne l'apogée du plaisir sexuel. Nous saisissons alors que l'amoindrissement du sens de mort en petite mort se retrouve dans transon, qui peut être le diminutif de transe ou la contraction du mot transition. Quoi qu'il en soit, ce transon est donc la transe de petite mort, c'est-à-dire le moment de l'acmé de la jouissance génésique[1]. Et ce que propose Panurge à la dame par son en condition que nous fissons vous & moy un transon de chere lie est quelque chose comme : à condition que nous fissions vous et moi une petite mort de frottée de corps joie.

D'ailleurs, de peur qu'elle ne comprenne pas (mais la précaution est à coup sûr pour le lecteur), Panurge ajoute : iouans des manequins a basses marches. Nous avons rencontré déjà deux fois ces mannequins : au chapitre consacré au Prologue, nous avons cité la phrase de la Pantagrueline Prognostication (vj) : & peu ioueront des cymbales, & manequins, si la Guaiac nest de requeste, et nous avons entendu, au chapitre xj, Baisecul rapporter que ses vendangeurs auoyent dechicqueté leurs haulx bonnetz, pour mieulx iouer des manequins.

Nous avons alors avancé que le mannequin est la figure sur laquelle les sages-femmes s'exerçaient aux manœuvres de l'accouchement, disant d'avance que la proposition de Panurge à la haute dame revient à lui demander de prendre la position de soumission dudit mannequin. Il va nous falloir nous assurer que ce que nous apprend le présent chapitre ne modifie pas cette compréhension, et surtout tenter de nous représenter ce que sont ces basses marches. Mais peut-être les commentateurs ont-ils une bonne explication : voyons leur glose.

Saulnier dit : Manequins : instruments de musique (?) ; ou plutôt : membres. Néerlandais mannekijn, petit homme, et il fait référence au seul chapitre de la plaidoirie de Baisecul. Marche, marchette : touches ou pédales d'un instrument (Prologue) ; grains d'un chapelet, mais sa référence ne s'applique qu'à l'épisode des patenostres. Boulenger dit : Les marches sont les pédales du métier de tisserand ou de l'orgue, qui s'agitent comme on sait. Ces manequins à pédales sont peut-être un instrument de musique. Rabelais équivoque obscènement. Guilbaud dit : Equivoque. Les mannequins sont peut-être un instrument de musique (inconnu de nous), dont les basses marches sont les pédales. Plattard dit : Cette expression, employée ici au sens libre, appartient au

---

1. L'expression actuelle se payer une tranche de bon temps ou s'en payer une tranche n'est pas autre chose que le calembour de Panurge. La tranche est la transe, mais le sens du mot transe n'étant plus perçu, l'esprit a ressenti le besoin de prendre tranche pour tranche de temps, moment, en justifiant le nouveau sens par les précisions : se payer, et bon temps.

vocabulaire du tisserand. Les marches étaient des leviers mus au pied et qui faisaient alternativement lever et abaisser les lices pour le croisement des fils. Jourda dit : Image libre empruntée au langage des tisserands : les marches sont des leviers mus au pied. Michel dit : Il est déjà question du jeu des mannequins, dans un sens obscène, au chapitre XI. La précision basses marches (pédales) évoque-t-elle un métier à tisser ou un instrument de musique ? Manequin doit-il être rapproché du néerlandais mannekijn petit homme ? De toute façon, il s'agit d'une équivoque. Demerson ne dit rien, mais ses élèves translatent péremptoirement : en tricotant avec les jambes comme des petits bonshommes.

Les commentateurs jouent donc de concert, mais leur unanimité dans l'erreur nous a déjà été prouvée ; aussi, nullement convaincus, allons-nous, là encore, examiner nous-mêmes.

Les commentaires font clairement apparaître l'influence de la phrase du Prologue : & les dentz leur tressailloyent comme font les marchettes dun clauier dorgues ou despinettes, quand on ioue dessus, mais il semble que partir de la marchette, qui est la touche, pour arriver à voir dans la marche la barre du pédalier soit un simple raisonnement de mécanique. De là, ils voient dans le jeu de jambes du tisserand ou de l'organiste une représentation que, par pur principe, ils déclarent obscène ; or il n'y a dans cette agitation rien qui soit particulièrement évocateur d'érotisme :

Le mouvement du tisserand a d'ailleurs beaucoup moins d'ampleur que celui de l'organiste ; mais qui observe celui-ci peut constater que son bassin demeure strictement immobile et que ses cuisses restent étroitement solidaires du banc où elles reposent ; l'activité n'intéresse que la partie inférieure de la jambe : seuls bougent les tibias à partir de la rotule, les fémurs conservant un écartement modéré à peu près immuable. En transposant sur le plan horizontal ce remuement, et en l'attribuant à une organiste désirable, il faut donc admettre que les commentateurs trouvent érotique la représentation d'une femme dont le bassin n'est animé d'aucune houle, dont les cuisses restent aussi parallèles que dans la position assise, et dont seuls les mollets se meuvent à partir du genou : c'est semble-t-il, se satisfaire d'une expression bien étriquée dans le jeu de l'accompagnement. Aussi n'hésiterons-nous pas à considérer l'interprétation basses pédales comme une simple vue de l'esprit lefranquiste admise sans contrôle.

Il y a pourtant un rapprochement qui s'impose : nous trouvons, un peu plus loin dans le texte, l'épisode des patenostres où les marches sont les grains de chapelet dont parle Saulnier, puisque là où la définitive dit : luy vouloit tirer ses patenostres que estoyent de cestrin auecques grosses marques dor, l'originale disait : auecques grosses marches d'or. Nous rencontrons de nouveau ces marches à quatre reprises, encore plus loin dans le texte : ou si en voulez de Ebene, ou de gros Hyacinthes, de gros grenatz taillez auecques les marches de fines Turquoyses, ou de beaulx Topazes marchez de fins Saphiz ou de beaulx Balays a tout grosses marches de Dyamans a vingt & huyt quarres, Non non, cest trop peu. Ien scay un beau chapellet de fines Esmerauldes marchees de Ambre gris.

Et, pour ces marques ou marches, Guilbaud note : Gros grains (grains des Pater) et Michel explique : Les marques, qui ponctuent les dizaines, étaient en or ou en pierres précieuses dans certains chapelets, véritables pièces d'orfèvrerie. Le Dictionnaire des Religions (Larousse) dit que le chapelet, qui se nommait jadis patenôtre, d'après la prière Pater noster, est composé de cinq séries de dix grains sur lesquels on récite l'Ave Maria, séparées par un grain plus gros sur lequel on dit le Pater. Les marches sont donc les plus gros grains du Pater.

Or l'expression est : à basses marches, c'est-à-dire que ces gros grains sont en position basse ; d'autre part, ils sont ceux du Pater ; et ces gros grains du père qui sont en position basse nous semblent aussitôt contenir le sens érotique que nous cherchons, puisque la proposition de Panurge est éminemment salace : nous saisissons alors que le terme père est pris ici au sens génétique, et que ces gros grains ne sont pas autre chose, dans leur position basse, que la représentation des testicules. L'image est vraisemblablement de la terminologie monastique, l'assimilation ayant pu être suggérée par le spectacle du moine qui prie debout en égrenant son rosaire, ou gros chapelet de quinze dizaines, et qui amène invariablement, et à plusieurs reprises, deux marches côte à côte à la hauteur de ses propres testicules.

Mais nous pouvons maintenant voir que si cette locution : à basses marches se ramène, prise isolément, à une savoureuse métaphore de dénomination, elle devient apposée à : iouans des manequins, une évocation de ces testicules en action, les corps des deux partenaires étant comparés à des mannequins, c'est-à-dire, nous le comprenons enfin, des poupées qui s'animent autour de leur point de jonction apparent : les testicules.

Et c'est alors que nous devons modifier notre première conception du contenu de manequin, où nous avons vu seulement la figure féminine aux cuisses ouvertes. Le mannequin est bien le mannekijn néerlandais, et nous devons y voir le sens de figurine articulée reproduisant à la fois la forme de l'être humain et ses mouvements. Ce que nous avons entrevu pour la phrase de Baisecul au chapitre xj n'est donc que partiellement vrai : nous n'avons pas saisi alors que ces mannequins sont la figuration du couple, et pas seulement celle de la femme ; mais cela n'a heureusement aucune répercussion sur l'interprétation que nous avons donnée. Il n'en est pas de même pour ce que nous avons avancé pour la proposition à la haute dame, concluant prématurément que cela revenait à lui demander l'acceptation passive, alors que Panurge lui demande en fait une participation aussi active que possible, puisque jouer des mannequins à basses marches revient à dire : jouer les poupées articulées autour des génitoires.

En tout cas, la dame, qui n'a certainement pas mis aussi longtemps que nous à comprendre, est clairement renseignée. Mais Panurge tient à être lumineusement clair, et il va préciser sa pensée :

car (monstrant sa longue braguette) voicy maistre Iean Ieudy : qui vous sonneroit une antiquaille, dont vous sentirez iusques a la mœlle des os. Il est galland & vous scait tant bien trouver les alibitz forains & petitz poullains grenez en la ratouere, que apres luy ny a que espousseter.

Naturellement, nous voyons fort bien ce que représente maistre Iean Ieudy, et nous pouvons facilement supposer que ce nom est bâti sur le calembour : jeu dit, c'est-à-dire : Jean qui dit jeu. Pour antiquaille, nous avons rencontré le mot dans la défense de Humevesne (xij), et nous savons que c'est le branle particulier où tinte le carillon qu'on met aux dames (vij, cent treizième titre). Pour alibitz forains, tous les commentateurs parlent de l'acception juridique : Les incidents en dehors (latin foras) de la cause principale (Michel) ; Ici, il s'agit des bagatelles de la porte, si l'on peut dire (Boulenger). Mais Demerson est plus amusant, qui écrit : Expression juridique : petits détails auxquels on s'attarde avant d'entrer dans le vif du sujet. Pour le ratouere, nous avons rencontré le mot au soixante-dixième titre (vij), et c'est évidemment ici non plus l'instrument de l'action mais le lieu où se passe l'action, c'est-à-dire le sexe de la femme.

Nous nous arrêterons à ces petitz poullains grenez où la glose unanime voit les bubons inguinaux, uniquement parce que Littré cite cette phrase d'Ambroise Paré : et fait apostemes appelées bubons, vulgairement poulains. Or il tombe sous le sens du plus maladroit que Panurge, s'il est infatué et se croit irrésistible, n'est pas aveuglé au point de dire à la femme qu'il prie qu'il la croit porteuse aux aines de ces ganglions lymphatiques enflammés et gonflés par la peste ou la syphillis ; d'autant que s'il y a quelque habileté notable pour Maître Jean Jeudy à découvrir celles des bagatelles de la porte qui font plaisir, il n'y en a aucune à déceler des bubons inguinaux gros comme des noix. De plus, on peut se demander quelle sorte de jouissance (en admettant que leur vision ne lui ait pas ôté toute envie) il pourrait promettre de donner à partir de ganglions douloureusement distendus. Enfin, le texte dit : en la ratouere et les bubons en sont sensiblement éloignés. Si donc les commentateurs, vrais béjaunes, ne sont nullement surpris de l'évocation de cette adénopathie, nous ne pouvons, nous, que la trouver absurde, et chercher ailleurs.

Il apparaît clairement que Panurge, qui vient de mettre en avant l'habileté qu'a Maître Jean Jeudy pour découvrir les alibitz forains, ne peut que continuer dans le même sens ; les petitz poullains grenez, d'ailleurs unis aux alibitz par la conjonction et, constituent sans nul doute un autre de ces ressorts secrets qu'il scait tant bien trouuer. Et nous soupçonnons que le pluriel est ici un pluriel de généralisation : nous chercherons donc ce que peut bien désigner le petit poullain grené.

Ce petit poullain grené étant directement lié aux bagatelles de la porte, nous n'avons pas grand effort à faire pour voir dans grené, la signification de : en forme de grain ; or ce grain, situé dans le périmètre des petits détails auxquels on s'attarde avant d'entrer dans le vif du sujet (comme dit Demerson), n'est pas si secret qu'on ne puisse le découvrir : tout le monde aura compris, sauf peut-être quelques commentateurs professionnels, qu'il s'agit du gland du clitoris. Quant au poullain, le Petit Robert indique que la poulaine était, dans la marine ancienne, une construction triangulaire en saillie à l'avant du navire, et Littré dit la même chose en utilisant des termes maritimes. Il est ainsi probable que le mot vulgaire poulain dont parle Paré est formé sur cette idée d'excroissance située à la pointe du navire, ce navire étant chez lui probablement le pubis.

Mais nous savons, pour l'avoir vu bien des fois, que ce navire est aussi le vaisseau, et que ce vaisseau est surtout le vaisseau féminin (vaissel, du bas latin vascellum, diminutif de vas, vase ; Greimas). Et il n'est alors pas besoin d'être anatomiste pour voir dans la construction triangulaire à l'avant du vaisseau féminin le capuchon du gland clitoridien à l'avant de la vulve. Le petit poullain grené est donc le petit triangle en saillie du grain ; et ce qu'affirme Panurge revient à dire que Maître Jean Jeudy sait aussi bien trouver que les bagatelles de la porte, les petits glands clitoridiens dans leur construction à l'avant, le pluriel n'étant, nous l'avons compris, qu'une extension sous-entendant la maîtrise due aux multiples expériences. Et, cela entendu, nous admettons du même coup qu'il ne puisse y avoir, après l'action de Maître Jean Jeudy, que espousseter : sa suprême efficacité fait que tout exercice de ce genre ne sera plus, en comparaison, que passage d'époussettes. Mais il est sûr que la dame ne peut décemment varier pour des raisons de ce genre :

A quoy respondit la dame. Allez meschant allez, si vous me dictes encores un mot, ie appelleray le monde : & vous feray icy assommer de coups.

Toutefois, elle surseoit encore à l'exécution de sa menace par son si vous me dictes encores un mot, alors qu'une vraie détermination trouverait largement dans les obscénités déjà dites une raison d'appeler.

Panurge perçoit sous les paroles de cette femme mariée la curiosité amusée touchant l'évocation de voluptés qui ne sont pas monnaie courante avec un époux. Mais il comprend qu'il est temps de lui dispenser quelque peu de sublimation :

Ho (dist il) vous nestez tant male que vous dictez, non ou ie suis bien trompé a vostre physionomie :

Il a entrevu qu'il doit montrer à la dame qu'il sait manier la louange ; il va donc s'astreindre à jouer les poètes éthérés, en employant d'abord le procédé du style précieux antique, celui de l'adynaton (Saulnier) :

car plus tost la terre monteroit es cieulx & les haulx cieulx descendroyent en labisme & tout ordre de nature seroyt paruerty : quen si grande beaulte & elegance comme la vostre, y eust une goutte de fiel, ny de malice.

L'artifice est d'une désolante platitude, mais il est sûr que la dame boit du petit lait. Panurge recourt ensuite au dicton, qui détonne nettement, et semble rendre les armes à la dame :

Lon dict bien que a grande peine veit on iamais femme belle, qui aussi ne feust rebelle :

Mais nous nous apercevons aussitôt qu'il n'a concédé cette régression que pour en tirer parti, corrigeant la trivialité parémiologique par une abondante exaltation de la singularité :

Mais cella est dict de ces beaultez vulgaires. La vostre est tant excellente, tant singuliere, tant celeste [...] car oncques ny eut tant de magnificence en Iuno, tant de prudence en Minerve, tant de elegance en Vénus, comme y a en vous.

Il y a là une bonne mesure de clichés de la poésie pétrarco-platoniste (Demerson) : quand Panurge décide d'être mondain, il ne recule ni devant l'outrance, ni devant la profusion. Il estime donc que la dame a été bien servie en magny, magna, chiabrena (Q. L. X) et, le naturel reprenant le pas, Panurge finit par une invocation qui, si elle emploie encore un cliché célèbre depuis une épigramme de l'Anthologie palatine que paraphrasèrent tous les poètes de la Pléiade (Demerson), se termine sur une image rien moins que désincarnée :

O dieux & deesses celestes, que heureux sera celluy a qui ferez celle grace de ceste cy accoller, de la baiser & de frotter son lart auecques elle.

Et, battant le fer pendant qu'il est chaud, il s'empresse de préciser pour qui il a activé la forge :

Par dieu ce sera moy, ie le voy bien, car desia elle me ayme tout a plein, ie le congnoys, & suys a ce predestine des phees.

Puis, par un tour de vieille guerre amoureuse qui suppose acquis l'assentiment quémandé, il conclut en tournant court :

Doncques pour gaigner temps boutte pousseniambions. Et la vouloit embrasser,

La phrase de l'originale était seulement : Doncques pour gaigner temps/ faisons. Nous avons déjà vu ce poussiambions au sujet du ieu du poussauant (v), et nous nous sommes alors reportés à la note de Demerson déformant le mot en : poussenjambon. Mais semble devoir ici s'effacer la considération que nous avons marquée pour le verbe enjamber au sens de se superposer en se prolongeant, qui a permis à la langue populaire de donner à enjamber le sens de posséder une femme. La présence du verbe boutte (boter : frapper, renverser ; Greimas), qui s'entend ici comme culbuter, ferait de se superposer une sorte de redondance. Voyons plutôt dans boutte pousseniambions une description respectant l'ordre chronologique : culbutons et insinuons entre les jambons.

Ainsi, la dame est fondée à croire que, lorsque Panurge la veut embrasser, c'est pour passer à l'action, rendue immédiatement possible du fait que la femme du temps, même grande, tenait son culot sans culotte sous la robe longue.

mais elle fist semblant de se mettre a la fenestre pour appeler les voisins a la force.

Là encore, la dame ne fait que feindre, et Panurge ne peut pas ne pas sentir à ce moment qu'il ne s'agirait que de prolonger le siège, une haulte dame ne pouvant se rendre aussi rapidement qu'une bergère. Mais le jeu commence à l'excéder ; irrité, il doit se dire que la cible qu'il vise n'est pas essentiellement différente chez cette grande dame que chez quelqu'une de moindre grandeur ; il lâche donc pied tout en sauvant la face :

Adoncques sortit Panurge bien tost, & luy dist en fuyant. Ma dame attendez moy, ie les voys querir moy mesme, nen prenez la poine.

Et c'est là-dessus que finit le premier assaut. Ici, Rabelais prend soin de marquer l'exact degré de passion auquel le comportement de la dame a ramené Panurge :

Ainsi sen alla, sans grandement se soucier du reffus quil avoit eu, & nen fist oncques pire chiere.

Autrement dit, cela ne lui coupa nullement l'appétit. Guilbaud ajoute cependant ici : Avec jeu de mots sur chère : mine : chère et chair. Il est en effet possible que la locution signifie aussi que le souvenir du refus n'a diminué en rien le plaisir qu'il a pu prendre en compagnie d'une femme de moindre état. En tout cas, cette sagesse implique que Panurge s'est repris ; s'il fut un moment glorieux, c'est-à-dire ostentatoire, il nous faut nous attendre à le voir désormais agir avec son pragmatisme habituel.

C'est ainsi que la soirée où il s'est repu et la nuit où il s'est apaisé ont donné à Panurge une nouvelle détermination de tirer parti des efforts qu'il a faits la veille. Il repart donc au combat, mais sans ferveur, simplement, pourrait-on croire, pour mesurer son savoir-faire :

Au lendemain il se trouva a leglise a lheure quelle alloit a la messe, a lentree luy bailla de leau beniste se enclinant parfondement deuant elle, apres se agenouilla aupres de elle familiairement, & luy dist.

Nous retrouvons là le Panurge avisé : il marque à la fois une grande déférence à la dame et engrène la nouvelle tentative sur l'ambiance de privauté qu'ont créée ses effronteries :

Ma dame saichez que ie suis tant amoureux de vous, que ie nen peuz ny pisser ny f(i)anter, ie ne scay comment lentendez.

Il sait fort bien comment elle l'entend : ce que nous pourrions prendre pour une trivialité incongrue n'a, à l'époque, que le caractère des choses naturelles ; la confession physiologique n'a d'autre but que d'amener les pensées de la dame au périmètre génito-anal, et de faire concevoir à cette femme au fait de la mécanique masculine, que cette double rétention peut être due à une érection permanente. Le doute qu'il émet sur l'interprétation qu'elle peut faire de cette nouvelle est bien pour lui indiquer qu'il y en a une à trouver.

Sil men aduenoit quelque mal, que en seroit il ?

La question est pour lui faire entendre qu'elle détient le moyen de la guérison. Mais la dame saisit fort bien qu'il tend ainsi à lui faire reconnaître la responsabilité du mal : elle proteste donc de son indifférence et se retranche derrière la sainteté du lieu :

Allez (dist elle) allez, ie ne men soucie : laissez moy icy prier dieu.

Panurge doit donc rapidement trouver le moyen de l'empêcher de s'abstraire dans la prière : il va piquer sa curiosité et peut-être la faire rire :

Mais (dist il) equiuocquez sur A beau mont le viconte.

Demerson dit ici : On enseignait aux filles à ne pas prononcer de mots dont certaines syllabes pouvaient prêter à de telles équivoques. La dame répond donc aussitôt :

Ie ne scauroys, dist elle.

C'est donc que la dame a entrevu où veut en venir Panurge, puisque, pour éviter ces syllabes coupables, il faut les reconnaître. Et Panurge sait bien qu'elle a distingué ces mots clés. Il a réussi à ramener la pensée de la dame sur le sujet qu'il veut lui imposer ; et s'il lui donne la solution, c'est davantage, pouvons-nous croire, pour établir la complicité que pour lui apprendre quoi que ce soit :

Cest (dist il) a beau con le vit monte.

Et il profite de l'image pour formuler le souhait qui a charge de faire supposer à la dame qu'il se doute de la nature érotique des pensées que cette évocation est censée avoir fait naître chez elle :

Et sur cella priez dieu quil me doint ce que vostre noble cueur desire,

Ici, Guilbaud est seul à remarquer : La logique voudrait : qu'il vous donne ce que votre cœur désire, ou qu'il me donne ce que mon cœur désire. En mêlant les deux sens Panurge équivoque une fois de plus. Cette dernière phrase demande à être éclaircie : Panurge, équivoquant sur me et vous, feint d'être assuré que la dame est en proie au désir ; il souhaite que soit exaucé le vœu qu'il fait d'être celui qu'elle choisira pour apaiser ce désir. Comme la dame au nouel amy du chapitre xvj, la haute dame est ici réputée devoir sacrifier à la règle immuable de prendre un amant ; et pas plus que celle du chapitre xvj, cette haute dame ne relève l'insolence : c'est que le trait est plus flatteur qu'injurieux puisqu'il est sous-entendu que c'est la beauté d'une femme qui lui suscite l'amant réglementaire. Mais, autant que cette astucieuse ambiguïté, nous devons remarquer l'audacieux euphémisme qui fait attribuer le désir au noble cœur de la dame : nous nous doutons que la pensée de Panurge s'arrête plus bas. D'ailleurs il enchaîne aussitôt et tente maintenant de créer un lien matériel d'intimité en demandant à la dame la remise d'un objet personnel :

& me donnez ces patenostres par grace.

La dame, jouant les excédées, consent, pour avoir la paix, qu'il se serve du chapelet :

Tenez (dist elle) & ne me tabustez plus. Ce dict, luy vouloit tirer ses patenostres que estoyent de cestrin auecques grosses marques d'or,

Il nous faut ici bien comprendre qu'elle s'apprête à dégager les patenostres du ruban qui les relie à sa ceinture. Guilbaud dit, lui : Elle lui tendit son chapelet (en tirant dessus sans le détacher). Mais il n'est pas question de détacher quoi que ce soit : le chapelet est simplement passé dans le ruban, et son geste (luy vouloit tirer) est celui qu'elle fait quand elle veut elle-même se servir des patenostres : elle les libère complètement. Car ce qu'elle comprend, ou feint de comprendre, c'est que Panurge lui demande de lui prêter son chapelet pour prier, et elle voit d'abord là l'occasion de le faire taire. Mais Panurge, dans son rôle de passionné, ne peut attendre la fin de la manœuvre :

mais Panurge promptement tira un de ses cousteaux, & les couppa tresbien

Nous allons apprendre que Panurge a, en fait, coupé le ruban ; mais ce que nous apprenons immédiatement, c'est la véritable intention de Panurge :

& les emporta a la fryperie,

Il s'agit là d'un renseignement que Rabelais prend soin de donner au lecteur : Panurge n'a nullement l'intention de conserver ce joyau extorqué, comme le ferait un amoureux : il le vendra à la friperie. Mais comme nous ne pouvions douter un seul instant de la destination que Panurge réservait à l'objet, la précision nous paraît si superflue que nous comprenons que ce & les emporta a la fryperie n'a d'autre raison d'être que d'introduire un jeu de mots. Et nous avons tout lieu de croire que ce jeu de mots est établi sur la signification du mot fripe dont Littré dit : Populairement. Tout ce qui se mange. Ce sens alimentaire est pourtant assez étonnant pour que nous consultions les étymologistes. Dauzat dit : Friper, 1546, Rabelais, chiffonner, altération, d'après friper, manger (voir fripon), de l'ancien français freper, dérivé de frepe, frange, guenille ; sans doute du latin falappa, copeau. Bloch et Wartburg disent : Friper, chiffonner, 1546 (Rabelais). Altération, d'après fripon, de l'ancien français freper, dérivé de l'ancien substantif frepe, ferpe, felpe, frange, vieux habits, issu par différentes modifications du latin de basse époque faluppa, fibre, chose sans valeur.

Voyons maintenant si nous retrouvons dans Greimas le verbe qui pourrait nous amener à la nuance alimentaire que nous cherchons : Frepe (1250, Renart ; voir felpe). Frange, effilé ; Chiffon, vieux habits. Frepeus, frepier : fripier. Freper : chiffonner. Frepillier : fureter, chercher.

Nous nous reportons à felpe et nous trouvons : Felpe, frepe (XIIIe siècle, origine incertaine, peut-être du latin falappa, copeau). Frange ; Chiffon, haillon.

Nous allons voir enfin friper, et nous lisons : Friper (1265, Jean de Meung ; origine incertaine ; voir freper, chiffonner). S'agiter : (Ma beauté) Qui ces vallés faisoit friper (Jean de Meung).

Il n'y a donc jusque là nulle apparence que friper ou freper ait jamais eu quelque rapport avec ce qui se mange, et tout cela ne nous conduit encore qu'à la friperie dont Littré dit : Vêtements, meubles qui, ayant servi, sont plus ou moins usés. Métier qui consiste à acheter et à vendre de vieux meubles, de vieux habits. Commerce de friperie. Lieu où logent ceux qui vendent de la friperie.

Mais le sens s'étend soudain avec le mot fripon ; Dauzat dit : Fripon, début XVIe siècle, gourmand ; de friper, avaler goulûment, par extension dérober (1265, J. de Meung) ; d'origine obscure. Friponner, fin XIVe siècle, Le Fèvre, bien manger. Bloch et Wartburg disent : Fripon, vers 1570, plus ancien d'après le dérivé friponner. A signifié aussi gourmand. Dérivé de l'ancien verbe friper, dérober ; avaler goulûment, XVIᵉ siècle (d'où fripe-sauce, 1532, Rabelais), au Moyen Age au sens de s'agiter (attesté surtout dans le composé défriper), de la même origine que friper, chiffonner.

Le moins qu'on puisse dire est que cela n'est pas d'une limpidité totale. Ce qui est lumineux, pourtant, c'est que les étymologistes, s'appuyant sur le vieux français freper dont les sens : manger, avaler goulûment et dérober apparaissent comme par enchantement, tentent de justifier les glissements de sens, qui les désarçonnent, de chiffon à mangeaille et de mangeaille à larcin ; et ils sont amenés à donner pour existant le verbe dont ils ont besoin, alors que ce verbe n'est que conjectural. Nous n'aurons donc aucun scrupule à tenter de reconstituer par raisonnement l'histoire du verbe friper et des contaminations qui ont pu l'affecter.

Partons du fait certain : le vêtement usé, le tissu usagé, le vieux chiffon est bien la frepe, la ferpe ou la felpe, et nous avons vu, pour la plaidoirie de Baisecul, que ce qu'achetaient les moulins à papier était dénommé la frapouille. La friperie est bien l'ensemble de ces habits, tissus ou chiffons plus ou moins usés, leur commerce, et le lieu où s'exerce ce commerce ; nous pouvons ainsi penser que friper s'entend déjà comme vendre ou acheter de la friperie.

Il est sûr toutefois que le fait de porter ses habits usagés à la friperie pour en retirer quelque argent revèle une certaine indigence ; friper : vendre de la friperie a donc pu se charger aussitôt de l'idée que cette vente d'habits est imposée par le besoin de se nourrir, et nous arrivons ainsi au sens de friper : avaler goulûment, comme quelqu'un qui se repaît après une période de privation. Puis, deuxième contagion, le verbe a pu se charger, dans des cas de besoin moins impérieux, de l'idée que ce genre de vente avait pour motif celui de faire face à une dépense alimentaire inhabituelle, par exemple pour corser l'ordinaire ou pour banqueter ; et nous parvenons ainsi à la notion de gourmandise et à celle de bien manger. Le mot fripe : chiffon est donc arrivé au contenu de fripe : tout ce qui se mange qu'atteste Littré. De plus, la friperie, lieu où l'on vend les vieux habits, peut véhiculer aussi le sens de : nourriture qu'on obtient par la vente de ses fripes, mot encore en usage dans le Lyonnais pour désigner les vêtements usés, qu'ils soient considérés comme bons à être portés au fripier ou qu'ils soient plaisamment censés provenir de chez lui[2].

---

2. Et, là encore, le tout pour la tripe ne serait-il pas issu du tout pour la fripe, qui inclurait le sens que le gourmand est amené à vendre ses vêtements pour satisfaire sa passion de manger ?

Reste l'idée de dérober, qui ne nous semble plus si aberrante qu'au premier abord : Littré, pour friperie, parle non seulement de vêtements mais de meubles, et cela nous incite à penser que le fripier ne restreignait pas son activité au seul commerce des vieux drapeaulx (P. xj), mais qu'il achetait aussi tout ce qu'on lui proposait et qu'il avait quelque chance de vendre avec bénéfice. Le terme friperie a ainsi pu embrasser tout ce que comprend le mot occasions.

Or, ce marchand d'occasions peut évidemment avoir affaire à quelqu'un qui lui apporte, non plus ses propres biens, mais le fruit de ses larcins, et le fripier peut ainsi se trouver, consciemment ou non, dans la situation du receleur. C'est cette idée de recel qui nous fait comprendre que friper a pu arriver à signifier dérober puisque les objets volés peuvent être écoulés chez le commerçant en friperie, cette friperie étant désormais porteuse du sens de marchandise volée.

En fait, le verbe friper est alors compris comme dérober pour obtenir de quoi friper, c'est-à-dire se nourrir ou s'offrir un excédent de nourriture, autrement dit de fripe (Littré), en ayant recours au fripier, commerçant en friperie, mot qui comprend les vieux vêtements, les vieux chiffons, les vieux meubles et autres occasions, y compris bien entendu les bijoux, que ces objets soient honnêtes ou suspects.

Donc, ces patenostres que Panurge vient de soutirer à la dame Parisianne, c'est bien à la friperie qu'il ira les vendre, et c'est évidemment le premier sens de & les emporta a la fryperie : Panurge n'envisage aussitôt que de les monnayer. Mais le sens alimentaire que nous avons vu greffé sur le sens littéral nous invite à entendre que cette fryperie est aussi le lieu où l'on se repaît de fripes, c'est-à-dire, dans ce cas, de mets exceptionnels, ce qui nous conduit à voir dans & les emporta a la fryperie l'équivalent de : et s'en remplit agréablement la panse, soit que Panurge paye le tavernier avec l'argent reçu du fripier, soit qu'il remette les patenostres en gage à la taverne, ce qui n'est qu'une vente différée. Enfin, nous avons vu que Panurge extorque, soutire ces patenostres, et il y a dans son geste la notion de s'approprier indûment, obtenir sans consentement, c'est-à-dire, atténuée mais présente, l'idée de dérober. Et le & les emporta a la fryperie nous paraît alors contenir le sens de : et se les appropria à l'esbroufe. Ainsi, ce & les emporta a la fryperie, qui pouvait nous apparaître comme une simple redondance ornementale, est en fait à interpréter comme : et s'en empara à l'esbroufe pour les fourguer au fripier et s'en remplir la panse.

Ce faisant, Panurge a toutefois soin, et de poser une question de diversion, et de s'en aller avec le dernier mot :
luy disant, voulez vous mon cousteau ?
Il ne s'agit nullement, dans l'esprit de Panurge, du souvenir d'amour

donné en contrepartie, bien que Boulenger écrive : En échange. Panurge est plein de délicatesse. C'est peut-être ce que peut croire un instant la dame, qui refuse évidemment la proposition :
Non non, dist elle.

Elle se garde de consentir à un troc à nuance sentimentale, mais elle a surtout entrevu, puisqu'on lui a appris les mots dangereux, le sens érotique de cousteau. Panurge, chez qui rien n'est innocent, lui révèle en effet en partant la nature du couteau qu'il offre :
Mais (dist il) a propos, il est bien a vostre commendement corps & biens, tripes & boyaulx.

A la différence des commentateurs qui ne marquent aucun étonnement à voir une lame d'acier ainsi personnifiée, il sait bien, lui, que le latin culter est le couteau, le coutre de charrue, et que la prononciation : culteur en a fait le coutre à labourer le cul ; ce couteau-là peut alors être assimilé à un être vivant se mettant corps et biens, tripes et boyaux, à la disposition de la dame. Là-dessus, il quitte l'église pour la friperie. La haulte dame reste seule, et tire les conséquences de son geste irréfléchi :
Cependent la dame nestoit fort contente de ses patenostres : car cestoit une de ses contenences a leglise. Et pensoit ce bon bauart icy est quelque esuente, homme destrange pays, ie ne recouureray iamais mes patenostres, que men dira mon mary ? Il se courroucera a moy :

Et la défense qu'elle envisage est naturellement fondée sur l'interprétation des faits patents :
Mais ie luy diray que un larron me les a couppes dedans leglise, ce que il croira facilement, voyant encore le bout du ruban a ma ceincture.

Voilà pour le mari, et pour la matinée. Car Panurge revient à la charge l'après-midi :
Apres disner Panurge lalla veoir portant en sa manche une grande bourse pleine descuz du palais & de gettons,

La phrase de l'originale était seulement : une grande bourse pleine de gettons. Michel explique : Les écus du Palais sont des jetons servant aux gens du Palais pour faire des comptes, et Demerson dit : Ecus du Palais et jetons sont synonymes. Nous ne sommes pas persuadés que les deux mots désignent la même chose, et le fait que descuz du palais soit une addition nous laisse supposer que si les écus servent à faire les comptes, les gettons sont peut-être quelque chose comme les jetons de présence. Mais l'important est que Panurge s'apprête à abuser la haulte dame. Il se pose pourtant d'entrée en homme épris qui ne peut taire son sentiment :
& luy commenca dire, Lequel des deux aymez plus laultre ou vous moy, ou moy vous ?

La dame est sur ses gardes et répond par des paroles de catéchisme qu'elle imagine devoir être décourageantes :
A quoy elle respondit. Quant est de moy ie ne vous hays poinct : car comme dieu le commande : ie ayme tout le monde.

Cela suffit amplement à Panurge pour retomber sur ses pieds : il prolonge immédiatement le sens des paroles de la dame :
Mais a propos (dist il) nestez vous amoureuse de moy ?

La dame s'aperçoit que tout dialogue est dangereux ; elle se réfugie aussitôt dans l'indignation :
Ie vous ay (dist elle) ia dict tant de foys que vous ne me tenissiez plus telles parolles, si vous men parlez encores ie vous monstreray que ce nest a moy a qui vous debuez ainsi parler de deshonneur, Partez dicy, & me rendez mes patenostres, a ce que mon mary ne me les demande.

Le souci de la dame est à ce moment de briser là tout en cherchant à réparer l'imprudence de son geste du matin. Mais Panurge tire parti de la faiblesse qu'elle vient de montrer :
Comment (dist il) ma dame vos patenostres ? non feray par mon sergent,

Il paraît vain de voir ici dans par mon sergent autre chose que l'atténuation traditionnelle de par mon serment : Panurge tient à faire croire à la dame qu'il garde le chapelet pour des raisons sentimentales, et il proteste de façon grandiloquente. Mais il n'est peut être pas exclu que ce sergent soit aussi le mot qui a même contenu que le cousteau qu'il vient de proposer, cette compréhension pouvant être édifiée sur le calembour : serre-gens ou serrer a le sens de presser, étreindre (Greimas).
mais ie vous en veux bien donner daultres, en aymerez vous mieulx dor bien esmaillé [...] comme une pomme d'orange :

C'est la copieuse évocation de joailleries de grand prix, qui permet à Panurge de se donner pour un homme riche qui a non seulement des liquidités mais des biens de rapport :
elles ne coustent que vingt & cinq mille ducatz, ie vous en veulx faire un present : car ien ay du content. Et de ce disoit faisant sonner ses gettons comme si se feussent escutz au soleil.

Puis, aux pierres ou matières précieuses, il ajoute quelques coûteuses étoffes :
Voulez vous une piece de veloux violet cramoisy tai(n)ct en grene, une piece de satin broche ou bien cramoisy.

Et il résume abruptement les conditions du marché :
Voulez vous chaisnes, doreures templettes, bagues ? il ne fault que dire ouy. Iusques a cinquante mille ducatz, ce ne mest rien cela.

C'est mettre pour la complaisance de la dame l'équivalent d'une for-

tune. Or, si Panurge ne risque rien, la dame, qui n'en sait rien, ne trouve pas démesurée une telle estimation de son joyau intime. Il nous est même dit clairement que cette haulte dame, qui est jusque là restée indifférente à tout, est cette fois fortement ébranlée :
Par la vertus desquelles parolles il luy faisoit venir leau a la bouche.
Elle se ressaisit pourtant :
Mais elle luy dict. Non, ie vous remercie : ie ne veulx rien de vous.
Panurge équivoque immédiatement sur le verbe vouloir :
Par dieu (dist il) si veulx bien moy de vous :
La phrase semble pourtant signifier en écho : moi je me contente bien de vous. C'est que Panurge a ressenti l'humiliation et qu'il a quelque peine à garder le ton de parade. Il va donc, jouant son va-tout, lui exposer qu'elle n'a, elle, pour le satisfaire, rien à payer ni rien à perdre :
mais cest chose qui ne vous coustera rien, & nen aurez rien moins,
Et recourant cette fois à la démonstration, puisque maistre Iean Ieudy est devenu maistre Ian Chouart, il termine ainsi son argumentation :
tenez, (monstrant sa longue braguette) voicy maistre Ian Chouart qui demande logis,
L'originale disait seulement : voicy qui demande logis : c'est donc dans l'intention de préciser le jeu de scène que Rabelais a ici incarné le pronom qui initial.
Pour ce Ian Chouart, on nous dit : Ce terme, fréquemment pris, au XVIᵉ siècle, dans un sens libre, signifie, au sens propre, le mâle de la chouette (Plattard), mais cela n'explique rien. Or si ce maistre Ian Chouart demande logis, c'est évidemment qu'il est en érection, et il reste à comprendre pourquoi le membre en érection est nommé chouart. Bien sûr, nous trouvons dans Greimas le mot choe, chave : chat-huant, chouette, mais nous voyons surtout que ces substantifs ont donné le verbe choer, chuer, dont le sens premier est cajoler, choyer ; la choerie est la flatterie, et choeter, c'est faire la chouette, minauder. D'autre part, nous trouvons le verbe chauvrir, chauvrer, dérivé de choe, chouette, qui signifie : dresser les oreilles, littéralement faire la chouette. Or, dresser les oreilles est exactement ce que fait la braguette de Gargantua, le contenant représentant le contenu, entre les mains des nourrices (G. x) : & passoient leur temps a la faire reuenir entre leurs mains, comme un magdaleon dentraict. Puis sesclaffoient de rire quand elle leuoit les aureilles, comme si le ieu leurs eust pleu.
Ainsi, ce Iean Chouart semble bien contenir, plutôt que le sens insolite de mâle de la chouette, celui de : qui dresse les oreilles, et donc celui de : qui est prêt à choer, à chuer, c'est-à-dire à cajoler, à choyer.

471

Du même coup, nous sommes donc assurés que Panurge n'a pas hésité à tirer sur le haut de sa braguette pour prouver ce qu'il avance. C'est donc le moment ou jamais de forcer la décision :
& apres la vouloit accoler,

Mais la dame se dérobe encore, tout en craignant surtout le scandale :
Mais elle commenca a sescrier, toutesfoys non trop hault.

Pourtant, ce : toutesfoys non trop hault, mis là comme une indication scénique à l'intention du lecteur, peut nous laisser entendre que cette peur du scandale est assortie chez la dame du désir de ne pas décourager définitivement et de faire durer une prière qui la flatte. Panurge le sent certainement fort bien ; mais pour lui la mesure est comble : la conduite incohérente de la dame, le ridicule qu'elle inflige au chouart dédaigné, transforment subitement en haine le désir qu'il avait de la haulte dame : il jette le masque :
Adoncques Panurge tourna son faulx visaige,

Et, sous l'empire de la colère, il conclut sans ambages :
Vous ne voulez doncques aultrement me laisser un peu faire ? Bren pour vous.

Et il rabat la superbe de la dame avec un jugement de bon sens :
Il ne vous appartient tant de bien ny de honneur :

Puis, à cette dame de haute condition qui s'est laissé proposer un marché fondé sur l'abandon de son corps, à cette dame qui l'a laissé espérer en ne déclinant pas les invites dès les premiers mots, il promet judicieusement :
mais par Dieu je vous feray cheuaucher aux chiens :

Puis, conscient des conséquences que peuvent avoir ses propos insultants, la dame étant chez elle, il abandonne prestement la place :
& ce dict sen fouit le grand pas de peur des coups : lesquelz il craignoit naturellement.

La phrase de l'originale finissait après coups, et il semble qu'il faille voir dans l'addition un désir d'atténuer ce que la retraite précipitée de Panurge pouvait sembler contenir de couardise ; le naturellement, à prendre au sens de conformément aux lois naturelles, fait entendre que Panurge ne prend aucun plaisir à se faire caresser l'échine autrement que par une main féminine ; et si encourir une rossée pour obtenir une telle attention est un risque qu'on peut accepter, il est absurde de s'y exposer quand l'enjeu n'existe plus.

Et c'est là que Rabelais coupe son chapitre initial, faisant du tour a la dame Parisianne le chapitre suivant. Le présent chapitre reste donc, ainsi dégagé de l'accident, ce qui nous apparaît finalement comme la conception que se fait Rabelais de la femme, puisque, si la cautèle et la rouerie habituelles de Panurge sont ici exceptionnellement inefficaces, c'est que, tout nous porte à le croire, Panurge agit ici en lieu et place de son créateur :

La fréquentation habituelle de Panurge est celle des filles auxquelles il n'est que d'exposer son désir pour qu'elles consentent à le satisfaire, soit contre rétribution convenue, soit avec un désintéressement qui n'exclut peut-être pas un présent de reconnaissance. Or Panurge conçoit l'ambition de venir au dessus dune des grandes dames de la ville, c'est-à-dire une femme chez qui l'éducation inculquée, le rang acquis, les conventions de caste ont bouleversé la façon de traiter le marché sexuel : la quête doit, pour elle, avoir les apparences d'une prière où l'objet du marché ne doit en aucun cas être nommé, ni même apparaître.

Mais Panurge, qui ignore tout de ces règles de mondanité, va s'imaginer qu'elles se bornent à orner abondamment les termes qu'il emploie d'ordinaire, et à donner à ses méthodes coutumières une plus grande ampleur. Et surtout, l'image qu'il se fait de la femme étant la représentation théologique, il va suivre, dans son attaque, un canevas inspiré directement du portrait que font d'elle les prédicateurs :

La femme est réputée lascive, et c'est alors le complaisant exposé des voluptés recherchées ; elle est vaniteuse et surestime sa personne : c'est le long compliment outré dans lequel elle surpasse trois déesses ; elle est toutefois accessible à la pitié, aime à guérir, et ce lui est une occasion de faiblesse : c'est l'aveu du mal qu'elle est dite avoir causé ; le rire, abattant ses défenses, est chez elle occurrence de tous les abandons : c'est le moment de la contrepèterie ; elle est fort attachée à ses biens : c'est la demande du don du chapelet ; elle est velléitaire : c'est la présupposition de l'amour qu'elle dissimule ; enfin, elle est cupide et vénale, et c'est alors le tableau des dons de valeur prodigieuse qu'elle recevra en échange de son consentement.

Mais de plus, Panurge, à chacun de ses assauts, a grand soin de rappeler clairement le but qu'il vise : agissant avec une probe simplicité, il ne laisse jamais la dame perdre de vue la finalité de ses discours ; chaque boniment ramène explicitement l'intention qui le meut. Et son échec est en définitive, en même temps que celui de la maladresse et de la précipitation, celui de la sincérité. D'où sa colère et l'expression de son mépris quand il est amené à reconnaître que la dame est de celles qui n'apprécient que l'apparat des afféteries hypocrites.

Et s'impose à nous l'idée que cet épisode peut être la transposition d'une mésaventure réellement survenue à un Rabelais défroqué de frais : les filles dont il se repaît d'abord ne font que confirmer l'image théologique de la femme dont il est imprégné ; et quand l'envie lui prend un jour de conquérir une dame plus haut placée, c'est avec la brutale candeur de Panurge qu'il conduit son siège, et c'est comme lui qu'il est repoussé. Peut-être quelques autres tentatives de ce genre ont-elles abouti au même insuccès, et ce qu'il dit à un moment de Panurge : Ainsi sen alla sans grandement se soucier du reffus quil auoit eu & nen feist oncques pire chiere, peut-il alors nous apparaître comme une de ces consolations auxquelles on donne forme de résolution.

Il est sûr, pourtant, qu'il sut ne pas se laisser affecter trop long-temps par de telles déconvenues, et la protestation qu'il mettra dans la bouche de Panurge au Tiers Livre (XLVI) est la preuve du parti qu'il aura finalement pris : car ie vous affie que plus me plaisent les guayes bergerottes eschevelées, es quelles le cul sent le serpoullet, que les dames des grandes cours avecques leurs riches atours et odorans per-fums de maulioinct. En homme des livres, qui a décidé de l'exacte valeur qu'il faut donner aux faveurs d'une femme et du juste délai qu'il faut s'accorder pour les obtenir, il aura opté pour le serpoullet [3].

Mais, en 1532, le souvenir des humiliations est encore vif ; et sa plume va donner à Rabelais l'occasion de se purger de l'amertume qu'il peut encore conserver. Le jugement qu'il a dû taire, il le fait exprimer par son personnage : Il ne vous appartient tant de bien ny de honneur ; la revanche qu'il n'a pu que rêver, il la fait promettre par son truchement : mais par Dieu ie vous feray cheuaucher aux chiens. Et c'est à l'accomplissement de cette vengeance, sorte d'élimination psychothérapique, que nous allons maintenant assister, retrouvant un Panurge qui a repris tous ses esprits, et, avec eux, sa minutieuse mali-gnité.

---

3. Et la veuve qu'on lui donne pour mère de deux des enfants qu'on lui attribue serait encore une de ces femmes au serpoullet, la viduité prédisposant, comme chacun sait, à écouter et à admettre une cour directe et rapidement efficace.

Comment Panurge feist un tour a la dame Parisianne qui ne fut poinct a son aduentage. Chapitre.xxj.

Il y a évidemment dans le titre une coquille : ce chapitre est le chapitre xxij. Il a été plus profondément retouché que le précédent, et les substitutions ou additions ont été dictées par une intention tout autre que celle de forcer le trait.

Ainsi, la première phrase était dans l'originale : Or notez que le lendemain estoit la grande feste du corps dieu/a laquelle toutes les femmes se mettent en leur triumphe de habillemens ; la définitive en change le début en : Or notez que lendemain estoit la grande feste du sacre, et nous pouvons voir là le désir de supprimer ce que pouvait avoir d'irrévérencieux la volonté de rapprochement du corps dieu et le triumphe de habillemens, qui paraissait introduire l'idée que cette fête religieuse est surtout celle où les femmes cherchent à mettre en valeur leur propre corps.

Une deuxième modification peut apparaître, elle, comme une atténuation de la verdeur du terme ; la phrase : quil trouua une chienne qui estoit en chaleur est devenue : quil trouva une lycisque orgoose, dont on nous précise que c'est l'équivalent grec. Pourtant, ce souci de gazer une crudité semble si fort étranger à Rabelais qu'il nous apparaît aussitôt qu'il nous faut voir là une intention littéraire : celle de donner une teinte quelque peu ésotérique en préparant la phrase où il est indiqué au lecteur que Panurge en print ce que scauent les Geomantiens Gregoys.

Car il est dit que Panurge, lorsqu'il a trouvé la chienne, la lya auecques sa ceincture & la mena en sa chambre, & la nourrist tresbien cedict iour & toute la nuyct, au matin la tua. Il serait, bien sûr, vain d'attendre de Panurge le moindre attendrissement, mais il serait anachronique aussi d'appeler cruauté cette insensibilité : Panurge est de l'époque où, en toute bonne conscience, on peut allègrement supprimer un animal parce que cet animal, être dépourvu d'âme, appartient à l'homme qui, lui, en a une. Tout cela s'appuie sur la parole d'Elohim qui a enjoint aux humains : remplissez la terre et soumettez-la, ayez autorité sur les poissons de la mer et sur les oiseaux des cieux, sur tout vivant qui remue sur la terre (Genèse, I, 28), sans que les Evangiles aient jamais marqué ensuite un intérêt quelconque pour les bêtes, ni étendu à elles l'idée de prochain.

C'est donc d'un cœur léger que Panurge sacrifie la chienne, et, nous venons de le voir, il en print ce que scauent les Geomantiens Gregoys, & le mist en pieces le plus menu quil peut. Guilbaud dit ici : Magiciens grecs. Panurge utilise en effet une recette ancienne : il s'agit de la graisse de chienne en chaleur (c'est pourquoi Panurge nourrit très bien sa lycisque orgoose !). La naïveté de Guilbaud est grande : il n'est nul besoin d'être vétérinaire pour se douter, d'une part que ce n'est pas la graisse que Panurge ici hache menu, mais bien les parties génitales de la chienne ; d'autre part que si Panurge nourrist tresbien la chienne, c'est qu'il sait que le besoin génésique est, chez l'animal, d'autant plus fort qu'il est repu. Il est d'ailleurs dit de ces parties : & les emporta bien cachees : comme il ne peut s'agir des pieces, le pluriel nous semble révélateur.

La suite de cette même phrase était dans l'originale : et sen alla a lesglise ou la dame debuoit aller pour suyure la procession/ comme cest de coutume a ladicte feste. Rabelais en a transformé le début en : & alla ou la dame deuoit aller, supprimant la mention de l'église en comptant vraisemblablement sur la phrase suivante pour indiquer le lieu : Et alors quelle entra, Panurge luy donna de leau beniste bien courtoisement la saluant, & quelque peu de temps apres quelle eut dict ses menuz suffrages il se va ioindre a elle en son banc, & luy bailla un Rondeau par escript en la forme que sensuyt.

Et l'on pourrait ici se poser bien des questions sur la nature de cette haulte dame à qui Panurge a dit la veille : merde pour vous, à qui il a promis de la faire cheuaucher aux chiens, et qui consent néanmoins à prendre et à lire le billet qu'il lui remet ; mais nous savons bien que la femme priée qui éconduit reçoit encore comme une flatterie l'insulte et la menace qui naissent de la déception.

Quant à ce rondeau, qui veut être précieux, il contient à la fois la conviction que la dame est en quête d'amant, et le rappel insistant du seul point où Panurge voulait en venir : le Vous pouuiez par vous sans maquerelle, implique en effet insolemment que la dame a d'ordinaire à son service une entremetteuse, et le sinon quen vostre tour/Me faciez dehait la combrecelle est la claire mention du seul but auquel ont tendu les efforts de Panurge.

Pourtant, cette combrecelle a été comprise de bien des façons. Saulnier dit : Combrecelle : culbute. Cf. ancien français combrer, se baisser. Il ajoute toutefois dans son Supplément : Spitzer ne rattache pas le mot à : faire la culbute ; il propose plutôt (cf. couverceau, couvercle ;

et par coopercellum) : couvrir, au sens qu'on devine. Boulenger dit : Joyeusement, de bon cœur la culbute. Guilbaud dit : Cabriole. Faire la combrecelle peut aussi vouloir dire : couvrir. Plattard dit : Terme dont le sens précis est incertain ; peut être courber le corps en forme de selle. Jourda dit : De bon cœur la cabriole. Michel dit : La culbute. Demerson dit : Joyeusement la culbute (ou bien : que vous fassiez de moi votre couvercle), pendant que ses élèves en profitent pour falsifier gauchement en : Car je vous invite à faire en retour/La leste culbute des jouvencelles.

Tout le monde pressent ce qu'est la combrecelle et cherche seulement à justifier de façon plausible son intuition ; Plattard toutefois reste hors de toute mesure, amenant la dame à prendre une position d'épileptique ou de contorsionniste. Pourtant, si l'adjectif combre est donné par Greimas pour : recourbé ; voûté, bossu, le verbe combrer est chez lui l'équivalent de prendre, saisir, empoigner avec force, s'emparer de, se rendre maître de, et nullement du se baisser dont parle Saulnier. Quant à cette celle où Plattard voit la pièce de cuir incurvée placée sur le dos du cheval et qui sert de siège au cavalier (Petit Robert), nous trouvons, toujours chez Greimas, le mot celle, ceaule, ciele signifiant cellule, chambre ; petite maison, ermitage ; colonie ou dépendance d'un monastère ; cellier ; cavité ; siège, tribunal. Sans nous attarder au contresens qu'a commis Plattard pour le mot siège qui est ici à prendre au sens de résidence, nous comprendrons que l'idée générale est celle de logis, habitation à laquelle est liée l'idée de secondaire, adjacent. Nous retiendrons évidemment le mot cavité qui, joint au sens de se rendre maître de, fait effectivement de la combre-celle la prise de possession de la cavité. Ainsi, ce que Panurge exprime par son : sinon quen vostre tour/Me faciez dehait la combrecelle est donc : sinon que de votre côté Vous m'offriez de bon cœur la prise de possession de votre petit logement.

Car le rondeau est explicite : pour Panurge, il n'était que de ne pas perdre son temps et sa peine ; ou bien la dame trouvait déplaisante la querelle, c'est à-dire l'entreprise (Greimas), et elle le signifiait immédiatement en adoucissant son refus par les paroles lénitives : pour ceste foys qui, dans leur premier emploi, équivalent à : pour le moment ; ou bien elle écoutait Panurge lui déceler son cœur tout brûlant de la beauté que recouvre l'atour, et le consentement au déduit devait conséquemment s'ensuivre, le pour ceste foys équivalant alors à : dans ces conditions.

Panurge est donc aussi clair dans ses écrits qu'il l'a été dans ses paroles : il indique bien où il situe son cœur, prenant même soin de préciser : car rien ny quiers sinon, ce qui signifie très exactement : car

477

je ne prétends à rien d'autre que, et nous venons de voir que cette unique prétention est l'obtention de la combrecelle.

Ainsi, le pragmatisme de Panurge peut-il d'autant moins admettre d'avoir été berné qu'il n'a jamais dissimulé ses vues, et qu'il ne s'est jamais soucié d'aucune girie sentimentale. Habitué des filles sans complications, il a voulu superbement ignorer que la dame est toute imbue de cette préciosité qui veut que l'abandon du corps ne soit que la conséquence d'une irrésistible attirance cérébrale. Mais nous devinons là-derrière la position d'un Rabelais, qui fut probablement confesseur, et qui sait ce que recouvre cette convention mondaine.

Donc, puisque son dessein n'est plus que la vengeance et que la dame tient résolument du maniérisme, c'est en protestant copieusement des affres qu'endurent les pauures amans que Panurge sème sur elle la drogue, & mesmement au replis de ses manches & de sa robbe.

Avec une rare pénétration, on a vu dans l'œuvre de Rabelais une entreprise de rabaissement des valeurs artificielles données pour respectables [1]. Nulle part peut-être cette volonté de détrônement n'est aussi apparente que dans l'avanie que va maintenant connaître cette dame qui s'est jouée de Panurge parce qu'elle a jugé indigne d'elle un désir exprimé crûment. Puisqu'elle se croit plus haut placée que les autres femmes, Panurge va la ramener au-dessous des plus viles en l'assimilant à une chienne ; et nous allons assister au résultat que donne le tour connu des Geomantiens Gregoys.

C'est dans la relation de ce tour que se situe le plus gros des corrections, et il semble que l'étude des modifications doive nous permettre d'établir qu'un affinement d'écriture s'est, dans la définitive, superposé à la première conception, où le parti pris de dépréciation prenait le pas sur le souci de composition.

Cette relation commençait ainsi : Panurge neut pas acheue ce mot/ que tous les chiens qui estoient en lesglise ne sen vinssent a ceste dame pour lodeur des drogues que il auoit espandu sur elle/petitz & grans/gros & menuz tous y venoient tirant le membre & la sentant & pissant par tout sur elle. La définitive dit d'abord : Panurge neut acheve ce mot, puis, remplaçant le point par une virgule, ajoute : cestoyt la plus grande villanie du monde ; et il semble que Rabelais a ici éprouvé le besoin de caractériser nettement le décor avant de faire quitter la scène à Panurge. Car Panurge abandonne définitivement la dame pour jouir en spectateur de la réussite de son stratagème.

---

1. L'œuvre de François Rabelais et la culture populaire au Moyen Age et sous la Renaissance, de Michaïl Bakhtine (Gallimard).

L'originale disait alors : Et Panurge les chassa quelque peu et print congie de elle/et sen alla en quelque chapelle pour veoir le deduyt : car ces villains chiens la conchioient toute & compissoient tous ses habillemens/tant quil y eust ung grand leurier qui luy pissa sur la teste & luy culletoit son collet par derriere/les aultres aux manches/les aultres a la crope : & les petitz culletoient ses patins.

Retenons que ces chiens, d'une part la conchioient toute, et, selon Greimas, conchier c'est souiller, salir, remplir d'ordures ; d'autre part que le grand lévrier luy culletoit son collet par derriere, et que d'autres chiens, moins hauts sur pattes, le faisaient aux manches, d'autres encore moins hauts le faisaient a la crope, et que les petits, eux, culletoient ses patins. Culeter c'est, selon Greimas, jouer du cul, et nous comprenons bien qu'il s'agit là du frénétique mouvement de couverture que fait le chien en rut. Dans ces conditions, le conchioient laisse entendre que c'est par les sécrétions génitales que sont souillés les habillements de la dame. Or la définitive modifie scrupuleusement la phrase en supprimant le mouvement d'excitation et son résultat : car ces villains chiens compissoyent tous ses habillemens, tant que un grand leurier luy pissa sur la teste, les aultres aux manches, les autres a la croppe : les petitz pissoient sus ses patins.

Ont disparu le conchioient et les quatre emplois, exprimés ou suggérés, du verbe culleter ; demeurent le compissoient et les quatre emplois du seul verbe pisser qui s'ajoutent au pissant par tout sur elle du tableau de présentation. Il est apparent que la volonté de Rabelais est celle d'abandonner la mention des actions proprement sexuelles pour donner la prépondérance aux mictions. La suite immédiate n'a pas été modifiée :

En sorte que toutes les femmes de la autour auoyent beaucoup affaire a la sauluer. Et Panurge de rire, & dist a quelcun des seigneurs de la ville. Ie croy que ceste dame la est en chaleur, ou bien que quelque leurier la couuerte fraischement.

La phrase fait évidemment allusion à l'excitation qui saisit les chiens sentant l'odeur, pour eux perceptible de loin, de l'appétence féminine. Quant à celle qui évoque les services que les grandes dames étaient réputées demander à leur lévrier, elle trouve peut-être son fondement dans le fait que lesdits lévriers étaient particulièrement dressés à la poursuite du lepus : lièvre, lapin, et que le lapin était alors le conin (Greimas). Mais il n'y a pas de fumée sans feu, et le lévrier, la levrette ont toujours été la race canine le plus souvent associée à la pratique de la bestialité. Il est sûr en tout cas que si cette réflexion de Panurge est toujours en situation avec le seul pissat des chiens, elle l'était bien davantage quand ceux-ci donnaient le spectacle du culletage et du conchiement.

La dizaine de lignes qui suivent n'ont subi d'autre modification que de forme. Panurge, qui éprouve le besoin de montrer le spectacle à Pantagruel, va le chercher en rabattant sur les nopces tous les chiens qu'il trouve sur son passage ; arrivé, il lui disait dans l'originale : maistre ie vous pry/venez veoir tous les chiens de ceste ville qui sont assemblez a lentour dune dame la plus belle de ceste ville & la veullent iocqueter. Rabelais, supprimant la répétition, fait dire à Panurge dans la définitive : Maistre ie vous prye venez veoir tous les chiens du pays. Mais ce que nous apprenons ici, c'est que la dame qu'on nous a dit être une des grandes dames de la ville en est aussi la plus belle, et nous prenons alors nettement conscience du degré de la suffisance qui a enflammé un moment Panurge. Pour Pantagruel, qui se rend immédiatement sur les lieux, sa réaction est bien celle que nous pouvions attendre d'un homme aussi sage que jovial : A quoy voluntiers consentit Pantagruel, & veit le mystere lequel il trouua fort beau & nouueau.

Il serait outré de penser que la scène est ici dénommée mystère parce qu'elle a lieu dans une église : c'est le mot, abondamment attesté, qui désigne plaisamment la relation sexuelle, probablement parce que cette relation s'effectue sans témoins. Mais il est plus remarquable que Pantagruel, s'il trouve à son goût la mise en scène de la farce, semble ignorer qui en est l'auteur et ne se soucie pas de l'apprendre. Là-dessus se termine le premier acte. Commence alors celui de la procession.

La première phrase a subi une modification d'importance ; elle disait : Mais le bon fut a la procession : car il se trouua plus de six cens chiens a lentour delle/ qui luy faisoient mille hayres. C'est encore le temps où l'action des chiens est de conchier et de culleter. Mais nous avons vu que les corrections ne les font plus que pisser et compisser ; aussi Rabelais, préparant le nouveau finale, augmente-t-il prodigieusement le nombre des chiens pisseurs, et la phrase devient, avec le grotesque souci de précision habituel : en laquelle feurent veuz plus de six cens mille & quatorze chiens a lentour delle.

Pour les mille hayres, Guilbaud dit : Misères (équivoque habituelle sur le mot), et peut-être a-t-il raison, le pauure haire esmouchete de Panurge étant, nous l'avons vu au chapitre xiiij, son membre viril. Ces mille hayres se rattacheraient donc à la précision du tableau de présentation : tous y venoyent tirans le membre, bien que le sous-entendu ait moins de raison d'être dans la nouvelle version.

La phrase qui suit insiste encore sur les mictions : & par tout ou elle passoit les chiens frays venuz la suyuoyent a la trasse, pissans par le chemin ou ses robbes auoyent touché. Toutefois la suivante, qui prépare la retraite de la dame, semble bien encore laisser entendre que les chiens nouvellement arrivés continuent de culleter et de conchier : Tout le monde se arestoit a ce spectacle considerant les contenences de ces chiens qui luy montoyent iusques au col, & luy gasterent tous ses beaulx acoustremens. La fin de la phrase, qui était dans l'originale : quelle ne sceut y trouuer remede/ sinon sen aller a son hostel, et qui est devenue : a quoy ne sceut trouuer aulcun remede, sinon soy retirer en son hostel, marque la fin de la présence de la dame.

Le jeu scénique continue donc en son absence ; la phrase qui l'introduit a été nettement étoffée ; où l'originale disait : Et chiens daller apres, la définitive dit : Et chiens daller apres, & elle de se cacher, & chamberieres de rire.

Et nous arrivons ainsi à ce qui était la phrase finale dans l'originale : & quand elle fut entree en sa maison et ferme la porte apres elle/ tous les chiens y accouroient de demye lieue/ et compisserent si bien la porte de sa maison/ quilz y feirent ung ruysseau de leurs urines/ ou les cannes eussent bien noue.

La définitive commence avec : Quand elle, change ruysseau en rousseau, et finit par : auquel les cannes eussent bien nagé. Mais surtout c'est là qu'apparaît le nouveau finale, raison de l'atténuation apportée à l'action de culleter et à celle de conchier, et de l'amplification donnée à celles de compisser et pisser : Et cest celluy ruysseau qui de present passe a sainct Victor, auquel Guobelin tai(n)ct lescarlatte, pour la vertu specificque de ces pisse chiens, comme iadis prescha publicquement nostre maistre Doribus.

Pour le cours de ce ruisseau, Michel dit : Il s'agit de la Bièvre, dont le cours avait été détourné au XIIe siècle (d'où la précision : de présent), et qui se jetait dans la Seine, en face de l'évêché. On nous dit encore que la vertu spécifique des pisse-chiens n'est pas complètement une invention burlesque de Rabelais, car on utilisait les propriétés ammoniacales de l'urine pour dégraisser avant de teindre (Michel) ; c'est, à notre sens, d'autant moins une invention burlesque qu'il semble évident que c'est précisément les vertus ammoniacales de la Bièvre et cette façon de dégraisser qui ont amené Rabelais à bâtir son chapitre sur la miction des chiens.

Mais on veut nous faire distinguer dans cette nouvelle fin une intention satirique contre nostre maistre Doribus ; Boulenger dit que le nom désigne peut-être Mathieu Ory, dominicain, grand inquisiteur en 1536. Mais il ajoute : Dans l'édition de 1537, on lit au lieu de Maître d'Oribus : Maistre de Quercu, autrement dit Maître Duchesne, (latin quercus : chêne) de la Sorbonne, qui seconda vigoureusement Beda dans sa lutte contre l'humanisme. Saulnier, lui, parle du personnage de fiction de la Sottie de Mᵉ Pierre d'Oribus.

Aussi l'intention satirique nous semble-t-elle accidentelle et greffée sur la véritable intention : celle de choisir un prêcheur dont le nom impliquât une compétence particulière dans le domaine de la scatologie. Rabelais choisit d'abord d'Oribus, c'est-à-dire d'Excréments, puis pense avoir trouvé mieux avec la finale cu de Quebercu, nom qui a l'avantage de ridiculiser un adversaire ; mais il juge finalement préférable l'évocation de matières fécales à celle du mot cul, ce mot étant plus généralement chargé d'un contenu érotique que d'une idée d'excrétion, et revient à d'Oribus.

Le chapitre pourrait finir sur cette haute note, mais Rabelais ajoute encore une phrase qui, d'évidence, abat la résonance : Ainsi vous aist dieu, un moulin y eust peu mouldre. Non tant toutesfoys que ceulx du Bazacle a Thoulouse.

Michel dit que ce Bazacle était un moulin fameux sur la Garonne et qui passait pour être le plus beau d'Europe, à cause d'une chaussée coupant le fleuve de biais. Passons sur le pluriel qu'emploie Rabelais et qui laisse supposer que plusieurs moulins étaient établis en ce lieu, et remarquons que le vous aist dieu, autrement dit : Dieu vous aide à le croire, introduit volontairement la reconnaissance de l'invraisemblance. Et il nous faut bien constater que l'intention seconde est celle de confirmer que ce qui vient d'être conté l'a été au mode du gab et que le lecteur doit tenir pour faribole cette histoire de Bièvre urineuse pour les teintures. Ce soin est assez rare pour que nous y voyions la précaution de ne pas ternir la réputation du haut lieu de la tapisserie, art que protégeait particulièrement le roi.

Ainsi finit la réparation qu'obtient Panurge de l'humiliation que lui a value sa tentative de pénétrer dans une société pour laquelle il n'est pas fait. Elle marque la fin des aventures parisiennes de Pantagruel et de sa suite, comme si cette mondanité leur avait démontré qu'il est temps de laisser ce monde d'affectation pour la roborative ambiance du groupe de bons compagnons. Fort à propos, la révolte des Dipsodes requiert que Pantagruel aille au secours de son pays de Utopie : nous allons donc quitter Paris avec toute la troupe.

Comment Pantagruel partit de Paris ouuant nouuelles que les Dipsodes enuahyssoient le pays des Amaurotes. Et la cause pourquoy les lieues sont tant petites en France. Chapitre.xxij.

Il s'agit évidemment du chapitre xxiij, mais l'erreur de numérotation découle de celle du chapitre précédent et durera jusqu'au chapitre xxx ; nous la corrigerons désormais dans l'intitulé même. Ce chapitre xxiij n'est formé que du début du chapitre xv de l'originale, dont le titre comportait la phrase supplémentaire : Et lexposition dung mot escript en ung aneau : Rabelais a fait de cet épisode le chapitre suivant, réduisant le présent chapitre à soixante-quatre lignes.

Il commence par une phrase qui est restée pour les commentateurs fort ambiguë : Peu de temps apres Pantagruel ouyt nouvelles que son pere Gargantua auoit este translaté au pays des Phees par Morgue, comme feut iadis Ogier & Artus.

L'originale disait ici : comme fut iadis Enoch & Helye. Cela se rapportait à la Genèse (V, 24) qui dit : Puis Hénoch marcha en compagnie de l'Elohim et il ne fut plus, car Elohim l'avait pris, et au deuxième livre des Rois (II,11) : Ils marchaient tout en parlant et voici qu'un char de feu et des chevaux de feu s'interposèrent entre eux deux : Elie monta aux cieux dans le tourbillon. La première version substituait ainsi audacieusement la toute profane fée des Romans de la Table Ronde au Dieu-Elohim de la Genèse et au Dieu-Iahvé des Rois. Rabelais a jugé préférable, pour sa sécurité, de ne plus faire exercer le pouvoir de Morgane que sur des personnages aussi profanes qu'elle.

Mais tout n'est pas là : la plupart des commentateurs ont compris que pays des Phees équivaut à au-delà, et que Gargantua est mort ; aussi s'étonneront-ils fortement de le voir reparaître au chapitre XXX du Tiers Livre pour assister à la consultation que donne à Panurge le philosophe Trouillogan sur la difficulté de mariage, et déplorer son scepticisme stérile. Screech dira même dans son édition critique que Rabelais a ici ressuscité Gargantua afin de donner plus de poids à sa propagande contre les mariages clandestins, et nous nous en divertirons le moment venu.

Nous comprendrons, nous, que les noms d'Artus et d'Ogier ne sont que des masques, et que l'idée reste l'idée biblique ; c'est donc celle-ci qu'il nous faut examiner pour avoir quelque chance de discerner l'intention de l'auteur. Nous allons donc tenter d'arriver à la connaissance que devait avoir du texte le théologien Rabelais.

Pour Hénoch, le commentateur de la Bible de la Pléiade dit : Sa disparition mystérieuse, comme celle d'Elie, a donné lieu à toutes sortes de légendes dans la littérature apocryphe, ce qui nous donne déjà une bonne raison du choix des personnages. Puis il indique des rapprochements auxquels nous nous reportons, et nous lisons :

Pour Hénoch : Hénoch fut agréable au Seigneur et il fut transporté (L'Ecclésiastique, XLIV, 16) ; Par la foi, Hénoch fut transféré pour ne pas voir la mort et ne fut plus trouvé parce que Dieu l'avait transféré. Avant son transfert en effet, on avait attesté qu'il était au gré de Dieu (Epître aux Hébreux, XI, 5). Pour Elie : Elie, pour avoir été embrasé du zèle de la Loi, a été ravi jusqu'au ciel (I-Maccabées, II, 58) ; Toi qui fus enlevé dans le tourbillon de feu, Dans le char aux chevaux de feu (L'Ecclésiastique, XLVIII, 9).

Ainsi, nous relevons, pour Hénoch, les verbes : transporter, transférer et plus trouver ; pour Elie, les verbes : ravir et enlever. Or le verbe qu'emploie Rabelais, aussi bien dans la définitive que dans l'originale, est le verbe translater. Et Greimas dit de ce verbe : Dérivé verbal de translatum, participe passé de transferre : transférer, transporter. Il donne aussi le substantif translatement : transition, passage en d'autres mains. Nous nous apercevons donc que le auoit este translaté de Rabelais a pour charge de rendre exactement ce que contiennent les verbes bibliques, qui n'impliquent finalement qu'une disparition transitoire n'excluant pas la possibilité d'une réapparition.

En fait, Rabelais ne fait nullement mourir Gargantua, ce qui de toute façon, serait une impardonnable maladresse littéraire puisque cette mort, qui ne répond à aucune nécessité, le priverait d'un personnage dont il ne peut savoir, à ce moment de la composition, ce qu'il va faire. Donc le verbe translater a ici, à dessein, la même imprécision que les verbes bibliques, et nous découvrons que l'intention de l'originale était, ni plus ni moins, de laisser le lecteur conclure pour Gargantua de la même façon qu'il a conclu pour Hénoch et Elie. Il y a la une malicieuse plaisanterie fondée sur les légendes de la littérature apocryphe dont parle le commentateur de la Bible de la Pléiade, plaisanterie renforcée par la commutation entre Elohim-Iahvé et la fée Morgane : la correction a prudemment annulé le tout.

Et la preuve manifeste que cette translation n'est pas la mort nous semble d'ailleurs résider dans deux points : le texte de l'Epître dit que Hénoch fut transféré pour ne pas voir la mort ; or, qui n'a pas vu la mort a toutes chances de n'être pas mort. D'autre part, Pantagruel ne marque aucune douleur à l'annonce de la nouvelle, et va même écouter complaisamment l'histoire pleine de gaieté que raconte Panurge, alors que la mort de son père l'aurait sans nul doute affecté profondément.

Donc Gargantua n'est seulement plus trouvé, et en son absence des voisins envahissent son pays : ensemble que le bruyt de la translation entendu, les Dipsodes estoyent yssuz de leurs limites, & auoyent gasté un grand pays de Utopie, & tenoyent pour lors la grande ville des Amaurotes assiegée. Le chapitre ij nous a dit en effet que la mère de Pantagruel, Badebec, la défunte épouse de Gargantua, était fille du roi des Amaurotes en Utopie. Ces Amaurotes sont les Difficiles à voir, les Indistincts, et l'Utopie est le pays de nulle part ; ou, selon certaines interprétations qui jouent sur le début du mot grec, la contrée heureuse. Cela vient tout droit de l'Utopie de Thomas More (1516). Quant aux Dipsodes, ce sont les Altérés, les Soiffards.

Il s'agit de ne pas perdre de temps : Dont partit de Paris sans dire a dieu a nulluy : car laffaire requeroit diligence, & vint a Rouen. Toutefois, le chemin est long, et Panurge doit s'employer à distraire son maître ; à une question que lui pose celui-ci, il va répondre par une fable qu'il attribue, par référence controuvée, à un certain Marotus du lac, qu'il dit monachus, dans son ouvrage intitulé : gestes des Roys de Canarre.

Nous avons déjà rencontré, à la fin de la plaidoirie de Baisecul, un Roy de Canarre, et nous avons compris alors que ce roi avait tout l'air d'être le roi de Triquedondaine. Bien que Guilbaud dise candidement ici : Il y a sans doute jeu de mots avec canards en rapport avec Lac, nous verrons dans ces Gestes celles des Rois de la Raideur, titre du répertoire imaginaire de contes gaillards commun à un certain Clément Marot et à François Rabelais, tous deux moines de l'Abbaye de la Gaieté. Et l'histoire des lieues pourrait bien être alors celle que le monachus Marotus a contée un jour à l'autre moine, a lumbre d'un verre de vin [1], dans une taverne de Lyon.

Comme toujours, le fiction est établie sur l'interprétation burlesque d'un fait réel : les lieues n'avaient pas la même longueur qu'en France en Bretagne, dans les Landes et en Allemagne. La définitive n'a guère modifié une narration presque arrivée à sa perfection dès l'originale, sauf dans le souci de varier le vocabulaire, notamment dans le vocabulaire du jeu d'amour, comme dit Saulnier dans son Introduction. Et ce souci donne les trois corrections suivantes :
quilz cheuaucheroient leurs garses devient : quilz biscoteroyent leurs

---

1. Pantagrueline Prognostication ; Au liseur beneuole.

garses ; ilz cheuauchoient a chasque bout de chant devient : ilz fanfreluchoient a chasque bout de champ ; ilz ne cheuauchoient pas si
souuent devient : ilz ne belinoyent si souuent.

Les notes qu'ont inspirées ces nouveaux verbes sont rares chez nos
commentateurs : on a déjà pu voir, en des occasions précédentes, ce
que dit Saulnier dans son Index : Biscoter (une femme) : jouer
l'amour ; De biscot, jeu de bouchon, dans le nord ; Fanfrelucher :
mugueter. Fanfreluche désigne le sexe de la femme (de l'ancien français
fanfelue, bagatelle, du bas latin famfaluca, du grec pompholux, bulle
d'air) ; Beliner : mugueter. De belin, bélier. Boulenger, Plattard,
Jourda, Michel et Demerson se taisent. Guilbaud, lui, dit pour biscoteroyent : baiseraient, mais on ne sait comment il l'entend ; il ne dit rien
pour fanfreluchoient, mais il explique, pour belinoyent : s'accou-
plaient ; littéralement : comme béliers qui luttent. Cette vue littérale de
la chose, inhabituel effort d'atténuation chez Guilbaud, est ridicule,
nous proposant l'image de deux mâles tête contre tête, cherchant à
s'évincer : il y a erreur sur la finalité, erreur sur l'appariement des
sexes et erreur sur les parties du corps mises en contact. Pourtant Guilbaud dira pour la phrase : ny auoit plus dolif en ly caleil : il n'y avait
plus d'huile dans la lampe à queue ; et l'on ne peut alors que penser
que les desseins érotiques des commentateurs sont impénétrables. Pendant ce temps, les élèves de Demerson continuent leur mesquine entreprise, et remplacent biscoteroyent par sauteraient et belinoyent par
frayaient. Elles laissent pourtant intact le verbe fanfreluchoient, mais
on peut être sûr que c'est uniquement parce qu'elles n'en discernent
pas le délicat contenu.

Et c'est précisément cette phrase qu'il nous faut maintenant examiner
de plus près, la transformation de cheuauchoient a chasque bout de
chant en fanfreluchoient a chasque bout de champ nous paraissant
impliquer, avec le chant devenu champ, une extension, fondée sur une
trouvaille, de la première intention.

Le mot chant de l'originale désigne comme on sait la partie la plus
étroite d'une pièce de bois, d'une brique (Littré) et, plus généralement,
la face étroite d'un objet (Petit Robert). Or nous avons rencontré, dans
la défense de Humevesne (xij), la phrase : qui mousche en plein chant
de Musicque, où ce mot chant est à prendre au sens érotique de face
étroite du corps qui représente la surface étroite du bas-ventre, c'est-à-
dire les parties génitales de la fille. Partant de là, nous pouvons donc
voir dans bout de chant, le bout, l'extrémité de cette partie étroite du
corps, ce qui revient à désigner l'organe sexuel, et, dans ce cas, aussi
bien l'organe masculin que l'organe féminin. La locution équivaut alors
à : se chevauchaient à chaque extrémité de la face étroite de leur corps.

486

Bien sûr, il s'agit là de la compréhension superposée à la compréhension courante ; et pour celle-ci, nous avons toutes raisons de conjecturer que a chasque bout de chant est issu de la consigne que donne le maître de chapelle à ses chantres pour les inviter à se rencontrer à chaque bout de chant, c'est-à-dire à chaque point d'orgue. La phrase a dû être constamment entendue par le frère François, et nous nous trouvons là, avec l'interprétation salace d'une innocente expression, devant le genre d'esprit monacal dont nous avons déjà eu nombre d'exemples.

Nous supposons donc l'existence de l'expression musicale : rencontre à chaque bout de chant, où la compréhension malicieuse du verbe rencontrer aboutit à l'idée de chevaucher, cette idée de chevauchement sexuel amenant la compréhension génitale de bout de chant entendu comme extrémité de la surface étroite du corps.

La substitution, pour la définitive, de champ à chant pourrait laisser supposer que le jeu de mots, d'inspiration essentiellement monastique, a pu n'être pas toujours compris. Bien que cette raison ait pu être déterminante, il semble que le changement de terme marque surtout le désir d'introduire, avec le mot champ, une équivoque plus élaborée, Rabelais découvrant avec ravissement que le nouveau mot offre la possibilité des trois compréhensions superposées :

Champ est d'abord entendu au sens de pièce de terre labourable ; et la fanfelue étant la bagatelle (Greimas), le contenu exact du verbe fanfreluchoient a chasque bout de champ exprime alors littéralement l'idée que les couples font la bagatelle à chaque fois qu'ils atteignent la limite d'un champ, ce qui s'entend naturellement de la part de gens qu'on a préparés à cette façon d'arpenter, d'autant qu'ils sont frays & de seiour.

Mais le mot champ, aire labourable, contient aussi l'antique acception sexuelle qui a toujours été attachée à l'idée de labourer, sens renforcé en français par le calembour traditionnel : la bourrer. Le bout de chant de l'originale désignait les sexes masculin et féminin : cette acception de champ réduit la compréhension au seul sexe féminin ; le champ est le ventre féminin, que l'homme laboure et ensemence. Le deuxième sens de fanfreluchoient a chasque bout de champ est alors : faisaient la bagatelle à chaque bout du champ féminin.

Enfin, une troisième compréhension vient se greffer sur les deux premières : nous avons vu en effet que Saulnier dit que fanfreluche désigne le sexe de la femme ; en réalité, la compréhension du mot n'est pas si générale puisque nous avons pu avancer pour le quatre-vingt-dixième titre : Les happelourdes des officiaux (vij), que les fanfreluches sont plus certainement les nymphes vulvaires, le mot comportant aussi l'idée d'ornement, de fioriture. Le verbe fanfrelucher nous paraît dès lors contenir, en plus de l'idée de faire la bagatelle, celle d'adresser cette bagatelle aux fanfreluches du bas-ventre féminin ; et la locution : fanfreluchoient a chasque bout de champ devient alors : jouaient des fanfreluches de chaque bout du champ féminin.

Ainsi, faire la bagatelle à la limite de chaque champ conduit à : faire la bagatelle à chaque bout du champ féminin, qui conduit à : jouer des fanfreluches de chaque bout du champ féminin. Et cela nous amène à émettre l'hypothèse suivante :

Littré dit que le mot chant, surface étroite d'un objet, a été constamment confondu avec le mot champ, espace ouvert et plat, éventuellement labourable ; là où l'on devrait écrire : mettre une pièce de chant, on écrit fautivement : mettre une pièce de champ ; il annote même : Champ est une très vicieuse orthographe qui rend la locution inintelligible, et qui est provenue d'une confusion de sons. Mais il ne dit rien de semblable pour la locution : à tout bout de champ, à chaque bout de champ, qu'il accepte telle quelle en la donnant seulement pour familière. Or ce que nous venons de voir fait apparaître que cette forme est issue elle aussi d'une confusion, et cette confusion est celle qui s'est produite, non plus entre chant, face étroite d'un objet, et champ, espace, étendue labourable, mais entre le champ, pièce de terre, et le chant vocal.

Tout cela confine à l'embrouillement où les plus doctes philologues ont bien l'air de ne s'être pas retrouvés. Et il se pourrait bien que la source de cet imbroglio fût simplement la joyeuse manipulation que Rabelais fait subir au mot chant de l'originale, entendu comme chant vocal, et chant, surface étroite d'un objet, équivoque qu'il résout finalement lui-même dans la définitive par le seul mot champ entendu aux divers sens superposés.

La pudibonderie aidant, on n'a très vite retenu que l'acception agraire, s'appuyant de confiance sur la dernière locution rabelaisienne dont on ne comprenait plus ni tous les sens, ni comment, ni pourquoi elle avait été formée. Et s'il se trouve encore un Littré pour déplorer qu'on emploie à tort le mot champ pour désigner la surface étroite d'un objet, il n'est personne pour dire que à tout bout de champ, à chaque bout de champ, avec sa compréhension exclusivement agreste, a certes moins de raisons d'être qu'une compréhension universelle comme : à tout bout de chant, à chaque bout de chant. Sur ce, nous poursuivons.

Les couples arpenteurs ont, eux aussi, poursuivi leur route. Et leur épuisement croît avec elle : Mais quand ilz eurent long chemin parfaict & estoient ia las comme pauvres diables et ny auoit plus dolif en ly caleil, ilz ne belinoyent si souuent et se contentoyent bien (ientends quand aux hommes) de quelque meschante & paillarde foys le iour. Il eût été surprenant que Rabelais ne fît pas allusion à la véritable malédiction qui frappa le premier couple, imposant à l'homme de se fatiguer en donnant quand la femme se fortifie en recevant. En tout cas, cette olif qui se raréfie dans ce que Guilbaud nomme la lampe à queue, est la raison de la différence de longueur des lieues : Et voyla qui faict les lieues de Bretaigne, Delandes, Dallemaigne & aultres pays plus esloignez, si grandes.

Il faut pourtant reconnaître que Panurge, avec son habituel fallacieux souci de probité, tient à mentionner : Les aultres mettent daultres raisons : mais celle la me semble la meilleure. C'est aussi l'avis de son maître : A quoy consentit voluntiers Pantagruel, qui accepte cette version avec la même docilité qu'il a voluntiers consenti, au chapitre précédent, à aller voir le mystère. Pantagruel ne fait décidément aucune difficulté quand Panurge l'invite à se rigoller (G. vj, xxiij).

Là-dessus, la troupe arrive à Rouen, et de là parvient à Honfleur. De ce port, fort important à l'époque, embarquent ceux que Rabelais éprouve ici le besoin de passer en revue : Pantagruel, Panurge, Epistemon, Eusthenes, & Carpalim ; mais le vent propice se fait attendre, et c'est pendant que l'on calfate la nef que Pantagruel reçoit dune dame de Paris (laquelle il auoit entretenue bonne espace de temps) unes lettres inscriptes au dessus. Au plus aymé des belles, & moins loyal des preux, PNTGRL.

C'est avec une notable surprise que nous apprenons ici que Pantagruel, forcément mieux accueilli que le roturier Panurge, a entretenu un assez long temps une dame de Paris. Cette dame, à vrai dire, nous apparaît comme toute fictive, et tout juste bonne à amorcer le chapitre suivant, car nous n'avons pas eu vent, jusque là, que Pantagruel se soit jamais servi de son laboureur de nature (P. j). C'est qu'en fait, Rabelais, qui s'arrange fort bien des variations de taille qu'il impose à l'occasion à son héros, est beaucoup moins à l'aise pour lui attribuer une partenaire, quand il sait fort bien, pour y penser le tout premier, que s'imposera immédiatement l'idée de la taille, et que l'évocation du ménage sexuel amènera inévitablement à l'esprit la différence de calibre des organes copulateurs. Aussi Pantagruel n'a-t-il à son actif, non seulement aucune activité de cet ordre, mais, à la différence de Panurge, il ne lui est jamais prêté aucune parole ayant trait au commerce hétérosexuel, même s'agissant de celui d'autrui : Pantagruel est un chaste.

Cette dame nous semble donc, au mieux, n'avoir été qu'une dame de l'honneste amour dont parlait Demerson au chapitre xxj, c'est-à-dire une de celles qui ne donnent à baiser que le bout des doigts. Rien, en fait, n'indique que la phrase : laquelle il auoit entretenue bonne espace de temps signifie autre chose qu'une longue cour d'amour ; car il nous faut bien voir que les rapports qu'a eus jusque là Pantagruel avec les femmes ressemblent beaucoup à ceux des amoureux de Karesme du chapitre xxj ; la vertueuse crainte de son précepteur ne lui a pas permis, en Avignon (v), de connaître charnellement les femmes du lieu, et nous nous sommes d'ailleurs déjà demandé à ce moment si toute la bonne volonté des adeptes du serrecropière aurait pu vaincre une disparité que tout laisse supposer infranchissable. Et à Orléans, s'il est dit que les estudians dudict lieu [...] le menoyent aulcunefoys es isles pour sesbatre au ieu du poussauant, il n'est pas dit que cet ébat ne se soit pas borné, et pour cause, à regarder.

Le postulat de gigantisme du héros semble donc bien impliquer que ce héros ne peut pas avoir d'activité sexuelle en l'absence d'une compagne de même taille. Et s'il est donné à Gargantua le petit con de Badebec (P. iij), si Grandgousier fera la beste a deux douz avec Gargamelle (G. iij), il apparaît que Pantagruel, qui est leur fils et petit-fils mais, chronologiquement, le premier géant que Rabelais mette en scène, est condamné à rester puceau, tout au moins au long du Pantagruel, du Tiers, du Quart et du Cinquième Livres. On ne s'en est pas assez étonné jusque là. Mais il est vrai que les thèses universitaires ont à fouetter bien d'autres chats, autrement plus graves, austères, dignes et solennels que ceux qui font cruellement défaut à un géant [2].

Cette mythique dame est en tout cas une précieuse : son au plus aymé des belles est finalement d'une risible prétention, bien que nous puissions encore voir dans le superlatif : au plus aymé une trace de la suprématie obligatoirement conférée au héros ; & moins loyal des preux est déjà à l'époque, une recherche très puérile. On peut d'ailleurs juger de l'intelligence de la dame par l'astuce élémentaire qui consiste pour elle à supprimer, à l'hébraïque, les voyelles du nom du destinataire de la lettre : mais comme elle ignore certainement de l'hébreu même ce qu'en donnent les Evangiles, elle est tout bonnement stupide. Et il sem-

---

2. Encore un bel exemple de confusion de sons que celui qui a conduit à donner à chat l'acception : sexe de la femme, quand il ne peut s'agir que du chas : Du latin capsus, coffre, case de damier (ancien français chas, partie d'une maison), avec rétrécissement progressif du sens de cavité ; le féminin capsa a donné châsse (Dauzat) ; Latin capsus, boîte, qui a aussi, à basse époque, le sens de bulle (Bloch et Wartburg). Plus encore que pour chant compris comme champ, chas compris comme chat témoigne des bévues auxquelles expose la seule transmission orale, quand l'esprit ne peut trouver dans l'écrit la graphie qui précise. Et les ouvriers typographes de naguère, qui avaient coutume de miauler quand une femme pénétrait dans l'atelier, ne se doutaient pas qu'ils perpétuaient ainsi une erreur que leur apparition aurait eu, plus précoce, toutes chances d'éviter.

ble que l'on doive voir dans la niaiserie de cette suscription l'expression du dédain qu'inspirent à Rabelais les viandes creuses.

Mais il faut bien attendre le bon vent, et Panurge va maintenant distraire un moment la compagnie en feignant de croire que la dame a pu exprimer quelques idées sur le papier : allons voir si cette flatteuse supposition résiste à l'examen.

Lettres que un messagier aporta a Pantagruel dune dame de Paris, et lexposition dun mot escript en un aneau dor. Chapitre.xxiij. (xxiiij)

Nous ne sommes pas moins surpris de l'ébahissement de Pantagruel recevant la lettre que nous l'avons été de l'existence de la dame : s'il l'a entretenue bonne espace de temps, il ne devrait pas être si étonné de ce courrier ; à tout le moins, il devrait savoir de qui il émane. Or tel n'est pas le cas puisqu'il demande audict messagier le nom de celle qui lauoit enuoyé: Tout cela nous paraît toujours aussi artificiel, et l'on sent que le principal est ici pour Rabelais d'amener la situation qui va lui permettre de montrer l'étendue de ses connaissances en matière de déchiffrement de messages secrets. Cette détermination nous amène même à nous demander si cet étalage d'érudition de compilation ne dissimule pas le désir de rappeler plaisamment à quelqu'un qu'on est tout à fait apte à être chargé de quelque mission diplomatique.

Nous passerons donc sur tous les procédés de détection, remarquant seulement que l'un d'entre eux requiert un moyen que seul un grand port comme Honfleur peut mettre instantanément à la disposition de Panurge : le laict de femme allaictant sa fille premiere nee. Mais nous retiendrons au passage la confirmation de ce que nous avons avancé au onzième chapitre pour lalun de plume : la feuille trempée dedans un bassin deau fresche indique assez que si Panurge cherche ainsi à révéler la trace éventuelle d'une écriture, c'est qu'elle aurait pu avoir été tracée avec ce produit que nous avons dit être employé pour rendre imperméable le papier : l'immersion, imbibant toute la feuille, réserverait la place de l'alun, qui refuse l'eau.

Cela n'empêche pas nos commentateurs de continuer à prétendre ici que cet alun est dénommé de plume parce qu'il ressemble à une barbe de plume. La plupart d'entre eux renvoient même au chapitre xvj, où Panurge jette cet alun dans le dos des femmes quil voyoit les plus acrestees ; et ils ne s'étonnent nullement qu'on puisse écrire avec du poil à gratter, puisque Guilbaud disait à cet endroit, exprimant l'opinion de tous : Alun dont les cristaux sont en forme de barbe de plume (excellent poil à gratter !).

Et il apparaît, avec cette immersion du papier, que c'est maintenant seulement que nous pouvons comprendre la nature de l'effet qu'obtient Panurge par son jet d'alun de plume : en fait, cet alun fait bien autre chose que déclencher une démangeaison ; employé en médecine comme astringent et caustique, il ne produit ses effets qu'humidifié ; cela revient à dire que les particules projetées dans le dos des femmes descendent et sont retenues par la moiteur de la raie interfessière où elles déclenchent une cuisson extrêmement vive qui va s'étendre à tout l'entre-jambes. Le texte dit d'ailleurs que cela les faisoit despouiller deuant tout le monde, les aultres dancer comme iau sur breze ou bille sur tabour, réactions incoercibles qui ne sont pas le fait d'une simple démangeaison mais bien celui de la sensation de brûlure acidulée intolérable à cet endroit. Voilà donc éclaircie la nature de cette fine plaisanterie, moins cruelle toutefois que la délicate distraction que nous révèle la locution : iau sur breze, c'est-à-dire coq contraint à danser sur des charbons ardents, et nous pouvons revenir aux expérimentations de Panurge.

Toutes vaines, elles finissent sur des références fantaisistes à des ouvrages inconnus d'antiques grammairiens (y compris ce Calphurnius Bassus que quelques commentateurs reconnaissent pour latin du premier siècle après Jésus-Christ quand d'autres le déclarent fictif), auxquels est mêlé le Messere Francesco di Nianto le Thuscan : Messire François de Néant, le Toscan, issu de la seule invention de Rabelais, possible essai d'un pseudonyme tout empreint de fausse humilité. Et c'est alors que Panurge est amené à considérer l'anneau : il y trouve escript par dedans en Hebrieu, Lamah hazabthani, ce qu'Epistemon, consulté, traduit par : pourquoy me as tu laissé [1].

Ce sont les dernières paroles que prêtent au Christ l'Evangile selon Matthieu (XXVII, 46) : Vers la neuvième heure Jésus clama à grande voix : Eli Eli lema sabacthani ? c'est-à-dire : mon Dieu, mon Dieu, pourquoi m'as-tu abandonné ? (le verbe sabacthani est araméen, quand le verbe azabtâni, de Rabelais, est hébreu) ; et l'Evangile selon Marc (XV, 34) : A la neuvième heure, Jésus clama à grande voix : Eloï,

---

1. Demerson dit en note que la treizième nouvelle de l'Heptaméron de Marguerite de Navarre expose le même rébus. Or cette nouvelle ne parle que d'un diamant si peu faux qu'il est estimé à deux cents écus ; en outre, il n'y a nulle phrase ressemblant de près ou de loin au lamah hazabthani, et il n'est en rien question d'un rébus. La Nouvelle est éminemment fastidieuse, et peut-être a-t-elle provoqué une somnolence génératrice de confusion.

Eloï, lama sabacthani, ce qui veut dire : Mon Dieu, mon Dieu, pourquoi m'as-tu abandonné ?[2] (traduction de la Pléiade).

Cette exclamation, le commentateur de la Pléiade l'indique, est aussi dans la Bible le premier hémistiche du psaume XXII ; dès lors, il semble aussi vain que tendancieux, comme a fait Lefranc quelque peu enclin à ravaler Rabelais au niveau du franc-maçon, de parler d'offense pour les livres saints[3]. Il ne s'agit là, de nouveau, que de la traditionnelle plaisanterie ecclésiastique qui consiste à appliquer des paroles considérées comme sacrées aux fins les plus prosaïques. Et la preuve de l'innocence de l'intention réside avec évidence dans le fait que la phrase de l'originale n'a pas été modifiée pour la définitive autrement que dans sa forme (que cestoit un nom Hebraicque est devenu : que cestoyent motz Hebraicques), alors que la Sorbonne n'aurait pas manqué, ici plus qu'ailleurs, d'exiger la suppression si elle avait décelé la moindre préméditation de blasphème.

Encore une fois, mais bis repetita placent[4], il est certain que la Sorbonne ne sévissait que lorsqu'elle avait affaire à une attaque en règle, à une tentative de sape calculée, à un système de dénigrement charpenté. La raillerie ne l'inquiétait pas, qui ne désirait point détruire la foi, mais qui, au contraire, contribuait à sa façon à sa vitalité. La plupart des bûchers de cette époque furent probablement dressés pour de bons raisonneurs, et certainement pas pour qui plaisantait à la manière des gens d'Eglise, avec le double dessein de faire état de sa culture et de se faire reconnaître de ses pairs.

Nous tiendrons donc ce Lamah hazabthani pour simple amusement de lettré, attribué pour la circonstance à une précieuse. Et c'est probablement faire beaucoup d'honneur à celle-ci, à en juger par le calembour infantile par lequel elle amène cette citation, et que Panurge découvre dès qu'on lui a traduit l'hébreu : Ientens le cas, voyez vous ce dyament ? cest un dyamant faulx. Telle est doncques lexposition de ce (que) veult dire la dame, Dy amant faulx pourquoy me as tu laissee ?

Et l'on ne peut ici s'empêcher de souhaiter que le vent ne tarde pas à se lever, pour que Pantagruel soit désormais hors de portée de telles niaiseries. C'est heureusement celui que Rabelais fait survenir, non sans

---

2. Le verset suivant, chez Marc, est celui-ci : Quelques-uns de ceux qui étaient là disaient, en l'entendant : Voilà qu'il appelle Elie !, et le commentateur explique : Les moqueurs feignent de confondre Eloï (mon Dieu) et Elie (le prophète).

3. Dans Rabelais ; études sur Gargantua, Pantagruel et le Tiers Livre, où sont reprises les Introductions de la Grande Edition (Albin Michel, 1953).

4. Les choses répétées plaisent, (tout au moins à qui les écrit).

que Pantagruel ait toutefois eu quelque velléité de retourner faire sa paix avec cette pécore, tentation vite dissipée à grands coups de références littéraires par Epistemon, soucieux, pouvons-nous penser, que son disciple ne replonge pas dans ce monde de fadaises. Cette fois, c'en est fini des afféteries : De faict une heure apres se leua le vent nomme Nord nord west, auquel donnerent pleines voilles & prindrent la haulte mer ; Pantagruel est parti pour la ville de sa natiuité.

La navigation est sans histoire : l'itinéraire est, nous dit la glose, sensiblement celui de Vasco de Gama, bien qu'il comprenne les passages au large de lieux de fantaisie comme Rien (Meden, Uti, Udem), Risible, Ridicule (Gelasim), jouxte le royaulme de Phees, & jouxte le royaulme de Achorie (sans territoire). On aborde enfin au port de Utopie distant de la ville des Amaurotes par troys lieues, & quelque peu dauantaige.

A terre, on délibère, et Pantagruel demande à ses compagnons s'ils sont déterminés à vivre & mourir avec lui ; tous lui disent de se tenir assurés d'eux comme de ses propres doigts. Pantagruel confesse alors qu'un point tient son esprit suspend & doubteux : il ignore en quel ordre, ny en quel nombre sont les ennemis qui tiennent la ville assiegee ; et il ajoute ingénument : car quand ie le scauroys, ie men iroys en plus grande asseurance. C'est l'occasion pour chacun de se proposer pour y aller veoir et de se targuer au passage des qualités qui correspondent à la signification de leur nom : Epistemon (le Sage) avoue Sinon qui mit sur pied le stratagème du cheval de Troie ; Eusthenes (le Fort) dit naturellement tenir d'Hercule ; Carpalim (le Rapide) se proclame aussi léger à courir sur l'herbe sans qu'elle fléchisse que Camille Amazone. Panurge se dit, lui, de la lignée de Zopyre qui se coupa le nez et les oreilles afin de passer pour un transfuge ; il ne faut évidemment retenir là que l'idée de n'être pas reconnu tout en allant reconnaître, et Panurge est bien ici l'universel estimateur [5].

---

5. Universitairement, on voit dans le nom de Panurge les mots grecs : pan, pantos : tout, et ourgos, radical ergo : je fais. Saulnier dans son Index, donne Panurge pour le : bon à tout faire. Mais il est aussi légitime de voir dans urge le latin urgere dont les sens sont : presser, pousser, enfoncer - peser sur, poursuivre, accabler, presser, insister, pousser à bout - presser, menacer, être urgent - s'occuper avec ardeur et sans relâche de - presser, hâter (Goelzer). Gaffiot donne encore : presser, pousser quelqu'un dans une discussion - serrer de près, accabler, pousser l'épée dans les reins, charger - s'occuper avec insistance de quelque chose - insister un peu plus longtemps sur un même point - s'acharner à la poursuite d'un but - insister pour obtenir que. L'idée force nous paraît donc être presser avec insistance sur un point pour obtenir, ce qui revient à exprimer le contenu du verbe éprouver : essayer pour vérifier quelle est la valeur. Ici, l'élément pan (tout) nous indique alors qu'il ne saurait être question de voir cet effort réservé à un point particulier, mais qu'il s'agit d'une disposition d'esprit s'appliquant universellement. Nous voyons donc dans le nom Panurge : celui qui expérimente tout, qui met tout à

Tout cela est le texte même de l'originale, qui a été très peu retouché ; un verbe a pourtant été ajouté à la protestation de Panurge, qui se proposait d'abord de bancqueter auec eulx a leurs despens et qui projette maintenant de bancqueter auec eulx & bragmarder a leurs despens.

Sauf, bien sûr, Plattard et Jourda qui se gardent de rien dire, la glose reprend le commentaire mis au point une fois pour toutes pour braquemart : épée courte avec équivoque sur membre viril. Or il n'y a pas ici la moindre équivoque ; Panurge, pas plus qu'à aucun autre, n'a à ce moment la moindre intention de jouer de l'épée, fût-elle courte ; cela ne lui ressemble pas, lui qui a la ruse en partage ; et ce serait d'ailleurs aller à l'encontre de ce qu'il veut réussir : reconnaître les forces de l'ennemi sans iamais estre descouuert. Mais il est certain, en revanche, qu'il a présent à l'esprit le fait que les armées en campagne sont accompagnées de femmes : le prisonnier du chapitre xxvj va révéler qu'il y a dans celle du roi Anarche cent cinquante mille putains belles comme deesses, ce qui va faire dire à Panurge qu'il se soucie quelque peu dun cas : comment il pourra auanger a braquemarder toutes les putains qui y sont en ceste apres disnee. C'est donc bien de son seul membre viril que Panurge se déclare prêt à jouer aux dépens des ennemis après avoir banqueté de même, tout au moins au niveau de hâblerie qui est ici celui des quatre compères cherchant à briller devant leur maître.

Et il nous faut alors admettre l'un de ces deux termes : ou bien les commentateurs n'entendent pas le texte, et il est alors piquant de les voir se proposer de l'expliquer ; ou bien ils le comprennent mais se servent de l'équivoque comme d'un caleçon, et il est désolant de les voir s'ingénier à l'édulcorer.

De toute façon, cette reconnaissance reste à l'état de projet : des chevaliers ennemis vont survenir dès l'abord du chapitre suivant et il nous faut nous porter à leur rencontre.

---

l'épreuve, comme poussé par la résolution de qui se serait promis, avant la lettre, de ne recevoir jamais aucune chose pour vraie qu'il ne la connût évidemment être telle. Nous verrons cette compréhension nous ouvrir, dès le Tiers Livre, des horizons rabelaisiens nouveaux.

Comment Panurge, Carpalim, Eusthenes, Epistemon, compaignons de Pantagruel desconfirent six cens soixante cheualiers bien subtilement. Chapitre.xxiiij. (xxv)

Ce chapitre xxv est tout entier consacré au premier des faits d'armes de l'expédition en Dipsodie et il est formé de la première partie du chapitre xvj de l'originale : ainsi, chaque fois qu'il a quelque occasion de le faire, Rabelais scinde ses chapitres originaux dans le seul dessein, semble-t-il, d'arriver à l'impression d'abondance et de parvenir à faire des vingt-trois chapitres de l'originale les trente-quatre chapitres de l'édition définitive.

C'est ici qu'est restituée à Pantagruel sa taille de géant, qu'il conservera jusqu'à la fin du Livre : à la vue des six cens soixante cheualiers montez a laduantage sus chevaulx legiers, il se fait fort, avec la sereine certitude que lui donne sa puissance, d'en balayer six mille six cents : voyez cy de nos ennemys qui accourent, mais ie vous les tueray icy comme bestes & feussent ilz dix foys autant.

Cette expédition en Dipsodie fait dire à Lefranc [1] : Nous croirions volontiers que cette partie de l'œuvre, si voisine encore du livret populaire des Grandes Cronicques, a été composée en premier lieu par Rabelais, au moment où il a commencé à écrire pour le grand public. De là, le ton plus populaire, à beaucoup d'égards, de cette dernière partie du livre. Et de développer l'idée que l'intention initiale de Rabelais d'écrire une œuvre de grande diffusion a dû progressivement faire place à un cadre élargi où la figure grandiose de son géant, fils de Gargantua, s'est superposée au personnage légendaire.

L'hypothèse nous paraît entachée du simplisme le plus élémentaire : nous semble d'abord fort extravagante cette certitude qu'un lettré notable, un médecin en place, ait pu concevoir, même par besoin d'argent, le projet d'écrire pour le grand public, ce qui, alors comme aujourd'hui, impliquait que l'on sacrifiât à la médiocrité : autant voir dans Socrate le vendeur de sophistique qu'en a fait plaisamment Aris-

---

1. Rabelais ; études sur Gargantua, Pantagruel et le Tiers Livre, Albin Michel, 1953.

tophane. Rabelais sait mieux que personne, nous le voyons en filigrane tout au long du catalogue de la Librairie, que la pire des indignités est celle où s'avilit l'esprit, et nous ne parvenons pas à le voir s'abaisser à composer une de ces désolantes niaiseries dont le marché regorgeait déjà, même et surtout s'il était dans la gêne : il ne manquait pas, en qualité de médecin, d'expédients plus sûrement et plus immédiatement profitables.

Ce que nous croyons, en revanche, c'est qu'il s'est agi un jour pour Rabelais de la détermination de tirer parti, en les ordonnant, de morceaux satiriques épars qu'il avait écrits çà et là, au couvent, pendant son séjour chez Geoffroy d'Estissac, durant son passage à Paris, et que ce n'est qu'après coup, pour en permettre la publication au moindre risque, qu'il a dû diluer la causticité de son texte dans la fiction des prouesses gigantales. C'est la gageure dont nous avons parlé au chapitre vj, et qui nous a paru l'avoir toujours gêné au plus haut point. Nous avons suffisamment constaté que la compréhension de l'œuvre suppose chez le lecteur une culture, une familiarité avec les idées, et même avec le monde de ceux qui les manient, pour être certains que sa décision n'a jamais pu être d'écrire pour le crédule acquéreur d'une histoire de géants, mais bien celle de s'adresser à ses pairs. Et ce que nous distinguons alors fort bien, dans cette dilution par le gigantisme, c'est la condition imposée par l'imprimeur-éditeur qu'un protecteur de Rabelais presse de publier en le dédommageant de la maulvaise depesche (P. xxx) entrevue et du risque encouru à produire ce brûlot sous la fallacieuse apparence du roman d'aventures.

D'ailleurs, en fait de littérature populaire où se serait commis Rabelais, on n'a pas assez remarqué que les almanachs mêmes ne constituent pas autre chose qu'une satire glissée sous le couvert d'un opuscule pour le grand public. Et l'on ne s'est pas assez représenté que l'acheteur de la Pantagrueline Prognostication a dû être fortement déçu quand, ignorant le sens que les initiés mettaient dans l'adjectif pantagrueline, il se l'est procurée pour avoir quelque idée de ce que l'année à venir pouvait lui réserver. Il n'y a là de populaire que le prétexte, et cela ne s'est jamais adressé qu'aux esprits qui, précisément, méprisaient cette littérature de pacotille.

Donc Rabelais ramène au jour la notion, qui risque d'être oubliée, de la taille de Pantagruel, et cela pour la fin qu'il s'est proposée du combat contre les trois cents géants. Pourtant il va encore atermoyer et préférer donner le grand premier rôle à Panurge, retardant ce combat jusqu'au chapitre xxix, comme s'il attendait que lui vienne plus de facilité pour un morceau qui ne l'inspire que fort peu : nous lirons d'ailleurs à la fin du chapitre qui précède lhorrible bataille l'invocation lourde de sous-entendus : O qui pourra maintenant racompter comment se porta Pantagruel...

Effectivement, Panurge va non seulement se refuser à rester spectateur, mais il va entendre agir seul ; à l'invite de Pantagruel : ce pendent retirez vous & en prenez vostre passetemps, il proteste : Non seigneur, il nest de raison que ainsi faciez : mais au contraire retirez vous en la nauire & vous & les aultres. Car tout seul les desconfiray icy.

Et Lefranc d'avancer alors que le caractère de Panurge offre un aspect tout spécial dans ce qu'on pourrait appeler la Geste de Dipsodie. Il s'y montre un compagnon utile, entreprenant et brave. Mais c'est ici pour le critique jouer le démiurge omniscient et, parlant d'une œuvre de 1532, se donner les gants de savoir ce que contient le Tiers Livre, qui ne va paraître que quatorze ans plus tard. Or nous savons bien qu'on n'a quelque chance d'approcher de la compréhension d'une œuvre que si l'on se replace aussi exactement que possible dans le moment de son élaboration, s'interdisant de prédire à peu de frais ce qui est arrivé. Et Lefranc, comme tant d'autres avec lui, est déjà bien loin de compte, qui a commencé son étude par le Gargantua, donnant inconsidérément le pas à l'enchaînement du récit sur la chronologie de l'écriture.

Nous ne connaissons, nous, de Panurge, que ce que nous en avons appris par le chapitre ix et par les chapitres xiv à xxiv, et rien ne nous autorise à trouver surprenant qu'il soit ici utile, entreprenant et brave : la fuite qui termine son avanie en Turquie est fort légitime, et sa crainte des coups du chapitre xxj participe, nous l'avons vu, de l'esprit d'économie qui animerait n'importe qui à l'idée de se faire rosser en pure perte, alors que la dame est résolument hostile. Le chapitre xv nous l'a montré refusant désormais de porter l'épée ; mais nous avons établi que c'est sa condition de solitaire qui l'avait contraint de la ceindre, et rien ne nous dit que, du moment qu'il est sous la protection de Pantagruel, il n'a pas décidé, donnant sa vraie mesure, de l'aider en tacticien plutôt qu'en ferrailleur.

Donc nous n'éprouvons aucune surprise à voir Panurge, à l'occasion de cette première escarmouche, désireux de montrer à son maître comment il se comporte au combat ; et nous comprenons même que Rabelais a dû juger que Panurge ne pouvait continuer à se conduire en amuseur dans ces circonstances belliqueuses qu'en y faisant bonne figure ; tout autre comportement, dans ces moments, aurait rendu dissonnantes et sans portée les salaces rodomontades qu'il va lui faire dire.

Nous pouvons toutefois penser que le stratagème de Panurge est élémentaire, que sa réussite est bien invraisemblable et qu'elle atteste de la part des cavaliers une imprévoyance bien éloignée de la méfiance qui sied à des gens sur pied de guerre. Mais ils sont les attaquants et, ne s'étant pas encore mesurés à l'adversaire, ils restent imbus de l'idée de leur supériorité qui leur a fait ouvrir les hostilités ; cela leur procure même un aveuglement tel qu'ils ne paraissent pas remarquer la présence d'un géant. Et puis, la veine épique veut que l'ennemi soit invariablement borné et prédestiné à tomber dans les pièges qui lui sont tendus, alors que le parti ami n'y tombe jamais que par trahison.

Toujours est-il que le succès est complet et qu'il ne reste des cavaliers qu'un survivant qui s'enfuit, mais que Carpalim rattrape aisément. Et tout le monde se repaît et boit d'autant, y compris le prisonnier, qui craint pourtant que Pantagruel ne le dévore tout entier, ce qui amène Rabelais à donner l'échelle du gigantisme de son héros : ce quil eust faict tant auoit la gorge large, aussi facilement que feriez un grain de dragee, & ne luy eust monte en sa bouche en plus qun grain de millet en la gueulle dun asne.

C'est cette précision qui fait apparaître avec évidence la volonté de renouer avec l'idée de gigantisme, idée bien obnubilée ensuite, sauf quelques rappels dont le caractère artificiel nous a semblé assez marqué pour que nous les prenions pour des notations surajoutées. Lefranc dit d'ailleurs ici que la rédaction première fut laissée au commencement du livre en ce qui touche les origines de Pantagruel, et reléguée à la fin en ce qui touche l'expédition poursuivie en Utopie contre les Dipsodes, et il paraît tout à fait exact que cette rédaction traitant essentiellement du gigantisme a été distribuée en deux parties, l'une ouvrant le Livre, l'autre le finissant. Nous pensons seulement qu'elle a suivi et non pas précédé l'écriture du reste du Livre. Et c'est dans les arguments mêmes que Lefranc a réunis pour étayer sa thèse que nous en trouvons la confirmation :

Il a consciencieusement recherché toutes les sources qui ont conduit Rabelais à concevoir son personnage de Pantagruel, et il démontre clairement que ce personnage a été recréé à partir des multiples aspects qu'il présente dans les récits ou le fonds populaire, et que même ses agissements, chez Rabelais, sont pour la plupart, ceux de ces récits et de ce fonds : autant dire, donc, que, si Rabelais a renouvelé le personnage par la qualité de son écriture, il s'est abstenu de rien inventer ; et pour qui n'est pas sensible à sa géniale recréation par le verbe, le personnage rabelaisien de Pantagruel n'apporte aucun renouvellement attrayant.

Or il est certain que la recréation par le verbe passe très au-dessus de la tête de l'acheteur de roman populaire, qui ne se procure un tel livre que pour voir le héros accomplir des exploits encore plus époustouflants que ceux qu'on lui a déjà prêtés, et nanti de possibilités encore plus surhumaines que celles qu'on lui a déjà attribuées. Cette littérature d'évasion, nous le savons, n'a d'autre raison d'être que de procurer au lecteur la possibilité de s'identifier un moment au héros, lui permettant précisément de sortir de sa condition. Si donc le Pantagruel de Rabelais n'apporte au lecteur aucun élément neuf lui permettant d'édifier une rêverie nouvelle, il n'apporte du même coup, aucun motif de succès dans la vente, et par conséquent, pour l'imprimeur-éditeur, aucune raison de le publier. Comment donc, dans ces conditions, concevoir que Rabelais se soit jamais proposé d'écrire un roman populaire qui, abandonnant toutes les lois du genre, s'est borné à reproduire le dessin du personnage et les péripéties que les fervents de cette littérature ne pouvaient que considérer comme une redite ? Outre le fait déjà mentionné qu'on voit mal un Rabelais décider d'écrire pour le peuple, on le voit encore plus mal, le faisant, en être réduit à ressasser les mêmes sempiternelles aventures qui n'ont plus rien de surprenant ni d'imprévu. Il est donc clair pour nous que cette hypothèse d'un Rabelais s'attelant à un roman populaire, dont la rédaction aurait précédé le texte haussé de niveau, est pour le moins inconséquente.

En revanche, l'idée de voir dans cette rédaction un habillage pour la vente trouve ici son fondement : le texte audacieux a été écrit par Rabelais, nous avons pu nous en persuader, à l'intention de ses pairs ; il n'y entre évidemment aucune idée d'être jamais lu par le peuple, et il se peut qu'il n'ait même pas la forme romancée et qu'aucun personnage n'existe, si ce n'est peut-être un prête-nom ; disons que ce peut être un livret satirique de la veine de l'Eloge de la Folie, à la différence essentielle qu'il n'est pas écrit en latin mais en français. Or, nous l'avons déterminé, le danger commence à partir du moment où le pamphlet peut être lu par tous, ne serait-ce que par hasard, et non plus seulement par les lettrés, tenus par la Sorbonne pour des gens capables de prendre avec le texte la distance qui permet à la censure de s'abstenir. On n'a certes eu aucune peine à représenter à Rabelais qu'il aurait sans difficulté pu être publié s'il avait écrit en latin ; et Rabelais a certes pu sans difficulté démontrer alors que l'œuvre n'avait de sens qu'en français, d'autant que ce français avait été en bonne partie créé par lui pour l'occasion. Il est donc apparu que la seule solution était de dissimuler par enrobage, et c'est peut-être là que Rabelais prend la décision de romancer, puisque l'interposition de personnages, même soupçonnés d'être des porte-parole, et la narration à la troisième personne, atténuent sensiblement la raideur du trait.

Et c'est alors le recours au fonds populaire et l'apparition de l'idée de gigantisme avec ce personnage de la mythologie française qu'est

501

Gargantua, et ce petit diable de la même mythologie qui a nom Pantagruel. Le Pantagruel de Rabelais procèdera des deux, puis ce sera l'engendrement ultérieur de Panurge, ainsi que nous en avons reconstitué la génération au chapitre vj ; et il est évident que, dans ces conditions-là, le fait que le héros populaire n'apporte rien de neuf au plan des exploits ou des facultés n'a aucune importance : les lettrés, qui, eux, sont sensibles à la recréation par l'écriture, sont totalement comblés par la qualité de l'habillage que fait l'auteur, et il semble que cela explique en quantité nécessaire et suffisante que Rabelais ait mis en scène ce Pantagruel issu de personnages qui appartiennent au peuple sans se soucier le moins du monde de le présenter sous un jour nouveau ni de lui attribuer des prouesses inédites. Et nous apparaît même comme un raffinement suprême, qui prouverait encore que l'œuvre n'a jamais été composée qu'à l'adresse des seuls lettrés, celui qui consiste à doter cocassement d'une large érudition, de préoccupations intellectuelles et de soucis spirituels un Pantagruel-Gargantua qui, dans la tradition, est uniquement remarquable par sa musculature de colosse ou par son habileté à jeter du sel dans la bouche des ivrognes.

Nous tiendrons donc, nous, sauf meilleur jugement toujours, que Pantagruel et le gigantisme, et peut-être même les personnages satellites, n'ont fait partie que de la deuxième mouture de texte initial rédigé par Rabelais pour ses pairs, et que ces éléments n'ont jamais constitué ce noyau autour duquel se serait élaboré le texte de niveau plus relevé. Et nous prendrons aussi pour faribole le cliché universitaire du Pantagruel-ouvrage-de-grande-diffusion-au-succès-foudroyant-sur-les-foires-et-marchés, bien persuadés d'abord que la présence du Livre sur les étals de Lyon n'a été qu'une obligation découlant du premier travestissement ; ensuite qu'il a dû, en tout et pour tout, être acquis par deux pelés et trois tondus, bien marris, rentrés chez eux, de ne rien comprendre au texte ; enfin, que le succès fut assuré par le renom qui se transmit de bouche à oreille dans un monde fort éloigné de celui des pieds poudreux. Cela posé, nous poursuivons.

En même temps qu'il ramène à la mémoire la taille gigantesque de son héros, nous nous avisons que Rabelais a soin d'apporter, avec le prisonnier, le lien qui va lui permettre d'amener ce combat de géants auquel il se doit d'arriver, tout en se réservant la possibilité de sacrifier le moins possible à la rusticité du genre épique. Car il va encore repousser le moment de cette rencontre, gardant encore, dans les trois chapitres suivants, le ton habituel, se bornant à y mêler quelques notations inspirées d'une part des romans de chevalerie, d'autre part de la légende du Pantagruel mythique. Le commentateur d'école fera justement remarquer que l'auteur prépare ainsi insensiblement le lecteur à

502

l'affrontement épique, le disposant à lire sans trop d'étonnement sous sa plume le morceau disparate. Mais nous penserons, nous, que cette adresse artistique, certainement plus spontanée que réfléchie, comme il sied au génie, est surtout le fruit du désir qu'éprouve ici Rabelais de différer le moment du pensum, et que ces chapitres, écrits pour s'accorder quelque répit, éloignent le moment redouté où il va lui falloir aborder ce qu'il appellera, premier à rire de sa déchéance : le pont aux asnes de Logicque (P. xxviij).

Et nous allons voir, avec le premier de ces chapitres, que lorsqu'un Rabelais gagne du temps, il le fait encore d'éclatante façon.

Comment Pantagruel & ses compaignons estoient fachez de manger de la chair salee, & comme Carpalim alla chasser pour auoir de la venaison. Cha.xxv. (xxvj)

La fin du chapitre précédent a laissé les compagnons en train de se refraichir & bien repaistre sur le riuaige ioyeusement et boire dautant le ventre contre terre, et c'est de cette ripaille que Rabelais tire sa première digression. Il faut en effet que Carpalim soit bien las de la chair salée pour se disposer à aller chercher une cuysse de ces cheuaulx quils ont faict brusler, alors qu'ils sont censés se consumer en même temps que les corps de leurs cavaliers. Ce faisant, il aperçoit a loree du boys un beau grand cheureul qui estoit yssu du fort, voyant le feu de Panurge, et Rabelais éprouve ici le besoin d'intervenir en finissant cette phrase par : a mon aduis ; c'est, à n'en pas douter, le clin d'œil de complicité au lecteur, lui demandant d'accepter docilement l'artifice de ce point de départ.

Et, comme libéré désormais de tout scrupule, il fait alors du Rapide, poursuivant le chevreuil et l'attrapant, celui qui, courant comme carreau darbaleste, tue des pieds dix ou douze que leuraulx que lapins qui ia estoient hors de page. Du moins, c'est là son tableau de chasse dans l'originale ; la phrase est devenue dans la définitive : Et tua de c(s)es pieds dix ou douze que Leuraulx que Lapins qui ia estoyent hors de piege ; mais la phrase est précédée de l'énumération de huit sortes d'oiseaux qu'il prend de ses mains en lair pendant sa course, et suivie de celle de quatre sortes de gibier tué en même temps que les lapins et les levrauts : des Rasles, qui trouvent la mort en plein accouplement, de petits sangliers, des blaireaux et de grands Renards. Ces blaireaux et ces renards, incomestibles, sont là pour faire bonne mesure, et Carpalim les laissera sur le terrain, se contentant de rapporter le chevreuil, les Rasles & Sanglerons, & toute sa ceinture brodee de leuraulx. A noter qu'il s'agit, dans les deux éditions, du mot brodee, ce qui réduit à néant, semble-t-il, le vétilleux et sempiternel débat sur la robe brodee de merde du cinquième chapitre, qui pourrait être plutôt bordee. Il apparaît ici que le mot brodee veut tout bonnement dire garnie accessoirement, et que les deux formes sont employées indifféremment dans ce sens.

Une autre imprécision demeure pourtant, avec le changement de hors de page en hors de piege : les deux expressions sont légitimes, mais il semble que celle de la définitive puisse n'être qu'une malencontreuse correction où Rabelais n'a aucune part ; en tout cas, elle donne aux élèves de Demerson la possibilité de délayer platement en : assez grands déjà pour éviter les pièges. La locution de l'originale (et des éditions de 1533, 34 et 37, selon Jourda) était nettement meilleure, qui assimilait les levrauts à des pages passés écuyers. D'ailleurs Michel en a ainsi décidé puisqu'il a pris la décision d'imprimer dans son texte, qui est celui de la définitive, la seule locution de l'originale : hors de page, sans parler de la variante.

Mais avant d'aller plus loin, il convient, puisque nous en sommes aux locutions, de nous arrêter sur celle qui ouvre le chapitre : Ainsi comme ilz bancquetoyent Carpalim dist. Et ventre sainct Quenet ne mangerons nous iamais de venaison ? Ce ventre sainct Quenet semble parfaitement clair à Saulnier, qui dit : Cf. Ventre saint Quenet, parlons de boire. (Propos des Bien-yvres, Gargantua, chapitre V). Ce nom burlesque n'est que le diminutif du mot qui désigne vulgairement le sexe de la femme : cf. Du Fail, et A. P., Saint Quenet, in Humanisme et Renaissance, tome V (1938), page 142. Il semble tout aussi clair pour Plattard, qui n'en dit rien, ce qui est ici une forme d'éloquence ; pour Jourda aussi, qui dit : Juron très libre familier à Rabelais, cf. Gargantua V, où il annote : Nom de saint facétieux. Quenet est le diminutif du nom vulgaire de la nature de la femme ; aussi pour Michel, qui dit : Ce saint imaginaire désigne le sexe féminin ; et pour Demerson qui s'abstient. Seul Guilbaud élève un doute : Nom facétieux, qui correspond soit à quenotte soit à petit con.

Guilbaud a tout à fait raison d'être moins catégorique que les autres, car il va nous apparaître que, pour une fois que la glose évoque sans timidité l'antre moussu qui fait nos joies, ce qu'elle a pris pour lanterne est vessie.

Greimas, bien sûr, nous l'avons déjà vu, dit au mot con : XIIIe siècle, latin cunnum, de cunneus, coin : parties naturelles de la femme ; conet, diminutif de con. Mais, mis sur la voie, nous voyons qu'il dit aussi : Cane, XIIe siècle, germanique kenna, cf. anglais chin, menton : dent, mâchoire ; canee, XIIe siècle, coup sur la mâchoire. Dauzat, Bloch et Wartburg disent au mot quenotte : 1642, mot dialectal, Normandie, diminutif de quenne : dent, joue (ancien français cane, dent) du francique kinni, joue, mâchoire. Et Littré cite au mot quenotte ces vers du Roman de Renart : Par barat preïs son fromage,/Et tu de lui eüs tel gage,/Que tu lui ostas a tes canes/ Quatre de ses plus beles panes, (13675) ; Prendre le voit, mès il failli,/Et neporquant quatre des pennes/L'en remistrent entre les quennes, (7344).

Il est ainsi établi, d'une part que les mots cane et quenne sont deux formes du vocable qui désigne les dents, la mâchoire ; d'autre part, que le mot rabelaisien Quenet est issu en droite ligne de ce quenne et nullement de conet, diminutif de con.

Le juron est : ventre sainct Quenet, et l'erreur de la glose est apparemment provenue de la présence du mot ventre ; s'appuyant sur sa vision sexuelle du mot Quenet, elle n'a vu dans ce ventre que le ventre génital. C'est ne pas considérer que cette évocation de sainct Quenet est située au début d'une phrase où il n'est question que de se nourrir : ne mangerons nous iamais de venaison ? Ceste chair salee me altere tout. Ie vous voys apporter icy une cuysse de ces cheuaulx que nous avons faict brusler elle sera assez bien rostie. En outre, ce qui suit, et jusqu'à la moitié du chapitre, est consacré à la chasse originale de Carpalim, à la préparation de ce qu'il a tué, puis à sa cuisson ; la fin du morceau est encore la célébration du remuement de leurs badiguoinces : il serait fort étonnant que ce ventre sainct Quenet eût un sens si éloigné de l'action de bauffrer qui occupe entièrement, pour l'heure, les cinq compagnons. Ce n'est qu'une fois repus qu'ils vont parler (hormis Pantagruel, toujours) de satisfaire leur appétit sexuel, en vertu de l'adage : après la panse, la danse ; et sainct Quenet est bien trop éloigné de l'évocation de cette satisfaction d'un autre ordre pour avoir quelque rapport avec elle.

De plus, si nous retrouvons ce ventre sainct Quenet dans le Gargantua, c'est à un moment où, précisément, on parle encore de se livrer à des plaisirs de bouche, quand un buveur dit à la femme qui est proche de lui : Vous estez morfondue mamie. Voire. Ventre sainct Qenet parlons de boire. Il ne lui parle point d'autre chose, ce qu'il ne manquerait sûrement pas de faire si ce sainct Qenet était sainct Conet. En fait, la glose, perturbée par son audacieuse évocation, a négligé de considérer que le ventre peut aussi être le ventre alimentaire, c'est-à-dire l'estomac, et elle a oublié qu'une partie des plaisirs qu'il ressent provient de la table, par les dents, les mâchoires, en un mot la gueule, au sens gastronomique. Nous verrons donc dans ce ventre sainct Quenet l'équivalent, par exemple, de saint Pansard-de-par-les-dents.

Il est ainsi piquant que les commentateurs, toujours si prudes, se soient offert deux contresens en préférant voir ici le bas-ventre féminin et son conet plutôt que la panse, aussi bien masculine que féminine, et le quenet qui désigne l'appareil de mastication et de déglutition. L'effort qu'ils ont fait pour se départir de leur habituelle pudicité n'est pas récompensé, mais c'est pain bénit : que n'ont-ils tout simplement lu le texte comme s'ils avaient été les premiers à le faire, en négligeant cet article de Humanisme et Renaissance qui les a paralysés ? Et surtout, que n'ont-ils rappelé à leur mémoire, à défaut de souvenirs personnels, la multitude de textes qui ont clairement établi que le conet n'intervient jamais qu'une fois les mets savourés et les vins dégustés, et que le bon sens a toujours été : de la table au lit et non le contraire, sauf à se refaire une santé dans les exceptionnelles et juvéniles courses de fond.

Donc, puisqu'il n'est question pour l'instant que de jouer des quennes, restons encore un moment à la préparation du repas de gibier, car la première ventrée semble n'avoir été qu'amuse-gueule, et remarquons que Pantagruel est ici bien éloigné de la finesse dont il était pourvu pour le procès de Baisecul et Humevesne : à l'appel de Carpalim : Panurge mon amy : vinaigre, vinaigre, pensoit le bon Pantagruel, que le cueur luy fist mal, & commanda quon luy apprestast du vinaigre. Panurge, plus futé, entend tout de suite qu'il y a Leurault au croc. Peut-être faut-il comprendre que Rabelais tient à montrer ici les dispositions altruistes de son géant ; l'expression : le bon Pantagruel nous y invite ; mais il faut bien constater que le héros ne brille pas ici d'un très grand éclat et que la préséance de Panurge s'amorce nettement.

Voyons encore que si Epistemon fait au nom des neuf Muses neuf belles broches de boys a lanticque, alors qu'il n'en faisait que deux dans l'originale, et sans qu'il soit fait mention d'aucune Muse, ce n'est pas par hasard. Et Demerson est seul ici à donner la judicieuse explication : Ce rapport entre le nombre des brochettes et celui des déesses présidant aux arts peut sembler fortuit ; mais Rabelais savait par Plutarque qu'il était d'usage chez les Anciens de sacrifier aux Muses avant le combat (Apophthegmes des Lacaedemoniens n° 32). Et nous avons là la première des notations épiques chargées d'assurer la préparation du lecteur au gigantesque combat.

On fait tourne-broche le prisonnier, et on rôtit le tout au feu ou brusloyent les cheualiers, ce que nous devons prendre encore pour pur procédé romanesque entaché de la plus criante invraisemblance, la puanteur dégagée par des corps qui brûlent étant telle qu'elle ne peut inspirer que la plus intense répulsion. Il n'importe : on met force vinaigre, et on nous dit : cestoit triumphe de les veoir bauffrer. Pantagruel célèbre d'ailleurs le moment par son souhait des sonnettes de Sacre attachées au menton de ses amis (et il y a probablement, comme l'indique Guilbaud, jeu de mots sur les sonnettes du sacre, oiseau de volerie, et celle du sacre, cérémonie religieuse) et des grosses horologes attachées aux sien pour veoir laubade qu'ils donneraient ainsi. Puis c'est le brusque rappel à l'ordre, fort étonnant, de Panurge à son maître : Mais dist Panurge, il vault mieulx penser de nostre affaire un peu, & par quel moyen nous pourrons venir au dessus de nos ennemys. Et ce maître est décidément très débonnaire, dont la réponse est toute de soumission : Cest bien aduise, dist Pantagruel. Si Panurge est bien ici le tacticien que nous avons cru voir se dessiner, s'il a bien l'air d'entrer dans le rôle du capitaine faisant agir, il est remarquable que cette fonction lui fait prendre l'initiative de façon fort cavalière. Et cette pressante invite marque la fin de la partie consacrée à la sustentation ; commence celle de la mise en condition militaire.

Pantagruel commence, lui, l'interrogatoire du prisonnier, et cette fois la notation insérée est fabuleuse : Mon amy, dys nous icy la verité & ne nous mens en rien, si tu ne veulx estre escorche tout vif : car cest moy qui mange les petiz enfans. Et ce prisonnier paraît suffisamment terrorisé par une si insigne cruauté pour livrer toute la forteresse des siens.

Nous entrons d'un coup dans la légende : les trois cents géants sont tous armez de pierre de taille, et l'on nous dit que cela vient en droite ligne des Grandes Cronicques de Gargantua où cet armement est déjà celui des Goths et Magots (Demerson) ; Loupgarou, leur chef, est le personnage de la croyance populaire à l'homme-loup qui court les champs la nuit et dont la peau est à l'épreuve des balles ; ici il est armé denclumes Cyclopicques ; les pietons sont 163.000 ; tous armez de peaux de Lutins qui résistent aux coups d'épée et de mousquet ils sont, de plus, genz fortz & courageux ; il y a encore 11.400 hommes d'armes, une artillerie forte de 3.600 pièces et 94.000 pionniers, terme pour lequel aucun commentateur ne lève la langue attendu que personne ne l'a levée avant eux ; or, les fantassins ayant déjà été nommés, il ne peut s'agir que des peoniers, ouvriers dans l'armée (Greimas), c'est-à-dire les sapeurs.

Puis apparaît cette précieuse troupe auxiliaire formée de cens cinquante mille putains belles comme deesses, ce qui fait dire immédiatement à Panurge : Voyla pour moy, avant même que le prisonnier ait mentionné : dont les aulcunes sont Amazones (ce qui doit certes apporter du sel à la chose) les aultres Lyonnoyses, les aultres Parisiannes, Tourangelles, Angeuines, Poicteuines, Normandes, Allemandes, de tous pays & toutes langues y en a. A noter que l'armée se composant, excepté les géants exclus d'office pour incompatibilité, de 268.400 hommes, chaque femme ne doit faire face qu'à moins de deux combattants ; cela laisse le temps de causer, raison peut-être du & toutes langues. Voilà en tout cas une armée où l'intendance a prévu largement.

Mais Pantagruel, que cette facilité ne concerne pas, poursuit en demandant si le roi est présent : Ouy Sire, dist le prisonnier, il y est en personne : & nous le nommons Anarche. Son nom le dit : il est le Sans-Autorité ; et il ne règne d'ailleurs que sur des genz alterez. Mais le prisonnier éprouve pourtant le besoin de bien marquer cette singularité sans qu'on sache s'il en est fier ou s'il la déplore : car vous ne veistes oncques genz tant alterez, ny beuuans plus voluntiers. Mais nous savons que c'est là procédé littéraire, et nous allons voir que Pantagruel va tirer parti du renseignement donné avec tant d'insistance. Il laisse encore le transfuge préciser que ce roi Anarche a sa tente en la garde des geans, puis, ayant manifestement conçu son plan, dit : Cest assez.

Il pose alors à ses amis la question attendue : Sus enfans estes vous deliberez dy venir auecques moy ?, ce qui entraîne la réponse, non moins attendue, de Panurge : Dieu confonde qui vous laissera, Iay ia pense comment ie vous les rendray tous mors comme porcs, quil nen eschappera au diable le iarret. Et cette dernière locution donne lieu à des interprétations aussi diverses que contestables.

Saulnier dit : Ils auront beau courir : le diable les attend ; Boulenger dit : Donnassent-ils au diable leurs jarrets (pour courir plus vite) ; Guilbaud dit : Jeu sur l'expression : donner son jarret au diable (pour : courir plus vite), mais l'expression dont il parle semble bien être purement conjecturale ; Plattard dit : Le jarret de l'ennemi, qui ne m'échappera pas, ce qui ne signifie pas grand chose ; Jourda dit : Ils peuvent courir : ils n'échapperont pas au diable ; Michel dit : Le diable courra plus vite qu'eux, ce qui ne veut strictement rien dire en l'occurrence ; et Demerson dit : Ils fuiront à toutes jambes, ce qui n'empêchera pas le diable de les saisir, ce qui est une extrapolation hardie. Quelle cuisine messeigneurs ! Il s'en est fallu de peu qu'on n'arrive au jarret apprêté à la sauce au diable ; et l'on aurait ainsi été finalement moins loin de compte.

Car nous pensons, nous, qu'il faut se guider sur la phrase : ie vous les rendray tous mors comme porcs, et d'une part bien voir que Panurge pose ici l'assimilation des ennemis à des cochons ; d'autre part avoir à l'esprit que le jarret est un morceau estimable de l'animal ; c'est là le premier point. Le deuxième est qu'il ne faut pas attacher valeur de syntaxe à la virgule qui se trouve entre porcs et quil nen eschappera, mais seulement de respiration. Donc nous lirons : Iay ia pense comment ie vous les rendray tous mors comme porcs quil nen eschappera. Reste : au diable le iarret, que nous devons tenir pour une interjection. Et nous comprendrons alors que Panurge, qui s'engage à ne laisser échapper aucun ennemi, va employer pour ce faire une méthode vieille comme le monde des batailles et attestée en français dès le XIIᵉ siècle (Littré) : la section du jarret. C'est la raison pour laquelle Panurge dit au diable en parlant du jarret, locution qui exprime ici le refus que l'on fait de se désoler d'une perte que l'on a consentie pour un gain, car, coupant le jarret des ennemis qui sont donnés pour cochons, Panurge endommage ainsi un bon morceau de la bête. La phrase, telle que nous l'entendons, équivaut en fait à : J'ai déjà pensé comment je vous les livrerai tous morts comme porcs sans qu'il en échappe aucun, et tant pis pour le jarret. C'est évidemment là plaisanterie guerrière qui a mission d'avilir l'adversaire ; et si les commentateurs, qui ne possèdent qu'un crible à gravité, ne l'ont pas retenue, il apparaît que Pantagruel la comprend immédiatement, ce qui engage Panurge à en faire une autre, qui suppose déjà le camp ennemi investi :

Mais ie me soucie quelque peu dun cas. Et quest ce ? dist Pantagruel. Cest (dist Panurge) comment ie pourray avanger a braquemarder toutes les putains qui y sont en ceste apres disnee, quil nen eschappe pas une, que ie ne taboure en forme commune. Ha, ha, ha, dist Pantagruel.

L'originale disait ici : que ie ne passaige en forme commune, et cette action de passer, c'est-à-dire traverser de part en part (Greimas) semble être apparue par trop invraisemblable et fâcheuse, même au niveau de la plaisanterie. En tout cas, la forfanterie est ainsi parfaitement claire, sauf pourtant sur ce point précis : en forme commune. Guilbaud dit ici : Jeu sur cette expression qui signifie proprement : sans privilège. Plattard dit : Sans privilège ; Michel dit : Sans faire de distinction ; et les élèves de Demerson dénaturent allègrement le texte en : que je ne l'aie tambourinée sans lui faire de cadeau. Les autres passent là-dessus soit les yeux fermés, soit les lèvres pincées.

Le sens nous paraît pourtant être tout différent : il faut voir là encore, à n'en pas douter, l'emploi du procédé qui fait finir les dénombrements généraux par une correction burlesque amenant l'idée du souci de précision. Ici Panurge se fait fort de posséder les cent cinquante mille putains en une apres disnee, mais il apporte le correctif : que ie ne taboure en forme commune, c'est-à-dire que je ne taboure sans préliminaires ni fioritures, sans fantaisies ni recherches, mais de la manière la plus expéditive qui soit. Il sous-entend ainsi qu'il pourrait fort bien se dépenser plus complètement avec chacune d'elles, et que c'est seulement le court délai d'un après-dîner qui le contraint à la concision ; et c'est ce contenu immédiatement compris qui explique le rire sonore de Pantagruel. Mais les commentateurs n'ont certes jamais fait ce Ha, ha, ha, puisque cet élément de comique est resté lettre morte à leur esprit d'agelastes [1].

---

1. Le mot ne sera employé par Rabelais que dans l'Epistre liminaire du Quart Livre ; il est ainsi défini dans la Briefve Declaration : poinct ne rians, tristes, fascheux. Nos commentateurs ressemblent fort ici à ce maistre Antitus des Crossonniers que nous connaissons, et dont nous pouvons penser que le qualificatif agélaste est déjà en filigrane dans son diplôme de licentié.

A saisi aussi spontanément Carpalim, qui suit le propos, et, feignant de le prendre au sérieux et de craindre qu'il ne lui reste rien, dit : Au diable de biterne : par dieu ien embourreray quelque une. Et l'on nous dit doctement : Viterbe, lieu vague. Au diable de Biterne = au diable vauvert (Saulnier). Boulenger est plus précis, qui dit : Expression méridionale. Biterne désignait au juste la ville de Viterbe ; c'était un lieu vague et très lointain dans les romans du Moyen Age. Demerson, lui, tire son épingle du jeu en usant d'une dérobade : Dans ce juron, la localisation de Viterbe en Italie est bien oubliée. C'est apparemment qu'il a senti que le rapprochement traditionnel entre biterne et Viterbe est artificiel : car il faut bien voir que les deux mots n'ont finalement en commun, outre le e final qui n'est pas significatif, que le groupe iter. Autour de lui, le v initial devient b, et le b final, n. Dans ces conditions, comment ne pas se dire que ce Viterbe a bien l'air de se réduire à un simple canevas sur lequel Rabelais brode un jeu de mots ?

Et celui-là apparaît très nettement si l'on considère que la finale : terne, qui a remplacé la finale : terbe, est à entendre comme sans éclat, insignifiant ; le mot, laissé en l'état, serait alors : viterne, et la syncope d'un t étant évidente, nous lirions, bien sûr : vit terne, c'est-à-dire celui que Carpalim envoie au diable puisqu'il a précisément l'intention de voir le sien brillant et expressif. Mais l'euphémisme devant attirer l'attention sur le jeu de mots, le b de Viterbe, devenu libre, est mis à la place du v, et nous arrivons au biterne, qui a même signification. A noter d'ailleurs que le mot, aussi bien dans l'originale que dans la définitive, est écrit avec une initiale minuscule, ce qui le détache totalement du sens géographique que pouvait avoir le lointain Viterbe. Est à remarquer aussi que, dans la gothique bâtarde des éditions de 32 et de 42, le b minuscule et le v initial minuscule sont de même dessin et presque exactement superposables : cela pourrait laisser supposer qu'il peut encore s'agir de la substitution du mot bitte au mot vit ; le mot date de 1382, mais nous ne possédons aucune attestation de l'acception phallique qu'il a prise. Quoi qu'il en soit, il paraît bien établi que la ville de Viterbc n'est ici qu'un prétexte, et que le biterne est bel et bien une grivoiserie.

Là-dessus, un deuxième compagnon enchaîne : Et ie, dist Eusthenes, quoy ? qui ne dressay oncques puys que bougeasmes de Rouen, au moins que laguille montast iusques sur les dix ou unze heures : voire encore que laye dur & fort comme cent diables. Ici, peu de commentateurs se risquent à expliquer, et il est manifeste que ceux qui le font sont mal assurés : Boulenger voit dans oncques puys le sens de depuis, sans donner d'autre éclaircissement ; Guilbaud dit aussi : depuis que nous partîmes ; et pour : au moins que laguille, donne un intempestif futur : je dresserai au moins jusqu'à ce que l'aiguille monte à dix ou onze heures ; pour : voire encore que ie laye, il dit : et même plus car je l'ai encore, paraissant faire de encore un adverbe de temps et non un adverbe marquant l'idée de supplément. Demerson, qui craint probablement que ses étudiantes prennent la référence aux heures pour l'indication d'un moment particulièrement faste, précise : Cette aiguille s'érigeait presque jusqu'à la verticale. Il aurait été mieux inspiré en empêchant ses élèves de faire, dans leur prétendue translation, cet inepte remplissage : Et moi, dit Eusthènes, qui n'ai plus dressé depuis que nous sommes partis de Rouen, qu'est-ce que ce sera ? au moins que l'aiguille monte jusqu'à dix ou onze heures, et même plus encore, que je l'aie dure et forte comme cent diables !, ce qui est tout bonnement du charabia, enrichi, il est vrai, de trois contresens.

L'erreur fondamentale, qui est celle de tous, est de voir dans la phrase l'expression de trois idées, et d'isoler d'abord : qui ne dressay oncques puys que bougeasmes de Rouen, comprenant qu'Eusthenes dit qu'il n'est pas entré en érection depuis le départ de Rouen. Or cela ne correspond en rien à la suite de sa sortie, où il indique des angles glorieux, affirmant de plus (voire encore) qu'il l'a dur et fort comme cent diables, c'est-à-dire au plus haut point. Mais le premier contresens entraîne les suivants, et l'on prend : au moins que laguille montast iusques sur les dix ou unze heures pour un souhait, et : voire encore que laye dur & fort comme cent diables pour un deuxième souhait. Or, des souhaits énoncés après l'étonnant aveu de l'apathie survenue depuis le départ de Rouen, n'autoriseraient en rien la véhémence de la revendication d'Eusthenes.

En fait, comme pour : tous mors comme porcs, quil nen eschappera, la ponctuation est de respiration, et nous devons lire : qui ne dressay oncques puys... au moins que laguille montast... voire encore que laye, expression d'une vantardise appuyée d'une image puis d'une attestation. Et une translation ayant la prétention d'éclairer ceux pour qui la langue de Rabelais garde quelque obscurité, aurait dû être, (sachant que l'originale disait : Et moy quand la définitive dit : Et ie) :

Et ie, dist Eusthenes, quoy ?	Et moi alors ? dit Eusthenes
qui ne dressay oncques puys	qui ne dressai jamais depuis
que bougeasmes de Rouen,	que nous partîmes de Rouen,
au moins que laguille montast	sinon que l'aiguille montât
iusques sur les dix ou unze	jusque sur les dix ou onze
heures :	heures ;
voyre encore que laye dur	et qui, j'en jure, l'ai dur
& fort comme cent diables.	et fort comme cent diables.

Tout cela est évidemment tout de suite entendu de l'auditoire, et le meneur de jeu rétorque aussitôt : Vrayement dist Panurge, tu en auras des plus grasses & des plus refaictes ; à comprendre ici que les plus replètes et les mieux charpentées étant considérées comme les plus aptes à faire la course avec un tel cavalier (car n'oublions pas qu'Eusthenes est le Fort), la réponse de Panurge confirme en tous points notre vision d'Eusthenes en puissant ribaud, et nullement celle des commentateurs qui le transforment en un alangui se bornant à espérer un réveil de sa puissance.

Le Sage, à son tour, est ulcéré qu'on puisse penser que l'article ne l'intéresse pas : Comment (dist Epistemon) tout le monde cheuauchera & ie meneray lasne, le diable emport qui en fera rien. Nous userons du droict de guerre, qui potest capere capiat. Bien sûr, chevaucher est employé ici au sens sexuel, et mener l'âne est l'équivalent de tenir la chandelle, mais l'image littérale est savoureuse de celui qui est censé se contenter de conduire l'âne par la bride quand les autres ont le privilège de monter dessus.

Quant au qui potest capere capiat, c'est, nous dit-on, l'habituel sens figuré d'école : comprenne qui peut, tourné ici pour les besoins de la cause en : prenne qui peut prendre. Mais Demerson en dit davantage en expliquant : Saisisse qui pourra (sous-entendu : le sens de mes paroles) ; paroles du Christ (Matthieu, 19, 12) exposant sa doctrine de la chasteté volontaire ; et il explique : Epistemon prend le verbe saisir au sens propre, si l'on peut dire ; mais il est impossible que Rabelais et ses lecteurs oublient le contexte scripturaire d'où est extrait cet adage.

S'il est certain que Rabelais et les lecteurs du temps avaient présent à l'esprit le verset évangélique, il est non moins certain que les commentateurs qui ont précédé Demerson l'ont superbement ignoré. Pourtant, l'évocation est lourde de signification si l'on sait que Jésus dit ici (traduction de la Pléiade) : Car il est des eunuques qui sont nés tels du ventre de leur mère, il est des eunuques qui ont été fait eunuques par les hommes, et il est des eunuques qui se sont fait eux-mêmes eunuques à cause du règne des cieux. Comprenne qui peut comprendre. Ce qu'évoque ici Rabelais est en fait le vœu de chasteté des ecclésiastiques, et sa position à cet égard est fort claire, puisqu'il fait dire immédiatement à son personnage : le diable emport qui en fera rien, qu'il lui fait ajouter résolument : Nous userons du droict de guerre, et qu'il lui fait interpréter le christologique qui potest capere capiat comme : étreint qui peut étreindre.

Ainsi, suivant toujours le propos, et feignant de croire que Panurge, Carpalim et Eusthenes vont s'octroyer toutes les femmes, Epistemon se dit décidé à s'en approprier de haute lutte. L'originale n'en disait pas plus là-dessus. Mais Rabelais a jugé bon, dans la définitive, de confirmer sa prise de position en chargeant Panurge d'une repartie qui ne laisse aucun doute : Epistemon n'aura pas à lutter ; on accèdera très naturellement à son légitime désir : Non, non, dist Panurge qui, reprenant l'expression au pied de la lettre, ajoute : mais atache ton asne a un croc & cheuauche comme tout le monde. Cela revient évidemment à repousser l'idée de l'abstention et à tenir pour naturelle la participation aux jouissances sexuelles. Et c'est bien là décliner de façon tranchée et définitive l'invite à se rendre eunuque en vue du Royaume des Cieux (traduction de la Bible de Jérusalem) ; Rabelais entend, lui, qui potest capere capiat comme : possède qui a ce qu'il faut pour le faire.

Pantagruel, s'il n'est pas partie prenante dans l'affaire, est néanmoins bon public : Et le bon Pantagruel ryoit a tout. Il essaie toutefois de tempérer l'exaltation de ses compagnons et, probablement mis en disposition par ce qu'il vient d'entendre, s'enhardit : Vous comptez sans vostre hoste. Iay grand peur que deuant quil soit nuyct, ne vous voye en estat, que ne aurez grande enuie darresser ; et il prolonge le jeu de mots sur chevaucher, donnant cette fois au verbe l'acception homosexuelle : & quon vous cheuauchera a grand coup de picque & de lance ; c'est aussi l'avis de Boulenger, qui commente ici : Que les ennemis vous reconduiront à grands coups de pique et de lance. Equivoque obscène sur chevauchera.

Mais il en faudrait davantage pour calmer l'ardeur combative qui est celle des compagnons ; ils ne tiennent nullement à retenir ces propos dégrisants : Epistemon, toujours livresque, appuie sa vue rassurante sur des citations et conclut : Ne vous souciez par dieu. L'optimisme de Panurge est d'autre sorte ; il puise sa confiance dans l'esprit génésique : Merde merde, dist Panurge. Ma seule braguette espoussetera tous les hommes, & sainct Balletrou qui dedans y repose, decrottera toutes les femmes. Ici, aucun commentateur ne dit rien pour espousseter, mais nous avons vu au chapitre xv que le verbe peut avoir l'acception de épouser sexuellement avec l'idée de malfaçon ; ici c'est évidemment l'idée de façon contre nature qui apparaît, puisque Panurge répond, dans la première partie de sa protestation, à l'idée de chevaucher homosexuellement évoquée par Pantagruel, et avance que sa seule braguette, c'est-à-dire la seule pièce d'habillement, suffira à espousseter-épouser les ennemis ; cela laisse entendre, toujours dans le dessein d'avilir l'adversaire, que ces ennemis sont largement proportionnés du côté anal, ce qui revient à les traiter de sodomites. D'où le souci de Panurge, résolument hétérosexuel, de bien marquer que n'interviendra dans l'affaire que l'enveloppe de son braquemard.

Il en va tout autrement en ce qui concerne les femmes : c'est sainct

Balletrou lui-même qui s'en occupera. On ne nous donne pour ce saint que des explications superficielles : Saulnier dit : Burlesque (Balletrou, membre viril) ; Boulenger dit : Frère Jean jurera au livre V, chapitre XV, par la Feste de sainct Balletrou ; Guilbaud se borne à dire : Nom facétieux dont la signification est claire ; Plattard, qui dit : Nom facétieux d'un saint imaginaire, qui se rencontre de nouveau, etc., semble n'avoir pas très bien compris que ce saint est du septième ciel ; Jourda comprend mais fait la petite bouche : Nom burlesque, de sens très libre, cf. etc. ; Michel dit : Saint fantaisiste et obscène, comme maître Jean Chouart ; seul Demerson dit hardiment : Le même saint Bourretrou, qui hante cette belle braguette, sera invoqué, etc.

Pourtant, en fait de bourrer, Greimas donne : Baler : (du latin tardif ballare, danser, du grec ballein) : danser ; vanner ; maltraiter ; bal, balement, balerie : danse, réjouissance ; mouvement, agitation ; baleor, balerece : danseur, danseuse ; balier, baloier : ballotter, voltiger, flotter, s'agiter ; et, ce qui ne nous intéresse que pour les annexes, mais c'est belle chose, estre en tous cas bien informé (T. L. VII) : balochier : se balancer. Aussi comprenons-nous aisément que ce sainct Balletrou est un saint qui n'est point figé dans la contrition ; il s'agite, il danse, il vanne, il se réjouit dans le trou, et nous admettons fort bien qu'ayant ainsi fait, il repose ensuite dans la braguette[2].

Reste le verbe decrotter qui pourrait laisser subsister quelque doute sur la nature de ce trou, le sens de crote, matière fécale, pouvant laisser croire que Panurge, s'il se refuse à sodomiser les hommes, se propose de le faire avec les femmes. Mais, plus normalement, il faut ici prendre le mot crote pour boue qui reste sur les vêtements (Greimas), ce qui, transposé au corps, s'entend comme croûte, dépôt, et nous arrivons, avec le préfixe dé qui marque la séparation, au sens d'ôter le dépôt, les croûtes, c'est-à-dire récurer, assainir ; nous ne pouvons ainsi douter que sainct Balletrou ait les mêmes propriétés purifiantes que la corne de licorne, et que c'est de la façon la plus orthodoxe que Panurge se prépare à s'en servir.

Mais c'est assez plaisanté : Sus doncques enfans, dict Pantagruel, commencons a marcher ; et l'on ne peut s'empêcher de voir par transparence dans cette détermination celle de l'auteur qui se résout à en

---

2. A noter que la langue populaire d'aujourd'hui, qui emploie trou de balle pour désigner l'anus, a perdu toute compréhension de ce que veut dire balle, déformation de bal : danse, réjouissance. Et même si cette expression peut être entendue au sens sodomitique, il n'en reste pas moins qu'on est passé inexplicablement de l'invité sainct Balletrou à l'invitant trou de balle : misère de la partie érotique de la langue, qui ne s'est transmise que par le son, parce que les doctes ont jugé indigne d'en rien écrire.

venir au combat. Il a jusque là atermoyé, et de belle manière, mais probablement sans oublier l'épreuve qui l'attend ; et la fréquence de l'évocation du diable dans ce chapitre peut nous paraître amenée par cette préoccupation : au diable lun qui se faignoit, au diable le iarret, au diable de biterne, le diable emport qui en fera rien, toutes locutions exprimant le rejet et le désir d'éloignement.

Mais quoi qu'il ait pu faire, le conteur arrive au trebuchet (xxviij). Du moins, c'est ce dont il est persuadé au moment où il écrit son commencons a marcher. En fait, nous allons voir au chapitre suivant que Pantagruel, qui est ici si pressé d'en découdre, va révéler fort soudainement un souci de commémoration que rien ne laissait prévoir : c'est que Rabelais a trouvé le moyen de prolonger le délai, et que l'échéance est encore repoussée de la durée d'un chapitre : celui de l'arc triumphal ou Trophee et du dicton victorial.

Comment Pantagruel droissa un Trophee en memoire de leur prouesse, & Panurge un aultre en memoire des Leuraulx. Et comment Pantagruel de ses petz engendroit les petitz hommes, & de ses vesnes les petites femmes. Et comment Panurge rompit un gros baston sur deux verres. Chap.xxvj. (xxvij)

Le titre est celui de l'originale, à part le verbe droissa qui a remplacé erigea, employé dans la première phrase du texte : ie veulx eriger en ce lieu un beau trophee. Mais il apparaît que, pour deux commentateurs, l'incompréhension commence dès ce titre puisque, au sujet des mots petz et vesnes. Saulnier dit : Vesne et pet (synonymes, distingués ici par farce) ; comme Vesner distinct (par farce) de vesser (XV) ; et Guilbaud, généralement mieux inspiré, mais ici totalement déférent, répète : C'est par jeu que Rabelais emploie ces deux synonymes l'un masculin, l'autre féminin dans la même phrase. Nous ne pouvons savoir si ceux qui se taisent pensent de même, mais il est probable que personne ne met en doute la parole de Saulnier. Et pourtant il est sûr que les lecteurs du temps connaissaient la différence qui sépare le pet de la vesne. Elle est celle-ci :

Pour pet, Greimas ne cite que le verbe poire, péter ; mais Littré dit que c'est un vent qui sort par en bas avec bruit ; le Petit Robert dit : Gaz intestinal qui s'échappe de l'anus avec bruit. Greimas, qui ne mentionne pas le mot vesne, dit pour vesse : Vessir : (XIIIe siècle, latin populaire vissire) : émettre des gaz fétides, sans bruit, par l'anus ; vesseus : qui lâche des vesses, et c'est ici la seule mention du substantif ; il ajoute curieusement dans ce même article : vesniere : anus.

Nous noterons seulement au passage, car nous allons devoir y revenir, que la différence est bien établie entre le pet, bruyamment sincère, et la vesne, sournoisement silencieuse (bien que la confusion semble aussi bien établie entre les mots vesne et vesse). Il est donc aussi suffisant que malvenu de prêter à Rabelais une intention de farce ou de jeu là où il n'y a que légitime distinction. Mais nous savons trop bien que si nos commentateurs passent souvent, sans en soupçonner la présence, sur les desseins comiques de l'auteur, ils ne manquent pas de lui attribuer volontiers ceux qui découlent de leur propre conception du risible.

Donc, pour l'érection du trophée, les compagnons s'empressent de dresser un grand boys, cela en grande liesse & petites chansonnettes villaticques, c'est-à-dire rustiques, ce qui semble revenir sur l'abandon qu'ont fait les compagnons des manières artificielles auxquelles ils ont été astreints pendant leur séjour à Paris. Suit alors l'énumération de ce qu'on suspend au grand boys, et l'on ne peut s'empêcher de penser qu'il s'est agi ici de remplir, car il n'y a là rien d'autre que la juxtaposition de noms de pièces d'armures d'homme ou de cheval et de quelques armes. Puis vient le dicton victorial de Pantagruel.

Entre l'originale et la définitive, les vers en ont été quelque peu remaniés : Qui non dharnoys/ mais de bon sens vestuz, est devenu : Qui de bon sens, non de harnoys vestuz ; Mais qui luy plaist, est devenu : Ains qui luy plaist ; Doncq a & cheuance & honneur, est devenu : Doncques a cheuance & honneur, modifications d'euphonie et, pour le mot ains, manifeste parti pris d'archaïsme.

L'inspiration de ce dicton est tenue pour évangélique ; Pantagruel attribue le mérite de sa victoire à l'engin, c'est-à-dire à l'esprit, et développe l'idée que cette victoire est donnée par le hault seigneur à cil qui par foy en luy espoire. Saulnier voit dans les vers : Prenez y tous, Roys, ducz, rocz, & pions le début du Psaume : Et maintenant, rois, comprenez,/ corrigez-vous, juges de la terre (II, 10 ; Pléiade), qui, dit-il, bifurque bientôt, et, jouant sur le mot roi, qui désigne par ailleurs une pièce du jeu d'échecs, ajoute les rocs (les tours) et les pions.

Demerson, lui, voit dans les vers : Qui de bon sens, non de harnoys vestuz, une métaphore rappelant saint Paul (2 Cor. 6, 7 ; Eph. 6, 11-17) : le bon sens dont s'arme l'apôtre est celui de la Justice car ce n'est pas contre les adversaires de chair et de sang que nous avons à lutter, mais contre les Principautés, les Puissances de ce monde des ténèbres.

Au sujet de : Firent six cens soixantes morpions, Guilbaud dit : Pou du pubis. Jeu de mots avec morts pions (pions : fantassin, d'après le latin pedo) ; et pour : puissans ribaulx, il dit : Soldats irréguliers, et aussi débauchés. C'est bien là, semble-t-il, introduire encore dans le texte une vue strictement personnelle, car il ne peut y avoir ici aucune intention seconde. C'est Saulnier et Demerson qui ont raison en voyant dans le morceau une sincère confession de la foi dans le hault seigneur assortie d'une protestation de soumission confiante, car il importe que ce dicton victorial soit pur de tout dessein comique pour que soit significative la transposition que va en faire Panurge.

Et c'est même là qu'on peut se dire que Rabelais semble tenir à montrer aux censeurs qu'il n'épouse pas le sentiment qui anime Panurge, si l'on s'avise de remarquer qu'est éludée d'avance l'accusation d'irrespect : si Panurge, aussi matérialiste que son maître se montre ici spiritualiste, emmanche en un grand pal les dépouilles du gibier qui a été ingurgité, il le fait toutefois ce pendent que Pantagruel écrit les carmes susdictz.

Donc, avant d'écrire ses propres vers, Panurge pique sur le pal ou y accroche tout ce qui a trait à la mangeaille : il est à noter que Rabelais a tenu, pour la définitive, à étoffer l'empilage puisqu'il a ajouté au fratas de l'originale les aesles de deux bitars, les piedz de quatre ramiers. Quant au chevreuil, dont l'originale citait le pied droict de deuant dicelluy, il est question dans la définitive du pluriel : les piedz droictz de deuant dicelluy ; et comme il ne peut y avoir plusieurs pieds droits antérieurs, il faut bien entendre que la correction a été apportée pour que l'on comprît qu'il s'agit des pieds rigides, c'est-à-dire l'extrémité des pattes demeurées dans la dépouille après qu'on les a sectionnées à la première articulation.

Puis Panurge commence son propre dicton. La ressemblance avec celui de Pantagruel est étroite : non seulement le mouvement, mais les rimes sont les mêmes, ce qui, dit Guilbaud, en augmente beaucoup le burlesque. Rabelais s'y est fort ingénié, comme on le voit dans le remaniement des quatre premiers vers, minutieusement retravaillés entre l'originale et la définitive :

Ce fut icy/ que a lhonneur de Bacchus
Fut bancquete par quatre bons pions :
Qui gayement/ tous mirent abaz culz
Souples de rains comme beaux carpions :
Ce fut icy que mirent abaz culz
Ioyeusement quatre gaillards pions,
Pour bancqueter a lhonneur de Baccus
Beuuans a gré comme beaulx carpions,

Remarquons que : a lhonneur de Bacchus est passé du premier au troisième vers, et bancquete, du deuxième au troisième ; que les quatre bons pions, sans bouger du deuxième vers, sont devenus : quatre gaillars pions ; que le gayement du troisième vers est devenu : ioyeusement, en passant au deuxième ; que le mirent abaz culz passe du troisième au premier vers, et que si comme beaux carpions reste la fin du quatrième vers, le début : Souples de rains, qui ne voulait pas dire grand chose ni pour les carpions ni pour les banqueteurs, est devenu plus judicieusement : Beuuant a gré. Remarquons tout cela et gaussons-nous bien fort de ceux qui nous parlent sans sourciller d'œuvre improvisée de verve, comme dit Saulnier, et derrière lui tutti quanti du haut de leur chaire.

Pour les pions, Saulnier dit : Pion : buveur. Cf. piot ; Boulenger dit : Buveurs de piot, ivrognes ; Guilbaud dit, plus aimablement :

Buveurs (amis du piot) ; Michel dit : Ivrognes ; Demerson dit : Amis du piot, ivrognes. Ils mettent cul bas : ils s'asseoient pour boire ; et la translation parle de : Nos quatre ivrognes en pleine action. Or il est évident que Panurge n'emploie pas pour parler de son maître, de ses amis et de lui-même un mot péjoratif, et rendre pions par ivrognes indique nettement, d'une part qu'on ne comprend pas l'esprit du texte, d'autre part qu'on n'a pas assimilé ce que Rabelais dit au premier chapitre de la nectaricque, delicieuse, precieuse, celeste, ioyeuse & deificque liqueur quon nomme le piot. Quant à la locution : abaz culz, Saulnier dit : Les bas culs, ce sont les gens bien assis pour boire ; Guilbaud dit : Le derrière par terre, et Demerson remarque : En dépit de la prononciation actuelle, la rime est très riche (rime par équivoque).

Le reste du dicton n'a pas été modifié. Est donc demeuré le : dont en eurent lestorce, locution qui donne à tous les commentateurs l'occasion d'être passablement ridicules par leur compréhension des deux vers : Sel & vinaigre/ ainsi que Scorpions// Le poursuyuoient/ dont en eurent lestorce, pour lesquels la définitive n'a fait d'autre correction que d'écrire scorpions sans majuscule.

Saulnier dit : Estorce : entorse ; Boulenger dit la même chose mais explique : Sel et vinaigre attrapèrent une entorse à force de le poursuivre ; Guilbaud dit : Entorse ; Plattard ne dit rien, mais il serait étonnant que ce soit parce qu'il pense originalement ; Jourda dit : Entorse ; Michel dit : L'entorse ; Demerson reprend exactement l'explication de Boulenger, et le succédané translatoire dit, évidemment : Le pousuivaient, à s'en faire une entorse.

Ainsi, nos doctes glossateurs, qu'on ne savait pas si imaginatifs, se représentent le sel et le vinaigre munis de jambes et se donnant une entorse en courant après le levraut, mus par un étrange désir de l'attraper. C'est vraiment ignorer que si le comique de Rabelais revêt toutes les formes, il ne prend jamais celle de l'infantilisme. Donc, il nous faut examiner nous-mêmes.

Disons tout de suite que les scorpions sont ici si étonnants sous la figure de l'animal venimeux que nous nous risquerons à voir dans ce mot cette sorte de plante que mentionne le Gaffiot au mot scorpio-onis en signalant : Pline, 22, 39 et 132. Le Gœlzer dit, lui, au mot scorpion-ii : plante appelée aussi thelyphonon. Littré donne : Scorpioïde : terme de botanique. Cyme scorpioïde, inflorescence recourbée en forme de queue de scorpion : telle est celle des myosotis et de la consoude, etc. ; Scorpione : nom dont on s'est servi pour désigner le myosotis annuel et le myosotis vivace, confondus anciennement sous la dénomination de scorpioïde ; et surtout : Scorpiure : genre de la famille des légumineuses composé de petites plantes herbacées, assez communes dans les champs. Nous verrons donc dans ces scorpions des plantes aromatiques employées pour l'assaisonnement.

Et nous entendons que si le sel et le vinaigre, comme les scorpions, poursuivent cette proie, c'est que le verbe poursuivre équivaut ici à obséder, signifiant que le levraut est né sous les signes, pour lui maléfiques, des scorpions, du sel et du vinaigre, dont on épice sa chair. Ici, il a été tué ; les scorpions, le sel et le vinaigre ont eu de lui lestorce, et nous sommes ainsi déjà loin de cette absurde course à l'entorse que les glossateurs veulent nous faire avaler parce qu'ils la gobent sans mâcher. Reste à voir ce que désigne ici le mot estorce.

Greimas donne le verbe estordre dont les sens sont divers : tordre ; exprimer ; faire sortir ; opprimer, accabler ; se tourner, s'échapper, fuir, asséner un coup (par un tour de bras) ; estorse : action d'asséner un coup ; échappatoire ; Ce n'est l'estorse : tout n'est pas parfait, rien n'est décidé.

Le sens qui conviendrait à ce qui nous occupe serait : assener un coup mortel, mais c'est d'une part prêter des bras au sel et au vinaigre, alors qu'on vient de leur refuser des jambes ; d'autre part négliger de considérer que le en eurent sous-entend clairement que ces ingrédients ont obtenu quelque chose de concret.

Nous explorons donc et nous parvenons au verbe estrosser dont les sens sont : détrousser, déballer ; livrer, vendre ; tordre, trousser, et pour lequel on nous dit : voir troser, torser. Au verbe troser, nous lisons : empaqueter, charger des bagages ; voir torser ; au verbe torser, nous retrouvons ces deux mêmes sens auxquels s'ajoute celui de relever en pliant, retrousser.

Or, ce dernier sens exprime parfaitement le mouvement par lequel on dépouille un lièvre placé la tête en bas : les deux pattes postérieures écartées, attachées chacune à un point fixe, la peau est retournée à partir de la première articulation des pattes postérieures en direction de la tête, jusqu'à la séparer complètement de la chair. Cette action est bien celle de relever en pliant, bien qu'elle s'effectue à l'envers, et celle de retrousser.

Lestorce serait donc la peau d'un animal mort, que cet animal soit un lièvre ou tout autre qu'on dépiaute de cette façon, peut-être même celle de l'anguille dont la peau, Rabelais le dit, est bonne à faire des fouets. L'expression avoir l'estorce équivaudrait donc à notre expression : avoir la peau, au sens de tuer. Cela nous conduit à interpréter les deux vers en question de la façon suivante : le sel et le vinaigre, comme ces scorpions où nous voyons des herbes aromatiques, qui sont les signes sous lesquels est né le levraut, ont fini par avoir son estorce, c'est-à-dire avoir sa peau, puisqu'il a été tué et qu'il a été rôti enrobé de ces assaisonnements, pour lui fatidiques.

Le vinaigre aussi est célébré dans les quatre vers de la fin du dicton ; mais les petits vers de quatre syllabes qui précèdent cette fin ont particulièrement la forme d'une parodie fort hardie : là où Pantagruel était toute spiritualité, Panurge, en joyeux mécréant, ne parle que du rafraîchissement du gosier. Et la juxtaposition des préoccupations est éloquente :

Car la victoire	Car linuentoire
Comme est notoire,	Dun defensoire
Ne gist que en heur,	En la chaleur,
Du consistoire	Ce nest que a boire
Ou regne en gloire	Droict & net, voire
Le hault seigneur,	Et du meilleur,

Pourtant, Pantagruel, le maître, si convaincu qu'il soit du bien-fondé de sa foi, ne se scandalise nullement ; et peut-être pouvons-nous penser que l'intention de Rabelais est d'illustrer ici l'esprit de tolérance, qui remplace chez un évangélique le fanatisme du caphar (xxviij, 1532). Il est de fait que Pantagruel se contente de ramener les banqueteurs à ce qui est la fin de leur entreprise : Allons enfans, cest trop muse icy a la viande : car a grand poine voit on aduenir que grans bancqueteurs facent beaulx faictz darmes. Et il ajoute, décidément pris par le fureur de la formule : Il nest umbre que destandartz, il nest fumee que de cheuaulx, & clycquetys que de harnoys.

L'originale continuait ainsi : A quoy respondit Panurge. Il nest umbre que de cuysine/ Il nest fumee que de tetins/ & nest clycquetys que de couillons, reprenant dans le premier terme seulement sa préoccupation gastronomique et donnant le pas, dans les deux autres, à sa préoccupation génésique. La définitive est tout autre : la préoccupation de gueule est donnée à Epistemon, qui fait là-dessus une réponse entière, en parallèle, où Guilbaud voit un jeu de mots entre fumée et fumet : A ce commencza Epistemon soubrire, & dist. Il nest umbre que de cuisine, fumee que de pastez, & clicquetys que de tasses.

Et le dernier mot reste à Panurge, qui consacre les trois termes de son répons à la seule préoccupation sexuelle : A quoy respondit Panurge. Il nest umbre que de courtines, fumee que de tetins, & clicquetys que de couillons.

Ici, Boulenger est le seul à dire : L'édition de Juste 1533 donne ici : fumée que de con. Une poésie érotique du XVe siècle parle d'un con qui Fendu estoit de haut en bas mais on ne savait pas si C'estoit de hache ou d'espee, - Car il gectoit sy grand fumée - Que c'estoit un merveilleux cas. (Revue des Etudes rabelaisiennes, 1904, p. 141-2). Grâces soient rendues à Boulenger de nous donner la référence d'un des rares articles de la RER qui soient amusants et dont la teneur puisse servir à une meilleure compréhension de Rabelais. Et comme nous n'avons pas la manie universitaire quelque peu sadique de renvoyer les gens à la même recherche qu'on a dû faire, nous donnons ici en entier la savoureuse versification érotique dont il est question :

Un con sentant le faguenas/ Vy l'aultre jour entre deux draps,/ Enveloppé pour la gellée,/ Il avoit la fesse avallée/ De force d'aller l'entrepas./ De vits il avoit a plains sacz/ De couillons portoit plains carcaz/ Et sy crioit à gueulle baye,/ Ung con !// Fendu estoit de hault en bas ;/ Mais, par ma foy, je ne scay pas/ Si c'estoit de hache ou d'espée,/ Car il gectoit si grand fumée/ Que c'estoit ung merveilleux cas,/ Ce con [1]. (Bibl. Nat. ms. fr. 1719, fol. 79)

Il apparaît donc, que, au moins dès le XVe siècle et sûrement bien avant, l'image du con qui fume et l'expression fumée de con étaient courantes, et pour ainsi dire consacrées. Et la leçon de l'édition de 1533 que signale Boulenger nous fait penser que le mot tetins peut n'être pas de Rabelais. Il semble en effet fort étrange que Rabelais n'ait pas repris telle quelle l'expression figée, lui qui se saisit généralement du terme populaire pour en jouer, le prenant au pied de la lettre ou appuyant sur lui une plaisanterie à une ou plusieurs détentes. Il est difficile de croire qu'il a dédaigné de se servir du mot cru et qu'il a choisi l'atténuation, par un souci de pudeur qui lui reste partout ailleurs fort étranger. Bien plutôt croirons-nous à la correction autoritaire d'un éditeur offusqué par l'image (ou effrayé par l'accusation possible d'obscénité) ; Claude Nourry, l'éditeur de 1532, serait donc l'auteur de cette correction, que Rabelais aurait annulée dans l'édition de François Juste de 1533, et que les éditions suivantes auraient rétablie sous l'empire de la crainte engendrée par la condamnation qu'avait fulminée la Sorbonne en octobre 1533. Il y a en tout cas, pour appuyer le refus de paternité de la fumée de tetins, des arguments sérieux dans le texte même.

Il y a d'abord l'invraisemblance : si nous prenons, dans chacune des célébrations, ce qui se rapporte à chaque propriété, nous avons, pour l'ombre : les étendards, la cuisine et les courtines ; pour la fumée : les chevaux, les pâtés et les tetins ; pour le cliquetis : les harnais, les tasses et les couillons. Et il est évident qu'il y a ici un mot anomal. Car s'il est vrai que chacun des trois premiers termes peut offrir de l'ombre ;

---

1. On répète généralement ici ung con, mais il semble plus pertinent, comme le donnent d'ailleurs d'autres transcriptions, de finir par ce démonstratif qui s'intègre mieux dans la progression.

que chacun des trois derniers peut produire un cliquetis en s'entrecho-quant (au sens propre ou au sens poussé qui est celui du niveau où se situe Panurge), il apparaît nettement que les tetins sont en intrus dans les termes du milieu. Car enfin, si les chevaux fument après une course, si les pâtés fument en sortant du four, comment, même au sens poussé, les tetins le pourraient-ils, si bien et si longtemps manipulés qu'ils fussent sous les courtines ? Que ces tetins soient pris pour les seins proprement dits ou pour les mamelons, seule partie comportant une issue par où puisse s'échapper quelque chose, l'anatomiste Rabelais n'a pu écrire pareille inexactitude physiologique.

S'il est en revanche exagéré de dire que le con produit de la fumée, il est indéniable que l'image s'appuie, comme toujours, sur un fait réel dont seules les conséquences sont conduites jusqu'à l'extrême : le sexe de la femme peut effectivement prendre un discret fumet de brûlé à mesure que le lubrifiant se raréfie lors de la prolongation des ébats. Or nul mouvement de friction ne peut jamais produire semblable résultat avec les tetins, qui sont d'ailleurs bien incapables d'endurer ce genre de manœuvres ; l'invraisemblance est donc criante, et, pour nous, c'est le seul mot con qui a sa place à la suite des chevaux et des pâtés.

Mais il y a encore l'argument du registre : la première formule assemble trois mots qui vont de pair à compagnon : l'étendard, le che-val et le harnais ; la deuxième assemble trois mots qui ont même qua-lité : la cuisine, les pâtés et les tasses. La troisième assemble les courti-nes, les tetins et les couillons, et le même mot tetins apparaît comme anomal, puisque si les courtines indiquent le lieu des ébats amoureux, si les couillons sont la raison d'être de ces ébats, les tetins ne sont en aucune façon les dignes interlocuteurs de la cheville ouvrière de ces glandes génératrices, même si, par fantaisie passagère, il leur arrive de s'y essayer. Nous avons, avec les courtines et les couillons, le principal, et nous n'avons, avec les tetins, que l'accessoire. C'est bien le con seul qui est de niveau avec les couillons, et ce n'est que lui qui permet l'action que décrit l'image : clicquetys de couillons, où ces couillons ne peuvent évidemment s'entrechoquer mais cliquettent contre le périnée de la dame.

Le mot tetins est donc sans conteste un affadissement maladroit aussi étonnant sous la plume du médecin qu'est Rabelais que dans la bouche du trousseur de jupons qu'est Panurge. Nous n'aurons donc aucun scrupule à rejeter ces tetins, qui sont manifestement pour nous une interpolation (fassent d'ailleurs les dieux qu'elles prennent toutes une forme aussi agréable), et nous entendrons désormais Panurge répondre : Il nest umbre que de courtines, fumee que de con, & clic-quetys que de couillons.

Panurge est d'ailleurs si réjoui d'avoir fait cette salace transposition du chevaleresque couplet de son maître qu'il se lève, pète, saute, siffle pour qu'on l'en excuse comme le voulait la coutume, et crie à pleine voix : viue tousiours Pantagruel. Le géant l'imite aussitôt, mais on nous dit que du pet quil fist, la terre trembla neuf lieues a la ronde. Et Michel annote ici, en se donnant le ridicule des points de suspension : Procédé comique déjà employé dans les grandes chroniques. Les p... de Gargantua produisent de véritables cataclysmes.

L'air corrompu de ce pet engendre plus de cinquante & troys mille petitz hommes nains & contrefaictz, et celui d'une vesne autant de petites femmes acropies. Et Demerson replace ici cette génération spontanée dans son temps en disant judicieusement : Il faut savoir que, selon la physique scolastique, la corruption des exhalaisons était plus qu'un changement d'état : une vraie métamorphose, qui donnait lieu à la génération de petits animaux. Sa note s'ouvre toutefois ainsi : Equivoque : le mot vesne désigne à la fois un pet et une catin. Or Panurge ne va pas reprendre le mot vesne mais va employer le mot vesses, et la substitution indique assez que c'est ce seul mot vesse qui permet l'équivoque.

Les autres commentateurs, tout au moins ceux qui parlent, ne font pas l'erreur, qui attendent que Panurge ait prononcé sa boutade : Et quoy dist Panurge, vos petz sont ilz tant fructueux ? Par dieu voicy de belles sauates dhommes, & de belles vesses de femmes, il les fault marier ensemble. Ilz engendreront des mouches bouines. Boulenger dit : Vesse. Ce mot désigne à la fois un gaz qui sort de l'intestin et une femme débauchée ; Guilbaud dit : Jeu de mots sur vesses, vents, qui a aussi le sens de femmes débauchées ; Plattard dit : Le mot désignait, dans la langue populaire, les femmes débauchées ; Michel, décidément fort pudibond, ne donne ici aucune note ; quant à Jourda, il joue toujours si sobrement son jeu de glossateur qu'on s'aperçoit à peine qu'il est ici resté en coulisse.

En fait, cet équivalent vient tout droit de Littré, qui donne cet exemple tiré de Brantôme : Le bon Marc Aurele ayant sa femme Faustine, une bonne vesse, et qui ajoute entre crochets, sans autre commentaire : femme débauchée. Or il est évident que l'éclaircissement ne donne ici que l'idée ; il ne nous apprend rien sur le mot.

D'ailleurs, ce femme débauchée ne contribue en rien à nous faire entendre ce que contient la facétie de Panurge, alors que tout nous laisse supposer qu'elle est un échafaudage d'équivoques qui devaient être savoureuses pour le lecteur du temps. Mais il est manifeste que la glose a ici renoncé depuis des siècles, préférant ne pas éveiller le chat qui dort.

Nous, nous l'éveillerons ; nous partirons seuls à la découverte, et nous chercherons d'abord ce qu'il y a dans les mots. Ainsi, d'entrée, nous devons nous étonner que ce mot vesse qui, selon Greimas, désigne le produit de l'émission silencieuse de gaz fétides par l'anus, ce qui inspire indiscutablement la répulsion, ait pu se charger du sens de femme débauchée qui, puisqu'elle se débauche, le fait en compagnie d'hommes, ce qui implique qu'elle exerce sur eux un attrait certain. Il y a donc ici contradiction évidente, et il nous semble que cette vesse, du verbe vessir, issu lui-même d'un conjectural latin populaire vissire, peut n'être pas le mot sur lequel s'est greffé ce sens érotique.

Nous retournons donc à Greimas, et nous découvrons, juste au-dessus de ce verbe vessir, le mot : vessie : (latin populaire vessica pour vesica) : vessie ; objet sans valeur, à valeur minimale ; ampoule. Cela ne nous intéresserait pas spécialement si nous ne trouvions, à la suite, le mot vessee : vessie, l'expression : vendre la vessee : tromper, puis le verbe vessier : crever, ainsi que l'adjectif : vessieus : gonflé comme une vessie ; plein d'enflures.

Ce mot vessee, paronyme de vesse, retient particulièrement notre attention, et nous entendons bien que si sa signification est celle de vessie, il contient aussi celles dudit mot, c'est-à-dire : objet sans valeur, à valeur minimale ; ampoule. Cela n'éclaire pourtant pas encore beaucoup notre lanterne ; aussi décidons-nous de remonter aux sources, c'est-à-dire au latin, et conséquemment au Gaffiot, où nous trouvons : vesica : vessie, objet en peau de vessie ; bourse ; figurément : ampoule, tumeur, et, chez Juvenal (1, 39 ; 6, 64) : vulve d'une femme.

Du coup, notre lanterne est moins sourde : aux significations que Greimas donne du mot vessee, significations auxquelles se rattachent légitimement celles qu'il donne pour le mot vessie, s'ajoute ce sens, certes plus vivant dans la langue orale que dans la langue écrite, de vulve de la femme. Pour nous, ce mot vessee a donc les sens de vessie ; objet en peau de vessie ; bourse ; objet sans valeur, à valeur minimale ; tromperie ; ampoule, tumeur ; vulve de la femme.

Nous apparaît alors avec évidence que l'idée commune qui relie tous ces sens est celle du gonflement temporaire, gonflement qui peut être physiologique (vessie), artificiel (objet en peau de vessie, bourse), fallacieux (objet sans valeur, à valeur minimale, tromperie), pathologique (ampoule, tumeur) et génital (vulve), étant entendu, car cela est ici patent, que ce mot vulve n'est en fait que la désignation de la partie pour le tout, le français n'ayant plus de mot, précisément depuis la disparition du mot vessee, pour nommer l'ampoule vaginale mise en état d'intumescence par le désir.

Cette idée générale de gonflement temporaire attesté par l'adjectif vessieus : gonflé comme une vessie, plein d'enflure(s), se résout, au sens propre, par la crevaison : vessier : crever. Et cela nous ramène au sens parallèle de vessir : émettre des gaz fétides, sans bruit, par l'anus, et à l'adjectif vesseux qui nous paraît proche parent de l'adjectif vessieus. Il semble que Greimas aurait pu ne pas faire deux articles distincts, l'un pour vessie, vessee, vessier, vessieus, l'autre pour vessir, vesse, vesseux, ces trois derniers mots, chargés seulement de l'idée supplémentaire de puanteur, étant manifestement de la souche des quatre premiers.

Quoi qu'il en soit, il est certain, comme nous nous en doutions, que nous pouvons désormais tenir l'équivalent femme débauchée pour un euphémisme. Nous entendons maintenant que qualifier une femme de vesse, apocope de vessee, revient d'une part à signifier que cette femme, en constante disposition d'appétence, n'est qu'une ampoule vaginale disponible en permanence, donc à n'importe qui ; d'autre part à sous-entendre, par le contenu d'odeur nauséabonde attaché au mot, que son sexe est malodorant. Finalement, traiter une femme de vesse revenait à la traiter de con béant et, accessoirement, de con puant. Et c'est bien cette compréhension qui sera confirmée par ce que nous lirons au chapitre IX du Quart Livre, quant Pantagruel, qui entend un averlant, causant avecques une jeune gualoise lui dire : Vous en souvieigne, vesse, et qu'elle lui répond : Aussi sera, ped, s'exclame ainsi : Appellez vous, dist Pantagruel au Potestat, ces deux là parens ? Je pense qu'ilz soient ennemis, non alliez ensemble, car il l'a appellée vesse. En nos pays, vous ne pourriez plus oultrager une femme que ainsi l'appellant.

Si nous voyons maintenant clairement tout ce qu'évoque le mot vesses qu'emploie Panurge pour désigner les organes génitaux des naines, il nous reste à comprendre ce que contient le mot sauates par lequel il désigne ceux des nains. Disons tout de suite que la recherche étymologique ne conduit ici à rien, et que nous devons admettre que l'acception est fondée sur une ressemblance toute matérielle.

Littré dit que la savate est un vieux soulier fort usé et aussi le nom qu'on donne quelquefois à un soulier neuf ou vieux dont le quartier est rabattu (le quartier est la pièce ou les deux pièces de cuir qui environnent le talon). Pour le Petit Robert, ce n'est plus qu'une vieille chaussure ou pantoufle qui ne tient plus au pied. Mais ces définitions, qui contiennent une nuance uniquement péjorative, ignorent délibérément que si ces chaussures, fatiguées ou neuves, sans talon ou au talon effacé, sont dites savates, c'est manifestement que l'appellation se réfère à la véritable savate façonnée sans quartier ni talon, comme dit le Petit Robert de la babouche. Ce mot savate semble bien avoir en effet même contenu que le mot babouche, apparu seulement en 1546, alors que le mot savate date du XIIᵉ siècle. Et sa provenance, qu'ignorent les étymologistes, pourrait bien être celle de la ville de Savasta dont parlent ses gouverneurs à Picrochole au chapitre xxxiij du Gargantua (Sébaste, aujourd'hui Sivas, en Turquie).

Toujours est-il que cette savate ne comprend que la semelle et l'empeigne ; or ; d'une part cette empeigne affecte la forme d'une braguette ; d'autre part cette empeigne-braguette contient le pied ; et, nous l'avons vu plusieurs fois, le pied c'est aussi le vit. Il est donc facile de concevoir que cette savate à vit, dont la forme est celle de la braguette, ait pu amener à surnommer savate la braguette. De plus, nous savons que le mot braguette désignait aussi bien le contenu que le contenant : il n'y a donc aucun doute que ce mot savate, double du mot braguette, a désigné à la fois cette empeigne-à-vit et le vit lui-même, c'est-à-dire, la partie étant encore prise pour le tout, l'appareil génital masculin.

Donc, nous possédons maintenant, avec la connaissance du contenu des mots vesses et sauates qu'emploie Panurge, les clés de sa boutade ; mais il reste à en faire fonctionner le mécanisme. Et il nous faut, pour ce faire, analyser à présent le morceau relatif aux produits de l'air corrompu de la vesne et du pet de Pantagruel, et particulièrement deux points :

Pour le premier, voyons que Panurge dit : voicy de belles sauates dhommes, & de belles vesses de femmes, et l'adjectif belles est évidemment ici synonyme de considérables par l'importance ; c'est donc que Panurge juge ces organes génitaux masculins et féminins plus volumineux que la normale, et il nous faut comprendre pourquoi.

Rabelais écrit que le pet produit des petitz hommes nains et la vesne autant de petites femmes [...] qui iamais ne croissent, ce qui signifie que ces petites femmes sont aussi des naines. Nous saurons aussi, par la dénomination que leur attribue Pantagruel, que ces petits hommes et ces petites femmes sont des Pygmées. Enfin, la suite nous dira que ces Pygmées se sont fort multipliez despuis : tout cela nous indique clairement que ces individus que produit lair corrompu sont des nains et des naines adultes, donc pubères. Et il nous faut ici en passant comprendre peut-être que le qui iamais ne croissent, sinon comme les quehues des vaches, contre bas, a trait aux nains qui ne grandiront pas mais dont la vieillesse fera pendre les sauates à plusieurs par faute de gibessiere (T. L. XXVII), et le ou bien comme les rabbes du Lymousin, en rond, aux vesses des naines que cette même vieillesse fera s'évaser. Cela dit, nous revenons au fait que les nains et les naines sont adultes et pubères.

Chez les individus atteints de nanisme, le volume des organes génitaux est exactement celui des individus de taille normale ; ils prennent donc, sur leur corps de taille réduite, une grande importance relative qui peut être ressentie par un observateur comme du gigantisme génital. Et nous comprenons que c'est cette réaction qui est celle de Panurge : les organes génitaux des nains et des naines lui apparaissent comme beaucoup plus grands que la normale, et il dit de ces sauates et de ces vesses qu'elles sont belles, c'est-à-dire diablement grandes.

Le second point est celui qui nous fait nous demander comment Panurge peut juger de la grandeur des vesses des naines aussi facilement que de celle des sauates des nains, alors que la situation anatomique du sexe de la femme ne donne pas au regard la même facilité d'accès que pour le sexe de l'homme. Nous relisons, et nous nous avisons que Rabelais dit que les petites femmes sont produites acropies comme vous en voyez en diuers lieux, et nous comprenons alors que Panurge a sous les yeux les vesses des naines parce que ces naines sont en position accroupie, c'est-à-dire les fesses sur les talons, les jambes écartées, à l'instar de ce qu'on peut voir à l'époque en diuers lieux, quand les femmes, pissant en plein air, le font dans un endroit où elles pensent, à tort, n'être pas vues, ou peut-être même ne se préoccupant pas outre mesure de ce soin. Nous entendons du même coup que ce qui s'offre ainsi au regard de Panurge n'est évidemment que le vestibule vulvo-vaginal, et que c'est par déduction, à la seule vue de ce qu'il aperçoit, que Panurge conclut à l'importance de la partie non visible, et de toute façon virtuelle, qu'est la vesse ou ampoule vaginale.

Nous avons donc fini de reconstituer la scène : les nains, produits évidemment nus, montrent naturellement leurs sauates ; les naines, également nues, accroupies dans la position de la miction, exposent complaisamment l'entrée de leurs vesses ; et Panurge, frappé de l'importance qu'ont ces sauates et l'extérieur de ces vesses, les juge, ou feint de les juger, plus grandes que la normale, et s'exclame d'une façon qui revient à dire : voici de bien grandes génitoires d'hommes et de bien grandes fentes de femmes.

Puis Panurge ajoute malicieusement : il les fault marier ensemble. Ilz engendreront des mouches bouines. Et nous pourrions être tentés de voir là une simple pirouette finale, sans signification particulière, si nous n'avions idée que ces mouches bouines, qui forment la chute de la plaisanterie, ne peuvent avoir ici le sens évident mais plat de mouches à bœufs, et que la locution doit contenir, dans le qualificatif bouines, une acception seconde qui lui donne tout son sel. Il ne faut que la découvrir.

Nous consultons encore Greimas, et nous rencontrons, juste au-dessus de bovet, bovel : jeune bœuf, diminutif de buef, bœuf, les mots : bove, bosve : grotte, antre, cave ; bovel : cave, caverne ; bovele : cachot, prison ; bover : creuser. Et nous entendons immédiatement que ce qualificatif bouines fait équivoque entre mouches à bœufs et mouches de boves, c'est-à-dire mouches de grottes, d'antres, de cavernes. Et il tombe sous le sens que ce sont les belles vesses, ou grandes cavités, que Panurge a estimées vastes et profondes au vu du vestibule vulvo-vaginal, qui ont amené à son esprit l'idée de creux prononcé, puis celle de grottes, antres, cavernes.

Le contenu de la plaisanterie est donc finalement celui-ci : Ces nains ont de bien grandes génitoires, et ces naines de bien grandes fentes ; il faut les marier ensemble : ils engendreront, parce qu'ils sont nains, des mouches, qui seront, vu la profondeur qu'annoncent ces fentes, des mouches de cavernes. Nous n'avons donc pas perdu notre temps à ne pas vouloir nous associer au silencieux recueillement des commentateurs.

Et il apparaît que, bien que la glose unanime voie deux formes du même mot dans vesne et vesse, nous avons acquis le droit de ne pas la suivre. L'article confus de Greimas, qui mêle les mots vessir et vesseus avec vesniere (et même avec vesele : belette) indique assez qu'il a dû y avoir très tôt une forte action dans le sens de l'édulcoration, et que c'est probablement au nom des convenances qu'on a voulu assimiler le mot vesse au mot vesne. Aussi, pour la phrase du chapitre xv : mais la faulse vieille, vesnoit & vessoit puant comme cent diables, nous risquerons-nous à entendre que, si le verbe vesner décrit l'action pour la vesniere de libérer la vesne, ou gaz intestinal silencieux, le verbe vesser n'a, lui, aucun rapport avec ce gaz intestinal, et décrit tout crûment l'action pour le con de puer.

Cela dit, nous poursuivons. La plaisanterie sur les nains se prolonge : Pantagruel, qui les nomme Pygmées, les envoie vivre en une isle la aupres, où ils ne produisent plus de mouches bouines, qui n'étaient là que pour rire, mais des rejetons à leur image puisqu'on nous dit qu'ils se sont fort multipliez depuis. Et les commentateurs retrouvent là leur voix pour nous renseigner sur la situation géographique de cette île, alors que Rabelais s'en soucie comme de sa première cuculle, lui qui se contente de dire : la aupres. L'évocation de la guerre que font les grues à ces Pygmées offre encore l'occasion de citer Homère et l'Iliade, puis le silence retombe dès la parenthèse sur ces petitz boutz dhommes (lesquelz en Escosse lon appelle manches destrilles), car il faut, là encore, sortir des sites classés.

Ces manches destrilles ne pouvant avoir été mis là sans cause, nous cherchons dans Littré, et nous trouvons : Cela ne vaut pas le manche d'une étrille, cela n'a aucune valeur. Et nous entendons que si ce manche d'étrille équivaut à rien, c'est que l'étrille, sorte de brosse en fer, employée dans le pansage des grands animaux domestiques et surtout des solipèdes (Littré), ne comporte pas de manche : l'effort à fournir étant assez grand, la brosse est seulement surmontée d'un passant de cuir dans lequel on engage la main pour maintenir plus aisément la prise. Si donc on appelle ces Pygmées manches destrilles, cela revient à les nommer rien du tout.

Or, si petits qu'ils soient, ces Pygmées existent, et ce rien du tout est une absurdité. D'autre part, cette absurdité est attribuée au pays d'Ecosse. Nous pourrions rester longtemps perplexes si nous ne savions que l'Ecosse était surtout connue en France à travers les Ecossais qui servaient en qualité de mercenaires jusqu'à devenir archers de la garde. Or ces Ecossais étaient traditionnellement l'objet des moqueries que leur valaient leur naïveté et leur façon d'écorcher le français : une nouvelle de Bonaventure des Périers (XXXIX) nous montre un de ces archers qui vient d'épouser une demoiselle d'une bien grande dame, laquelle fille estoit d'assez bon aage, et qui est fort courroucé en s'apercevant que la fille montre une bonne habileté au remuement ; il lui dit en son langage : Ah ! vous culy, et lui rebat les oreilles de sa déconvenue : Et mesmes, a toutes heures qu'il estoit avec elle, il luy disoit : Ah ! vous culy, ah ! vous culy, c'est un putain qui culy. La femme finit par s'en plaindre à sa dame, qui fait venir l'Ecossais et lui demande comment il se trouve avec sa femme : Ma dam, dit-il, je trouvy bien, grand mercy vous. — Voire mais, vostre femme est toute faschée ; que luy avez vous faict ? — J'aury pas rien faict, ma dam ; je sçavoys pas pourquoy faict-il mauvais cher. Il est sermonné et tout s'arrange finalement moytié par force et moytié par amour, puisque l'archer finit par dire une nuit à sa femme : Culy, culy, ma dam le vouly bien.

Et cela nous suffit amplement pour comprendre que le contenu de la parenthèse attribue au pays, dont la tradition veut qu'il soit peuplé de candides idiots, l'absurdité qui consiste à dénommer les Pygmées manches destrilles, ce qui en Ecosse a valeur de chose petite, alors que partout ailleurs on sait bien que le manche d'étrille est quelque chose comme la clé du champ de tir à l'arc. Encore une astuce que n'ont jamais aperçue nos commentateurs, dont on peut se demander quelquefois s'ils n'ont pas dans leurs ancêtres un de ces archers de la garde.

Cette parenthèse résolue, reste que Rabelais termine en paraissant régler un compte avec quelqu'un de petite taille qui n'était pas de ses amis : Ces petitz boutz dhommes [...] sont voluntiers choléricques. La raison physique est : par ce quilz ont le cueur pres de la merde. Car la suite est manifestement d'un deuxième souffle, amenée fort abrupte-

531

ment, et à la va-vite : (En ceste mesme heure), semblant tout spécialement écrite à la seule fin d'établir la transition pour ce fameux chapitre
du combat des géants auquel, cette fois, il n'est plus permis d'échapper. L'épisode des deux verres emplis d'eau qui servent d'appui au fust
dune iaveline qu'Eusthenes parvient à rompre sans rien casser et sans
faire tomber une seule goutte, ne tend qu'à amener le : tout ainsi nous
romprons la teste a noz Dipsodes, sans ce que nul de nous soit blesse,
& sans perte aulcune de nos besoignes.

Pourtant Demerson est ici tout baigné d'esprit de sérieux, qui juge
inspirée cette démonstration, et lourde de signification, ce qui, pour
nous, équivaut à établir un diagnostic après avoir ausculté un panier :
Panurge n'a pas recours à un discours, dit-il, mais à un tour de presti-
digitation de salon pour agir sur les esprits des combattants ; ainsi,
dans la Bible, nous voyons les Prophètes impressionner leurs auditeurs
par des gestes déroutants quand la démonstration rationnelle n'a aucun
effet.

Puis c'est le dernier mot que Rabelais attribue à Panurge : Ien scay
bien daultres, allons seulement en asseurance ; mais, là encore, nous
nous laissons aller à entendre que cette déclaration est aussi celle que
Rabelais fait à ses lecteurs. Et certes, nous allons avec lui en asseurance, si persuadés même qu'il en sait bien d'autres, que nous ne
serons nullement étonnés quand nous constaterons que le combat est
encore repoussé, et que l'auteur, une dernière fois, réussit à insérer un
chapitre de répit.

Comment Pantagruel eut victoire bien estrangement des Dipsodes, & des Geans. Chapitre.xxvij. (xxviij)

Cette fois, le chapitre est vraiment celui de la préparation au combat, mais les hostilités ne commencent pourtant pas tout de suite.
Rabelais ne se résout pas immédiatement à se mettre au registre de
l'épopée ; il garde d'abord le ton habituel, et commence par la décision
que prend Pantagruel de renvoyer le prisonnier. Et Saulnier n'attend
que le titre pour étiqueter : Pantagruel renvoie son prisonnier par ruse
de guerre. D'une tout autre portée sera le renvoi de ses prisonniers par
Gargantua (Contion ès vaincus, Gargantua, chapitre L). Du thème-
péripétie on passera à l'oraison humaniste.

Effectivement, Pantagruel charge le prisonnier de transmettre à son
roi une impudente forfanterie où il lui révèle l'importance formidable
des forces qu'il attend pour le lendemain. La ruse est fort grossière, et
l'on peut penser que Rabelais est le premier à en rire, qui explique
consciencieusement : En quoy faignoit Pantagruel auoir armee sus mer,
feignant, lui, de considérer cette astuce élémentaire comme une subtilité
ayant besoin de commentaire. Et c'est ici que Demerson reprend le
topique : Ce n'est pas par une feinte de guerre que Gargantua, au
Livre I, libérera ses prisonniers. L'enchaînement romanesque, qui fait
placer le Pantagruel après le Gargantua, masque l'approfondissement
humaniste voulu par l'auteur dans la présentation du même geste. Et
l'on ne résiste pas ici à l'envie de remarquer qu'un tel enchaînement est
une entrave dont il ne tenait qu'à Demerson de s'affranchir.

Le prisonnier, décidément conquis par les manières de l'ennemi, ne
veut pas retourner vers les siens et désire combattre contre eux aux
côtés de Pantagruel. Celui-ci n'accepte évidemment pas ; et il confie de
plus au transfuge une préparation altérante accompagnant un défi à
valeur prémonitoire. A noter que cette préparation, qui était dans l'originale : une boette pleine de euphorbe & de grains de coccognide est
ainsi allongée dans la définitive : confictz en eau ardente en forme de
composte. Il ne reste plus au pauvre truchement qu'à supplier a ioinctes mains le géant de l'épargner à l'heure de la bataille, ce qui amène
cette réponse de Pantagruel : Apres que tu auras le tout annonce a ton
Roy, metz tout ton espoir en dieu, & il ne te delaissera poinct. Car de

moy encore que soye puissant comme tu peuz veoir, & aye gens infinitz en armes, toutesfoys ie nespere en ma force, ny en mon industrie : mais toute ma fiance est en dieu mon protecteur, lequel iamais ne delaisse ceulx qui en luy ont mis leur espoir & pensee. Mais l'originale disait : Apres que tu auras annonce a ton roy/Ie ne te dys pas comme les caphars Ayde toy dieu te aydera : car cest au rebours ayde toy/le diable te rompra le col. Mais ie te dys/metz tout ton espoir en dieu/il ne te delaissera point. Car de moy, etc.

La suppression de cette phrase faisait dire à Saulnier à la fin de sa note qu'elle trahit la même préoccupation (celle de passer à l'oraison humaniste). Et Michel dit ici que l'édition définitive supprime la satire des faux dévots et développe l'idéal de paix évangélique, en glissant aussitôt le cliché : L'opposition entre pacifiques et belliqueux se retrouve dans le Gargantua. Grandgousier se montre généreux envers le prisonnier Toucquedillon et le renvoie à Picrochole (chap. XLVI) avec de nobles conseils.

Donc, si l'on en croit les commentateurs, Rabelais aurait supprimé la phrase pour transformer le discours de Pantagruel en confession évangélique. C'est bien vite expédié, en négligeant de voir que si la phrase contient le trait agressif qui attribue le début de la phrase aux caphars, la deuxième partie : car cest au rebours ayde toy/le diable te rompra le col, est manifestement l'expression de la pensée de Pantagruel. Il reste alors à comprendre pourquoi Pantagruel reproche aux caphars d'avoir cette opinion qui paraît tout évangélique, et pourquoi il apporte cette correction qui a les apparences de l'impiété.

C'est la suite qui nous renseigne : Mais ie te dys/metz tout ton espoir en dieu/il ne te delaissera point ; ce mais, qui introduit visiblement l'idée contraire à celle qui vient d'être exprimée, implique que le Ayde toy dieu te aydera des caphars n'est pas inspiré par cet espoir et cette confiance en Dieu, mais au contraire par une outrecuidance qui les fait agir avec la prétention de croire que Dieu ne peut manquer de leur conférer sa protection. C'est cette présomption que blâme Pantagruel, et qu'il exprime par le : car cest au rebours ayde toy/le diable te rompra le col, signifiant que l'action décidée avec cette suffisance ne sera nullement aidée de Dieu et laissera au Démon la latitude de faire échouer l'entreprise.

La position de Pantagruel, et donc ici celle de Rabelais, est en fait celle de l'humilité franciscaine opposée à l'orgueil du caphar, prétentieusement assuré d'agir à coup sûr selon la volonté divine, et préjugeant l'assentiment de Dieu. Et c'est cette humilité sur laquelle revient Rabelais dans la suite du conseil que donne Pantagruel, où le texte de l'originale rejoint celui de la définitive : toutesfoys ie nespere en ma force, ny en mon industrie : mais toute ma fiance est en dieu mon protecteur, lequel iamais ne delaisse ceulx qui en luy ont mis leur espoir & pensee, se plaçant sans réserve entre les mains de Dieu, conscient que sa force et son industrie ne sont rien sans son appui.

Il semble donc que la suppression de la phrase n'ait eu d'autre raison que la subtilité de sa forme, l'exposant à être mal entendue, car une première lecture peut aisément amener à croire que c'est au caphar qu'est attribuée toute la phrase, et qu'il est caphar précisément parce qu'il semble alors rejeter le Ayde toy dieu te aydera, en ajoutant : car c'est au rebours ayde toy/ le diable te rompra le col.

Rabelais l'a donc biffée, et probablement par compensation, à la place de la simple phrase de l'originale : Ce faict/le prisonnier sen alla : & Pantagruel dist a ses gens, il insère dans la définitive tout ce développement : Ce faict le prisonnier luy requist que touchant sa ranson il luy voulut faire party raisonnable. A quoy respondit Pantagruel, Que sa fin nestoit de piller ny ransonner les humains, mais de les enrichir & reformer en liberté totale. Vaten (dist il) en la paix du Dieu viuant : & ne suiz iamais mauluaise compaignie, que malheur ne te aduienne. Et nous n'avons pas grand effort à faire pour voir dans cette maulvaise compaignie, évoquée juste après qu'a été biffée la phrase énigmatique, la compagnie des gens présomptueux, et dans le malheur, celui d'être abandonné de Dieu.

Ce couplet franciscain terminé, Rabelais revient aux préoccupations militaires et donne à Pantagruel le besoin d'expliquer sa tactique a ses gens : il a donné à croire à l'ennemi qu'il a une armée sur mer et qu'il lancera l'assaut dès qu'elle sera arrivée, c'est-à-dire iusques a demain sus le midy ; selon lui, l'adversaire va donc passer la nuit du présent jour a mettre en ordre & soy remparer, et Pantagruel entend bien attaquer cette même nuit enuiron lheure du premier somme. Tout cela est bien invraisemblable, et Rabelais semble le ressentir nettement, qui fait en réalité se justifier Pantagruel pour lui permettre de résumer clairement son stratagème. Car quel général irait révéler à l'adversaire qu'il est momentanément dépourvu de forces et lui indiquer par où et quand ses renforts doivent arriver ? Et quel est le général adverse qui ne profiterait pas de cette connaissance pour attaquer immédiatement, vaincre aisément, et se disposer à repousser le débarquement annoncé ?

Mais la convention veut que le chef ennemi soit une ganache, comme on va nous le montrer. Au moyen d'une transition quelque peu négligée : Layssons icy Pantagruel auecques ses apostoles, Et parlons du roy Anarche & de son armee, qui suffit à nous prouver que l'auteur n'a pas grand goût pour le récit épique, on nous transporte maintenant dans le camp ennemi. Et nous noterons au passage que le choix du mot apostoles (apôtres) est assez insolite pour que nous ayons peut-être à y voir un clin d'œil aux lettrés, leur signifiant que l'esprit de l'œuvre reste vivace sous le texte qui va suivre, nonobstant la forme d'épopée populaire que l'auteur est contraint de lui donner. Car c'est à partir de cette phrase que Rabelais, abandonnant sa manière de relater des faits illustrant des idées, se lance dans le récit de faits et gestes sans autre portée que celle de créer l'héroïque merveilleux, et il fait alors résolument appel au légendaire, appliquant sans vergogne les lois du genre.

Ainsi, ce roi Anarche écoute le rapport que lui fait le prisonnier libéré de la perte des six cens cinquante et neuf cheualiers, entend l'invitation à s'apprêter à recevoir le grand Geant au lendemain sur le midy a disner, et s'empresse de goûter au contenu de la boete en laquelle estoient les confitures : on n'est pas plus naïf. Par le moyen de cette confiture, le traditionnel pouvoir altérant du petit dieu Pantagruel fait son office ordinaire : une seule cueilleree cause de tels ravages chez le roi qu'on ne fera plus que luy entonner vin en gorge auec un embut. Ses capitaines, Baschatz, & gens de garde, d'une insigne bêtise, font à leur tour l'essai, subissent les mêmes affres et boivent de même. Et il nous est dit qu'ils flacconnerent si bien que la troupe finit par avoir vent de l'assaut du lendemain, et que, voyant ses chefs s'y préparer en buvant a tyre larigot, elle s'enivre aussi de telle façon que tout le monde finit par être endormi comme porcs parmy le camp.

Puis l'auteur ramène le lecteur aux héros par une transition non moins désinvolte que la première : Maintenant retournons au bon Pantagruel : & racontons comment il se porta en cest affaire. Là, le chapitre étant désormais placé sous le signe du vin et du gigantisme, Pantagruel se saisit alors du mât du navire et place dans la hune, elle-même en forme de barrique, nous dit Guilbaud, deux cens trente & sept poinsons de vin blanc Daniou du reste de Rouen, ce qui fait, nous dit encore Guilbaud, plus de quarante mille litres. De plus, il attache à sa ceinture la barque toute pleine de sel aussi aisement comme les Lansquenettes portent leurs petitz panerotz. L'originale disait ici : leurs petitz peniers, et nous pouvons peut-être voir dans la correction l'abandon de l'équivoque érotique qui a pu paraître déplacée dans ces circonstances de beuverie, le penier étant à la fois, comme nous l'avons vu pour les sixième et cinquante-sixième titres de la Librairie, le panier et le sexe de la femme : les Lansquenettes sont les compagnes des Lansquenets ; elles suivaient l'armée pour tenir à leur disposition l'un et l'autre penier, qu'elles portaient, nous le croyons volontiers, tous deux aussi aisément.

Dans cet équipage, Pantagruel et ses compagnons arrivent près de l'ennemi, et Panurge conseille alors à son maître de descendre le vin de la hune pour qu'ils se mettent tous à boire a la Bretesque, locution où nous voyons un louable souci nationaliste puisque l'originale disait ici : a la Tudesque. Et nous pouvons induire, bien que cela ne soit pas dit, que c'est à l'invitation de Panurge que le géant s'est chargé des poinsons puisque nous allons voir que Panurge va se servir en tacticien de ce vin. Toujours est-il qu'ils le boivent jusqu'à ce qu'il n'en demeure une seule goutte excepte une ferriere de cuir bouilly de Tours que Panurge emplit pour soy. Car il (l') appeloit son vademecum. Et Guilbaud explique : Littéralement : va avec moi (néologisme introduit par Rabelais).

Panurge fait alors absorber à son maître quelque diable de drogues diurétiques qui, du trochistz dalkekangi & de cantharides sont devenues dans la définitive : lithontripon, neprocatarticon, coudinac cantharidise ; et cela, ajouté au pouvoir qu'a le vin blanc de renforcer la sécrétion urinaire, laisse facilement augurer une diluvienne miction.

Cela fait, c'est Pantagruel qui prend l'initiative pour demander à Carpalim de s'introduire dans le camp ennemi où il devra donner l'alerte comme s'il était des leurs, mettre le feu partout, et surtout aux poudres plutôt que d'enclouer l'artillerie, puis se retirer hors des tranchees et crier tant qu'il pourra de sa grosse voix.

Nous sommes en plein merveilleux, et tout se passe donc selon les prévisions. On voit bientôt sortir de la ville tous les combattants qui y estoient, et nous devons probablement comprendre que ces combattants sont ceux qui s'étaient absentés du camp et qui y rentrent pour la nuit. Carpalim attend que tout le monde dorme et ronfle parfondement, puis met le feu par les tentes & pauillons, puis aux munitions, qui s'embrasent si vite qu'il ne doit qu'à sa merueilleuse hastiuete de n'être pas fricasse comme un cochon. Il sort enfin du camp et crie si espouantablement que cela éveille les ennemis. Ils sont évidemment loin d'être frais et dispos puisqu'il est dit : mais scauez vous comment ? aussi estourdys que le premier son de matines, quon appelle en Lussonnoys, frotte couille. Et cela donne l'occasion de commentaires divers :

Boulenger dit d'abord de Lussonnoys, comme le disent tous les autres : Terre de la baronnie de Luçon (Vendée), puis précise : Les cloches de matines éveillent le dormeur qui en ouvrant les yeux fait instinctivement le geste dont il est parlé ; Guilbaud dit : Expression du langage populaire peignant un geste matinal du réveil ; Plattard et Jourda se bornent à parler de la région géographique ; Michel dit : Au pays de Luçon. Rabelais, on le sait, avait été moine à Fontenay-le-Comte, qui n'est pas loin de Luçon (Vendée), puis : Geste au réveil : comme on se frotte les yeux ; Demerson, lui, attribue l'interprétation à ses seuls devanciers, quitte à nous laisser croire qu'il n'a pas de quoi vérifier : Le premier coup de matines éveille en sursaut les dormeurs, qui, selon les commentateurs, font instinctivement le geste en question. Quant à la translation, elle pousse ici l'inintelligence du texte jusqu'à personnifier le premier son de matines : aussi étourdis qu'est le premier son des matines, qu'on appelle en Luçonnais frotte-couille, n'ayant pas entendu que aussi estourdys que le premier son est mis pour : aussi étourdis qu'on l'est au premier son.

C'est ici Michel qui est le plus près : nous n'avons pas de peine à voir dans le Lussonnoys la région du couvent où Rabelais était moine, et l'évocation du premier son de matines, la nuit, est, bien sûr, une allusion à l'époque où il se levait au son de la cloche. Aussi est-il hasardé de voir dans frotte couille, comme le fait Guilbaud, une expression du langage populaire, alors qu'il s'agit plus probablement d'une locution purement monacale, peut-être même inventée par Rabelais du temps qu'il était moine. Et nous avons idée que l'auteur ne prétend ici que cette locution est répandue en Lussonnoys que pour faire croire à qui ne la connaît pas qu'il est seul à l'ignorer ; nous pouvons constater par Guilbaud que ce vieux tour garde toujours son efficacité.

Là-dessus, Pantagruel, totalement assimilé au dieu de la soif, sème le sel de la barque dans la gosier de ceux qui dorment la gueule baye & ouuerte, ce qui peut paraître assez étonnant puisqu'on vient de nous dire que les ennemis se sont éveillés aussi estourdys qu'au premier son de matines. En fait, toute la manœuvre est assez confuse, et l'on sent que le propos n'est que pour évoquer l'impréparation de l'ennemi. Et l'important est-il peut-être seulement ici de faire la jonction avec la phrase qui devait être la plaisante excuse des buveurs : Ha Pantagruel tant tu nous chauffes le tizon, que Guilbaud est seul à expliquer : Expression signifiant : mettre feu sur feu, alors que la translation dit : Ha ! Pantagruel, que tu nous mets le tison en feu, ce qui a un air de vouloir en avoir deux tout en restant une absurdité.

Soudain, les drogues diurétiques font leur effet, et il prend enuie a Pantagruel de pisser ; il pisse parmi le camp des ennemis, les noie tous, c'est-à-dire les submerge sans pourtant les tuer, puisque, comme on va le voir, ils vont s'interroger. Il est dit qu'il y eut deluge particulier dix lieues a la ronde. Saulnier explique : Par opposition avec déluge universel, ce que reprend tout le monde ; mais il ajoute : et allusion aux Indulgences ou Jubilés particuliers, accordés seulement à un pays, ce qui nous paraît être une interprétation outrée.

Puis c'est l'évocation de la grand iument du père de Pantagruel, qui fait évidemment référence aux Grandes Chroniques, et qui donne à Rabelais l'occasion de détromper ceux qui ont associé à ce déluge particulier le déluge de Noé, puisqu'il parle de celluy de Deucalion, c'est-

538

à-dire le Déluge antique du fils de Prométhée. Michel explique : Ovide (Métamorphoses) a conté ce déluge, auquel échappèrent seulement Deucalion et Pyrrha, qui repeuplèrent la terre en lançant des cailloux derrière l'épaule. Et nous pouvons voir au moins une taquinerie à l'adresse des théologiens dans ce rappel de la préséance de la mythologie grecque sur celle de la Bible. Mais tout cela se dilue dans une phrase sans grande portée : car elle ne pissoit foys quelle ne fist une riuière plus grande que nest le Rosne, ce Rhône qui baignait encore les murs de l'Hôtel-Dieu, auquel Rabelais a ajouté dans la définitive : & le Danouble.

Le gigantesque pissat fait croire à ceux qui estoient yssuz de la ville qu'il s'agit d'un fleuve de sang : ils ne le voient qu'à la lueur du feu des pauillons & quelque peu de clarte de la Lune ; et Plattard distingue ici la réminiscence d'un épisode biblique (II Rois, III, 23) qui paraît bien controuvée. Quant aux ennemis éveillés, ils ne savent que penser entre le feu en leur camp & linundation & deluge urinal. Quelques-uns évoquent la fin du monde & le jugement final, qui doibt estre consomme par feu ; ceux-là, ce sont ceux qui ont quelque connaissance des Ecritures. Mais Rabelais revient malicieusement sur les dieux antiques ; alors que l'originale ne parlait que des dieux marins/Neptune & les aultres, Rabelais dit dans la définitive : les aultres que les dieux marins Neptune, Protheus, Tritons, aultres les persecutoient, & que de faict cestoit eaue marine & salee.

Et le récit s'arrête là, brutalement, sur cette eaue marine & salee. Sans la moindre transition, Rabelais entonne alors un couplet invocatoire inopiné. Guilbaud dit que c'est une imitation des ‑invocations bouffonnes de Folengo dans les Macaronées, mais cela est si subit, l'hiatus est si surprenant que nous sommes amenés à chercher la raison de cette inhabituelle façon de faire. Et elle nous apparaît d'emblée :

Rabelais a abordé la rédaction de ce chapitre avec le sentiment que sa teneur est indigne de lui. Il le commence, nous l'avons vu, dans le ton coutumier ; tout va bien tant qu'il est question de montrer Pantagruel agissant en être spirituel, endoctrinant le prisonnier, encore que la ruse de guerre soit fort sommaire, et pour tout dire inconcevable. Puis il entre, résigné mais avec répugnance, dans la relation des faits qui ne sont que de l'action musculaire sans portée ; il renonce à faire autre chose qu'un récit des événements ; il manie sans recherche l'artifice du changement de point de vue ; il use sans scrupule des moyens élémentaires qu'emploient les conteurs d'épopée populaire. Contraint d'encanailler sa pensée et son talent, il se jette sans retenue dans ce qu'il considère comme un avilissement. Il n'a pas encore, en 1532, relevé le défi qui consiste à ennoblir le récit du fait d'armes, de la péripétie héroïque en le faisant passer par son crible, le magnifiant par l'écriture, défi qui, soit dit en passant, participera à la décision d'écrire le Gargantua.

Cette relation, qu'il veut atone, ne peut pourtant manquer d'être marquée par des saillies dignes de l'inspiration habituelle : le vademecum, la locution frotte couille, le tizon ; les traits caustiques comme le déluge de Deucalion, alors qu'on attend celui de Noé, ou le parallèle entre la fin apocalyptique scripturaire et la persécution des dieux marins antiques. Mais tout cela ne fait qu'émerger d'un ensemble qui témoigne de l'esprit de renonciation de celui qui compose. En fait, arrivé à cette fin de phrase : cestoit eaue marine & salee, Rabelais abandonne. Il est insatisfait, mécontent de lui et des autres ; et surtout, il redoute le pire pour la suite : le combat proprement dit. C'est alors qu'il écrit cette invocation que rien n'a laissé attendre, finale surajoutée, semble-t-il, à un chapitre laissé un moment en suspens.

Et cette invocation nous paraît encore être un message adressé à ses pairs, leur signifiant qu'il est conscient de la faiblesse de ce qu'il vient d'écrire, quémandant leur indulgence, et leur disant, feignant de rire de ce qu'il redoute, que ce genre de littérature n'est pas son fait : O qui pourra maintenant racompter comment se porta Pantagruel contre les troys cens geans ; et nous lisons entre les lignes : Ce n'est certes pas à moi que devait échoir l'obligation de raconter pareil enfantillage ; O ma muse, ma Calliope, ma Thalie inspire moy a ceste heure, restaure moy mes esperitz, ; et nous entendons : Que la muse qui m'est dévolue, une Calliope, une Thalie au petit pied m'inspire donc et réconforte mes méninges stériles ; car voicy le pont aux asnes de Logicque, : Ici, les commentateurs, qui n'ont encore rien dit, se trouvent en pays de connaissance, et ils parlent : Expression scolastique : à quoi nul ne peut se soustraire (Boulenger) ; Le pont que les ânes ne dépassent pas dans l'étude de la logique (Guilbaud) ; Locution scolastique qui désigne ce que personne ne peut ni ne doit ignorer (Plattard) ; L'épreuve probatoire que tous doivent surmonter (Michel) ; Le passage qu'en bonne méthode scolaire personne ne doit ignorer ou éviter (Demerson). Tout cela est pédagogique à souhait, mais c'est pourtant la prosaïque définition de Littré qui semble être le mieux adaptée à l'esprit du texte : Le pont où passent les ânes et qu'on les décide à passer à coups de bâton : Rabelais renâcle à passer le pont aux ânes qu'est pour lui la relation épique ; il le nomme de Logicque par dérision, le sien lui apparaissant comme fort éloigné de celui que connaissent les étudiants du quadrivium ; et comme il doit bon gré mal gré passer ce pont minable, nous comprenons qu'il dit en fait : car voici l'épreuve indigne à laquelle je suis astreint ; voicy le trebuchet, : Saulnier dit : Pierre de touche ; proprement, instrument à vérifier le poids des monnaies ; Boulenger dit : L'endroit où l'on trébuche, le piège ; Guilbaud dit : Balance très sensible (d'où le sens : point où l'on peut trébucher) ; Michel dit : Le trébuchet est une sorte de balance utilisée par les changeurs pour peser (et contrôler) les pièces de monnaie ; Demerson dit : Le piège qui fait broncher. Là encore, l'esprit du texte semble être dans cette définition de Littré : Piège à prendre les petits oiseaux, qui consiste en une cage dont la partie supérieure, couverte de grains, fait bascule, trébuche quand l'oiseau vient s'y poser, et l'enferme. Rabelais juge rabaissante cette cage à petits oiseaux, et nous entendons qu'il dit : voici le piège à oisillons qu'il m'est imposé d'éventer ; voicy la difficulté de pouuoir exprimer lhorrible bataille que fut faicte ; et nous lisons, toujours entre les lignes : voici pour l'homme de pensée où git la difficulté : rédiger en termes grandiloquents une bataille gigantesque, alors que tout est contenu dans les mots : horrible bataille. Et il est clair qu'à ce moment Rabelais s'attend encore à devoir décrire un mouvement de foule, un choc d'armées, alors que nous verrons qu'il a trouvé le moyen de transformer cette grande machine embarrassante en combat singulier.

Mais comme, finalement, ni l'accablement, ni l'amertume ne durent chez Rabelais un temps plus long que celui de les exprimer, il termine par ce plaisant souhait : A la mienne volunte que ie eusse maintenant un boucal du meilleur vin que beurent oncques ceulx qui liront ceste histoire tant véridicque.

La phrase semble avoir laissé perplexes nos commentateurs ; personne ne se risque à dire grand chose de définitif. Boulenger avance : A ma volonté que... ! plût à Dieu ! ; Guilbaud risque : Plût à Dieu ! à ma volonté que... ; Michel élude la difficulté en remarquant : Dès le Prologue, Rabelais a insisté plaisamment sur l'authenticité de ses contes. Quant à la translation, elle dit : Ah ! que n'ai-je le pouvoir de trouver maintenant un pichet du meilleur vin que ne burent jamais ceux qui liront cette histoire si véridique !, où le ne burent jamais témoigne de l'incompréhension habituelle et de la connaissance tout approximative de la langue, donnant à l'adverbe oncques, qui a remplacé le jamais de l'originale, un sens négatif alors que Rabelais l'emploie au sens positif.

A première vue, il semblerait qu'il n'y a pas à chercher midi à quatorze heures : Rabelais dit que sa volonté, c'est-à-dire son désir, est maintenant de posséder un flacon du meilleur vin que burent jamais, c'est-à-dire du meilleur vin qu'ont pu boire jusqu'au moment où il formule ce souhait, ceux qui liront cette histoire si véridique, c'est-à-dire, par antiphrase, ceux qui doivent lire cette histoire si invraisemblable.

Mais il apparaît vite que, si cette déclaration est toute normale lorsqu'elle se situe au moment où reste encore à rédiger l'histoire, elle est devenue incohérente quand elle tombe sous les yeux du lecteur : le futur : qui liront, est alors ressenti comme le présent : qui lisent, et ledit lecteur ne peut que s'amuser de la cocasserie qui consiste à ne l'avertir d'un souhait que lorsque ce souhait est sans objet, le vin désiré étant devenu inutile puisque l'histoire qu'il devait aider à écrire est composée. Puis la réflexion lui fait alors se dire que Rabelais n'a pu sans intention émettre un tel vœu destiné à rester ignoré jusqu'au moment où il est superflu de le réaliser.

Il relit, et, relue, la phrase prend en fait la forme d'une interpellation : J'aurais voulu disposer maintenant pour écrire cette invraisemblable histoire, d'un bocal du meilleur vin que, vous qui lisez, aviez bu jusque là. Et ce qui découle naturellement de cet exorde est alors cette compréhension : Du moment que je n'ai pu l'avoir, puisque vous n'êtes averti de mon souhait que lorsque cette histoire est écrite, celle-ci est donc telle que c'est vous qui devez, pour la lire, vous aider de ce meilleur vin. Il y a là, sous-entendue, cette idée de compensation : le meilleur vin, qui n'a pu aider à une rédaction satisfaisante, doit aider à en faire passer la lecture. C'est là, bien sûr, une humilité artificielle, premier état de l'idée qui figurera dans le Prologue du Gargantua, où l'auteur, qui ne manquera pas de prétendre qu'il écrit en buvant, incitera ses lecteurs à le lire en faisant de même.

Tout cela, en tout cas, a contribué à rasséréner Rabelais : il a dilué son appréhension en se raillant lui-même, désarmant ainsi les critiques ; il vient de recommander à mots couverts à ses lecteurs de prendre la précaution de ne pas lire sans boire ; il s'est aussi affranchi auprès des lettrés, dont il s'est fait des complices. Désormais relevé du discrédit dont il se sentait chargé, il va retrouver son aisance et son entrain pour traiter le chapitre du combat, avec d'autant plus d'ardeur, peut-être, qu'il se dit que c'est le dernier qui le sépare de celui des Enfers, auquel il tient, qui est digne de sa plume, et pour lequel il a dû concevoir cette belliqueuse rencontre.

Allons donc voir comment, même sans l'aide du meilleur vin qu'aient jamais bu ses lecteurs, il est venu à bout de cette difficulté de pouuoir exprimer lhorrible bataille que fut faicte.

Comment Pantagruel deffit les troys cens Geans armez de pierre de taille. Et Loupgarou leur capitaine. Chap.xxviij. (xxix)

Ignorant l'invocation qui a terminé le chapitre précédent, Rabelais rattache la première phrase à eaue marine & salee, la donnant pour la suite immédiate du récit entrepris : Les Geans voyans que tout leur camp estoit noyé (l'originale disait : submerge) emporterent leur Roy Anarche a leur col le mieulx quilz peurent hors du fort. Et il finit cette première phrase par un rapprochement avec une action héroïque antique : comme fist Eneas son pere Anchises de la conflagration de Troye. Etant donné que c'est sur ses épaules, et fort noblement, qu'Enée emporta son père, nous entrevoyons que l'intention de Rabelais est, en commençant ce chapitre, de placer le récit sous le signe de l'interprétation burlesque des prouesses célèbres.

Le lecteur ainsi préparé, l'action commence. Panurge aperçoit les géants et, reprenant l'initiative, entreprend de conseiller son maître : Seigneur voyez la les Geans qui sont yssuz, donnez dessus a vostre mast gualantement a la ville escrime, et il est de règle de voir une coquille dans la graphie ville et de rétablir l'adjectif vieille. La glose explique unanimement derrière Saulnier : L'escrime française, plus fruste que l'escrime italienne, riche en bottes secrètes. Mais il n'est pas si certain que Rabelais n'ait pas voulu ce mot ville, chargé de l'idée que les géants sont indignes d'une escrime plus subtile, d'autant que l'arme de Pantagruel est un mât de navire dont il va se servir en bûcheron plutôt qu'en maître d'armes.

Panurge continue à en remontrer à son maître avec une impertinence consommée : Car cest a ceste heure quil se fault monstrer homme de bien, lui donnant toutefois l'assurance : Et de notre couste nous ne vous fauldrons, ajoutant avec sa forfanterie coutumière : Et hardiment que ie vous en tueray beaucoup, Car quoy ? David tua bien Goliath facillement.

C'est évidemment du texte biblique : I Samuel, XVII, 48-51 qu'il est question. Mais l'originale ajoutait ici : Moy doncques qui en battroys douze telz questoit David : car en ce temps la ce nestoit que ung petit chiart/ nen defferay ie pas une douzaine, se référant aux versets 14 et

15 où il est dit que David est un jeune berger. La définitive a supprimé ce raisonnement arithmétique où Panurge, disant valoir douze David puisque celui-ci n'était qu'un petit enfant, s'engageait à abattre douze géants puisque ledit enfant en avait abattu un. Et il semble que la suppression soit due, non à l'innocente expression rabaissante : petit chiart, mais au fait que cette rodomontade de Panurge avait été conçue pour préparer une prouesse déterminée de sa part, alors que la trouvaille du combat singulier a rendu cette prouesse inutile puisqu'elle confine Panurge près des flacons. Rabelais ne laisse donc subsister, à la correction, que la hâblerie vague qui sied à Panurge, quand il ignore encore la forme que va prendre la rencontre, hâblerie qui concerne maintenant le puissant Eusthenes : Et puis ce gros paillard Eusthenes qui est fort comme quatre beufz, ne si espargnera.

Toutes ces considérations sont censées avoir réconforté Pantagruel, que Panurge suppose insolemment fort abattu : Prenez couraige, chocquez a travers destoc & de taille. Et c'est là que Pantagruel, finalement piqué du discours de Panurge, repart : Or dist Pantagruel, de couraige ien ay pour plus de cinquante francs. Mais quoy ? Hercules ne ausa iamais entreprendre contre deux.

Ici, quelques commentateurs mettent en avant la référence à un Adage d'Erasme (I, V, 39) que Demerson traduit ainsi : Hercule ne pouvait combattre qu'une sorte de monstre à la fois. Mais nous avons conscience que, au moins autant que dans l'Adage, l'expression de cette crainte prend sa source dans le souci de Rabelais, qui se demande encore comment il va pouvoir rendre son géant victorieux de trois cents géants adverses. Et l'on a idée que la protestation de Panurge pour persuader Pantagruel a pour mission de mettre en condition le lecteur :

Cest dist Panurge, bien chie en mon nez, (l'originale disait : bien chien chie en mon nez) vous comparez vous a Hercules ? vous avez par dieu plus de force aux dentz, & plus de sens au cul, que neust iamais Hercules en tout son corps & ame. Et il semble que Rabelais n'attribue à son héros cette extravagante supériorité que pour rendre vraisemblable la victoire qu'il va devoir lui donner. Et c'est pour une justification qu'il faut prendre la forte parole par laquelle conclut Panurge : Autant vault lhomme comme il sestime, où Demerson voit comme une parodie d'un autre Adage d'Erasme : J'ai des yeux, des oreilles et deux pieds, Et du sens au cœur, ni fou ni lâche.

L'affaire engagée de cette façon, tout nous laisse supposer que Rabelais, malgré toutes les précautions qu'il vient de prendre, reste tout de même fort embarrassé avant de faire commencer un combat si inégal qui doit finir par l'impossible victoire de son héros. Et c'est alors qu'il prend la décision : cette victoire de David étant celle d'un duel, Goliath ayant demandé que l'armée d'Israël lui oppose un seul homme, Loup-garou va décider de se mesurer en combat singulier, interdisant aux géants d'intervenir. L'artifice ainsi cautionné, le conteur poursuit : Eulx disans ces parolles, voicy arriver Loupgarou auecques tous ses Geans, Lequel voyant Pantagruel seul, feut esprins de temerite & oul-trecuidance, par espoir quil auoit de occire le pauure bonhommet.

Il a suffi de taxer Loupgarou d'outrecuidance et de témérité pour rendre vraisemblable la situation sans rabaisser Pantagruel, dont le nom, cité dans l'originale, est remplacé dans la définitive par la dési-gnation bonhommet chargée, semble-t-il, de marquer le héros de la sympathie de l'auteur et de lui attirer celle du lecteur. Et Rabelais, exultant de son tour de passe-passe, brode allègrement : Dont dict a ses compaignons Geans. Paillars de plat pays, par Mahon si aulcun de vous entreprent combatre contre ceulx cy, ie vous feray mourir cruelle-ment. Ie veulx que me laissiez combatre seul : ce pendent vous aurez vostre passetemps a nous regarder. Personne n'a garde de désobéir, et c'est certes avec la plus grande satisfaction que Rabelais relègue finale-ment tous les Geans auecques leur Roy la aupres ou estoient les flac-cons.

Mais l'étonnant est que l'auteur ajoute alors : & Panurge & ses com-paignons auecques eulx, qui contrefaisoit ceulx qui ont eu la verolle, car il tordoit la geule & retiroit les doigts, & en parolle enrouee leur dist, Ie renie bieu compaignons, nous ne faisons poinct la guerre don-nez nous a repaistre auecques vous cependent que noz maistres sentre-batent.

La mimique de Panurge est ainsi expliquée par les commentateurs : Boulenger dit : Panurge fait le malade, l'infirme pour obtenir à boire et à manger ; Guilbaud dit, au mot, enrouée : A cause de la laryngite, autre symptôme de la vérole pour les médecins du XVIᵉ siècle (en réa-lité, tous ces symptômes sont ceux de la lèpre non tuberculeuse) ; Plat-tard dit : La déviation de la bouche, la déformation des mains et la laryngite sont des symptômes de la lèpre non tuberculeuse que les médecins du XVIᵉ siècle confondaient avec ceux de la vérole ; Michel dit : Panurge, comme les gueux de la Cour des Miracles, cherche à attirer la pitié par de feintes infirmités. Les symptômes (contorsions de la bouche, doigts en griffe, laryngite) évoquent en fait certaines formes de lèpre, confondues à l'époque avec la syphilis. (Cf. Revue des Etudes rabelaisiennes, VIII, 212) ; Demerson dit : Comme les mendiants, Panurge veut exciter la pitié en reproduisant les symptômes d'une lèpre qu'on confondait avec une syphilis déclinante.

Qu'il y ait ou non confusion entre la syphilis et la lèpre, fût-elle tuberculeuse, ne nous intéresse pas outre mesure du moment que le roi

Anarche et les géants n'ont pas lu l'article de la RER, et qu'ils voient dans les symptômes simulés ceux de la vérole. Toute la question, qu'élude la glose, est de comprendre pourquoi non seulement Panurge est admis volontiers en qualité de vérolé, mais aussi pourquoi sont admis ses compagnons, qui ne jouent pas le même jeu, et dont tout nous laisse croire qu'ils montrent au contraire une robuste santé.

La raison de l'apitoiement ne peut être la bonne : il est évident que des gens en guerre se doivent être affranchis de ce sentiment à l'égard de l'ennemi ; et même si la pitié pouvait naître du spectacle des infirmités de Panurge, elle ne s'étendrait qu'à lui. D'autre part, le geste du roi Anarche ne peut être dicté par le désir d'annihiler des combattants qui sont quantité négligeable au regard de la puissance de ses géants. Il semble donc que nous avons affaire ici à la croyance populaire qui voyait dans tout vérolé porteur de séquelles témoignant de la gravité de l'atteinte, un être qu'aucun mal ne peut plus affecter, et dont la fréquentation est de ce fait favorable et protectrice. Panurge feint donc d'avoir été bien poivré pour que le roi Anarche et les géants accueillent le vivant présage de la victoire qu'ils escomptent, acceptant aussi les amis du vérolé pour attirer dans leur camp ce porte-chance qui prétend se désintéresser de l'issue du combat.

Les apostoles de Pantagruel ainsi banquetant, Panurge paye son écot et celui de ses compagnons en amusant les ennemis : Ce pendent Panurge leur contoit les fables de Turpin, les exemples de sainct Nicolas, & le conte de la Ciguoingne. L'originale ne disait ici que : Et ce pendent Panurge leur contoit des fables/ & les exemples de sainct Nicolas ; la correction semble avoir voulu affuter le trait que contenait la conjonction &, qui mettait au même niveau les exemples de saint Nicolas et les fables, plaçant résolument ces exemples, qui sont en fait le récit populaire des miracles du saint, au milieu des exploits profanes de Turpin et des puérilités de la Cigogne.

Puis Loupgarou s'adresse à Pantagruel avec une massue d'acier de poids énorme et Rabelais ajoute à son habitude une cocasse précision relative au volume des poinctes de dyamant dont elle est armée : il sen falloit par aduenture lespesseur dun ongle, ou au plus que ie ne mente, dun doz de ces cousteaulx quon appelle couppeaureille : mais pour un petit, ne auant ne arriere. Pourtant le ton paraît ici quelque peu forcé et la plaisanterie surajoutée, comme semble artificiellement amenée l'indication finale : Et estoit phee en maniere que iamais ne pouuoit rompre, mais au contraire, tout ce quil en touchoit rompoit incontinent, comme si la mention de cette propriété n'avait été insérée qu'après coup, par nécessité, le pronom il, qui semble représenter

Loupgarou cité très loin devant, pouvant même passer pour une inadvertance.

Mais Pantagruel ne saurait engager la lutte sans se placer sous la garde de Dieu, ainsi qu'il a conseillé au prisonnier de le faire. Donc, tandis que Loupgarou, le païen qui a juré par Mahon, approche en grande fierté, Pantagruel jette en toute humilité ses yeulx au ciel en se recommandant a Dieu de bien bon cueur, faisant veu tel comme sensuyt. Et nous avons là, dans ce chapitre qui aurait pu n'être qu'un chapitre de mouvement, ce que nous devons tenir pour l'exposé de la position spirituelle de Rabelais en 1532, position confirmée en 1542 puisque les corrections qu'il a apportées au morceau sont seulement de forme :

Seigneur dieu qui tousiours a esté mon protecteur & mon seruateur, tu vois la destresse en laquelle ie suis maintenant. C'est le rappel de la foi en la permanente protection accordée par Dieu, et en sa constante vigilance. Demerson remarque ici : L'épithète de Servateur, calquée sur le latin classique, pour désigner le Sauveur, était blâmée par la Sorbonne, mais son emploi était recommandé par Erasme ; et il ne nous en faut pas plus pour entendre que l'exposé va être celui de la foi évangélique.

Vient ensuite le point du désintéressement et celui de la légitimité de l'action belliqueuse entreprise : Rien icy ne me amene, sinon zele naturel, ainsi comme tu as octroye es humains (l'originale disait : concede) de garder & defendre soy, leurs femmes, enfants, pays, & famille. La correction, qui a remplacé concédé par octroyé, annule la réserve que l'on pouvait déceler dans la permission accordée ; cette défense par la force devient ainsi, dans ce cas précis, un devoir. Mais arrive aussitôt la restriction : en cas que ne seroit ton negoce propre qui est la foy, car en tel affaire tu ne veulx coadiuteur : sinon de confession catholicque, & seruice de ta parolle : (l'originale disait : & ministere de ta parolle). Ici, les commentateurs se bornent prudemment à n'éclaircir que la première partie du précepte ; Boulenger explique : A moins qu'il ne s'agisse de tes propres affaires, c'est-à-dire de la foi ; Guilbaud dit : A moins qu'il ne vienne à s'agir de l'affaire qui te regarde en propre ; Michel dit : Sauf s'il s'agit de la Foi qui est ton affaire particulière. Nous pouvons pourtant tenir pour assuré que tout le monde a compris : Hormis le cas où il s'agirait de ta propre affaire qui est la foi ; car tu n'as alors besoin d'aucun concours temporel, et ne veux là que profession de foi catholique et propagation de ta parole.

La translation est toutefois d'un autre avis, qui dit : Dans le cas où il ne s'agirait pas de ce qui t'intéresse en propre, c'est-à-dire de la foi ; car dans une telle affaire tu ne veux pas de coadjuteur qui ne serait pas de confession catholique et au service de ta parole, interprétation entachée de trois contresens puisqu'elle entend que la défense de la foi peut se faire par la force, que cette force doit être employée par de bons catholiques, et que, ce faisant, ces bons catholiques se conforment à la parole de Dieu.

La suite est pourtant claire, qui infirme cette vue potacho-translatoire, celle-ci rejoignant d'ailleurs curieusement l'adaptation au français moderne qu'a donnée Maurice Rat dix ans auparavant[1] : & nous a defendu toutes armes & defences : car tu es le tout puissant, qui en ton affaire propre, & ou ta cause propre est tiree en action, te peulx defendre trop plus quon ne scauroit estimer : toy qui as mille milliers de centaines de millions de legions danges duquel le moindre peut occire tous les humains, & tourner le ciel & la terre a son plaisir, comme iadys bien apparut en larmee de Sennacherib. Demerson dit ici : Allusion à une parole du Christ reprochant à Pierre de vouloir le défendre par la force : Remets l'épée au fourreau : tous ceux qui prennent le glaive périront par le glaive. Ignores-tu que je pourrais faire appel à mon Père, qui me fournirait aussitôt plus de douze légions d'anges ? Les Evangéliques, qui prônaient un développement pacifique de la foi, s'appuyaient explicitement sur ce passage de saint Matthieu (26, 52-53) : voir Erasme, Adage : La guerre est douce à ceux qui ne la font pas. Nous notons que la translation rend correctement ce morceau, et parvient ainsi sans le moindre trouble à être en contradiction avec ce qu'elle a exprimé quelques lignes plus haut ; il faut dire que, probablement par pure coïncidence, cette incohérence est la même dans l'adaptation au français moderne.

Sur ce, Pantagruel en arrive au vœu, en posant nettement sa condition : Doncques sil te plaist a ceste heure me estre en ayde, comme en toy seul est ma totale confiance & espoir. Il atténue pourtant l'audace qu'il peut y avoir à proposer un marché à Dieu en protestant de son entière et exclusive adhésion ; et il s'engage enfin : Ie te fais veu que par toutes contrees tant de ce pays de Utopie que dailleurs, ou ie auray puissance & auctorité, Ie feray prescher ton sainct Euangile, purement, simplement, & entièrement. Demerson dit ici pour entièrement : l'Evangélisme répudie aussi bien les mutilations du texte de l'Ecriture que les gloses qui viennent le surcharger.

C'est ce qu'exprime fougueusement Pantagruel qui conclut : si que les abus d'un tas de papelars & faulx prophetes, qui ont par constitu-

---

1. (Editions Gérard et Cie, Verviers, Belgique ; Bibliothèque Marabout) ; cette adaptation ne détruit toutefois pas aussi complètement que la translation le mouvement de la phrase de Rabelais : aussi n'a t-elle pas eu sa place dans les écoles.

tions humaines & inventions desprauees enuenime tout le monde : seront dentour moy exterminez. Demerson dit encore, pour constitutions humaines : Institutions, règlements et traditions qui se substituent à la pure loi divine, puis : Ce que l'homme ajoute à la foi ne la renouvelle pas mais la fait sortir de son droit chemin.

Ainsi, Rabelais-Pantagruel a traité clairement les quatre points clés : la défense par la force doit être désintéressée, employée seulement pour sa propre sauvegarde, celle des siens et de son sol ; la défense de la foi est proprement l'affaire de Dieu, qui n'a besoin de nul allié tant sa puissance est grande ; la seule assistance requise par lui en ce cas est la profession de foi catholique et la propagation de sa parole ; encore cette parole doit-elle être épurée de tout ce qu'y ont ajouté les malveillants, et ces envenimeurs doivent-ils être désormais empêchés de nuire.

Et peut-être devons-nous distinguer là, outre la portée générale, un ajustement précis à l'adresse des messieurs de Sorbonne, qui se posent en protecteurs d'une foi que Dieu seul est appelé à garantir, et se font censeurs, inquisiteurs, à l'occasion pourvoyeurs de bourreaux, s'arrogeant le droit de condamner sans qu'il se trouve rien dans les Ecritures qui les autorise à le faire.

Toujours est-il que Rabelais ayant ainsi condensé la doctrine évangélique, il lui reste à montrer qu'elle est en accord avec la volonté divine ; il n'hésite donc pas à faire intervenir Dieu soi-même ou quelqu'un des siens pour manifester son approbation : Alors feut ouye une voix du ciel, disant, Hoc fac & vinces, cest a dire, Fais ainsi, & tu auras victoire. Saulnier explique : Parodie du labarum de Constantin, chargé de la Croix et de la devise Hoc signo vinces ; Guilbaud et Michel entendent aussi que ce signe est la Croix ; Demerson dit seulement : C'est une réplique de la devise qui figurait sur le labarum, l'étendard de l'empereur Constantin Ier, archétype du prince chrétien de droit divin.

Etant entendu que ledit labarum porta non la Croix mais le chrisme de Jésus-Christ, et cela seulement cinq à dix ans après que Constantin eut la vision de ce signe accompagné de la devise en grec : En toutô nika (Triomphe par ceci), le hoc fac et vinces de Rabelais est bien une réplique, comme dit Demerson, et nullement l'attaque antireligieuse que voyait ici Lefranc, fort surprenante juste après l'invocation d'une absolue sincérité que vient d'adresser Pantagruel à son Dieu.

Ce message spirituel terminé, il faut bien en venir au combat annoncé depuis si longtemps et si souvent repoussé. Rabelais entre alors résolument dans le jeu, insouciant de toute vraisemblance, comme le veut le genre :

Loupgarou approchant la gueulle ouuerte Pantagruel l'invective selon la discipline des Lacedemoniens pour l'effrayer par son horrible cry, voyant en même temps l'occasion d'user du contenu de la barque qu'il porte à sa ceinture ; il lui emplit de sel & gorge et gouzier, & le nez & les yeulx. Cela provoque la colère de Loupgarou, qui lance à Pantagruel un coup de massue luy voulant rompre la ceruelle. Pantagruel esquive, mais la massue rencontre toutefois la barque et la réduit en miettes, répandant le sel à terre.

Là-dessus Pantagruel, les bras étendus comme pour lart de la hache, frappe d'estoc au thorax, de taille à la base du cou, puis se fendant, lui pique les couillons du hault bout de son mast. La hune éclate sous le choc comme éclatent les troys ou quatre poinsons de vin qui estoient de reste. On nous a pourtant dit, au chapitre précédent, qu'il n'est pas resté une seule goutte après qu'ils ont bien tire au cheurotin, mais ce vin est indispensable pour que Loupgarou croie que le coup lui a incise la vessie et que le liquide qui lui inonde les jambes est son urine : l'attaque est aussi psychologique.

Pantagruel veut profiter de son avantage et s'apprête à redoubler : mais Loupgarou lève sa massue et, probablement rendu furieux par l'idée de sa blessure, l'abat avec une telle force sur l'adversaire qu'il leust fendu depuis le sommet de la teste iusques au fond de la ratelle, si Dieu, secourant Pantagruel, ne lui eût pas donné d'esquiver en brusque hastiueté. La massue s'enfonce profondément en terre en passant a trauers un gros rochier dans une immense gerbe de feu. Loupgarou est contraint de tirer de terre sa massue ; Pantagruel en profite, lui court sus voulant lui aualler la teste tout net. Mais le mât touche ladite massue, qui est phee (le conteur nous rappelle qu'il l'a spécifié), et l'arme se rompt alors a troys doigtz de la poignee, laissant Pantagruel plus estonné qun fondeur de cloches.

Nous profiterons de ce moment où les deux adversaires sont désarmés pour nous arrêter un instant sur l'expression ; on a voulu voir dans cet étonnement du fondeur de cloches celui qui le saisit lorsqu'au démoulage il s'aperçoit que la cloche est fêlée (Saulnier, Boulenger, Guilbaud) ou lorsqu'elle se brise au sortir du moule (Jourda, Michel). Demerson, lui, se borne à dire : Un proverbe courant voulait que les fondeurs de cloches eussent l'air piteux : c'est se réfugier dans l'abri, mais cela sous-entend pourtant ce que négligent de voir les autres commentateurs, à savoir que cet état d'étonnement est permanent.

Il semble alors que c'est chercher bien loin une explication toute contenue dans le verbe étonner (du latin populaire extonare, de tonus, tonnerre), qui avait encore son sens fort de frapper d'une commotion (Dauzat), ébranler physiquement, étourdir (Bloch et Wartburg). La fêlure ou la cassure n'ont dès lors rien à voir dans l'affaire ; il est en revanche évident que le fondeur devait s'assurer du son de la cloche tout au long du travail de polissage, qu'il conduisait en fonction de la note à obtenir ; il faisait donc sonner cette cloche dans son atelier, et nous comprenons sans peine que des vibrations destinées à se propager à plusieurs lieues arrivaient rapidement, perçues à proximité, à donner au fondeur l'air hébété de celui qui a reçu une commotion.

Cela éclairci, nous revenons au lieu du combat pour entendre Pantagruel s'écrier : Panurge ou es tu ?, appel à l'aide de l'homme de ressources. Mais Panurge ne peut ici qu'essayer de la force de l'esprit : Ce que ouyant, Panurge dict au Roy & aux Geans. Par Dieu ilz se feront mal, qui ne les departira, donnant astucieusement à croire à chacun que la convention passée avec les autres est celle d'une joute courtoise qui ne doit pas finir tragiquement. Mais les géants, aises comme silz feussent de nopces, ne l'entendent pas de cette oreille et l'un d'eux menace même Carpalim qui veut aller secourir son maître : Par Golfarin nepueu de Mahon, si tu bouges dicy ie te mettray au fond de mes chausses comme on faict dun suppositoire.

Pantagruel en est donc réduit à continuer le combat avec le bout de son mât : il frappe torche lorgne, dessus le Geant toujours occupé à déterrer sa massue, mais il ne lui fait ainsi mal en plus que feriez baillant une chicquenaude sus un enclume de forgeron. Là-dessus, Loupgarou parvient à arracher sa massue et recommence à frapper ; Pantagruel décline tous ses coups, jusqu'à ce que Loupgarou l'invective soudain, bien placé pour connaître le légendaire pouvoir altérant du personnage : meschant a ceste heure te hacheray ie comme chair a pastez. Iamais tu ne altereras les pauures gens. Pantagruel perçoit chez l'adversaire la résolution d'en finir, et jouant son va-tout, il recourt à l'art de la savate ; profitant vraisemblablement d'un moment où Loupgarou se découvre pour lever sa massue, il le frappe du pied un si grand coup contre le ventre, qu'il le jette en arrière a iambes rebindaines et le traîne ainsi a lescorche cul plus dun traict darc, Loupgarou rendant le sang par la gorge, criant Mahon, Mahon, Mahon.

Force nous est ici de comprendre, d'abord que Pantagruel a abandonné son bout de mât ; ensuite que sous le choc Loupgarou a lâché sa redoutable massue ; enfin que Dieu a dû intervenir pour que le coup de pied qu'a porté Pantagruel soit d'une telle efficacité qu'il amène si brusquement le païen à l'agonie.

A l'imploration de leur chef, tous les géants se lèvent alors pour le secourir ; et Panurge essaie encore de la défense par la parole : Messieurs ny alez pas si men croyez : car nostre maistre est fol, et frappe a tors & a trauers, & ne regarde poinct ou il vous donnera malencontre. L'idée de minimiser est la même que pour la première intervention,

551

mais les géants sont des gens dont le regard porte loin, et ils ne tiennent pas compte du conseil quand ils constatent que Pantagruel est sans baston.

Le combat entre alors dans sa phase finale : voyant approcher les géants, Pantagruel saisit Loupgarou par les deux piedz et lève son corps comme une pique ; dicelluy arme denclumes, il frappe parmi les assaillants qui, eux, ne sont armés que de pierre de taille, les abattant comme un masson faict de couppeaulx, c'est-à-dire comme un maçon travaillant la pierre fait naître les éclats sous son fer ; aucun adversaire ne peut se mettre en arrêt devant lui qu'il ne soit rué par terre.

Et le conteur intervient ici pour noter : Dont a la rupture de ces harnoys pierreux feut faict un si horrible tumulte quil me souuint, quand la grosse tour de beurre qui estoit a sainct Estienne de Bourges, fondit au soleil. Boulenger dit ici : La tour nord de la cathédrale de Bourges s'écroula le 31 décembre 1506. Mais celle qu'on nomme tour de beurre fut celle qui la remplaça et qui dure encore, ainsi nommée parce qu'elle fut élevée, dit-on, avec l'argent dont les fidèles achetèrent la permission de manger du beurre en carême. Rabelais, emporté par sa plaisanterie, se trompe donc ici. Plattard, plus avisé, termine la même explication par : Mais n'était-il pas plus plaisant d'appeler tour de beurre celle qui fondit au soleil ? Nous entendons qu'il n'y a évidemment là nulle erreur, mais plaisant transfert de l'idée de fusion contenue dans le nom de la tour récemment édifiée à l'ancienne, celle qui s'est effondrée comme une motte de beurre.

Donc les géants sont éliminés les uns après les autres, et Panurge ensemble Carpalim & Eusthenes ce pendent esgorgetoyent ceulx qui estoyent portez par terre ; et c'est à peine si, pris par l'action, nous notons au passage l'absence d'Epistemon dans cette équipe de nettoyeurs fort affairés puisqu'il est dit qu'il n'échappe un seul géant à Pantagruel transformé en faucheur qui de sa faulx (cestoit Loupgarou) abbatoit lherbe dun pré (cestoyent les Geans).

A ce jeu, Loupgarou a même fini par perdre la tête ; c'est lorsque Pantagruel a taillé en pièces un géant (que l'originale nomme Moricault et la définitive Riflandouille) armé a hault appareil de pierre de gryson, qui est du grès très dur, alors que les autres ne sont armés que de tendre pierre de tuffe ou de friable ardoysine.

Ici, Saulnier se borne à dire : Haut appareil : armure complète, mais les autres commentateurs nous invitent à penser qu'il y a là un jeu de mots ; Boulenger dit : Il y avait plusieurs façons d'appareiller les pierres de taille : le petit appareil, le moyen, le grand ou haut ; Guilbaud dit : Jeu de mots : appareil, terme d'architecture désignant la disposition des pierres ; Michel dit : Jeu de mots. Appareil signifie à la fois équipement militaire et genre de la taille de la pierre ; Demerson dit : Jeu de mots : le haut appareil est l'équipement complet du chevalier dans son armure ; c'est aussi une façon d'appareiller les pierres de taille.

C'est là se payer de mots : le verbe appareiller signifie : En termes d'architecture, marquer les pierres selon qu'elles doivent être taillées (Littré), et n'a jamais contenu l'idée de les tailler. D'autre part, toujours pour ces pierres d'architecture, le mot appareil n'a jamais été accompagné des épithètes haut, grand, moyen ou bas, et ne désigne que l'art de tracer, de disposer la pose des pierres dans les constructions suspendues, comme voûtes, arcades, dômes (Littré). Si donc, au contaire des commentateurs, nous nous abstenons de solliciter les locutions, nous ne voyons pas où peut se situer le jeu de mots entre l'expression haut appareil qui désigne l'armure complète, et la mot appareil qui désigne le tracé ou la disposition des pierres. Toutefois, nous partageons l'intuition de l'existence du jeu de mots qu'ont les commentateurs ; c'est donc qu'il est ailleurs, et il ne faut que le chercher.

Et nous n'avons qu'à lire l'article appareil dans Littré pour découvrir que l'équivoque est construite, non pas sur le vocabulaire de l'architecture, mais sur celui de la chirurgie. Il dit en effet, et cela bien avant de citer le mot appareil dans son acception architecturale : On désigne sous les noms de Haut ou Grand appareil, Bas appareil, les diverses méthodes suivant lesquelles on pratique la lithotomie, c'est-à-dire l'opération par laquelle on coupait la pierre trop grosse, après avoir incisé la vessie ; et le mot appareil désigne dans ce cas l'assemblage méthodique de tous les instruments et objets nécessaires pour pratiquer une opération ou faire un pansement (Littré).

Le jeu de mots nous apparaît alors clairement : il réside dans le fait que le terme haut appareil employé pour désigner l'armure complète évoque, joint à l'action de taille des armures de pierre que pratique Pantagruel à l'aide de l'armure en fer de Riflandouille, la taille à haut appareil des pierres dans la vessie, cette compréhension étant encore confirmée par la citation d'A. Paré que fait Littré : De la manière d'extraire les pierres aux hommes, qu'on appelle le grand et le haut appareil ; XV, 45.

Outre que ce jeu de mots chirurgical est plus naturel au médecin Rabelais qu'un jeu de mots architectural, nous pouvons aisément vérifier qu'il est le seul bon en nous avisant qu'il ne fait que constituer un rebondissement de l'expression proprement opératoire employée par Rabelais au début du combat pour parler du coup qui fait penser à Loupgarou quil luy eust incise la vessie, & du vin que ce fust son urine qui en sortist ; il nous faut en effet voir dans ce terme : incisé un mot d'auteur, car il est évident que Loupgarou a dû plus naturellement penser qu'il lui a crevé la vessie, le coup ayant été porté dans un mouvement d'enfoncement et non de coupure, et ledit Loupgarou n'ayant vraisemblablement pas la moindre connaissance de médecine, fût-elle arabe, lui qui jure par Mahon.

Ayant ainsi éclairé notre lanterne par la vessie, nous ne devons pourtant pas négliger de remarquer l'information subreptice qui est ici donnée, par dessus la tête des personnages, au lecteur qui n'aurait pas noté l'absence du comparse : un éclat de la pierre de gryson a coupé la gorge tout oultre a Epistemon.

Finablement, tous les géants morts, Pantagruel arrête sa fenaison et jette le corps acéphale de Loupgarou de toutes ses forces contre la ville, où il atterrit à plat ventre comme une grenouille sur la grand place, écrasant encore les quatre animaux bien singuliers que sont un chat brusle, une chatte mouillee, une cane petiere, & un oyson bridé, ultime facétie qui semble bien contenir l'intention de marquer clairement le combat du sceau de la farce.

Rabelais en a cette fois terminé du pensum qui l'a si longtemps préoccupé, ayant d'une part expertement tourné la difficulté d'exprimer lhorrible bataille, d'autre part réussi à insérer, profitant de la futilité du sujet, cette prière de Pantagruel où il définit, plus explicitement qu'il ne l'a jamais fait, sa propre profession de foi évangélique. Il a bien gagné de pouvoir maintenant se consacrer au chapitre qu'il a déjà en tête, les deux points d'ancrage que constituent les mentions de l'absence d'Epistemon et celle de sa décollation le prouvant assez, et, jouant les Lucien, nous emmener dans un édifiant voyage au royaume des morts.

Comment Epistemon qui auoit la couppe testee, feut guery habillement par Panurge. Et des nouuelles des diables, & des damnez. Chapitre.xxx. [1].

Ce chapitre est un de ceux qui ont été le plus étoffés et enrichis entre le texte de l'édition originale et celui de la définitive. C'est, bien sûr, la marque de l'importance qu'y attache Rabelais ; mais c'est aussi la preuve que, si le point de départ est le procédé qu'emploie, avec bien d'autres, Lucien dans son Dialogues des Morts, le moyen d'expression est parfaitement adapté à l'esprit de Rabelais qui transmet sous le couvert de la convention, avec d'audacieuses railleries, quelques vérités auxquelles il tient. Plus qu'ailleurs, c'est donc en comparant la première et l'ultime version que nous analyserons ce chapitre, cherchant dans les additions l'évolution de la pensée de l'auteur.

La première modification est celle du titre ; l'originale parlait seulement de teste tranchee et Rabelais y a substitué la contrepèterie : couppe testee. Aucun glossateur ne la commente, mais nous y verrons, nous, l'intention de placer, à la correction, dès le titre, et assurément par prudence, ce chapitre dans le domaine de la bouffonnerie, prolongement de la précaution prise au chapitre précédent avec les animaux étranges qu'écrase le cadavre de Loupgarou.

Donc, alors que le lecteur connaît la nouvelle, les personnages vont découvrir qu'Epistemon est mort : Pantagruel, se retirant au lieu des flaccons, appelle les compagnons ; tous se rendent à lui sains & saulues, Eusthenes ayant seulement été quelque peu egraphine au visage par un géant qu'il esgorgetoit. Mais Epistemon ne comparoit poinct. Pantagruel comprend aussitôt, et sa souffrance le porte à vouloir se tuer soymesmes. Mais Panurge l'invite à se presser moins : Dea seigneur attendez un peu, & nous le chercherons entre les mors, & voirons la verite du tout.

L'artifice est apparent et, le titre aidant, nous comprenons bien que Panurge est celui qui va changer la marche du destin. Mais il semble

---

1. C'est ici que l'imprimeur s'aperçoit de l'erreur qui dure depuis le chapitre xxij et qu'il rétablit le bon numérotage en sautant avec désinvolture l'ordinal xxix.

que la phrase renferme une idée de bien autre portée, que nous signalent à la fois le Dea, euphémisme de diable, et la fin de la phrase : & voirons la verite du tout. Si le sens immédiat est tout uniment : Diantre, Seigneur, ne vous pressez pas tant ; nous irons le chercher entre les morts et verrons ce qui en est, le sens parallèle a bien l'air d'être : Par le diable, Seigneur, attendez un peu ; nous le rappellerons d'entre les morts et connaîtrons la vérité sur l'au-delà. A noter que la translation rend niaisement ce Dea par l'interjection : Bon.

Pantagruel se rend à la raison de Panurge. Celui-ci reste donc avec son maître pendant qu'Eusthenes et Carpalim s'en vont à la recherche d'Epistemon. Ils le trouvent dans une position fort étrange : tout roidde mort & sa teste entre ses bras toute sanglante. Et Eusthenes de se lamenter bruyamment, sous la forme interrogative qui découle du conventionnel refus de se rendre à l'évidence, mêlé à la non moins conventionnelle accession de tout mort à la perfection : Ha male mort, nous as tu tollu le plus parfaict des hommes ? A sa voix, Pantagruel se dresse, menant le plus grand dueil quon veit iamais au monde, et rappelle à Panurge lauspice par trop fallace des deux verres et du fût de javeline. Et c'est là que Panurge rétorque : Enfans ne pleurez goutte, il est encores tout chault, Ie vous le gueriray aussi sain quil fut iamais.

Il y a toutefois à cet endroit un jeu scénique que nous avons quelque mal à reconstituer : Panurge est censé se trouver auprès de Pantagruel quand celui-ci lui rappelle lauspice, puisque le conteur introduit ce reproche par : Et dist a Panurge, formule qui dénote indiscutablement la proximité. Mais ce même Panurge est censé immédiatement après s'être porté aux côtés de Carpalim et Eusthenes, près du corps d'Epistemon, puisqu'il constate : il est encores tout chault. Il nous faut donc comprendre que Panurge, à la fin de la triste remémoration de Pantagruel, est parti en direction de la voix, sans répondre, et que c'est auprès de Carpalim et Eusthenes qu'il prononce l'engagement de rendre Epistemon aussi sain quil fut iamais.

C'est donc en disant ces paroles que Panurge s'est saisi de la tête d'Epistemon et l'a placée sus sa braguette. Il nous faut, là encore, bien comprendre que le possessif sa désigne la braguette de Panurge et non celle du mort, puisque l'intention exprimée est celle de garder cette tête au chaud affin quelle ne print vent : or un mort ne peut que se refroidir ; d'autre part, Carpalim et Eusthenes vont soulever le corps pour le porter au lieu ou ilz auoient bancquette, et la tête, posée sur la braguette d'Epistemon, ne pourrait que risquer de tomber. Donc c'est ainsi formé que nous nous représentons le cortège funèbre, calqué sur le cortège épique du corps suivi de l'urne renfermant le cœur : les deux compagnons devant, portant le corps mutilé, et Panurge derrière eux, les deux mains occupées à maintenir la tête d'Epistemon sur sa braguette, au chaud et à l'abri du vent. Quant à cette dernière précaution, il semble bien qu'elle a trait au fait qu'une tête pleine de vent n'est plus bonne à grand chose ; la dame du chapitre xxj a parlé avec mépris de Panuge qui lui est apparu comme quelque esuenté ; il importe donc qu'aucune brise ne vienne chasser la sagesse de la boîte crânienne d'Epistemon, la rendant semblable à cette vessie de porc enflée et résonante à cause des poys qui dedans estoient, don symbolique que fera Panurge au fou Triboulet au chapitre XLV du Tiers Livre.

Il est dit pourtant que Carpalim et Eusthenes ramènent le corps non par espoir que iamais guerist, mais affin que Pantagruel le veist. C'est donc que, perdus dans leur chagrin, ils n'ont pas prêté attention à la promesse de Panurge ; ou bien que, le connaissant hâbleur et fanfaron, ils n'ont pas voulu relever son propos, le jugeant peut-être même fort déplacé en une telle circonstance.

Ils arrivent donc ainsi près de Pantagruel, qui donne probablement les marques du plus profond désespoir puisque Panurge, pour le réconforter, doit renouveler l'engagement qu'il a pris alors que le corps était encore sur le champ de bataille : Si ie ne le guery ie veulx perdre la teste (qui est le gaige dun fol).

Boulenger commente ici : Il n'y a qu'un fou qui puisse donner un tel gage ; Guilbaud dit : Ce qui est une gageure de fou (réflexion du conteur) ; Michel dit : Ce qui est la gageure d'un fou ; et Demerson dit : C'est ainsi que parlent les fous (réflexion de Rabelais).

Guilbaud et Demerson voient donc dans la parenthèse un aparté de Rabelais. Or, le lecteur du temps n'avait certes, pour comprendre, nul besoin de cette précision, la déraison qu'il y a à parier sa tête étant évidente et la locution faisant visiblement partie du fonds populaire le plus courant[2]. De plus, chaque fois que Rabelais intervient, il a coutume d'avertir clairement le lecteur en se représentant par un pronom à la première personne ou par un nom d'emprunt qui ne laisse aucun doute. Cet aparté de Rabelais est donc tout à fait invraisemblable, et nous tiendrons pour assuré que la parenthèse est bel et bien prononcée par Panurge.

Mais les commentateurs qui comprennent que cette parenthèse est dite par lui semblent entendre que Panurge insiste sur le fait que l'engagement qu'il prend est celui d'un être déraisonnable. Or nous savons pertinemment que Panurge est quelqu'un dont l'intelligence sub-

---

2. Sans compter que l'Evangile dit expressément : Ne jure pas non plus par ta tête, car tu ne peux en rendre blanc ou noir un seul cheveu (Matthieu, V, 36).

tile et la clairvoyance l'ont conduit à avoir de soi, et très justement, une fort bonne opinion. Cette confession rabaissante est donc étonnante de sa part ; et même, à y bien regarder, elle donne une signification incohérente puisqu'elle infirme la portée positive des paroles qui la précèdent. Dès lors, nous entendons que l'insistance mise sur une telle évidence est un signal, et que cette parenthèse doit contenir autre chose que le sens immédiat, ainsi peut-être que la phrase entière.

Et l'explication est, là encore, toute contenue dans le texte ; relisons et représentons-nous la scène : il est apparent que lorsque Panurge prononce cette phrase, il a entre les mains la tête d'Epistemon, à moins qu'il ne vienne de la déposer sur la dépouille qu'Eusthenes et Carpalim ont mise à terre. Dans les deux cas, il est manifeste que l'attention de tous est fixée sur cette tête coupée, et il apparaît alors clairement que le : ie veulx perdre la teste, concerne non la tête de Panurge mais celle d'Epistemon.

En fait, la phrase qu'il prononce revient à dire : Si je sais qu'engager sa tête est le gage d'un fou, c'est que je ne le suis pas ; si donc je le fais, c'est qu'il ne s'agit pas de la mienne mais de celle de notre ami ; ce faisant, je la considère comme celle d'un vivant : c'est la preuve que je suis sûr de le ramener à la vie. La boutade pourrait passer pour déplacée ; mais nous connaissons Panurge toujours désireux d'étonner et ne craignant jamais de scandaliser. Or, la situation est telle qu'il se trouve contraint de secouer fortement ses compagnons, éperdus de tristesse ; il fait donc de la tête de l'ami qu'il aime l'objet de l'équivoque, à la fois pour faire naître par l'incongruité l'indignation salutaire, et pour ébranler l'incrédulité des assistants, tout en se ménageant un triomphe d'autant plus éclatant qu'il se montre plus suffisant dans son engagement.

Puis Panurge passe aux actes après avoir invité Carpalim et Eusthenes à s'associer à ses gestes : laissez ces pleurs & me aidez. Commence alors l'intervention : Adonc nectoya tresbien de beau vin blanc le col, & puis la teste & y synapiza de pouldre de diamerdis quil portoit tousiours en une de ses fasques. L'originale ne parlait ici que de pouldre de Aloès, certes moins sûre puisque le préfixe dia est en fait l'homologation de la pharmacopée officielle. Aucune de ces deux poudres n'a d'ailleurs été mentionnée dans l'inventaire des poches du chapitre xvj. Enfin, notons au passage que la translation parle ici, absurdement, de poudre de diamerdis vitaminé.

A cet endroit, Saulnier, qui n'a pas attendu le premier souffle d'Epistemon, dit, en Lefranquiste attentif : On songe aux résurrections opérées par le Christ, celle notamment de Lazare. Gêné pourtant par le parti pris du rapprochement, étant donné que le corps de Lazare n'a jamais comporté aucune lésion et que sa résurrection se situe quatre jours après sa mort, quand il sent déjà (Jean, XI, 39), il ajoute : Il ne s'ensuit pas que cette parodie un peu grosse soit d'intention lucianiste, et révèle une satire profonde de la foi chrétienne. Elle s'inspire aussi bien des Quatre fils Aymon. Nous retenons donc que la note marque quelque distance avec l'idée chère à Lefranc de satire de l'Evangile. Toutefois, l'expression : parodie un peu grosse, qui contient une désapprobation chargée de donner la mesure du raffinement de Saulnier, a quelque apparence, chez lui, du reniement. Mais ce n'est que le premier, et nous passons outre.

L'opération se poursuit : apres les oignit de ie ne scay quel oingnement : & les afusta iustement veine contre veine, nerf contre nerf, spondyle contre spondyle, affin quil ne feust torty colly (car telles gens il haissoit de mort). Demerson dit ici : En cela il ressemble fort à Rabelais ; et nous remarquerons que cela n'est nullement étonnant puisque le ie ne scay quel, vient de nous montrer que le conteur semble bien avoir été témoin oculaire. Puis c'est le moment de la suture : ce faict luy fist alentour quinze ou seize poinctz de agueille, (l'originale se contentait de deux ou troys) affin quelle ne tumbast de rechief. Ici, passe totalement inaperçu des commentateurs le jeu de mots sur recheoir : retomber, tomber de nouveau ; chief : extrémité, bout, fin ; chief : tête. Et c'est l'application finale de pommade : puis mist a lentour un peu dun unguent, quil appelloit resuscitatif. La préparation reste aussi secrète que celle de l'oingnement, mais tout cela est immédiatement efficace :
Soubdain Epistemon commenca respirer, puis ouvrir les yeulx, puis baisler, puis esternuer, puis fist un gros pet de mesnage. Demerson dit ici pour le pet : Qu'il tenait en réserve ; ce souffle est un réflexe qui atteste la présence de l'esprit vital, et non un effluve purement mécanique : va pour le souffle, mais nous avions bien compris qu'il ne s'agit pas du dernier, anal, où il est traditionnel de voir l'âme s'exhaler. Et il eût certes mieux valu dire en note que pet de mesnage est probablement un calembour sur pain de mesnage, qui désignait le pain cuit à la maison par opposition à celui que l'on cuisait au four banal.

Epistemon est donc guery asseurement ; il boit un voirre dun grand villain vin blanc auecques une roustie succree, et il ne lui reste plus de troys sepmaines qu'une toux seiche et un enrouement dont il viendra à bout a force de boire.

Et c'est là qu'il commence à parler pour raconter ce qu'il a vu pendant qu'il était mort, moment que choisit Saulnier pour dire : Ce genre d'évocation burlesque des héros dans l'autre monde a été repris par plusieurs humoristes. Il invite à la lourdeur. [...] L'épisode a été inspiré

559

à Rabelais par le récit de Lazare, du Calendrier des Bergers, et par Lucien, Menippus seu Necyomantia.

Ainsi, Saulnier bat le chien devant le lion et parle de lourdeur chez des humoristes qui ont repris le procédé, pour qu'on entende qu'il trouve lourde cette reprise que fait Rabelais du procédé de Lucien ou du Calendrier des Bergers. Il y a du caphar là-dedans, et nous avons là le deuxième reniement, celui de la parodie un peu grosse étant le premier. Il n'en manquait donc plus qu'un pour que Saulnier fût promu pape ; mais on n'a pas attendu le chant du coq, et Saulnier est depuis de longues années le pontife sorbonique des études rabelaisiennes. Or, si la réserve reste le droit de tout esprit insuffisamment affranchi qui tente de lire Rabelais, il est pour le moins fâcheux que celui qui est la pierre d'angle ressemble à l'un de ceux que dénonce Jacques Perret dans sa préface au Pantagruel du Livre de Poche : Les chercheurs de perfection, obsédés d'austère discipline, les talentueux constipés toujours inquiets de lâcher un adjectif de trop, les zélateurs du style émondé, les châtieurs de langage, les ascétiques de la phrase nue, sans parler des vrais indigents (qui) voudraient bien nous dégoûter de la richesse.

Mais de cela, Rabelais a ri d'avance au moyen de celui quon passa licencié en toute lourderie (P. xj). Aussi ne nous attarderons-nous pas plus longtemps, et allons-nous plutôt écouter la relation du séjour d'Epistemon dans l'au-delà, récit qui, à la différence de Saulnier, nous ravit à chaque lecture. Prêtons donc l'oreille, puisque le ressuscité est encore enroué :

Et la commencza a parler, disant. Quil auoit veu les diables, auoit parlé a Lucifer familierement, & faict grand chere en enfer. Et par les champs Elisees. Et asseuroit dauant tous que les diables estoyent bons compaignons. Au regard des damnez, il dist, quil estoit bien marry de ce que Panurge lauoit si tost reuocqué en vie. Car ie prenois (dist il) un singulier passetemps a les veoir. Comment ? dist Pantagruel. Lon ne les traicte (dist Epistemon) si mal que vous penseriez : mais leur estat est changé en estrange facon.

Et Guilbaud, avant que ne commence l'énumération, annonce : Sous le masque de la littérature, Rabelais attaque ici les hautes classes de la société. Rois, papes et gros seigneurs sont abaissés selon la parole évangélique : Les premiers seront les derniers. Or, il est anachronique de parler ici de satire sociale quand il n'y a autre chose que rabaissement comique de l'individu, le burlesque ne pouvant naître que de la distance qui sépare la hauteur de la position du personnage vivant et la misérable condition qui est la sienne quand il est mort ; et il est tendancieux de glisser ici une parole évangélique qui ne peut, sans incohé-

rence, inspirer les comportements infernaux, alors qu'il est évident que c'est la seule clairvoyance de Lucifer qui remet les gens à leur juste place. C'est donc sans la moindre arrière-pensée de critique à portée sociologique qu'il nous faut écouter Epistemon raconter ce qu'il a vu dans l'au-delà ; le ton n'est nullement grinçant ou revendicatif, mais tout simplement comique Et il nous est donné dès le premier nom, celui d'Alexandre, parce qu'il fut le grand [3] :
Car ie veiz Alexandre le grand qui rapetassoit de vieilles chausses, & ainsi gaignoit sa pauure vie.
Xerces cryoit la moustarde.

Guilbaud explique ici, assez puérilement : Sans doute parce qu'elle lui avait souvent monté au nez dans sa vie. Mais il nous faut plutôt remarquer dans ce départ la ressemblance avec le modèle antique, comme le dit Demerson : Rabelais s'inspire du dialogue de Lucien, Menippe, où l'on voit les philosophes Socrate et Diogène railler la déchéance des rois, notamment de Xerxes, qui mendie sur la voie publique et de Philippe, le père d'Alexandre, qui rapetasse les savates.

Romule estoit saulnier.

Guilbaud dit : Tout simplement à cause de la mule des sauniers et de son nom.

Numa clouatier. (cloutier)

Tarquin tacquin.

Guilbaud dit : Vilain ; Saulnier dit : Avare ; italien taccagno. Fait jeu de mots avec Tarquin. Mais nous pouvons penser que ce n'est pas uniquement la recherche de l'assonance qui amène ici le sens de qui chicane sur la dépense (Littré) appliqué à celui qui fut Tarquin le Superbe.

Piso paisan.

Michel dit : On ne voit pas la raison de qualifier Pison de paysan sauf pour faire un jeu de mots. Nous concevons effectivement que la recherche est la même que pour Tarquin, mais ici le jeu ne va pas au-delà de l'assonance.

Sylla riveran.

Plattard dit : Batelier de rivière.

Cyre estoit vachier.

Themistocles verrier.

Guilbaud dit : Vendeur de verres et de bouteilles, mais puisqu'il s'agit de petits métiers, peut-être devons-nous comprendre qu'il est récupérateur de débris de verre.

---

3. Les additions à l'originale commencent en retrait.

Epaminondas myrallier. (miroitier)

Brute & Cassie agrimenseurs. (arpenteurs)

Demosthenes vigneron.

Ciceron atizefeu.

Guilbaud dit : Attise-feu, aide forgeron et précise : sans doute à cause de son souffle d'orateur

Fabie enfileur de patenostres.

Ce métier d'enfileur de grains de chapelet ne se conçoit ici que si les dizaines sont dites en invoquant l'ange déchu.

Ataxerces cordier.

Eneas meusnier.

Achilles teigneux.

Cela ne semble pas être un métier, même petit. Et peut-être faut-il voir ici une allusion au fait que le bouillant Achille d'Homère est aussi hargneux que sur terre parce qu'il est tourmenté de la même teigne qu'il avait, vivant.

Agamenon lichecasse.

Guilbaud dit : Lèche-plat, et précise : peut-être à cause de sa légendaire fierté.

Ulysses fauscheur.

Nestor harpailleur.

Michel dit : Le harpailleur ou orpailleur tamise les sables aurifères des fleuves.

Darie cureur de retraictz. (vidangeur)

Ancus Martius gallefretier. (calfat)

Camillus gallochier.

Marcellus esgousseur de febues.

Drusus trinquamolle.

Boulenger dit : Fanfaron (de trinco amellos, casse-amandes) ; nous comprenons que c'est ici le sens propre qui est le bon.

Scipion Africain cryoit la lie en un sabot.

Demerson dit : En tant qu'apprenti vinaigrier, il parcourait les rues pour acheter de la lie de vin.

Asdrubal estoit lanternier.

Ce métier est évidemment : faiseur de lanternes ; mais il était attribué, dans l'originale, à Pharamond.

Hannibal coquassier.

L'originale disait : coquetier.

Priam vendoit les vieulx drapeaulx.

C'est-à-dire qu'il vendait les débris de drap, de chiffons, probablement pour les moulins à papier ; autrement dit, il court les rues pour récupérer ces déchets.

Lancelot du lac estoit escorcheur de cheualx mors. (équarrisseur)
Tous les cheualiers de la table ronde estoyent pauures gaignedeniers tirans la rame pour passer les riuieres de Coccyte, Phlegeton, Styx, Acheron, & Lethe, quand messieurs les diables se voulent esbatre sur leau comme font les batelieres de Lyon & gondoliers de Venize. Mais pour chascune passade ilz ne ont que une nazarde, & sus le soir quelque morceau de pain chaumeny. (moisi) :

L'originale disait faussement : bastelieres de Lyon & Venize.

Et apparaissaient ici des personnages qui n'ont pas été repris dans la définitive :
Les douze pers de France sont la & ne font riens que ie aye veu/mais ilz gaignent leur vie a endurer force plameuses/chinquenaudes/alouettes/& grans coups de poing sus les dentz.

Il est apparent que la suppression des douze pairs de France révèle le désir de ne plus ridiculiser des personnages de la monarchie française ; nous allons rencontrer plus loin la substitution de noms étrangers à ceux de Charlemagne et de Pépin (qui est à coup sûr Pépin le Bref), et cela ne laisse aucun doute sur l'intention. Cette suppression est toutefois compensée par une importante addition :

Traian estoit pescheur de Grenoilles.

Antonin lacquays.

Commode gayetier.

C'est-à-dire qu'il est fabricant d'objets en jais, ce qui équivaut à fabricant de verroterie (Guilbaud).

Pertinax eschalleur de noys.

Il est écaleur, les mains noircies par le brou.

Luculle grillotier. (rôtisseur)

Iustinien bimbelotier.

Hector estoit fripesaulce. (marmiton)

Paris estoit pauure loqueteux.

Michel dit : Le beau Pâris, séducteur d'Hélène, est un gueux en loques, mais nous pouvons penser que loqueteux équivaut plutôt à marchand de loques (loquetier ; Greimas).

Achilles boteleur de foin.

Cambyses mulletier.

Artaxerces escumeur de potz.

Nous revenons maintenant à l'originale pour une longue suite que la définitive a peu modifiée :
Neron estoit vielleux & Fierabras son varlet : mais il luy faisoit mille maulx, & luy faisoit manger le pain bis, & boire vin poulsé, luy mangeoit & beuuoit du meilleur.

Guilbaud dit : Joueur de vielle, et précise : sans doute à cause de son tempérament artiste.

Iulles Cesar & Pompee estoient guoildronneurs de nauires.

L'originale attribuait toutefois ce métier à Jason et Pompée.

Valentin & Orson seruoient aux estuves denfer, & estoient ragletoretz.

L'originale écrivait : racletoretz. Demerson dit qu'ils sont valets de bain et chargés de racler les masques (tourets) que les femmes faisaient adhérer à leur visage avec une pommade collante. Nous constatons que l'au-delà n'a pas modifié chez les femmes le terrestre désir de séduction.

Giglan & Gauuain estoient pauures porchiers.

Geoffroy a la grand dent estoit allumetier.

Godeffroy de Billon dominotier.

Boulenger dit : Faiseur de dominos, c'est-à-dire d'images de pourtraicture peintes et imprimées en papier et gravées en bois ou cuivre (Nicot) ; nous pouvons penser que le dominotier est alors celui qui taille les bois d'impression.

Iason estoit manillier.

On comprend le plus souvent ici : sonneur de cloches, mais il peut aussi bien s'agir du fabricant de chaînes.

Don Pietre de Castille porteur de rogatons.

Guilbaud dit : Reliques ou vieilles bulles. Les porteurs de rogatons étaient des escrocs à la charité ; nous entendons qu'il ne peut s'agir ici que de reliques attribuées à quelques démons notables.

Morgant brasseur de byere.

Huon de bordeaulx estoit relieur de tonneaulx.

Demerson dit : Il mettait des liens neufs (des cercles) aux tonneaux usagés.

Pirrhus souillart de cuysine.

Demerson dit : Valet de cuisine chargé de la plonge. C'est à Jules Cesar que l'originale attribuait ce métier avant que la définitive ne le fasse guoildronneur de nauires.

Antioche estoit rammoneur de cheminees.

Romule estoit rataconneur de bobelins.

Il s'agit bien ici du sens propre de réparateur de souliers grossiers, métier que Romulus a dû finalement préférer à celui de saunier qui est le sien au début.

Octavian ratisseur de papier.

Guilbaud dit : L'empereur Octavien Auguste, gratte-papier. Il avait été en effet grand ami des lettres. Mais il apparaît qu'il s'agit plutôt de cette fonction que nous avons évoquée pour la locution : aluner le papier, de la plaidoirie de Baisecul : le lissage du papier à l'alun pour le rendre imperméable à l'encre d'écriture.

Nerua houssepaillier.

Ce métier de palefrenier était, dans l'originale, attribué à Charlemagne, pour qui la plaisanterie n'a pas été maintenue.

Le pape Iules crieur de petitz pastez

La définitive a ajouté : mais il ne portoit plus sa grande & bougrisque barbe. Le trait est acéré : Jules II avait en effet scandalisé ses contemporains en enfreignant l'obligation, datant du premier siècle, d'être glabre ; quant au mot bougre, il désigne à la fois l'hérétique et le sodomite ; et comme il est tout de même inhabituel de taxer un pape d'hérésie, il nous faut bien prendre la bougrisque barbe pour celle du sodomite.

Ian de Paris estoit gresseur de bottes.

Artus de Bretaigne degresseur de bonnetz.

Perceforest porteur de coustretz.

L'originale disait : Perceforest portoit une hotte : ie ne scay pas sil estoit porteur de coustretz.

Guilbaud dit : Ce héros de roman de chevalerie, à cause de son nom, est porteur de fagots. Nous entendons que le cotret est un morceau de bois court, et il semble plutôt que ces prétendus fagots sont des paquets de petit bois destiné à allumer le feu. D'autre part, Boulenger dit : Jeu de mots avec équivoque obscène. C'est ce que montre le texte des premières éditions. Nous retrouvons effectivement ici l'acception sexuelle de coutret : membre viril. L'équivoque reposait, dans l'originale, sur le nom de Perceforest où forêt est à entendre comme buisson féminin. L'expression du doute revenait à se demander si celui dont le nom équivaut à : Pénètre dans le buisson, porte bien l'outil lui permettant de remplir cette fonction. Rabelais a finalement fait l'honneur à son lecteur de penser que le seul rapprochement du nom du héros et du mot coustret suffirait à lui suggérer l'équivoque, en même temps qu'il décidait de ne plus mettre en doute la virilité du héros.

Boniface pape huytiesme estoit escumeur des marmites.

Il se pourrait que cette addition, glissée juste après qu'a été supprimée l'équivoque érotique sur Perceforest, contînt, elle, une équivoque sur marmites et sur écumer.

Nicolas pape tiers estoit papetier.

Demerson dit ici : Ce pape du début du 13e siècle n'a été choisi que pour permettre un jeu de mots (pape tiers - papetier).

Le pape Alexandre estoit preneur de ratz.

Guilbaud dit : Alexandre VI s'y connaissait en empoisonnements.

Le pape Sixte gresseur de verolle.

Guilbaud dit : Sixte IV met de l'onguent mercuriel aux vérolés. Il avait eu la vérole, d'après Panurge (chapitre xvij). Cette activité surprend fort Pantagruel :

Comment ? dist Pantagruel, y a il des verollez de par dela ? Certes dist Epistemon, Ie nen veix oncques tant, il en y a plus de cent millions. Car croyez que ceulx qui nont eu la verolle en ce monde cy, lont en laultre.

Mais ce qui peut en inquiéter quelques-uns rassure Panurge :

Cor dieu, dist Panurge, ien suis doncques quite, Car ie y ay este iusques au trou de Gylbathar, & remply les bondes de Hercules, & ay abatu des plus meures.

L'originale disait seulement : Cor dieu/dist Panurge/ie suis doncques quite : Car ie y ay este iusques au trou de Iubathar/& ay abatu des plus meures.

Boulenger, pour ie y ay este, explique : Dans la vérole ; Guilbaud dit : Les colonnes d'Hercule, de part et d'autre du trou de Gibraltar. Equivoque sur bonde (trou d'un tonneau), comme précédemment sur trou ; Demerson dit : Il s'agit des colonnes d'Hercule (côtes européenne et africaine du détroit de Gibraltar), et il ajoute aussi péremptoirement que légèrement : ces métaphores géographiques désignent l'évolution de la maladie, alors qu'il n'y a qu'une même métaphore géographique dans : trou de Gylbathar - bondes de Hercules, et que des plus meures est plutôt métaphore arboricole. En fait, tout le monde procède par allusion pour éviter d'avoir à dire ce qu'il comprend.

Nous entendons bien que : iusques au trou de Iubathar-Gylbathar exprime, avec la notion géographique de limite extrême, l'idée de saturation. Nous rendrons donc la locution par l'équivalent : je l'ai été jusqu'au trou du cul-de-sac de Gibraltar. Les bondes de Hercules, ajoutées dans la définitive, n'offrent pas grande difficulté du moment que l'on sait que la bonde est à la fois la borne et le trou d'écoulement (Greimas). Le nom Hercules ayant l'avantage de contenir la syllabe cul qui ne laisse aucun doute, nous entendons alors que le & remply les bondes de Hercules doit se rendre par : et mis mon fausset à nombre de bondes (du cul). Quant à : & ay abatu des plus meures, il est alors évident qu'à la compréhension innocente de fruits dont on dit qu'on a fait tomber les plus mûrs, se substitue la compréhension qu'amène le deuxième sens de meures : pourries (meurir, maurir : pourrir ; Greimas). Et la phrase équivaut en définitive à : et ai renversé des plus avariées. En fait, ce que dit Panurge est entendu par les compagnons comme : Corps Dieu, j'en suis donc quitte ; car je l'ai été jusqu'au trou du cul-de-sac de Gibraltar, et mis mon fausset à nombre de bondes (du cul), et ai renversé des plus avariées.

La satisfaction avec laquelle Panurge fait cette confession montre assez que la vérole n'est en rien cette maladie dont on a honte, mais que l'atteinte du mal est même considérée comme un brevet de virilité. En outre, personne ici n'a le plus léger mouvement de recul ni ne marque la moindre réprobation : cela paraît confirmer en tous points cette sympathie qu'on éprouvait pour les anciens vérolés et la recherche qu'on faisait de leur compagnie, recherche qui, au chapitre précédent, a fait admettre si volontiers Panurge dans le camp des géants. Tout cela est évidemment mythologie de compensation ou de conjuration devant la cruauté d'un mal qui s'attaque aux sources mêmes du plaisir ; toujours est-il qu'on en est arrivé plaisamment à considérer la vérole comme une maladie ennoblissante dévolue seulement aux élus. Donc, personne ne relève le propos, et Epistemon continue :
Ogier le Dannoys estoit frobisseur de harnoys.

Boulenger et Guilbaud disent : Fourbisseur d'armes, c'est-à-dire polisseur. Mais nous pouvons penser que le harnoys, désignant aussi les parties naturelles de l'homme (Greimas), il y a peut-être ici, juste après qu'a été évoqué le risque auquel expose la conjonction sexuelle, une équivoque évoquant l'auto ou l'hétéro masturbation.
Le roy Tygranes estoit recouureur.

Demerson dit : Le roi d'Arménie était couvreur (métier mal payé et très dangereux), mais c'est au roi Pépin que l'originale attribuait cette fonction.
Galien Restaure preneur de taulpes.
Les quatre filz Aymon arracheurs de dentz.

Et nous arrivons à l'addition de deux papes :
Le pape Calixte estoit barbier de mauioinct.

Saulnier dit : Le mal-joint, sexe de la femme ; Boulenger dit : Les statuts de 1438 défendaient aux barbiers de rere (raser) ne faire autre chose à aucune personne aux estuves ; Guilbaud dit : L'épilation était alors à la mode ; et Demerson affecte de n'avoir pas compris, qui dit que ce pape soigne les débauchés qui fréquentent les étuves, alors que la translation tombe juste en disant : barbier des fentes secrètes. Tout cela, en tout cas, confirme le souci de séduction des femmes de l'autre monde. Toutesfois Guilbaud se trompe en parlant d'épilation : le barbier n'a aucun intérêt à arracher le poil, et aucune femme blanche, fût-elle grecque d'Aristophane, n'a jamais consenti à endurer à cet endroit la douleur de l'épilation. Seuls le rasoir et la pierre ponce étaient d'usage aux étuves des années 1500 comme aux gynécées d'Athènes. En tout cas, personne ne remarque ici la provenance médicale du jeu de mots édifié sur benjoin.

Le pape Urbain crocquelardon. (pique-assiette)
Melusine estoit souillarde de cuysine. (souillon)
Matabrune lauandiere de buees.

Boulenger dit : Blanchisseuse faisant bouillir le linge.
Cleopatra reuenderesse doignons.
Helene courratiere de chamberieres.

Boulenger dit : Courtière, tenancière d'un bureau de placement de servantes ; Demerson dit : Cette héroïne, dont la dangereuse beauté est à l'origine de la guerre de Troie, s'occupe de placer des domestiques. Mais Saulnier, qui dit aussi : Courtière, ajoute : et entremetteuse, proxénète, suivi par Guilbaud et Michel. Il semble que ce sont eux qui ont raison, le tempérament d'Hélène s'accommodant certes mieux de l'entremise à des fins amoureuses qu'à des fins ménagères.
Semyramis espouilleresse de belistres.

Saulnier dit : Gueux ; Boulenger dit : Epouilleuse, ôtant la vermine aux gueux, aux purotins.
Dido vendoit des mousserons. (champignons)
Penthasilee estoit cressonniere.

Le cresson semble, quand il s'agit des hommes, inséparable de l'idée d'incapacité, comme nous l'a montré le Maistre Anthitus des Cressonnieres de l'originale devenu Maistre Antitus des Crossonniers dans la définitive (xj), peut-être parce que le cresson pousse tout seul, et que son commerce était assuré par les moins doués ou les plus indolents[4]. Mais lorsqu'il s'agit d'une femme, le mot cressonniere, que nous retrouverons dans les Fanfreluches antidotées (G. ij), semble contenir un indéniable sens sexuel, le cresson ayant toujours été un des noms donnés aux poils pubiens féminins. Reste alors à se demander si ce nom de Pent(h)asilee ne serait pas à décomposer en penta : cinq, et silée, ce silée amenant l'idée de sillon (de l'ancien verbe silier : labourer ; Greimas) ; le nom de Pent(h)asilee pourrait alors représenter l'anus et ses plis radiés, et la phrase parlant d'abord de la reine des Amazones ravalée au rang de vendeuse de cresson, évoquerait en écho l'anus aux plis étoilés transformé en baisoir. Nous verrons en tout cas cette compréhension s'inscrire très logiquement dans le développement des Fanfreluches.

Lucrece hospitaliere.

---

4. Nous ne sommes pas encore au dernier quart du XXe siècle, où chaque paquet de cresson parisien sera orné de la fière devise : Syndicat des cressiculteurs de l'Ile de France, cressonnière agréée.

Boulenger dit : Employée dans un hôpital ; mais Demerson la promeut infirmière-chef : à la réflexion, nous pouvons concevoir qu'elle peut avoir acquis ce grade en se spécialisant dans les soins aux filles violées.

Hortensia filandiere.

Guilbaud dit : Romaine fameuse pour avoir plaidé en faveur des femmes ; Rabelais la renvoie à ses fuseaux ! ; Demerson dit qu'elle était le symbole du féminisme militant.

Livie racleresse de verdet.

Boulenger dit : Le vert-de-gris se fabriquait près Montpellier en faisant macérer du cuivre dans du raisin sec fermenté ; mais Demerson propose : La femme de l'empereur Auguste passait pour avoir provoqué plusieurs morts dans sa famille ; son nom a pu évoquer dans l'esprit de Rabelais le verbe latin liveo, être verdâtre, grisâtre.

Après ce dernier exemple de déchéance, Epistémon énonce la règle :

En ceste facon ceulx qui auoient este gros Seigneurs en ce monde icy, guaignaient leur pauure meschante & paillarde vie la bas. Au contraire les philosophes, & ceulx qui auoient este indigens en ce monde, de par dela estoient gros seigneurs en leur tour.

C'est ici que Saulnier fait à son tour allusion à l'Evangile : Application burlesque de la promesse évangélique : les premiers seront les derniers ; mais nous avons vu que c'est prêter à Lucifer un inconséquent souci du respect des Ecritures. Le premier de ces philosophes, de surcroît indigents, est bien sûr Diogène :

Ie veiz Diogenes qui se prelassoit en magnificence auec une grande robe de pourpre, & un sceptre en la dextre, & faisoit enrager Alexandre le grand, quand il nauoit bien rapetasse ses chausses, & le payoit en grands coups de baston.

Bien que philosophe, Diogène fut toujours quelque peu brutal. Aussi, dans la définitive, Rabelais a-t-il ajouté un autre philosophe, non moins démonstratif puisqu'il fut esclave, mais plus doux :

Ie veiz Epictete vestu gualantement a la francoise soubz une belle ramee auecques force Damoizelles se rigolant, beuuant, dansant, faisant en tous cas grande chere, & aupres de luy force escuz au soleil. Au dessus de la treille estoient pour sa deuise ces vers escriptz.

> Saulter, dancer, faire les tours,
> Et boyre vin blanc & vermeil :
> Et ne faire rien tous les iours
> Que compter escuz au soleil.

Il est de fait que cet Epictète qui prêchait une fière acceptation de la nécessité (Demerson) n'a pas à se plaindre : il est pourvu en abondance de femmes, de vins, de mets et d'argent. Et il a le partage facile :

Lors quand me veit il me inuita a boire auecques luy courtoisement, ce que ie feiz voluntiers, & chopinasmes theologalement.

Et tout laisse penser que cette communion entre sages s'est étendue aux mets puis aux femmes. Mais, en vrai philosophe qu'il est, ce bien-être ne tarit pas chez Epictète la source de la compassion :

Ce pendent vint Cyre luy demander un denier en lhonneur de Mercure pour achapter un peu doignons pour son souper. Rien, rien, dict Epictete, ie ne donne poinct deniers. Tiens marault, voy la un escu, soy homme de bien. Cyre feut bien aise dauoir rencontre tel butin.

Et nous imaginons qu'il s'est empressé d'acheter ses oignons auprés de Cléopâtre, heureux du tas de monnaie qu'elle lui a rendue. Pourtant, la convoitise est aussi forte au-delà qu'ici-bas ; il est dépouillé par d'anciens grands dont la canaillerie est maintenant apparente :

Mais les aultres coquins de Roys qui sont la bas, comme Alexandre, Daire & aultres le desroberent la nuyct.

Pour la locution : en l'honneur de Mercure, Saulnier renvoie à la note qu'il a placée au : quelque bon Mercure, du chapitre xiiij : Dieu ou Mercure : formule d'intention lucianiste. Les esprits frondeurs donnaient au dieu chrétien le nom de Mercure, l'illusionniste. Demerson remarque seulement ici : Aux enfers, les rois antiques ne demandent pas la charité au nom de Dieu. Il nous semble pourtant que la notation est ici tout bonnement historique, Darius ayant toujours laissé conserver leurs dieux nationaux aux peuples qu'il annexait ; et, priant Epictète, il se doit d'invoquer un des dieux du temps de ce Grec vivant à Rome.

Nous revenons maintenant à l'originale où Rabelais a introduit l'indélicat Pathelin, que la définitive fait thesaurier de Rhadamante, dont Demerson dit, citant la Mythologie de Conti : Les Anciens ont mis Rhadamante entre les Juges infernaux à cause de l'admirable prudence & équité qui est en luy.

Ie veiz Pathelin thesaurier de Rhadamante qui marchandoit des petitz pastez que cryoit le pape Iules, & luy demanda combien la douzaine ? troys blancs, dist le pape. Mais dist Pathelin, troys coups de barre, baille icy villain baille, & en va querir daultres.

Pathelin a gardé de la terre sa manière de faire ses emplettes sans bourse délier.

Le pauure pape alloit pleurant, quand il feut deuant son maistre patissier, luy dict quon luy auoit osté ses pastez. Adonc le patissier luy bailla l'anguillade si bien que sa peau neust rien vallu a faire cornemuses.

Puis c'est le poète Jean Lemaire de Belges, auteur de libelles gallicans combattant l'autorité temporelle des papes (Demerson), qui a sa revanche dans l'au-delà. Guilbaud dit : Le poète Jean Le Maire de Belges avait attaqué la politique du pape Jules II dans ses œuvres, au début du XVIᵉ siècle. Rabelais se fait ici l'écho du sentiment national dressé contre la papauté :

Ie veiz maistre Iean le maire qui contrefaisoit du pape, & a tous ces pauvres roys & papes de ce monde faisoit baiser ses piedz, & en faisant du grobis leur donnoit sa benediction, disant, Guaignez les pardons coquins, guaignez, ilz sont a bon marche, Ie vous absoulz de pain & de souppe, & vous dispense de ne valoir iamais rien,

L'allusion au marché des pardons est claire comme est claire la parodie de la formule de l'absolution : de peine et de coulpe. Quant à la dispense, Demerson dit : Le pape avait pouvoir de dispenser certains fidèles de respecter une loi édictée par l'Eglise. Mais le poète n'a pas fini, lui, de dispenser les humiliations :

& appela Caillette & Triboulet, disant : Messieurs les Cardinaulx depeschez leurs bulles, a chascun un coup de pau sus les reins, ce que fut faict incontinent.

Les bulles sont les lettres d'indulgences ; elles sont délivrées par Caillette, fou de Louis XII, et Triboulet, fou de Louis XII et de François Iᵉʳ, devenus cardinaux. Le comique satirique est cette fois fondé sur la déconsidération d'une dignité. Et ne manque plus que l'évêque pour que soit complète la hiérarchie de l'Eglise, si malmenée aux enfers.

Puis c'est Villon qui, comme on devait s'y attendre, n'aime pas outre mesure le petit commerce :

Ie veiz maistre Francoys Villon qui demanda a Xerces, Combien la denree de moustarde ? un denier, dist Xerces, a quoy dict ledict (de) Villon, Tes fiebvres quartaines villain, la blanchee ne vault qun pinard, & tu nous surfaictz icy les viures.

Guilbaud explique : Denrée : ce qu'on peut acheter avec un denier ; blanchée : ce qu'on peut acheter avec un blanc (cinq deniers) ; pinard : denier de cuivre (la plus petite pièce), et précise : Il faut comprendre qu'aux Enfers la vie est très bon marché : ce qu'on achète sur terre avec une blanchée (cinq deniers), on l'achète ici avec un pinard.

Adonc pissa dedans son bacquet comme font les moustardiers a Paris.

Nous arrivons maintenant à l'addition audacieusement insérée par Rabelais pour régler ses comptes avec l'Inquisition :

Ie veiz le franc archier de Baignolet qui estoit inquisiteur des heretiques.

C'est ce pleutre du chapitre vij (quarante-septième titre), plus courageux devant des inculpés inquiétés pour leur croyance qu'en face d'un épouvantail habillé en arbalétrier.

Il rencontra Perceforest pissant contre une muraille en laquelle estoit painct le feu de sainct Antoine.

Nous pouvons en passant voir ici la réponse à la question que posait l'originale : le costret de Perceforest ne lui sert pour l'heure que de pissotiere (T. L. XXVII). Quant à la muraille peinte, Demerson dit : On peignait des flammes sur les murs des hôpitaux où étaient soignés les malades atteints du feu de Saint-Antoine. Mais nous avons vu au Prologue que ces flammes peintes indiquaient que l'hôpital était consacré aux maladies ardentes envoyées par le Démon aux débauchés, en même temps qu'elles signalaient que les Antonins s'occupaient dans ledit lieu de ramener ces pécheurs à la vertu. Le sacrilège peut donc passer pour caractérisé, et le fielleux archer n'hésite pas :

Il le declaira heretique, & le eust faict brusler tout vif, neust esté Morgant qui pour son proficiat & aultres menuz droict luy donna neuf muys de biere.

Le proficiat étant le don de bienvenue fait aux évêques, il nous faut comprendre que non seulement ce pâle franc archer a été inquisiteur, mais qu'il exerce cette fonction avec le rang d'évêque. La recherche de l'hérésie fut toujours effectivement confiée aux évêques, et nous avons là le grade de la hiérarchie ecclésiastique qui manquait encore, affecté d'une claire tendance à la compromission.

Puis nous retrouvons l'originale qui a pris pour cible une corporation que, pour d'autres raisons, Rabelais abhorre également. Mais c'est à Pantagruel qu'il prête la préoccupation :
Or dict Pantagruel, reserue nous ces beaulx comptes a une aultre foys. Seullement dis nous comment y sont traictez les usuriers ?

Et l'auteur s'en donne alors à cœur joie :
Ie les veis dist Epistemon tous occupez a chercher les espingles rouillees & vieulx cloux parmy les ruisseaulx des rues, comme vous voyez que font les coquins en ce monde. Mais le quintal de ces quinqualleries ne vault que un boussin de pain, encores y en a il mauluaise depesche, ainsi les pauures malautruz sont aulcunesfoys plus de troys sepmaines sans manger morceau ny miette, & trauaillant iour & nuict attendant la foyre a venir : mais de ce trauail & de malheurté y ne leur souuient tant ilz sont actifs & mauldictz, pouruu que au bout de lan ilz guaignent quelque meschant denier.

L'originale cependant écrivait : tant ilz sont mauldits & inhumains : Rabelais a préféré rendre actifz, c'est-à-dire perpétuellement affairés, punition majeure, ces prêteurs qui profitent de la convoitise du chaland lors des foires pour réaliser leurs meilleures affaires. Nul doute qu'il a dû quelquefois avoir recours à eux pour survivre, et il exulte de les représenter penchés sur l'eau sale à chercher une quinquallerie qui ne leur permet même pas de manger tous les jours

Le ressentiment ainsi exprimé, tout cela finit, comme de coutume, par boire et manger :

Or dict Pantagruel, faisons un transon de bonne chere, et beuuons ie vous en prie enfans : car il fait beau boire tout ce moys.

La locution tout ce moys est une addition ; elle a manifestement trait aux huîtres qu'il était dangereux de manger en dehors des mois où le froid assurait leur conservation pendant le voyage. Et la plaisanterie est savoureuse, qui assimile à cette denrée périssable la deificque liqueur quon nomme le piot (P. j), qui, elle, est douze fois par an bonne tout le moys.

Lors degainerent flaccons a tas, & des munitions du camp feirent grande chere.

Il y en a un, bien sûr, qui ne peut se réjouir : c'est le roi Anarche, prisonnier. Et Panurge, qui a retenu la leçon contenue dans la relation d'Epistemon, pose la question :

Dont dist Panurge, De quel mestier ferons nous monsieur du roy icy ? affin quil soit ia tout expert en lart quand il sera de par dela a tous les diables.

Et, réservant la deuxième partie du chapitre suivant, Rabelais fait répondre pour finir :

Vrayement, dist Pantagruel, c'est bien aduisé a toy, or fais en a ton plaisir : ie le te donne. Grand mercy, dist Panurge : le present nest de refus & layme de vous.

Et c'est là-dessus que se termine le dernier des grands chapitres du Pantagruel, les quatre suivants (trois dans l'originale) ne constituant qu'un finale amorcé de très loin.

L'examen des additions révèle surtout le souci littéraire d'étoffer le texte : là où, de la première jusqu'à la vérole de Panurge, les citations étaient au nombre de trente et une, Rabelais en ajoute trente-cinq ; depuis la vérole jusqu'à la fin, les quinze de l'originale sont augmentées de sept.

Mais le nombre n'est pas tout : l'addition de deux papes, dont l'un au moins, le barbier de mauioinct, voit assurément publier un travers touchant ses mœurs sexuelles (peut-être le goût des filles impubères) ; la suppression des douze pers de France, le romain Nerva substitué à Charlemagne, l'arménien Tigranes à Pépin, montrent que Rabelais a non seulement minutieusement revu ce texte, mais qu'il a tenu à préciser très nettement ses opinions. Il apparaît alors que ce chapitre, que nous tenons, nous, pour une apothéose, a toutes raisons de contenir la somme des centres d'intérêt qui sont ceux de Rabelais entre 1532 et 1542. Et nous distinguerons dans cette décennie :

Ses préoccupations de médecin, d'abord, avec l'épisode chirurgical où, plutôt que l'athéisme à la Homais que lui a prêté Lefranc, nous pouvons peut-être discerner le rêve du pouvoir illimité de guérison, souhait du praticien qui, désemparé, a trop souvent dû laisser mourir. Et dans ce même domaine médical, l'intérêt tout particulier porté à la vérole, mal présent dans tout ce premier Livre, mais abordé ici pour la dernière fois, cette attention permanente nous donnant quelques raisons de poser encore l'hypothèse d'une sorte de spécialisation chez Rabelais.

Le philosophe, ensuite, dont les sympathies vont d'abord à Diogène, après coup à Epictète, ce qui laisse entrevoir un Rabelais solitaire, probablement assez démuni, mais qui prend avec légèreté les choses fortuites (Q. L. Prologue) que sont les manques pécuniaires, s'en consolant, rieur, en faisant du premier sage celui qui frappe le grand roi qui a condescendu un jour à ne plus lui masquer son soleil, et de l'autre celui qui use sans mésuser de tous les biens qu'il a su mépriser, vivant.

L'homme politique encore, qui, en même temps qu'il supprime la charge contre des personnages de la royauté française, donne l'ennemi de la France, Jules II, pour un bougre alors qu'il avait fait, dès l'originale, de ce pape un grotesque crieur de petits pâtés qui se fait voler, qui pleure comme un enfant, qui se fait donner l'anguillade, et qui sans nul doute est du groupe de ceux à qui on décharge un coup de pau sur l'échine.

L'évangélique, aussi, qui, non content de se gausser des papes, fait de deux fous de cour deux cardinaux, et du craintif archer de Bagnolet un audacieux évêque de l'Inquisition condamnant sur intention supposée tout en monnayant ses victimes, illustration de la position spirituelle que Rabelais a exposée dans la prière de Pantagruel du chapitre précédent.

L'homme social, enfin, qui méprise l'avidité mercantile en faisant punir celui qui surfait les vivres ; qui déteste celui qui fait argent de son argent, envoyant se nourrir au ruisseau les usuriers et autres lombards qui, sur terre, se repaissent de la misère de leurs semblables.

Tout cela ne fait que confirmer les traits du Rabelais que nous avons vu se dessiner par son œuvre dès le début : un être généreux autant que désintéressé, aussi entier dans ses aversions qu'enthousiaste dans ses amitiés, considérant d'un œil amusé les affectations de société, et ne jugeant l'homme que par ce qui lui reste quand il est dépouillé des affutiaux du rôle qu'il joue.

Et la leçon est bonne, qui nous invite en passant à nous réjouir que l'ignorance où nous sommes de bien des faits de la vie de Rabelais empêche que le côté anecdotique et contingent ne vienne masquer la vraie personnalité du seul Rabelais qui nous intéresse : le Rabelais auteur, que nous devons recréer à partir de son verbe, nous passant quelquefois le plaisir de croire trouver la source de telles de ses opinions en les rapprochant des quelques moment biographiques qu'on nous donne pour établis.

Mais il reste maintenant pour Pantagruel à tirer parti de l'anéantissement de l'ennemi ; allons donc voir comment Rabelais estime qu'un vainqueur doit se conduire quand il a commencé de réduire à merci l'envahisseur.

Comment Pantagruel entra en la ville des Amaurotes. Et comment Panurge maria le roy Anarche, & le feist cryeur de saulce vert. Chap.xxxj.

Pantagruel publie aussitôt sa victoire merveilleuse ; il envoie Carpalim annoncer en la ville des Amaurotes que le roi Anarche est son prisonnier ; les habitants sont donc libérés puisque le chapitre xxij a dit que les Dipsodes tenaient la grande ville des Amaurotes assiegée. Ils vont au devant de lui et le font entrer dans leur cité en grande pompe triumphale, auecques une liesse diuine. Et leur premier soin est de faire beaulx feuz de ioye par toute la ville, & belles tables rondes garnies de force vivres dressees par les rues, le conteur ajoutant : Ce feut un renouuellement du temps de Saturne, tant y fut faicte lors grande chere.

Les commentateurs disent pour ce temps de Saturne : l'âge d'or. Mais il apparaît plutôt que l'évocation de cette liesse, qui est dite divine, est un prolongement du renversement des états que nous a montré le chapitre précédent, les Saturnales donnant liberté aux esclaves de prendre la place des maîtres et de se livrer à toutes les licences que peut susciter cette interversion des valeurs admises. Il semble donc que Pantagruel, en monarque avisé, laisse les Amaurotes fêter leur libération et tolère les débordements qui peuvent s'ensuivre, avant de leur faire part de la décision qu'il veut les voir accepter.

Mais ces réjouissances accomplies, Pantagruel redevient le chef d'état conscient d'avoir à éviter que les Dipsodes ne reprennent envie d'envahir ses terres : Mais Pantagruel tout le senat ensemble, dist Messieurs ce pendent que le fer est chault il le fault batre, pareillement deuant que nous debaucher dauantaige, (et ce verbe debaucher, auquel est adjointe une notion de quantité, est bien la preuve que le temps de Saturne est celui d'une Saturnale, puisque débaucher ne peut être ici provoquer la défection mais seulement détourner de ses devoirs, entraîner à l'inconduite (Dauzat) sens où Calvin l'emploie dans la citation que donne Littré). Et Pantagruel arrive au fait : ie veulx que allions prendre dassault tout le Royaulme des Dipsodes. Pourtant ceulx qui auecques moy vouldront venir, se aprestent a demain apres boire : car lors ie commenceray marcher.

Il ne s'agit pourtant nullement de se rallier de nouveaux combattants : Non quil me faille gens dauantaige pour me ayder a le conquester : car autant vauldroit que ie le tinse desia. Ce que Pantagruel a constaté, c'est que les Amaurotes sont nombreux : mais ie voy que ceste ville est tant pleine des habitans quil(s) ne peuuent se tourner par les rues. Doncques ie les meneray comme une colonie en Dispsodie, & leur donneray tout le pays, qui est beau, salubre, fructueux, & plaisant sus tous les pays du monde, comme plusieurs de vous scauent qui y estes allez aultreffoys. Un chascun de vous qui y vouldra venir soit prest comme iay dict.

La définitive imprime ici en réalité : je les meneray comme une colonie en Dipsode ; l'originale disait : en Dipsodie ; et si l'on peut d'abord s'imaginer que le changement recèle une intention, aucune de celles qui viennent à l'esprit ne tient devant la forme précise de la phrase où le verbe meneray est, sans doute possible, l'équivalent de conduirai : il ne s'agit pour Pantagruel que de prendre la tête des Amaurotes pour les emmener former une colonie en Dipsodie. Guilbaud, Plattard, Michel et la translation rétablissent donc avec raison : en Dipsodie, et ceux qui ont imprimé fidèlement : en Dipsode (Boulenger, Jourda, Demerson) ont manifestement transcrit sans approfondir puisque le mot Dipsode apparaît avec évidence comme une coquille. Quant au : qui y estes allez aultreffoys, il nous faut probablement voir là une habileté d'orateur destinée à faire croire aux Amaurotes que les plus anciens des leurs sont allés jadis en cette Dipsodie, et qu'ils tiennent le pays pour beau, salubre, etc., donnant ainsi pour établie depuis longtemps la notion qu'il veut leur faire admettre.

Et les Amaurotes, cette fois, sont conquis. En outre, comme on ne refuse rien à qui vient de vous délivrer de l'assiégeant, surtout quand, de surcroît, le libérateur vous a donné permission de satisfaire à cette occasion les instincts les plus solidement contenus jusque là, il s'ensuit que cette offre est bien accueillie : Ce conseil & deliberation fut diuulgue par la ville, & au lendemain se trouuerent en la place deuant le palais iusques au nombre de dixhuyct cens cinquante & six mille, & unze (l'originale ne disait que : dixhuyct cens cinquante mille) sans les femmes & petitz enfans. Et c'est alors l'exode : Ainsi commencerent a marcher droict en Dipsodie en si bon ordre quilz ressembloyent es enfans Disrael quand ilz partirent de Egypte pour passer la mer rouge.

Boulenger dit ici : Exode, XII et XIII, ne parle nullement de cet ordre excellent des Hébreux ; Guilbaud dit : Exode, XIII, 18. A son habitude, Rabelais retouche la Bible ; il met de l'ordre dans les enfants d'Israël ; Michel dit, après avoir cité le passage, tiré de quelque Bible sulpicienne : Rabelais entend sans doute ironiquement le si bon ordre de cette foule ; Demerson dit : La Bible ne parle pas de ce bon ordre ; Rabelais peut avoir en tête une représentation figurée de cet exode, qui symbolisait la marche victorieuse de l'Eglise.

Ainsi, tout le monde avance que le bon ordre des enfants d'Israël est ironique ; c'est oublier que Rabelais, en homme d'Eglise, connaît la Bible, et qu'il comprend, lui, ce qu'exprime le verset 18 du chapitre XIII de l'Exode : Elohim fit donc tourner le peuple par la route du désert de la mer de Jonc et, bien équipés, les fils d'Israël montèrent du pays d'Egypte. Les notes de l'édition de la Pléiade renseignent claire-ment : La Mer de Jonc, la Mer Rouge. Bien équipés, littéralement groupés en cinq : voir Josué, I, 14 ; IV, 12 ; Juges, VII, 11. La phrase de Rabelais équivaut donc exactement à : Ainsi commencèrent à mar-cher droit en Dipsodie en si bon ordre qu'ils ressemblaient aux enfants d'Israël quand ils partirent d'Egypte, en rang de cinq, pour passer la Mer Rouge. Quant à la représentation figurée de l'exode dont parle Demerson, il s'agit probablement d'une de ces illustrations courantes où l'on voit les Hébreux avancer en une formation toute militaire ; l'on peut toutefois trouver hasardée l'idée que cette représentation symbolise la marche victorieuse de l'Eglise ; en tout cas, l'on peut s'étonner que cette image ne l'ait pas amené à mieux comprendre le texte.

Le pire n'est pourtant pas là : cette ironie supposée a masqué aux commentateurs celle qui existe réellement dans le texte. Pantagruel a dit : ceulx qui auecques moy vouldront venir, se aprestent a demain apres boire ; ce apres boire n'est relevé par personne ; or il apparaît que cette recommandation est assez surprenante pour qu'on comprenne qu'elle a sa raison d'être dans le fait que Pantagruel se propose de faire marcher les Amaurotes vers la pays de Dipsodie, c'est-à-dire la pays des Altérés, région où l'on peut s'attendre à ne trouver que diffi-cilement de quoi se rafraîchir le gosier. Dès lors, il faut entendre que ceux qui commencent à marcher sont des gens qui ont bu ; et comme il semble exclu qu'ils aient bu de l'eau, il est évident qu'ils se sont bien antidoté lestomac deau beniste de caue (G. xviij). Le marcher droict en Dipsodie est donc une notation qui exprime la surprise de voir marcher de façon ordonnée, en rang de cinq, vers le pays des Altérés, des gens qui ont largement bu pour la soif aduenir (G. v).

Le cortège des colons s'est donc ébranlé. Et à cet endroit, l'économie de composition fait que Rabelais suspend le récit de cette marche pour reprendre celui de l'action amorcée avec les dernières répliques du cha-pitre précédent. Et il fait très simplement part au lecteur de son désir : Mais dauant que poursuyvre ceste entreprinse, ie vous veulx dire com-ment Panurge traicta son prisonnier le roy Anarche, prenant soin de rappeler que Panurge, ici, se souvient de ce que auoit raconte Epistemon comment estoient traictez les Roys & riches de ce monde par les champs Elisees, & comment ilz gaignoient pour lors leur vie a salles mestiers. Panurge, donc, s'occupe de vêtir le roi déchu, et Michel dit ici : Panurge n'a pas la générosité de Pantagruel et de Gargantua. Il humilie à dessein le roi Anarche, en lui donnant un costume ridicule. Mais une lecture attentive fait ressortir que ce ridicule n'est qu'apparence et que le costume d'Anarche est en réalité un travestissement symbolique :

Panurge octroie d'abord à Anarche un pourpoint tout deschicqueté comme la cornette dun Albanoys ; or nous savons que les mercenaires de ce corps d'Albanais étaient réputés quelque peu bougres ; d'autre part, nous avons vu dans la plaidoirie de Baisecul (xj) que les vendangeurs (qui) auoyent deschiquete leurs haults bonnetz pour mieulx iouer des manequins sont des taboureurs qui ont tourné casaque pour mieux beliner.

Puis Anarche reçoit de belles chausses a la mariniere ; le Gargantua dira que de telles chausses sont faites pour soulager les roignons (xx), mais la mention de ces chausses de marins, plus amples que la normale, semble bien contenir ici une allusion prolongeant l'insinuation introduite avec les Albanais.

Panurge s'abstient encore de munir Anarche de souliers, car (disoit il) ils luy gasteroient la veue ; mais le contexte nous conduit à entendre que cette façon d'être sans souliers contient une idée de dévirilisation, signal immédiatement confirmé par le port du petit bonnet pers surmonté non pas d'une seule (et Rabelais se reprend ici intentionnellement) mais de deux grandes plumes de chappon, volatile mâle privé de ses glandes génitales.

Enfin, l'habillement est parfait d'une belle ceincture de pers & vert qui permet le calembour sur peruers, mot dont le sens étymologique est : perversus, participe passé de pervertere, proprement renverser, retourner, de vertere, tourner (Dauzat). En fait, tout l'accoutrement signifie clairement que le chef de guerre Anarche est retourné, et qu'il est désormais dépourvu de toute agressivité puisqu'il a perdu les caractères de l'être viril.

Le roi Anarche ainsi désigné comme mentalement éviré, Panurge le conduit devant Pantagruel, demandant à son maître s'il connaît ce rustre. Non certes, dist Pantagruel, et Panurge lui révèle : Cest monsieur du Roy de troys cuittes. Ie le veulx faire homme de bien. Et après une sortie contre ces diables de roys (qui) icy ne sont que veaulx, & ne scauent ny ne valent rien, sinon a faire des maulx es pauures subiectz, & a troubler tout le monde par guerre pour leur inique & detestable plaisir, il ajoute : Ie le veulx mettre a mestier, & le faire crieur de saulce vert.

On nous dit ici : La sauce verte était faite de gingembre et de verjus ; on obtenait sa couleur grâce à du persil et du blé vert. Elle accompagnait le poisson (Guilbaud) ; Michel ajoute : On en vendait dans les rues. Mais l'on fait aussi à cet endroit des remarques sur la conduite de Panurge. Saulnier note : D'un autre ton seront les chapitres du Gargantua sur le traitement humain à réserver aux prisonniers (XLVI, Comment Grandgousier traicta humainement Toucquedillon prisonnier ; L, Contion es vaincus) ; Demerson dit : Dans le Gargantua, les géants auront réfléchi avec plus de sérieux et plus d'humanité sur le traitement qu'on doit réserver aux prisonniers (chapitre 46), mais il a aussi noté, plus judicieusement, un peu avant : En donnant un modeste métier à ce guerrier ambitieux, Panurge fait présager la punition que Rabelais infligera à un autre conquérant, Picrochole (voir G. chapitre 49).

Et tout est là. Car si l'on veut bien se tenir à la comparaison de choses comparables, il devient évident que le roi Anarche fait crieur de saulce vert est le pendant exact de Picrochole devenu pauure gaignedenier à Lyon, comme le traitement humain réservé à Touquedillon prisonnier est la stricte réplique de la conduite magnanime qu'a eue Pantagruel à l'égard du chevalier prisonnier du chapitre xxviij, renvoyé à son roi. Il n'y a en réalité, entre le Pantagruel et le Gargantua, nulle différence dans la façon de traiter les prisonniers : les fauteurs de guerre sont déchus et versés dans un état rabaissant ; les subordonnés bénéficient de l'indulgence du vainqueur et sont admis à s'amender.

Donc, une fois biffées les étiquettes de ces vieux bocaux de conserves universitaires, nous revenons à Panurge pour l'entendre enjoindre à Anarche : Or commence a cryer, Vous fault il poinct de saulce vert ? Et le conteur, tout apitoyé, dit : Et le pauure diable cryoit. Convenons pourtant que la punition infligéc, pour être humiliante, est tout de même dépourvue de toute cruauté, même si Panurge s'acharne quelque peu : Cest trop bas, dist Panurge & le print par laureille, disant. Chante plus hault en .g. sol re ut. Ainsi, diable tu as bonne gorge, tu ne fus iamais si heureux que de nestre plus roy.

D'ailleurs, ce châtiment a la caution du maître : Et Pantagruel prenoit a tout plaisir, le conteur confiant même, impromptu, à son lecteur : Car ie ause bien dire que cestoit le meilleur petit bon homme qui fust dicy au bout dun baston.

Cette louange est traditionnellement tenue pour plate et déroutante, appliquée au géant qu'est Pantagruel ; aussi avons-nous toutes raison de croire qu'elle a été ainsi jugée parce qu'on n'a pas entendu ce qu'elle contient, et il nous faut l'examiner.

Voyons d'abord que la locution de l'originale était : le meilleur homme qui fut dicy au bout dung baston, et il est alors évident qu'il nous faut chercher le sel de la saillie dans la partie de la phrase que la correction n'a pas modifiée, c'est-à-dire : qui fut dicy au bout dun baston. La première idée nous amène à penser que l'intention plaisante est celle de l'indication de distance réduite impliquant le jugement : le meilleur homme est à prendre pour un superlatif abusif puisqu'aucune comparaison n'a pu être faite dans un rayon aussi court que celui d'un bâton. Il faudrait alors comprendre que ce jugement que l'auteur donne facétieusement pour un acte mûrement réfléchi mais audacieux (Car ie ause bien dire), est en fait une constatation obligée ; la phrase équivaudrait à déclarer : Car j'ose bien dire que c'était le meilleur homme qui fut d'ici à un mètre cinquante, affirmation contenant la restriction qui annule sa portée. Mais il apparaît aussitôt que le trait est finalement péjoratif ; et comme il n'entre nullement dans les intentions de l'auteur de déconsidérer son géant, cette interprétation ne semble pas pouvoir être la bonne.

Une nécessité s'impose alors : celle que la locution dicy au bout dun baston soit une plaisanterie dont le comique est si appuyé qu'il laisse intacte la réputation du géant. Nous arrivons ainsi à concevoir que cette locution ne peut qu'être la reprise d'une plaisante expression courante impliquant l'idée que tout être est forcément bon lorsqu'il est tenu en respect au bout d'un bâton. La phrase de l'originale équivaudrait donc à : Car j'ose bien dire que c'était le meilleur homme qui fut (tenu en respect) d'ici au bout d'un bâton, ce qui est effectivement sans conséquence péjorative étant donnée la force de Pantagruel.

Mais là-dessus Rabelais remplace, à la correction, meilleur homme par meilleur petit bon homme ; et il semble que cette modification marque le désir d'ajouter à la première plaisanterie un trait satirique dont les mots meilleur homme ont donné l'idée à l'auteur. Il nous faut prendre, bien sûr, l'adjectif petit pour une antiphrase ; mais l'expression bon homme contient avec évidence quelque chose de plus que ce qu'expriment les mots bon et homme. Et il ne nous faut que quelques recherches pour entrevoir que l'auteur fait ici allusion, avec le singulier : bon homme, aux Bonshommes dont Littré dit : On donna en France ce nom aux minimes à cause du nom de Bonhomme que Louis XI avait coutume de donner à saint François de Paule, leur fondateur.

Après la mort de ce François de Paule (1507), des maisons de minimes se fondèrent, en particulier à Paris, où les Parisiens ne connaissaient ces religieux que sous le nom de Bonshommes. Or ce nom de Bonshommes donna immédiatement l'occasion de jouer sur l'adjectif bon, en effectant de lui donner le sens qu'avait le substantif le bon dont Greimas dit : Nom masculin ; ce qui fait plaisir, bon plaisir, volonté. En particulier, le plaisir que procure une femme. Et comme le plaisir que procure une femme ne peut être pris sans que ladite femme ait aussi du plaisir de l'homme[1], ces Bonshommes sont évidemment devenus, dans le langage érotique, les bons hommes, c'est-à-dire les hommes du bon, les hommes du plaisir, ainsi qu'en témoigne le propos de Panurge au chapitre XXIV du Tiers Livre : Pourtant ay ie faict veu a sainct Francois le jeune[2], lequel est au Plessis lez Tours reclamé de toutes femmes en grande devotion (car il est premier fondateur des Bons hommes[3], lesquelz elles appetent naturellement).

Il est alors compréhensible que, par voie de conséquence, on ait feint d'avoir à se protéger de ces si habiles hommes de plaisir, dévergondeurs d'épouses : d'où l'idée de tenir à distance ces hommes du bon au bout d'un bâton ; l'expression devait être courante qui disait que ces Bonshommes étaient les meilleurs qui soient, dicy au bout dun baston.

Il apparaît donc que, dans le premier temps, celui de l'originale, Rabelais n'a pris qu'une partie de l'expression ; c'est alors le dicy au bout dung baston appliqué plaisamment au géant qu'est Pantagruel, qui est alors simplement dit le meilleur homme. Puis, à la correction, ce meilleur homme fait place à l'expression complète qui s'applique aux minimes, l'adjectif petit étant seulement l'antiphrase obligée qui rattache artificiellement ce brocard à la personne du géant. Mais il est clair que Pantagruel n'est en fait nullement impliqué dans le jugement, et qu'il ne sert ici que de prétexte à l'auteur, qui voit seulement là l'occasion d'insérer la tournure populaire qui le ravit. Rabelais a d'ailleurs si bien conscience de faire un mot d'auteur qu'il éprouve immédiatement le besoin de revenir à son sujet en disant en conclusion : Ainsi feut Anarche bon cryeur de saulce vert.

Panurge va maintenant s'appliquer à faire entrer Anarche dans le milieu correspondant à la nouvelle personnalité que lui ont conférée l'accoutrement et le métier assigné : Deux iours apres Panurge le maria auecques une vieille lanterniere. Les commentateurs expliquent : Ici,

---

1. N'en déplaise aux sexologues qui passent leur temps à décrire aux femmes un mythique chaudron d'ambroisie, dégoûtant les simples du pot-au-feu qu'elles ont dans leur assiette.
2. Michel annote à cet endroit : Saint François de Paule (1416-1507) appelé le jeune par opposition à saint François d'Assise (1182-1226).
3. Nom donné aux Minimes, et employé ici au sens libre, d'où les plaisanteries sur le succès que ceux-ci ont près des femmes. (Michel).

putain (Boulenger) ; Le mot avait parfois le sens de prostituée (Plattard) ; Ce terme désigne aussi une prostituée (Demerson).

Les noces se font évidemment par manger et boire, mais il est visible que ni les mets ni les boissons ne sont très recherchés, et qu'ils appartiennent aux réjouissances plébéiennes : & luy mesme fist les nopces a belles testes de mouton, bonnes hastilles a la moustarde & beaulx tribars aux ailz. La tête de mouton est, nous l'avons vu dans la défense de Humeresne, la tête de mouton assaisonnée, nourriture du bas-peuple ; la moustarde et les ailz des hastilles et des tribars ont, de même, tout l'air d'être des condiments destinés à masquer le manque de fraîcheur des viandes. Pourtant, ces victuailles sont acceptées de grand cœur par le géant : dont il en enuoya cinq sommades (la charge de cinq bêtes de somme) a Pantagruel, lesquelles il mangea toutes, tant il les trouua appetissantes ; la phrase contient avec évidence une restriction : c'est là nourriture indigne de Pantagruel, qui ne la mange que parce qu'il la trouve exceptionnellement engageante ; mais nous verrons, au chapitre suivant, qu'elle lui a donné l'haleine quelque peu forte.

La boisson est de même niveau populaire : & a boire belle piscantine et beau cormé ; le cormé est la boisson fermentée faite avec le fruit du cormier (Guilbaud) ; quant à la piscantine, c'est vin de basse qualité, piquette (Michel). Mais il est à remarquer que l'originale imprimait : biscantine, dont Guilbaud dit : Poiré, et Demerson : Boisson faite avec des poires. Il semble donc que la transformation de biscantine en piscantine soit destinée à permettre un calembour donnant l'idée de boisson de très basse qualité puisque cette piquette est dite en fait : pisse-cantine (cantina : cave, cellier), c'est-à-dire : pisse de cave.

La danse, enfin, est aussi simple trémoussement rustique : Et pour les faire dancer, loua un aueugle qui leur sonnoit la note auecques sa vielle. Anarche est donc entré de plain-pied dans le monde du menu peuple et désormais contraint de se satisfaire des plaisirs de la qualité la plus médiocre, que ce soit pour l'hymen, la table ou les divertissements.

Et Panurge, satisfait de la transformation qu'il a opérée, va montrer les nouveaux mariés à son maître : Apres disner les amena au palais & les monstra a Pantagruel, & luy dist monstrant la mariee, Elle na garde de peter, boutade qui reste incomprise : Pourquoy ? dist Pantagruel ; en fait, Rabelais fait poser la question pour permettre à Panurge de feindre d'expliquer tout en obscurcissant à dessein : Pource, dist Panurge, quelle est bien entamee. (L'originale disait : entommee et Par ce.) Et cela amène évidemment Pantagruel à demander l'éclaircissement : Quelle parolle est cela ? dist Pantagruel. Panurge est alors ravi de pouvoir répondre : Ne voyez vous, dist Panurge, que les chastaignes quon faict cuire au feu, si elles sont entieres elles petent que cest raige : & pour les engarder de peter lon les entame. Aussi ceste nouuelle mariee est bien entamee par le bas, ainsi elle ne petera poinct. L'originale disait : ceste mariee est bien entommee par le bas, et l'addition de l'adjectif nouuelle indique visiblement que le développement repose sur la comparaison, qui devait être traditionnelle, de la mariée tenue pour vierge et de la châtaigne à entamer.

A noter que Pantagruel, s'il emploie dans la définitive le mot parolle, disait dans l'originale : Quelle parabolle est cela ? S'il est sûr que parole et parabole ont même étymologie, la parabole est surtout le récit allégorique des livres saints sous lequel se cache un enseignement (Petit Robert) ; et, en ce temps où l'audition du prêche dominical est de rigueur, la parabole est proprement la parole du Christ. Il a donc été jugé trop risqué de parler de parole du Christ pour une allégorie menant le parallèle entre la fente qu'on fait à la châtaigne avant de la faire cuire au feu et la fente génitale que la vieille lanternière a fait rôtir, elle, ni peu ni assez. Rabelais s'est donc prudemment borné à employer le mot parole qui, pour les initiés, a finalement même sens que parabole puisque le latin populaire paraula n'est en fait que la corruption du latin classique parabola : comparaison.

La particularité de la mariée ne saurait empêcher Pantagruel de faire un présent au nouveau couple : Pantagruel leur donna une petite loge aupres de la basse rue, & un mortier de pierre a piller la saulce. Ainsi Anarche est définitivement installé dans l'état qui sera vraisemblablement celui qu'il aura à exercer dans l'au-delà puisque, pour lui, le renversement aura été fait de son vivant : Et firent en ce poinct leur petit mesnage : & feut aussi gentil cryeur de saulce vert qui feust oncques veu en Utopie.

Il y a pourtant une ombre au tableau, que Rabelais rapporte en finale : Mais lon ma dict despuis que sa femme le bat comme plastre, & le pauvre sot ne se ause defendre, tant il est nies. Cela confirme totalement le sens de dévirilisation que nous avons vu au travestissement, et il semble même que cette finale a été mise là tout exprès pour donner la clé de cette compréhension, la niaiserie d'Anarche le laissant évidemment fort dépourvu en face de l'aguerissement de sa lanternière d'épouse.

Et, arrivés à la fin, nous avons toutes raisons de croire qu'en fait le véritable objet du chapitre n'a jamais été que de décrire l'avatar du conquérant Anarche pour appliquer à quelqu'un de la terre le principe du renversement des valeurs pratiqué dans l'au-delà. Mais il a bien fallu, aussi, amorcer la suite de l'histoire, et Rabelais a dû commencer d'évoquer la marche victorieuse en Dipsodie. Il s'est toutefois arrêté juste avant d'avoir à décrire le mouvement de foule qui allait s'ensuivre ; et il ne nous en faut pas plus pour sentir que, les grandes machines l'inspirant toujours aussi peu, l'auteur, comme pour le combat des géants, a encore ici repoussé l'échéance. Parvenu au mot nies, il est pourtant de nouveau placé devant le pensum auquel il ne peut se soustraire à moins de trouver une échappatoire, si étrange soit-elle. Et nous allons voir que, pour la fin des aventures héroïques de Pantagruel, le subterfuge que Rabelais puise dans son sac est, cette fois, une pure et simple substitution qui a l'avantage, occupant le temps de la durée des combats, de le dispenser de les relater, tout en donnant au lecteur l'inestimable privilège de voir rêver tout éveillé un certain Alcofrybas.

Comment Pantagruel de sa langue couurit toute une armee, &
de ce que lauteur veit dedans sa bouche. Chapitre.xxxij.

Rabelais est probablement déjà certain de n'avoir pas à pousser très
loin le récit de la marche victorieuse en Dipsodie quand il entreprend
de décrire l'accueil que reçoit Pantagruel. Mais il semble assuré, en
revanche, que le morceau répond au désir qu'a l'auteur de montrer
maintenant comment il voit l'action en terre étrangère du conquérant
d'esprit humaniste : Ainsi que Pantagruel auecques toute sa bande
entrerent es terres des Dipsodes, tout le monde en estoit ioyeux, &
incontinent se rendirent a luy, & de leur franc vouloir luy apporterent
les clefz de toutes les villes ou il alloit. Il est ici évident que c'est la
raison et non la nécessité qui fait opter les Dipsodes pour un roi aussi
serein et débonnaire qu'Anarche pouvait être arrogant et bilieux.

Mais il est sûr aussi que Pantagruel, dont les intentions sont pures,
ne saurait envisager de la part des Dipsodes une conduite différente ;
ceux qui résisteraient ne pourraient qu'être des gens déraisonnables.
C'est pourtant ce qui se produit : exceptez les Almyrodes qui voulurent
tenir contre luy, & feirent responce a ses heraulx, quilz ne se rende-
royent : sinon a bonnes enseignes.

Saulnier et Boulenger, prenant le mot enseigne au sens de marque,
indice, expliquent ici : A bon escient ; Guilbaud dit : Avec des gages
certains. Pourtant, puisque les Almyrodes envisagent l'éventualité d'un
combat, il semble qu'il y a là plutôt équivoque sur le mot, et que,
dans la réponse des Almyrodes, les enseignes sont les banderoles de la
lance (Greimas), donc les drapeaux, les étendards : ils n'accepteront de
se ranger sous les enseignes de Pantagruel que si le sort des armes a
prouvé que ce sont les bonnes.

Calembour pour calembour, le géant va, dans sa réplique, prendre le
mot enseignes dans une troisième acception : Quoy, dict Pantagruel, en
demandent ilz meilleures que la main au pot, & le verre au poing ?
Boulenger dit ici que Pantagruel s'amuse à prendre le mot au sens propre, c'est-à-dire, comprenons-nous, celui de tableau figuratif mis au-
dessus d'une maison pour indiquer le commerce ou la profession du
propriétaire (Littré). Mais cette évocation cabaretière ne conduit pas
loin puisqu'on ne peut imaginer que Pantagruel ait fait peindre ses

enseignes comme des enseignes de taverne. Bien plutôt croirons-nous que le sens dans lequel Pantagruel emploie le mot est celui de cri de ralliement (Greimas), la parole ayant ici l'indéniable avantage de faire clairement connaître aux Almyrodes retranchés les intentions qui animent Pantagruel et sa bande.

Mais cette main au pot et ce verre au poing sont aussi des formules d'accord au moment de la conclusion d'un marché (Guilbaud) ; le cri de ralliement étant donc cette engageante invite, il nous faut comprendre que Pantagruel a pénétré dans le pays des Altérés en leur signifiant qu'il le fait dans les dispositions les plus pacifiques, proposant en fait un accord de collaboration. D'autre part, prises au pied de la lettre, les représentations de cette main au pot et de ce verre au poing indiquent assez qu'il est prêt à donner à ces Salés ce qu'ils doivent souhaiter le plus : de quoi boire. Et, jusque là, les cités successivement rencontrées ne s'y sont pas trompées puisque c'est de leur franc vouloir qu'elles lui ont remis les clefz de toutes les villes.

L'outrecuidante opposition des Almyrodes ne peut donc qu'apparaître à Pantagruel comme une absurde obstination, puisque, étant les Salés, ils devraient être encore plus enclins que les autres à bien accueillir qui leur promet de quoi se rafraîchir. C'est donc leur entêtement borné qui fait que le géant, dédaignant de chercher à convaincre des gens qui repoussent une si avantageuse proposition clairement exprimée, prend sur le champ la décision extrême : Allons, & quon me les mette a sac. Et c'est alors la mise en formation de combat : Adonc tous se mirent en ordre comme deliberez de donner lassault.

En quelques lignes, Rabelais a finalement donné toute son opinion : Pantagruel est ici le conquérant éclairé qui intervient sur le territoire des Dipsodes parce qu'il n'entend pas les laisser demeurer dans l'anarchie qui était leur régime sous le règne de celui qui n'est plus que cryeur de saulce vert. Il s'en va les réformer, déterminé à leur apporter ordre et sagesse, essaimant chez eux des colonies de ses fidèles. Incarnation du roi philosophe, il use de sa puissance quand il est attaqué ; vainqueur, il destitue le mauvais guide, mais reste résolu à toutes les indulgences pour ceux des sujets qui acceptent le nouvel ordre ; pour cela, il affiche bien haut ses intentions conciliantes, débonnaire à l'égard de qui, sagement, se soumet, mais prêt à passer par les armes qui, déraisonnablement, lui résiste, lui démontrant ainsi l'inanité de tout espoir d'amendement.

Arrivé à ce : comme deliberez de donner lassault, Rabelais se trouverait une fois encore devant l'obligation de dépeindre le mouvement des combattants s'il n'avait résolu de s'y soustraire par une digression. Cette digression, il est sûr qu'il l'a eue en tête bien avant d'en arriver à

587

ce point, mais il lui reste à l'introduire. Et pour ce faire, il n'hésite pas à user d'un prétexte qui reste fort saugrenu : Mais on chemin passant une grande campaigne, furent saisiz dune grosse housee de pluye. A quoy commencerent se tresmousser & se serrer lun laultre. Bien que cette housée ne soit probablement pas la simple averse qu'indiquent les commentateurs, mais que le mot semble venir de houssier : battre avec une verge de houx (Greimas), et qu'il s'agisse du grain orageux dont les gouttes piquent comme du houx, le lecteur est contraint d'accepter ce surprenant postulat : des combattants fermement déterminés au point de se mettre en position d'assaut, perdent, pour de simples gouttes de pluie en rase campagne, tout leur mordant et se mettent à se trémousser craintivement.

Non moins étonnante est la réaction de Pantagruel : Ce que voyant Pantagruel leur fist dire par les capitaines que ce nestoit rien, & quil veoit bien au dessus des nuees que ce ne seroit quune petite rousee, (l'originale parlait d'une petite venue) mais a toutes fins quilz se missent en ordre, & quil les vouloit couurir. Demerson dit ici : Couvrir une troupe, dans le langage des auteurs militaires, signifie : protéger sa manœuvre par un dispositif, notamment d'artillerie, qui lui laisse sa liberté d'action, et peut-être y a-t-il effectivement jeu de mots. En tout cas, ce soin tout maternel de la part d'un chef de guerre serait évidemment stupéfiant si nous ne comprenions qu'il n'est pour l'auteur que le moyen de parvenir à la situation dont il a besoin : Lors se mirent en bon ordre & bien serrez. Et Pantagruel tira sa langue seulement a demy, & les en couurit comme une geline faict ses poulletz. Ainsi, par ce biais, le géant, devenu immense puisqu'il regarde au dessus des nuees, est maintenant à plat ventre, la bouche ouverte, abritant de sa langue à demi tirée une troupe d'hommes qui sont censés, eux, être de taille normale.

On nous dit que dans le Mystère de la Passion, le roi Jobridam protège de la même façon cent hommes contre la pluie (Michel), et nous sommes soudain rassérénés en voyant que la situation a été tout bonnement empruntée, Rabelais passant avec indifférence sur l'insolite du prétexte pour disposer du point de départ indispensable. Mais il n'en reste pas moins que cet emprunt va lui imposer une difficile obligation : celle qu'exige la transformation de la taille de son héros, brusquement atteint d'un gigantisme plus démesuré que jamais ; car si Rabelais a, tout au long du récit, fait varier en toute insouciance la taille de Pantagruel selon les circonstances, il ne lui a encore jamais donné, dans ses rapports avec les êtres courants, une telle disproportion : les personnages et le géant sont ici comparables au grain de millet en la gueulle dun asne (P. xxv), et il va lui falloir faire admettre cette inhabituelle échelle. La phrase suivante va donc contenir les spécifications destinées à bien fixer dans l'esprit du lecteur les nouvelles données : Ce pendent ie qui vous fais ces tant veritables contes, mestois caché dessoubz une fueille de Bardane, qui nestoit moins large que larche du pont de Monstrible, et il y a là un indéniable exercice de virtuosité :

Le pont de Monstrible est, dit Michel, celui qui intervient dans le roman de Fierabras [1]. Mais il semble bien que le qui nestoit moins large soit une antiphrase, et que cela donne à entendre que la feuille de bardane est pour le personnage un piètre abri. Toujours est-il que le lecteur du temps devait entendre immédiatement que le conteur avait donc besoin de se mieux protéger. Quant au Ce pendent ie qui vous fais ces tant veritables contes, il y a là toute l'habileté du crieur de thériacle de la part de celui qui va se faire reconnaître sous le nom d'Alcofrybas pour, dans le même temps, se mettre soudain en scène, se donner pour le témoin oculaire de ce qui vient d'être relaté, et, s'avouant candidement diseur de billevesées, s'autoriser, avec la connivence du lecteur supposée acquise, à pousser la fiction jusqu'où il lui plaira.

Cet Alcofrybas n'a donc plus maintenant qu'à feindre de désirer un meilleur abri contre la pluie : mais quand ie les veiz ainsi bien couuers ie men allay a eulx rendre a labrit, ce que ie ne peuz tant ilz estoient comme lon dict, au bout de laulne fault le drap, dicton qui revient à dire qu'au bout de la juste mesure il n'y a plus rien. Demerson explique ici : La langue les recouvrait très exactement, comme, chez le marchand, le drap est coupé tout juste où s'arrête la mesure, ce qui n'empêche pas la translation de rendre absurdement la locution par : Même les meilleures choses ont une fin.

Alcofrybas est donc contraint de chercher ailleurs : Doncques le mieulx que ie peuz montay par dessus & cheminay bien deux lieues sus sa langue, tant que ie entray dedans sa bouche. Cette fois, le but est atteint et l'auteur à pied d'œuvre. Mais ces deux lieues sont à peu près huit kilomètres, et nous nous apercevons que l'imagination du conteur a réduit sa propre image bien en deçà de la dimension du grain de millet supposé, et qu'il a tout au plus la taille du ciron [2]. Mais il

---

1. Demerson dit ici que le pont de Mantrible joue un grand rôle dans le roman de Fierabras ; il ajoute que Rabelais déforme son nom pour évoquer un Mont terrible ; mais nous n'arriverons pas à discerner où se situe la nécessité d'une telle déformation.
2. Le plus petit des animaux visibles à l'œil nu (Littré) : c'est l'objet de la spécialisation qu'a acquise le géant Enay du chapitre premier, qui fut tresexpert en matiere de oster les cerons des mains.

n'importe ; sa complicité ayant été acceptée, le lecteur doit adhérer docilement. Et, la préparation terminée, peut alors commencer la chronique de l'étonnante équipée que fait l'auteur dans la bouche de son géant, transposition de ce qu'on nous dit l'avoir inspirée : le personnage de Lucien (Histoire véritable) explorant un monde nouveau dans la gueule d'un cétacé. (Michel).

Et après un scrupule de Rabelais pour enrober plaisamment l'enflure : Mais o dieux & deesses, que veiz ie la ? Juppiter me confonde de sa fouldre trisulque si ien mens, c'est la relation du chimérique voyage dans ces contrées inconnues où les gens, tout pareils à ceux du monde connu, sont planteurs de choux, preneurs de pigeons au filet, portiers, pesteux, brigands ou sénateurs, parlant eux aussi d'une terre neufue ou ilz ont et Soleil et Lune. Ils ont surtout la même forme d'esprit puisque l'explorateur constate : A quoy ie congneu que ainsi comme nous auons les contrees de deca & de dela les montz, aussi ont ilz deca & dela les dentz. Mais il fait beaucoup meilleur deca & y a meilleur air. Chemin faisant, il a pourtant découvert une bourgade, dont il a malheureusement oublié le nom, qui ressemble beaucoup à ce pays de Cocagne où qui plus y dort plus y gagne ; mais il n'éprouve pas le besoin d'y rester plus long temps que celui de gagner quelque argent pour remplacer celui qu'on lui a dérobé, ceux à qui il va ensuite se plaindre du vol se bornant à lui répondre placidement que pour tout vray les gens de dela (sont) mal viuans & brigans de nature.

Puis il retourne, apprend que son expédition a duré plus de six mois, et que, auecques laide de dieu, Pantagruel et sa bande ont pendant ce temps conquesté tout le pays des Dipsodes. Et après un joyeux dialogue entre Pantagruel et Alcofrybas, qui nous fait penser que les rapports entre l'auteur et son personnage ressemblent beaucoup à ceux qui ont dû s'établir entre Rabelais et son protecteur, Pantagruel termine en traitant Alcofrybas de ioyeulx compaignon et lui fait don, bien qu'il n'ait pas participé à la campagne, d'une des terres de l'endroit : la chatellenie de Salmigondin. Le don est si immérité qu'à l'expression de gratitude de l'originale : Grand mercy (dis ie) monsieur, la définitive ne peut que lui faire ajouter : vous me faictes du bien plus que nay deseruy enuers vous. Mais il faut croire que ce présent a toujours donné mauvaise conscience à Alcofrybas, et qu'il n'a pas dû tarder à le restituer à Pantagruel, puisque nous verrons celui-ci, en 1546, au deuxième chapitre du Tiers Livre, pouvoir assigner cette chatellenie à Panurge.

Ainsi, inspiré de Lucien et prenant au Mystère de la Passion son point de départ, Rabelais a mené à bien le conte qui devait occuper le temps de la campagne militaire qu'il n'avait nulle envie de raconter. Il lui reste pourtant maintenant un géant immense dont il va tirer parti ;

et nous allons voir que la mention qu'il a faite, pendant l'exploration, de la puante halaine qui a provoqué la peste dans les villes de Laryngues et Pharingues va, pour le dernier chapitre d'action, lui donner l'idée d'une maladie contractée par Pantagruel, comme l'incursion dans la bouche va l'amener à concevoir la descente d'êtres humains dans les entrailles du héros.

Mais, avant d'aller voir comment se passe l'opération, il nous faut, en conscience, nous interroger sur les raisons qui ont fait écrire à Rabelais le présent chapitre ainsi que le suivant, alors que la dernière phrase : il ne se ause defendre, tant il est nies, paraissait avoir tous les caractères du mot de la fin. Car il ne faut pas nous cacher que, si habilement rédigés qu'ils soient, les chapitres xxxij et xxxiij, chapitres de gigantisme démesuré, n'apportent rien à aucun plan. Et si la fin du Pantagruel doit amorcer le départ du Tiers Livre, ce que contient le chapitre consacré au renversement de la situation d'Anarche sur l'expédition en Dipsodie fait parfaitement la jonction avec ce que le Tiers Livre en dit à la première ligne : Pantagruel, avoir entièrement conquesté le pays de Dipsodie, en icelluy transporta une colonie de Utopiens en nombre de 9876543210 hommes, etc.

Ainsi s'impose à l'esprit que ces chapitres du voyage dans la bouche, comme celui de l'indisposition de Pantagruel, ne sont rien autre que de remplissage : le fac-similé de l'édition originale laisse entrevoir, par la reconstitution qu'on peut tenter du nombre de feuilles de huit pages, soit huit cahiers, que le chapitre xxxj (xxj) finissait sur la deuxième page du dernier cahier, laissant blanches les six pages suivantes, ces pages ne pouvant être remplies par le seul texte de réclame de la conclusion. Or les chapitres xxxij et xxxiij, ce dernier comprenant aussi cette réclame, font exactement six pages. Cela fait beaucoup de raisons de penser que Rabelais a été tenu par l'imprimeur de lui fournir de quoi garnir ces six pages, et que ce garnissage est le chapitre impromptu inspiré de Lucien avec le point de départ du Mystère, puis le chapitre sur la maladie inspiré, lui, du monde médical, et qu'on dirait écrit dans l'atmosphère de l'Hostel-Dieu de Nostre-Dame-de-Pitié du Pont-du-Rosne.

Le présent chapitre occupe dans l'originale le quart restant de la deuxième page, après tant il est nies ; il occupe ensuite trois pages un tiers. Allons donc voir maintenant ce qu'a donné dans la définitive le reste du remplissage des pages blanches de l'originale, c'est-à-dire les deux tiers restants, puis une page, puis un quart de la dernière, le reste étant consacré à la réclame, tout cela finissant exactement au bas de la dernière page du dernier cahier.

Comment Pantagruel feut malade, & la facon comment il guerit. Chapitre.xxxij. (xxxiij) [1].

Donc, profitant pour le dernier chapitre d'action, de la disposition d'esprit où il a mis son lecteur par le chapitre précédent, Rabelais va encore utiliser l'immense corps de son géant : Peu de temps apres le bon Pantagruel tomba malade, & feut tant prins de lestomach quil ne pouuoit boire ny manger, ce qui est déjà fort affligeant ; mais il ajoute : & par ce qun malheur ne vient iamais seul, luy print une pisse chaulde qui le tormenta plus que ne penseriez.

Cette pisse chaulde, considérée seulement comme mal secondaire puisque Rabelais va parler de mal principal pour l'affection gastrique, est rapidement guérie, les médecins lui faisant pisser son malheur au moyen de force de drogues lenitiues & diureticques. Et ce malheur accessoire a bien l'air de n'avoir été mis là que pour étoffer quelque peu ce dernier chapitre, la chaleur de l'urine donnant à Rabelais l'occasion de dresser la liste des sources des bains chaulx qu'elle a créés sur son passage, énumération que Rabelais termine par cette raillerie : Et mesbahis grandement dun tas de folz philosophes & medicins, qui perdent temps a disputer don vient la chaleur de cesdictes eaulx, ou si cest a cause du Baurach, ou du Soulphre, ou de Lallun, ou du Salpetre qui est dedans la minere : car il(s) ne y font que rauasser, & mieulx leur vauldroit se aller froter le cul au panicault que de perdre ainsi le temps a disputer de ce dont ilz ne scauent lorigine.

Boulenger et Plattard disent pour panicault : Chardon à cent têtes et expliquent : S'étant frottés avec ce chardon, ils auraient au cul passion (occupation) [2]. Et nous pouvons croire qu'il y a là, à l'adresse des médecins, une sincère invitation à s'occuper plus utilement qu'à de vaines recherches sur les origines, alors que l'important est le parti qu'on peut tirer de ce qui existe. C'est là point de vue du praticien, donnant, s'il en faut donner une, cette satisfaction de fantaisie : Car la resolu-

---

1. Juste avant la fin, encore une erreur de numérotation ; il s'agit évidemment du chapitre xxxiij ; mais l'erreur va affecter aussi le chapitre suivant et dernier.

2. Ce calembour n'est expliqué par personne d'autre, mais Demerson renvoie avec le plus grand sérieux au chapitre XLII du Quart Livre, où il est parlé de l'erynge qui a la propriété d'arrêter les chèvres dans leur course ; celle du panicaut doit donc être de paralyser les commentateurs dans la leur.

tion est aysee & nen fault enquester dauantaige, que lesdictz bains sont chaulx par ce quilz sont yssus par une chaulde pisse du bon Pantagruel.

Mais peut-être y a-t-il ici l'occasion d'une compréhension au deuxième degré, trait cette fois dirigé contre les seuls folz philosophes, c'est-à-dire les théologiens, dont l'explication qu'ils donnent de certains origines ressemble beaucoup à cette raison par la pisse chaulde. Et même irons-nous jusqu'à voir là ce que pense Rabelais des études théologiques qu'il a faites.

Cela exprimé comme par plaisanterie, Rabelais revient à son malade et s'empresse de dire comment on guérit Pantagruel de son mal principal par une médication à sa taille : la Scammonnes Colophoniacque dont il absorbe quatre quintaulx, la Casse, pour six vingtz & dixhuyt charretées, la Reubarbe, pour Onze mille neuf cens liures, sans les aultres barbouillemens.

Mais il faut croire que tout cela n'est encore pas suffisant puisque l'auteur invite le lecteur à entendre que par le conseil des medicins feut decrete quon osteroit ce qui luy faisoit le mal a lestomach. Et, sur la lancée de l'exploration d'Alcofrybas dans la bouche du géant, Rabelais décrit un procédé qui fut certes longtemps le rêve de la médecine : Pour ce lon fist xvij.grosses pommes de cuyvre plus grosses que celle qui est a Rome a laguille de Virgile, en telle facon quon les ouuroit par le mylieu & fermoit a un ressort.

Pourtant, il nous faut ici nous arrêter quelque peu sur le détail du mode opératoire, et faire une enquête sur deux disparitions qui se sont produites entre l'originale et la définitive. Et, pour mieux nous en convaincre, nous allons mettre côte à côte les deux textes relatifs à l'utilisation de ces dix-sept pommes :

En lune entra ung de ses gens portant une lanterne & ung flambeau allume. Et ainsi laualla Pantagruel comme une petite pillule.	En lune entra un de ses gens portant une lanterne & un flambeau allumé. Et ainsi laualla Pantagruel comme une petite pillule.
En cinq aultres entrerent daultres gros varletz chascun portant ung pic a son col.	En cinq aultres entrerent
En troys aultres entrerent troys paizans chascun ayant une pasle a son col.	troys paizans chascun ayant une pasle a son col.
Es sept aultres entrerent sept porteurs de coustretz chascun ayant une gourbeille a son col. Et ainsi furent auallees comme pillules.	En sept aultres entrerent sept porteurs de coustretz chascun ayant une corbeille a son col. Et ainsi furent auallees comme pillules.

Etant admis qu'on a toujours réservé par précaution une des pommes, l'originale en utilisait bien seize pour seize hommes quand la définitive n'en utilise plus que treize pour onze hommes. Il s'est bel et bien perdu en route trois pommes et cinq hommes ; et de plus Pantagruel a ingurgité trois pommes vides.

L'explication du mystère est simple, et la disposition adoptée la fait clairement apparaître : le typographe est en train de composer d'après l'édition antérieure (que ce soit l'originale ou une édition intermédiaire), et il arrive au passage : En cinq aultres entrerent. Là-dessus, pour quelque raison que ce soit, le compagnon s'arrête de composer après ce verbe entrerent, et, reprenant après l'interruption, il cherche sur son modèle ce verbe entrerent pour continuer la phrase. Il rencontre le deuxième verbe entrerent, et continue paisiblement avec la suite de ce deuxième verbe : troys paizans chascun ayant, etc., reliant ainsi le début d'une phrase à la fin de celle qui suit. Cette omission d'un ou plusieurs mots s'appelle le bourdon (de bourde, d'abord plaisanterie trompeuse puis tromperie, erreur), et peut se produire chaque fois qu'une interruption suspend la lecture d'un texte où figurent plusieurs fois, très rapprochés, les mêmes termes. Ici, le typographe aurait aussi bien pu enchaîner à la suite du troisième verbe entrerent, mais nous pouvons penser que quelqu'un s'en serait alors aperçu.

Rien de tel pour cette omission : le compagnon ne s'est pas relu, le correcteur ne s'est inquiété de rien, Rabelais, censé avoir revu l'édition, n'a rien signalé, pas plus qu'aucun de nos commentateurs : cela fait partie du concours de circonstances qui ne surprend personne qui fait composer des textes ; il est de ces erreurs, protégées probablement par les farfadets occultants, qui durent cinq, dix éditions avant d'être corrigées. Mais que pas un des innombrables éditeurs qu'a eus Rabelais en quatre cent cinquante ans n'ait songé à vérifier le compte tient presque de l'envoûtement.

Pourtant, si ce bourdon a été perdurable pendant tout ce temps, cette pérennité ne lui donne aucun droit à subsister. Il faut que Rabelais retrouve son compte d'opérateurs et, maintenant qu'ils sont découverts, nous devons lui restituer au plus tôt ses cinq gros varletz d'autant que c'est eux qui portent les pics et qu'on ne peut, sans ces outils, entreprendre de desrocher, geste principal de l'opération.

Mais la préparation continue : dans l'estomac, chacun sort de sa cabane, & premier celluy qui portoit la lanterne, & ainsi cheurent (l'originale disait chercherent, et l'on ne sait pas si, là encore, il ne s'agit pas tout simplement d'une coquille introduite par le typographe) plus de demye lieue.

L'originale terminait la phrase par : ou estoient les humeurs corrom-

pues ; mais la définitive ajoute ici plus de dix lignes. Dans les premières, l'érudition englobe la satire : en un goulphre horrible, puant, &
infect plus que Mephitis, ny la palus Camarine, ny le punays lac de
Sorbone, duquel escript Strabo, étymologie facétieuse reprise d'une lettre de Budé à Erasme, Strabon parlant effectivement du lac de Serbo-
nis (Demerson).

L'addition continue par : Et neust este quilz estoient tresbien antido-
tez le cueur, lestomach, & le pot au vin (lequel on nomme la caboche)
ilz feussent suffocquez & estainctz de ces vapeurs abhominables, phrase
où nous pouvons peut-être voir quelque allusion à l'aguerrissement que
possède le médecin d'hôpital, celui-ci continuant par une plaisanterie de
salle de garde du temps : O quel parfum, O quel vaporement, pour
embrener touretz de nez a ieunes gualoyses. Ici, Saulnier dit : Pièce de
voile dont les femmes se masquent le visage ; Boulenger dit : Les masques des jeunes femmes légères. Les femmes élégantes mettaient pour
sortir un petit masque protecteur ; Michel dit : Cet usage des loups
dura jusqu'à la fin du XVIᵉ siècle, pendant que la translation rend
l'expression en vocabulaire de potache : pour emmerder les voilettes
des filles de joie. Mais il semble qu'il est tout simplement question ici
des masques des filles d'étuves dont Valentin et Orson, au chapitre
xxx, raclent consciencieusement la pommade.

Enfin, la définitive rejoint l'originale avec : Apres en tactonnant &
fleuretant aprocherent de la matiere fecale & des humeurs corrompues.

Et se produit alors le geste opératoire : Finablement trouuerent une
montioye dordure, lors les pionniers frapperent sus pour la desrocher
(d'où l'importance qu'il y a à réintégrer les cinq gros varletz chascun
portant un pic a son col) & les aultres auecques leurs pasles en empli-
rent les corbeilles : & quand tout fut bien nettoye, chascun se retira en
sa pomme. Le reste est de routine : Ce faict Pantagruel se parforce de
rendre sa gorge, & facillement les mist dehors.

Mais l'auteur, comme pour bien marquer qu'il n'y là que fantaisie,
glisse ici une audacieuse équivalence signifiant évidemment que Pantagruel ne sentait nullement les pilules en sa gorge, cette équivalence s'en
prenant effrontément au lecteur : & ne montroyent en sa gorge en plus
qun pet en la vostre.

Puis Rabelais, qui vient de se manifester par cette facétie corsée,
éprouve encore le besoin de signaler sa présence, de façon plus livresque, en ajoutant : Il me souuenoit quand les Gregeoys sortirent du
cheual de Troye. C'est, semble-t-il, vouloir donner quelque caution à
sa baliverne, comme disant qu'elle n'est en fin de compte pas beaucoup plus surprenante que l'affaire antique. Cette raison ne paraît
pourtant pas être de suffisante nécessité, et nous vient alors à l'esprit

qu'il peut bien y avoir dans ce cheval de Troie un signal destiné à avertir d'un message adressé aux initiés que sont ses amis humanistes. Et il nous faut pour l'entendre revenir à cette montioye dordure qu'ont desrochée les pionniers.

La montjoye est, selon Greimas, une hauteur, une colline, et un monticule de pierres (bordant les chemins). Mais, aux carrefours de ces chemins, ce monticule de pierres a été, de tout temps chrétien, fiché d'une croix ; et il est sûr, comme en témoigne le cri de guerre Montjoye, que le mot a très tôt englobé l'ensemble de la croix et du monticule plutôt qu'il n'a désigné le seul monticule. Il faut donc voir que, dans ces conditions, la montioye dordure dont parle Rabelais peut aussi bien représenter l'amas d'ordure entassé au pied de la croix, c'est-à-dire, pour les affidés, la somme des gloses, des interprétations et des paraphrases des textes sacrés. Et, dès lors, l'action de desrochage a valeur spirituelle, les pionniers ou ceux qui fouillent (Greimas) ayant figure d'humanistes exerçant leur action d'épuration à l'intérieur du corps de l'Eglise. L'insolence du pet en la gorge du lecteur serait alors un leurre ayant pour mission de détourner l'attention.

Et il n'est peut-être pas indifférent qu'après avoir évoqué une santé qui se rétablit (et ce peut être alors celle de l'Eglise) : Et par ce moyen fut guery & reduict a sa premiere conualescence, les tout derniers mots de l'auteur soient ceux de saincte Croix : Et de ces pillules darin en auez une a Orleans sus le clochier de lesglise de saincte Croix, deux mots qui sonnent comme un signe de ralliement.

C'est là-dessus que se termine le roman, la suite, qui dans l'originale faisait corps avec le présent chapitre, juste séparée de lui par un double interligne et ornée d'une lettrine, devenant dans la définitive, le chapitre xxxiij et dernier (en réalité xxxiiij), baptisé conclusion et excuse.

Ainsi, même si ce chapitre est encore d'obligation, Rabelais a visiblement profité de l'occasion pour dissimuler en finale, à l'adresse des siens, quelques signes d'intelligence qui n'avaient pas lieu de s'inscrire dans les derniers chapitres, les allusions, les mots à double entente étant absents depuis la victoire merueilleuse de Pantagruel sur Loupgarou.

Ces signes sont pourtant encore discrets et mesurés, et ne laissent en rien présager l'âpreté avec laquelle Rabelais va se déchaîner, au dernier chapitre, dans le morceau qu'il ajoute à l'originale, contre ceux qui, adversaires de l'humanisme, se sont révélés être pour lui des ennemis acharnés à sa perte.

La conclusion du present liure, et lexcuse de lauteur. Chapitre.xxxiij. (xxxiiij)

Il y a donc là deux textes mis bout à bout : celui de l'originale et celui de l'édition définitive, tous deux d'équivalente longueur. Le premier n'a subi que des modifications peu significatives, hormis l'introduction révélatrice du personnage de Panurge.

Rabelais commence en se donnant pour l'homme lige de Pantagruel : Or messieurs vous auez ouy ung commencement de lhistoire horrificque de mon maistre & seigneur Pantagruel, phrase qui rejoint la notation du Prologue : Cest des horribles faictz & prouesses de Pantagruel, lequel iay seruy a gaiges des ce que ie fuz hors de page, iusques a present. Et l'auteur dit aussitôt sa détermination : Icy ie feray fin a ce premier liure : car la teste me faict ung peu de mal/& sens bien que les registres de mon cerueau sont quelque peu brouilez de ceste puree de Septembre.

On n'a guère attiré l'attention sur cette extraordinaire formule : les registres de mon cerueau. Les registres correspondant aux boutons de la console que tire l'organiste pour faire entendre tel ou tel timbre, Rabelais donne ici littéralement son cerveau pour cette console dont il use, pour le langage, avec la maîtrise d'un organiste. C'est donc donner ce cerveau pour le plus riche et le plus complet des instruments, et nul autre que Rabelais ne pouvait, sans ridicule, risquer une telle comparaison. Il est d'ailleurs à remarquer que, par deux fois dans cette conclusion, Rabelais laisse transparaître sa fierté : ici, dans la réclame de l'originale, celle du talent qui est le sien, et en tête du morceau qu'il ajoute dans la définitive, celle qu'il a de ses connaissances.

En revanche, on a beaucoup écrit sur cette puree de Septembre pour en tirer des conclusions chronologiques. La plupart des glossateurs décident que c'est dans les premiers jours de novembre qu'est paru le Pantagruel, et Boulenger dit même que c'est donc en septembre qu'a dû être achevé le manuscrit.

Tout cela s'appuie sur cette purée, qui est pour tout le monde le vin nouveau encore trouble (Boulenger) ou qui n'est jamais bien décanté (Demerson).

C'est là une fausse preuve, et pour deux bonnes raisons : La première est qu'on rencontre déjà, au chapitre premier (ainsi que le note Michel, qui tient pourtant pour le vin nouveau) cette phrase où se trouve même formule : Et tel auez veu le chanoyne Panzoult & Piedeboys medicin de Angiers, de la quelle race peu furent qui aimassent la ptissane, mais tous furent amateurs de puree Septembrale, alors que personne n'a jamais conclu que ce premier chapitre pût dater du mois de septembre.

La deuxième est que ce vin nouveau n'a aucun moyen de brouiller les registres du cerveau de quiconque, attendu qu'il ne contient pas d'alcool ou en quantité infime. Et comme il a la propriété de débonder le boyau culier, selon l'expression d'Epistemon au Quart Livre (LI), et comme en témoigne le cent quatorzième titre de la Librairie : La martingalle des fianteurs, qui voudrait se brouiller les esprits en buvant de ce vin serait bientôt déshydraté avant d'être ivre. N'allons pas plus loin : si Rabelais, qui connaît la terre, prétend s'être enivré au moyen de la puree de Septembre, c'est que cette purée est du véritable vin, produit de septembre, bien sûr, mais nullement ce jus de raisin non fermenté qu'est seulement le vin nouveau. La preuve par la puree de septembre ne tient pas.

Rien donc n'indique que ce vin dont parle Rabelais ait un quelconque rapport avec septembre 1532. Cela n'infirme cependant pas que le Pantagruel soit sorti en novembre, quoique nous n'en sachions strictement rien, et que cela n'ait qu'une importance toute secondaire ; cela signifie seulement qu'il est abusif d'en chercher la démonstration dans une locution qui se borne à assimiler facétieusement le produit du foulage du raisin au produit de l'écrasement du pois ou du marron.

Quant à Boulenger qui pense que, pour paraître en novembre, Rabelais a dû remettre le manuscrit à la composition en septembre, il fait bon marché du travail essentiellement manuel qu'est l'édition à l'époque. C'est mésestimer le temps qu'il a fallu pour composer, mettre en forme, imprimer une feuille, distribuer, composer encore, mettre encore en forme, imprimer encore la feuille suivante, et recommencer ainsi quatre fois car les casses ne devaient pas regorger de caractères. Puis il a fallu plier, assembler, coudre et couvrir : il semble alors que c'est plutôt en juin ou juillet que Rabelais a dû remettre son manuscrit pour voir sortir, toujours par hypothèse, son livre en novembre. Cela dit, nous continuons.

Commence alors la parade de bateleur annonçant la prochaine représentation et donnant un aperçu, aussi alléchant que possible, de ce qu'elle contiendra : Vous aurez le reste de lhistoire a ces foires de Francfort prochainement venantes : & la vous verrez comment il trouua la pierre philosophalle/comment il passa les monts Caspies/comment il nauiga par la mer Athlanticque & deffit les Caniballes & conquesta les isles de Perlas, et le il représente, bien sûr, Pantagruel.

Mais Rabelais introduit dans la définitive une addition d'importance, tout de suite après le & la vous verrez comment, continuant par : Panurge fut marié, & cocqu des le premier moys de ses nopces & comment Pantagruel trouua la pierre philosophale, & la maniere de la trouuer & den user. Et comment il passa les monts Caspies, etc. Cette survenue de Panurge et de ses soucis matrimoniaux témoigne qu'entre le moment de la rédaction de l'originale et celui de la version définitive, Rabelais a conçu le désir d'écrire quelque chose que lui a suggéré la fameuse querelle sur les femmes, toujours ouverte, et qui reprend même vigueur à l'époque. Le projet est certes loin de sa forme définitive, mais il semble que nous pouvons voir là la première idée de ce qui sera le Tiers Livre.

Le reste est de convention : Comment il espousa la fille du roy de Inde dit Prestre Jehan. (La définitive dit : du roy de Inde nommée Presthan, et l'accord féminin de nommée semble bien indiquer qu'il n'est plus question ici du souverain légendaire du royaume chrétien d'Asie ou d'Afrique, mais du nom de la fille) ; Comment il combatit contre les diables/& feist brusler cinq chambres denfer/ (La définitive ajoute ici : & mist a sac la grande chambre noire, & getta Proserpine au feu) ; et rompit .iiii. dentz a Lucifer & une corne au cul. Comment il visita les regions de la lune/pour scauoir si a la verite la lune nestoit pas entiere : mais que les femmes en auoient .iii. cartiers en la teste. (Et Guilbaud attire l'attention sur l'enchérissement en disant qu'on ne leur attribuait généralement qu'un quartier de lune en la tête) ; Et mille aultres petites ioyeusettez toutes veritables : ce sont beaux textes deuangilles en francoys. (La définitive ne dit plus que : Ce sont belles besoignes).

Et Rabelais termine le boniment par les locutions inspirées de l'ancienne comédie : Bon soir messieurs pardona(n)te my/& ne pensez pas tant a mes faultes que vous ne pensez bien es vostres. Puis, deux lignes plus bas, à la hauteur de la fin des autres pages, est placé le mot Finis.

Il n'y a donc là rien d'autre que l'habituel finale des ouvrages de ce genre, et la consultation du fac-similé laisse même penser que la longueur du texte de cette réclame a tout juste été mesurée pour entrer dans le blanc disponible entre saincte Croix et le bas de la page de composition. Nullement destinée à être prise entièrement au sérieux, cette conclusion adopte le ton de la fantaisie la plus libre dans un enjouement convenu.

Il en va tout autrement pour le morceau ajouté. Supprimant le mot Finis, Rabelais a glissé ici un texte vengeur, fruit de tout le ressentiment qu'ont fait naître chez lui les blâmes, mesquineries, dénigrements, attaques, accusations qu'il a pu connaître depuis 1532.

Il commence pourtant d'un ton bonhomme, feignant de répondre à une critique, bienveillante celle-là, que lui ferait un de ses lecteurs : Si vous me dictes. Maistre, il sembleroit que ne feussiez grandement saige de nous escrire ces baliuernes & plaisantes mocquettes. Cette appellation de Maistre est celle qu'on donnait au docteur en médecine, et il n'y a là, semble-t-il, rien qui trahisse une particulière estime de soi. Mais c'est dans la suite de la phrase que nous décelons la deuxième trace de cette satisfaction dont nous parlions, le reproche simulé sous-entendant nettement que l'interlocuteur était fondé à attendre une œuvre autrement plus sérieuse, digne de l'érudition de l'auteur.

A cela, Rabelais rétorque tout bonnement : Ie vous réponds, que vous ne lestes gueres plus, de vous amuser a les lire, ce qui a tout l'air de n'être frappé au coin du plus élémentaire bon sens que pour dissimuler le mouvement d'approche.

Car l'interpellation montre immédiatement sa raison d'être puisque Rabelais, parvenu au point où il voulait arriver, commence à décocher une volée de traits acérés : Toutesfoys si pour passetemps ioyeulx les lisez, comme passant temps les escripuoys, vous & moy sommes plus dignes de pardon qun grand tas de Sarrabouittes, Cagotz, Escargotz, Hypocrites, Caffars, Frapars, Botineurs & aultres telles sectes de gens, qui se sont desguizez comme masques pour tromper le monde.

La grêle est fournie, trop-plein d'une patience longtemps astreinte au silence ; reste seulement à voir ce qu'exprime exactement cette virulence libératoire. Donc, si l'innocence de l'intention absout l'auteur et son lecteur, qui n'ont en vue que passetemps ioyeuix, est en revanche impardonnable le grand tas de ceux qui se sont desguizez comme masques pour tromper le monde ; et sont nommément désignés, dans ce grand tas, divers personnages qu'il nous faut reconnaître. Ils sont nommés :

Sarrabouittes : On nous dit qu'il s'agit là des moines ou des prêtres égyptiens débauchés. Demerson remarque que Rabelais les prend non pas pour des cyniques mais pour des hypocrites, renvoyant au Quart Livre, chapitre LIII : les mescreans Turcs, Juifz, Tartes, Moscovites, Mammeluz et Sarrabovites. Ces Sarrabouittes sont donc des mécréants, c'est-à-dire qui ne professent pas la vraie foi.

Cagotz : Ce mot, au sens propre, signifie lépreux (Guilbaud) ; tout le monde le donne ici pour synonyme d'hypocrites, mais c'est négliger le fait que le mot Hypocrites figure bel et bien un peu plus loin dans la phrase, ce qui implique à l'évidence que le mot Cagotz contient une nuance. Cette nuance ressort de l'étymologie que donnent Bloch et Wartburg : Emprunté du béarnais cagot : lépreux blanc, appliqué par dérision aux bigots : cf. en outre cagou, 1436 (texte parisien), caqueux, 1456 (texte breton) ; cacot, XVIᵉ (Paré, en parlant des lépreux blanc de Basse-Bretagne) ; caquot, 1598 (Bouchet, en parlant de ceux du Poitou), etc. Dérivé de cacare : chier, cf. dans un texte du moyen âge, impostor : cachous, formé sur un adjectif du latin médiéval cacosus, qui aura été appliqué ensuite aux lépreux.

Il semble donc que le sens final de cagot soit celui de imposteur, l'imposteur étant celui qui impose, au sens de en imposer pour tromper, idée amenée par lépreux blanc et cacare, l'imposteur étant celui qui chie blanc, c'est-à-dire autrement que les autres, pour en imposer. Nous retrouvons la trace de cette singularité ostentatoire dans la remarque de Littré : Le bigot est un dévot dont l'esprit est étroit, petit, attaché aux minuties ; c'est un terme de dédain, mais qui n'implique aucun autre blâme. Cagot au contraire est un terme tout à fait injurieux, exprimant une dévotion suspecte à double titre, soit parce qu'on la trouve agressive et offensante, soit parce qu'on ne la croit pas sincère.

Escargotz : Le terme est manifestement amené par la ressemblance de son avec cagotz. Demerson dit : Hypocrites qui se dissimulent dans leur coquille, ce qui néglige toujours la nuance. Il semble pourtant qu'il faille ici supposer sous-entendue l'idée de bave laissée par le passage de l'escargot, ce mot bave étant arrivé, du sens primitif de bavardage, à contenir les sens de propos méchant, venimeux, puis ceux de médisance et de calomnie.

Hypocrites : Nous arrivons à ce mot dont le sens, pour les commentateurs, s'étend à tous ceux de la série. Pourtant il semble que soit ici à retenir le seul sens propre de comédiens, impliquant l'idée de jeu de théâtre, ce qui, en l'occurrence, est le jeu de l'imposture, c'est-à-dire l'action de tromper par des discours mensongers, de fausses apparences (Petit Robert).

Caffars : Bloch et Wartburg disent : Vers 1480 (caphars, graphie fréquente au XVIᵉ siècle). Emprunté de l'arabe käfir : qui n'a pas la foi, participe du verbe kafara : ne pas avoir la foi, renier, avec, dans le passage au français, remplacement de la terminaison insolite par le suffixe péjoratif -ard. Désigne par métaphore un insecte mal défini à la fin du XVIᵉ siècle, ensuite la blatte dans beaucoup de régions (Normandie, Berry, Franche-Comté), d'où le sens a pénétré aussi en français. Dauzat, lui, dit : 1480, Gringore (-phar), bigot (sens vulgarisé par les huguenots), puis dénonciateur hypocrite (qui se cache).

Ainsi, le cafard est la blatte, insecte nocturne roux (comme devait l'être l'insecte mal défini dont parlent Bloch et Wartburg). D'autre part, les caffars sont ceux qui n'ont pas la foi. Il semble donc que c'est par métaphore établie sur la couleur de l'insecte que les huguenots ont dénommé caffars les porteurs de robe de bure qui, pour eux, n'ont pas la foi ; et c'est par métaphore établie sur les mœurs nocturnes de l'insecte que s'est greffé le sens de dénonciateurs, étant entendu que ces dénonciateurs sont des espions qui agissent dans l'ombre. Quoi qu'il en soit, ce sens de dénonciateurs est certain puisqu'il s'est conservé jusqu'à nos jours et qu'il faisait encore partie du langage des écoliers, il y a quelques décennies.

Frapars : Ici, tous les commentateurs disent simplement, derrière Littré : Moines libertins et débauchés. Mais il s'agit là d'un pâle euphémisme cachant la vigueur du mot. Frapper, c'est donner un ou plusieurs coups (Littré), et il s'agit, bien sûr, ici, de coups érotiques. Le mot désigne donc ceux qui sont en permanence prêts à se servir de leur mentule, quelle que soit, comme on va le voir, la qualité du partenaire.

Botineurs : Le mot entraîne la plupart des commentateurs à des gloses sans portée. Boulenger dit : Chaussés de bottes, c'est-à-dire (vraisemblablement) trop riches ; Michel dit : Porteurs de bottines : moines. Et c'est Guilbaud qui nous alerte en disant : Gens chaussés de bottines (qui étaient la chaussure ecclésiastique par excellence). Mais il y a un tout autre sens, obscène, sans lequel le mot n'aurait guère de force. Il n'est alors que de nous rappeler le cent vingt-huitième titre de la Librairie (vij) : La pelleterie des tyrelupins, extraicte de la botte fauue incornifistibulee en la somme angelicque, où nous avons établi que cette botte fauve est évocatrice de sodomie ; c'est dire que ces Botineurs sont des Frapars qui, dépourvus de femmes, n'hésitent pas à recourir au rapprochement avec leurs frères de robe.

Ainsi, cette phrase où les commentateurs ne veulent voir qu'une variation sur le seul terme hypocrites est en fait toute différente, énumérant les défauts majeurs de ceux que vise l'auteur. Transposée, elle équivaut à : qu'un grand tas de mécréants (Sarrabouittes), imposteurs (Cagotz), médisants (Escargotz), comédiens (Hypocrites), dénonciateurs (Caffars), priapiques (Frapars), invertis (Botineurs). Et la translation qui donne cette phrase pour : qu'un grand tas de faux ermites, de cagots, d'escargots, d'hypocrites, de frocards, de déchaux, joint ici la plus noire paresse intellectuelle à la plus niaise incompréhension pour arriver à la falsification pure et simple.

Sur ce, Rabelais, résolu à prendre les derniers risques, enfle le ton et révèle, puisqu'il fut du sérail : Car donnans entendre au populaire commun, quilz ne sont occupez sinon a contemplation & deuotion en ieusnes & maceration de la sensualité / sinon vrayement pour sustenter

& alimenter la petite fragilite de leur humanite : au contraire font chiere dieu scait quelle, & Curios simulant, sed Bacchanalia viuunt (Juvénal : et feignent d'être des Curius mais vivent dans les Bacchanales). Par populaire commun, Rabelais entend désigner les plus candides et les plus confiants des fidèles, excluant, bien sûr, les lettrés qui sont censés savoir à quoi s'en tenir sur le sujet ; et il est visible que c'est à ses pairs que s'adresse la phrase. C'est pourtant en affectant d'interpeller les crédules que Rabelais va maintenant donner la manière de reconnaître l'imposture de ces gens qui se sont desguizez comme masques pour tromper le monde : Vous le pouuez lire en grosse lettre & enluminure de leurs rouges muzeaulx, & ventres a poulaine, sinon quand ilz se parfument de Soulphre.

Si le début de la phrase est limpide, l'image de la lecture liée à l'idée de grosse lettre ou lettrine de rubrique, c'est-à-dire rouge, dont l'enluminure est donc semblable à celle des rouges muzeaulx ; si les ventres a poulaine sont évidemment les ventres obèses dont l'avancée est assimilée à celle des chaussures à la poulaine dont l'extrémité s'allonge en pointe, le sinon quand ilz se parfument de Soulphre pose quelque difficulté de compréhension, ainsi qu'en témoignent les commentaires :

Boulenger dit : La lumière qui se dégage du soufre allumé colore les visages d'une teinte verdâtre. Allusion à l'odeur de soufre que répandent, comme le diable, ces moines hypocrites ; Guilbaud explique : Sauf quand ils se poudrent pour avoir l'air pâle (comme à la lumière du soufre dans l'obscurité), et donne ici un retentissant coup de cymbale probablement destiné à compenser l'insatisfaction qui lui reste de son entendement : L'image est un de ces raccourcis saisissants auxquels excelle Rabelais ; Plattard et Jourda, comme on devait s'y attendre, ne se prononcent pas ; Michel dit : Se blanchissent au soufre (?). L'équivalent des dehors fardés ou du dehors plâtré de Tartufe ; Demerson dit : Se parfumant de soufre, ils font oublier qu'ils sont gros et gras, de teint frais et de mine vermeille, mais alors ils puent comme diables.

Toutes ces interprétations ont en commun leur incohérence, nous imposant de comprendre que ces religieux masquent leur teint rubicond en se fardant au soufre ; et Boulenger va même plus loin, qui évoque une sorte de messe noire où la combustion du soufre leur colorerait ainsi la face. Mais c'est négliger de considérer que, se parfumant ainsi, l'odeur de soufre désignerait immanquablement ces religieux comme adeptes du Malin ; et, comprise de cette façon, la manière de dissimuler leur rougeur serait plus dangereuse pour eux que la rougeur elle-même.

De plus, il nous faut voir que ce puéril camouflage que leur prêtent les commentateurs, invraisemblable chez les imposteurs consommés que sont ces religieux, ne masque nullement leurs ventres a poulaine. Or, la conjonction sinon, de sinon quand ilz se parfument de Soulphre, introduit une restriction qui intègre les deux termes rouges muzeaulx et ventres a poulaine. Il faut bien voir que Rabelais, qui feint de s'adresser au populaire commun, lui indique les deux points par lesquels se trahissent ces imposteurs, indices qui sont très apparents sauf quand ils se parfument. Et, comme il est évident que jamais un parfum, qui est une exhalaison, ne peut masquer des réalités matérielles telles qu'un teint ou un ventre, il est sûr que nous avons ici affaire à une métaphore impliquant un jugement.

Il ne nous reste plus qu'à découvrir quelle est l'action réelle que recouvre cette métaphore, sachant que cette action a la propriété de dissimuler et le teint rouge et le ventre obèse de ces religieux.

Et c'est Boulenger qui, avec sa messe noire où le soufre est brûlé en place d'encens, nous apporte la lumière. Ces imposteurs, qui sont des religieux, célèbrent la messe, et cela devant le populaire commun. C'est donc pendant cette célébration qu'ils se servent d'encens, dissimulant ainsi à ce populaire commun et leur teint et leur ventre dans les vapeurs de cet encens. Mais aux yeux de Rabelais, ces religieux ne sont rien autre que des suppôts de Satan, et leur encens a parfum de soufre, encens du Diable. Et, considérant cette assimilation de l'encens au soufre comme allant de soi pour qui vient de lire les accusations qu'il a portées, il fait de la fin de la phrase une éloquente ellipse qui revient à exprimer, sinon équivalant à sauf : (quand ils s'enrobent de fumée d'encens, ou plutôt) quand ils se parfument de soufre.

Une fois dénoncée la duplicité de ces imposteurs à l'égard des fidèles confiants, Rabelais aborde le sujet de leur méchanceté à son endroit ; elle se situe au niveau de leurs agissements intellectuels : Quant est de leur estude, elle est toute consummee a la lecture de liures Pantagruelicques ; et ce pluriel coiffe peut-être alors le Pantagruel, le Gargantua, et même la Pantagrueline Prognostication. La première réaction du lecteur est de trouver étonnant que l'auteur se plaigne de cette assiduité ; mais la correction arrive aussitôt : non tant pour passer temps ioyeusement, ce qui est, nous a-t-il dit, l'intention qui rend dignes de pardon le lecteur aussi bien que l'auteur, que pour nuyre a quelcun meschantement, scauoir est, articulant, monorticulant, torticulant, culletant, couilletant, & diabliculant, cest a dire callumniant.

Cette série de participes présents donne l'occasion de commentaires aussi succincts qu'embarrassés :

Boulenger dit pour articulant : Signification inconnue ; et pour torticulant : Les moines hypocrites, notre auteur les nomme plus d'une fois

tors cous ou torticolis ; Guilbaud dit pour articulant : Partant de la troisième syllabe de ce mot, Rabelais va forger un chapelet de mots plus ou moins obscènes ; et pour torticulant : Ce mot est une variante de torticolis (nom que Rabelais se plaît à donner aux faux dévots) ; Plattard dit : Mots forgés par Rabelais, de signification incertaine ; Jourda dit : Torticulant : tordant le cou ; Michel dit : Monorticulant : marmottant ; torticulant : faisant le torcoulx, l'hypocrite ; diabliculant : faisant le diable ; Demerson dit pour articulant, monorticulant, torticulant : En ayant recours aux articles, aux aiguillons, et aux grimaces ; pour culletant, couilletant, & diabliculant : En faisant donner le cul, la couille et tous les diables. Il ajoute : On peut voir un jeu de mots entre culleter et culte.

Il y a là à la fois tant de conformisme et de poudre aux yeux que nous préférons ne pas nous attarder. Et, la démission des commentateurs nous laissant, une fois de plus, les coudées franches, nous allons nous mettre en devoir de tenter la reconstitution de la compréhension qu'ont pu avoir de ces néologismes les lecteurs des années 1500 ; car qui donc disait qu'il faut se mettre en état de comprendre les textes avant de les commenter ?

Il est, bien sûr, apparent que la finale culant évoque l'activité du cul, et nous n'avons pas grand effort à faire pour nous douter qu'il n'est ici question que de sa fonction érotique. Cela dit, il nous reste à entendre la signification du radical de chacun des participes ainsi terminés, car c'est là, à n'en pas douter, que résident les nuances :

articulant : Le sens du verbe s'entend sans difficulté pour peu qu'on ait présent à l'esprit qu'il concerne l'activité qu'ont ces religieux à l'égard des textes de l'auteur : ils s'appliquent ici à examiner l'œuvre d'après le code de leurs lois, considérant article après article pour retenir ceux qui doivent leur permettre d'étayer une accusation ; agissant ainsi, ils articulent, verbe du vocabulaire du Droit qui donne, avec la finale culant du participe présent, ce qui n'est encore que l'idée de présence du cul.

monorticulant : Le préfixe mono : seul, unique, semble indiquer que, de tous les articles, un seul a été retenu. Et nous pouvons voir là une allusion au seul chef d'accusation qu'ont jamais pu formuler les censeurs : celui d'obscénité. Mais il semble que ce monorticulant laisse surtout entendre que les censeurs ont été conduits, lors de leur examen, par une seule idée, cette idée étant chez eux prépondérante, et pour tout dire, obsessionnelle : celle du cul. C'est ce que confirme le participe suivant :

torticulant : Le sens de tordre le cou que voient ici les commentateurs paraît largement dépassé. Abandonnant l'idée de censure, Rabelais ne retient que celle de partialité de cette censure, qu'il donne pour obligée chez des gens qui tortillent du cul, c'est-à-dire des gens qui, obsédés de l'idée du cul, sont en état d'excitation sexuelle permanente.

culletant, couilletant : Les deux verbes sont inséparables, faisant suite à la notion introduite plus haut par le terme Botineurs : ils ont trait à la manière homosexuelle dont ces censeurs obsédés satisfont leurs désirs, chacun étant tour à tour le culletant et le couilletant.

diabliculant : Le sens découle de la particularité que viennent d'établir les deux verbes précédents : se servant de cette façon de leur cul, ces censeurs ne peuvent qu'être des démoniaques puisque l'époque tient les religieux homosexuels pour adeptes de Satan. Mais le Diable est, bibliquement, le Calomniateur, et c'est cette équivalence, qui fait alors partie des connaissances élémentaires des gens d'Eglise et des lettrés, que laisse apparaître le cest a dire qui introduit le dernier terme :

cest a dire callumniant : Ce verbe abandonne l'idée de sexualité pour revenir à la seule idée de censure partiale : il découle naturellement de la mention du Diable qui vient d'être faite : suppôts du Calomniateur, les censeurs ne peuvent évidemment qu'être calomniateurs eux-mêmes.

La kyrielle ou personne n'a voulu tenter de rien distinguer se révèle donc construite d'une main sûre, ménageant une argumentation fort habile : de la revue article par article, les censeurs arrivent à n'en retenir qu'un ; cela parce qu'ils sont obsédés sexuels, obsession qu'ils satisfont de manière sodomitique ; ce faisant, ils s'avouent au Démon ; or comme le Démon est le Calomniateur, ils ne peuvent qu'être des calomniateurs eux-mêmes, ce qui ruine non seulement l'accusation d'obscénité qu'ils ont portée, mais toutes les accusations qu'ils ont pu formuler.

Nous ne pouvons douter que c'est avec ces significations que les contemporains de Rabelais ont lu ces participes, et parmi eux, les tout premiers, les censeurs incriminés, à qui a dû apparaître lumineusement leur portée, les laissant toutefois désarmés puisqu'ils n'ont pu arguer de l'insulte, le contenu des verbes n'étant pas fixé autrement que par la compréhension individuelle.

Mais Rabelais n'a pas fini de libérer sa juste hargne : si, pour lui, l'accusation des censeurs ne tient plus, il n'en reste pas moins que le droit qu'ils s'arrogent d'examiner les liures Pantagruelicques, que ce soient les siens ou d'autres de mesme billon (P. Prol.), lui apparaît comme une usurpation de pouvoir ; et il tient à rabaisser jusqu'au grotesque le rôle que ces censeurs disent exercer pour le salut des âmes :
Ce que faisans semblent es coquins de village qui fougent & escharbottent la merde des petitz enfans en la saison des cerises & guignes pour trouuer les noyaulx, & iceulx vendre es drogueurs qui font lhuile de

Maguelet : c'est magistralement illustrer la qualification de fouille-merde que nous avons tout lieu de croire aussi ancienne que l'est le travers qu'elle dénonce.

Arrive donc la recommandation : Iceulx fuyez abhorrissez, & haissez autant que ie foys & vous en trouuerez bien sur ma foy, cette libéra-tion spirituelle laissant aussitôt la place à un nouvel idéal de vie : Et si desirez estre bons pantagruelistes (cest a dire viure en paix, ioye, sante, faisans tousiours grand chere) ne vous fiez iamais en gens qui regar-dent par un partuys.

Cette définition du Pantagruélisme est généralement tenue pour net-tement moins élevée que celle qu'on trouvera plus tard au Prologue du Quart Livre : certaine gayeté d'esprit conficte en mespris des choses fortuites. Mais il semble que c'est là ne se fonder que sur l'apparence, et ne vouloir entendre le faisans tousiours grand chere que comme le souhait d'avoir toujours bonne table. A remarquer d'ailleurs que les éditeurs impriment tous : grande chere alors que le fac-similé montre distinctement les mots grand chere ; et peut-être y a-t-il là l'occasion d'une autre compréhension.

Saulnier dit dans son Index verborum : Chère, visage (grec Kara). Faire bonne chère, etc., et il donne ici quatre références auxquelles nous nous reportons :

& la trouua force rustres descholiers, qui luy firent grande chere a sa venue (v), où il est sûr qu'il s'agit de bon visage, c'est-à-dire bon accueil.

en condition que nous fissons vous & moy un transon de chere lie, iouans des manequins a basses marches (xxj), où nous avons cru pou-voir établir qu'il y a jeu de mots aboutissant à la compréhension : transe de frottée de corps joie.

Ainsi sen alla, sans grandement se soucier du reffus quil auoit eu, & nen fist oncques pire chiere (xxj), où sont juxtaposés les deux sens de pire appétit et pire aptitude au plaisir.

Or dict Pantagruel, faisons un transon de bonne chere, et beuuons ie vous en prie enfans : car il faict beau boire tout ce moys. Lors déguai-nerent flaccons a tas, & des munitions du camp feirent grande chere (xxx). Ici, bonne chere et grande chere concernent visiblement la seule mangeaille.

Nous ajouterons ici l'exemple qu'a dû négliger Saulnier puisqu'il ne s'occupe que de l'originale : au contraire font chiere dieu scait quelle (xxxiiij), où les lignes qui précèdent indiquent assurément qu'il n'est ici question que de nourriture.

Puis Saulnier ajoute : Chère lie : visage joyeux (laeta) et dit : L'équi-

voque commence avec l'expression : faire grande chère, et il fait là encore référence à deux textes auxquels nous nous reportons :
& belles tables rondes garnies de force viures dressees par les rues. Ce fut un renouuellement du temps de Saturne, tant y fut faicte lors grande chere (xxxj) ; et nous avons vu que les tables ne doivent pas nous tromper, et que la grande chere associée au temps de Saturne nous est apparue comme un genre de réjouissances qui ne se bornent pas au plaisir de manger.
& sont Christians, gens de bien, & vous feront grande chere (xxxij), où le niveau des qualités énoncées : Christians et gens de bien, ne peut que nous inciter à entendre bonne chere comme bon accueil.

Saulnier dit enfin : Et faire chère a l'air, par confusion avec chair, de vouloir dire : faire bombance ; et il fait alors référence à la locution qui nous occupe : (cest a dire viure en paix, ioye, sante, faisans tousiours grand chere), qu'il orthographie, nous l'avons vu, grande chere.

Le moins que l'on puisse dire est qu'il n'y a pas grande cohérence entre ce qu'avance Saulnier et les exemples qu'il donne à l'appui ; il semble même que ce que nous devons retenir de l'article est seulement la preuve que la locution crée le plus complet désarroi.

En tout cas, cela nous permet de décider avec certitude que la confusion a affecté le faisans tousiours grand chere de la définition du Pantagruélisme, car s'il y a une phrase où, précisément, grand chere n'a rien à voir avec bombance, c'est bien celle-là. Et nous verrons, nous, dans ce chere la seule acception de visage, et dans grand chere le sens de bonne mine, c'est-à-dire face avenante, ouverte, accueillante, enjouée, signe de disponibilité bienveillante que procure la sérénité due à la paix, la joie et la santé morale, c'est-à-dire l'équilibre, tous avantages que promet l'auteur. En fait, la première définition du Pantagruélisme est celle-ci : Et si désirez être bons Pantagruélistes (c'est-à-dire vivre en paix, joie, santé morale, faisant toujours belle mine).

Et l'on arrive ainsi tout naturellement à voir la confirmation de cette compréhension dans la recette qu'a donnée Rabelais pour parvenir à cet état : ne vous fiez iamais en gens qui regardent par un partuys, où ces gens sont à l'évidence ceux qui, eux, ont la mine grise. Il est sûr, néanmoins, que ce n'est pas pour leur seule physionomie renfrognée qu'il importe de ne pas accorder confiance à de tels gens, encore que l'on puisse induire de leur longue figure qu'ils ne connaissent ni paix, ni joie, ni santé morale. Mais la plupart des commentateurs ont ici, de nouveau, une vue restreinte et une compréhension uniquement matérialiste :

Saulnier dit : Les indiscrets, et particulièrement les oreilles de l'Inquisition ; Boulenger dit : Par l'ouverture du capuchon : ces gens, ce sont les moines ; Jourda précise : Par le trou du capuchon ; Plattard explique : Par le pertuis ou trou du capuchon monacal, rabattu sur le visage ; Michel dit : Ces gens qui regardent par un trou (pertuis) sont les espions de l'Inquisition.

Toutefois Demerson s'élève quelque peu au-dessus de la lettre, disant : Un conteur du XVIe siècle, Noël du Fail, comprenait qu'il s'agissait de gens regardant par le trou d'un capuchon (les moines) ; on peut penser également à ceux qui espionnent indiscrètement les occupations d'autrui (les dénonciateurs), ou à ceux qui ont des œillères.

Mais c'est Guilbaud qui se hisse jusqu'au niveau de l'esprit en disant : Par un trou. Le trou du capuchon des moines ? Le trou de la serrure par où regardent les espions (et particulièrement les dénonciateurs de l'Inquisition) ? Plus généralement, le mot qui termine ce livre oppose à la nature ouverte des Pantagruélistes les esprits rétrécis de toutes sortes.

Et c'est bien là, sans nul doute, ce qui est à saisir, ces gens qui regardent par un partuys groupant tous ceux qui ont sur les yeux une cuculle, réelle ou idéale, c'est-à-dire tous ceux qui bornent leur entendement par des idées reçues ou préconçues, des partis pris ou des fétichismes. Et si l'exhortation de Rabelais est ici celle de ne jamais se fier à de tels gens portant telle cuculle, c'est clairement nous inciter à examiner par soi, faisant usage en totale liberté du pouvoir de réflexion que l'on détient. C'est ce que nous venons de faire tout au long de ce Rabelais restitué.

Or ce mot restitué figure aussi dans la signature que Rabelais a mise à la place du mot Finis de l'originale : Fin des Cronicques de Pantagruel, Roy des Dipsodes restituez a leur naturel, auec ses faictz & prouesses espouentables : composez par feu M. Alcofribas abstracteur de quinte essence.

Et, à bien regarder, nous nous apercevons que la souscription n'est pas de pure forme : s'il faut tenir la prétention d'Alcofribas d'être extracteur de l'essence cinquième pour sa dernière plaisanterie par antiphrase, car nous savons ce qu'il pense des gens qui subtilisent à l'excès, écoutant bourdonner les chimères dans le vide (vij), la première phrase, elle, contient bien un conseil. Et, le prenant pour nous, nous ne pouvons plus que souhaiter d'avoir quelquefois réussi à restituer, à leur naturel, les intentions du Pantagruel.

Sur ce, aux prochaines foires, nous entreprendrons d'examiner le Gargantua.

La fabrication de cet ouvrage
a été réalisée
par l'Imprimerie Chirat, 42540 Saint-Just-la-Pendue

Achevé d'imprimer en novembre 1979
N° d'impression 2847
Dépôt légal 4e trimestre 1979

IMPRIMÉ EN FRANCE